KB057422

2024년 법률·판례·법률용어를 같이보는

형법·형소법 지식사전

편저 : 김 정 수

- 경찰·공무원·변호사시험을 준비하는 로스쿨재학생·졸업생 및
법률관련 각종 시험을 준비하는 수험생·법률 실무자들을 위한 필독서 -

형법 [시행 2024. 2. 9.] [법률 제19582호, 2023. 8. 8., 일부개정]
형사소송법 [시행 2022. 9. 10.] [법률 제18862호, 2022. 5. 9., 일부개정]
형사소송규칙 [시행 2022. 1. 1.] [대법원규칙 제3016호, 2021. 12. 31., 일부개정]
수 록

검 · 경 수사권 조정안 관련 법률 수록

🏛 법문북스

머리말

형법과 형사소송법은 범죄와 형벌관계를 규율하는 근본이 되는 법으로 그 중요성은 크지만 내용의 방대함과 난해함 때문에 배우고 익히기가 쉽지 않습니다.

이 책은 이러한 특성을 고려하여, 변호사시험을 준비하고 있는 로스쿨 재학생 및 졸업생 등 각종 시험을 준비하고 있는 수험생·법률 실무자뿐 만 아니라 형법 및 형사소송법에 관심이 있는 일반인들까지 궁금한 내용을 찾아볼 수 있도록 펴낸 책입니다.

본서는 법전(형법-시행 24.2.9-, 형사소송법-시행 22.9.10-, 형사소송규칙-시행 22.1.1-)편과 관련 법률용어편으로 구성되어있습니다. 법학의 기본은 법조문이라고 하겠습니다. 그래서 본서에서는 법전편에 형법, 형사소송법, 형사소송규칙의 전체 조문을 수록하였습니다. 법을 접하다 보면 익숙하지 않은 법률용어로 인하여 법률의 의미파악이 어렵습니다. 그래서 본서에서는 법전을 읽어나가는데 도움이 되도록 관련 법률용어편에 관련된 법률 용어들을 수록하여 독자들이 해당 법들을 읽어나가다가 모르는 용어가 나오면 관련 법률용어편에서 그 의미를 찾아볼 수 있도록 하였습니다. 뿐만 아니라 판례를 수록하여서 법조문의 적용되는 모습도 파악할 수 있게 하였습니다.

이 책이 법학을 공부하거나 법학에 관심이 있는 일반인들에게 좀 더 형법과 형사소송법을 이해할 수 있도록 도움이 되었으면 합니다.

2024년
편저자 드림

차 례

〈제1권〉형 법

제1편 총칙

제2편 각칙

관련 법률용어

형법

형법각론

〈제2권〉 형사소송법
제1편 총칙

제4편 특별소송절차

제5편 재판의 집행

형사소송규칙
제1편 총칙

제4편 특별소송절차

제5편 재판의 집행

제6편

관련 법률용어
형사소송법

제1권

형 법

형법

[시행 2024. 2. 9.]
[법률 제19582호, 2023. 8. 8., 일부개정]

법무부(형사법제과), 02-2110-3307~8

제1편 총칙

제1장 형법의 적용범위

제1조(범죄의 성립과 처벌)

① 범죄의 성립과 처벌은 행위 시의 법률에 따른다.

② 범죄 후 법률이 변경되어 그 행위가 범죄를 구성하지 아니하게 되거나 형이 구법(舊法)보다 가벼워진 경우에는 신법(新法)에 따른다.

③ 재판이 확정된 후 법률이 변경되어 그 행위가 범죄를 구성하지 아니하게 된 경우에는 형의 집행을 면제한다.

[전문개정 2020. 12. 8.]

제2조(국내범)

본법은 대한민국영역내에서 죄를 범한 내국인과 외국인에게 적용한다.

제3조(내국인의 국외범)

본법은 대한민국영역외에서 죄를 범한 내국인에게 적용한다.

제4조(국외에 있는 내국선박 등에서 외국인이 범한 죄)

본법은 대한민국영역외에 있는 대한민국의 선박 또는 항공기내에서 죄를 범한 외국인에게 적용한다.

제5조(외국인의 국외범)

본법은 대한민국영역외에서 다음에 기재한 죄를 범한 외국인에게 적용한다.

1. 내란의 죄
2. 외환의 죄
3. 국기에 관한 죄
4. 통화에 관한 죄
5. 유가증권, 우표와 인지에 관한 죄
6. 문서에 관한 죄중 제225조 내지 제230조
7. 인장에 관한 죄중 제238조

제6조(대한민국과 대한민국국민에 대한 국외범)

본법은 대한민국영역외에서 대한민국 또는 대한민국국민에 대하여 전조에 기재한 이외의 죄를 범한 외국인에게 적용한다. 단 행위지의 법률에 의하여 범죄를 구성하지 아니하거나 소추 또는 형의 집행을 면제할 경우에는 예외로 한다.

제7조(외국에서 집행된 형의 산입)

죄를 지어 외국에서 형의 전부 또는 일부가 집행된 사람에 대해서는 그 집행된 형의 전부 또는 일부를 선고하는 형에 산입한다.

[전문개정 2016. 12. 20.]

[2016. 12. 20. 법률 제14415호에 의하여 2015. 5. 28. 헌법재판소에서 헌법불합치 결정된 이 조를 개정함.]

제8조(총칙의 적용)

본법 총칙은 타법령에 정한 죄에 적용한다. 단, 그 법령에 특별한 규정이 있는 때에는 예외로 한다.

제2장 죄

제1절 죄의 성립과 형의 감면

제9조(형사미성년자)

14세되지 아니한 자의 행위는 벌하지 아니한다.

도로교통법위반·도로교통법위반(음주운전)
(미성년자의 음주운전과 법정대리인의 채혈 동의 사건)
[대법원 2014.11.13. 선고, 2013도1228, 판결]

【판시사항】

음주운전과 관련한 도로교통법 위반죄의 범죄수사를 위하여 미성년자인 피의자의 혈액채취가 필요한 경우, 법정대리인이 의사능력 없는 피의자를 대리하여 채혈에 관한 동의를 할 수 있는지 여부(원칙적 소극)

【판결요지】

형사소송법상 소송능력이란 소송당사자가 유효하게 소송행위를 할 수 있는 능력, 즉 피고인 또는 피의자가 자기의 소송상의 지위와 이해관계를 이해하고 이에 따라 방어행위를 할 수 있는 의사능력을 의미하는데, 피의자에게 의사능력이 있으면 직접 소송행위를 하는 것이 원칙이고, 피의자에게 의사능력이 없는 경우에는 형법 제9조 내지 제11조의 규정의 적용을 받지 아니하는 범죄사건에 한하여 예외적으로 법정대리인이 소송행위를 대리할 수 있다(형사소송법 제26조). 따라서 음주운전과 관련한 도로교통법 위반죄의 범죄수사를 위하여 미성년자인 피의자의 혈액채취가 필요한 경우에도 피의자에게 의사능력이 있다면 피의자 본인만이 혈액채취에 관한 유효한 동의를 할 수 있고, 피의자에게 의사능력이 없는 경우에도 명문의 규정이 없는 이상 법정대리인이 피의자를 대리하여 동의할 수는 없다.

제10조(심신장애인)
① 심신장애로 인하여 사물을 변별할 능력이 없거나 의사를 결정할 능력이 없는 자의 행위는 벌하지 아니한다.
② 심신장애로 인하여 전항의 능력이 미약한 자의 행위는 형을 감경할 수 있다. 〈개정 2018. 12. 18.〉
③ 위험의 발생을 예견하고 자의로 심신장애를 야기한 자의 행위에는 전2항의 규정을 적용하지 아니한다.
[제목개정 2014. 12. 30.]

제11조(청각 및 언어 장애인)
듣거나 말하는 데 모두 장애가 있는 사람의 행위에 대해서는 형을 감경한다.
[전문개정 2020. 12. 8.]

제12조(강요된 행위)
저항할 수 없는 폭력이나 자기 또는 친족의 생명, 신체에 대한 위해를 방어할 방법이 없는 협박에 의하여 강요된 행위는 벌하지 아니한다.

제13조(고의)
죄의 성립요소인 사실을 인식하지 못한 행위는 벌하지 아니한다. 다만, 법률에 특별한 규정이 있는 경우에는 예외로 한다.
[전문개정 2020. 12. 8.]

제14조(과실)
정상적으로 기울여야 할 주의(注意)를 게을리하여 죄의 성립요소인 사실을 인식하지 못한 행위는 법률에 특별한 규정이 있는 경우에만 처벌한다.
[전문개정 2020. 12. 8.]

제15조(사실의 착오)
① 특별히 무거운 죄가 되는 사실을 인식하지 못한 행위는 무거운 죄로 벌하지 아니한다.
② 결과 때문에 형이 무거워지는 죄의 경우에 그 결과의 발생을 예견할 수 없었을 때에는 무거운 죄로 벌하지 아니한다.
[전문개정 2020. 12. 8.]

제16조(법률의 착오)

자기의 행위가 법령에 의하여 죄가 되지 아니하는 것으로 오인한 행위는 그 오인에 정당한 이유가 있는 때에 한하여 벌하지 아니한다.

제17조(인과관계)

어떤 행위라도 죄의 요소되는 위험발생에 연결되지 아니한 때에는 그 결과로 인하여 벌하지 아니한다.

위조사문서행사·특정경제범죄가중처벌등에관한법률위반(사기)(피고인1에대하여 일부인정된죄명: 사기)·업무상횡령·특정경제범죄가중처벌등에관한법률위반(배임) ·건설산업기본법위반·부동산실권리자명의등기에관한법률위반·특정경제범죄가중 처벌등에관한법률위반(횡령)·사문서위조·정치자금법위반

[대법원 2016.7.14, 선고, 2015도20233, 판결]

【판시사항】

甲주식회사의 실질적 운영자이자 乙주식회사의 대표이사인 피고인 丙및 피고인 丁등이 공모하여, 甲회사가 시행하고 乙회사가 시공하는 아파트 중 임대아파트 부분의 신축과 관련하여 戊은행에 임대주택건설자금 대출을 신청하면서 아파트 부지의 매매가격을 부풀린 매매계약서 등을 제출하는 방법으로 戊은행을 기망하여 국민주택기금 대출금을 편취하였다는 내용으로 기소된 사안에서, 피고인들이 아파트 부지의 매매가격을 부풀린 매매계약서 등을 제출한 행위와 戊은행의 대출 사이에 인과관계가 존재한다고 보기 어렵다고 한 사례

【판결요지】

甲주식회사의 실질적 운영자이자 乙주식회사의 대표이사인 피고인 丙및 피고인 丁등이 공모하여, 甲회사가 시행하고 乙회사가 시공하는 아파트 중 임대아파트 부분의 신축과 관련하여 국민주택기금의 기금수탁자인 戊은행에 국민주택기금을 재원으로 한 임대주택건설자금 대출을 신청하면서 아파트 부지의 매매가격을 부풀린 매매계약서 등을 제출하는 방법으로 戊은행을 기망하여 국민주택기금 대출금을 편취하였다는 내용으로 기소된 사안에서, 戊은행은 '호당 대출금액'과 임대아파트 세대수를 기준 삼아 전체 대출금액을 정하였고, '호당 대출금액'은 '호당주택가격', 즉 '호당 부지가격'과 '호당 건물가격'을 기초로 산정되는데, '호당 건물가격'은 戊은행이 정한 표준건축비 단가를 적용하여 산정되므로 아파트 부지의 가치와는 무관하고 허위 매매계약서 등에 의하여 영향을 받을 수 있는 부분은 '호당 부지가격'뿐이며, '호당 부지가격'은 戊은행이 정한 '사정가격'에 의하여 정해지는데, 戊은행은 별도의 감정평가법인이 정한 감정평가액을 기초로 '사정가격'을 결정하였고, 감정평가액이 피고인들의 행위로 부당하게 높게 산정되었다는 점에 대한 증명이 부족하여 戊은행이 담보가치 평가를 그르쳐 적정 담보가치를 반영하지 못한 '사정가격'을 결정하였다고 단정하기 어려우므로, 피고인들이 아파트 부지의 매매가격을 부풀린 매매계약서 등을 제출한 행위와 戊은행의 대출 사이에 인과관계가 존재한다고 보기 어렵다고 한 사례.

제18조(부작위범)

위험의 발생을 방지할 의무가 있거나 자기의 행위로 인하여 위험발생의 원인을 야기

한 자가 그 위험발생을 방지하지 아니한 때에는 그 발생된 결과에 의하여 처벌한다.

제19조(독립행위의 경합)
동시 또는 이시의 독립행위가 경합한 경우에 그 결과발생의 원인된 행위가 판명되지 아니한 때에는 각 행위를 미수범으로 처벌한다.

제20조(정당행위)
법령에 의한 행위 또는 업무로 인한 행위 기타 사회상규에 위배되지 아니하는 행위는 벌하지 아니한다.

제21조(정당방위)
① 현재의 부당한 침해로부터 자기 또는 타인의 법익(法益)을 방위하기 위하여 한 행위는 상당한 이유가 있는 경우에는 벌하지 아니한다.
② 방위행위가 그 정도를 초과한 경우에는 정황(情況)에 따라 그 형을 감경하거나 면제할 수 있다.
③ 제2항의 경우에 야간이나 그 밖의 불안한 상태에서 공포를 느끼거나 경악(驚愕)하거나 흥분하거나 당황하였기 때문에 그 행위를 하였을 때에는 벌하지 아니한다.
[전문개정 2020. 12. 8.]

폭행[정당방위의 침해의 현재성 판단 기준이 문제된 사건]
[대법원 2023. 4. 27., 선고, 2020도6874, 판결]

【판시사항】
정당방위의 요건 중 '침해의 현재성'의 의미 및 일련의 연속되는 행위로 인해 침해상황이 중단되지 아니하거나 일시 중단되더라도 추가 침해가 곧바로 발생할 객관적인 사유가 있는 경우, 그중 일부 행위가 범죄의 기수에 이르렀더라도 침해의 현재성이 인정되는지 여부(적극) / 정당방위의 방어행위에 순수한 수비적 방어뿐 아니라 적극적 반격을 포함하는 반격방어의 형태도 포함되는지 여부(적극) 및 방위행위가 상당한 것인지 판단하는 기준

【판결요지】
형법 제21조 제1항은 "현재의 부당한 침해로부터 자기 또는 타인의 법익을 방위하기 위하여 한 행위는 상당한 이유가 있는 경우에는 벌하지 아니한다."라고 규정하여 정당방위를 위법성조각사유로 인정하고 있다.

이때 '침해의 현재성'이란 침해행위가 형식적으로 기수에 이르렀는지에 따라 결정되는 것이 아니라 자기 또는 타인의 법익에 대한 침해상황이 종료되기 전까지를 의미하는 것이므로, 일련의 연속되는 행위로 인해 침해상황이 중단되지 아니하거나 일시 중단되더라도 추가 침해가 곧바로 발생할 객관적인 사유가 있는 경우에는 그중 일부 행위가 범죄의 기수에 이르렀더라도 전체적으로 침해상황이 종료되지 않은 것으로 볼 수 있다.

정당방위의 성립 요건으로서의 방어행위에는 순수한 수비적 방어뿐 아니라 적극적 반격을 포함하는 반격방어의 형태도 포함된다. 다만 정당방위로 인정되기 위해서는 자기 또는 타

인의 법익침해를 방어하기 위한 행위로서 상당한 이유가 있어야 한다. 방위행위가 상당한 것인지는 침해행위에 의해 침해되는 법익의 종류와 정도, 침해의 방법, 침해행위의 완급, 방위행위에 의해 침해될 법익의 종류와 정도 등 일체의 구체적 사정들을 참작하여 판단하여야 한다.

제22조(긴급피난)

① 자기 또는 타인의 법익에 대한 현재의 위난을 피하기 위한 행위는 상당한 이유가 있는 때에는 벌하지 아니한다.
② 위난을 피하지 못할 책임이 있는 자에 대하여는 전항의 규정을 적용하지 아니한다.
③ 전조 제2항과 제3항의 규정은 본조에 준용한다.

제23조(자구행위)

① 법률에서 정한 절차에 따라서는 청구권을 보전(保全)할 수 없는 경우에 그 청구권의 실행이 불가능해지거나 현저히 곤란해지는 상황을 피하기 위하여 한 행위는 상당한 이유가 있는 때에는 벌하지 아니한다.
② 제1항의 행위가 그 정도를 초과한 경우에는 정황에 따라 그 형을 감경하거나 면제할 수 있다.
[전문개정 2020. 12. 8.]

제24조(피해자의 승낙) 처분할 수 있는 자의 승낙에 의하여 그 법익을 훼손한 행위는 법률에 특별한 규정이 없는 한 벌하지 아니한다.

2절 미수범

제25조(미수범)

① 범죄의 실행에 착수하여 행위를 종료하지 못하였거나 결과가 발생하지 아니한 때에는 미수범으로 처벌한다.
② 미수범의 형은 기수범보다 감경할 수 있다.

제26조(중지범)

범인이 실행에 착수한 행위를 자의(自意)로 중지하거나 그 행위로 인한 결과의 발생을 자의로 방지한 경우에는 형을 감경하거나 면제한다.
[전문개정 2020. 12. 8.]

제27조(불능범)

실행의 수단 또는 대상의 착오로 인하여 결과의 발생이 불가능하더라도 위험성이 있는 때에는 처벌한다. 단, 형을 감경 또는 면제할 수 있다.

제28조(음모, 예비)
범죄의 음모 또는 예비행위가 실행의 착수에 이르지 아니한 때에는 법률에 특별한 규정이 없는 한 벌하지 아니한다.

제29조(미수범의 처벌)
미수범을 처벌할 죄는 각칙의 해당 죄에서 정한다.
[전문개정 2020. 12. 8.]

제3절 공범

제30조(공동정범)
2인 이상이 공동하여 죄를 범한 때에는 각자를 그 죄의 정범으로 처벌한다.

제31조(교사범)
① 타인을 교사하여 죄를 범하게 한 자는 죄를 실행한 자와 동일한 형으로 처벌한다.
② 교사를 받은 자가 범죄의 실행을 승낙하고 실행의 착수에 이르지 아니한 때에는 교사자와 피교사자를 음모 또는 예비에 준하여 처벌한다.
③ 교사를 받은 자가 범죄의 실행을 승낙하지 아니한 때에도 교사자에 대하여는 전항과 같다.

제32조(종범)
① 타인의 범죄를 방조한 자는 종범으로 처벌한다.
② 종범의 형은 정범의 형보다 감경한다.

제33조(공범과 신분)
신분이 있어야 성립되는 범죄에 신분 없는 사람이 가담한 경우에는 그 신분 없는 사람에게도 제30조부터 제32조까지의 규정을 적용한다. 다만, 신분 때문에 형의 경중이 달라지는 경우에 신분이 없는 사람은 무거운 형으로 벌하지 아니한다.
[전문개정 2020. 12. 8.]

제34조(간접정범, 특수한 교사, 방조에 대한 형의 가중)
① 어느 행위로 인하여 처벌되지 아니하는 자 또는 과실범으로 처벌되는 자를 교사 또는 방조하여 범죄행위의 결과를 발생하게 한 자는 교사 또는 방조의 예에 의하여 처벌한다.
② 자기의 지휘, 감독을 받는 자를 교사 또는 방조하여 전항의 결과를 발생하게 한 자는 교사인 때에는 정범에 정한 형의 장기 또는 다액에 그 2분의 1까지 가중하고 방조인 때에는 정범의 형으로 처벌한다.

제4절 누범

제35조(누범)
① 금고(禁錮) 이상의 형을 선고받아 그 집행이 종료되거나 면제된 후 3년 내에 금고 이상에 해당하는 죄를 지은 사람은 누범(累犯)으로 처벌한다.
② 누범의 형은 그 죄에 대하여 정한 형의 장기(長期)의 2배까지 가중한다.
[전문개정 2020. 12. 8.]

제36조(판결선고후의 누범발각)
판결선고후 누범인 것이 발각된 때에는 그 선고한 형을 통산하여 다시 형을 정할 수 있다. 단, 선고한 형의 집행을 종료하거나 그 집행이 면제된 후에는 예외로 한다.

제5절 경합범

제37조(경합범)
판결이 확정되지 아니한 수개의 죄 또는 금고 이상의 형에 처한 판결이 확정된 죄와 그 판결확정전에 범한 죄를 경합범으로 한다. 〈개정 2004. 1. 20.〉

성폭력범죄의처벌등에관한특례법위반(통신매체이용음란)·정보통신망이용촉진및정보보호등에관한법률위반(명예훼손)·모욕·협박
[대법원 2023. 6. 29., 선고, 2020도3705, 판결]

【판시사항】
포괄일죄 관계인 범행의 일부에 대하여 판결이 확정되거나 약식명령이 확정되었는데 그 사실심 판결선고 시 또는 약식명령 발령 시를 기준으로 그 이전에 이루어진 범행이 포괄일죄의 일부에 해당할 뿐만 아니라 그와 상상적 경합관계에 있는 다른 죄에도 해당하는 경우, 확정된 판결 내지 약식명령의 기판력이 위와 같이 상상적 경합관계에 있는 다른 죄에 대하여도 미치는지 여부(적극)

【판결요지】
포괄일죄 관계인 범행의 일부에 대하여 판결이 확정된 경우에는 사실심 판결선고 시를 기준으로, 약식명령이 확정된 경우에는 약식명령 발령 시를 기준으로, 그 이전에 이루어진 범행에 대하여는 확정판결의 기판력이 미친다. 또한 상상적 경합범 중 1죄에 대한 확정판결의 기판력은 다른 죄에 대하여도 미친다. 따라서 포괄일죄 관계인 범행의 일부에 대하여 판결이 확정되거나 약식명령이 확정되었는데 그 사실심 판결선고 시 또는 약식명령 발령 시를 기준으로 그 이전에 이루어진 범행이 포괄일죄의 일부에 해당할 뿐만 아니라 그와 상상적 경합관계에 있는 다른 죄에도 해당하는 경우에는 확정된 판결 내지 약식명령의 기판력은 위와 같이 상상적 경합관계에 있는 다른 죄에 대하여도 미친다.

제38조(경합범과 처벌례)
① 경합범을 동시에 판결할 때에는 다음 각 호의 구분에 따라 처벌한다.

1. 가장 무거운 죄에 대하여 정한 형이 사형, 무기징역, 무기금고인 경우에는 가장 무거운 죄에 대하여 정한 형으로 처벌한다.
2. 각 죄에 대하여 정한 형이 사형, 무기징역, 무기금고 외의 같은 종류의 형인 경우에는 가장 무거운 죄에 대하여 정한 형의 장기 또는 다액(多額)에 그 2분의 1까지 가중하되 각 죄에 대하여 정한 형의 장기 또는 다액을 합산한 형기 또는 액수를 초과할 수 없다. 다만, 과료와 과료, 몰수와 몰수는 병과(倂科)할 수 있다.
3. 각 죄에 대하여 정한 형이 무기징역, 무기금고 외의 다른 종류의 형인 경우에는 병과한다.

② 제1항 각 호의 경우에 징역과 금고는 같은 종류의 형으로 보아 징역형으로 처벌한다.

[전문개정 2020. 12. 8.]

제39조(판결을 받지 아니한 경합범, 수개의 판결과 경합범, 형의 집행과 경합범)

① 경합범중 판결을 받지 아니한 죄가 있는 때에는 그 죄와 판결이 확정된 죄를 동시에 판결할 경우와 형평을 고려하여 그 죄에 대하여 형을 선고한다. 이 경우 그 형을 감경 또는 면제할 수 있다. 〈개정 2005. 7. 29.〉

② 삭제 〈2005. 7. 29.〉

③ 경합범에 의한 판결의 선고를 받은 자가 경합범 중의 어떤 죄에 대하여 사면 또는 형의 집행이 면제된 때에는 다른 죄에 대하여 다시 형을 정한다.

④ 전 3항의 형의 집행에 있어서는 이미 집행한 형기를 통산한다.

제40조(상상적 경합)

한 개의 행위가 여러 개의 죄에 해당하는 경우에는 가장 무거운 죄에 대하여 정한 형으로 처벌한다.

[전문개정 2020. 12. 8.]

제3장 형

제1절 형의 종류와 경중

제41조(형의 종류)

형의 종류는 다음과 같다.

1. 사형
2. 징역
3. 금고
4. 자격상실
5. 자격정지
6. 벌금
7. 구류

8. 과료
9. 몰수

제42조(징역 또는 금고의 기간)

징역 또는 금고는 무기 또는 유기로 하고 유기는 1개월 이상 30년 이하로 한다. 단, 유기징역 또는 유기금고에 대하여 형을 가중하는 때에는 50년까지로 한다. 〈개정 2010. 4. 15.〉

제43조(형의 선고와 자격상실, 자격정지)

① 사형, 무기징역 또는 무기금고의 판결을 받은 자는 다음에 기재한 자격을 상실한다.
1. 공무원이 되는 자격
2. 공법상의 선거권과 피선거권
3. 법률로 요건을 정한 공법상의 업무에 관한 자격
4. 법인의 이사, 감사 또는 지배인 기타 법인의 업무에 관한 검사역이나 재산관리인이 되는 자격

② 유기징역 또는 유기금고의 판결을 받은 자는 그 형의 집행이 종료하거나 면제될 때까지 전항 제1호 내지 제3호에 기재된 자격이 정지된다. 다만, 다른 법률에 특별한 규정이 있는 경우에는 그 법률에 따른다. 〈개정 2016. 1. 6.〉

[2016. 1. 6. 법률 제13719호에 의하여 2014. 1. 28. 헌법재판소에서 위헌 및 헌법불합치 결정된 이 조 제2항을 개정함.]

제44조(자격정지)

① 전조에 기재한 자격의 전부 또는 일부에 대한 정지는 1년 이상 15년 이하로 한다.
② 유기징역 또는 유기금고에 자격정지를 병과한 때에는 징역 또는 금고의 집행을 종료하거나 면제된 날로부터 정지기간을 기산한다.

제45조(벌금)

벌금은 5만원 이상으로 한다. 다만, 감경하는 경우에는 5만원 미만으로 할 수 있다. 〈개정 1995. 12. 29.〉

제46조(구류)

구류는 1일 이상 30일 미만으로 한다.

제47조(과료)

과료는 2천원 이상 5만원 미만으로 한다. 〈개정 1995. 12. 29.〉

제48조(몰수의 대상과 추징)

① 범인 외의 자의 소유에 속하지 아니하거나 범죄 후 범인 외의 자가 사정을 알면

서 취득한 다음 각 호의 물건은 전부 또는 일부를 몰수할 수 있다.
1. 범죄행위에 제공하였거나 제공하려고 한 물건
2. 범죄행위로 인하여 생겼거나 취득한 물건
3. 제1호 또는 제2호의 대가로 취득한 물건
② 제1항 각 호의 물건을 몰수할 수 없을 때에는 그 가액(價額)을 추징한다.
③ 문서, 도화(圖畵), 전자기록(電磁記錄) 등 특수매체기록 또는 유가증권의 일부가 몰수의 대상이 된 경우에는 그 부분을 폐기한다.
[전문개정 2020. 12. 8.]

제49조(몰수의 부가성)
몰수는 타형에 부가하여 과한다. 단, 행위자에게 유죄의 재판을 아니할 때에도 몰수의 요건이 있는 때에는 몰수만을 선고할 수 있다.

제50조(형의 경중)
① 형의 경중은 제41조 각 호의 순서에 따른다. 다만, 무기금고와 유기징역은 무기금고를 무거운 것으로 하고 유기금고의 장기가 유기징역의 장기를 초과하는 때에는 유기금고를 무거운 것으로 한다.
② 같은 종류의 형은 장기가 긴 것과 다액이 많은 것을 무거운 것으로 하고 장기 또는 다액이 같은 경우에는 단기가 긴 것과 소액이 많은 것을 무거운 것으로 한다.
③ 제1항 및 제2항을 제외하고는 죄질과 범정(犯情)을 고려하여 경중을 정한다.
[전문개정 2020. 12. 8.]

제2절 형의 양정

제51조(양형의 조건)
형을 정함에 있어서는 다음 사항을 참작하여야 한다.
1. 범인의 연령, 성행, 지능과 환경
2. 피해자에 대한 관계
3. 범행의 동기, 수단과 결과
4. 범행 후의 정황

살인·성폭력범죄의처벌등에관한특례법위반(특수강제추행)·특수상해·특수폭행·상습폭행·폭행[사형을 선고한 원심판결에 대해 양형부당을 주장한 사건]
[대법원 2023. 7. 13., 선고, 2023도2043, 판결]

【판시사항】
[1] 사형의 선고가 허용되는 경우 및 사형을 선고할 것인지 결정할 때 준수할 사항 / 사형의 선고가 정당화될 수 있는 특별한 사정이 있는지를 심리하는 경우, 양형조건 심사에

고려할 사항 / 구체적인 양형요소가 피고인에게 불리한 정상과 유리한 정상을 모두 포함하는 경우, 법원은 양쪽을 구체적으로 비교 확인한 결과를 종합하여 양형에 나아가야 하는지 여부(적극)

[2] 무기징역형 집행 중인 피고인이 다른 재소자들과 공모하여 피해자를 살해하였다고 기소된 사안에서, 사형의 선택기준이나 다른 유사사건과의 일반적 양형의 균형상 피고인에 대하여 사형을 선택한 원심판단에 법리오해 등의 위법이 있다고 한 사례

【판결요지】

[1] 사형은 인간의 생명을 박탈하는 냉엄한 궁극의 형벌로서 사법제도가 상정할 수 있는 극히 예외적인 형벌이라는 점을 감안할 때, 사형의 선고는 범행에 대한 책임의 정도와 형벌의 목적에 비추어 누구라도 그것이 정당하다고 인정할 수 있는 특별한 사정이 있는 경우에만 허용된다. 따라서 사형을 선고할 것인지 결정하려면 형법 제51조가 규정한 사항을 중심으로 범인의 나이, 직업과 경력, 성행, 지능, 교육정도, 성장과정, 가족관계, 전과의 유무, 피해자와의 관계, 범행의 동기, 사전계획의 유무, 준비의 정도, 수단과 방법, 잔인하고 포악한 정도, 결과의 중대성, 피해자의 수와 피해감정, 범행 후의 심정과 태도, 반성과 가책의 유무, 피해회복의 정도, 재범의 우려 등 양형의 조건이 되는 모든 사항을 철저히 심리하여야 하고, 그러한 심리를 거쳐 사형의 선고가 정당화될 수 있는 사정이 밝혀진 경우에 한하여 비로소 사형을 선고할 수 있다.

법원은 이를 위하여 기록에 나타난 양형조건들을 평면적으로만 참작하는 것에서 더 나아가, 피고인의 성행과 환경 등 주관적인 양형요소를 심사할 수 있는 객관적인 자료를 확보하여 심사하여야 할 것은 물론이고, 범행 결의, 준비 및 실행 당시를 전후한 피고인의 정신상태나 심리상태의 변화 등에 대하여서도 관련 분야의 전문적인 의견을 참조하여 깊이 있게 심리를 하여야 한다.

따라서 법원은 양형의 조건이 되는 사항들 중 피고인에게 유리한 정상과 불리한 정상을 충분히 심사하여야 하고, 나아가 구체적인 양형요소가 피고인에게 불리한 정상과 유리한 정상을 모두 포함하는 경우 양쪽을 구체적으로 비교 확인한 결과를 종합하여 양형에 나아가야 한다.

[2] 무기징역형 집행 중인 피고인이 다른 재소자들과 공모하여 피해자를 살해하였다고 기소된 사안에서, 피고인이 범행 당시 20대의 나이라는 사정은 종래부터 다수의 판례에서 사형 선고가 정당화되기 어려운 사정 중 하나로 밝혀온 점, 범행 당시 코로나바이러스감염증-19의 영향으로 교도소 수용자들의 밀집도가 더 높아지고 운동이 제한되었던 시기로, 위 범행이 교도소에서 저지른 범죄라는 점을 불리한 정상으로만 볼 것이 아니라, 교도소의 특성이 수용자들의 심리와 행동에 영향을 미칠 여지가 있음을 고려하고 특히 당시 교정기관이 예측할 수 없었던 상황으로 수용자들에 대한 관리·감독이 어려울 수 있었다는 점을 감안할 필요가 있는 점, 위 범행은 장기간 누적된 폭행으로 인한 것으로, 이러한 폭행은 개개의 행위 시마다 피해자를 살해하기 위한 확정적인 고의에 따른 것이라기보다는 피해자를 괴롭히려는 목적과 미필적인 고의하에 이루어진 것이어서, 피고인이 미필적 고의로 범행을 저질렀다는 점은 중요한 양형요소에 해당하고, 여기에 피고인이 살인 범행에 흉기나 위험한 물건을 사용하지 않은 것과 피해자가 한 사람에 그친 것 또한 중요한 사정으로 다른 유사사건에서의 양형과 그 형평성을 비교할 수 있는 점 등을 종합하면, 사형 선고로 피고인에게 미치는 영향의 중대성이 다른 형벌과 비교할 수 없고, 법원의 신중한 양형판단 필요성 또한 다른 형의 경우와 비교할 수 없이

높으므로, 사형의 선택기준이나 다른 유사사건과의 일반적 양형의 균형상 피고인에 대하여 사형을 선택한 원심판단에 법리오해 등의 위법이 있다고 한 사례.

제52조(자수, 자복)
① 죄를 지은 후 수사기관에 자수한 경우에는 형을 감경하거나 면제할 수 있다.
② 피해자의 의사에 반하여 처벌할 수 없는 범죄의 경우에는 피해자에게 죄를 자복(自服)하였을 때에도 형을 감경하거나 면제할 수 있다.
[전문개정 2020. 12. 8.]

제53조(정상참작감경)
범죄의 정상(情狀)에 참작할 만한 사유가 있는 경우에는 그 형을 감경할 수 있다.
[전문개정 2020. 12. 8.]

제54조(선택형과 정상참작감경)
한 개의 죄에 정한 형이 여러 종류인 때에는 먼저 적용할 형을 정하고 그 형을 감경한다.
[전문개정 2020. 12. 8.]

제55조(법률상의 감경)
① 법률상의 감경은 다음과 같다. 〈개정 2010. 4. 15.〉
 1. 사형을 감경할 때에는 무기 또는 20년 이상 50년 이하의 징역 또는 금고로 한다.
 2. 무기징역 또는 무기금고를 감경할 때에는 10년 이상 50년 이하의 징역 또는 금고로 한다.
 3. 유기징역 또는 유기금고를 감경할 때에는 그 형기의 2분의 1로 한다.
 4. 자격상실을 감경할 때에는 7년 이상의 자격정지로 한다.
 5. 자격정지를 감경할 때에는 그 형기의 2분의 1로 한다.
 6. 벌금을 감경할 때에는 그 다액의 2분의 1로 한다.
 7. 구류를 감경할 때에는 그 장기의 2분의 1로 한다.
 8. 과료를 감경할 때에는 그 다액의 2분의 1로 한다.
② 법률상 감경할 사유가 수개있는 때에는 거듭 감경할 수 있다.

특수상해미수 · 폭행[임의적 감경 사건]
[대법원 2021. 1. 21., 선고, 2018도5475, 전원합의체 판결]

【판시사항】
'임의적 감경'의 의미 / 임의적 감경사유의 존재가 인정되고 법관이 그에 따라 징역형에 대해 법률상 감경을 하는 경우, 형법 제55조 제1항 제3호에 따라 상한과 하한을 모두 2분의 1로 감경하여야 하는지 여부(적극) / 이러한 현재 판례와 실무의 해석이 여전히 타당한지 여부(적극)

[판결요지]

[다수의견] 필요적 감경의 경우에는 감경사유의 존재가 인정되면 반드시 형법 제55조 제1항에 따른 법률상 감경을 하여야 함에 반해, 임의적 감경의 경우에는 감경사유의 존재가 인정되더라도 법관이 형법 제55조 제1항에 따른 법률상 감경을 할 수도 있고 하지 않을 수도 있다. 나아가 임의적 감경사유의 존재가 인정되고 법관이 그에 따라 징역형에 대해 법률상 감경을 하는 이상 형법 제55조 제1항 제3호에 따라 상한과 하한을 모두 2분의 1로 감경한다. 이러한 현재 판례와 실무의 해석은 여전히 타당하다. 구체적인 이유는 다음과 같다.

① 형법은 필요적 감경의 경우에는 문언상 형을 '감경한다.'라고 표현하고, 임의적 감경의 경우에는 작량감경과 마찬가지로 문언상 형을 '감경할 수 있다.'라고 표현하고 있다. '할 수 있다.'는 말은 어떠한 명제에 대한 가능성이나 일반적인 능력을 나타내는 말로서 '하지 않을 수도 있다.'는 의미를 포함한다. '할 수 있다.'는 문언의 의미에 비추어 보면 입법자는 임의적 감경의 경우 정황 등에 따라 형을 감경하거나 감경하지 않을 수 있도록 한 것이고 그 권한 내지 재량을 법관에게 부여한 것이다. 이러한 해석은 문언상 자연스러울 뿐만 아니라 일상의 언어 사용에 가까운 것으로 누구나 쉽게 이해할 수 있다. 법문과 입법자의 의사에 부합하는 이상, 죄형법정주의 원칙상 허용되지 않는 유추해석에 해당하지도 않는다.

한편 형법 제55조 제1항은 형벌의 종류에 따라 법률상 감경의 방법을 규정하고 있는데, 형법 제55조 제1항 제3호는 "유기징역 또는 유기금고를 감경할 때에는 그 형기의 2분의 1로 한다."라고 규정하고 있다. 이와 같이 유기징역형을 감경할 경우에는 '단기'나 '장기'의 어느 하나만 2분의 1로 감경하는 것이 아니라 '형기' 즉 법정형의 장기와 단기를 모두 2분의 1로 감경함을 의미한다는 것은 법문상 명확하다. 처단형은 선고형의 최종적인 기준이 되므로 그 범위는 법률에 따라서 엄격하게 정하여야 하고, 별도의 명시적인 규정이 없는 이상 형법 제56조에서 열거하고 있는 가중·감경할 사유에 해당하지 않는 다른 성질의 감경사유를 인정할 수는 없다. 따라서 유기징역형에 대한 법률상 감경을 하면서 형법 제55조 제1항 제3호에서 정한 것과 같이 장기와 단기를 모두 2분의 1로 감경하는 것이 아닌 장기 또는 단기 중 어느 하나만을 2분의 1로 감경하는 방식이나 2분의 1보다 넓은 범위의 감경을 하는 방식 등은 죄형법정주의 원칙상 허용될 수 없다.

② 법률상 감경사유는 구성요건해당성, 위법성, 책임 등 범죄의 성립요건과 관련이 있거나 불법의 정도나 보호법익의 침해 정도 등과 관련 있는 사유들이 대부분이다. 입법자는 범죄의 성립 및 처벌과 관련된 중요한 사항들을 법률상 감경의 요건으로 정한 뒤 해당 요건이 범죄의 성립 또는 처벌 범위의 결정에 일반적으로 미치는 영향이나 중요성을 종합적으로 고려하여 필요적 감경, 임의적 감경으로 구별하여 규정하였다.

위와 같이 필요적 감경사유와 임의적 감경사유가 구별되어 규정되어 있는 취지를 고려하면 그 법률효과도 명확히 구별되어야 한다.

[대법관 이기택의 별개의견] 임의적 감경은 다음과 같이 새롭게 해석되어야 한다(이하 '새로운 해석론'이라 한다).

다수의견은 '할 수 있다.'는 문언에 비추어 그 의미가 '하거나 하지 않을 수 있는 재량 내지 권한'이라고 해석하는 것이 타당하다고 주장하나 '할 수 있다.'라는 말은 문맥에 따라 추측, 능력, 가능성, 허가 등 다양한 의미를 나타내지만 그 기저에는 '잠재적 혹은 실제적 가능성'의 의미로 수렴한다.

이와 같이 '할 수 있다.'의 의미가 다의적으로 해석되는 이상, 이를 입법자의 의사에 최대한 부합되게 해석해야 한다. '할 수 있다.'는 것은 감경을 '하는 경우의 범위'와 '하지 않는 경우의 범위' 모두에 걸쳐서 선고형을 정할 수 있다는 의미로 보아야 한다. 즉 감경을 하는 경우와 하지 않는 경우가 모두 가능하다는 점을 고려하여 두 경우의 범위를 합하여 처단형을 정하여야 한다. 그렇다면 감경을 하지 않은 범위의 상한과 감경을 한 범위의 하한 사이의 범위가 임의적 감경의 처단형 범위가 된다. 이를 간단히 법정형의 하한만 감경된다고 이해할 수도 있다.

새로운 해석론에 따른 임의적 감경 방식은 법관의 재량이 개입할 여지가 없이 감경한 구간과 감경하지 않은 구간을 합한 영역이 처단형 범위로 '당연확정'되고, 그에 따라 처단형의 범위는 감경하지 않은 구간의 상한과 감경한 구간의 하한이라고 보는 것이다. 결과적으로는 법정형의 하한만 2분의 1로 감경하는 것과 동일한 결론에 이른다.

제56조(가중 · 감경의 순서)

형을 가중 · 감경할 사유가 경합하는 경우에는 다음 각 호의 순서에 따른다.

1. 각칙 조문에 따른 가중
2. 제34조제2항에 따른 가중
3. 누범 가중
4. 법률상 감경
5. 경합범 가중
6. 정상참작감경

[전문개정 2020. 12. 8.]

제57조(판결선고전 구금일수의 통산)

① 판결선고전의 구금일수는 그 전부를 유기징역, 유기금고, 벌금이나 과료에 관한 유치 또는 구류에 산입한다. 〈개정 2014. 12. 30.〉
② 전항의 경우에는 구금일수의 1일은 징역, 금고, 벌금이나 과료에 관한 유치 또는 구류의 기간의 1일로 계산한다.

[2014. 12. 30. 법률 제12898호에 의하여 2009. 6. 25. 위헌 결정된 제57조제1항을 개정함]

제58조(판결의 공시)

① 피해자의 이익을 위하여 필요하다고 인정할 때에는 피해자의 청구가 있는 경우에 한하여 피고인의 부담으로 판결공시의 취지를 선고할 수 있다.
② 피고사건에 대하여 무죄의 판결을 선고하는 경우에는 무죄판결공시의 취지를 선고하여야 한다. 다만, 무죄판결을 받은 피고인이 무죄판결공시 취지의 선고에 동의하지 아니하거나 피고인의 동의를 받을 수 없는 경우에는 그러하지 아니하다. 〈개정 2014. 12. 30.〉
③ 피고사건에 대하여 면소의 판결을 선고하는 경우에는 면소판결공시의 취지를 선고할 수 있다. 〈신설 2014. 12. 30.〉

제3절 형의 선고유예

제59조(선고유예의 요건)
① 1년 이하의 징역이나 금고, 자격정지 또는 벌금의 형을 선고할 경우에 제51조의 사항을 고려하여 뉘우치는 정상이 뚜렷할 때에는 그 형의 선고를 유예할 수 있다. 다만, 자격정지 이상의 형을 받은 전과가 있는 사람에 대해서는 예외로 한다.
② 형을 병과할 경우에도 형의 전부 또는 일부에 대하여 선고를 유예할 수 있다.
[전문개정 2020. 12. 8.]

제59조의2(보호관찰)
① 형의 선고를 유예하는 경우에 재범방지를 위하여 지도 및 원호가 필요한 때에는 보호관찰을 받을 것을 명할 수 있다.
② 제1항의 규정에 의한 보호관찰의 기간은 1년으로 한다.
[본조신설 1995. 12. 29.]

제60조(선고유예의 효과)
형의 선고유예를 받은 날로부터 2년을 경과한 때에는 면소된 것으로 간주한다.

제61조(선고유예의 실효)
① 형의 선고유예를 받은 자가 유예기간 중 자격정지 이상의 형에 처한 판결이 확정되거나 자격정지 이상의 형에 처한 전과가 발견된 때에는 유예한 형을 선고한다. 〈개정 1995. 12. 29.〉
② 제59조의2의 규정에 의하여 보호관찰을 명한 선고유예를 받은 자가 보호관찰기간중에 준수사항을 위반하고 그 정도가 무거운 때에는 유예한 형을 선고할 수 있다. 〈신설 1995. 12. 29.〉

제4절 형의 집행유예

제62조(집행유예의 요건)
① 3년 이하의 징역이나 금고 또는 500만원 이하의 벌금의 형을 선고할 경우에 제51조의 사항을 참작하여 그 정상에 참작할 만한 사유가 있는 때에는 1년 이상 5년 이하의 기간 형의 집행을 유예할 수 있다. 다만, 금고 이상의 형을 선고한 판결이 확정된 때부터 그 집행을 종료하거나 면제된 후 3년까지의 기간에 범한 죄에 대하여 형을 선고하는 경우에는 그러하지 아니하다. 〈개정 2005. 7. 29., 2016. 1. 6.〉
② 형을 병과할 경우에는 그 형의 일부에 대하여 집행을 유예할 수 있다.

개발제한구역의지정및관리에관한특별조치법위반
[대법원 2020. 11. 5., 선고, 2017도18291, 판결]

【판시사항】

[1] 법원이 형의 집행을 유예하는 경우 명할 수 있는 '사회봉사'의 의미(=시간 단위로 부과될 수 있는 일 또는 근로활동)

[2] 보호관찰 등에 관한 법률 제32조 제3항에서 보호관찰 대상자에게 과할 수 있는 특별준수사항으로 정한 '범죄행위로 인한 손해를 회복하기 위하여 노력할 것(제4호)' 등 같은 항 제1호부터 제9호까지의 사항은 보호관찰 대상자에 한하여 부과할 수 있는지 여부(적극) 및 사회봉사명령·수강명령 대상자에 대해서도 이를 부과할 수 있는지 여부(소극)

【판결요지】

[1] 우리 헌법 제12조 제1항은 "모든 국민은 신체의 자유를 가진다. 누구든지 … 법률과 적법한 절차에 의하지 아니하고는 처벌·보안처분 또는 강제노역을 받지 아니한다."라고 규정하여 처벌, 보안처분, 강제노역에 관한 법률주의 및 적법절차원리를 선언하고 있다. 이에 따라 범죄인에 대한 사회 내 처우의 한 유형으로 도입된 사회봉사명령 등에 관하여 구체적인 사항을 정하고 있는 형법 제62조의2 제1항은 "형의 집행을 유예하는 경우에는 보호관찰을 받을 것을 명하거나 사회봉사 또는 수강을 명할 수 있다."라고 규정하고 있다. 나아가 보호관찰 등에 관한 법률 제59조 제1항은 "법원은 형법 제62조의2에 따른 사회봉사를 명할 때에는 500시간 … 의 범위에서 그 기간을 정하여야 한다. 다만 다른 법률에 특별한 규정이 있는 경우에는 그 법률에서 정한 바에 따른다."라고 규정하고 있다.

위 각 규정을 종합하면, 법원이 형의 집행을 유예하는 경우 명할 수 있는 사회봉사는 다른 법률에 특별한 규정이 없는 한 500시간 내에서 시간 단위로 부과될 수 있는 일 또는 근로활동을 의미하는 것으로 해석된다.

[2] 보호관찰, 사회봉사명령·수강명령은 당해 대상자의 교화·개선 및 범죄예방을 위하여 필요하고도 상당한 한도 내에서 이루어져야 하고, 당해 대상자의 연령·경력·심신상태·가정환경·교우관계 기타 모든 사정을 충분히 고려하여 가장 적합한 방법으로 실시되어야 하므로, 법원은 특별준수사항을 부과하는 경우 대상자의 생활력, 심신의 상태, 범죄 또는 비행의 동기, 거주지의 환경 등 대상자의 특성을 고려하여 대상자가 준수할 수 있다고 인정되고 자유를 부당하게 제한하지 아니하는 범위 내에서 개별화하여 부과하여야 한다는 점, 보호관찰의 기간은 집행을 유예한 기간으로 하고 다만 법원은 유예기간의 범위 내에서 보호관찰기간을 정할 수 있는 반면, 사회봉사명령·수강명령은 집행유예기간 내에 이를 집행하되 일정한 시간의 범위 내에서 그 기간을 정하여야 하는 점, 보호관찰명령이 보호관찰기간 동안 바른 생활을 영위할 것을 요구하는 추상적 조건의 부과이거나 악행을 하지 말 것을 요구하는 소극적인 부작위조건의 부과인 반면, 사회봉사명령·수강명령은 특정시간 동안의 적극적인 작위의무를 부과하는 데 특징이 있다는 점 등에 비추어 보면, 사회봉사명령·수강명령 대상자에 대한 특별준수사항은 보호관찰 대상자에 대한 것과 같을 수 없고, 따라서 보호관찰 대상자에 대한 특별준수사항을 사회봉사명령·수강명령 대상자에게 그대로 적용하는 것은 적합하지 않다.

보호관찰 등에 관한 법률(이하 '보호관찰법'이라고 한다) 제32조 제3항은 법원 및 보호관찰 심사위원회가 판결의 선고 또는 결정의 고지를 할 때 보호관찰 대상자에게 "범죄행위로 인한 손해를 회복하기 위하여 노력할 것(제4호)" 등 같은 항 제1호부터 제9호까지 정한 사항과 "그 밖에 보호관찰 대상자의 재범 방지를 위하여 필요하다고 인정되어 대통령령으로 정하는 사항(제10호)"을 특별준수사항으로 따로 과할 수 있다고 규정하고 있다. 이에 따라 보호관찰 등에 관한 법률 시행령(이하 '시행령'이라고 한다) 제19조는 보호관찰 대상자에게 과할 수 있는 특별준수사항을 제1호부터 제7호까지 규정한 데 이어, 제8호에서 "그 밖에 보호관찰 대상자의 생활상태, 심신의 상태, 범죄 또는 비행의 동기, 거주지의 환경 등으로 보아 보호관찰 대상자가 준수할 수 있고 자유를 부당하게 제한하지 아니하는 범위에서 개선·자립에 도움이 된다고 인정되는 구체적인 사항"을 규정하고 있다.

나아가 보호관찰법 제62조는 제2항에서 사회봉사명령·수강명령 대상자가 일반적으로 준수하여야 할 사항을 규정하는 한편, 제3항에서 "법원은 판결의 선고를 할 때 제2항의 준수사항 외에 대통령령으로 정하는 범위에서 본인의 특성 등을 고려하여 특별히 지켜야 할 사항을 따로 과할 수 있다."라고 규정하고 있다. 이에 따라 시행령 제39조 제1항은 사회봉사명령·수강명령 대상자에 대한 특별준수사항으로 위 시행령 제19조를 준용하고 있다.

위 각 규정을 종합하면, 보호관찰법 제32조 제3항이 보호관찰 대상자에게 과할 수 있는 특별준수사항으로 정한 "범죄행위로 인한 손해를 회복하기 위하여 노력할 것(제4호)" 등 같은 항 제1호부터 제9호까지의 사항은 보호관찰 대상자에 한해 부과할 수 있을 뿐, 사회봉사명령·수강명령 대상자에 대해서는 부과할 수 없다.

제62조의2(보호관찰, 사회봉사·수강명령)

① 형의 집행을 유예하는 경우에는 보호관찰을 받을 것을 명하거나 사회봉사 또는 수강을 명할 수 있다.

② 제1항의 규정에 의한 보호관찰의 기간은 집행을 유예한 기간으로 한다. 다만, 법원은 유예기간의 범위내에서 보호관찰기간을 정할 수 있다.

③ 사회봉사명령 또는 수강명령은 집행유예기간내에 이를 집행한다.

[본조신설 1995. 12. 29.]

제63조(집행유예의 실효)

집행유예의 선고를 받은 자가 유예기간 중 고의로 범한 죄로 금고 이상의 실형을 선고받아 그 판결이 확정된 때에는 집행유예의 선고는 효력을 잃는다. 〈개정 2005. 7. 29.〉

제64조(집행유예의 취소)

① 집행유예의 선고를 받은 후 제62조 단행의 사유가 발각된 때에는 집행유예의 선고를 취소한다. 〈개정 1995. 12. 29.〉

② 제62조의2의 규정에 의하여 보호관찰이나 사회봉사 또는 수강을 명한 집행유예를 받은 자가 준수사항이나 명령을 위반하고 그 정도가 무거운 때에는 집행유예의 선고를 취소할 수 있다. 〈신설 1995. 12. 29.〉

제65조(집행유예의 효과)

집행유예의 선고를 받은 후 그 선고의 실효 또는 취소됨이 없이 유예기간을 경과한 때에는 형의 선고는 효력을 잃는다.

제5절 형의 집행

제66조(사형)

사형은 교정시설 안에서 교수(絞首)하여 집행한다.

[전문개정 2020. 12. 8.]

제67조(징역)

징역은 교정시설에 수용하여 집행하며, 정해진 노역(勞役)에 복무하게 한다.

[전문개정 2020. 12. 8.]

제68조(금고와 구류)

금고와 구류는 교정시설에 수용하여 집행한다.

[전문개정 2020. 12. 8.]

제69조(벌금과 과료)

① 벌금과 과료는 판결확정일로부터 30일내에 납입하여야 한다. 단, 벌금을 선고할 때에는 동시에 그 금액을 완납할 때까지 노역장에 유치할 것을 명할 수 있다.

② 벌금을 납입하지 아니한 자는 1일 이상 3년 이하, 과료를 납입하지 아니한 자는 1일 이상 30일 미만의 기간 노역장에 유치하여 작업에 복무하게 한다.

제70조(노역장 유치)

① 벌금이나 과료를 선고할 때에는 이를 납입하지 아니하는 경우의 노역장 유치기간을 정하여 동시에 선고하여야 한다. 〈개정 2020. 12. 8.〉

② 선고하는 벌금이 1억원 이상 5억원 미만인 경우에는 300일 이상, 5억원 이상 50억원 미만인 경우에는 500일 이상, 50억원 이상인 경우에는 1천일 이상의 노역장 유치기간을 정하여야 한다. 〈신설 2014. 5. 14., 2020. 12. 8.〉

[제목개정 2020. 12. 8.]

제71조(유치일수의 공제)

벌금이나 과료의 선고를 받은 사람이 그 금액의 일부를 납입한 경우에는 벌금 또는 과료액과 노역장 유치기간의 일수(日數)에 비례하여 납입금액에 해당하는 일수를 뺀다.

[전문개정 2020. 12. 8.]

제6절 가석방

제72조(가석방의 요건)
① 징역이나 금고의 집행 중에 있는 사람이 행상(行狀)이 양호하여 뉘우침이 뚜렷한 때에는 무기형은 20년, 유기형은 형기의 3분의 1이 지난 후 행정처분으로 가석방을 할 수 있다.
② 제1항의 경우에 벌금이나 과료가 병과되어 있는 때에는 그 금액을 완납하여야 한다.
[전문개정 2020. 12. 8.]

제73조(판결선고 전 구금과 가석방)
① 형기에 산입된 판결선고 전 구금일수는 가석방을 하는 경우 집행한 기간에 산입한다.
② 제72조제2항의 경우에 벌금이나 과료에 관한 노역장 유치기간에 산입된 판결선고 전 구금일수는 그에 해당하는 금액이 납입된 것으로 본다.
[전문개정 2020. 12. 8.]

제73조의2(가석방의 기간 및 보호관찰)
① 가석방의 기간은 무기형에 있어서는 10년으로 하고, 유기형에 있어서는 남은 형기로 하되, 그 기간은 10년을 초과할 수 없다.
② 가석방된 자는 가석방기간중 보호관찰을 받는다. 다만, 가석방을 허가한 행정관청이 필요가 없다고 인정한 때에는 그러하지 아니하다.
[본조신설 1995. 12. 29.]

제74조(가석방의 실효)
가석방 기간 중 고의로 지은 죄로 금고 이상의 형을 선고받아 그 판결이 확정된 경우에 가석방 처분은 효력을 잃는다.
[전문개정 2020. 12. 8.]

제75조(가석방의 취소)
가석방의 처분을 받은 자가 감시에 관한 규칙을 위배하거나, 보호관찰의 준수사항을 위반하고 그 정도가 무거운 때에는 가석방처분을 취소할 수 있다.
[전문개정 1995. 12. 29.]

제76조(가석방의 효과)
① 가석방의 처분을 받은 후 그 처분이 실효 또는 취소되지 아니하고 가석방기간을 경과한 때에는 형의 집행을 종료한 것으로 본다. 〈개정 1995. 12. 29.〉

② 전2조의 경우에는 가석방중의 일수는 형기에 산입하지 아니한다.

제7절 형의 시효

제77조(형의 시효의 효과)
형(사형은 제외한다)을 선고받은 자에 대해서는 시효가 완성되면 그 집행이 면제된다. 〈개정 2023. 8. 8.〉
[전문개정 2020. 12. 8.]

제78조(형의 시효의 기간)
시효는 형을 선고하는 재판이 확정된 후 그 집행을 받지 아니하고 다음 각 호의 구분에 따른 기간이 지나면 완성된다. 〈개정 2017. 12. 12., 2020. 12. 8., 2023. 8. 8.〉
    1. 삭제 〈2023. 8. 8.〉
    2. 무기의 징역 또는 금고: 20년
    3. 10년 이상의 징역 또는 금고: 15년
    4. 3년 이상의 징역이나 금고 또는 10년 이상의 자격정지: 10년
    5. 3년 미만의 징역이나 금고 또는 5년 이상의 자격정지: 7년
    6. 5년 미만의 자격정지, 벌금, 몰수 또는 추징: 5년
    7. 구류 또는 과료: 1년
[제목개정 2020. 12. 8.]

제79조(형의 시효의 정지)
① 시효는 형의 집행의 유예나 정지 또는 가석방 기타 집행할 수 없는 기간은 진행되지 아니한다. 〈개정 2014. 5. 14.〉
② 시효는 형이 확정된 후 그 형의 집행을 받지 아니한 사람이 형의 집행을 면할 목적으로 국외에 있는 기간 동안은 진행되지 아니한다. 〈신설 2014. 5. 14., 2023. 8. 8.〉
[제목개정 2023. 8. 8.]

제80조(형의 시효의 중단)
시효는 징역, 금고 및 구류의 경우에는 수형자를 체포한 때, 벌금, 과료, 몰수 및 추징의 경우에는 강제처분을 개시한 때에 중단된다.
[전문개정 2023. 8. 8.]

재판의집행에관한이의기각결정에대한재항고
[대법원 2023. 2. 23., 자, 2021모3227, 결정]

【판시사항】
추징형의 집행을 채권에 대한 강제집행의 방법으로 하는 경우, 추징형의 시효중단 효력이

발생하는 시기 / 수형자의 재산이라고 추정되는 채권에 대하여 압류신청을 하였으나 집행불능이 된 경우 또는 채권압류가 집행된 후 해당 채권에 대한 압류가 취소된 경우, 이미 발생한 시효중단 효력이 소멸하는지 여부(소극) / 채권에 대한 압류의 효력이 존속하는 기간 및 채권압류의 집행으로 압류의 효력이 유지되고 있는 동안에는 추징형의 집행이 계속되고 있는지 여부(원칙적 적극) / 피압류채권이 법률상 압류금지채권에 해당하더라도 즉시항고에 의하여 취소되기 전까지는 추징형의 집행이 계속되고 있는지 여부(적극)

[판결요지]

추징형의 시효는 강제처분을 개시함으로써 중단되는데(형법 제80조), 추징형은 검사의 명령에 의하여 민사집행법을 준용하여 집행하거나 국세징수법에 따른 국세체납처분의 예에 따라 집행한다(형사소송법 제477조). 추징형의 집행을 채권에 대한 강제집행의 방법으로 하는 경우에는 검사가 집행명령서에 기하여 법원에 채권압류명령을 신청하는 때에 강제처분인 집행행위의 개시가 있는 것이므로 특별한 사정이 없는 한 그때 시효중단의 효력이 발생한다.

시효중단의 효력이 발생하기 위하여 집행행위가 종료하거나 성공할 필요는 없으므로 수형자의 재산이라고 추정되는 채권에 대하여 압류신청을 한 이상 피압류채권이 존재하지 않거나 압류채권을 환가하여도 집행비용 외에 잉여가 없다는 이유로 집행불능이 되었다고 하더라도 이미 발생한 시효중단의 효력이 소멸하지 않는다. 또한 채권압류가 집행된 후 해당 채권에 대한 압류가 취소되더라도 이미 발생한 시효중단의 효력이 소멸하지 않는다.

채권에 대한 압류의 효력은 압류채권자가 압류명령의 신청을 취하하거나 압류명령이 즉시항고에 의하여 취소되는 경우 또는 채권압류의 목적인 현금화절차가 종료할 때(추심채권자가 추심을 완료한 때 등)까지 존속한다. 이처럼 채권압류의 집행으로 압류의 효력이 유지되고 있는 동안에는 특별한 사정이 없는 한 추징형의 집행이 계속되고 있는 것으로 보아야 한다.

한편 피압류채권이 법률상 압류금지채권에 해당하더라도 재판으로서 압류명령이 당연무효는 아니므로 즉시항고에 의하여 취소되기 전까지는 역시 추징형의 집행이 계속되고 있는 것으로 보아야 한다.

제8절 형의 소멸

제81조(형의 실효)
징역 또는 금고의 집행을 종료하거나 집행이 면제된 자가 피해자의 손해를 보상하고 자격정지 이상의 형을 받음이 없이 7년을 경과한 때에는 본인 또는 검사의 신청에 의하여 그 재판의 실효를 선고할 수 있다.

제82조(복권)
자격정지의 선고를 받은 자가 피해자의 손해를 보상하고 자격정지 이상의 형을 받음이 없이 정지기간의 2분의 1을 경과한 때에는 본인 또는 검사의 신청에 의하여 자격의 회복을 선고할 수 있다.

제4장 기간

제83조(기간의 계산)
연(年) 또는 월(月)로 정한 기간은 연 또는 월 단위로 계산한다.
[전문개정 2020. 12. 8.]

제84조(형기의 기산)
① 형기는 판결이 확정된 날로부터 기산한다.
② 징역, 금고, 구류와 유치에 있어서는 구속되지 아니한 일수는 형기에 산입하지 아니한다.

제85조(형의 집행과 시효기간의 초일)
형의 집행과 시효기간의 초일은 시간을 계산함이 없이 1일로 산정한다.

제86조(석방일)
석방은 형기종료일에 하여야 한다.

제2편 각칙

제1장 내란의 죄

제87조(내란)
대한민국 영토의 전부 또는 일부에서 국가권력을 배제하거나 국헌을 문란하게 할 목적으로 폭동을 일으킨 자는 다음 각 호의 구분에 따라 처벌한다.
  1. 우두머리는 사형, 무기징역 또는 무기금고에 처한다.
  2. 모의에 참여하거나 지휘하거나 그 밖의 중요한 임무에 종사한 자는 사형, 무기 또는 5년 이상의 징역이나 금고에 처한다. 살상, 파괴 또는 약탈 행위를 실행한 자도 같다.
  3. 부화수행(附和隨行)하거나 단순히 폭동에만 관여한 자는 5년 이하의 징역이나 금고에 처한다.
[전문개정 2020. 12. 8.]

제88조(내란목적의 살인)
대한민국 영토의 전부 또는 일부에서 국가권력을 배제하거나 국헌을 문란하게 할 목적으로 사람을 살해한 자는 사형, 무기징역 또는 무기금고에 처한다.
[전문개정 2020. 12. 8.]

제89조(미수범)
전2조의 미수범은 처벌한다.

제90조(예비, 음모, 선동, 선전)
① 제87조 또는 제88조의 죄를 범할 목적으로 예비 또는 음모한 자는 3년 이상의 유기징역이나 유기금고에 처한다. 단, 그 목적한 죄의 실행에 이르기 전에 자수한 때에는 그 형을 감경 또는 면제한다.
② 제87조 또는 제88조의 죄를 범할 것을 선동 또는 선전한 자도 전항의 형과 같다.

제91조(국헌문란의 정의)
본장에서 국헌을 문란할 목적이라 함은 다음 각호의 1에 해당함을 말한다.
  1. 헌법 또는 법률에 정한 절차에 의하지 아니하고 헌법 또는 법률의 기능을 소멸시키는 것
  2. 헌법에 의하여 설치된 국가기관을 강압에 의하여 전복 또는 그 권능행사를 불가능하게 하는 것

제2장 외환의 죄

제92조(외환유치)
외국과 통모하여 대한민국에 대하여 전단을 열게 하거나 외국인과 통모하여 대한민국에 항적한 자는 사형 또는 무기징역에 처한다.

제93조(여적)
적국과 합세하여 대한민국에 항적한 자는 사형에 처한다.

제94조(모병이적)
① 적국을 위하여 모병한 자는 사형 또는 무기징역에 처한다.
② 전항의 모병에 응한 자는 무기 또는 5년 이상의 징역에 처한다.

제95조(시설제공이적)
① 군대, 요새, 진영 또는 군용에 공하는 선박이나 항공기 기타 장소, 설비 또는 건조물을 적국에 제공한 자는 사형 또는 무기징역에 처한다.
② 병기 또는 탄약 기타 군용에 공하는 물건을 적국에 제공한 자도 전항의 형과 같다.

제96조(시설파괴이적)
적국을 위하여 전조에 기재한 군용시설 기타 물건을 파괴하거나 사용할 수 없게 한

자는 사형 또는 무기징역에 처한다.

제97조(물건제공이적)
군용에 공하지 아니하는 병기, 탄약 또는 전투용에 공할 수 있는 물건을 적국에 제공한 자는 무기 또는 5년 이상의 징역에 처한다.

제98조(간첩)
① 적국을 위하여 간첩하거나 적국의 간첩을 방조한 자는 사형, 무기 또는 7년 이상의 징역에 처한다.
② 군사상의 기밀을 적국에 누설한 자도 전항의 형과 같다.

제99조(일반이적)
전7조에 기재한 이외에 대한민국의 군사상 이익을 해하거나 적국에 군사상 이익을 공여한 자는 무기 또는 3년 이상의 징역에 처한다.

제100조(미수범)
전8조의 미수범은 처벌한다.

제101조(예비, 음모, 선동, 선전)
① 제92조 내지 제99조의 죄를 범할 목적으로 예비 또는 음모한 자는 2년 이상의 유기징역에 처한다. 단 그 목적한 죄의 실행에 이르기 전에 자수한 때에는 그 형을 감경 또는 면제한다.
② 제92조 내지 제99조의 죄를 선동 또는 선전한 자도 전항의 형과 같다.

제102조(준적국)
제93조 내지 전조의 죄에 있어서는 대한민국에 적대하는 외국 또는 외국인의 단체는 적국으로 간주한다.

제103조(전시군수계약불이행)
① 전쟁 또는 사변에 있어서 정당한 이유없이 정부에 대한 군수품 또는 군용공작물에 관한 계약을 이행하지 아니한 자는 10년 이하의 징역에 처한다.
② 전항의 계약이행을 방해한 자도 전항의 형과 같다.

제104조(동맹국)
본장의 규정은 동맹국에 대한 행위에 적용한다.

제104조의2
삭제 〈1988. 12. 31.〉

제3장 국기에 관한 죄

제105조(국기, 국장의 모독)
대한민국을 모욕할 목적으로 국기 또는 국장을 손상, 제거 또는 오욕한 자는 5년 이하의 징역이나 금고, 10년 이하의 자격정지 또는 700만원 이하의 벌금에 처한다. 〈개정 1995. 12. 29.〉

제106조(국기, 국장의 비방)
전조의 목적으로 국기 또는 국장을 비방한 자는 1년 이하의 징역이나 금고, 5년 이하의 자격정지 또는 200만원 이하의 벌금에 처한다. 〈개정 1995. 12. 29.〉

제4장 국교에 관한 죄

제107조(외국원수에 대한 폭행 등)
① 대한민국에 체재하는 외국의 원수에 대하여 폭행 또는 협박을 가한 자는 7년 이하의 징역이나 금고에 처한다.
② 전항의 외국원수에 대하여 모욕을 가하거나 명예를 훼손한 자는 5년 이하의 징역이나 금고에 처한다.

제108조(외국사절에 대한 폭행 등)
① 대한민국에 파견된 외국사절에 대하여 폭행 또는 협박을 가한 자는 5년 이하의 징역이나 금고에 처한다.
② 전항의 외국사절에 대하여 모욕을 가하거나 명예를 훼손한 자는 3년 이하의 징역이나 금고에 처한다

제109조(외국의 국기, 국장의 모독)
외국을 모욕할 목적으로 그 나라의 공용에 공하는 국기 또는 국장을 손상, 제거 또는 오욕한 자는 2년 이하의 징역이나 금고 또는 300만원 이하의 벌금에 처한다. 〈개정 1995. 12. 29.〉

제110조(피해자의 의사)
제107조 내지 제109조의 죄는 그 외국정부의 명시한 의사에 반하여 공소를 제기할 수 없다. 〈개정 1995. 12. 29.〉

제111조(외국에 대한 사전)
① 외국에 대하여 사전한 자는 1년 이상의 유기금고에 처한다.

② 전항의 미수범은 처벌한다.

③ 제1항의 죄를 범할 목적으로 예비 또는 음모한 자는 3년 이하의 금고 또는 500만원 이하의 벌금에 처한다. 단 그 목적한 죄의 실행에 이르기 전에 자수한 때에는 감경 또는 면제한다. 〈개정 1995. 12. 29.〉

제112조(중립명령위반)
외국간의 교전에 있어서 중립에 관한 명령에 위반한 자는 3년 이하의 금고 또는 500만원 이하의 벌금에 처한다. 〈개정 1995. 12. 29.〉

제113조(외교상기밀의 누설)
① 외교상의 기밀을 누설한 자는 5년 이하의 징역 또는 1천만원 이하의 벌금에 처한다. 〈개정 1995. 12. 29.〉

② 누설할 목적으로 외교상의 기밀을 탐지 또는 수집한 자도 전항의 형과 같다.

제5장 공안(公安)을 해하는 죄
〈개정 2013. 4. 5.〉

제114조(범죄단체 등의 조직)
사형, 무기 또는 장기 4년 이상의 징역에 해당하는 범죄를 목적으로 하는 단체 또는 집단을 조직하거나 이에 가입 또는 그 구성원으로 활동한 사람은 그 목적한 죄에 정한 형으로 처벌한다. 다만, 형을 감경할 수 있다.
[전문개정 2013. 4. 5.]

제115조(소요)
다중이 집합하여 폭행, 협박 또는 손괴의 행위를 한 자는 1년 이상 10년 이하의 징역이나 금고 또는 1천500만원 이하의 벌금에 처한다. 〈개정 1995. 12. 29.〉

제116조(다중불해산)
폭행, 협박 또는 손괴의 행위를 할 목적으로 다중이 집합하여 그를 단속할 권한이 있는 공무원으로부터 3회 이상의 해산명령을 받고 해산하지 아니한 자는 2년 이하의 징역이나 금고 또는 300만원 이하의 벌금에 처한다. 〈개정 1995. 12. 29.〉

제117조(전시공수계약불이행)
① 전쟁, 천재 기타 사변에 있어서 국가 또는 공공단체와 체결한 식량 기타 생활필수품의 공급계약을 정당한 이유없이 이행하지 아니한 자는 3년 이하의 징역 또는 500만원 이하의 벌금에 처한다. 〈개정 1995. 12. 29.〉

② 전항의 계약이행을 방해한 자도 전항의 형과 같다.

③ 전 2항의 경우에는 그 소정의 벌금을 병과할 수 있다.

제118조(공무원자격의 사칭)

공무원의 자격을 사칭하여 그 직권을 행사한 자는 3년 이하의 징역 또는 700만원 이하의 벌금에 처한다. 〈개정 1995. 12. 29.〉

제6장 폭발물에 관한 죄

제119조(폭발물 사용)

① 폭발물을 사용하여 사람의 생명, 신체 또는 재산을 해하거나 그 밖에 공공의 안전을 문란하게 한 자는 사형, 무기 또는 7년 이상의 징역에 처한다.
② 전쟁, 천재지변 그 밖의 사변에 있어서 제1항의 죄를 지은 자는 사형이나 무기징역에 처한다.
③ 제1항과 제2항의 미수범은 처벌한다.
[전문개정 2020. 12. 8.]

폭발물사용·폭발물사용방조
[대법원 2012. 4. 26., 선고, 2011도17254, 판결]

【판시사항】

[1] 형법 제119조 폭발물사용죄에서 '폭발물'의 의미 및 어떠한 물건이 폭발물에 해당하는지 판단하는 기준

[2] 피고인이 자신이 제작한 폭발물을 사용하여 공안을 문란하게 하였다고 하여 폭발물사용으로 기소된 사안에서, 피고인이 제작한 물건의 구조 등에 비추어 그것이 형법 제119조 제1항에 규정된 '폭발물'에 해당한다고 볼 수 없는데도, 이와 달리 보아 폭발물사용죄가 성립한다고 한 원심판결에 법리오해의 위법이 있다고 한 사례

【판결요지】

[1] 형법 제119조 제1항에서 규정한 폭발물사용죄는 폭발물을 사용하여 공안을 문란하게 함으로써 성립하는 공공위험범죄로서 개인의 생명, 신체 등과 아울러 공공의 안전과 평온을 보호법익으로 하는 것이고, 법정형이 사형, 무기 또는 7년 이상의 징역으로 범죄의 행위 태양에 해당하는 생명, 신체 또는 재산을 해하는 경우에 성립하는 살인죄, 상해죄, 재물손괴죄 등의 범죄를 비롯한 유사한 다른 범죄에 비하여 매우 무겁게 설정되어 있을 뿐 아니라, 형법은 제172조에서 '폭발성 있는 물건을 파열시켜 사람의 생명, 신체 또는 재산에 대하여 위험을 발생시킨 자'를 처벌하는 폭발성물건파열죄를 별도로 규정하고 있는데 그 법정형은 1년 이상의 유기징역으로 되어 있다. 이와 같은 여러 사정을 종합해 보면, 폭발물사용죄에서 말하는 폭발물이란 폭발작용의 위력이나 파편의 비산 등으로 사람의 생명, 신체, 재산 및 공공의 안전이나 평온에 직접적이고 구체적인 위험을 초래할 수 있는 정도의 강한 파괴력을 가지는 물건을 의미한다. 따라서 어떠한 물건이 형법 제119조에 규정된 폭발물에 해당

하는지는 폭발작용 자체의 위력이 공안을 문란하게 할 수 있는 정도로 고도의 폭발 성능을 가지고 있는지에 따라 엄격하게 판단하여야 한다.

[2] 피고인이 자신이 제작한 폭발물을 배낭에 담아 고속버스터미널 등의 물품보관함 안에 넣어 두고 폭발하게 함으로써 공안을 문란하게 하였다고 하여 폭발물사용으로 기소된 사안에서, 피고인이 제작한 물건의 구조, 그것이 설치된 장소 및 폭발 당시의 상황 등에 비추어, 위 물건은 폭발작용 자체에 의하여 공공의 안전을 문란하게 하거나 사람의 생명, 신체 또는 재산을 해할 정도의 성능이 없거나, 사람의 신체 또는 재산을 경미하게 손상시킬 수 있는 정도에 그쳐 사회의 안전과 평온에 직접적이고 구체적인 위험을 초래하여 공공의 안전을 문란하게 하기에는 현저히 부족한 정도의 파괴력과 위험성만을 가진 물건이므로 형법 제172조 제1항에 규정된 '폭발성 있는 물건'에는 해당될 여지가 있으나 이를 형법 제119조 제1항에 규정된 '폭발물'에 해당한다고 볼 수는 없는데도, 위 제작물이 폭발물에 해당한다고 보아 폭발물사용죄가 성립한다고 한 원심판결에 법리오해의 위법이 있다고 한 사례.

제120조(예비, 음모, 선동)

① 전조제1항, 제2항의 죄를 범할 목적으로 예비 또는 음모한 자는 2년 이상의 유기징역에 처한다. 단, 그 목적한 죄의 실행에 이르기 전에 자수한 때에는 그 형을 감경 또는 면제한다.

② 전조제1항, 제2항의 죄를 범할 것을 선동한 자도 전항의 형과 같다.

제121조(전시폭발물제조 등)

전쟁 또는 사변에 있어서 정당한 이유없이 폭발물을 제조, 수입, 수출, 수수 또는 소지한 자는 10년 이하의 징역에 처한다.

제7장 공무원의 직무에 관한 죄

제122조(직무유기)

공무원이 정당한 이유없이 그 직무수행을 거부하거나 그 직무를 유기한 때에는 1년 이하의 징역이나 금고 또는 3년 이하의 자격정지에 처한다.

제123조(직권남용)

공무원이 직권을 남용하여 사람으로 하여금 의무없는 일을 하게 하거나 사람의 권리행사를 방해한 때에는 5년 이하의 징역, 10년 이하의 자격정지 또는 1천만원 이하의 벌금에 처한다. 〈개정 1995. 12. 29.〉

직권남용권리행사방해[이른바 세월호 특별조사위원회 설립·활동 방해로 인한 직권남용권리행사방해 사건]

[대법원 2023. 4. 27., 선고, 2020도18296, 판결]

【판시사항】

[1] 공무원이 직권을 남용하여 공무원이거나 법령에 따라 일정한 공적 임무를 부여받고 있는 공공기관 등의 임직원에게 어떠한 일을 하게 한 경우, 직권남용권리행사방해죄의 '의무 없는 일을 하게 한 때'에 해당하는지 판단하는 방법

[2] 대통령비서실 소속 비서관들인 피고인 甲과 피고인 乙이 4·16세월호참사 특별조사위원회 설립준비 관련 업무를 담당하거나 설립팀장으로 지원근무 중이던 해양수산부 소속 공무원들에게 '세월호 특별조사위 설립준비 추진경위 및 대응방안 문건'을 작성하게 하고, 피고인 甲이 소속 비서관실 행정관 또는 해양수산부 공무원들에게 위 위원회의 동향을 파악하여 보고하도록 지시하였다는 직권남용권리행사방해의 공소사실로 기소된 사안에서, 피고인 甲과 피고인 乙이 해당 공무원들에게 문건을 작성하거나 동향을 보고하게 함으로써 직무수행의 원칙과 기준 등을 위반하여 업무를 수행하게 하여 법령상 의무 없는 일을 하게 한 때에 해당한다고 볼 여지가 있는데도, 이와 달리 본 원심판단에 법리오해의 잘못이 있다고 한 사례

【판결요지】

[1] 직권남용 행위의 상대방이 일반 사인인 경우 특별한 사정이 없는 한 직권에 대응하여 따라야 할 의무가 없으므로 그에게 어떠한 행위를 하게 하였다면 '의무 없는 일을 하게 한 때'에 해당할 수 있다. 그러나 상대방이 공무원이거나 법령에 따라 일정한 공적 임무를 부여받고 있는 공공기관 등의 임직원인 경우에는 법령에 따라 임무를 수행하는 지위에 있으므로 그가 직권에 대응하여 어떠한 일을 한 것이 의무 없는 일인지는 관계 법령 등의 내용에 따라 개별적으로 판단해야 한다.
행정조직은 날로 복잡·다양화·전문화되고 있는 현대 행정에 대응하는 한편, 민주주의의 요청을 실현하는 것이어야 한다. 따라서 행정조직은 통일된 계통구조를 갖고 효율적으로 운영될 필요가 있고, 민주적으로 운영되어야 하며, 행정목적을 달성하기 위하여 긴밀한 협동과 합리적인 조정이 필요하다. 그로 인하여 행정기관의 의사결정과 집행은 다양한 준비과정과 검토 및 다른 공무원, 부서 또는 유관기관 등과의 협조를 거쳐 이루어지는 것이 통상적이다. 이러한 협조 또는 의견교환 등은 행정의 효율성을 높이기 위하여 필요하고, 동등한 지위 사이뿐만 아니라 상하기관 사이, 감독기관과 피감독기관 사이에서도 이루어질 수 있다. 이러한 관계에서 일방이 상대방의 요청을 청취하고 자신의 의견을 밝히거나 협조하는 등 요청에 응하는 행위를 하는 것은 특별한 사정이 없는 한 법령상 의무 없는 일이라고 단정할 수 없다.
결국 공무원이 직권을 남용하여 사람으로 하여금 어떠한 일을 하게 한 때에 상대방이 공무원 또는 유관기관의 임직원인 경우에는, 그가 한 일이 형식과 내용 등에서 직무범위 내에 속하는 사항으로서 법령 그 밖의 관련 규정에 따라 직무수행 과정에서 준수해야 할 원칙이나 기준, 절차 등을 위반하였는지 등을 살펴 법령상 의무 없는 일을 하게 한 때에 해당하는지를 판단해야 한다.

[2] 대통령비서실 소속 비서관들인 피고인 甲과 피고인 乙이 4·16세월호참사 특별조사위원회(이하 '위원회'라 한다) 설립준비 관련 업무를 담당하거나 설립팀장으로 지원근무 중이던 해양수산부 소속 공무원들에게 '세월호 특별조사위 설립준비 추진경위 및 대응방안 문건'을 작

성하게 하고, 피고인 甲이 소속 비서관실 행정관 또는 해양수산부 공무원들에게 세월호 특별조사위원회의 동향을 파악하여 보고하도록 지시하였다는 직권남용권리행사방해의 공소사실로 기소된 사안에서, 대통령비서실과 해양수산부 사이에 현안의 협의·조정 등을 위해 업무 협조가 필요하여 해당 공무원들이 피고인 甲과 피고인 乙의 협조 등 요청에 응하여야 하는 경우도 있으나, 해당 공무원들은 위원회의 정치적 중립성, 업무의 독립성·객관성을 보장할 의무가 있고, 위원회 설립준비팀장으로 지원근무를 하게 된 해당 공무원에게는 파견 공무원에 준하는 직무상 독립성이 요구되는 점, 해당 공무원들이 위원회 직원을 통해 위원회 내부 동향을 파악하여 피고인 甲에게 보고하는 행위는 경우에 따라 4·16세월호참사 진상규명 및 안전사회 건설 등을 위한 특별법 제51조 제3항 제1호에 따라 처벌되는 비밀준수의무 위반행위에 가담한 행위로 평가될 수 있는 점 등을 종합하면, 피고인 甲과 피고인 乙이 해당 공무원들에게 문건을 작성하거나 동향을 보고하게 함으로써 직무수행의 원칙과 기준 등을 위반하여 업무를 수행하게 하여 법령상 의무 없는 일을 하게 한 때에 해당한다고 볼 여지가 있는데도, 이와 달리 본 원심판단에 법리오해의 잘못이 있다고 한 사례.

제124조(불법체포, 불법감금)
① 재판, 검찰, 경찰 기타 인신구속에 관한 직무를 행하는 자 또는 이를 보조하는 자가 그 직권을 남용하여 사람을 체포 또는 감금한 때에는 7년 이하의 징역과 10년 이하의 자격정지에 처한다.
② 전항의 미수범은 처벌한다.

제125조(폭행, 가혹행위)
재판, 검찰, 경찰 그 밖에 인신구속에 관한 직무를 수행하는 자 또는 이를 보조하는 자가 그 직무를 수행하면서 형사피의자나 그 밖의 사람에 대하여 폭행 또는 가혹행위를 한 경우에는 5년 이하의 징역과 10년 이하의 자격정지에 처한다.
[전문개정 2020. 12. 8.]

제126조(피의사실공표)
검찰, 경찰 그 밖에 범죄수사에 관한 직무를 수행하는 자 또는 이를 감독하거나 보조하는 자가 그 직무를 수행하면서 알게 된 피의사실을 공소제기 전에 공표(公表)한 경우에는 3년 이하의 징역 또는 5년 이하의 자격정지에 처한다.
[전문개정 2020. 12. 8.]

제127조(공무상 비밀의 누설)
공무원 또는 공무원이었던 자가 법령에 의한 직무상 비밀을 누설한 때에는 2년 이하의 징역이나 금고 또는 5년 이하의 자격정지에 처한다.

제128조(선거방해)
검찰, 경찰 또는 군의 직에 있는 공무원이 법령에 의한 선거에 관하여 선거인, 입후보자 또는 입후보자되려는 자에게 협박을 가하거나 기타 방법으로 선거의 자유를 방해한 때에는 10년 이하의 징역과 5년 이상의 자격정지에 처한다.

제129조(수뢰, 사전수뢰)

① 공무원 또는 중재인이 그 직무에 관하여 뇌물을 수수, 요구 또는 약속한 때에는 5년 이하의 징역 또는 10년 이하의 자격정지에 처한다.

② 공무원 또는 중재인이 될 자가 그 담당할 직무에 관하여 청탁을 받고 뇌물을 수수, 요구 또는 약속한 후 공무원 또는 중재인이 된 때에는 3년 이하의 징역 또는 7년 이하의 자격정지에 처한다.

[한정위헌, 2011헌바117, 2012.12.27. 형법(1953.9.18. 법률 제293호로 제정된 것) 제129조 제1항의 '공무원'에 구 '제주특별자치도 설치 및 국제자유도시 조성을 위한 특별법'(2007.7.27. 법률 제8566호로 개정되기 전의 것) 제299조 제2항의 제주특별자치도통합영향평가심의위원회 심의위원 중 위촉위원이 포함되는 것으로 해석하는 한 헌법에 위반된다.]

제130조(제삼자뇌물제공)

공무원 또는 중재인이 그 직무에 관하여 부정한 청탁을 받고 제3자에게 뇌물을 공여하게 하거나 공여를 요구 또는 약속한 때에는 5년 이하의 징역 또는 10년 이하의 자격정지에 처한다.

제131조(수뢰후부정처사, 사후수뢰)

① 공무원 또는 중재인이 전2조의 죄를 범하여 부정한 행위를 한 때에는 1년 이상의 유기징역에 처한다.

② 공무원 또는 중재인이 그 직무상 부정한 행위를 한 후 뇌물을 수수, 요구 또는 약속하거나 제삼자에게 이를 공여하게 하거나 공여를 요구 또는 약속한 때에도 전항의 형과 같다.

③ 공무원 또는 중재인이었던 자가 그 재직 중에 청탁을 받고 직무상 부정한 행위를 한 후 뇌물을 수수, 요구 또는 약속한 때에는 5년 이하의 징역 또는 10년 이하의 자격정지에 처한다.

④ 전3항의 경우에는 10년 이하의 자격정지를 병과할 수 있다.

제132조(알선수뢰)

공무원이 그 지위를 이용하여 다른 공무원의 직무에 속한 사항의 알선에 관하여 뇌물을 수수, 요구 또는 약속한 때에는 3년 이하의 징역 또는 7년 이하의 자격정지에 처한다.

특정범죄가중처벌등에관한법률위반(뇌물)·상해·업무상횡령(도시정비법상조합 임원의 뇌물 사건)

[대법원 2016.1.14. 선고, 2015도15798, 판결]

【판시사항】

도시 및 주거환경정비법상 정비사업조합의 임원이 조합 임원의 지위를 상실하거나 직무수행권을 상실한 후에도 조합 임원으로 등기되어 있는 상태에서 계속하여 실질적으로 조합 임원으로서 직무를 수행하여 온 경우, 그 조합 임원을 같은 법 제84조에 따라 형법상 뇌물죄의 적용에서 '공무원'으로 보아야 하는지 여부(적극)

【판결요지】
도시 및 주거환경정비법(이하 '도시정비법'이라고 한다) 제84조의 문언과 취지, 형법상 뇌물죄의 보호법익 등을 고려하면, 정비사업조합의 임원이 정비구역 안에 있는 토지 또는 건축물의 소유권 또는 지상권을 상실함으로써 조합 임원의 지위를 상실한 경우나 임기가 만료된 정비사업조합의 임원이 관련 규정에 따라 후임자가 선임될 때까지 계속하여 직무를 수행하다가 후임자가 선임되어 직무수행권을 상실한 경우, 그 조합임원이 그 후에도 조합의 법인 등기부에 임원으로 등기되어 있는 상태에서 계속하여 실질적으로 조합 임원으로서의 직무를 수행하여 왔다면 직무수행의 공정과 그에 대한사회의 신뢰 및 직무행위의 불가매수성은 여전히 보호되어야 한다. 따라서 그 조합 임원은 임원의 지위 상실이나 직무수행권의 상실에도 불구하고 도시정비법 제84조에 따라 형법 제129조 내지 제132조의 적용에서 공무원으로 보아야 한다.

제133조(뇌물공여 등)
① 제129조부터 제132조까지에 기재한 뇌물을 약속, 공여 또는 공여의 의사를 표시한 자는 5년 이하의 징역 또는 2천만원 이하의 벌금에 처한다.
② 제1항의 행위에 제공할 목적으로 제3자에게 금품을 교부한 자 또는 그 사정을 알면서 금품을 교부받은 제3자도 제1항의 형에 처한다.
[전문개정 2020. 12. 8.]

제134조(몰수, 추징)
범인 또는 사정을 아는 제3자가 받은 뇌물 또는 뇌물로 제공하려고 한 금품은 몰수한다. 이를 몰수할 수 없을 경우에는 그 가액을 추징한다.
[전문개정 2020. 12. 8.]

제135조(공무원의 직무상 범죄에 대한 형의 가중)
공무원이 직권을 이용하여 본장 이외의 죄를 범한 때에는 그 죄에 정한 형의 2분의 1까지 가중한다. 단 공무원의 신분에 의하여 특별히 형이 규정된 때에는 예외로 한다.

제8장 공무방해에 관한 죄

제136조(공무집행방해)
① 직무를 집행하는 공무원에 대하여 폭행 또는 협박한 자는 5년 이하의 징역 또는 1천만원 이하의 벌금에 처한다. 〈개정 1995. 12. 29.〉
② 공무원에 대하여 그 직무상의 행위를 강요 또는 조지하거나 그 직을 사퇴하게

할 목적으로 폭행 또는 협박한 자도 전항의 형과 같다.

특수공무집행방해치상 · 업무방해 · 폭력행위등처벌에관한법률위반(공동재물손괴등) · 건조물침입
[대법원 2021. 9. 16., 선고, 2015도12632, 판결]

【판시사항】

[1] 공무집행방해죄에서 '적법한 공무집행'의 의미와 판단 기준 / 공무원이 구체적 상황에 비추어 그 인적·물적 능력의 범위 내에서 적절한 조치라는 판단에 따라 직무를 수행한 경우, 그 위법 여부(한정 소극)

[2] 쟁의행위가 업무방해죄에 해당한다는 정을 알면서 제3자가 쟁의행위의 실행을 용이하게 한 경우, 업무방해방조죄가 성립할 수 있는지 여부(적극) / 위법한 쟁의행위에 대한 조력행위가 업무방해방조에 해당하는지 판단할 때 유의하여야 할 사항

[3] 방조범이 성립하기 위한 요건 / 정범의 범죄 실현과 밀접한 관련이 없는 행위를 도와준 데 지나지 않는 경우, 방조범이 성립하는지 여부(소극)

【판결요지】

[1] 공무집행방해죄는 공무원의 직무집행이 적법한 경우에 성립한다. 여기서 적법한 공무집행이란 그 행위가 공무원의 추상적 권한에 속할 뿐 아니라 구체적으로도 그 권한 내에 있어야 하고 직무행위로서의 중요한 방식을 갖추어야 한다. 추상적인 권한에 속하는 공무원의 어떠한 공무집행이 적법한지 여부는 행위 당시의 구체적 상황에 기하여 객관적·합리적으로 판단하여야 한다. 한편 공무원이 구체적 상황에 비추어 그 인적·물적 능력의 범위 내에서 적절한 조치라는 판단에 따라 직무를 수행한 경우에는, 그러한 직무수행이 객관적 정당성을 상실하여 현저하게 불합리한 것으로 인정되지 않는 한 이를 위법하다고 할 수 없다.

[2] 쟁의행위가 업무방해죄에 해당하는 경우 제3자가 그러한 정을 알면서 쟁의행위의 실행을 용이하게 한 경우에는 업무방해방조죄가 성립할 수 있다. 다만 헌법 제33조 제1항이 규정하고 있는 노동3권을 실질적으로 보장하기 위해서는 근로자나 노동조합이 노동3권을 행사할 때 제3자의 조력을 폭넓게 받을 수 있도록 할 필요가 있고, 나아가 근로자나 노동조합에 조력하는 제3자도 헌법 제21조에 따른 표현의 자유나 헌법 제10조에 내재된 일반적 행동의 자유를 가지고 있으므로, 위법한 쟁의행위에 대한 조력행위가 업무방해방조에 해당하는지 판단할 때는 헌법이 보장하는 위와 같은 기본권이 위축되지 않도록 업무방해방조죄의 성립 범위를 신중하게 판단하여야 한다.

[3] 방조범은 정범에 종속하여 성립하는 범죄이므로 방조행위와 정범의 범죄 실현 사이에는 인과관계가 필요하다. 방조범이 성립하려면 방조행위가 정범의 범죄 실현과 밀접한 관련이 있고 정범으로 하여금 구체적 위험을 실현시키거나 범죄결과를 발생시킬 기회를 높이는 등으로 정범의 범죄 실현에 현실적인 기여를 하였다고 평가할 수 있어야 한다. 정범의 범죄 실현과 밀접한 관련이 없는 행위를 도와준 데 지나지 않는 경우에는 방조범이 성립하지 않는다.

제137조(위계에 의한 공무집행방해)
위계로써 공무원의 직무집행을 방해한 자는 5년 이하의 징역 또는 1천만원 이하의

벌금에 처한다. 〈개정 1995. 12. 29.〉

제138조(법정 또는 국회회의장모욕)
법원의 재판 또는 국회의 심의를 방해 또는 위협할 목적으로 법정이나 국회회의장 또는 그 부근에서 모욕 또는 소동한 자는 3년 이하의 징역 또는 700만원 이하의 벌금에 처한다. 〈개정 1995. 12. 29.〉

제139조(인권옹호직무방해)
경찰의 직무를 행하는 자 또는 이를 보조하는 자가 인권옹호에 관한 검사의 직무집행을 방해하거나 그 명령을 준수하지 아니한 때에는 5년 이하의 징역 또는 10년 이하의 자격정지에 처한다.

제140조(공무상비밀표시무효)
① 공무원이 그 직무에 관하여 실시한 봉인 또는 압류 기타 강제처분의 표시를 손상 또는 은닉하거나 기타 방법으로 그 효용을 해한 자는 5년 이하의 징역 또는 700만원 이하의 벌금에 처한다. 〈개정 1995. 12. 29.〉
② 공무원이 그 직무에 관하여 봉함 기타 비밀장치한 문서 또는 도화를 개봉한 자도 제1항의 형과 같다. 〈개정 1995. 12. 29.〉
③ 공무원이 그 직무에 관하여 봉함 기타 비밀장치한 문서, 도화 또는 전자기록등 특수매체기록을 기술적 수단을 이용하여 그 내용을 알아낸 자도 제1항의 형과 같다. 〈신설 1995. 12. 29.〉

제140조의2(부동산강제집행효용침해)
강제집행으로 명도 또는 인도된 부동산에 침입하거나 기타 방법으로 강제집행의 효용을 해한 자는 5년 이하의 징역 또는 700만원 이하의 벌금에 처한다.
[본조신설 1995. 12. 29.]

제141조(공용서류 등의 무효, 공용물의 파괴)
① 공무소에서 사용하는 서류 기타 물건 또는 전자기록등 특수매체기록을 손상 또는 은닉하거나 기타 방법으로 그 효용을 해한 자는 7년 이하의 징역 또는 1천만원 이하의 벌금에 처한다. 〈개정 1995. 12. 29.〉
② 공무소에서 사용하는 건조물, 선박, 기차 또는 항공기를 파괴한 자는 1년 이상 10년 이하의 징역에 처한다.

제142조(공무상 보관물의 무효)
공무소로부터 보관명령을 받거나 공무소의 명령으로 타인이 관리하는 자기의 물건을 손상 또는 은닉하거나 기타 방법으로 그 효용을 해한 자는 5년 이하의 징역 또

는 700만원 이하의 벌금에 처한다. 〈개정 1995. 12. 29.〉

제143조(미수범)
제140조 내지 전조의 미수범은 처벌한다.

제144조(특수공무방해)
① 단체 또는 다중의 위력을 보이거나 위험한 물건을 휴대하여 제136조, 제138조와 제140조 내지 전조의 죄를 범한 때에는 각조에 정한 형의 2분의 1까지 가중한다.
② 제1항의 죄를 범하여 공무원을 상해에 이르게 한 때에는 3년 이상의 유기징역에 처한다. 사망에 이르게 한 때에는 무기 또는 5년 이상의 징역에 처한다. 〈개정 1995. 12. 29.〉

제9장 도주와 범인은닉의 죄

제145조(도주, 집합명령위반)
① 법률에 따라 체포되거나 구금된 자가 도주한 경우에는 1년 이하의 징역에 처한다.
② 제1항의 구금된 자가 천재지변이나 사변 그 밖에 법령에 따라 잠시 석방된 상황에서 정당한 이유없이 집합명령에 위반한 경우에도 제1항의 형에 처한다.
[전문개정 2020. 12. 8.]

제146조(특수도주)
수용설비 또는 기구를 손괴하거나 사람에게 폭행 또는 협박을 가하거나 2인 이상이 합동하여 전조제1항의 죄를 범한 자는 7년 이하의 징역에 처한다.

제147조(도주원조)
법률에 의하여 구금된 자를 탈취하거나 도주하게 한 자는 10년 이하의 징역에 처한다.

제148조(간수자의 도주원조)
법률에 의하여 구금된 자를 간수 또는 호송하는 자가 이를 도주하게 한 때에는 1년 이상 10년 이하의 징역에 처한다.

제149조(미수범)
전4조의 미수범은 처벌한다.

제150조(예비, 음모)

제147조와 제148조의 죄를 범할 목적으로 예비 또는 음모한 자는 3년 이하의 징역에 처한다.

제151조(범인은닉과 친족간의 특례)
① 벌금 이상의 형에 해당하는 죄를 범한 자를 은닉 또는 도피하게 한 자는 3년 이하의 징역 또는 500만원 이하의 벌금에 처한다. 〈개정 1995. 12. 29.〉
② 친족 또는 동거의 가족이 본인을 위하여 전항의 죄를 범한 때에는 처벌하지 아니한다. 〈개정 2005. 3. 31.〉

제10장 위증과 증거인멸의 죄

제152조(위증, 모해위증)
① 법률에 의하여 선서한 증인이 허위의 진술을 한 때에는 5년 이하의 징역 또는 1천만원 이하의 벌금에 처한다. 〈개정 1995. 12. 29.〉
② 형사사건 또는 징계사건에 관하여 피고인, 피의자 또는 징계혐의자를 모해할 목적으로 전항의 죄를 범한 때에는 10년 이하의 징역에 처한다.

제153조(자백, 자수)
전조의 죄를 범한 자가 그 공술한 사건의 재판 또는 징계처분이 확정되기 전에 자백 또는 자수한 때에는 그 형을 감경 또는 면제한다.

제154조(허위의 감정, 통역, 번역)
법률에 의하여 선서한 감정인, 통역인 또는 번역인이 허위의 감정, 통역 또는 번역을 한 때에는 전2조의 예에 의한다.

제155조(증거인멸 등과 친족간의 특례)
① 타인의 형사사건 또는 징계사건에 관한 증거를 인멸, 은닉, 위조 또는 변조하거나 위조 또는 변조한 증거를 사용한 자는 5년 이하의 징역 또는 700만원 이하의 벌금에 처한다. 〈개정 1995. 12. 29.〉
② 타인의 형사사건 또는 징계사건에 관한 증인을 은닉 또는 도피하게 한 자도 제1항의 형과 같다. 〈개정 1995. 12. 29.〉
③ 피고인, 피의자 또는 징계혐의자를 모해할 목적으로 전2항의 죄를 범한 자는 10년 이하의 징역에 처한다.
④ 친족 또는 동거의 가족이 본인을 위하여 본조의 죄를 범한 때에는 처벌하지 아니한다. 〈개정 2005. 3. 31.〉

증거위조·위조증거사용

[대법원 2021. 1. 28., 선고, 2020도2642, 판결]

【판시사항】

[1] 증거위조죄에서 말하는 '증거'의 의미 / 형 또는 징계의 경중에 관계있는 정상을 인정하는 데 도움이 될 자료가 증거위조죄의 증거에 포함되는지 여부(적극)

[2] 증거위조죄에서 말하는 '위조'의 의미 / 사실의 증명을 위해 작성된 문서가 그 사실에 관한 내용이나 작성명의 등에 아무런 허위가 없는 경우, '증거위조'에 해당하는지 여부(소극) 및 사실증명에 관한 문서가 형사사건 또는 징계사건에서 허위의 주장에 관한 증거로 제출되어 그 주장을 뒷받침하게 되더라도 마찬가지인지 여부(적극)

【판결요지】

[1] 형법 제155조 제1항의 증거위조죄에서 말하는 '증거'란 타인의 형사사건 또는 징계사건에 관하여 수사기관이나 법원 또는 징계기관이 국가의 형벌권 또는 징계권의 유무를 확인하는 데 관계있다고 인정되는 일체의 자료를 뜻한다. 따라서 범죄 또는 징계사유의 성립 여부에 관한 것뿐만 아니라 형 또는 징계의 경중에 관계있는 정상을 인정하는 데 도움이 될 자료까지도 본조가 규정한 증거에 포함된다.

[2] 형법 제155조 제1항은 타인의 형사사건 또는 징계사건에 관한 증거를 인멸, 은닉, 위조 또는 변조하거나 위조 또는 변조한 증거를 사용한 자를 처벌하고 있고, 여기서의 '위조'란 문서에 관한 죄의 위조 개념과는 달리 새로운 증거의 창조를 의미한다. 그러나 사실의 증명을 위해 작성된 문서가 그 사실에 관한 내용이나 작성명의 등에 아무런 허위가 없다면 '증거위조'에 해당한다고 볼 수 없다. 설령 사실증명에 관한 문서가 형사사건 또는 징계사건에서 허위의 주장에 관한 증거로 제출되어 그 주장을 뒷받침하게 되더라도 마찬가지이다.

제11장 무고의 죄

제156조(무고)

타인으로 하여금 형사처분 또는 징계처분을 받게 할 목적으로 공무소 또는 공무원에 대하여 허위의 사실을 신고한 자는 10년 이하의 징역 또는 1천500만원 이하의 벌금에 처한다. 〈개정 1995. 12. 29.〉

제157조(자백·자수)

제153조는 전조에 준용한다.

제12장 신앙에 관한 죄

제158조(장례식등의 방해)

장례식, 제사, 예배 또는 설교를 방해한 자는 3년 이하의 징역 또는 500만원 이하

의 벌금에 처한다. 〈개정 1995. 12. 29.〉

제159조(시체 등의 오욕)

시체, 유골 또는 유발(遺髮)을 오욕한 자는 2년 이하의 징역 또는 500만원 이하의 벌금에 처한다.

[전문개정 2020. 12. 8.]

제160조(분묘의 발굴)

분묘를 발굴한 자는 5년 이하의 징역에 처한다.

제161조(시체 등의 유기 등)

① 시체, 유골, 유발 또는 관 속에 넣어 둔 물건을 손괴(損壞), 유기, 은닉 또는 영득(領得)한 자는 7년 이하의 징역에 처한다.
② 분묘를 발굴하여 제1항의 죄를 지은 자는 10년 이하의 징역에 처한다.

[전문개정 2020. 12. 8.]

제162조(미수범)

전2조의 미수범은 처벌한다.

제163조(변사체 검시 방해)

변사자의 시체 또는 변사(變死)로 의심되는 시체를 은닉하거나 변경하거나 그 밖의 방법으로 검시(檢視)를 방해한 자는 700만원 이하의 벌금에 처한다.

[전문개정 2020. 12. 8.]

제13장 방화와 실화의 죄

제164조(현주건조물 등 방화)

① 불을 놓아 사람이 주거로 사용하거나 사람이 현존하는 건조물, 기차, 전차, 자동차, 선박, 항공기 또는 지하채굴시설을 불태운 자는 무기 또는 3년 이상의 징역에 처한다.
② 제1항의 죄를 지어 사람을 상해에 이르게 한 경우에는 무기 또는 5년 이상의 징역에 처한다. 사망에 이르게 한 경우에는 사형, 무기 또는 7년 이상의 징역에 처한다.

[전문개정 2020. 12. 8.]

제165조(공용건조물 등 방화)

불을 놓아 공용(公用)으로 사용하거나 공익을 위해 사용하는 건조물, 기차, 전차, 자동차,

선박, 항공기 또는 지하채굴시설을 불태운 자는 무기 또는 3년 이상의 징역에 처한다.
[전문개정 2020. 12. 8.]

제166조(일반건조물 등 방화)

① 불을 놓아 제164조와 제165조에 기재한 외의 건조물, 기차, 전차, 자동차, 선박, 항공기 또는 지하채굴시설을 불태운 자는 2년 이상의 유기징역에 처한다.

② 자기 소유인 제1항의 물건을 불태워 공공의 위험을 발생하게 한 자는 7년 이하의 징역 또는 1천만원 이하의 벌금에 처한다.
[전문개정 2020. 12. 8.]

제167조(일반물건 방화)

① 불을 놓아 제164조부터 제166조까지에 기재한 외의 물건을 불태워 공공의 위험을 발생하게 한 자는 1년 이상 10년 이하의 징역에 처한다.

② 제1항의 물건이 자기 소유인 경우에는 3년 이하의 징역 또는 700만원 이하의 벌금에 처한다.
[전문개정 2020. 12. 8.]

제168조(연소)

① 제166조제2항 또는 전조제2항의 죄를 범하여 제164조, 제165조 또는 제166조제1항에 기재한 물건에 연소한 때에는 1년 이상 10년 이하의 징역에 처한다.

② 전조제2항의 죄를 범하여 전조제1항에 기재한 물건에 연소한 때에는 5년 이하의 징역에 처한다.

제169조(진화방해)

화재에 있어서 진화용의 시설 또는 물건을 은닉 또는 손괴하거나 기타 방법으로 진화를 방해한 자는 10년 이하의 징역에 처한다.

제170조(실화)

① 과실로 제164조 또는 제165조에 기재한 물건 또는 타인 소유인 제166조에 기재한 물건을 불태운 자는 1천500만원 이하의 벌금에 처한다.

② 과실로 자기 소유인 제166조의 물건 또는 제167조에 기재한 물건을 불태워 공공의 위험을 발생하게 한 자도 제1항의 형에 처한다.
[전문개정 2020. 12. 8.]

제171조(업무상실화, 중실화)

업무상과실 또는 중대한 과실로 인하여 제170조의 죄를 범한 자는 3년 이하의 금고 또는 2천만원 이하의 벌금에 처한다. 〈개정 1995. 12. 29.〉

제172조(폭발성물건파열)

① 보일러, 고압가스 기타 폭발성있는 물건을 파열시켜 사람의 생명, 신체 또는 재산에 대하여 위험을 발생시킨 자는 1년 이상의 유기징역에 처한다.

② 제1항의 죄를 범하여 사람을 상해에 이르게 한 때에는 무기 또는 3년 이상의 징역에 처한다. 사망에 이르게 한 때에는 무기 또는 5년 이상의 징역에 처한다.

[전문개정 1995. 12. 29.]

제172조의2(가스·전기등 방류)

① 가스, 전기, 증기 또는 방사선이나 방사성 물질을 방출, 유출 또는 살포시켜 사람의 생명, 신체 또는 재산에 대하여 위험을 발생시킨 자는 1년 이상 10년 이하의 징역에 처한다.

② 제1항의 죄를 범하여 사람을 상해에 이르게 한 때에는 무기 또는 3년 이상의 징역에 처한다. 사망에 이르게 한 때에는 무기 또는 5년 이상의 징역에 처한다.

[본조신설 1995. 12. 29.]

제173조(가스·전기등 공급방해)

① 가스, 전기 또는 증기의 공작물을 손괴 또는 제거하거나 기타 방법으로 가스, 전기 또는 증기의 공급이나 사용을 방해하여 공공의 위험을 발생하게 한 자는 1년 이상 10년 이하의 징역에 처한다. 〈개정 1995. 12. 29.〉

② 공공용의 가스, 전기 또는 증기의 공작물을 손괴 또는 제거하거나 기타 방법으로 가스, 전기 또는 증기의 공급이나 사용을 방해한 자도 전항의 형과 같다. 〈개정 1995. 12. 29.〉

③ 제1항 또는 제2항의 죄를 범하여 사람을 상해에 이르게 한 때에는 2년 이상의 유기징역에 처한다. 사망에 이르게 한 때에는 무기 또는 3년이상의 징역에 처한다. 〈개정 1995. 12. 29.〉

[제목개정 1995. 2. 29.]

제173조의2(과실폭발성물건파열등)

① 과실로 제172조제1항, 제172조의2제1항, 제173조제1항과 제2항의 죄를 범한 자는 5년 이하의 금고 또는 1천500만원 이하의 벌금에 처한다.

② 업무상과실 또는 중대한 과실로 제1항의 죄를 범한 자는 7년 이하의 금고 또는 2천만원 이하의 벌금에 처한다.

[본조신설 1995. 12. 29.]

제174조(미수범)

제164조제1항, 제165조, 제166조제1항, 제172조제1항, 제172조의2제1항, 제173

조제1항과 제2항의 미수범은 처벌한다.
[전문개정 1995. 12. 29.]

제175조(예비, 음모)
제164조제1항, 제165조, 제166조제1항, 제172조제1항, 제172조의2제1항, 제173
조제1항과 제2항의 죄를 범할 목적으로 예비 또는 음모한 자는 5년 이하의 징역에
처한다. 단 그 목적한 죄의 실행에 이르기 전에 자수한 때에는 형을 감경 또는 면
제한다. 〈개정 1995. 12. 29.〉

제176조(타인의 권리대상이 된 자기의 물건)
자기의 소유에 속하는 물건이라도 압류 기타 강제처분을 받거나 타인의 권리 또는
보험의 목적물이 된 때에는 본장의 규정의 적용에 있어서 타인의 물건으로 간주한다.

제14장 일수와 수리에 관한 죄

제177조(현주건조물등에의 일수)
① 물을 넘겨 사람이 주거에 사용하거나 사람이 현존하는 건조물, 기차, 전차, 자동
　차, 선박, 항공기 또는 광갱을 침해한 자는 무기 또는 3년 이상의 징역에 처한다.
② 제1항의 죄를 범하여 사람을 상해에 이르게 한 때에는 무기 또는 5년 이상의
　징역에 처한다. 사망에 이르게 한 때에는 무기 또는 7년 이상의 징역에 처한다.
[전문개정 1995. 12. 29.]

제178조(공용건조물 등에의 일수)
물을 넘겨 공용 또는 공익에 공하는 건조물, 기차, 전차, 자동차, 선박, 항공기 또는
광갱을 침해한 자는 무기 또는 2년 이상의 징역에 처한다.

제179조(일반건조물 등에의 일수)
① 물을 넘겨 전2조에 기재한 이외의 건조물, 기차, 전차, 자동차, 선박, 항공기 또는
　광갱 기타 타인의 재산을 침해한 자는 1년 이상 10년 이하의 징역에 처한다.
② 자기의 소유에 속하는 전항의 물건을 침해하여 공공의 위험을 발생하게 한 때에는
　3년 이하의 징역 또는 700만원 이하의 벌금에 처한다. 〈개정 1995. 12. 29.〉
③ 제176조의 규정은 본조의 경우에 준용한다.

제180조(방수방해)
수재에 있어서 방수용의 시설 또는 물건을 손괴 또는 은닉하거나 기타 방법으로 방
수를 방해한 자는 10년 이하의 징역에 처한다.

제181조(과실일수)

과실로 인하여 제177조 또는 제178조에 기재한 물건을 침해한 자 또는 제179조에 기재한 물건을 침해하여 공공의 위험을 발생하게 한 자는 1천만원 이하의 벌금에 처한다. 〈개정 1995. 12. 29.〉

제182조(미수범)

제177조 내지 제179조제1항의 미수범은 처벌한다.

제183조(예비, 음모)

제177조 내지 제179조제1항의 죄를 범할 목적으로 예비 또는 음모한 자는 3년 이하의 징역에 처한다.

제184조(수리방해)

둑을 무너뜨리거나 수문을 파괴하거나 그 밖의 방법으로 수리(水利)를 방해한 자는 5년 이하의 징역 또는 700만원 이하의 벌금에 처한다.
[전문개정 2020. 12. 8.]

제15장 교통방해의 죄

제185조(일반교통방해)

육로, 수로 또는 교량을 손괴 또는 불통하게 하거나 기타 방법으로 교통을 방해한 자는 10년 이하의 징역 또는 1천500만원 이하의 벌금에 처한다. 〈개정 1995. 12. 29.〉

토지인도

[대법원 2021. 3. 11., 선고, 2020다229239, 판결]

【판시사항】
[1] 일반 공중의 통행에 공용된 도로의 통행을 방해함으로써 특정인의 통행의 자유를 침해한 경우, 민법상 불법행위에 해당하는지 여부(적극) 및 이때 침해를 받은 자가 통행방해 행위의 금지를 소구할 수 있는지 여부(적극)
[2] 형법 제185조의 일반교통방해죄에서 말하는 '육로'의 의미 및 어떤 도로가 일반 공중의 통행에 공용된 도로에 해당하는 경우, 일반 공중의 자유로운 통행이 형법상 일반교통방해죄에 의해서도 보장되는지 여부(적극)
[3] 일반 공중의 통행에 공용되는 도로 부지의 소유자가 이를 점유·관리하는 지방자치단체를 상대로 도로의 철거, 점유 이전 또는 통행금지를 청구하는 것이 권리남용에 해당하는지 여부(원칙적 적극)
[4] 甲 지방자치단체가 乙 사찰로 출입하는 유일한 통행로로서 사찰의 승려, 신도, 탐방객 및

인근 주민들이 이용하고 있던 도로를 농어촌도로 정비법 제2조 제1항의 농어촌도로로 지정하고 30년 이상 관리하고 있었는데, 위 도로가 있는 임야를 임의경매절차에서 매수한 丙이 甲 지방자치단체를 상대로 도로의 철거 및 인도를 구한 사안에서, 위 도로는 일반 공중의 통행에 공용되는 도로, 즉 공로에 해당한다고 봄이 타당하고, 丙의 청구는 권리남용이라고 볼 여지가 큰데도, 이와 달리 본 원심판단에 법리오해의 잘못이 있다고 한 사례

【판결요지】

[1] 불특정 다수인인 일반 공중의 통행에 공용된 도로, 즉 공로(公路)를 통행하고자 하는 자는 그 도로에 관하여 다른 사람이 가지는 권리 등을 침해한다는 등의 특별한 사정이 없는 한, 일상생활상 필요한 범위 내에서 다른 사람들과 같은 방법으로 그 도로를 통행할 자유가 있고, 제3자가 특정인에 대하여만 그 도로의 통행을 방해함으로써 일상생활에 지장을 받게 하는 등의 방법으로 특정인의 통행의 자유를 침해하였다면 민법상 불법행위에 해당하며, 침해를 받은 자로서는 방해의 배제나 장래에 생길 방해를 예방하기 위하여 통행방해 행위의 금지를 소구할 수 있다.

[2] 형법 제185조는 일반교통방해죄에 관하여 "육로, 수로 또는 교량을 손괴 또는 불통하게 하거나 기타 방법으로 교통을 방해한 자를 10년 이하의 징역 또는 1천 500만 원 이하의 벌금에 처한다."라고 규정하고 있다. 여기에서 '육로'란 일반 공중의 통행에 공용된 장소, 즉 특정인에 한하지 않고 불특정 다수인 또는 차마가 자유롭게 통행할 수 있는 공공성을 지닌 장소를 말하며, 공로라고도 불린다. 그 부지의 소유관계나 통행권리관계 또는 통행인의 많고 적음 등은 가리지 않으며, 부지의 소유자라 하더라도 그 도로의 중간에 장애물을 놓아두거나 파헤치는 등의 방법으로 통행을 불가능하게 한 행위는 일반교통방해죄에 해당한다. 따라서 어떤 도로가 일반 공중의 통행에 공용된 도로, 즉 공로에 해당하는 경우에는 일반 공중의 자유로운 통행이 형법상 일반교통방해죄에 의해서도 보장된다고 볼 수 있다.

[3] 어떤 토지가 개설경위를 불문하고 일반 공중의 통행에 공용되는 도로, 즉 공로가 되면 그 부지의 소유권 행사는 제약을 받게 되며, 이는 소유자가 수인하여야 하는 재산권의 사회적 제약에 해당한다. 따라서 공로 부지의 소유자가 이를 점유·관리하는 지방자치단체를 상대로 공로로 제공된 도로의 철거, 점유 이전 또는 통행금지를 청구하는 것은 법질서상 원칙적으로 허용될 수 없는 '권리남용'이라고 보아야 한다.

[4] 甲 지방자치단체가 乙 사찰로 출입하는 유일한 통행로로서 사찰의 승려, 신도, 탐방객 및 인근 주민들이 이용하고 있던 도로를 농어촌도로정비법 제2조 제1항의 농어촌도로로 지정하고 30년 이상 관리하고 있었는데, 위 도로가 있는 임야를 임의경매절차에서 매수한 丙이 甲 지방자치단체를 상대로 도로의 철거 및 인도를 구한 사안에서, 위 도로는 아주 오래전에 자연발생적으로 형성되었고 甲 지방자치단체가 농어촌도로 정비법상 농어촌도로로 지정하고 30년 이상 관리하면서 일반 공중의 통행에 공용되는 도로, 즉 공로에 해당한다고 봄이 타당하고, 이러한 이용상황을 알면서도 임의경매절차에서 위 임야를 매수한 丙이 甲 지방자치단체를 상대로 도로의 철거·인도를 구하는 것은 권리남용이라고 볼 여지가 큰데도, 이와 달리 본 원심판단에 법리오해의 잘못이 있다고 한 사례.

제186조(기차, 선박 등의 교통방해)

궤도, 등대 또는 표지를 손괴하거나 기타 방법으로 기차, 전차, 자동차, 선박 또는

항공기의 교통을 방해한 자는 1년 이상의 유기징역에 처한다.

제187조(기차 등의 전복 등)

사람의 현존하는 기차, 전차, 자동차, 선박 또는 항공기를 전복, 매몰, 추락 또는 파괴한 자는 무기 또는 3년 이상의 징역에 처한다.

제188조(교통방해치사상)

제185조 내지 제187조의 죄를 범하여 사람을 상해에 이르게 한 때에는 무기 또는 3년 이상의 징역에 처한다. 사망에 이르게 한 때에는 무기 또는 5년 이상의 징역에 처한다. [전문개정 1995. 12. 29.]

제189조(과실, 업무상과실, 중과실)

① 과실로 인하여 제185조 내지 제187조의 죄를 범한 자는 1천만원 이하의 벌금에 처한다. 〈개정 1995. 12. 29.〉

② 업무상과실 또는 중대한 과실로 인하여 제185조 내지 제187조의 죄를 범한 자는 3년 이하의 금고 또는 2천만원 이하의 벌금에 처한다. 〈개정 1995. 12. 29.〉

제190조(미수범)

제185조 내지 제187조의 미수범은 처벌한다.

제191조(예비, 음모)

제186조 또는 제187조의 죄를 범할 목적으로 예비 또는 음모한 자는 3년 이하의 징역에 처한다.

제16장 먹는 물에 관한 죄

〈개정 2020. 12. 8.〉

제192조(먹는 물의 사용방해)

① 일상생활에서 먹는 물로 사용되는 물에 오물을 넣어 먹는 물로 쓰지 못하게 한 자는 1년 이하의 징역 또는 500만원 이하의 벌금에 처한다.

② 제1항의 먹는 물에 독물(毒物)이나 그 밖에 건강을 해하는 물질을 넣은 사람은 10년 이하의 징역에 처한다. [전문개정 2020. 12. 8.]

제193조(수돗물의 사용방해)

① 수도(水道)를 통해 공중이 먹는 물로 사용하는 물 또는 그 수원(水原)에 오물을

넣어 먹는 물로 쓰지 못하게 한 자는 1년 이상 10년 이하의 징역에 처한다.
② 제1항의 먹는 물 또는 수원에 독물 그 밖에 건강을 해하는 물질을 넣은 자는 2년 이상의 유기징역에 처한다.
[전문개정 2020. 12. 8.]

제194조(먹는 물 혼독치사상)
제192조제2항 또는 제193조제2항의 죄를 지어 사람을 상해에 이르게 한 경우에는 무기 또는 3년 이상의 징역에 처한다. 사망에 이르게 한 경우에는 무기 또는 5년 이상의 징역에 처한다.
[전문개정 2020. 12. 8.]

제195조(수도불통)
공중이 먹는 물을 공급하는 수도 그 밖의 시설을 손괴하거나 그 밖의 방법으로 불통(不通)하게 한 자는 1년 이상 10년 이하의 징역에 처한다.
[전문개정 2020. 12. 8.]

제196조(미수범)
제192조제2항, 제193조제2항과 전조의 미수범은 처벌한다.

제197조(예비, 음모)
제192조제2항, 제193조제2항 또는 제195조의 죄를 범할 목적으로 예비 또는 음모한 자는 2년 이하의 징역에 처한다.

제17장 아편에 관한 죄

제198조(아편 등의 제조 등)
아편, 몰핀 또는 그 화합물을 제조, 수입 또는 판매하거나 판매할 목적으로 소지한 자는 10년 이하의 징역에 처한다.

제199조(아편흡식기의 제조 등)
아편을 흡식하는 기구를 제조, 수입 또는 판매하거나 판매할 목적으로 소지한 자는 5년 이하의 징역에 처한다.

제200조(세관 공무원의 아편 등의 수입)
세관의 공무원이 아편, 몰핀이나 그 화합물 또는 아편흡식기구를 수입하거나 그 수입을 허용한 때에는 1년 이상의 유기징역에 처한다.

제201조(아편흡식 등, 동장소제공)
① 아편을 흡식하거나 몰핀을 주사한 자는 5년 이하의 징역에 처한다.
② 아편흡식 또는 몰핀 주사의 장소를 제공하여 이익을 취한 자도 전항의 형과 같다.

제202조(미수범)
전4조의 미수범은 처벌한다.

제203조(상습범)
상습으로 전5조의 죄를 범한 때에는 각조에 정한 형의 2분의 1까지 가중한다.

제204조(자격정지 또는 벌금의 병과)
제198조 내지 제203조의 경우에는 10년 이하의 자격정지 또는 2천만원 이하의 벌금을 병과할 수 있다. 〈개정 1995. 12. 29.〉

제205조(아편 등의 소지)
아편, 몰핀이나 그 화합물 또는 아편흡식기구를 소지한 자는 1년 이하의 징역 또는 500만원 이하의 벌금에 처한다. 〈개정 1995. 12. 29.〉

제206조(몰수, 추징)
본장의 죄에 제공한 아편, 몰핀이나 그 화합물 또는 아편흡식기구는 몰수한다. 그를 몰수하기 불능한 때에는 그 가액을 추징한다.

제18장 통화에 관한 죄

제207조(통화의 위조 등)
① 행사할 목적으로 통용하는 대한민국의 화폐, 지폐 또는 은행권을 위조 또는 변조한 자는 무기 또는 2년 이상의 징역에 처한다.
② 행사할 목적으로 내국에서 유통하는 외국의 화폐, 지폐 또는 은행권을 위조 또는 변조한 자는 1년 이상의 유기징역에 처한다.
③ 행사할 목적으로 외국에서 통용하는 외국의 화폐, 지폐 또는 은행권을 위조 또는 변조한 자는 10년 이하의 징역에 처한다.
④ 위조 또는 변조한 전3항 기재의 통화를 행사하거나 행사할 목적으로 수입 또는 수출한 자는 그 위조 또는 변조의 각 죄에 정한 형에 처한다.

제208조(위조통화의 취득)

행사할 목적으로 위조 또는 변조한 제207조 기재의 통화를 취득한 자는 5년 이하의 징역 또는 1천500만원 이하의 벌금에 처한다. 〈개정 1995. 12. 29.〉

제209조(자격정지 또는 벌금의 병과)

제207조 또는 제208조의 죄를 범하여 유기징역에 처할 경우에는 10년 이하의 자격정지 또는 2천만원 이하의 벌금을 병과할 수 있다. 〈개정 1995. 12. 29.〉

제210조(위조통화 취득 후의 지정행사)

제207조에 기재한 통화를 취득한 후 그 사정을 알고 행사한 자는 2년 이하의 징역 또는 500만원 이하의 벌금에 처한다.
[전문개정 2020. 12. 8.]

제211조(통화유사물의 제조 등)

① 판매할 목적으로 내국 또는 외국에서 통용하거나 유통하는 화폐, 지폐 또는 은행권에 유사한 물건을 제조, 수입 또는 수출한 자는 3년 이하의 징역 또는 700만원 이하의 벌금에 처한다. 〈개정 1995. 12. 29.〉
② 전항의 물건을 판매한 자도 전항의 형과 같다.

제212조(미수범)

제207조, 제208조와 전조의 미수범은 처벌한다.

제213조(예비, 음모)

제207조제1항 내지 제3항의 죄를 범할 목적으로 예비 또는 음모한 자는 5년 이하의 징역에 처한다. 단, 그 목적한 죄의 실행에 이르기 전에 자수한 때에는 그 형을 감경 또는 면제한다.

제19장 유가증권, 우표와 인지에 관한 죄

제214조(유가증권의 위조 등)

① 행사할 목적으로 대한민국 또는 외국의 공채증서 기타 유가증권을 위조 또는 변조한 자는 10년 이하의 징역에 처한다.
② 행사할 목적으로 유가증권의 권리의무에 관한 기재를 위조 또는 변조한 자도 전항의 형과 같다.

부정수표단속법위반·유가증권위조·위조유가증권행사·사기

[대법원 2019. 11. 28., 선고, 2019도12022, 판결]

【판시사항】

수표위조·변조죄에 관한 구 부정수표 단속법 제5조는 유가증권에 관한 형법 제214조 제1항 위반행위를 가중처벌하려는 규정인지 여부(적극) 및 이를 해석할 때 유의하여야 할 사항 / 구 부정수표 단속법 제5조에서 처벌하는 행위는 수표의 발행에 관한 위조·변조를 말하는지 여부(적극) 및 수표의 배서를 위조·변조한 경우가 이에 해당하는지 여부(소극)

【판결요지】

형법 제214조는 제1항에서 "행사할 목적으로 대한민국 또는 외국의 공채증서 기타 유가증권을 위조 또는 변조한 자는 10년 이하의 징역에 처한다."라고 정하여 유가증권의 발행에 관한 위조·변조행위를 처벌하고, 이와 별도로 제2항에서 "행사할 목적으로 유가증권의 권리의무에 관한 기재를 위조 또는 변조한 자도 전항의 형과 같다."라고 정하여 유가증권의 배서·인수·보증 등에 관한 위조·변조행위를 처벌하고 있다.

부정수표 단속법은 부정수표 등의 '발행'을 단속·처벌함으로써 국민의 경제생활의 안전과 유통증권인 수표의 기능을 보장함을 목적으로 한다(제1조). 구 부정수표 단속법(2010. 3. 24. 법률 제10185호로 개정되기 전의 것, 이하 '구 부정수표 단속법'이라 한다) 제2조에서 처벌대상으로 정하고 있는 부정수표를 작성한 자는 수표용지에 수표의 기본요건을 작성한 자라고 보아야 하므로, 구 부정수표 단속법 제2조도 부정수표 발행을 규율하는 조항이라고 해석된다. 수표위조·변조죄에 관한 구 부정수표 단속법 제5조는 "수표를 위조 또는 변조한 자는 1년 이상의 유기징역과 수표금액의 10배 이하의 벌금에 처한다."라고 정하여 수표의 강한 유통성과 거래수단으로서의 중요성을 감안하여 유가증권 중 수표의 위조·변조행위에 관하여는 범죄성립요건을 완화하여 초과주관적 구성요건인 '행사할 목적'을 요구하지 않는 한편, 형법 제214조 제1항 위반에 해당하는 다른 유가증권위조·변조행위보다 그 형을 가중하여 처벌하려는 규정이다.

위에서 본 것처럼 형법 제214조에서 발행에 관한 위조·변조는 대상을 '유가증권'으로, 배서 등에 관한 위조·변조는 대상을 '유가증권의 권리의무에 관한 기재'로 구분하여 표현하고 있는데, 구 부정수표 단속법 제5조는 위조·변조 대상을 '수표'라고만 표현하고 있다. 구 부정수표 단속법 제5조는 유가증권에 관한 형법 제214조 제1항 위반행위를 가중처벌하려는 규정이므로, 그 처벌범위가 지나치게 넓어지지 않도록 제한적으로 해석할 필요가 있다.

따라서 구 부정수표 단속법 제5조에서 처벌하는 행위는 수표의 발행에 관한 위조·변조를 말하고, 수표의 배서를 위조·변조한 경우에는 수표의 권리의무에 관한 기재를 위조·변조한 것으로서, 형법 제214조 제2항에 해당하는지 여부는 별론으로 하고 구 부정수표 단속법 제5조에는 해당하지 않는다.

제215조(자격모용에 의한 유가증권의 작성)

행사할 목적으로 타인의 자격을 모용하여 유가증권을 작성하거나 유가증권의 권리 또는 의무에 관한 사항을 기재한 자는 10년 이하의 징역에 처한다.

제216조(허위유가증권의 작성 등)

행사할 목적으로 허위의 유가증권을 작성하거나 유가증권에 허위사항을 기재한 자는 7년 이하의 징역 또는 3천만원 이하의 벌금에 처한다. 〈개정 1995. 12. 29.〉

제217조(위조유가증권 등의 행사 등)

위조, 변조, 작성 또는 허위기재한 전3조 기재의 유가증권을 행사하거나 행사할 목적으로 수입 또는 수출한 자는 10년 이하의 징역에 처한다.

제218조(인지·우표의 위조등)

① 행사할 목적으로 대한민국 또는 외국의 인지, 우표 기타 우편요금을 표시하는 증표를 위조 또는 변조한 자는 10년 이하의 징역에 처한다. 〈개정 1995. 12. 29.〉

② 위조 또는 변조된 대한민국 또는 외국의 인지, 우표 기타 우편요금을 표시하는 증표를 행사하거나 행사할 목적으로 수입 또는 수출한 자도 제1항의 형과 같다. 〈개정 1995. 12. 29.〉

[제목개정 1995. 2. 29.]

제219조(위조인지·우표등의 취득)

행사할 목적으로 위조 또는 변조한 대한민국 또는 외국의 인지, 우표 기타 우편요금을 표시하는 증표를 취득한 자는 3년 이하의 징역 또는 1천만원 이하의 벌금에 처한다. 〈개정 1995. 12. 29.〉

제220조(자격정지 또는 벌금의 병과)

제214조 내지 제219조의 죄를 범하여 징역에 처하는 경우에는 10년 이하의 자격정지 또는 2천만원 이하의 벌금을 병과할 수 있다.

[전문개정 1995. 12. 29.]

제221조(소인말소)

행사할 목적으로 대한민국 또는 외국의 인지, 우표 기타 우편요금을 표시하는 증표의 소인 기타 사용의 표지를 말소한 자는 1년 이하의 징역 또는 300만원 이하의 벌금에 처한다.

[전문개정 1995. 12. 29.]

제222조(인지·우표유사물의 제조 등)

① 판매할 목적으로 대한민국 또는 외국의 공채증서, 인지, 우표 기타 우편요금을 표시하는 증표와 유사한 물건을 제조, 수입 또는 수출한 자는 2년 이하의 징역 또는 500만원 이하의 벌금에 처한다. 〈개정 1995. 12. 29.〉

② 전항의 물건을 판매한 자도 전항의 형과 같다.

[제목개정 1995. 2. 29.]

제223조(미수범)

제214조 내지 제219조와 전조의 미수범은 처벌한다.

제224조(예비, 음모)

제214조, 제215조와 제218조제1항의 죄를 범할 목적으로 예비 또는 음모한 자는 2년 이하의 징역에 처한다.

제20장 문서에 관한 죄

제225조(공문서등의 위조 · 변조)

행사할 목적으로 공무원 또는 공무소의 문서 또는 도화를 위조 또는 변조한 자는 10년 이하의 징역에 처한다. 〈개정 1995. 12. 29.〉

제226조(자격모용에 의한 공문서 등의 작성)

행사할 목적으로 공무원 또는 공무소의 자격을 모용하여 문서 또는 도화를 작성한 자는 10년 이하의 징역에 처한다. 〈개정 1995. 12. 29.〉

제227조(허위공문서작성등)

공무원이 행사할 목적으로 그 직무에 관하여 문서 또는 도화를 허위로 작성하거나 변개한 때에는 7년 이하의 징역 또는 2천만원 이하의 벌금에 처한다.
[전문개정 1995. 12. 29.]

허위공문서작성·허위작성공문서행사[사법경찰관이 재수사 결과서에 허위 내용을 기재한 것이 허위공문서작성죄에 해당하는지 여부가 문제된 사건]
[대법원 2023. 3. 30., 선고, 2022도6886, 판결]

【판시사항】

[1] 문서에 관한 죄의 보호법익과 대상 / 공무소 또는 공무원이 직무에 관하여 진실에 반하는 허위 내용의 문서를 작성할 경우, 허위공문서작성죄가 성립하는지 여부(적극) / 허위공문서작성죄에서 '허위'의 의미 및 허위에 대한 인식 정도

[2] 사법경찰관인 피고인이 검사로부터 '교통사고 피해자들로부터 사고 경위에 대해 구체적인 진술을 청취하여 운전자 甲의 도주 여부에 대해 재수사할 것'을 요청받고, 재수사 결과서의 '재수사 결과'란에 피해자들로부터 진술을 청취하지 않았음에도 진술을 듣고 그 진술내용을 적은 것처럼 기재함으로써 허위공문서를 작성하였다는 내용으로 기소된 사안에서, 피해자들 진술로 기재된 내용 중 일부가 결과적으로 사실과 부합하는지, 재수사 요청을 받은 사법경찰관이 검사에 의하여 지목된 참고인이나 피의자 등에 대한 재조사 여부와 재조사 방식 등에 대해 재량을 가지는지 등과 무관하게 피고인의 행위는 허위공문서작성죄를 구성하고, 그에 관한 범의도 인정된다고 한 사례

【판결요지】

[1] 문서에 관한 죄의 보호법익은 문서의 증명력과 문서에 들어 있는 의사표시의 안정·신용으로, 일정한 법률관계 또는 거래상 중요한 사실에 관한 관계를 표시함으로써 증거가 될 만한 가치가 있는 문서를 대상으로 한다. 그중 공무소 또는 공무원이 직무에 관하여 진실에 반하는 허위 내용의 문서를 작성할 경우 허위공문서작성죄가 성립하고, 이는 공문서에 특별한 증명력과 신용력이 인정되기 때문에 성립의 진정뿐만 아니라 내용의 진실까지 보호하기 위함이다. 허위공문서작성죄에서 허위란 표시된 내용과 진실이 부합하지 아니하여 그 문서에 대한 공공의 신용을 위태롭게 하는 경우를 말하고, 허위공문서작성죄는 허위공문서를 작성하면서 그 내용이 허위라는 사실을 인식하면 성립한다.

[2] 사법경찰관인 피고인이 검사로부터 '교통사고 피해자들로부터 사고 경위에 대해 구체적인 진술을 청취하여 운전자 甲의 도주 여부에 대해 재수사할 것'을 요청받고, 재수사 결과서의 '재수사 결과'란에 피해자들로부터 진술을 청취하지 않았음에도 진술을 듣고 그 진술내용을 적은 것처럼 기재함으로써 허위공문서를 작성하였다는 내용으로 기소된 사안에서, 재수사 결과서의 작성 경위나 구성형태에 비추어 재수사 결과란의 기재는 피고인이 재수사 요청 취지에 따라 피해자들로부터 구체적인 진술을 듣고 진술내용을 적었음을 의미하는데 피고인은 피해자들로부터 진술을 청취하지 않았고, 특히 피고인은 피해자들이 진술한 바 없는 내용으로 자신의 독자적인 의견이나 추측에 불과한 것을 마치 피해자들로부터 직접 들은 진술인 것처럼 기재하였으므로, 피해자들 진술로 기재된 내용 중 일부가 결과적으로 사실과 부합하는지, 재수사 요청을 받은 사법경찰관이 검사에 의하여 지목된 참고인이나 피의자 등에 대한 재조사 여부와 재조사 방식 등에 대해 재량을 가지는지 등과 무관하게 피고인의 행위는 허위공문서작성죄를 구성하며, 피고인이 피해자들의 진술에 신빙성이 부족하다는 이유에서 자신의 판단에 따라 기재하는 내용이 객관적인 사실에 부합할 것이라고 생각하였다 하여 범의를 부정할 수 없다는 이유로, 이와 달리 보아 공소사실을 무죄로 판단한 원심판결에 심리미진 및 허위공문서작성죄에 관한 법리오해 등의 위법이 있다고 한 사례.

제227조의2(공전자기록위작·변작)
사무처리를 그르치게 할 목적으로 공무원 또는 공무소의 전자기록등 특수매체기록을 위작 또는 변작한 자는 10년 이하의 징역에 처한다.
[본조신설 1995. 12. 29.]

제228조(공정증서원본 등의 부실기재)
① 공무원에 대하여 허위신고를 하여 공정증서원본 또는 이와 동일한 전자기록등 특수매체기록에 부실의 사실을 기재 또는 기록하게 한 자는 5년 이하의 징역 또는 1천만원 이하의 벌금에 처한다. 〈개정 1995. 12. 29.〉
② 공무원에 대하여 허위신고를 하여 면허증, 허가증, 등록증 또는 여권에 부실의 사실을 기재하게 한 자는 3년 이하의 징역 또는 700만원 이하의 벌금에 처한다. 〈개정 1995. 12. 29.〉

제229조(위조등 공문서의 행사)

제225조 내지 제228조의 죄에 의하여 만들어진 문서, 도화, 전자기록등 특수매체 기록, 공정증서원본, 면허증, 허가증, 등록증 또는 여권을 행사한 자는 그 각 죄에 정한 형에 처한다.

[전문개정 1995. 12. 29.]

위계공무집행방해·불실기재여권행사·여권법위반

[대법원 2022. 4. 28., 선고, 2020도12239, 판결]

【판시사항】

[2] 불실기재 여권행사죄에서 '허위신고' 및 '불실(不實)의 사실'의 의미 / 여권 등 공정증서 원본에 기재된 사항이 불실기재에 해당하는지 판단하는 기준

【판결요지】

[2] 형법 제229조, 제228조 제2항에 정한 불실기재 여권행사죄에서 '허위신고'는 진실에 반하는 사실을 신고하는 것이고, '불실(不實)의 사실'은 '권리의무관계에 중요한 의미를 갖는 사항이 객관적인 진실에 반하는 것'을 말한다. 여권 등 공정증서원본에 기재된 사항이 존재하지 않거나 외관상 존재하더라도 무효사유에 해당하는 흠이 있다면 불실기재에 해당한다. 그러나 기재된 사항이나 원인된 법률행위가 객관적으로 존재하고 취소 사유에 해당하는 흠이 있을 뿐이라면 취소되기 전에 공정증서원본에 기재된 사항은 불실기재에 해당하지 않는다.

제230조(공문서 등의 부정행사)

공무원 또는 공무소의 문서 또는 도화를 부정행사한 자는 2년 이하의 징역이나 금고 또는 500만원 이하의 벌금에 처한다. 〈개정 1995. 12. 29.〉

제231조(사문서등의 위조·변조)

행사할 목적으로 권리·의무 또는 사실증명에 관한 타인의 문서 또는 도화를 위조 또는 변조한 자는 5년 이하의 징역 또는 1천만원 이하의 벌금에 처한다. 〈개정 1995. 12. 29.〉

[제목개정 1995. 2. 29.]

제232조(자격모용에 의한 사문서의 작성)

행사할 목적으로 타인의 자격을 모용하여 권리·의무 또는 사실증명에 관한 문서 또는 도화를 작성한 자는 5년 이하의 징역 또는 1천만원 이하의 벌금에 처한다. 〈개정 1995. 12. 29.〉

제232조의2(사전자기록위작·변작)

사무처리를 그르치게 할 목적으로 권리·의무 또는 사실증명에 관한 타인의 전자기록등 특수매체기록을 위작 또는 변작한 자는 5년 이하의 징역 또는 1천만원 이하

의 벌금에 처한다.
[본조신설 1995. 12. 29.]

제233조(허위진단서등의 작성)

의사, 한의사, 치과의사 또는 조산사가 진단서, 검안서 또는 생사에 관한 증명서를 허위로 작성한 때에는 3년 이하의 징역이나 금고, 7년 이하의 자격정지 또는 3천만 원 이하의 벌금에 처한다.
[전문개정 1995. 12. 29.]

제234조(위조사문서등의 행사)

제231조 내지 제233조의 죄에 의하여 만들어진 문서, 도화 또는 전자기록등 특수 매체기록을 행사한 자는 그 각 죄에 정한 형에 처한다.
[전문개정 1995. 12. 29.]

사문서위조·위조사문서행사
[대법원 2022. 3. 31., 선고, 2021도17197, 판결]

【판시사항】

[1] 아무런 부담도 지워지지 않은 채 재산을 명의신탁한 신탁자가 수탁자로부터 개별적인 승낙을 받지 않고 수탁자 명의로 신탁재산의 처분에 필요한 서류를 작성한 경우, 사문서위조·동행사죄가 성립하는지 여부(원칙적 소극) 및 신탁재산의 처분 기타 권한행사에 관하여 신탁자의 수탁자 명의사용이 허용되지 않는 경우

[2] 주식을 명의신탁한 피고인이 명의수탁자를 변경하기 위해 제3자에게 주식을 양도한 후 수탁자 명의의 증권거래세 과세표준신고서를 작성하여 관할세무서에 제출함으로써 과세표준신고서를 위조하고 이를 행사하였다는 공소사실로 기소된 사안에서, 수탁자 명의로 과세표준신고를 하는 행위는 공법행위라는 등의 이유로 사문서위조죄 및 위조사문서행사죄가 성립한다고 본 원심판단에 법리오해의 위법이 있다고 한 사례

【판결요지】

[1] 신탁자에게 아무런 부담이 지워지지 않은 채 재산이 수탁자에게 명의신탁된 경우에는 특별한 사정이 없는 한 재산의 처분 기타 권한행사에 관해서 수탁자가 자신의 명의사용을 포괄적으로 신탁자에게 허용하였다고 보아야 하므로, 신탁자가 수탁자 명의로 신탁재산의 처분에 필요한 서류를 작성할 때에 수탁자로부터 개별적인 승낙을 받지 않았더라도 사문서위조·동행사죄가 성립하지 않는다. 이에 비하여 수탁자가 명의신탁 받은 사실을 부인하여 신탁자와 수탁자 사이에 신탁재산의 소유권에 관하여 다툼이 있는 경우 또는 수탁자가 명의신탁 받은 사실 자체를 부인하지 않더라도 신탁자의 신탁재산 처분권한을 다투는 경우에는 신탁재산에 관한 처분 기타 권한행사에 관해서 신탁자에게 부여하였던 수탁자 명의사용에 대한 포괄적 허용을 철회한 것으로 볼 수 있어 명의사용이 허용되지 않는다.

[2] 주식을 명의신탁한 피고인이 명의수탁자를 변경하기 위해 제3자에게 주식을 양도한 후 수탁자 명의의 증권거래세 과세표준신고서를 작성하여 관할세무서에 제출함으로써 과

세표준신고서를 위조하고 이를 행사하였다는 공소사실로 기소된 사안에서, 신탁자에게 아무런 부담이 지워지지 않은 채 재산이 수탁자에게 명의신탁된 경우 특별한 사정이 없는 한 수탁자는 신탁자에게 자신의 명의사용을 포괄적으로 허용했다고 보는 것이 타당하므로, 사법행위와 공법행위를 구별하여 신탁재산의 처분 등과 관련한 사법상 행위에 대하여만 명의사용을 승낙하였다고 제한할 수는 없고, 특히 명의신탁된 주식의 처분 후 수탁자 명의의 과세표준신고를 하는 것은 법령에 따른 절차로서 신고를 하지 않는다면 오히려 수탁자에게 불이익할 수 있다는 점까지 고려한다면, 명의수탁자가 명의신탁주식의 처분을 허용하였음에도 처분 후 과세표준 등의 신고행위를 위한 명의사용에 대하여는 승낙을 유보하였다고 볼 특별한 사정이 존재하지 않는 한 허용된 범위에 속한다고 보아야 하므로, 수탁자 명의로 과세표준신고를 하는 행위는 공법행위라는 등의 이유로 사문서위조죄 및 위조사문서행사죄가 성립한다고 본 원심판단에 법리오해의 위법이 있다고 한 사례.

제235조(미수범)
제225조 내지 제234조의 미수범은 처벌한다. 〈개정 1995. 12. 29.〉

제236조(사문서의 부정행사)
권리·의무 또는 사실증명에 관한 타인의 문서 또는 도화를 부정행사한 자는 1년 이하의 징역이나 금고 또는 300만원 이하의 벌금에 처한다. 〈개정 1995. 12. 29.〉

제237조의2(복사문서등)
이 장의 죄에 있어서 전자복사기, 모사전송기 기타 이와 유사한 기기를 사용하여 복사한 문서 또는 도화의 사본도 문서 또는 도화로 본다.
[본조신설 1995. 12. 29.]

제21장 인장에 관한 죄

제238조(공인 등의 위조, 부정사용)
① 행사할 목적으로 공무원 또는 공무소의 인장, 서명, 기명 또는 기호를 위조 또는 부정사용한 자는 5년 이하의 징역에 처한다.
② 위조 또는 부정사용한 공무원 또는 공무소의 인장, 서명, 기명 또는 기호를 행사한 자도 전항의 형과 같다.
③ 전 2항의 경우에는 7년 이하의 자격정지를 병과할 수 있다.

제239조(사인등의 위조, 부정사용)
① 행사할 목적으로 타인의 인장, 서명, 기명 또는 기호를 위조 또는 부정사용한 자는 3년 이하의 징역에 처한다.
② 위조 또는 부정사용한 타인의 인장, 서명, 기명 또는 기호를 행사한 때에도 전항

의 형과 같다.

제240조(미수범)
본장의 미수범은 처벌한다.

제22장 성풍속에 관한 죄
〈개정 1995. 12. 29.〉

제241조 삭제 〈2016. 1. 6.〉
[2016. 1. 6. 법률 제13719호에 의하여 2015. 2. 26. 헌법재판소에서 위헌 결정된 이 조를 삭제함.]

제242조(음행매개)
영리의 목적으로 사람을 매개하여 간음하게 한 자는 3년 이하의 징역 또는 1천500만원 이하의 벌금에 처한다. 〈개정 1995. 12. 29., 2012. 12. 18.〉

제243조(음화반포등)
음란한 문서, 도화, 필름 기타 물건을 반포, 판매 또는 임대하거나 공연히 전시 또는 상영한 자는 1년 이하의 징역 또는 500만원 이하의 벌금에 처한다.
[전문개정 1995. 12. 29.]

제244조(음화제조 등)
제243조의 행위에 공할 목적으로 음란한 물건을 제조, 소지, 수입 또는 수출한 자는 1년 이하의 징역 또는 500만원 이하의 벌금에 처한다. 〈개정 1995. 12. 29.〉
[제목개정 1995. 2. 29.]

제245조(공연음란)
공연히 음란한 행위를 한 자는 1년 이하의 징역, 500만원 이하의 벌금, 구류 또는 과료에 처한다. 〈개정 1995. 12. 29.〉

제23장 도박과 복표에 관한 죄
〈개정 2013. 4. 5.〉

제246조(도박, 상습도박)
① 도박을 한 사람은 1천만원 이하의 벌금에 처한다. 다만, 일시오락 정도에 불과한 경우에는 예외로 한다.

② 상습으로 제1항의 죄를 범한 사람은 3년 이하의 징역 또는 2천만원 이하의 벌금에 처한다.
[전문개정 2013. 4. 5.]

제247조(도박장소 등 개설)
영리의 목적으로 도박을 하는 장소나 공간을 개설한 사람은 5년 이하의 징역 또는 3천만원 이하의 벌금에 처한다.
[전문개정 2013. 4. 5.]

제248조(복표의 발매 등)
① 법령에 의하지 아니한 복표를 발매한 사람은 5년 이하의 징역 또는 3천만원 이하의 벌금에 처한다.
② 제1항의 복표발매를 중개한 사람은 3년 이하의 징역 또는 2천만원 이하의 벌금에 처한다.
③ 제1항의 복표를 취득한 사람은 1천만원 이하의 벌금에 처한다.
[전문개정 2013. 4. 5.]

제249조(벌금의 병과)
제246조제2항, 제247조와 제248조제1항의 죄에 대하여는 1천만원 이하의 벌금을 병과할 수 있다.
[전문개정 2013. 4. 5.]

제24장 살인의 죄

제250조(살인, 존속살해)
① 사람을 살해한 자는 사형, 무기 또는 5년 이상의 징역에 처한다.
② 자기 또는 배우자의 직계존속을 살해한 자는 사형, 무기 또는 7년 이상의 징역에 처한다. 〈개정 1995. 12. 29.〉

제251조(영아살해)
직계존속이 치욕을 은폐하기 위하거나 양육할 수 없음을 예상하거나 특히 참작할 만한 동기로 인하여 분만중 또는 분만직후의 영아를 살해한 때에는 10년 이하의 징역에 처한다.

제252조(촉탁, 승낙에 의한 살인 등)
① 사람의 촉탁이나 승낙을 받아 그를 살해한 자는 1년 이상 10년 이하의 징역에 처한다.

② 사람을 교사하거나 방조하여 자살하게 한 자도 제1항의 형에 처한다.
[전문개정 2020. 12. 8.]

제253조(위계 등에 의한 촉탁살인 등)
전조의 경우에 위계 또는 위력으로써 촉탁 또는 승낙하게 하거나 자살을 결의하게 한 때에는 제250조의 예에 의한다.

제254조(미수범)
전4조의 미수범은 처벌한다.

제254조(미수범)
제250조, 제252조 및 제253조의 미수범은 처벌한다.
[전문개정 2023. 8. 8.] [시행일: 2024. 2. 9.] 제254조

제255조(예비, 음모)
제250조와 제253조의 죄를 범할 목적으로 예비 또는 음모한 자는 10년 이하의 징역에 처한다.

제256조(자격정지의 병과)
제250조, 제252조 또는 제253조의 경우에 유기징역에 처할 때에는 10년 이하의 자격정지를 병과할 수 있다.

제25장 상해와 폭행의 죄

제257조(상해, 존속상해)
① 사람의 신체를 상해한 자는 7년 이하의 징역, 10년 이하의 자격정지 또는 1천만원 이하의 벌금에 처한다. 〈개정 1995. 12. 29.〉
② 자기 또는 배우자의 직계존속에 대하여 제1항의 죄를 범한 때에는 10년 이하의 징역 또는 1천500만원 이하의 벌금에 처한다. 〈개정 1995. 12. 29.〉
③ 전 2항의 미수범은 처벌한다.

제258조(중상해, 존속중상해)
① 사람의 신체를 상해하여 생명에 대한 위험을 발생하게 한 자는 1년 이상 10년 이하의 징역에 처한다.
② 신체의 상해로 인하여 불구 또는 불치나 난치의 질병에 이르게 한 자도 전항의 형과 같다.

③ 자기 또는 배우자의 직계존속에 대하여 전2항의 죄를 범한 때에는 2년 이상 15년 이하의 징역에 처한다. 〈개정 2016. 1. 6.〉

제258조의2(특수상해)

① 단체 또는 다중의 위력을 보이거나 위험한 물건을 휴대하여 제257조제1항 또는 제2항의 죄를 범한 때에는 1년 이상 10년 이하의 징역에 처한다.
② 단체 또는 다중의 위력을 보이거나 위험한 물건을 휴대하여 제258조의 죄를 범한 때에는 2년 이상 20년 이하의 징역에 처한다.
③ 제1항의 미수범은 처벌한다.
[본조신설 2016. 1. 6.]

제259조(상해치사)

① 사람의 신체를 상해하여 사망에 이르게 한 자는 3년 이상의 유기징역에 처한다. 〈개정 1995. 12. 29.〉
② 자기 또는 배우자의 직계존속에 대하여 전항의 죄를 범한 때에는 무기 또는 5년 이상의 징역에 처한다.

제260조(폭행, 존속폭행)

① 사람의 신체에 대하여 폭행을 가한 자는 2년 이하의 징역, 500만원 이하의 벌금, 구류 또는 과료에 처한다. 〈개정 1995. 12. 29.〉
② 자기 또는 배우자의 직계존속에 대하여 제1항의 죄를 범한 때에는 5년 이하의 징역 또는 700만원 이하의 벌금에 처한다. 〈개정 1995. 12. 29.〉
③ 제1항 및 제2항의 죄는 피해자의 명시한 의사에 반하여 공소를 제기할 수 없다. 〈개정 1995. 12. 29.〉

제261조(특수폭행)

단체 또는 다중의 위력을 보이거나 위험한 물건을 휴대하여 제260조제1항 또는 제2항의 죄를 범한 때에는 5년 이하의 징역 또는 1천만원 이하의 벌금에 처한다. 〈개정 1995. 12. 29.〉

제262조(폭행치사상)

제260조와 제261조의 죄를 지어 사람을 사망이나 상해에 이르게 한 경우에는 제257조부터 제259조까지의 예에 따른다.
[전문개정 2020. 12. 8.]

제263조(동시범)

독립행위가 경합하여 상해의 결과를 발생하게 한 경우에 있어서 원인된 행위가 판명되지 아니한 때에는 공동정범의 예에 의한다.

제264조(상습범)
상습으로 제257조, 제258조, 제258조의2, 제260조 또는 제261조의 죄를 범한 때
에는 그 죄에 정한 형의 2분의 1까지 가중한다. 〈개정 2016. 1. 6.〉

제265조(자격정지의 병과)
제257조제2항, 제258조, 제258조의2, 제260조제2항, 제261조 또는 전조의 경우에
는 10년 이하의 자격정지를 병과할 수 있다. 〈개정 2016. 1. 6.〉

제26장 과실치사상의 죄
〈개정 1995. 12. 29.〉

제266조(과실치상)
① 과실로 인하여 사람의 신체를 상해에 이르게 한 자는 500만원 이하의 벌금, 구
류 또는 과료에 처한다. 〈개정 1995. 12. 29.〉
② 제1항의 죄는 피해자의 명시한 의사에 반하여 공소를 제기할 수 없다. 〈개정 1995.12.29.〉

제267조(과실치사)
과실로 인하여 사람을 사망에 이르게 한 자는 2년 이하의 금고 또는 700만원 이하
의 벌금에 처한다. 〈개정 1995. 12. 29.〉

제268조(업무상과실 · 중과실 치사상)
업무상과실 또는 중대한 과실로 사람을 사망이나 상해에 이르게 한 자는 5년 이하
의 금고 또는 2천만원 이하의 벌금에 처한다.
[전문개정 2020. 12. 8.]

제27장 낙태의 죄

제269조(낙태)
① 부녀가 약물 기타 방법으로 낙태한 때에는 1년 이하의 징역 또는 200만원 이하
의 벌금에 처한다. 〈개정 1995. 12. 29.〉
② 부녀의 촉탁 또는 승낙을 받아 낙태하게 한 자도 제1항의 형과 같다. 〈개정
1995. 12. 29.〉
③ 제2항의 죄를 범하여 부녀를 상해에 이르게 한때에는 3년 이하의 징역에 처한

다. 사망에 이르게 한때에는 7년 이하의 징역에 처한다. 〈개정 1995. 12. 29.〉

[헌법불합치, 2017헌바127, 2019. 4. 11. 형법(1995. 12. 29. 법률 제5057호로 개정된 것) 제269조 제1항, 제270조 제1항 중 '의사'에 관한 부분은 모두 헌법에 합치되지 아니한다. 위 조항들은 2020. 12. 31.을 시한으로 입법자가 개정할 때까지 계속 적용된다]

제270조(의사 등의 낙태, 부동의낙태)

① 의사, 한의사, 조산사, 약제사 또는 약종상이 부녀의 촉탁 또는 승낙을 받아 낙태하게 한 때에는 2년 이하의 징역에 처한다. 〈개정 1995. 12. 29.〉

② 부녀의 촉탁 또는 승낙없이 낙태하게 한 자는 3년 이하의 징역에 처한다

③ 제1항 또는 제2항의 죄를 범하여 부녀를 상해에 이르게 한때에는 5년 이하의 징역에 처한다. 사망에 이르게 한때에는 10년 이하의 징역에 처한다. 〈개정 1995. 12. 29.〉

④ 전 3항의 경우에는 7년 이하의 자격정지를 병과한다.

[헌법불합치, 2017헌바127, 2019. 4. 11. 형법(1995. 12. 29. 법률 제5057호로 개정된 것) 제269조 제1항, 제270조 제1항 중 '의사'에 관한 부분은 모두 헌법에 합치되지 아니한다. 위 조항들은 2020. 12. 31.을 시한으로 입법자가 개정할 때까지 계속 적용된다]

제28장 유기와 학대의 죄
〈개정 1995. 12. 29.〉

제271조(유기, 존속유기)

① 나이가 많거나 어림, 질병 그 밖의 사정으로 도움이 필요한 사람을 법률상 또는 계약상 보호할 의무가 있는 자가 유기한 경우에는 3년 이하의 징역 또는 500만원 이하의 벌금에 처한다.

② 자기 또는 배우자의 직계존속에 대하여 제1항의 죄를 지은 경우에는 10년 이하의 징역 또는 1천500만원 이하의 벌금에 처한다.

③ 제1항의 죄를 지어 사람의 생명에 위험을 발생하게 한 경우에는 7년 이하의 징역에 처한다.

④ 제2항의 죄를 지어 사람의 생명에 위험을 발생하게 한 경우에는 2년 이상의 유기징역에 처한다.

[전문개정 2020. 12. 8.]

유기치사(선택적죄명:살인)·사기·사기미수
[대법원 2018. 5. 11., 선고, 2018도4018, 판결]

【판시사항】

유기치사죄의 성립 요건 / 유기죄에 관한 형법 제271조 제1항에서 말하는 '법률상 보호의무'에 부부간의 부양의무가 포함되는지 여부(적극)

【판결요지】

유기죄를 범하여 사람을 사망에 이르게 하는 유기치사죄가 성립하기 위해서는 먼저 유기죄가 성립하여야 하므로, 행위자가 유기죄에 관한 형법 제271조 제1항이 정하고 있는 것처럼 "노유, 질병 기타 사정으로 인하여 부조를 요하는 자를 보호할 법률상 또는 계약상 의무 있는 자"에 해당하여야 한다. 여기에서 말하는 법률상 보호의무에는 민법 제826조 제1항에 근거한 부부간의 부양의무도 포함된다.

준사기(인정된 죄명:절도)·강도치사(인정된 죄명:절도 및 유기치사) ·식품 위생법 위반
[대법원 2011.11.24, 선고, 2011도12302, 판결]

【판시사항】

[1] 유기죄에 관한 형법 제271조 제1항의 '계약상 의무'가 계약에 기한 주된 급부의무가 부조를 제공하는 것인 경우에 한정되는지 여부(소극) 및 '계약상의 부조의무' 유무를 판단하는 기준

[2] 피고인이 자신이 운영하는 주점에 손님으로 와서 수일 동안 식사는 한 끼도 하지 않은 채 계속하여 술을 마시고 만취한 피해자를 주점 내에 그대로 방치하여 저체온증 등으로 사망에 이르게 하였다는 내용으로 예비적으로 기소된 사안에서, 피고인은 피해자에게 생명 또는 신체에 대한 위해가 발생하지 아니하도록 필요한 조치를 강구하여야 할 계약상의 부조의무를 부담한다고 판단하여 유기치사죄를 인정한 원심판결을 수긍한 사례

【판결요지】

[1] 유기죄에 관한 형법 제271조 제1항은 그 행위의 주체를 "노유, 질병 기타 사정으로 부조를 요하는 자를 보호할 법률상 또는 계약상 의무 있는 자"라고 정하고 있다. 여기서의 '계약상 의무'는 간호사나 보모와 같이 계약에 기한 주된 급부의무가 부조를 제공하는 것인 경우에 반드시 한정되지 아니하며, 계약의 해석상 계약관계의 목적이 달성될 수 있도록 상대방의 신체 또는 생명에 대하여 주의와 배려를 한다는 부수적 의무의 한 내용으로 상대방을 부조하여야 하는 경우를 배제하는 것은 아니라고 할 것이다. 그러나 그 의무 위반의 효과로서 주로 손해배상책임이 문제되는 민사영역에서와는 달리 유기죄의 경우에는 당사자의 인적 책임에 대한 형사적 제재가 문제된다는 점 등을 고려하여 보면, 단지 위와 같은 부수의무로서의 민사적 부조의무 또는 보호의무가 인정된다고 해서 형법 제271조 소정의 '계약상 의무'가 당연히 긍정된다고는 말할 수 없고, 당해 계약관계의 성질과 내용, 계약당사자 기타 관련자들 사이의 관계 및 그 전개양상, 그들의 경제적·사회적 지위, 부조가 필요하기에 이른 전후의 경위, 필요로 하는 부조의 대체가능성을 포함하여 그 부조의 종류와 내용, 달리 부조를 제공할 사람 또는 설비가 있는지 여부 기타 제반 사정을 고려하여 위 '계약상의 부조의무'의 유무를 신중하게 판단하여야 한다.

[2] 피고인이 자신이 운영하는 주점에 손님으로 와서 수일 동안 식사는 한 끼도 하지 않은 채 계속하여 술을 마시고 만취한 피해자를 주점 내에 그대로 방치하여 저체온증 등으로 사망에 이르게 하였다는 내용으로 예비적으로 기소된 사안에서, 피해자가 피고인의 지배 아래있는 주점에서 3일 동안 과도하게 술을 마시고 추운 날씨에 난방이 제대로 되지 아니한 주점 내 소파에서 잠을 자면서 정신을 잃은 상태에 있었다면, 피고인은 주점의 운영자로서 피해자의 생명 또는 신체에 대한 위해가 발생하지 아니하도록 피해자를 주점 내실로 옮기거나 인근에 있는 여관에 데려다 주어 쉽게 하거나 피해자의 지

인 또는 경찰에 연락하는 등 필요한 조치를 강구하여야 할 계약상의 부조의무를 부담한다고 판단하여 유기치사죄를 인정한 원심판결을 수긍한 사례.

제272조(영아유기)
직계존속이 치욕을 은폐하기 위하거나 양육할 수 없음을 예상하거나 특히 참작할 만한 동기로 인하여 영아를 유기한 때에는 2년 이하의 징역 또는 300만원 이하의 벌금에 처한다. 〈개정 1995. 12. 29.〉

제273조(학대, 존속학대)
① 자기의 보호 또는 감독을 받는 사람을 학대한 자는 2년 이하의 징역 또는 500만원 이하의 벌금에 처한다. 〈개정 1995. 12. 29.〉
② 자기 또는 배우자의 직계존속에 대하여 전항의 죄를 범한 때에는 5년 이하의 징역 또는 700만원 이하의 벌금에 처한다. 〈개정 1995. 12. 29.〉

제274조(아동혹사)
자기의 보호 또는 감독을 받는 16세 미만의 자를 그 생명 또는 신체에 위험한 업무에 사용할 영업자 또는 그 종업자에게 인도한 자는 5년 이하의 징역에 처한다. 그 인도를 받은 자도 같다.

제275조(유기등 치사상)
① 제271조 내지 제273조의 죄를 범하여 사람을 상해에 이르게 한 때에는 7년 이하의 징역에 처한다. 사망에 이르게 한 때에는 3년 이상의 유기징역에 처한다.
② 자기 또는 배우자의 직계존속에 대하여 제271조 또는 제273조의 죄를 범하여 상해에 이르게 한 때에는 3년 이상의 유기징역에 처한다. 사망에 이르게 한 때에는 무기 또는 5년이상의 징역에 처한다.
[전문개정 1995. 12. 29.]

제275조(유기등 치사상)
① 제271조 또는 제273조의 죄를 범하여 사람을 상해에 이르게 한 때에는 7년 이하의 징역에 처한다. 사망에 이르게 한 때에는 3년 이상의 유기징역에 처한다. 〈개정 2023. 8. 8.〉
② 자기 또는 배우자의 직계존속에 대하여 제271조 또는 제273조의 죄를 범하여 상해에 이르게 한 때에는 3년 이상의 유기징역에 처한다. 사망에 이르게 한 때에는 무기 또는 5년이상의 징역에 처한다.
[전문개정 1995. 12. 29.] [제목개정 2023. 8. 8.] [시행일: 2024. 2. 9.] 제275조

사문서위조·위조사문서행사·공전자기록등불실기재·불실기재공전자기록등행사
[대법원 2019. 7. 24., 선고, 2018도17748, 판결]

【판시사항】

형사소송법이 공판중심주의의 한 요소로서 채택한 실질적 직접심리주의의 취지 및 이를 구현하기 위해 법원이 취하여야 할 조치 / 증인 진술의 신빙성 유무에 대한 제1심 및 항소심의 평가 방법의 차이 / 증인 진술의 신빙성 유무에 대한 제1심의 판단을 항소심이 뒤집을 수 있는지 여부(원칙적 소극)

【판결요지】

형사소송법은 형사사건의 실체에 대한 유죄·무죄의 심증 형성은 법정에서의 심리에 의하여야 한다는 공판중심주의의 한 요소로서 실질적 직접심리주의를 채택하고 있다. 이는 법관이 법정에서 직접 원본 증거를 조사하는 방법을 통하여 사건에 대한 정확한 심증을 형성할 수 있고 피고인에게 원본 증거에 관한 직접적인 의견진술의 기회를 부여함으로써 실체적 진실을 발견하고 공정한 재판을 실현할 수 있기 때문이다. 법원은 형사소송절차의 진행과 심리 과정에서 법정을 중심으로, 특히 당사자의 주장과 증거조사가 이루어지는 원칙적인 절차인 제1심의 법정에서 위와 같은 실질적 직접심리주의의 정신이 충분히 구현될 수 있도록 하여야 한다. 원래 제1심이 증인신문 절차를 진행한 뒤 그 진술의 신빙성 유무를 판단할 때에는 진술 내용 자체의 합리성·논리성·모순 또는 경험칙 부합 여부나 다른 증거들과의 부합 여부 등은 물론, 공개된 법정에서 진술에 임하고 있는 증인의 모습이나 태도, 진술의 뉘앙스 등 증인신문조서에는 기록하기 어려운 여러 사정을 직접 관찰함으로써 얻게 된 심증까지 모두 고려하여 신빙성 유무를 평가하게 된다. 이에 비하여 제1심 증인이 한 진술에 대한 항소심의 신빙성 유무 판단은 원칙적으로 증인신문조서를 포함한 기록만을 그 자료로 삼게 되므로, 진술의 신빙성 유무 판단을 할 때 가장 중요한 요소 중의 하나라 할 수 있는 진술 당시 증인의 모습이나 태도, 진술의 뉘앙스 등을 그 평가에 반영하기가 어렵다. 이러한 사정을 고려하면, 제1심판결 내용과 제1심에서 증거조사를 거친 증거들에 비추어 제1심 증인이 한 진술의 신빙성 유무에 대한 제1심의 판단이 명백하게 잘못되었다고 볼 특별한 사정이 있거나, 제1심의 증거조사 결과와 항소심 변론종결 시까지 추가로 이루어진 증거조사 결과를 종합하면 제1심 증인이 한 진술의 신빙성 유무에 대한 제1심의 판단을 그대로 유지하는 것이 현저히 부당하다고 인정되는 예외적인 경우가 아니라면, 항소심으로서는 제1심 증인이 한 진술의 신빙성 유무에 대한 제1심의 판단이 항소심의 판단과 다르다는 이유만으로 이에 대한 제1심의 판단을 함부로 뒤집어서는 안 된다.

제29장 체포와 감금의 죄

제276조(체포, 감금, 존속체포, 존속감금)

① 사람을 체포 또는 감금한 자는 5년 이하의 징역 또는 700만원 이하의 벌금에 처한다. 〈개정 1995. 12. 29.〉

② 자기 또는 배우자의 직계존속에 대하여 제1항의 죄를 범한 때에는 10년 이하의 징역 또는 1천500만원 이하의 벌금에 처한다. 〈개정 1995. 12. 29.〉

제277조(중체포, 중감금, 존속중체포, 존속중감금)

① 사람을 체포 또는 감금하여 가혹한 행위를 가한 자는 7년 이하의 징역에 처한다.

② 자기 또는 배우자의 직계존속에 대하여 전항의 죄를 범한 때에는 2년 이상의 유기징역에 처한다.

제278조(특수체포, 특수감금)

단체 또는 다중의 위력을 보이거나 위험한 물건을 휴대하여 전 2조의 죄를 범한 때에는 그 죄에 정한 형의 2분의 1까지 가중한다.

제279조(상습범)

상습으로 제276조 또는 제277조의 죄를 범한 때에는 전조의 예에 의한다.

제280조(미수범)

전4조의 미수범은 처벌한다.

제281조(체포·감금등의 치사상)

① 제276조 내지 제280조의 죄를 범하여 사람을 상해에 이르게 한 때에는 1년 이상의 유기징역에 처한다. 사망에 이르게 한 때에는 3년 이상의 유기징역에 처한다.
② 자기 또는 배우자의 직계존속에 대하여 제276조 내지 제280조의 죄를 범하여 상해에 이르게 한 때에는 2년 이상의 유기징역에 처한다. 사망에 이르게 한 때에는 무기 또는 5년이상의 징역에 처한다.
[전문개정 1995. 12. 29.]

제282조(자격정지의 병과)

본장의 죄에는 10년 이하의 자격정지를 병과할 수 있다.

제30장 협박의 죄

제283조(협박, 존속협박)

① 사람을 협박한 자는 3년 이하의 징역, 500만원 이하의 벌금, 구류 또는 과료에 처한다. 〈개정 1995. 12. 29.〉
② 자기 또는 배우자의 직계존속에 대하여 제1항의 죄를 범한 때에는 5년 이하의 징역 또는 700만원 이하의 벌금에 처한다. 〈개정 1995. 12. 29.〉
③ 제1항 및 제2항의 죄는 피해자의 명시한 의사에 반하여 공소를 제기할 수 없다. 〈개정 1995. 12. 29.〉

제284조(특수협박)

단체 또는 다중의 위력을 보이거나 위험한 물건을 휴대하여 전조제1항, 제2항의 죄를 범한 때에는 7년 이하의 징역 또는 1천만원 이하의 벌금에 처한다. 〈개정 1995.

12. 29.〉

제285조(상습범)
상습으로 제283조제1항, 제2항 또는 전조의 죄를 범한 때에는 그 죄에 정한 형의 2분의 1까지 가중한다.

제286조(미수범)
전3조의 미수범은 처벌한다.

제31장 약취(略取), 유인(誘引) 및 인신매매의 죄
〈개정 2013. 4. 5.〉

제287조(미성년자의 약취, 유인)
미성년자를 약취 또는 유인한 사람은 10년 이하의 징역에 처한다.
[전문개정 2013. 4. 5.]

제288조(추행 등 목적 약취, 유인 등)
① 추행, 간음, 결혼 또는 영리의 목적으로 사람을 약취 또는 유인한 사람은 1년 이상 10년 이하의 징역에 처한다.
② 노동력 착취, 성매매와 성적 착취, 장기적출을 목적으로 사람을 약취 또는 유인한 사람은 2년 이상 15년 이하의 징역에 처한다.
③ 국외에 이송할 목적으로 사람을 약취 또는 유인하거나 약취 또는 유인된 사람을 국외에 이송한 사람도 제2항과 동일한 형으로 처벌한다.
[전문개정 2013. 4. 5.]

제289조(인신매매)
① 사람을 매매한 사람은 7년 이하의 징역에 처한다.
② 추행, 간음, 결혼 또는 영리의 목적으로 사람을 매매한 사람은 1년 이상 10년 이하의 징역에 처한다.
③ 노동력 착취, 성매매와 성적 착취, 장기적출을 목적으로 사람을 매매한 사람은 2년 이상 15년 이하의 징역에 처한다.
④ 국외에 이송할 목적으로 사람을 매매하거나 매매된 사람을 국외로 이송한 사람도 제3항과 동일한 형으로 처벌한다.
[전문개정 2013. 4. 5.]

제290조(약취, 유인, 매매, 이송 등 상해·치상)

① 제287조부터 제289조까지의 죄를 범하여 약취, 유인, 매매 또는 이송된 사람을 상해한 때에는 3년 이상 25년 이하의 징역에 처한다.

② 제287조부터 제289조까지의 죄를 범하여 약취, 유인, 매매 또는 이송된 사람을 상해에 이르게 한 때에는 2년 이상 20년 이하의 징역에 처한다.

[전문개정 2013. 4. 5.]

제291조(약취, 유인, 매매, 이송 등 살인·치사)

① 제287조부터 제289조까지의 죄를 범하여 약취, 유인, 매매 또는 이송된 사람을 살해한 때에는 사형, 무기 또는 7년 이상의 징역에 처한다.

② 제287조부터 제289조까지의 죄를 범하여 약취, 유인, 매매 또는 이송된 사람을 사망에 이르게 한 때에는 무기 또는 5년 이상의 징역에 처한다.

[전문개정 2013. 4. 5.]

제292조(약취, 유인, 매매, 이송된 사람의 수수·은닉 등)

① 제287조부터 제289조까지의 죄로 약취, 유인, 매매 또는 이송된 사람을 수수(授受) 또는 은닉한 사람은 7년 이하의 징역에 처한다.

② 제287조부터 제289조까지의 죄를 범할 목적으로 사람을 모집, 운송, 전달한 사람도 제1항과 동일한 형으로 처벌한다.

[전문개정 2013. 4. 5.]

제293조 삭제 〈2013. 4. 5.〉

제294조(미수범)

제287조부터 제289조까지, 제290조제1항, 제291조제1항과 제292조제1항의 미수범은 처벌한다.

[전문개정 2013. 4. 5.]

제295조(벌금의 병과)

제288조부터 제291조까지, 제292조제1항의 죄와 그 미수범에 대하여는 5천만원 이하의 벌금을 병과할 수 있다.

[전문개정 2013. 4. 5.]

제295조의2(형의 감경)

제287조부터 제290조까지, 제292조와 제294조의 죄를 범한 사람이 약취, 유인, 매매 또는 이송된 사람을 안전한 장소로 풀어준 때에는 그 형을 감경할 수 있다.

[전문개정 2013. 4. 5.]

제296조(예비, 음모)

제287조부터 제289조까지, 제290조제1항, 제291조제1항과 제292조제1항의 죄를 범할 목적으로 예비 또는 음모한 사람은 3년 이하의 징역에 처한다.

[본조신설 2013. 4. 5.]

제296조의2(세계주의)

제287조부터 제292조까지 및 제294조는 대한민국 영역 밖에서 죄를 범한 외국인에게도 적용한다.

[본조신설 2013. 4. 5.]

제32장 강간과 추행의 죄
〈개정 1995. 12. 29.〉

제297조(강간)

폭행 또는 협박으로 사람을 강간한 자는 3년 이상의 유기징역에 처한다. 〈개정 2012. 12. 18.〉

제297조의2(유사강간)

폭행 또는 협박으로 사람에 대하여 구강, 항문 등 신체(성기는 제외한다)의 내부에 성기를 넣거나 성기, 항문에 손가락 등 신체(성기는 제외한다)의 일부 또는 도구를 넣는 행위를 한 사람은 2년 이상의 유기징역에 처한다.

[본조신설 2012. 12. 18.]

제298조(강제추행)

폭행 또는 협박으로 사람에 대하여 추행을 한 자는 10년 이하의 징역 또는 1천500만원 이하의 벌금에 처한다. 〈개정 1995. 12. 29.〉

강제추행
[대법원 2020. 3. 26., 선고, 2019도15994, 판결]

【판시사항】

[1] 강제추행죄에 포함되는 이른바 '기습추행'의 경우, 추행행위와 동시에 저질러지는 폭행 행위의 정도 / '추행'의 의미 및 이에 해당하는지 판단하는 기준

[2] 미용업체인 甲 주식회사를 운영하는 피고인이 甲 회사의 가맹점에서 근무하는 乙(여, 27세)을 비롯한 직원들과 노래방에서 회식을 하던 중 乙을 자신의 옆자리에 앉힌 후 갑자기 乙의 볼에 입을 맞추고, 이에 乙이 '하지 마세요'라고 하였음에도 계속하여 오른손으로 乙의 오른쪽 허벅지를 쓰다듬어 강제로 추행하였다는 내용으로 기소되었는데, 원심이 공소사실 전부를 무죄로 판단한 사안에서, 공소사실 중 피고인이 乙의 허벅지를

쓰다듬은 행위로 인한 강제추행 부분에 대하여도 범죄의 증명이 없다고 본 원심의 판단에 기습추행 내지 강제추행죄의 성립에 관한 법리오해의 잘못이 있다고 한 사례

【판결요지】

[1] 강제추행죄는 상대방에 대하여 폭행 또는 협박을 가하여 항거를 곤란하게 한 뒤에 추행행위를 하는 경우뿐만 아니라 폭행행위 자체가 추행행위라고 인정되는 이른바 기습추행의 경우도 포함된다. 특히 기습추행의 경우 추행행위와 동시에 저질러지는 폭행행위는 반드시 상대방의 의사를 억압할 정도의 것임을 요하지 않고 상대방의 의사에 반하는 유형력의 행사가 있기만 하면 그 힘의 대소강약을 불문한다는 것이 일관된 판례의 입장이다. 이에 따라 대법원은, 피해자의 옷 위로 엉덩이나 가슴을 쓰다듬는 행위, 피해자의 의사에 반하여 그 어깨를 주무르는 행위, 교사가 여중생의 얼굴에 자신의 얼굴을 들이밀면서 비비는 행위나 여중생의 귀를 쓸어 만지는 행위 등에 대하여 피해자의 의사에 반하는 유형력의 행사가 이루어져 기습추행에 해당한다고 판단한 바 있다.

나아가 추행은 객관적으로 일반인에게 성적 수치심이나 혐오감을 일으키게 하고 선량한 성적 도덕관념에 반하는 행위로서 피해자의 성적 자유를 침해하는 것으로, 이에 해당하는지 여부는 피해자의 의사, 성별, 연령, 행위자와 피해자의 이전부터의 관계, 그 행위에 이르게 된 경위, 구체적 행위태양, 주위의 객관적 상황과 그 시대의 성적 도덕관념 등을 종합적으로 고려하여 신중히 결정되어야 한다.

[2] 미용업체인 甲 주식회사를 운영하는 피고인이 甲 회사의 가맹점에서 근무하는 乙(여, 27세)을 비롯한 직원들과 노래방에서 회식을 하던 중 乙을 자신의 옆자리에 앉힌 후 귓속말로 '일하는 것 어렵지 않냐. 힘든 것 있으면 말하라'고 하면서 갑자기 乙의 볼에 입을 맞추고, 이에 乙이 '하지 마세요'라고 하였음에도 계속하여 '괜찮다. 힘든 것 있으면 말해라. 무슨 일이든 해결해 줄 수 있다'고 하면서 오른손으로 乙의 오른쪽 허벅지를 쓰다듬어 강제로 추행하였다는 내용으로 기소되었는데, 원심이 공소사실 전부를 무죄로 판단한 사안에서, 공소사실 중 피고인이 乙의 허벅지를 쓰다듬은 행위로 인한 강제추행 부분에 대하여는, 乙은 본인의 의사에 반하여 피고인이 자신의 허벅지를 쓰다듬었다는 취지로 일관되게 진술하였고, 당시 현장에 있었던 증인들의 진술 역시 피고인이 乙의 허벅지를 쓰다듬는 장면을 목격하였다는 취지로서 乙의 진술에 부합하는 점, 여성인 乙이 성적 수치심이나 혐오감을 느낄 수 있는 부위인 허벅지를 쓰다듬은 행위는 乙의 의사에 반하여 이루어진 것인 한 乙의 성적 자유를 침해하는 유형력의 행사에 해당할 뿐 아니라 일반인에게도 성적 수치심이나 혐오감을 일으키게 하는 추행행위라고 보아야 하는 점, 원심은 무죄의 근거로서 피고인이 乙의 허벅지를 쓰다듬던 당시 乙이 즉시 피고인에게 항의하거나 반발하는 등의 거부의사를 밝히는 대신 그 자리에 가만히 있었다는 점을 중시한 것으로 보이나, 성범죄 피해자의 대처 양상은 피해자의 성정이나 가해자와의 관계 및 구체적인 상황에 따라 다르게 나타날 수밖에 없다는 점에서 위 사정만으로는 강제추행죄의 성립이 부정된다고 보기 어려운 점 등을 종합할 때 기습추행으로 인한 강제추행죄의 성립을 부정적으로 볼 수 없을 뿐 아니라, 피고인이 저지른 행위가 자신의 의사에 반하였다는 乙 진술의 신빙성에 대하여 합리적인 의심을 가질 만한 사정도 없다는 이유로, 이와 달리 보아 이 부분에 대하여도 범죄의 증명이 없다고 본 원심의 판단에 기습추행 내지 강제추행죄의 성립에 관한 법리를 오해한 잘못이 있다고 한 사례.

제299조(준강간, 준강제추행)

사람의 심신상실 또는 항거불능의 상태를 이용하여 간음 또는 추행을 한 자는 제297조, 제297조의2 및 제298조의 예에 의한다. 〈개정 2012. 12. 18.〉

강간(인정된죄명:준강간미수,변경된죄명:준강간)(준강간죄의 불능미수 성립을 인정할 수 있는지 여부에 관한 사건)
[대법원 2019.3.28., 선고, 2018도16002, 전원합의체 판결]

【판시사항】

[1] 준강간죄에서 '고의'의 내용

[2] 피고인이 피해자가 심신상실 또는 항거불능의 상태에 있다고 인식하고 그러한 상태를 이용하여 간음할 의사로 피해자를 간음하였으나 피해자가 실제로는 심신상실 또는 항거불능의 상태에 있지 않은 경우, 준강간죄의 불능미수가 성립하는지 여부(적극)

【판결요지】

[1] 형법 제297조는 "폭행 또는 협박으로 사람을 강간한 자는 3년 이상의 유기징역에 처한다."라고 규정하고, 제299조는 "사람의 심신상실 또는 항거불능의 상태를 이용하여 간음 또는 추행을 한 자는 제297조, 제297조의2 및 제298조의 예에 의한다."라고 규정하고 있다. 형법은 폭행 또는 협박의 방법이 아닌 심신상실 또는 항거불능의 상태를 이용하여 간음한 행위를 강간죄에 준하여 처벌하고 있으므로, 준강간의 고의는 피해자가 심신상실 또는 항거불능의 상태에 있다는 것과 그러한 상태를 이용하여 간음한다는 구성 요건적 결과 발생의 가능성을 인식하고 그러한 위험을 용인하는 내심의 의사를 말한다.

[2] [다수의견] 형법 제300조는 준강간죄의 미수범을 처벌한다. 또한 형법 제27조는 "실행의 수단 또는 대상의 착오로 인하여 결과의 발생이 불가능하더라도 위험성이 있는 때에는 처벌한다. 단, 형을 감경 또는 면제할 수 있다."라고 규정하여 불능미수범을 처벌하고 있다.
따라서 피고인이 피해자가 심신상실 또는 항거불능의 상태에 있다고 인식하고 그러한 상태를 이용하여 간음할 의사로 피해자를 간음하였으나 피해자가 실제로는 심신상실 또는 항거불능의 상태에 있지 않은 경우에는, 실행의 수단 또는 대상의 착오로 인하여 준강간죄에서 규정하고 있는 구성요건적 결과의 발생이 처음부터 불가능하였고 실제로 그러한 결과가 발생하였다고 할 수 없다. 피고인이 준강간의 실행에 착수하였으나 범죄가 기수에 이르지 못하였으므로 준강간죄의 미수범이 성립한다. 피고인이 행위 당시에 인식한 사정을 놓고 일반인이 객관적으로 판단하여 보았을 때 준강간의 결과가 발생할 위험성이 있었으므로 준강간죄의 불능미수가 성립한다. 구체적인 이유는 다음과 같다.
① 형법 제27조에서 규정하고 있는 불능미수는 행위자에게 범죄의사가 있고 실행의 착수라고 볼 수 있는 행위가 있지만 실행의 수단이나 대상의 착오로 처음부터 구성요건이 충족될 가능성이 없는 경우이다. 다만 결과적으로 구성요건의 충족은 불가능하지만, 그 행위의 위험성이 있으면 불능미수로 처벌한다. 불능미수는 행위자가 실제로 존재하지 않는 사실을 존재한다고 오인하였다는 측면에서 존재하는 사실을 인식하지 못한 사실의 착오와 다르다.
② 형법은 제25조 제1항에서 "범죄의 실행에 착수하여 행위를 종료하지 못하였거나 결

과가 발생하지 아니한 때에는 미수범으로 처벌한다."라고 하여 장애미수를 규정하고, 제26조에서 "범인이 자의로 실행에 착수한 행위를 중지하거나 그 행위로 인한 결과의 발생을 방지한 때에는 형을 감경 또는 면제한다."라고 하여 중지미수를 규정하고 있다. 장애미수 또는 중지미수는 범죄의 실행에 착수할 당시 실행행위를 놓고 판단하였을 때 행위자가 의도한 범죄의 기수가 성립할 가능성이 있었으므로 처음부터 기수가 될 가능성이 객관적으로 배제되는 불능미수와 구별된다.

③ 형법 제27조에서 정한 '실행의 수단 또는 대상의 착오'는 행위자가 시도한 행위방법 또는 행위객체로는 결과의 발생이 처음부터 불가능하다는 것을 의미한다. 그리고 '결과 발생의 불가능'은 실행의 수단 또는 대상의 원시적 불가능성으로 인하여 범죄가 기수에 이를 수 없는 것을 의미한다고 보아야 한다. 한편 불능범과 구별되는 불능미수의 성립 요건인 '위험성'은 피고인이 행위 당시에 인식한 사정을 놓고 일반인이 객관적으로 판단하여 결과 발생의 가능성이 있는지 여부를 따져야 한다.

④ 형법 제299조에서 정한 준강간죄는 사람의 심신상실 또는 항거불능의 상태를 이용하여 간음함으로써 성립하는 범죄로서, 정신적·신체적 사정으로 인하여 성적인 자기방어를 할 수 없는 사람의 성적 자기결정권을 보호법익으로 한다. 심신상실 또는 항거불능의 상태는 피해자인 사람에게 존재하여야 하므로 준강간죄에서 행위의 대상은 '심신상실 또는 항거불능의 상태에 있는 사람'이다. 그리고 구성요건에 해당하는 행위는 그러한 '심신상실 또는 항거불능의 상태를 이용하여 간음'하는 것이다. 심신상실 또는 항거불능의 상태에 있는 사람에 대하여 그 사람의 그러한 상태를 이용하여 간음행위를 하면 구성요건이 충족되어 준강간죄가 기수에 이른다. 피고인이 피해자가 심신상실 또는 항거불능의 상태에 있다고 인식하고 그러한 상태를 이용하여 간음할 의사를 가지고 간음하였으나, 실행의 착수 당시부터 피해자가 실제로는 심신상실 또는 항거불능의 상태에 있지 않았다면, 실행의 수단 또는 대상의 착오로 준강간죄의 기수에 이를 가능성이 처음부터 없다고 볼 수 있다. 이 경우 피고인이 행위 당시에 인식한 사정을 놓고 일반인이 객관적으로 판단하여 보았을 때 정신적·신체적 사정으로 인하여 성적인 자기방어를 할 수 없는 사람의 성적 자기결정권을 침해하여 준강간의 결과가 발생할 위험성이 있었다면 불능미수가 성립한다.

제300조(미수범)

제297조, 제297조의2, 제298조 및 제299조의 미수범은 처벌한다. 〈개정 2012. 12. 18.〉

제301조(강간 등 상해·치상)

제297조, 제297조의2 및 제298조부터 제300조까지의 죄를 범한 자가 사람을 상해하거나 상해에 이르게 한 때에는 무기 또는 5년 이상의 징역에 처한다. 〈개정 2012. 12. 18.〉

[전문개정 1995. 12. 29.]

제301조의2(강간등 살인·치사)

제297조, 제297조의2 및 제298조부터 제300조까지의 죄를 범한 자가 사람을 살해한 때에는 사형 또는 무기징역에 처한다. 사망에 이르게 한 때에는 무기 또는 10년

이상의 징역에 처한다. 〈개정 2012. 12. 18.〉
[본조신설 1995. 12. 29.]

제302조(미성년자 등에 대한 간음)
미성년자 또는 심신미약자에 대하여 위계 또는 위력으로써 간음 또는 추행을 한 자는 5년 이하의 징역에 처한다.

제303조(업무상위력 등에 의한 간음)
① 업무, 고용 기타 관계로 인하여 자기의 보호 또는 감독을 받는 사람에 대하여 위계 또는 위력으로써 간음한 자는 7년 이하의 징역 또는 3천만원 이하의 벌금에 처한다. 〈개정 1995. 12. 29., 2012. 12. 18., 2018. 10. 16.〉
② 법률에 의하여 구금된 사람을 감호하는 자가 그 사람을 간음한 때에는 10년 이하의 징역에 처한다. 〈개정 2012. 12. 18., 2018. 10. 16.〉

제304조 삭제 〈2012. 12. 18.〉
[2012. 12. 18. 법률 제11574호에 의하여 2009. 11. 26. 위헌 결정된 이 조를 삭제함.]

제305조(미성년자에 대한 간음, 추행)
① 13세 미만의 사람에 대하여 간음 또는 추행을 한 자는 제297조, 제297조의2, 제298조, 제301조 또는 제301조의2의 예에 의한다. 〈개정 1995. 12. 29., 2012. 12. 18., 2020. 5. 19.〉
② 13세 이상 16세 미만의 사람에 대하여 간음 또는 추행을 한 19세 이상의 자는 제297조, 제297조의2, 제298조, 제301조 또는 제301조의2의 예에 의한다. 〈신설 2020. 5. 19.〉

성폭력범죄의처벌등에관한특례법위반(13세미만미성년자강간)·미성년자의제강간·간음유인(일부인정된죄명:간음유인미수)·성폭력범죄의처벌등에관한특례법위반(통신매체이용음란)·부착명령
[대법원 2020. 2. 13., 선고, 2019도14341, 2019전도130, 판결]

【판시사항】
[1] 영장 발부의 사유로 된 범죄 혐의사실과 무관한 별개의 증거를 압수한 경우, 이를 유죄 인정의 증거로 사용할 수 있는지 여부(원칙적 소극) 및 압수·수색의 목적이 된 범죄나 이와 관련된 범죄의 경우, 그 압수·수색의 결과를 유죄의 증거로 사용할 수 있는지 여부(적극) / '압수·수색영장의 범죄 혐의사실과 관계있는 범죄'라는 것의 의미 및 이때 혐의사실과의 '객관적 관련성'이 인정되는 범위와 판단 기준
[2] 피고인이 2018. 5. 6.경 피해자 甲(女, 10세)에 대하여 저지른 간음유인미수 및 성폭력 범죄의 처벌 등에 관한 특례법 위반(통신매체이용음란) 범행과 관련하여 수사기관이 피고인 소유의 휴대전화를 압수하였는데, 위 휴대전화에 대한 디지털정보분석 결과 피고인이 2017. 12.경부터 2018. 4.경까지 사이에 저지른 피해자 乙(女, 12세), 丙(女, 10

세), 丁(女, 9세)에 대한 간음유인 및 간음유인미수, 미성년자의제강간, 성폭력범죄의 처
벌 등에 관한 특례법 위반(13세미만미성년자강간), 성폭력범죄의 처벌 등에 관한 특례
법 위반(통신매체이용음란) 등 범행에 관한 추가 자료들이 획득되어 그 증거능력이 문
제 된 사안에서, 추가 자료들로 인하여 밝혀진 피고인의 乙, 丙, 丁에 대한 범행은 압
수·수색영장의 범죄사실과 단순히 동종 또는 유사 범행인 것을 넘어서서 구체적·개별적
연관관계가 있는 경우로서 객관적·인적 관련성을 모두 갖추었다고 한 사례

【판결요지】

[1] 형사소송법 제215조 제1항은 "검사는 범죄수사에 필요한 때에는 피의자가 죄를 범하였
다고 의심할 만한 정황이 있고 해당 사건과 관계가 있다고 인정할 수 있는 것에 한정
하여 지방법원판사에게 청구하여 발부받은 영장에 의하여 압수, 수색 또는 검증을 할
수 있다."라고 정하고 있다. 따라서 영장 발부의 사유로 된 범죄 혐의사실과 무관한 별
개의 증거를 압수하였을 경우 이는 원칙적으로 유죄 인정의 증거로 사용할 수 없다.
그러나 압수·수색의 목적이 된 범죄나 이와 관련된 범죄의 경우에는 그 압수·수색의 결
과를 유죄의 증거로 사용할 수 있다. 압수·수색영장의 범죄 혐의사실과 관계있는 범죄
라는 것은 압수·수색영장에 기재한 혐의사실과 객관적 관련성이 있고 압수·수색영장 대
상자와 피의자 사이에 인적 관련성이 있는 범죄를 의미한다. 그중 혐의사실과의 객관적
관련성은 압수·수색영장에 기재된 혐의사실 자체 또는 그와 기본적 사실관계가 동일한
범행과 직접 관련되어 있는 경우는 물론 범행 동기와 경위, 범행 수단과 방법, 범행 시
간과 장소 등을 증명하기 위한 간접증거나 정황증거 등으로 사용될 수 있는 경우에도
인정될 수 있다. 이러한 객관적 관련성은 압수·수색영장에 기재된 혐의사실의 내용과
수사의 대상, 수사 경위 등을 종합하여 구체적·개별적 연관관계가 있는 경우에만 인정
된다고 보아야 하고, 혐의사실과 단순히 동종 또는 유사 범행이라는 사유만으로 객관적
관련성이 있다고 할 것은 아니다.

[2] 피고인이 2018. 5. 6.경 피해자 甲(女, 10세)에 대하여 저지른 간음유인미수 및 성폭력
범죄의 처벌 등에 관한 특례법(이하 '성폭력처벌법'이라고 한다) 위반(통신매체이용음란)
범행과 관련하여 수사기관이 피고인 소유의 휴대전화를 압수하였는데, 위 휴대전화에
대한 디지털정보분석 결과 피고인이 2017. 12.경부터 2018. 4.경까지 사이에 저지른
피해자 乙(女, 12세), 丙(女, 10세), 丁(女, 9세)에 대한 간음유인 및 간음유인미수, 미성
년자의제강간, 성폭력처벌법 위반(13세미만미성년자강간), 성폭력처벌법 위반(통신매체
이용음란) 등 범행에 관한 추가 자료들이 획득되어 그 증거능력이 문제 된 사안에서,
위 휴대전화는 피고인이 긴급체포되는 현장에서 적법하게 압수되었고, 형사소송법 제
217조 제2항에 의해 발부된 법원의 사후 압수·수색·검증영장(이하 '압수·수색영장'이라
고 한다)에 기하여 압수 상태가 계속 유지되었으며, 압수·수색영장에는 범죄사실란에
甲에 대한 간음유인미수 및 통신매체이용음란의 점만이 명시되었으나, 법원은 계속 압
수·수색·검증이 필요한 사유로서 영장 범죄사실에 관한 혐의의 상당성 외에도 추가 여
죄수사의 필요성을 포함시킨 점, 압수·수색영장에 기재된 혐의사실은 미성년자인 甲에
대하여 간음행위를 하기 위한 중간 과정 내지 그 수단으로 평가되는 행위에 관한 것이
고 나아가 피고인은 형법 제305조의2 등에 따라 상습범으로 처벌될 가능성이 완전히
배제되지 아니한 상태였으므로, 추가 자료들로 밝혀지게 된 乙, 丙, 丁에 대한 범행은
압수·수색영장에 기재된 혐의사실과 기본적 사실관계가 동일한 범행에 직접 관련되어
있는 경우라고 볼 수 있으며, 실제로 2017. 12.경부터 2018. 4.경까지 사이에 저질러
진 추가 범행들은, 압수·수색영장에 기재된 혐의사실의 일시인 2018. 5. 7.과 시간적으

로 근접할 뿐만 아니라, 피고인이 자신의 성적 욕망을 해소하기 위하여 미성년자인 피해자들을 대상으로 저지른 일련의 성범죄로서 범행 동기, 범행 대상, 범행의 수단과 방법이 공통되는 점, 추가 자료들은 압수·수색영장의 범죄사실 중 간음유인죄의 '간음할 목적'이나 성폭력처벌법 위반(통신매체이용음란)죄의 '자기 또는 다른 사람의 성적 욕망을 유발하거나 만족시킬 목적'을 뒷받침하는 간접증거로 사용될 수 있었고, 피고인이 영장 범죄사실과 같은 범행을 저지른 수법 및 준비과정, 계획 등에 관한 정황증거에 해당할 뿐 아니라, 영장 범죄사실 자체에 대한 피고인 진술의 신빙성을 판단할 수 있는 자료로도 사용될 수 있었던 점 등을 종합하면, 추가 자료들로 인하여 밝혀진 피고인의 乙, 丙, 丁에 대한 범행은 압수·수색영장의 범죄사실과 단순히 동종 또는 유사 범행인 것을 넘어서서 이와 구체적·개별적 연관관계가 있는 경우로서 객관적·인적 관련성을 모두 갖추었다는 이유로, 같은 취지에서 추가 자료들은 위법하게 수집된 증거에 해당하지 않으므로 압수·수색영장의 범죄사실뿐 아니라 추가 범행들에 관한 증거로 사용할 수 있다고 본 원심판단이 정당하다고 한 사례.

제305조의2(상습범)

상습으로 제297조, 제297조의2, 제298조부터 제300조까지, 제302조, 제303조 또는 제305조의 죄를 범한 자는 그 죄에 정한 형의 2분의 1까지 가중한다. 〈개정 2012. 12. 18.〉

[본조신설 2010. 4. 15.]

제305조의3(예비, 음모)

제297조, 제297조의2, 제299조(준강간죄에 한정한다), 제301조(강간 등 상해죄에 한정한다) 및 제305조의 죄를 범할 목적으로 예비 또는 음모한 사람은 3년 이하의 징역에 처한다.

[본조신설 2020. 5. 19.]

제306조 삭제 〈2012. 12. 18.〉

제33장 명예에 관한 죄

제307조(명예훼손)

① 공연히 사실을 적시하여 사람의 명예를 훼손한 자는 2년 이하의 징역이나 금고 또는 500만원 이하의 벌금에 처한다. 〈개정 1995. 12. 29.〉
② 공연히 허위의 사실을 적시하여 사람의 명예를 훼손한 자는 5년 이하의 징역, 10년 이하의 자격정지 또는 1천만원 이하의 벌금에 처한다. 〈개정 1995. 12. 29.〉

제308조(사자의 명예훼손)

공연히 허위의 사실을 적시하여 사자의 명예를 훼손한 자는 2년 이하의 징역이나 금고 또는 500만원 이하의 벌금에 처한다. 〈개정 1995. 12. 29.〉

제309조(출판물 등에 의한 명예훼손)

① 사람을 비방할 목적으로 신문, 잡지 또는 라디오 기타 출판물에 의하여 제307조 제1항의 죄를 범한 자는 3년 이하의 징역이나 금고 또는 700만원 이하의 벌금에 처한다. 〈개정 1995. 12. 29.〉
② 1항의 방법으로 제307조제2항의 죄를 범한 자는 7년 이하의 징역, 10년 이하의 자격정지 또는 1천500만원 이하의 벌금에 처한다. 〈개정 1995. 12. 29.〉

제310조(위법성의 조각)

제307조제1항의 행위가 진실한 사실로서 오로지 공공의 이익에 관한 때에는 처벌하지 아니한다.

제311조(모욕)

공연히 사람을 모욕한 자는 1년 이하의 징역이나 금고 또는 200만원 이하의 벌금에 처한다. 〈개정 1995. 12. 29.〉

모욕[시각적 수단을 사용한 표현행위에 의한 모욕죄 성립 여부]

[대법원 2023. 2. 2., 선고, 2022도4719, 판결]

【판시사항】

[1] 모욕죄의 보호법익(=외부적 명예) 및 '모욕'의 의미 / 상대방의 인격적 가치에 대한 사회적 평가를 저하시킬 만한 것이 아닌 표현이 다소 무례한 방법으로 표시된 경우, 모욕죄의 구성요건에 해당하는지 여부(소극)

[2] 언어적 수단이 아닌 비언어적·시각적 수단만을 사용한 표현이라도 사람의 사회적 평가를 저하시킬 만한 추상적 판단이나 경멸적 감정을 전달하는 것인 경우, 모욕죄가 성립하는지 여부(적극)

[3] 피고인이 자신의 유튜브 채널에 甲의 방송 영상을 게시하면서 甲의 얼굴에 '개' 얼굴을 합성하는 방법으로 甲을 모욕하였다는 내용으로 기소된 사안에서, 영상의 전체적인 내용을 살펴볼 때, 피고인이 甲의 얼굴을 가리는 용도로 동물 그림을 사용하면서 甲에 대한 부정적인 감정을 다소 해학적으로 표현하려 한 것에 불과하다고 볼 여지도 상당하므로, 해당 영상이 甲을 불쾌하게 할 수 있는 표현이기는 하지만 객관적으로 甲의 인격적 가치에 대한 사회적 평가를 저하시킬 만한 모욕적 표현을 한 경우에 해당한다고 단정하기 어렵다고 본 원심판단을 수긍한 사례

【판결요지】

[1] 형법 제311조의 모욕죄는 사람의 가치에 대한 사회적 평가를 의미하는 외부적 명예를 보호법익으로 하는 범죄로서, 모욕죄에서 말하는 모욕이란 사실을 적시하지 아니하고 사람의 사회적 평가를 저하시킬 만한 추상적 판단이나 경멸적 감정을 표현하는 것을 의미한다. 따라서 어떠한 표현이 상대방의 인격적 가치에 대한 사회적 평가를 저하시킬

만한 것이 아니라면 설령 그 표현이 다소 무례한 방법으로 표시되었다 하더라도 이를 두고 모욕죄의 구성요건에 해당한다고 볼 수 없다.

[2] 모욕의 수단과 방법에는 제한이 없으므로 언어적 수단이 아닌 비언어적·시각적 수단만을 사용하여 표현을 하더라도 그것이 사람의 사회적 평가를 저하시킬 만한 추상적 판단이나 경멸적 감정을 전달하는 것이라면 모욕죄가 성립한다. 최근 영상 편집·합성 기술이 발전함에 따라 합성 사진 등을 이용한 모욕 범행의 가능성이 높아지고 있고, 시각적 수단만을 사용한 모욕이라 하더라도 그 행위로 인하여 피해자가 입는 피해나 범행의 가벌성 정도는 언어적 수단을 사용한 경우와 비교하여 차이가 없다.

[3] 피고인이 자신의 유튜브 채널에 甲의 방송 영상을 게시하면서 甲의 얼굴에 '개' 얼굴을 합성하는 방법으로 甲을 모욕하였다는 내용으로 기소된 사안에서, 원심판단 중 피고인이 甲을 '개'로 지칭하지는 않은 점 및 효과음, 자막을 사용하지 않았다는 사정을 무죄의 근거로 든 것은 적절하지 않으나, 영상의 전체적인 내용을 살펴볼 때, 피고인이 甲의 얼굴을 가리는 용도로 동물 그림을 사용하면서 甲에 대한 부정적인 감정을 다소 해학적으로 표현하려 한 것에 불과하다고 볼 여지도 상당하므로, 해당 영상이 甲을 불쾌하게 할 수 있는 표현이기는 하지만 객관적으로 甲의 인격적 가치에 대한 사회적 평가를 저하시킬 만한 모욕적 표현을 한 경우에 해당한다고 단정하기 어렵다는 취지에서 공소사실을 무죄로 판단한 것은 수긍할 수 있다고 한 사례.

제312조(고소와 피해자의 의사)

① 제308조와 제311조의 죄는 고소가 있어야 공소를 제기할 수 있다. 〈개정 1995. 12. 29.〉

② 제307조와 제309조의 죄는 피해자의 명시한 의사에 반하여 공소를 제기할 수 없다. 〈개정 1995. 12. 29.〉

제34장 신용, 업무와 경매에 관한 죄

제313조(신용훼손)

허위의 사실을 유포하거나 기타 위계로써 사람의 신용을 훼손한 자는 5년 이하의 징역 또는 1천500만원 이하의 벌금에 처한다. 〈개정 1995. 12. 29.〉

제314조(업무방해)

① 제313조의 방법 또는 위력으로써 사람의 업무를 방해한 자는 5년 이하의 징역 또는 1천500만원 이하의 벌금에 처한다. 〈개정 1995. 12. 29.〉

② 컴퓨터등 정보처리장치 또는 전자기록등 특수매체기록을 손괴하거나 정보처리장치에 허위의 정보 또는 부정한 명령을 입력하거나 기타 방법으로 정보처리에 장애를 발생하게 하여 사람의 업무를 방해한 자도 제1항의 형과 같다. 〈신설 1995. 12. 29.〉

제315조(경매, 입찰의 방해)
위계 또는 위력 기타 방법으로 경매 또는 입찰의 공정을 해한 자는 2년 이하의 징역 또는 700만원 이하의 벌금에 처한다. 〈개정 1995. 12. 29.〉

제35장 비밀침해의 죄

제316조(비밀침해)
① 봉함 기타 비밀장치한 사람의 편지, 문서 또는 도화를 개봉한 자는 3년 이하의 징역이나 금고 또는 500만원 이하의 벌금에 처한다. 〈개정 1995. 12. 29.〉
② 봉함 기타 비밀장치한 사람의 편지, 문서, 도화 또는 전자기록등 특수매체기록을 기술적 수단을 이용하여 그 내용을 알아낸 자도 제1항의 형과 같다. 〈신설 1995. 12. 29.〉

제317조(업무상비밀누설)
① 의사, 한의사, 치과의사, 약제사, 약종상, 조산사, 변호사, 변리사, 공인회계사, 공증인, 대서업자나 그 직무상 보조자 또는 차등의 직에 있던 자가 그 직무처리 중 지득한 타인의 비밀을 누설한 때에는 3년 이하의 징역이나 금고, 10년 이하의 자격정지 또는 700만원 이하의 벌금에 처한다. 〈개정 1995. 12. 29., 1997. 12. 13.〉
② 종교의 직에 있는 자 또는 있던 자가 그 직무상 지득한 사람의 비밀을 누설한 때에도 전항의 형과 같다.

제318조(고소)
본장의 죄는 고소가 있어야 공소를 제기할 수 있다. 〈개정 1995. 12. 29.〉

제36장 주거침입의 죄

제319조(주거침입, 퇴거불응)
① 사람의 주거, 관리하는 건조물, 선박이나 항공기 또는 점유하는 방실에 침입한 자는 3년 이하의 징역 또는 500만원 이하의 벌금에 처한다. 〈개정 1995. 12. 29.〉
② 전항의 장소에서 퇴거요구를 받고 응하지 아니한 자도 전항의 형과 같다.

제320조(특수주거침입)
단체 또는 다중의 위력을 보이거나 위험한 물건을 휴대하여 전조의 죄를 범한 때에는 5년 이하의 징역에 처한다.

제321조(주거·신체 수색)

사람의 신체, 주거, 관리하는 건조물, 자동차, 선박이나 항공기 또는 점유하는 방실을 수색한 자는 3년 이하의 징역에 처한다. 〈개정 1995. 12. 29.〉

[제목개정 1995. 2. 29.]

제322조(미수범) 본장의 미수범은 처벌한다.

제37장 권리행사를 방해하는 죄

제323조(권리행사방해)

타인의 점유 또는 권리의 목적이 된 자기의 물건 또는 전자기록등 특수매체기록을 취거, 은닉 또는 손괴하여 타인의 권리행사를 방해한 자는 5년 이하의 징역 또는 700만원 이하의 벌금에 처한다. 〈개정 1995. 12. 29.〉

제324조(강요)

① 폭행 또는 협박으로 사람의 권리행사를 방해하거나 의무없는 일을 하게 한 자는 5년 이하의 징역 또는 3천만원 이하의 벌금에 처한다. 〈개정 1995. 12. 29., 2016. 1. 6.〉

② 단체 또는 다중의 위력을 보이거나 위험한 물건을 휴대하여 제1항의 죄를 범한 자는 10년 이하의 징역 또는 5천만원 이하의 벌금에 처한다. 〈신설 2016. 1. 6.〉

제324조의2(인질강요)

사람을 체포·감금·약취 또는 유인하여 이를 인질로 삼아 제3자에 대하여 권리행사를 방해하거나 의무없는 일을 하게 한 자는 3년 이상의 유기징역에 처한다.

[본조신설 1995. 12. 29.]

제324조의3(인질상해·치상)

제324조의2의 죄를 범한 자가 인질을 상해하거나 상해에 이르게 한 때에는 무기 또는 5년 이상의 징역에 처한다.

[본조신설 1995. 12. 29.]

제324조의4(인질살해·치사)

제324조의2의 죄를 범한 자가 인질을 살해한 때에는 사형 또는 무기징역에 처한다. 사망에 이르게 한 때에는 무기 또는 10년 이상의 징역에 처한다.

[본조신설 1995. 12. 29.]

제324조의5(미수범)
제324조 내지 제324조의4의 미수범은 처벌한다.
[본조신설 1995. 12. 29.]

제324조의6(형의 감경)
제324조의2 또는 제324조의3의 죄를 범한 자 및 그 죄의 미수범이 인질을 안전한 장소로 풀어준 때에는 그 형을 감경할 수 있다.
[본조신설 1995. 12. 29.]

제325조(점유강취, 준점유강취)
① 폭행 또는 협박으로 타인의 점유에 속하는 자기의 물건을 강취(强取)한 자는 7년 이하의 징역 또는 10년 이하의 자격정지에 처한다.
② 타인의 점유에 속하는 자기의 물건을 취거(取去)하는 과정에서 그 물건의 탈환에 항거하거나 체포를 면탈하거나 범죄의 흔적을 인멸할 목적으로 폭행 또는 협박한 때에도 제1항의 형에 처한다.
③ 제1항과 제2항의 미수범은 처벌한다.
[전문개정 2020. 12. 8.]

제326조(중권리행사방해)
제324조 또는 제325조의 죄를 범하여 사람의 생명에 대한 위험을 발생하게 한 자는 10년 이하의 징역에 처한다. 〈개정 1995. 12. 29.〉

제327조(강제집행면탈)
강제집행을 면할 목적으로 재산을 은닉, 손괴, 허위양도 또는 허위의 채무를 부담하여 채권자를 해한 자는 3년 이하의 징역 또는 1천만원 이하의 벌금에 처한다. 〈개정 1995. 12. 29.〉

제328조(친족간의 범행과 고소)
① 직계혈족, 배우자, 동거친족, 동거가족 또는 그 배우자간의 제323조의 죄는 그 형을 면제한다. 〈개정 2005. 3. 31.〉
② 제1항이외의 친족간에 제323조의 죄를 범한 때에는 고소가 있어야 공소를 제기할 수 있다. 〈개정 1995. 12. 29.〉
③ 전 2항의 신분관계가 없는 공범에 대하여는 전 이항을 적용하지 아니한다.

제38장 절도와 강도의 죄

제329조(절도)

타인의 재물을 절취한 자는 6년 이하의 징역 또는 1천만원 이하의 벌금에 처한다. 〈개정 1995. 12. 29.〉

제330조(야간주거침입절도)

야간에 사람의 주거, 관리하는 건조물, 선박, 항공기 또는 점유하는 방실(房室)에 침입하여 타인의 재물을 절취(竊取)한 자는 10년 이하의 징역에 처한다. [전문개정 2020. 12. 8.]

제331조(특수절도)

① 야간에 문이나 담 그 밖의 건조물의 일부를 손괴하고 제330조의 장소에 침입하여 타인의 재물을 절취한 자는 1년 이상 10년 이하의 징역에 처한다.
② 흉기를 휴대하거나 2명 이상이 합동하여 타인의 재물을 절취한 자도 제1항의 형에 처한다.
[전문개정 2020. 12. 8.]

제331조의2(자동차등 불법사용)

권리자의 동의없이 타인의 자동차, 선박, 항공기 또는 원동기장치자전거를 일시 사용한 자는 3년 이하의 징역, 500만원 이하의 벌금, 구류 또는 과료에 처한다. [본조신설 1995. 12. 29.]

제332조(상습범)

상습으로 제329조 내지 제331조의2의 죄를 범한 자는 그 죄에 정한 형의 2분의 1까지 가중한다. 〈개정 1995. 12. 29.〉

제333조(강도)

폭행 또는 협박으로 타인의 재물을 강취하거나 기타 재산상의 이익을 취득하거나 제삼자로 하여금 이를 취득하게 한 자는 3년 이상의 유기징역에 처한다.

제334조(특수강도)

① 야간에 사람의 주거, 관리하는 건조물, 선박이나 항공기 또는 점유하는 방실에 침입하여 제333조의 죄를 범한 자는 무기 또는 5년 이상의 징역에 처한다. 〈개정 1995. 12. 29.〉
② 흉기를 휴대하거나 2인 이상이 합동하여 전조의 죄를 범한 자도 전항의 형과 같다.

제335조(준강도)

절도가 재물의 탈환에 항거하거나 체포를 면탈하거나 범죄의 흔적을 인멸할 목적으로 폭행 또는 협박한 때에는 제333조 및 제334조의 예에 따른다.
[전문개정 2020. 12. 8.]

제336조(인질강도)
사람을 체포·감금·약취 또는 유인하여 이를 인질로 삼아 재물 또는 재산상의 이익을 취득하거나 제3자로 하여금 이를 취득하게 한 자는 3년 이상의 유기징역에 처한다.
[전문개정 1995. 12. 29.]

제337조(강도상해, 치상)
강도가 사람을 상해하거나 상해에 이르게 한때에는 무기 또는 7년 이상의 징역에 처한다. 〈개정 1995. 12. 29.〉

제338조(강도살인·치사)
강도가 사람을 살해한 때에는 사형 또는 무기징역에 처한다. 사망에 이르게 한 때에는 무기 또는 10년 이상의 징역에 처한다.
[전문개정 1995. 12. 29.]

제339조(강도강간)
강도가 사람을 강간한 때에는 무기 또는 10년 이상의 징역에 처한다. 〈개정 2012. 12. 18.〉

제340조(해상강도)
① 다중의 위력으로 해상에서 선박을 강취하거나 선박내에 침입하여 타인의 재물을 강취한 자는 무기 또는 7년 이상의 징역에 처한다.
② 제1항의 죄를 범한 자가 사람을 상해하거나 상해에 이르게 한때에는 무기 또는 10년 이상의 징역에 처한다. 〈개정 1995. 12. 29.〉
③ 제1항의 죄를 범한 자가 사람을 살해 또는 사망에 이르게 하거나 강간한 때에는 사형 또는 무기징역에 처한다. 〈개정 1995. 12. 29., 2012. 12. 18.〉

제341조(상습범)
상습으로 제333조, 제334조, 제336조 또는 전조제1항의 죄를 범한 자는 무기 또는 10년 이상의 징역에 처한다.

제342조(미수범)
제329조 내지 제341조의 미수범은 처벌한다.

[전문개정 1995. 12. 29.]

제343조(예비, 음모)
강도할 목적으로 예비 또는 음모한 자는 7년 이하의 징역에 처한다.

제344조(친족간의 범행)
제328조의 규정은 제329조 내지 제332조의 죄 또는 미수범에 준용한다.

제345조(자격정지의 병과)
본장의 죄를 범하여 유기징역에 처할 경우에는 10년 이하의 자격정지를 병과할 수 있다.

제346조(동력)
본장의 죄에 있어서 관리할 수 있는 동력은 재물로 간주한다.

제39장 사기와 공갈의 죄

제347조(사기)
① 사람을 기망하여 재물의 교부를 받거나 재산상의 이익을 취득한 자는 10년 이하의 징역 또는 2천만원 이하의 벌금에 처한다. 〈개정 1995. 12. 29.〉
② 전항의 방법으로 제삼자로 하여금 재물의 교부를 받게 하거나 재산상의 이익을 취득하게 한 때에도 전항의 형과 같다.

절도(인정된죄명:사기)

[대법원 2022. 12. 29., 선고, 2022도12494, 판결]

【판시사항】

[1] 형법상 '절취'의 의미 및 사기죄에서 처분행위가 갖는 역할과 기능 / 피기망자의 의사에 기초한 어떤 행위를 통해 행위자 등이 재물 또는 재산상의 이익을 취득하였다고 평가할 수 있는 경우, 사기죄에서 말하는 처분행위가 인정되는지 여부(적극) / 피기망자와 재산상의 피해자가 같은 사람이 아닌 경우에 사기죄가 성립하려면 피기망자가 피해자를 위하여 그 재산을 처분할 수 있는 권능을 갖거나 그 지위에 있어야 하는지 여부(적극)

[2] 피해자 甲은 드라이버를 구매하기 위해 특정 매장에 방문하였다가 지갑을 떨어뜨렸는데, 10분쯤 후 피고인이 같은 매장에서 우산을 구매하고 계산을 마친 뒤, 지갑을 발견하여 습득한 매장 주인 乙로부터 "이 지갑이 선생님 지갑이 맞느냐?"라는 질문을 받자 "내 것이 맞다."라고 대답한 후 이를 교부받아 가지고 간 사안에서, 乙의 행위는 사기죄에서 말하는 처분행위에 해당하고, 피고인의 행위를 절취행위로 평가할 수 없다고 한 사례

【판결요지】

[1] 형법상 절취란 타인이 점유하고 있는 자기 이외의 자의 소유물을 점유자의 의사에 반

하여 점유를 배제하고 자기 또는 제3자의 점유로 옮기는 것을 말한다. 이에 반해 기망의 방법으로 타인으로 하여금 처분행위를 하도록 하여 재물 또는 재산상 이익을 취득한 경우에는 절도죄가 아니라 사기죄가 성립한다.

사기죄에서 처분행위는 행위자의 기망행위에 의한 피기망자의 착오와 행위자 등의 재물 또는 재산상 이익의 취득이라는 최종적 결과를 중간에서 매개·연결하는 한편, 착오에 빠진 피해자의 행위를 이용하여 재산을 취득하는 것을 본질적 특성으로 하는 사기죄와 피해자의 행위에 의하지 아니하고 행위자가 탈취의 방법으로 재물을 취득하는 절도죄를 구분하는 역할을 한다. 처분행위가 갖는 이러한 역할과 기능을 고려하면 피기망자의 의사에 기초한 어떤 행위를 통해 행위자 등이 재물 또는 재산상의 이익을 취득하였다고 평가할 수 있는 경우라면, 사기죄에서 말하는 처분행위가 인정된다. 한편 사기죄가 성립되려면 피기망자가 착오에 빠져 어떠한 재산상의 처분행위를 하도록 유발하여 재산적 이득을 얻을 것을 요하고, 피기망자와 재산상의 피해자가 같은 사람이 아닌 경우에는 피기망자가 피해자를 위하여 그 재산을 처분할 수 있는 권능을 갖거나 그 지위에 있어야 한다.

[2] 피해자 甲은 드라이버를 구매하기 위해 특정 매장에 방문하였다가 지갑을 떨어뜨렸는데, 10분쯤 후 피고인이 같은 매장에서 우산을 구매하고 계산을 마친 뒤, 지갑을 발견하여 습득한 매장 주인 乙로부터 "이 지갑이 선생님 지갑이 맞느냐"라는 질문을 받자 "내 것이 맞다."라고 대답한 후 이를 교부받아 가지고 간 사안에서, 乙은 지갑을 습득하여 진정한 소유자에게 돌려주어야 하는 지위에 있으므로 甲을 위하여 이를 처분할 수 있는 권능을 갖거나 그 지위에 있었으며, 이러한 처분 권능과 지위에 기초하여 지갑의 소유자라고 주장하는 피고인에게 지갑을 교부하였고 이를 통해 피고인이 지갑을 취득하여 자유로운 처분이 가능한 상태가 되었으므로, 乙의 행위는 사기죄에서 말하는 처분행위에 해당하고 피고인의 행위를 절취행위로 평가할 수 없다는 이유로, 피고인에 대한 주위적 공소사실인 절도 부분을 이유에서 무죄로 판단하면서 예비적 공소사실인 사기 부분을 유죄로 인정한 원심의 판단이 정당하다고 한 사례.

제347조의2(컴퓨터등 사용사기)

컴퓨터등 정보처리장치에 허위의 정보 또는 부정한 명령을 입력하거나 권한 없이 정보를 입력·변경하여 정보처리를 하게 함으로써 재산상의 이익을 취득하거나 제3자로 하여금 취득하게 한 자는 10년 이하의 징역 또는 2천만원 이하의 벌금에 처한다.
[전문개정 2001. 12. 29.]

제348조(준사기)

① 미성년자의 사리분별력 부족 또는 사람의 심신장애를 이용하여 재물을 교부받거나 재산상 이익을 취득한 자는 10년 이하의 징역 또는 2천만원 이하의 벌금에 처한다.

② 제1항의 방법으로 제3자로 하여금 재물을 교부받게 하거나 재산상 이익을 취득하게 한 경우에도 제1항의 형에 처한다.
[전문개정 2020. 12. 8.]

제348조의2(편의시설부정이용)

부정한 방법으로 대가를 지급하지 아니하고 자동판매기, 공중전화 기타 유료자동설비를 이용하여 재물 또는 재산상의 이익을 취득한 자는 3년 이하의 징역, 500만원 이하의 벌금, 구류 또는 과료에 처한다.
[본조신설 1995. 12. 29.]

제349조(부당이득)

① 사람의 곤궁하고 절박한 상태를 이용하여 현저하게 부당한 이익을 취득한 자는 3년 이하의 징역 또는 1천만원 이하의 벌금에 처한다.
② 제1항의 방법으로 제3자로 하여금 부당한 이익을 취득하게 한 경우에도 제1항의 형에 처한다.
[전문개정 2020. 12. 8.]

제350조(공갈)

① 사람을 공갈하여 재물의 교부를 받거나 재산상의 이익을 취득한 자는 10년 이하의 징역 또는 2천만원 이하의 벌금에 처한다. 〈개정 1995. 12. 29.〉
② 전항의 방법으로 제삼자로 하여금 재물의 교부를 받게 하거나 재산상의 이익을 취득하게 한 때에도 전항의 형과 같다.

제350조의2(특수공갈)

단체 또는 다중의 위력을 보이거나 위험한 물건을 휴대하여 제350조의 죄를 범한 자는 1년 이상 15년 이하의 징역에 처한다.
[본조신설 2016. 1. 6.]

제351조(상습범)

상습으로 제347조 내지 전조의 죄를 범한 자는 그 죄에 정한 형의 2분의 1까지 가중한다.

제352조(미수범)

제347조 내지 제348조의2, 제350조, 제350조의2와 제351조의 미수범은 처벌한다. 〈개정 2016. 1. 6.〉
[전문개정 1995. 12. 29.]

제353조(자격정지의 병과)

본장의 죄에는 10년 이하의 자격정지를 병과할 수 있다.

제354조(친족간의 범행, 동력)

제328조와 제346조의 규정은 본장의 죄에 준용한다.

제40장 횡령과 배임의 죄

제355조(횡령, 배임)
① 타인의 재물을 보관하는 자가 그 재물을 횡령하거나 그 반환을 거부한 때에는 5년 이하의 징역 또는 1천500만원 이하의 벌금에 처한다. 〈개정 1995. 12. 29.〉
② 타인의 사무를 처리하는 자가 그 임무에 위배하는 행위로써 재산상의 이익을 취득하거나 제삼자로 하여금 이를 취득하게 하여 본인에게 손해를 가한 때에도 전항의 형과 같다.

특정경제범죄가중처벌등에관한법률위반(횡령)[예비적죄명:특정경제범죄가중처벌등에관한법률위반(배임)]
[대법원 2023. 6. 1., 선고, 2020도2884, 판결]

【판시사항】
예탁결제원에 예탁되어 계좌 간 대체 기재의 방식으로 양도되는 주권이 횡령죄의 객체가 될 수 있는지 여부(적극) / 주권이 발행되지 않은 상태에서 주권불소지 제도, 일괄예탁 제도 등에 근거하여 예탁결제원에 예탁된 것으로 취급되어 계좌 간 대체 기재의 방식으로 양도되는 주식이 횡령죄의 객체가 될 수 있는지 여부(소극)

【판결요지】
상법상 주식은 자본구성의 단위 또는 주주의 지위(주주권)를 의미하고, 주주권을 표창하는 유가증권인 주권과는 구분된다. 주권은 유가증권으로서 재물에 해당되므로 횡령죄의 객체가 될 수 있으나, 자본의 구성단위 또는 주주권을 의미하는 주식은 재물이 아니므로 횡령죄의 객체가 될 수 없다. 따라서 예탁결제원에 예탁되어 계좌 간 대체 기재의 방식에 의하여 양도되는 주권은 유가증권으로서 재물에 해당되므로 횡령죄의 객체가 될 수 있으나, 주권이 발행되지 않은 상태에서 주권불소지 제도, 일괄예탁 제도 등에 근거하여 예탁결제원에 예탁된 것으로 취급되어 계좌 간 대체 기재의 방식에 의하여 양도되는 주식은 재물이 아니므로 횡령죄의 객체가 될 수 없다.

제356조(업무상의 횡령과 배임)
업무상의 임무에 위배하여 제355조의 죄를 범한 자는 10년 이하의 징역 또는 3천만원 이하의 벌금에 처한다. 〈개정 1995. 12. 29.〉

제357조(배임수증재)
① 타인의 사무를 처리하는 자가 그 임무에 관하여 부정한 청탁을 받고 재물 또는 재산상의 이익을 취득하거나 제3자로 하여금 이를 취득하게 한 때에는 5년 이하의 징역 또는 1천만원 이하의 벌금에 처한다. 〈개정 2016. 5. 29.〉

② 제1항의 재물 또는 재산상 이익을 공여한 자는 2년 이하의 징역 또는 500만원 이하의 벌금에 처한다. 〈개정 2020. 12. 8.〉
③ 범인 또는 그 사정을 아는 제3자가 취득한 제1항의 재물은 몰수한다. 그 재물을 몰수하기 불가능하거나 재산상의 이익을 취득한 때에는 그 가액을 추징한다. 〈개정 2016. 5. 29., 2020. 12. 8.〉
[제목개정 2016. 5. 29.]

제358조(자격정지의 병과)
전3조의 죄에는 10년 이하의 자격정지를 병과할 수 있다.

제359조(미수범)
제355조 내지 제357조의 미수범은 처벌한다.

제360조(점유이탈물횡령)
① 유실물, 표류물 또는 타인의 점유를 이탈한 재물을 횡령한 자는 1년 이하의 징역이나 300만원 이하의 벌금 또는 과료에 처한다. 〈개정 1995. 12. 29.〉
② 매장물을 횡령한 자도 전항의 형과 같다.

제361조(친족간의 범행, 동력)
제328조와 제346조의 규정은 본장의 죄에 준용한다.

제41장 장물에 관한 죄

제362조(장물의 취득, 알선 등)
① 장물을 취득, 양도, 운반 또는 보관한 자는 7년 이하의 징역 또는 1천500만원 이하의 벌금에 처한다. 〈개정 1995. 12. 29.〉
② 전항의 행위를 알선한 자도 전항의 형과 같다.

사기·장물취득·외국환거래법위반
[대법원 2011.4.28., 선고, 2010도15350, 판결]

【판시사항】
[1] 장물죄에서 본범이 되는 범죄행위에 대하여 우리 형법이 적용되지 않는 경우, 그에 관한 법적 평가 기준 및 '장물'에 해당하기 위한 요건
[2] 횡령죄에서 재물의 타인성 등과 관련된 법률관계에 외국적 요소가 있는 경우, 소유권 귀속관계 등의 판단 기준
[3] 대한민국 국민 또는 외국인이 미국 캘리포니아주에서 미국 리스회사와 미국 캘리포니아주의 법에 따라 차량 이용에 관한 리스계약을 체결하였는데, 이후 자동차수입업자인 피

고인이 리스기간 중 위 리스이용자들이 임의로 처분한 위 차량들을 수입한 사안에서,
피고인에게 장물취득죄를 인정한 원심판단의 결론을 정당하다고 한 사례

【판결요지】

[1] '장물'이라 함은 재산죄인 범죄행위에 의하여 영득된 물건을 말하는 것으로서 절도·강
도·사기·공갈·횡령 등 영득죄에 의하여 취득된 물건이어야 한다. 여기에서의 범죄행위는
절도죄 등 본범의 구성요건에 해당하는 위법한 행위일 것을 요한다. 그리고 본범의 행
위에 관한 법적평가는 그 행위에 대하여 우리 형법이 적용되지 아니하는 경우에도 우
리 형법을 기준으로 하여야 하고 또한 이로써 충분하므로, 본범의 행위가 우리 형법에
비추어 절도죄 등의 구성요건에 해당하는 위법한 행위라고 인정되는 이상 이에 의하여
영득된 재물은 장물에 해당한다.

[2] 횡령죄가 성립하기 위하여는 그 주체가 '타인의 재물을 보관하는 자'이어야 하고, 타인
의 재물인가 또는 그 재물을 보관하는가의 여부는 민법·상법 기타의 민사실체법에 의하
여 결정되어야 한다. 따라서 타인의 재물인가 등과 관련된 법률관계에 당사자의 국적·
주소, 물건 소재지, 행위지 등이 외국과 밀접하게 관련되어 있어서 국제사법 제1조 소
정의 외국적 요소가 있는 경우에는 다른 특별한 사정이 없는 한 국제사법의 규정에 좇
아 정하여지는 준거법을 1차적인 기준으로 하여 당해 재물의 소유권의 귀속관계 등을
결정하여야 한다.

[3] 대한민국 국민 또는 외국인이 미국 캘리포니아주에서 미국 리스회사와 미국 캘리포니아
주의 법에 따라 차량 이용에 관한 리스계약을 체결하면서 준거법에 관하여는 별도로
약정하지 아니하였는데, 이후 자동차수입업자인 피고인이 리스기간 중 위 리스이용자들
이 임의로 처분한 리스계약의 목적물인 차량들을 수입한 사안에서, 국제사법에 따라 위
리스계약에 적용될 준거법인 미국 캘리포니아주의 법에 의하면, 위 차량들의 소유권은
리스회사에 속하고, 리스이용자는 일정 기간 차량의 점유·사용의 권한을 이전받을 뿐이
어서(미국 캘리포니아주 상법제10103조 제a항 제10호도 참조), 리스이용자들은 리스회
사에 대한 관계에서 위 차량들에 관한 보관자로서의 지위에 있으므로, 위 차량들을 임
의로 처분한 행위는 형법상 횡령죄의 구성요건에 해당하는 위법한 행위로 평가되고 이
에 의하여 영득된 위 차량들은 장물에 해당한다는 이유로, 피고인에게 장물취득죄를 인
정한 원심판단의 결론을 정당하다고 한 사례.

제363조(상습범)

① 상습으로 전조의 죄를 범한 자는 1년 이상 10년 이하의 징역에 처한다.

② 제1항의 경우에는 10년 이하의 자격정지 또는 1천500만원 이하의 벌금을 병과
할 수 있다. 〈개정 1995. 12. 29.〉

제364조(업무상과실, 중과실)

업무상과실 또는 중대한 과실로 인하여 제362조의 죄를 범한 자는 1년 이하의 금
고 또는 500만원 이하의 벌금에 처한다. 〈개정 1995. 12. 29.〉

제365조(친족간의 범행)

① 전3조의 죄를 범한 자와 피해자간에 제328조제1항, 제2항의 신분관계가 있는

때에는 동조의 규정을 준용한다.

② 전3조의 죄를 범한 자와 본범간에 제328조제1항의 신분관계가 있는 때에는 그 형을 감경 또는 면제한다. 단, 신분관계가 없는 공범에 대하여는 예외로 한다.

제42장 손괴의 죄

제366조(재물손괴등)
타인의 재물, 문서 또는 전자기록등 특수매체기록을 손괴 또는 은닉 기타 방법으로 기 효용을 해한 자는 3년이하의 징역 또는 700만원 이하의 벌금에 처한다. 〈개정 1995. 12. 29.〉

[제목개정 1995. 2. 29.]

제367조(공익건조물파괴)
공익에 공하는 건조물을 파괴한 자는 10년 이하의 징역 또는 2천만원 이하의 벌금에 처한다. 〈개정 1995. 12. 29.〉

제368조(중손괴)
① 전2조의 죄를 범하여 사람의 생명 또는 신체에 대하여 위험을 발생하게 한 때에는 1년 이상 10년 이하의 징역에 처한다.

② 제366조 또는 제367조의 죄를 범하여 사람을 상해에 이르게 한 때에는 1년 이상의 유기징역에 처한다. 사망에 이르게 한 때에는 3년 이상의 유기징역에 처한다. 〈개정 1995. 12. 29.〉

제369조(특수손괴)
① 단체 또는 다중의 위력을 보이거나 위험한 물건을 휴대하여 제366조의 죄를 범한 때에는 5년 이하의 징역 또는 1천만원 이하의 벌금에 처한다. 〈개정 1995. 12. 29.〉

② 제1항의 방법으로 제367조의 죄를 범한 때에는 1년 이상의 유기징역 또는 2천만원 이하의 벌금에 처한다. 〈개정 1995. 12. 29.〉

제370조(경계침범)
경계표를 손괴, 이동 또는 제거하거나 기타 방법으로 토지의 경계를 인식 불능하게 한 자는 3년 이하의 징역 또는 500만원 이하의 벌금에 처한다. 〈개정 1995. 12. 29.〉

제371조(미수범)
제366조, 제367조와 제369조의 미수범은 처벌한다.

제372조(동력)
본장의 죄에는 제346조를 준용한다.

부 칙

〈법률 제17265호, 2020. 5. 19.〉

이 법은 공포한 날부터 시행한다.

〈법률 제17511호, 2020. 10. 20.〉

이 법은 공포한 날부터 시행한다.

〈법률 제17571호, 2020. 12. 8.〉

이 법은 공포 후 1년이 경과한 날부터 시행한다.

〈법률 제19582호, 2023. 8. 8.〉

제1조(시행일)

이 법은 공포한 날부터 시행한다. 다만, 제251조, 제254조, 제272조 및 제275조의 개정규정은 공포 후 6개월이 경과한 날부터 시행한다.

제2조(사형의 시효 폐지에 관한 적용례)

제77조, 제78조제1호 및 제80조의 개정규정은 이 법 시행 전에 사형을 선고받은 경우에도 적용한다.

형 법

형법개요

형법은 범죄와 형벌에 관한 법이다. 범죄는 우리들의 사회생활에서 말하자면 필연적으로 수반되는 현상이지만 이는 사회생활에서 나타나는 병리현상이므로 건전한 사회생활의 유지 발전을 위하여는 이러한 범죄발생이 가급적 방지되어야만 한다. 형벌은 이러한 범죄에 대처하기 위한 하나의 수단으로서 고대로부터 인정되고 있는 것이다. 오늘날에는 범죄에 대하여 형벌을 과한다고 하는 작용은 모든 국가에 있어서 받아들여지고 있다. 또 모든 국가에서 이른바 죄형법정주의와 관련하여 범죄와 형벌에 관한 법을 제정하고 있다. 요컨대 어떠한 국가에서도 ˙실정법 특히 성문법으로서의 형법을 가지고 있지 않은 나라는 없다.

형법은 범죄와 형벌에 관한 법이지만 그 내용이나 형식은 국가에 따라 또 실행에 따른 범죄관이나 형벌관보다 근본적으로는 사회관이나 윤리관에 의해 또는 형사정책적인 고려에 큰 영향을 받는다.

형법은 일정한 반사회적 행위를 범죄로 규정하여 이에 대하여 일정한 형벌을 과하는 것을 규정하고 있다. 따라서 형법은 사회생활에서 사람들의 다양한 행위 가운데 국가사회질서를 침해하는 행위 즉 반사회적 행위에 먼저 관심을 가지게 된다. 그런 다음 형법은 이러한 반사회적 행위 가운데 형벌을 과할 필요가 있는 것만을 선택하여 형벌을 과하게 된다. 이와 같이 형법은 국가사회질서의 유지를 위하여 반사회적 행위에 대한 형벌을 과하기 위하여 마련된 국가형벌관 발동의 근원이 되는 법이다.

1953년 9월 18일 법률 제293호로 제정된 형법은 그 적용범위와 죄, 형 및 기간을 정한 제1편 총칙과 제2편 각칙으로 구성되어 있다.

형 법 총 론

형법총론

형법(刑法)
영 ; criminal law
독 ; Strafrecht
불 ; droit pénal

형법이라는 말은 대체로 세 가지의 의미로 사용되고 있다.

어떠한 행위가 범죄로 되며 그것에 어느 정도의 벌을 과하게 되는지를 정한 법률이라는 의미가 있다. 「형법」이라는 명칭은 형벌과 그것을 정한 법률이라는 의미에서 붙여진 것에 틀림없다. 독일에서도 형벌법이라는 의미를 나타내는 Strafrecht 이라는 명칭이 붙어 있다. 이것은 우리나라에서 「형법」이라는 명칭을 쓰고 있는 것과 유사하다. 그러나 프랑스나 영국, 미국에서는 형벌법이라는 의미로도(Code penal : criminel : Criminal law) 사용되고 있다. 주로 형벌법이라는 의미는 형사적인 법규의 이름으로, 범죄법이라는 의미는 실질적인 「형사법」이라는 의미로 사용되는 것 같다. 이러한 명칭으로부터 알 수 있듯이 형법은 범죄와 형벌을 정하고 있는 것이다. 이러한 의미에서 세계 여러 나라의 형법이나 옛날의 형법도 「형법」이다.

「형법」이라는 이름이 붙어 있는 현행의 법률(법규)을 의미한다. 이러한 의미에서는 현재 우리나라의 법전 등에 실려 있는 「형법」만을 의미한다(1953년 9월 18일 법률 제293호 제정). 이것을 보통 협의의 형법이라고 한다(학자에 따라서는 형식적 의의의 형법이라고도 함).

「형법」이라는 이름이 붙어 있지 않더라도, 일체의 형벌을 정한 법령을 총칭하여 단순히 「형법」이라고 부르는 일이 있다. 이러한 의미의 형법으로부터 「형법」이라는 이름의 법률을 제외하고 부를 때에는, 그것을 「특별법」 또는 「특별형법」이라고 하는 관례가 있다. 「행정형법」(도로교통법, 식품위생법 등), 「노동형법」, 「경제형법」 등은 모두 이 특별법의 분야를 의미한다. 이를 보통 광의의 형법이라 한다(학자에 따라서는 실질적 의의의 형법이라고도 함).

범죄(犯罪)
영 ; crime
독 ; Verbrechen
불 ; infraction

범죄의 개념은 사회적 관점에서의 실질적 범죄개념과 법률적 관점에서의 형식적 범죄개념으로 나누어진다. 형식적 범죄개념은 범죄를 형벌법규에 의하여 형벌을 과하는 행위라고 정의한다. 그것은 형벌을 과하기 위하여 행위가 법률상 어떤 조건을 갖추어야 하는가를 문제삼는다. 여기서 형식적 범죄개념은 범죄를 구성요건에 해당하고 위법하고 책임 있는 행위를 말한다고 하게 된다. 형식적 범죄개념은 형법해석과 죄형법정주의에 의한 형법의 보장적 기능의 기준이 되는 범죄개념이다. 다만 형식적 범죄개념에 의하여는 어떤 행위를 범죄로 해야 할 것인가에 대하여 아무런 기준을 제시하지 못한다는 결점이 지적되고 있다. 실질적 범죄개념이란 법질서가 어떤 행위를 형벌에 의하여 처벌할 수 있는가, 즉 범죄의 실질적 요건이 무엇인가를 밝히는 것을 말한다. 실질적 범죄개념은 범죄란 형벌을 과할 필요가 있는 불법일 것을 요하며, 그것은 사회적 유해성 내지 법익을 침해하는 반사회적 행위를 의한다고 해석하고 있다. 여기서 사회적 유해성이란 사회공동생활의 존립과 기능을 현저히 침해하는 것을 말한다. 실질적 범죄개념은 입법자에게 어떤 행위를 범죄로 할 것이며 범죄의 한계가 무엇인가에 대한 기준을 제시할 뿐이며, 형법의 해석에 관하여는 간접적인 역할을 담당할 뿐 아니라, 이는 형사정책과 밀접한 관련을 가지는 문제이므로 범죄의 형사정책적 의의라고도 할 수 있다. 이러한 의미에서의 범죄의 개념은 형식적 범죄개념과 실질적 범죄개념의 양면에서 검토해야 한다.

마그나 카르타
영 ; Great Charter
라 ; Magna Carta

영국의 존왕이 1215년 6월 15일 라니미드에서 봉건귀족들의 요구에 굴복하여 조인한 전문과 63조로 구성된 헌법적 문서인 칙허장을 말한다. 마그나 카르타는 권리청원·권리장전과 함께 영국헌법의 3대 성서로 불리우며, 영국 헌법의 원천 또는 대헌장이라고도 한다. 그 주요 내용은 교회의 자유, 조세부과의 제한, 통행의 자유, 국법이나 재판에 의하지 않고는 신체의 자유를 침해받지 않을 권리, 저항권 등이나, 당시 배경을 살펴보면 근대적 의미의 인권선언이 아니고, 역시 왕으로 하여금 봉건귀족들의 권익을 확인받고 이를 침해하지 않을 것이라는 것을 약속받는 데 있었다. '마그나 카르타'는 색슨의 Common Law에 바탕을 둔 것으로, 그 후 1225년 헨리 3세와 1297년 에드워드 1세에 의하여 재확인되었다.

형법의 기능(刑法의 機能)

형법의 기능이 무엇인가 하는 문제에 대해서는 견해가 일치하지 않고 있다. 그러나 대체로 형법의 본질적 기능으로서는 보호적 기능, 보장적 기능 및 사회보호적 기능으로 대별할 수 있다.
보호적 기능 : 형법은 사회질서의 기본가치를 보호하는 기능을 가지는데 이를 형법의 보호적 기능이라고 한다. 여기에는 법익보호의 기능과 사회 윤리적 행위가치의 보호 2가지의 기능이 있다.
보장적 기능 : 형법의 보장적 기능이란 형법이 국가형벌권의 한계를 명확히 하여 자의적인 형벌로부터 국민의 자유와 권리를 보장하는 것을 말한다. 여기에는 두 가지 측면, 즉 형법에 규정되어 있는 범죄 외에는 일반국민에게 무한한 행동의 자유를 보장하는 면

과 범죄인이라도 형법에 정해진 형벌의 범위 내에서만 처벌되고 전단적인 처벌이 허용되지 않는다는 면이 있다. 형법을 범죄인의 마그나카르타라고 하는 이유도 바로 여기에(후자의 경우)있다.

사회보호적 기능 : 형법은 형벌 또는 보안처분이라는 수단에 의하여 국가나 사회의 질서를 침해하는 범죄에 대하여 사회질서를 유지하고 보호하는 기능을 가지는데 이를 형법의 사회보호적 기능이라고 한다.

심리강제설(心理強制說)
독 ; Theorie des psychologischen Zwangs

범행에 의하여 기대되는 이익과 형벌에 의하여 기대되는 불이익을 비교하여 취사선택할 수 있는 이성적 인간을 전제로 하고, 범죄를 행함으로써 얻어지는 쾌락보다 더 큰 불쾌로서의 형벌위협은 심리적 강제로서 작용한다는 이론을 말한다.

심리강제설은 형벌의 목적이 일반예방에 있다는 입장에서 포이에르바하가 주장한 것이다. 즉 그는 형벌의 목적은 범죄를 방지하는 데 있지만 이는 일반국민에게 범죄를 행함으로써 얻어지는 쾌락보다는 범죄에 대하여 과하여지는 불쾌의 고통이 더욱 크다는 것을 알게 하는 심리적 강제에 의하여만 달성할 수 있으며, 이러한 심리적 강제는 형벌을 법전에 규정하여 두고 이를 집행함으로써 효과적으로 얻어질 수 있다고 보았다.

죄형법정주의(罪刑法定主義)
라 ; mullum crimon sine lege, nulla poena sine lege
영 ; principle of legality
독 ; principe de la légalité des délits dt des peines

범죄와 형벌은 미리 법률로 규정되어 있어야 한다는 형법상의 원칙이다. 「법률 없이는 형벌도 범죄도 없다」(mulla pona sine lege, nullum crimen sine lege)는 사상이다. 죄형법정주의는 근대형법에 있어서 형법의 근본원리로써 1801년 독일의 포이에르바하(A. Feuerbach)에 의해 처음으로 상용된 말이다. 이는 1215년 영국의 대헌장(Magna Carta§39)에 근원을 두고 있다. 우리말의「죄형법정주의」라는 표현은 그 실질을 잘 표현하고 있다. 그 명칭에서 나타나는 것과 같이 어떠한 행위가 범죄로 되며 또 어느 정도의 벌을 과하게 되는지를 법령으로 미리 정해두지 않으면 사람을 벌하는 것이 허용되지 않는다는 것이 이 주의의 실체인 것이다.

「미리」라는 것은 죄형법정주의라고 하는 명칭 자체에는 반드시 명시되어 있지는 않아도 이것을 법정하는 것이 행위에 앞서서 이루어져 있을 것이 요구되며 그것이 매우 중요한 것이다. 전제정치시대에는 이와 같은 것을「미리」정하여 두는 것을 요건으로 하지 않고 어떠한 행위가 행해진 후에 그 당시의 권력자가 그것을 부당하다고 생각하면 그 후에 법령을 만들어서라도 그 행위를 처벌할 수 있었다. 그렇기 때문에 어떠한 행위를 하면 좋을지 국민들은 알 수가 없다. 올바른 것으로 생각하여

행한 후에 「법률위반이다」, 「범죄」라고 하여 언제 어떻게 처벌될지도 모르기 때문에 국민은 안심할 수 없다. 이러한 것이 바로 인권을 보장하여야 할 규정을 설정하여야 할 사항이다. 우리나라 헌법은 이에 관하여 적법절차의 보장(헌§12①), 소급처벌의 금지(헌§13①) 규정을 두고 있다. 이것은 형법에 있어 너무나 당연한 것이기 때문에 이에 관한 특별규정을 두고 있지 않으나 형법 제1조 1항은 그 파생원칙을 정하고 있다.

죄형법정주의의 중요사항

입법적 연혁	사상적 연혁	파생원칙
•대헌장(1215) 제39조 •권리청원, 권리장전 •버어지니아 권리선언(1776) •프랑스 인권선언 제5조(1789) •나폴레옹형법 (1810) 제4조	•계몽주의사상 •사회계약설 •Feuerbach의 심리강제설 •Beccaria의 죄형균형론	•관습형법금지의 원칙 •명확성의 원칙 •소급효금지의 원칙 •유추해석금지의 원칙 •절대적 부정기형금지의 원칙

관습형법금지의 원칙
(慣習刑法禁止의 原則)

관습법을 형법의 법원으로 하고 이에 의하여 처벌할 수 없다는 원칙을 말한다. 그 이유는 관습법은 성문으로 제정된 법이 아니므로 그 내용과 범위가 명백하지 아니하고, 범죄와 형벌의 관계가 명시되어야 한다는 형벌법정주의에 배치되기 때문이다. 관습형법금지의 원칙은 처벌하거나 형을 가중하는 관습법의 금지를 의미한다. 따라서 성문의 형법규정을 관습법에 의하여 폐지하거나 관습법에 의하여 구성요건을 축소하거나 형을 감경하는 것은 관습형법금지의 원칙에 반하지 않는다. 즉 관습형법금지의 원칙은 관습법이 직접 형법의 법원이 될 수 없다는 의미에 불과하며 관습법이 형법의 해석에 간접적으로도 영향을 미칠 수 없다는 의미는 아니다. 따라서 관습법은 간접적으로는 형법의 해석에 영향을 미칠 수 있다. 이를 보충적 관습법이라고 한다.

형벌불소급의 원칙
(刑罰不遡及의 原則)

행위시에 그 행위가 범죄로서 형벌을 과하게 되는 것으로 정하여져 있지 않은 경우에는 그 후에 정하여진 법률의 효력을 행위시까지 소급하여 행위자를 처벌하는 것을 효용되지 않는다는 원칙(헌§13①, 형§1). 범죄법정주의의 하나의 중요한 적용이다. 이 원칙이 없으면 적법으로 생각하여 행위한 것이 후에 처벌될지도 모른다는 것이 되므로 누구도 안심하고 행위할 수 없다.

명확성의 원칙(明確性의 原則)

만약 형벌법규가 불명확하여 무엇이 범죄인지를 일반국민이나 법관이 잘 알 수 없다면 형벌권의 자의적인 행사를 방지하고 국민의 자유와 인권을 보장한다는 죄형법정주의에 반하게 된다. 그리하여 최근에 와서 형벌법규는 명확하여야 하며 불명확한 형법법규는 헌법에 위반한 것으로서 무효라는 주장도 대두되고 있다. 이러한 명확성의 원칙은 구성요건의 명확성뿐만 아니라 그 가벌성의 정도에까지 요구된다.

죄형법정주의에서 파생되는 **명확성의 원칙은 법률이 처벌하고자 하는 행위가 무엇이며 그에 대한 형벌이 어떠한 것인지를 누구나 예견할 수 있고, 그에 따라 자신의 행위를 결정할 수 있도록 구성요건을 명확하게 규정하는 것을** 의미한다. 그러나 처벌법규의 구성요건이 명확하여야 한다고 하여 모든 구성요건을 단순한 서술적 개념으로 규정하여야 하는 것은 아니고, 다소 광범위하여 법관의 보충적인 해석을 필요로 하는 개념을 사용하였다고 하더라도 통상의 해석방법에 의하여 건전한 상식과 통상적인 법감정을 가진 사람이면 당해 처벌법규의 보호법익과 금지된 행위 및 처벌의 종류와 정도를 알 수 있도록 규정하였다면 헌법이 요구하는 처벌법규의 명확성에 배치되는 것이 아니다(*대법원 2006. 5. 11. 선고 2006도920 판결*).

백지형법(白地刑法)
독 ; Blankettstrafgesetz

일정한 형벌만을 규정해 놓고 그 법률요건인 금지내용에 관하여는 다른 법령이나 행정처분 또는 고시 등에 일임하여 후일 별도의 보충을 필요로 하는 형벌법규를 말한다. 백지형벌법규라고도 부른다. 예컨대 형법 제112조의 중립명령위반죄나 행정법규 가운데 대부분의 경제통제법령이 여기에 해당한다. 백지형법의 공백을 보충하는 규범을 보충규범 또는 충전규범이라고 한다. 백지형법에 유효기간이 정하여져 있는 한 한시법임에 이의의 여지가 없다. 그러나 유효기간이 특정되어 있지 않은 경우에도 한시법을 광의로 파악하는 입장에서는 그것이 일시적 사정에 대처하기 위한 법률의 성질을 가졌다는 점에 착안하여 한시법으로 본다.

유추해석(類推解釋)
영 ; analogy 독 ; Analogie 불 ; analogie

법률에 명시되어 있지 않은 사항에 대하여 그와 유사한 성질을 가지는 사항에 관한 법률을 적용하는 것을 유추해석이라고 한다. 형벌법규의 해석에 있어서는 죄형법정주의(罪刑法定主義)의 원칙상 유추해석은 금지되며, 이를 유추해석금지의 원칙이라고 한다. 다만, 대법원은 피고인에게 유리한 유추해석은 죄형법정주의의 취지에 반하는 것이 아니므로 허용된다고 본다. 행위자에게 불리한 경우에 유추해석이 허용되고 있지 않으나 확장해석은 허용된다고 하는 설이 유력하다. 확장해석은 법문언의 가능한 의미를 벗어나지 않는 범위 내에서의 해석이므로 유추해석과 달리 허용될 수 있다는 것이다. 그러나 대법원은 유추해석뿐만 아니라 확장해석도 죄형법정주의의 원칙에 어긋나는 것으로서 허용되지 않는다고 본다.

한시법(限時法)
독 ; Zeitgeist

일정한 기간에 한하여 효력이 있는

것으로 제정된 법률, 이것은 일반적인 정의이지만 한시법의 개념은 확고부동한 것이 아니기 때문에 이것과 다소 틀리는 용례도 있고, 광의의 한시법과 협의의 한시법에도 차이가 있다. 어느 것이라도 유효기간을 한정하여 예고되어 있는 것에 그 특색이 있다. 만약 일반법률인 경우라면 그 법률의 폐지시기가 도래하면 효력을 잃고 비록 그 유효기간 중에 행한 범죄행위에 대하여도 형사절차상에는 면소의 선고를 하지 않으면 안 되나(형소§326IV), 한시법의 경우에도 그렇게 한다면 법의 위신을 확보할 수 없게 된다. 예고된 실효기간의 직전이 되면 사람들은 면소를 예상하여 범행을 할지도 모른다. 따라서 한시법의 추급효를 인정하여야 한다. 즉 한시법에 한하여 그 법률의 실효시기가 도래한 후에도 그것이 유효하였던 당시에 행하여진 행위에 대하여는 유효한 법률규정으로서 적용을 인정하여야 한다는 것이다. 법문상 명문으로 그렇게 정하고 있는 경우도 있으나, 명문이 없는 경우에도 이론상으로 이를 긍정할 것인지 아닌지에 대해서는 학설이 나뉘어져 있다. 현행 우리 형법상 한시법의 소급효에 관한 학설을 살펴보면 추급효인정설과 부정설, 동기설이 있는데 판례는 동기설을 취하고 있다.

한시법의 추급효 인정여부

추급효 인정설	한시법의 유효기간이 경과한 후에도 유효기간중에 행한 범죄에 대해서 추급하여 처벌할 수 있다는 견해
추급효 부정설	추급효를 인정하는 명문규정이 없는 한 유효기간이 경과함과 동시에
(통설)	한시법은 실효되므로 그 이후에는 처벌할 수 없다는 견해
동기설	한시법의 실효가 입법자의 법적 견해의 변경에 의한 경우에는 추급효를 부정하지만, 단순한 사실관계의 변경에 의한 경우에는 추급효를 인정하여 처벌해야 한다는 견해
판례 (동기설)	대법원 1988.3.22. 선고 87도2678 판결

범죄지(犯罪地)

범죄의 구성요건에 해당하는 사실의 전부나 일부가 발생한 곳을 말한다. 범죄행위가 행해진 곳은 물론, 구성요건적 결과가 발생한 곳, 그리고 중간지(중간현상이 발생한 곳)도 이에 해당한다. 형법상 국내범(형법 2조), 내국인의 국외범(형법 3조), 국외에 있는 내국선박 등에서 외국인이 범한 죄(형법 4조) 등 장소적 효력의 표준이 되며, 형사소송법(형소법 4조)상 토지관할과 관련된다.

속지주의와 속인주의
(屬地主義와 屬人主義)

형법의 장소적 적용범위를 어떻게 정할 것인가의 원칙에 대한 입장을 말한다. 자국의 영토주권이 미치는 범위내에서 행하여진 범죄에 대하여는 범인이 어느 나라의 국민인가에 관계없이 모두 그 지역의 형법을 적용한다(형§2)는 것이 속지주의이다. 이는 국가의 주권은 그 영토 내에서만 존재한다는 사상에서 유래한 것이다. 현행 형법은 국외에 있는 내국선박·항공기내에서 행해진 외국인의 범죄에도 한국영역에 준하여 우리나라의 형법을 적용하고 있다(§4).

이에 대해 자국민의 범죄이면 국외에서 범해진 것에도 자국의 형법을 적용한다는 원칙이 속인주의이다(제3조는 한정적이나마 이 원칙을 채용하고 있다). 또한, 자국의 중요한 법익을 범하는 죄에 대하여는 그 법익을 보호하기 위하여 외국에서 외국인이 범하는 경우에까지 자국의 형법을 적용하는 경우가 인정되고 있는데(§2) 이를 보호주의라고 한다.

일반예방과 특별예방
(一般豫防과 特別豫防)

형법은 일정한 행위를 한 자를 벌하는 것을 예고하거나 현재에 처벌함으로써 일반인들에게 경고를 발하여 일반인들로 하여금 죄를 범하지 아니하도록 하는 예방의 효과를 거둘 수 있다는 것이 일반예방의 사상이다. 이에 대하여 형법은 현재 죄를 범한 특정인에 대하여 그를 개선하는 작용을 영위하도록 하여야 한다는 것이 특별예방주의이다. 형벌은 이 양작용을 같이 영위하여야 하며 또한 현재 양작용을 같이 영위하고 있는 것이다.

응보형과 교육형 (應報刑과 敎育廳)

응보형사상이란 악한 행위를 한 者에게는 惡한 보답을 주는 것이 당연한 것이라는 생각에서 형벌의 본질은 범죄에 대한 정당한 응보(gerechte Vergeltung)에 있다고 하는 사상이다. 그런데 형벌은 악행에 대한 응보가 아니고 범죄인을 개선하고 교육하여 사회에 유용한 인간으로 만드는 것을 목적으로 하는 것이라는 사상이 19C말부터 대두되기 시작했는데, 이를 교육형(목적형, 개선형이라고도 함)이라고 한다. 이러한 신사상은 옛날부터 응보형사상을 야만적인 복수사상이라고 공격하고 응보와 교육과는 전혀 상반하는 것처럼 설명한다. 그러나 복수와 응보와는 동일한 것이 아니며, 교육은 응보의 원리라고 해야 비로소 큰 효과를 거둘 수 있는 것이다. 양자는 이를 총합통일한다는 것보다도 본래 불가분일체인 것으로 보아야 할 것이다.

주관주의와 객관주의
(主觀主義와 客觀主義)

행위의 객관적인 표현, 특히 그 결과를 형법상의 평가의 대상으로서 주목하는 입장을 객관주의라고 하는데, 이는 고전학파가 취하고 있는 이론이다. 이에 대해 행위의 주체면, 즉 행위자(범인)에 주목하는 입장을 주관주의라하는데, 이는 실증학파가 취하고 있다. 이와 같이 대립되고 있는 양이론을 형법상의 여러 가지 사항이나 구체적 사건에 적용할 경우에 여러 가지의 대립적인 견해가 많이 생길 수 있는 데 전혀 조화불능의 것은 아니다. 지금은 이 양자의 지양통일(止揚統一)을 시도하는 학설도 나타나고 있다. 이것은 당연한 것으로서 범죄가 인간의 행위인 이상 행위자를 떠난 행위가 있을 수 없고, 또한 행위를 무시하고 행위자는 평가할 수 없기 때문이며, 형법이 사람을 벌하는 것인 이상 벌받을 사람을 무시할 수 없는 것과 동시에 형법은 사회의 안전을 위하여 존재하는 것이므로 범죄의 사회에 미치는 영향(객관적 결과)을 무시할 수도 없기 때문이다.

구파(舊派)
독 ; klassische Schule

형법학에 있어서 신파에 대응되는 개념으로, 응보형론(형벌은 과거에 행해진 악행에 대해 응보적으로 가해지는 해악이라는 이론), 일반예방설(응보적 작용은 일반인이 범죄를 저지르는 것을 예방하는 것이라는 이론), 범죄현실설(범죄행위는 그 자체로서 현실적 의미를 가진다는 이론), 객체주의(과형의 근거는 행위 및 결과에 중점을 두어야 한다는 이론), 의사자유론(사람은 누구나 같게 자유의사를 지니고 있다는 이론), 도의적 책임론(자유의사에 기해 행한 나쁜 행위에 대해서는 행위자에게 도덕적 비난이 가해지는 것이라는 이론) 등을 그 주요내용으로 한다. 베카리아, 포이에르 바하에 의해 기초되고, 이후 빈딩, 비르크마이어 등에 의해 주장되었다. 고전학파라고도 한다.

신파(新派)

신파는 근대학파라고도 하는데, 자연과학적 방법론에 의하여 형법학을 실증적으로 연구하고자 한 형법이론을 말한다. 범죄와 형벌에 대한 실증적 연구를 중시하였다는 점에서 이를 실증

학파 또는 사회학파라고도 한다.

신파의 특징은 범죄인은 보통 사람과는 달리 유전적 또는 후천적으로 육체와 정신이 비정상적인 변태인이고, 인간의 자유의사는 환상에 불과하고(결정론), 사회적으로 위험성을 가진 범죄인에 대하여는 사회가 자기를 방위·보호할 필요가 있으므로 범죄인은 사회방위처분을 받아야 하며 형벌은 일반인에 대한 위하보다는 범죄인을 교화개선하여 사회에 복귀시킴으로써 범죄를 방지함을 목적(특별예방주의)으로 한다고 한다.

롬브로조, 페리, 가로팔로 등에 의해 주장되고, 리스트 등 근대사회학파에 의하여 확립되었다.

법인의 범죄능력 (法人의 犯罪能力)

법인도 범죄의 주체가 될 수 있는가, 즉 법인에게 범죄능력이 있는가 하는 문제는 이미 오래전부터 오늘에 이르기까지 논란의 대상이 되어 왔다. 여기에서 범죄능력이란 범죄행위를 할 수 있는 능력으로서, 불법을 행할 수 있는 행위능력과, 이미 행한 불법에 대하여 책임을 질 수 있는 책임능력을 모두 포함하는 용어이다.

법인의 범죄능력을 인정할 것인가에 대하여는 대륙법계와 영미법계의 태도에 차이가 있다. 범죄의 주체를 논리적 인격자로 파악하는 대륙에서는 이를 부정함에 반하여, 실용주의적 형법관에 바탕을 두고 있는 영미에서는 법인 단속의 사회적 필요성을 중시하여 법인의 범죄능력을 인정하고 있다.

우리나라와 독일 및 일본에 있어서

통설·판례는 부정설을 취하고 있다. 소수설의 입장인 긍정설은 주로 법인활동의 증대에 따른 법익침해의 증가와 관련하여 법인의 독자적 행위를 인정하고, 이에 형사재제를 가할 필요가 있다는 형사정책적 고려에서 강력히 주장되고 있다. 형사범에 있어서는 법인의 범죄능력을 부정하면서 행정범에 대하여는 이를 인정하는 견해도 있다. 책임을 인격에 대한 논리적 비난가능성이라고 이해할 때에는 법인의 책임을 인정할 수 없으므로 범죄능력을 부정하지 않을 수 없다. 이에 대하여 긍정설은 책임은 법적·사회적 책임이며 책임의 논리적 성격이 법인의 책임을 부정하는 결정적 이유가 될 수 없다고 한다. 법인을 처벌하는 규정은 대부분 양벌규정의 방식에 의하고 있다.

법인의 범죄능력을 인정하는 견해에 의하면 법인은 자기행위에 의하여 당연히 형벌의 객체가 될 수 있다. 이에 반하여 법인의 범죄능력을 인정할 것인가에 대하여 다시 견해가 대립된다. 법인의 수형능력도 부정하는 것이 이론적으로 철저하다는 견해도 있으나, 다수설은 이러한 행정형법에 대하여는 법인도 형벌능력을 가진다고 해석하고 있다. 행정형법은 고유한 형법에 비하여 윤리적 색채가 약하고 행정목적을 달성하기 위한 기술적·합목적적 요소가

강조되는 것이므로 행정단속 기타 행정적 필요에 따라 법인을 처벌할 수 있다는 것을 이유로 한다. 이에 의하면 법인은 범죄능력은 없지만 형벌능력은 긍정하는 결과가 된다.

양벌규정에 의해 법인을 처벌하는 경우에 법인의 형사책임의 성질 내지 그 근거가 무엇인가에 대해서도 견해가 대립된다. 이에는 무과실책임설·과실추정설·과실의제설 그리고 과실책임설 등이 대립하고 있다.

> 형법 제355조 제2항의 배임죄에 있어서 타인의 사무를 처리할 의무의 주체가 법인이 되는 경우라도 **법인은 다만 사법상의 의무주체가 될 뿐 범죄능력이 없는 것**이며 그 타인의 사무는 법인을 대표하는 자연인인 대표기관의 의사결정에 따른 대표행위에 의하여 실현될 수 밖에 없어 그 대표기관은 마땅히 법인이 타인에 대하여 부담하고 있는 의무내용 대로 사무를 처리할 임무가 있다 할 것이므로 **법인이 처리할 의무를 지는 타인의 사무에 관하여는 법인이 배임죄의 주체가 될 수 없고 그 법인을 대표하여 사무를 처리하는 자연인인 대표기관이 바로 타인의 사무를 처리하는 자 즉 배임죄의 주체가** 된다*(대법원 1984. 10. 10. 선고 82도2595 전원합의체 판결).*

범죄론상 주요문제점에 관한 양주의의 구체적 대립

문제점	객관주의	주관주의
(1) 기본적 범죄관	자유의사(자기의 행동을 제어할 수 있는 능력)을 갖추고 또한 시비선악을 분간할 능력이 있는 자가 자유의사에 의하여 선택한	인간의 자유의사는 부정된다. 범죄는 죄를 범하기 쉬운 특별한 성격(경향)을 지닌 인간, 시비선악의 판단능력과 그것에 좇아서

	결과이다. 또는 이해득실의 타산의 결과 득이라고 판단하여 범한다.	자기를 규율하는 능력이 없는 인간에 의하여 필연적으로 저질러진다(범인이 어떻게 할 도리가 없는 현상이다).
(2) 범죄의 성립요건에 관한 일반적인 기본적 태도	외부에 나타난 결과(=피해)행위를 중시한다.	행위에 나타난 범인의 범죄적 의사 또는 범죄를 저지르기 쉬운 성격을 중시한다.
(3) 위법성	규범위반성 내지 법익침해성을 기본으로 한다.	반사회성, 사회상규로부터의 일탈성을 중시하다(특히 실질적 위법론의 전개에공헌)
(4) 책임의 본질	위법행위수행의 의사를 형성한 데 대한 비난가능성	범죄로 향한 성격의 위험성
(5) 책임능력	의사형성에 비난을 돌릴 수 있는 전제(시비의 변별능력 및 변별에 좇아 행위할 수 있는 능력)	형벌적응성(형벌이라는 수단에 의하여 개선될 수 있는 적격성·적응성)
(6) 범의(犯意)의 성립범위	의사를 중심으로 생각한다(의사설, 인용설이 다수)	행위자의 인식을 중심으로 생각한다(인식설)
(7) 착오에 관한 입장	구체적 부합설 또는 법정적 부합설	추상적 부합설
(8) 위법성의 인식	도의적 비난의 전제로서 필요(다만 위법성 의식가능성으로 충분하다는 견해가 많다)	자연범에 관해서는 위법성 인식불요, 법정범에 과하여는 필요
(9) 기대가능성	행위자를 표준으로 할 것이라는 견해가 많다.	객관적 기준(기대가능성의 존재를 행위자의 위험성의 표현이라고 본다)
(10) 과실의 기준	주관적 기준에 의한 설이 다수설	객관적 기준
(11) 실행의 착수시기	결과발생에 밀접한 단계 또는 구성요건적 행위의 일부개시	수행행위에 의하여 범의가 표현된 시점
(12) 미수범의 처벌	기수보다 감경하여 처벌하는 것이 원칙	기수와 동일하게 처벌(결과의 발생 유무는 범인의 악성과 관계없다)
(13) 불능설	절대불능설 또는 구체적 위험설에 의하여 긍정	미신범을 제외하고서는 부정(주관적 위험설)
(14) 공범의 본질	1개의 사회적 불법사태에 복수인이 가담·협력하는 것으로 본다(범죄공동설)	공동의 행위로 각자가 별개로 각자의 악성·사회적 위험성을 표현하는 것으로 본다(행위공동설)
(15) 공범의 림성	공범전체의 행동을 일체로서 파악하여 직접정범자의 실행행위가 있을 때에 비로소 공범(교사방조)을 처벌하는 것이 원칙(종속성설)	교사행위 자체가 범인의 악성을 수행적 행위에 의한 표현이므로 스스로 실행하는 것과 동일하다(독립성설)
(16) 교사의 고의(미수를 교사하는 경우)	미수범의 제도에서 교사를 인정한다.	죄로 되지 아니한다(교사의 고의는 교사된 자가 기수에 도달할 의사이어야 한다)
(17) 승계적공범	중도에 가담함으로써 이전의 사태를 포함하여 책임을 질 여지를인정한다.	중도에 가담한 이후에 자기가 수행한 부분만에 관하여 책임을 진다
(18) 죄수를 결정하는 표준	행위표준설, 구성요건표준설, 법익표준설	의사표준설

구성요건해당성

범죄의 성립요건
(犯罪의 成立要件)
영 ; criminal law 독 ; Strafrecht
불 ; droit pénal

　범죄가 법률상 성립하기 위한 요건에 대해 통설은 구성요건해당성·위법성·책임성을 취하고 있다. 범죄구성요건의 첫째는 구성요건해당성이다. 무엇이 범죄인가는 법률상 특정행위로 규정되어 있다. 이러한 법률상 특정된 행위의 유형을 구성요건이라고 한다. 그리하여 범죄가 성립하려면 우선 구성요건에 해당해야 한다. 이렇게 사실이 구성요건에 맞는다는 성질을 구성요건해당성이라고 한다. 여기에서 해당한다는 것은 완전히 맞지는 않지만 그 가능성을 지니고 있는 경우도 포함되는데 이를 미수라 한다. 두 번째의 범죄의 성립요건은 위법성이다. 구성요건에 해당하는 행위도 예를 들어 정당방위와 같은 경우에는 법률상 허용되어 있다. 범죄는 법률상 허용되지 않는 것이어야 한다. 여기에서 말하는 법률상 허용되지 않는 성질을 위법성이라 한다. 즉 범죄는 위법한 행위이어야 한다. 세 번째의 범죄의 성립요건은 유책성(책임)이다. 구성요건에 해당하는 위법한 행위라도 그 행위에 관하여 행위자에 대해 비난이 가능한 것이 아니면 범죄가 되지 않는다. 이와 같이 행위에 관해 행위자에 대해 비난이 가능하다는 성질을 유책성 또는 책임성이라 한다. 즉 범죄는

유책한 행위이어야 한다. 범죄는 구성요건해당성·위법성 및 유책성의 어느 하나라도 결하면 성립되지 아니한다. 그 중 특히 위법성을 결하게 되는 사유를 위법성조각사유라 하고, 책임을 결하게 되는 사유를 책임조각사유라고 한다. 범죄성립요건과 구별되어야 하는 것으로 가벌성의 요건과 소추요건이 있다. 전자에는 파산범죄에서의 파산선고의 확정이라든가 친족상도례에서의 직계혈족·배우자·동거친족 등과 같은 인적 처벌조각사유의 부존재 등이 있으며, 후자에는 친고죄의 고소·형법 제110조의 외국정부의 의사에 반하여 논할 수 없다는 것 등이 있다. 또한 학설 중에는 가벌성의 요건을 범죄성립요건 중에 해소하여 가벌성의 요건이라는 관념을 부정하는 것도 있다.

구성요건(構成要件)
독 ; Tatbestand

　형법상 금지 또는 요구되는 행위가 무엇인가를 추상적·일반적으로 기술해 놓은 것을 말한다. 즉 구성요건은 형법상 금지 또는 요구되어 있는 행위, 즉 금지의 실질을 규정한 법률요건에 해당한다. 이 법률요건에 대응하여 법률효과로서 형벌 또는 보안처분 등의 형사제재가 뒤따른다. 그러므로 구성요건과 형사제재가 합쳐져야 하나의 형벌법규를 이룬다.

구성요건의 흠결 (構成要件의 欠缺)
독 ; Mangal am Tatbestand

구성요건요소 가운데 인과관계의 착오 이외의 구성요건요소, 즉 범죄의 주체(공무원 아닌 자가 공무원범죄를 범하는 경우)·객체(사체 살해)·수단(당료환자를 설탕으로 살해) 또는 행위상황(화재 발생이 없는데 진화방해한 경우) 등이 구비되지 않은 경우를 말한다. 사실의 흠결이라고도 한다.

구성요건해당성 (構成要件該當性)

위법성·책임성과 함께 범죄성립요건중의 하나로 구체적이 사실이 구성요건에 해당되는 것을 말한다. 따라서 만약 어떠한 사실이 구성요건에 해당하면 위법성조각사유·책임조각사유가 없는 한 범죄는 성립하다. 범죄의 성립을 위해서는 구성요건해당성이 필요하다는 것이 현재의 통설이다. 그러나 이것이 명확하게 주장된 것은 비교적 새로운 일인데, 금세기에 와 독일의 벨링(E. Beling)과 마이어(M. E. Mayer)에 의해 제창·발전됐으며 일본의 小野(오노)에 의해 전개되어 오늘에 이르게 되었다. 벨링과 마이어는 犯罪는 먼저 형법각칙의 이른바 특별구성요건에 해당해야 된다고 했다. 구체적인 생활사실은 구성요건해당성을 지님으로써 비로소 형법상의 문제가 된다. 이것은 정책적으로는 죄형법정주의의 요청을 충족시키게 되고, 이론적으로는 형법의 각론과 총론을 결부시키게 된다. 구성요건해당성은 구성요건 그것과 범죄구성사실과는 다르다. 구성요건이라 함은 구성요건해당성 판단의 기본이 되는 법적 요건으로 학자에 따라서 이를 순수한 기술적 성질의 것이라 하고(E. Beling), 위법성의 인식근거라 하며(M. E. Mayer), 위법성의 존재근거이며 그것은 위법유형이라고도 하고(Mezger)또는 그것은 위법유형임과 동시에 책임유형이라고도 하나(오노〈小野〉), 결국 형법 각본조에 규정된 관념형상이다. 또 범죄구성요건이라 함은 구성요건에 해당된 사실이다. 이에 대해 구성요건해당성은 사실이 법률상의 구성요건에 해당한다는 성질을 말하는 하나의 판단을 의미한다. 즉 구성요건에 해당된다는 것은 사실이 구성요건에 적용된다는 것으로 완전하게 구성요건을 실현한 경우(기수)뿐만 아니라 부분적으로만 구성요건을 실현한 경우도 포함된다. 또한 구성요건은 1인의 행위에 의해서 실현되기도 하지만(단독범), 다수인의 행위에 의해서도 실현된다(공범).

사실상의 추정 (事實上의 推定)

전제사실로부터 다른 사실을 추정하는 것을 말한다. 예를 들면 어떤 범죄 전제사실로부터 다른 사실을 추정하는 것을 말한다. 예를 들면 어떤 범죄의 구성요건해당성이 인정되면 위법의 구성요건해당성이 인정되면 위법성과 책임은 사실상 추정된다. 사실상 추정된 사실은 증명을 요하지 않는다. 그러나 사실상 추정된 사실에 대하여도 반증이 허용되며, 반증에 의하여 의심이 생긴 때에는 증명을 필요로 한다.

소극적 구성요건표지이론
(消極的 構成要件標識理論)
•━━━━━━━━━

구성요건과 위법성의 관계에 관한 이론으로, 이 이론은 위법성조각사유를 소극적 구성요건요소로 파악한다. 즉 위법성조각사유의 부존재는 불법판단에 있어서 불법을 기초하는 적극적 구성요건요소의 존재와 같은 의미를 가지며, 따라서 구성요건과 위법성조각사유는 일반적인 금지규범과 특수한 허용규범으로 대립되는 것이 아니라 불법을 조각하는 사유로서 금지규범을 제한할 뿐이라고 한다. 이 설에 의하면 적법한 행위는 처음부터 금지되지 않았고 구성요건에도 해당하지 않는 것이 된다. 그리하여 구성요건해당성과 위법성은 전체구성요건으로 결합되어 하나의 판단과정으로 흡수되고 범죄론은 전체구성요건과 책임이라는 2단계의 구조를 가지게 된다. 이 이론은 사실의 착오와 법률의 착오의 중간에 위치하는 위법성조각사유의 객관적 요건에 대한 착오를 사실의 착오로 취급할 수 있는 명쾌한 이론적 근거를 마련한 점에 공헌하였다. 그러나 이 설은 위법성조각사유의 독자성을 파악하지 못한 잘못이 있고, 처음부터 구성요건에 해당하지만 위법성이 조각되는 행위의 가치차이(Wertun - terscheid)를 무시하고 있다는 비판을 받고 있다.

기술적 구성요건요소와
규범적 구성요건요소
(記述的 構成要件要素와 規範的 構成要件要素)
•━━━━━━━━━

기술적 구성요건요소란 사실세계(Sei nwelt)에 속하는 사항을 사실적으로 기술함으로써 개별적인 경우에 사실확정에 의하여 그 의미를 인식할 수 있는 구성요건요소를 말하다. 예를 들어 살인죄에 있어서 「사람」·「살해」 또는 절도죄에 있어서 「재물」 등이 여기에 속한다. 규범적 구성요건요소는 규범의 논리적 판단에 의하여 이해되고 보완적인 가치판단에 의하여 확정될 수 있는 구성요건요소를 말하다. 예를 들어 절도죄에 있어서의 재물의 타인성·불법영득의 의사·문서·공무원 등이 여기에 속한다.

객관적 구성요건요소와
주관적 구성요건요소
(客觀的 構成要件要素와 主觀的 構成要件要素)

객관적 구성요건요소란 행위의 외부적 발생형태를 결정하는 사항을 말한다. 즉 행위의 주체, 행위의 객체, 행위의 모습 및 결과의 발생 등이 이에 속한다. 주관적 구성요건요소란 행위자의 관념세계에 속하는 심리적·정신적 구성요건사항을 말한다. 예를 들어 목적범에 있어서의 목적, 경향범에 있어서의 내적인 경향 등이 여기에 속한다.

주관적 구성요건요소
(主觀的 構成要件要素)
독 ; subjektive Tatbestandselemente
•━━━━━━━━━

구성요건 요소 중 행위자의 주관적 태도에 연관된 구성요건요소를 말한다. 여기에는 고의범에 있어서 고의, 과실범에 있어서 과실과 같은 일반적·주과적 불법요소 및 목적범에 있어서 목적, 경향범에 있어서 경향, 표현범에 있어서 표현과 같은 특별한 주관적 불법요소, 그 밖에서도 재산죄에 있어서 위법영득 내지 위법이득의 의사와 같은 심적 요인도 포함된다. 고전적 범죄체계에서는 구성요건에 단지 객관적 표지만 속한다는 견해가 지배적이었으나, 오늘날은 주관적 구성요건요소도 존재하며 여기에는 고의·과실 외에 특별한 주관적 구성요건 표지들이 속한다는 견해가 확립되어 있다.

가감적 구성요건 (加減的 構成要件)

당해 불법유형에 본질적이고 공통적인 표지를 내포하는 기본적 구성요건 이외에 형벌을 가중하거나 감경할 만한 사유가 포함된 구성요건을 말한다. 이에는 가중적 구성요건과 감경적 구성요건이 있는데, 가중적 구성요건의 예로는 보통살인죄에 대한 존속상해죄(형법 250조2항)·과실상해죄에 대한 업무상 과실치상죄(형법 268조)등이 있으며, 감경적 구성요건의 예로는 보통살인죄에 대한 영아살해죄(형법 251조) 및 촉탁·승낙에 의한 살인죄(형법 252조1항)등이 있다.

개방적 구성요건
(開放的 構成要件)
독 ; offene Tatbestände

법률이 구성요건표지의 일부만 기술하고 나머지 부분에 대해서는 법관이 보충해야 할 관점만을 제시해 줌으로써 법관에게 구성요건의 보충을 일임하고 있는 구성요건을 말한다. 벨첼(Welzel)은 이러한 개방적 또는 보충을 필요로 하는 구성요건으로 과실범과 부진정부작위범을 들고 있다.

거동범 (擧動犯)

구성요건상의 일정한 행위(작위 또는 부작위)만이 필요하며 외부적인 결과의 발생이 필요하지 않은 범죄로서 단순행위범이라고도 하며, 결과범에 반대되는 용어이다. 예를 들어 주거침입죄, 퇴거불응죄(형§319), 다중불해산죄(§116), 아편흡식기소지죄(§199) 등이 이에 속하며, 기타 법정범(행정범)에 그 예가 많다. 이러한 거동범을 결과범과 구별하는 실익은 인과관계의 필요유무를 결정하는 표준이 되는데 있다. 언어범 또는 표현범과 같이 일정한 의사나 관념을 표현하는 것이 요건으로 되어 있으며 행위 그 자체보다는 그로 인해 야기되는 무형의 결과가 유해하여 넓은 의미의 결과범이지만 이를 거동범으로 이해하는 사람도 있다. 그러한 예로는 위증죄(§152)와 명예훼손죄(§307, §308) 등을 들 수 있다.

결과범(結果犯)
독 ; Erfolgsdelikt

행위 외에 일정한 결과의 발생을 구성요건상 필요로 하는 범죄(예 : 상해죄)를 말한다. 거동범의 반대말로 형법상의 대부분의 범죄는 이것이다. 결과범에 대해서는 행위와 결과 사이에 인과관계를 필요로 한다. 보통 결과범을 침해범과 위태범으로 나누기도 하는데, 그렇게 구별하는 실익은 범죄의 기수미수의 시기를 결정하는데 의의가ㅋ 있다. 결과범과 거동범은 구별을 부정하는 의견도 있다. 제1설은 결과라는 용어가 문제되지만 의사표동으로 인한 외계의 변화를 모두 결과라고 생각하는 주관주의론자의 주장이며, 제2설은 거동범의 시간적 행위와 결과가 일치하고 논리적으로 구별되지만, 거동범이라는 것은 있을 수 없다는 주장이다. 또 결과범이라는 말은 이른바 결과적 가중범의 의미로 사용되는 일이 있다.

위태범 (危殆犯)
독; Gefährdungsdelikt

침해범에 대한 말로서 위험범이라고도 하며 신용훼손죄(형§313) 및 교통방해죄(§185) 등과 같이 구성요건의 내용으로서 단순히 법익침해의 위험이 생긴 것으로 족하고, 법익이 실제로 침해되는 것을 필요로 하지 않는 범죄를 말한다. 위태범은 법익침해의 위험이 구체적이냐 또는 추상적이냐에 의하여 구체적 위태범과 추상적 위태범으로 나누어진다. 구체적 위태범은 형법 제166조 2항의 자기소유의 일반건조물에 대한 방화와 같이 구성요건의 내용으로서 특히 위험의 발생을 필요로 하여 규정하고 있는 경우이고, 추상적 위태범은 제164조의 주거에 대한 방화와 같이 특히 위험발생을 필요로 하는 뜻의 규정은 없으나 구성요건의 내용인 행위를 하면 그것으로써 위험이 있는 것으로 된다. 양자를 구별하는 실익에 대하여 통설은 구체적 위태범에는 그 위험에 대하여 고의를 필요로 하나 추상적 위태범에는 그 위험에 대하여 고의를 필요로 하지 않는 점을 들고 있다.

계속범 (繼續犯)
독; Dauerverbechen 불; délit continu

구성요건의 내용인 행위의 위법상태가 어느 정도의 시간적 계속을 필요로 하는 범죄를 말하여 즉시범(즉성범)의 반대말이다. 체보·감금죄가 그 대표적인 예이다. 계속범은 위법상태가 단순히 일시적으로만 생긴 경우에는 미수이고 그것이 어느 시간동안 계속됨으로써 비로소 기수가 된다. 따라서 기수에 달하기까지에는 언제든지 방조범(종범)은 성립하고, 공소시효는 진행하지 않으며, 또 이에 대하여 정당방위도 가능하다. 퇴거불응죄나 신고의무위반 등의 부작위범도 계속범으로 해석할 것인가의 문제가 있다. 독일에서는 일부의 학자가 순정부작위범의 대부분을 계속범으로 하고 있으나, 보통은 이와 같은 부작위범으로는 반드시 구성요건의 내용인 행위의 상태가 일정한 시간 계속하는 것을 필요로 하지 않으므로 소극적으로 해석하고 있다. 약취·유인죄를 계속범이라고 하는 학설도 있으나, 부정하는 설도 있다. 또 사람의 신체를 일순간 구속하는 것은 폭행죄가 될 뿐이다.

적건축법상 허가를 받지 아니하거나 또
는 신고를 하지 아니한 경우 처벌의 대
상이 되는 건축물의 용도변경행위(1999.
2. 8. 법률 제5895호로 건축법이 개정
되면서 건축물의 용도변경에 관하여 허
가제에서 신고제로 전환되었다)는 유형
적으로 용도를 변경하는 행위뿐만 아니
라 다른 용도로 사용하는 것까지를 포함
하며, 이와 같이 허가를 받지 아니하거
나 신고를 하지 아니한 채 건축물을
다른 용도로 사용하는 행위는 계속범
의 성질을 가지는 것이어서 허가 또는
신고 없이 다른 용도로 계속 사용하는
한 가벌적 위법상태는 계속 존재하고
있다고 할 것이므로, 그러한 용도변경
행위에 대하여는 공소시효가 진행하지
아니하는 것으로 보아야 한다(*대법원
2001. 9. 25. 선고 2001도3990 판결*).

상태범 (狀態犯)
독 ; Zustandsverbrechen

법익침해가 발생함에 의하여 범죄사
실이 끝나고 그 이후에도 법익침해의
상태는 계속되고 있으나 그것이 범죄
사실이라고는 인정되지 않는 경우, 예
를 들어 절도죄·사기죄 등이 그것이다.
상태죄에는 사후의 위법상태도 당연히
그 구성요건에 의하여 충분히 평가되
어 있다. 예를 들어 절도범인이 도품을
소비하거나 파괴하여도 그것은 절도죄
의 구성요건에 의하여 충분히 평가되
어 있으므로 따로 횡령죄나 기물손괴
죄가 되지 않는 것과 같이 충분히 평
가되어 있는 범위에서는 따로 범죄를
구성하지 않는다(불가벌적 사후행위).
상태범의 위법상태가 계속하고 있는

장소는 토지관할의 표준으로 범죄지가
되지만 공소시효는 범죄사실이 종료된
때부터 기산된다.

신분범 (身分犯)
라 ; delictum proprium 불 ; Sonderdelikte

신분범이란 구성요건인 행위의 주체
에 일정한 신분을 요하는 범죄를 말한
다. 여기에서 말하는 신분이란 범인의
인적 관계인 특수한 지위나 상태를 말
한다. 신분범에는 진정신분범과 부진정
신분범이 있다. 진정신분범이란 일정한
신분에 있는 자에 의해서만 범죄가 성
립하는 경우를 의미하며 위증죄(형§15
2)·수뢰죄(§129)·횡령죄(§355①) 등이
이에 속한다. 부진정신분범이란 신분이
없는 자에 의해서도 범죄가 성립할 수
는 있지만 신분있는 자가 죄를 범한
때에는 형이 가중되거나 감경되는 범
죄를 말하며 존속살해죄(§250②)·업무
상횡령죄(§356)·영아살해죄(§251) 등이
이에 해당한다.

자수범(自手犯)

자수범(eigenhändige Delikte)이란
행위자 자신이 직접 실행해야 범할 수
있는 범죄, 즉 구성요건의 자수에 의한
직접적 실현에 의해서만 범죄의 특수
한 행위무가치가 실현될 수 있는 범죄
를 말한다. 위증죄(형§152), 준강간죄
(§299)등이 여기에 해당한다.

지능범(知能犯)
영 ; intellectual offence
독 ; Intelligenzverbrechen

사기·횡령·배임 각종의 위조죄 등과 같이 범죄행위의 실행방법에 고도의 지능을 필요로 하는 범죄를 말한다. 강력범·폭력범 등에 대한 것으로서 범죄수사형사학에서 사용되는 개념이다.

위험범(危險犯)
독 ; Gefährdungsdelikt

구성요건상 전제된 보호법익에 대한 위험상태의 야기만으로 구성요건이 충족되는 범죄를 말하며, 위태범이라고도 한다. 위험범은 다시 구체적 위험범과 추상적 위험범으로 구분된다. 법익에 대한 실행발생의 위험이 현실로 야기된 경우에 구성요건의 충족을 인정하는 범죄를 구체적 위험범이라고 하고, 단지 법익침해의 추상적 위험, 즉 일반적인 법익침해의 위험이 있음으로써 곧 당해 구성요건의 충족을 인정하는 범죄를 추상적 위험범이라 한다. 예컨대 자기소유일반건조물방화죄(형법 166조2항), 자기소유건조물등에의 일수죄(형법 179조2항) 등은 구체적 위험범이고, 현주건조물 등 방화죄(형법 164조), 위증죄(형법 182조) 등은 추상적 위험범이다. 이러한 구분의 중요성은 구체적 위험범은 위험에 대한 고의를 필요로 하는 반면, 추상적 위험범은 위험에 대한 고의를 필요로 하지 않는다는 점에 있다. 위태범이라고도 한다.

실질범(實質犯)
독 ; Materialdelikt

형식범에 상대되는 개념으로, 보호법익의 침해 내지는 침해의 위태가 구성요건의 내용으로 되어 있는 범죄를 말하는데, 이에는 침해범과 위험범(위태범)이 있다.

즉시범(卽時犯)
불 ; délit instantané

실행행위가 시간적 계속을 필요로 하지 않고 일정한 행위객체를 침해 또는 위태화시킴으로써 범죄가 기수에 이르고 동시에 완료되는 범죄를 말한다. 즉성범이라고도 한다. 예컨대 살인죄, 상해죄 등 대부분의 범죄가 이에 해당한다. 그러나 즉시범은 의미상 상태범에 포섭되는 구성요건 유형이므로 이를 별도로 분류하지 않는 것이 독일 형법이론의 일반적 관행이다.

강력범(强力犯)
영 ; barbarous offence
독 ; Gewaltdelikt

흉기나 폭력을 쓰는 범행 또는 그 범인을 말한다. 살인·강도·강간 등을 예로 들 수 있으며, 폭력범이라고도 한다. 비교적 높은 지능지수를 필요로 하는 지능범에 대응하여 범죄수사형사학에서 사용되는 개념이다. 집단적 또는 상습적 폭력 행위를 중하게 처벌하려는 특별법으로서 폭력행위등처벌에관한법률, 특정강력범죄의처벌에관특례법 등이 있다.

목적범(目的犯)
독; Absichtsdelikt

목적범이란 내란죄에 있어서의 「국헌문란의 목적」, 위조죄에 있어서의 「행사의 목적」, 영리목적 약취·유인죄에 있어서의 「영리의 목적」 등과 같이 구성요건상 고의 이외에 일정한 행위의 목적을 필요로 하는 범죄를 말한다. 목적범은 구성요건적 행위의 실행에 의하여 그 목적이 실현되는가의 여부에 따라서 절단된 결과범과 단축된 이행위범으로 구별되고, 또한 진정목적범과 부진정목적범으로 구별되기도 한다.

> 내란죄에 있어서의 국헌문란의 목적은 엄격한 증명사항에 속하고 직접적임을 요하나 결과발생의 희망, 의욕임을 필요로 한다고 할 수는 없고, 또 확정적 인식임을 요하지 아니하며, 다만 **미필적인식이 있으면** 족하다 할 것이다*(대법원 1980. 5. 20. 선고 80도306 판결).*

의무범(義務犯)
독; Pflichtdelikte

구성요건에 앞서 존재하는 전형법적 특별의무를 침해할 수 있는 자만이 정범이 될 수 있는 범죄를 말한다. 예컨대 공무원의 직무상의 범죄 중 특히 공법상의 특별한 의무를 침해하는 불법체포·불법감금(형법 124조), 폭행·가혹행위(형법 125조), 피의사실공표(형법 126조), 공무상비밀누설(형법 127조)과 사인의 업무상의 비밀누설(형법 317조)이나 배임죄(형법 355조2항)와 같은 직무상의 신분범죄와 공무원의 직무유기(형법 122조)나 일반유기(형법 271조1항)와 같은 의무 있는 자의 유기행위 및 부진정부작위범 등을 들 수 있다. 의무범은 신분범의 특수형태라고 할 수 있다. 이 의무범의 특성은 전형법적 특별의무의 침해만이 정범성을 근거지우고 범행지배와 같은 다른 표지의 존재는 필요로 하지 않는다는 점이다. 따라서 구성요건적으로 특별한 의무침해가 없는 한, 비록 범행지배가 있어도 행위자는 정범이 아니라 단지 방조범에 불과하다.

자연범·형사범(自然犯·刑事犯)

「살인하지 말라, 간음하지 말라, 도적질하지 말라」 등과 같이 예로부터 하나의 계율로 되어 법률의 명문규정이 없어도 행위 그 자체가 이미 반도덕적인 범죄로 평가되는 범죄를 말한다. 형법전에 규정되어 있는 대부분의 범죄는 이 자연범이다. 따라서 살인죄라는 형법의 조문을 알지 못하여도 사람을 죽여서는 안 된다는 도덕률은 분명하다. 이와 같이 법률의 규정이 없어도 도덕상 나쁘다고 되어 있는 행위를 내용으로 하는 범죄를 자연범 또는 형사범이라고 한다. 자연범에 대하여는 「그러한 법률이 있다는 것을 알지 못했다」라고 하는 변명이 적용되지 않는다.

법정범·행정범(法定犯·行政犯)

행위의 도덕상의 선악과는 관계없이

국가의 정책목적상 그 위반행위를 벌하는 범죄를 말한다. 벽지에 살다가 처음으로 대도시에 나온 사람이 보행신호를 위반했다고 해서 그를 범죄자로 볼 수는 없다. 왜냐하면 법률에서 「보행자는 도로의 좌측을 통행하여야 한다」(도교§8②)는 규정을 두지 아니하였다면 도로의 우측을 보행하는 자체는 하등 도덕적으로 나쁠 것이 없기 때문이다. 교통정리의 목적상 이러한 법률을 만들어 위반자를 벌함에 불과한 것이므로 도덕적으로 볼 때는 무의미한 행위인 것이다.

확신범 (確信犯)
독 ; berzeugungsverbrechen

급격한 사회적 변동기나 정치적 또는 종교적 사상이 급변하는 시기에 많이 나타나는 범죄의 한 종류로서 정치적·국사범이라고 전해 내려오는 범죄는 통상 확신범으로서의 성격을 지니고 있다. 형법범죄론에서는 확신범인에 과연 위법성의 의식이 있는지 또는 기대가능성이 있는지가 문제된다. 확신범인에게는 위법성의 의식은 없다라고 하는 입장도 없지 않으나 이에 반대하는 입장에서는 확신범인에게도 현재의 법질서에는 반한다는 의식은 있다고 설명하고 있다. 형사정책면에서는 확신범인에게 통상의 형벌을 과하는 것이 적당한가 혹은 보안처분이 필요한 것이 아닌가하는 문제가 제기된다. 독일에서는 1922년 라드부르흐(Radbruch) 초안이 확신범인에게는 명예구금의 성질을 지닌 「감금형」을 과하여야 한다는 제안을 하였으나 현행 독일형법은 각칙에 특히 규정한 죄에 대하여서만 감금형을 과할 수 있도록 되어 있다.

행위·범죄행위 (行爲·犯罪行爲)

「범죄는 행위다」. 이것은 형법학에서의 전통적인 명제였으며, 현재도 통설에 의해 범죄의 본질로서 지지를 받고 있다. 통설에 의하면 행위개념은 형법의 체계상 두 가지의 의미를 지니고 있다고 한다. 제1은, 행위는 형법상 문제가 되는 모든 현상의 최외곽을 한계짓는 것이다. 즉 「행위가 아닌 범죄는 없다」는 것이다. 제2는, 행위는 그에 구성요건해당성·위법성·책임성이 속성으로 부가된 실체이다. 통설적 행위개념(인과적 행위론)에 의하면 행위라 함은 의사에 의한 신체의 운동 또는 정지(동정)이다. 의사의 객관화 또는 그의 외부적인 실현이라 하여도 좋다. 그래서 의사의 객관화라 할 수 없는 반사운동이나 우연적 사관 절대적 강제 하의 동작·태도는 형법상의 행위가 아니고, 또 외부적으로 실현되지 않는 단순한 내면적 의사도 형법상 문제되지 않는다. 다만 이 견해에서는 성립한 결과와 어떠한 의사에 의한 신체의 동정(動靜)과의 인과관계가 행위론의 중심문제로서 행위론에서 배제되어 있다. 이에 대해 최근 독일의 벨첼(Welzel), 베버(M. Weber)등의 학자에 의하여 주장되고 있는 목적적 행위론에 의하면 인간의 행위는 목적활동이며 이때까지 책임조건으로 되어 있는 고의(사실적 고의·사실의 인식)야 말로 행위의 본질적 요소, 따라서 구성요건의 주관적 위법요소라고 한다. 그리고 이 설은 이같은 고의(사실적 고의)를 책임론으로부터 배제함에 의하여 이때까지 사실의 인식과 함께 고의의 요소라고 생각했던 위법성의 인식에 관하여 이 위법성의 인식의 가능성을 독립된 책임요소로 파악하는 견해(책임설)를 이론적으로 뒷받침할 수 있다고 주장하고 있다. 그러나 이 설은 고의를 행위의 본질적 요소로 하고 있는데 이른바 과실행위는 행위의 본질적 요소가 된 고의를 결하므로, 행위라 할 수 없는 것이 아닌가의 의문이 생긴다. 그래서 이 점을 둘러싼 의론이 집중하여 (1)「범죄는 행위다」라는 명제 그것을 부정하고 과실행위는 행위가 아니라고 하는 자, (2) 잠재적 목적성이라는 것으로 과실행위도 행위라는 자 등등이 있으나 아직 통일된 결론에 이르지 못하고 있다.

인과적 행위론 (因果的 行爲論)

형법상의 행위를 어떤 의사에 의하여 외부세계에 야기된 순수한 인과과정으로 보는 견해를 말한다. 19세기의 자연과학적 기계론의 영향을 받아 인간행위를 자연주의적으로 파악하는데 그 특징이 있다. 이러한 인과적 행위개념은 자연주의적 행위개념이라고도 한다. 인과적 행위론에 의하면 행위는 유의성과 거동성의 두 요소로 구성되어 있다. 의사의 내용은 행위론에서는 전혀 의미를 가지지 않고 그것은 책임론에서 문제될 뿐이다. 인과적 행위론은 오랫동안 고전적 범죄론 체계의 기초를

형성했고 객관적·인과적인 것은 불법에, 모든 주관적·심리적인 것은 책임에 속한다는 명제를 성립시켰다. 그러나 인과적 행위론은 거동성이라는 행위요소 때문에 부작위를 행위개념으로부터 배제한다. 또한 유의성을 행위요소로 보기 때문에 인식 없는 과실도 행위개념에서 제외된다. 따라서 인과적 행위론은 사회적 관계에서 지니는 행위의 의미와 중요성을 간과하고 있다. 그래서 인과적 행위론에 의한 행위개념은 한계기능을 충족시키기는 하지만, 기초요소로서의 기능과 결합요소로서의 기능을 충족시키지 못한다는 비판을 받는다.

사회적 행위론 (社會的 行爲論)
독 ; soziale Handlungslehre

인과적 행위론 및 목적적 행위론이 가지는 일반적 행위론으로서의 난점을 해결하려는 이론으로서, 일반적 행위론이 가지는 행위기능을 수행하면서 과실범·부작위범 및 망각범에 대해서도 타당한 통일적 행위개념을 정립하려는 이론을 말한다. ‘슈미트’가 창시한 이후 다수학자의 지지를 얻어 현재 우리나라와 독일 등에서 유력한 지위를 차지하고 있다. 사회적 행위론은 이를 하나의 통일된 행위론으로 파악하기 어려울 정도로 학자에 따라 그 내용에 많은 차이를 보이고 있다.

목적적 행위론 (目的的 行爲論)
독 ; finale Handlugslehre

행위의 존재구조의 분석으로부터 인

간의 행위를 목적활동의 수행으로 파악하는 이론을 말한다. 이 이론은 벨첼이 주장하여 부쉬·니제·마우라하·샤프트슈타인·카우프만 등의 지지를 얻었다. 인과적 행위론에 대한 비판적 안목에서 출발한 목적적 행위론은 행위는 단지 인과적 사건이 아니라 목적활동성의 수행이라고 본다. 그리고 행위의 목적성은 인간이 자신의 인과적 지식을 토대로 하여 자기의 활동이 초래할 결과를 일정한 범위 내에서 예견하고 여러 가지 목표를 세워 자기의 활동을 이들 목표의 달성을 위하여 계획적으로 조종할 수 있다는 사실에 의존한다. 목적적 행위론의 입장에서 고의는 구성요건을 실현하기 위한 목적적 행위의사로서 행위의 본질적 요소이고, 주관적 구성요건요소로 된다. 그리고 불법의 실질은 야기된 결과(결과반가치)에만 있는 것이 아니라 이보다도 이를 야기한 인간의 행위(행위반가치)에 있으므로 행위자와 관련된 인적 불법이어야 하고 고의와 과실은 행위반가치의 내용을 이루는 주관적 불법요소로 된다. 책임은 비난가능성으로서 무가치판단을 하는 것이므로 가치판단의 대상이 되는 고의 나아가서 과실은 책임요소로 될 수 없고, 오로지 규범적 요소만이 책임요소로 된다는 순수한 규범적 책임론을 주장하게 된다. 그 결과 위법성의 인식 내지 그 인식의 가능성은 고의와 독립된 책임요소로 보는 책임설을 주장한다. 목적적 행위론은 고의행위의 형태를 잘 설명해 줄 수 있는 장점이 있다. 그러나 행위론으로서의 기능을 다할 수 없다는 비판이 제기된다. 즉 목적적 행위론은 과실행위를 설득력 있게 설명하지 못한다. 그리고 목적적 행위개념은 부작위 및 의식적 조종의 요소가 없는 자동화된 행위(예컨대 보행이나 운전 등), 격정적·단락적인 행위를 행위개념에 포함시킬 수 없다.

작위범 (作爲犯)
독 ; kominssivdelikt
불 ; délit de commission

행위자의 적극적인 동작에 의하여 행하여지는 범죄를 말한다. 예를 들어 가만히 두었다면 죽지 않았을 사람을 독을 먹어 살해하고(형§250), 또는 자동차의 운전을 잘못하여 사람을 치게 한(§266) 경우 등이다. 이것이 행위의 일반적인 형태이고, 대부분의 범죄는 이러한 형식으로 행하여지고 있다. 형법이론의 설명에서 인용된 예도 작위범인 것이 보통이다. 그것은 범죄라고 한다면 곧 작위범으로 예상될 정도로 작위범이 많기 때문이다. 작위범은 「…한 것을 하여서는 아니된다」라는 금지규정에 위반하여서는 안 된다는 것을 한 것이고, 고의에 의하여 된 경우와 과실에 의하여 된 경우가 있다.

부작위범 (不作爲犯)
독 ; Unterlassungsdelikt

법률상 어떠한 행위를 할 것으로 기대되는 자가 그것을 하지 않는 것이다. 즉, 부작위에 의해 실현되는 범죄를 말한다. 부작위범에는 구성요건상 처음부터 부작위의 형식으로 정하여져 있는 경우와 행위의 형식으로 규정되어 있는 구성요건을 부작위에 의해 실현하는 경우가 있다. 전자를 진정부작위범이라 하고 후자의 경우를 부진정부작위범이라 한다. 현행법상 다중불해산죄(형§116), 퇴거불응죄(§319), 전시군수계약불이행죄(§103①), 전시공수계약불이행죄(§117①), 집합명령위반죄(§145②) 등이 해당된다. 부작위범도 작위범과 같이 고의의 경우에 한하지 않는다. 그리하여 예를 들어 철로차단기의 당번이 부주의로 잠자면서 신호를 안 했기 때문에 기차를 충동시킨 경우는 과실의 부작위에 의한 기차전복죄(§189, §187)가 된다. 이같은 경우에는 忘却犯(망각범)이라고도 한다. 부진정부작위범이 성립됨에는 행위자에게 결과가 생기는 것을 방지하여야 하는 법적 의무(작위의무)가 있음이 필요하다. 이 의무가 생기는 근거는 법령에 의하거나 계약에 의하거나, 관습상 또는 조리상 인정되는가를 불문한다. 이러한 부작위의무의 위반은 부진정부작위범의 위법성을 기초로 한다. 그러나 이것만으로는 충분하지 못하며 또한 그 부작위가 일정한 구성요건에 해당하여 실행행위로서의 정형성을 지니는 것이 필요하다. 부진정부작위범은 이론상 모든 범죄에 대하여 생각할 수 있다. 그러나 종래의 학설에서 부진정부작위범이 문제되었던 것은 결과범에 대해서이다. 그것은 결과범에서는 어떤 결과가 생기는 것이 요건으로 되어 있으므로 부작위로서 그 결과를 생기게 할 수 있을 것인가가 문제이고 또 부작위의 위법성을 뒷받침하는 작위의무도

그의 성질·내용에서 부진정부작위범의 경우와 다른 것이 있기 때문이다. 부진정부작위범에는 실행의 착수가 있는가의 점에 대해 학설의 다툼이 있으나 최근에는 긍정설이 많다. 퇴거불응죄에 있어서 퇴거를 요구받은 자가 퇴거에 필요한 시간이 지나기 전에 밀어내는 것과 같은 경우에는 미수로 되어 있다(학자에 따라서는 부작위 자체에 의하여 실현되는 범죄를 진정부작위범, 결과와 결부된 부작위에 의해 실현되는 범죄를 부진정부작위범이라고 하기도 한다.

부진정부작위범에서의 작위의무의 체계적 지위

구분	내용	주장자
위법성요소설	부진정부작위범에서의 작위의무는 위법성요소가 된다고 본다 그리하여 작위의무를 「작위에의 법적 의무」라고 표현하는 견해도 있다.	M. E. Mayer, R. Frank, W. Sauer
구성요건요소설	작위의무를 구성요건요소로 본다. 즉 부진정부작위범에서는 모든 부작위로 결과가 발생하면 모든 구성요건에 해당하는 것이 아니라 구성요건적 결과의 발생을 방지해야 할 작위의무자(위증인의 지위에 있는자)의 부작위만이 구성요건에 해당된다고 한다.	Nagler, Gallas, Schmidthäuser
의무와 정황의 이분설	작위의무 그 자체는 위법성요소로, 작위의무의 기초가 되는 정황 내지 보증인적 지위는 구성요건해당성의 문제로 보려는 견해	Welzel

형법상 부작위범이 인정되기 위해서는 형법이 금지하고 있는 법익침해의 결과

발생을 방지할 법적인 작위의무를 지고 있는 자가 그 의무를 이행함으로써 결과 발생을 쉽게 방지할 수 있었음에도 불구하고 그 결과의 발생을 용인하고 이를 방관한 채 그 의무를 이행하지 아니한 경우에, 그 부작위가 작위에 의한 법익침해와 동등한 형법적 가치가 있는 것이어서 그 범죄의 실행행위로 평가될 만한 것이라면, 작위에 의한 실행행위와 동일하게 부작위범으로 처벌할 수 있고, 여기서 작위의무는 법적인 의무이어야 하므로 단순한 도덕상 또는 종교상의 의무는 포함되지 않으나 작위의무가 법적인 의무인 한 성문법이건 불문법이건 상관이 없고 또 공법이건 사법이건 불문하므로, 법령, 법률행위, 선행행위로 인한 경우는 물론이고 기타 신의성실의 원칙이나 사회상규 혹은 조리상 작위의무가 기대되는 경우에도 법적인 작위의무는 있다(*대법원 1996. 9. 6. 선고 95도2551 판결*).

부진정 부작위범

(不眞正 不作爲犯)
독 ; unechtes Unterlassungsdelikt

결과방지의 의무 있는 보증인이 부작위로써 금지규범의 실질을 갖고 있는 작위범의 구성요건을 실현하는 범죄를 말한다. 이를 부작위에 의한 작위범이라고도 한다. 부진정부작위범은 형법상 작위의 형식으로 규정된 구성요건을 부작위에 의해 실현하는 것으로서 이 때 작위의무자의 부작위에 의한 범행이 작위를 통한 법적 구성요건의 실현에 상응해야 한다. 이것이 바로 부진정부작위범의 동치성(Gleichstellung)의 문제이다. 이 동치성의 문제는 오늘날 부진정부작위의 구성요건해당성의 문제라고 하는 것이 일반적인 견해이다. 동치성에는 두 가지 요소가 있다. 동치성의 제1요소로서 보증인적 지위가 있다. 이 보증인적 지위와는 별도로 보증인적 의무라는 것이 있는데, 이 양자의 관계 및 보증인적 의무의 체계상의 위치에 관하여는 견해가 갈린다. 동치성의 제2요소로서 행위양태의 동가치성이 있다. 이것을 상응성이라고도 부른다. 이 동가치성의 체계상의 지위 및 적용범위를 놓고 물론 견해의 대립이 있다. 그러나 오늘날 대체로 동치성의 문제는 부진정부작위의 구성요건해당성의 문제이며, 따라서 보증인적 지위와 동가치성의 표지가 부진정부작위범의 객관적 구성요건요소라고 보는 것이 일반적 경향이다.

보증인설 (保證人說)

독 ; Garantenlehre

부진정부작위범에 있어서 구성요건적 결과의 발생을 방지해야 할 보증인적 지위에 있는 자의 부작위만이 구성요건에 해당하고, 이 때의 작위의무와 그 기초가 되는 제반정황은 구성요건요소가 된다는 이론을 말한다. 보증인, 즉 작위의무 있는 자의 부작위를 부진정부작위범 구성요건의 해당성의 문제로 파악하여 위법성설의 결함을 제거한 것이 바로 Nagler에 의하여 주장된 보증인설이다. 다만 Nagler의 보증인설은 보증인 지위와 그 기초가 되는 보증의무를 모두 부진정부작위범의 구성요건요소로 이해하고 있다. 그러나 이에 대하여 작위범에 있어서는 법적 의무가 구성요건요소가 아님에도 불구하고 부작위범의 작위의무를 구성요건요소라고 하는 것은 부당하다는 비판이 있다. 여기서 보증인설도 보증인 지위가 그 기초가 되는 보증의무(작위의무)를 구별하여, 보증인 지위는 부지정부작위범의 구성요건요소이나 보증인의무는 위법성의 요소라고 해석하게 되었다. 이 견해가 우리나라에서도 통설의 위치를 차지하고 있으며, 이를 특히 이분설이라고 분류하는 학자도 있다.

망각범 (忘却犯)
독; Vergesslichkeitsdelik

망각범이란 인식 없는 과실에 의한 부진정부작위범을 말한다. 즉 기대된 행위시에 그 행위에 대한 인식이 없음으로 인하여 결과가 발생한 경우의 범죄이다. 예를 들어 신호수(信號手)가 음주 후 잠에 들어 그로 인해 신호를 하지 못하여 기차를 전복시킨 경우, 또는 유모가 유아에게 젖꼭지를 물린채 잠이 든 결과 유아가 질식사한 경우 등이 여기에 해당된다. 그러나 망각범은 원인에 있어서의 자유로운 행위의 일종인 과실에 의한 부작위범과는 구별해야 한다. 즉 망각범은 작위의무 자체를 과실로 인하여 망각하고 부작위로 나간 경우이고, 과실에 의한 부작위범은 원인행위 자체를 과실로 인하여 야기하고 이로 말미암아 작위의무를 이행하지 못한 경우이다.

인과관계 (因果關係)
독; Kauzalzusammenhag, Kausalität
불; causalité

선행행위와 후행사실이 원인과 결과의 관계가 되는 것을 말하며 형법상의 결과범에서 문제가 야기된다. 왜냐하면 결과범에서는 구성요건이 충족되기 위하여 실행행위에 의한 구성요건해당성의 결과가 생기는 것이 필요하기 때문이다. 예를 들어 권총을 쏘아 사람을 죽인 경우에 권총의 발사라는 실행행위를 원인으로 하여 사망이라는 결과가 생긴 때에 살인죄의 구성요건이 충족된다. 이와 같이 결과범에서는 실행행위와 결과 사이의 인과관계가 문제된다. 어떠한 경우에 인과관계가 있다고 보는가에 대해서는 19세기의 독일 형법학에서 크게 다툼이 있었으며 다음의 세 가지로 그 내용을 대별할 수 있다. (1) 조건설 : 그러한 행위가 없었다면 그 결과는 생기지 아니하였으리라는 관계만 있다면 인과관계가 있다는 설. (2) 원인설 : 조건 중에서 어떠한 표준(예를 들어, 최후의 조건, 필연적인 것, 최유력한 것 등)으로 일정한 것을 선택하여 이것만을 원인으로 하여 이 원인에서만 결과와의 인과관계를 인정하려는 설. 조건설에 의한 형사책임의 확대를 제한하려고 생긴 설로서 개별화설 또는 차별화라고도 말한다. 이 설은 우선 관념적으로는 이해할 수 없는 것도 아니지만 실제로는 무엇이 최유력한 것인가, 무엇이 필연적인가를 반드시 분명하게 알 수 없으므로 현재로는 찬성자가 거의 없다. (3) 상당인과관계설 : 그 행위로부터 결과가 발생하는 것이 경험상 통상일 때에 인과관계가 있다는 설로 최근의 통설로 되어 있다. 또 일부학자들은 형법에서의 인과관계론은 결국 어떠한 조건을 부여한 자에게 그 결과에 대한 형사책임을 지울 것인가를 한정할 필요에서 생긴 것이므로 인과관계론은 책임론에 해소되어야 한다고 주장하고 있다.

인과관계에 관한 학설과 그 주장자

학 설	주 장 자	
상당인과 관 계 설	주관설	kries
	객관설	Rümelin
	절충설	Trüger
중요설	Mezger	
목적설	Jerome Hall	
위험관계 조 건 설	마끼노(牧野英)	
조 건 설	Buri	
원 인 설	필요조건설	Stübel
	최종조건설	Ortmann
	최유력조건설	Birkmeyer
	동력조건설	Kohler
	우세조건설	Binding
인과관계 부 정 설	M. E. Mayer	

조건설 (條件說)

그 행위가 없었다면 그러한 결과가 생기지 않았을 것이라는 경우에는 인과관계가 있다는 설로 평등설 또는 등가설이라고도 한다. 예를 들어 상처는 가벼운 것이었으나 피해자가 혈우병환자였기 때문에 죽은 경우에도 범인의 행위와 사망이라는 결과사이에는 인과관계가 있게 된다. Buri가 최초로 주장한 학설로 최근까지 통설로 받아들여지고 있다.

상당인과계설 (相當因果關係說)
독; Theorie der adäquaten Verursachung

어떤 행위에서 그러한 결과가 생기는 것이 경험상 통상인 경우에는 인과 관계가 있다는 설로 현재의 통설이며 크게 다음의 세 가지로 나누어진다. (1) 주관설 : 행위당시에 행위자가 인식하였거나 인식할 수 있었던 사정을 기초로 하여 상당인과관계를 고려해야 한다는 설로 독일의 Kries가 주장하였다. (2) 객관설 : 재판시 재판관의 입장에서 행위당시에 존재한 모든 사정과 예견 가능한 사후의 사정을 기초로 하여 인과관계 여부를 판단하여야 하다는 설로 Rümelin이 주장하였다. (3) 절충설 : 행위당시 통상인이 알거나 예견할 수 있었을 것이라는 일반적 사정과 행위자가 현재 알고 있거나 또는 예견하고 있던 특별한 사정을 기초로 하여 판단해야 한다는 설로 Träger가 주장하였다. 주관설에 대하여는 행위자가 알지 못하였다는 사정을 모두 제외하는 점에서 너무 좁다는 비판이 있고, 객관설에 대하여는 행위 당시의 사정과 행위 후에 발생한 사정을 구별하는 것은 이론적 근거가 없다든지, 행위당시의 사정에 관한 한 일반인도 알 수 없고 행위자도 알 수 없었던 특수한 사정도 기초로 함은 경험상 통상이라는 상당인과관계설의 근본 취지에 모순된다는 등의 비판이 있다. 절충설이 현재의 통설이다.

중요설(重要說)

형법상의 인과관계는 법규의 구성요건해당성의 문제이므로 각 구성요건에 있어서의 중요성에 의하여 인과관계를 판정하여야 한다는 학설로서 Mezger에 의해 주장되었다. 중요설은 조건설에 의한 인과관계를 상당인과관계설과 같이 상당성 또는 개연성의 판단에 의하지 않고 구체적인 범죄구성요건의 의의와 목적 및 구성요건이론의 일반원칙에 따라 검토하여 결과귀속의 범위를 결정하자는 것이다. 그러나 이 설은 결과의 객관적 귀속에 대한 기준으로 구성요건적 중요성에만 집착한 나머지 이에 대한 실질적 기준을 결여하고 있다는 비판을 받고 있다.

인과관계중단설 (因果關係中斷說)

인과관계가 진행되는 중에 타인의 고의행위나 예상하지 못한 우연한 사정이 개입된 경우에는 이에 선행했던 행위와 결과사이의 인과관계가 중단된다는 이론으로 조건설에 의한 인과관계의 무한한 확대를 제한하기 위하여 제기되었다.

위험관계조건설 (危險關係條件說)

인과관계를 위험관계로 파악하여 행위와 결과 사이에 사회적 위험성이 있는 경우에 인과관계를 인정하려는 이론으로 일본의 마끼노(牧野)에 의해 주장되었다.

객관적 귀속이론
(客觀的 歸屬理論)

최근에 와서 인과관계론과 관련하여 논의되는 이론으로, 이 이론은 인간의 행태(Verhalten)를 통하여 야기된 불법한 결과는 만일 그 행태가 법적으로 비난받을 수 있는 일정한 결과로서 실현되었을 경우에 행위자에게 객관적으로 귀속된다는 견해이다. 그러나 무엇이 행위자에게 귀속되느냐에 대해서는 학자에 따라 광협(廣狹)의 차이가 있다. 즉 형법상의 인과관계확정은 형법상의 의미 있는 행위가 있느냐를 확정하는 행위귀속의 문제이므로 일반인이 예견가능하고 지배 가능한 것이면 귀속시킬 수 있다는 견해(Maihofer)와 객관적으로 귀속되는 것은 불법구성요건의 범위 내에서 예견가능성·회피가능성·지배가능성이 있는 것이어야 하다는 견해(Welsels)등이 있다.

객관적 귀속론 (客觀的 歸屬論)
독 ; Die Lehre von der dbjektiven Zurechnung

인과관계가 인정되는 결과를 행위자의 행위에 객관적으로 귀속시킬 수 있는가를 확정하는 이론을 말한다. 인과관계는 발생된 결과를 행위자에게 귀속시키기 위하여 행위와 결과 사이에 어떤 연관이 있어야 하는가에 대한 이론이다. 그러나 발생된 결과를 행위자에게 귀속시킬 수 있느냐의 문제는 인과관계가 있는가라는 존재론적 문제가 아니라 그 결과가 정당한 처벌이라는 관점에서 행위자에게 객관적으로 귀속될 수 있느냐라는 규범적·법적 문제에 속한다. 인과관계론과 객관적 귀속론의 관계에 관하여 독일에서는 객관적 귀속론의 독자성을 인정하여 인과관계론을 객관적 귀속론으로 대체해야 한다는 이론도 대두되고 있다. 그러나 인과관계를 무용지물로 보지 않고 이와는 독립된 객관적 귀속관계의 중요성을 강조하면서 인과관계를 먼저 검토하고 난 뒤 더 나아가 반드시 객관적 귀속관계를 검토함으로써 구성요건적 결과의 구성요건 해당성을 최종적으로 판단하려는 견해가 지배적이다.

고의 (故意)
독 ; Vorsatz

고의란 범죄사실에 대한 인식을 말하며 행위자에게 책임을 지우기 위한 조건의 하나이다. 「고의로 했느냐, 모르고 하였느냐」라는 말은 일상용어로서도 자주 사용되고 있다. 나쁜 짓이다. 법률에 저촉된다는 것을 알면서도 일부러 행한 행위가 고의로 한 행위이다. 이 점에서 무심히 부주의로 잘못을 저지른 「과실」과 구별된다. 일부러 한 행위가 부주의로 한 행위보다 무겁게 다루어지는 것은 당연하다. 형법은 먼저 고의에 의한 범죄를 벌하고 예외로 과실범을 벌할 것을 규정하고 있다(형 §13단, §14). 한마디로 고의라 하지만 여러 가지 종류가 있다. 저놈을 죽여버리겠다고 분명하게 상대방을 정하여

살인을 의식하는 것을 확정적 고의라고 하고, 이에 반하여 사람들이 군집한 가운데 폭탄을 던져 누군가가 맞을 것이라는 경우(개괄적 고의)나, 甲이 乙, 丙중에서 어느 한 사람을 죽일 작정으로 발포한 경우(택일적고의)나 죽일 작정은 없으나 자칫하면 탄환에 맞을 지도 모르지만 그래도 좋다는 정도의 기분으로 발포할 경우(미필적 고의)를 불확정고의라 하고 모두 고의범으로 처벌된다.

고의의 본질 내지 성립에 관한 학설 개요

학 설	내 용	주장자
인식설 (관념설)	구성요건적 사실에 대한 인식 또는 표상만 있으면 고의가 존재한다고 한다.	Frank, 牧野(아끼노), 염정철
희망설 (사상설)	행위자는 범죄사실의 표상 또는 인식만으로부족하고, 결과발생을 희망 또는 의욕하여야만 고의가 성립된다고 한다.	Hippel, Mezger, 大場(오오바)
인용설	행위자가 구성요건적 사실을 인식하고 이를 인용하는 태도로 나왔을 때 고의가 성립된다고 한다.	Beling, 小野(오노), 통설 이건호, 정성근
개연성설	행위자가 범죄사실을 인식하되, 그 인식의 정도가 상당히 고도의 개연성을 띠는 경우 고의가 인정된다고 한다.	Mayer, 莊子, 남흥우

위법의 인식 (違法의 認識)

위법의 인식이란 행위자가 자신의 행위가 법률상 허용되지 않음을 인식하는 것을 말한다. 고의로 한다는 것을 알면서 일부러 하는 것이지만, 이 경우

에 「알고있다」라 함은 단지 (1) 이것은 타인의 돈지갑이라는 사실을 알면 되는 것인가 (2) 타인의 돈지갑을 훔치는 것은 나쁘다는 것을 인식(위법의 인식)하지 못한다면 고의라 할 수 없는가의 문제가 있다. (1)의 문제는 「사실의 인식」이고 (2)는 「위법성의 인식」에 관한 문제이다. 학설은 자연범의 경우에는 (1)의 사실의 인식만으로 고의라 할 수 있으나 법정범의 경우에는 (2)의 위법의 인식까지가 아니면 고의라고는 말할 수 없다는 것도 있으나 고의범이 과실범보다 무겁게 다루게 되는 것은 나쁘다는 것을 알면서도 하는 것에 있으므로 위법의 인식까지 없으면 고의범이 되지 않는 것으로 해석하여야 한다. 이를 「위법성의 인식필요설」이라고 한다.

위법성인식의 체계적 지위

학설	내용
고의설	인과적 행위론을 배경으로 고의를 책임요소로 이해하고, 고의의 내용으로서 구성요건에 해당하는 객관적 사실에 대한 인식 이외에 위법성의 인식이 필요하다는 견해이다. 이 견해는 위법성의 인식은 없으나 인식가능성이 있는 경우에 과실책임을 인정할 것인지, 고의책임을 인정할 것인지에 따라 엄격고의설과 제한적 고의설로 구분된다.
책임설	목적적 행위론을 배경으로 고의는 주관적 구성요건에 속하고, 위법성의 인식은 독자적인 책임요소가 된다는 견해이다. 이 견해는 위법성조각사유의 전제사실에 대한 착오를 어떻게 이해할 것인가와 관련하여 엄격책임설과 제한적 책임설로 구분된다.
위법성인식불요설	구성요건실현에 대한 인식·인용만 있으면 고의가 성립하고 위법성의 인식은 필요하지 않다는 견해이다.
법과실준고의설	고의의 성립에 위법성의 인식이 필요하지만 위법성인식의 결여에 과실이 있는 경우에는 고의와 동일하게 취급하는 견해이다.
자연범·법정범구별설	자연범의 경우에는 고의의 성립에 위법성인식이 필요 없지만, 법정범의 경우에는 고의의 성립에 위법성인식이 필요하다는 견해이다.

미필적 고의 (未必的 故意)
라 ; dolus eventualis

미필적 고의란 범죄사실이 발생할 가능성을 인식하고 또 이를 인용하는 것을 말하며 조건부 고의라고도 한다. 예를 들어 엽총으로 조류를 쏘는 경우에 자칫하면 주의의 사람에게 맞을 지도 모른다고 생각하면서 발포하였는데, 역시 사람에게 맞아 사망하였을 경우에 미필적 고의에 의한 살인죄가 성립된다. 그러나 이 경우에 이를 고의범이라 하여 살인죄로 물을 것인가, 아니면 과실치사죄로 취급할 것인가하는 문제가 제기되는데 이는 대단히 미묘한 문제이다. 왜냐하면 그에게는 분명히 살인의 고의는 없었기 때문이다. 그러나 사람에게 맞더라도 할 수 없다고 하는 태도는 사망이라는 결과의 발생을 인용하고 있는 것으로 인정하여 보통의 고의범으로 취급된다. 「어쩌면 하는 고의」라고는 하는 정도의 고의, 즉 「미필의 고의」로서 취급된다. 이에 반하여 조류를 쏜 경우 주의에 사람이 있음을 인식하고는 있으나 자기의 솜씨라든가 행운같은 것을 믿고 결코 사람에게는 맞지 않는다고 생각하고 발포한 경우에는 만일 사람에게 맞아 그 사람이 사망하여도 그는 사망이라는 결과의 발생을 부정하고 한 것이므로 그 부주의의 점만 과실치사죄로서 다루어지는 데 불과하다. 이것을 인식 있는 과실(Bewusste Fahrlässingkeit)이라 하고 「미필의 고의」와 미묘한 일선에서 구별된다. 즉 미필적 고의와 인식 있는 과실은 다 같이 결과발생의 가능성을 인식하고 있는 점에서는 차이가 없으나 미필적 고의는 그 가능성을 긍정하고 있는 점에서 결과발생의 가능성을 부정한 인식 있는 과실과 구별되는 것이다.

살인죄의 범의는 자기의 행위로 인하여 피해자가 사망할 수도 있다는 사실을 인식·예견하는 것으로 족하지 피해자의 사망을 희망하거나 목적으로 할 필요는 없고, 또 확정적인 고의가 아닌 미필적 고의로도 족하다(*대법원 1994. 3. 22. 선고 93도3612 판결*).

개연성설 (蓋然性說)

행위자가 결과 발생의 개연성을 인식한 때에는 미필적 고의가 성립하고, 단순한 가능성을 인식한 때에는 인식있는 과실이 성립한다는 견해이다.
☞ 미필적 고의

불확정적 고의 (不確定的 故意)
라 ; dolus indeterminatus

구성요건적 결과에 대한 인식 또는 예견이 불명확한 경우를 말한다. 불확정적 고의는 독일 보통법시대에 통용되었고 '포이에르바하(Feuerbach)'에 의해서도 거론되었던 개념으로서 불확정적 의사(ein unbestimmtes Wollen)를 의미한다. 불확정적 고의는 주로 행위 대상이 확정적인 경우를 의미하는 확정적 고의에 대응하는 개념으로서, 이에는 개괄적 고의, 택일적 고의, 미필적 고의가 속하는 것으로 설명되기도 한다. 그러나 고의로 확정적 고의와 불확정적 고의로 분류하는 견해는 그 척도가 분명치 아니하고 특히 불확정적 고의에 이미 설명한 것처럼 서로를 포용할 수 있는 개념인 택일적 고의와 미필적 고의를 함께 포함시키고 있어 그 설득력이 의심스럽다.

개괄적 고의 (概括的 故意)
독 ; dolus generalis

행위자가 일정한 구성요건적 결과는 실현하려고 했으나, 그의 생각과는 달리 연속된 다른 행위에 의해 결과가 야기된 경우를 말한다. 인과관계에 대한 착오의 한 특별한 경우로서, 행위자가 이미 첫번째 행위에 의하여 범행의 결과가 발생했다고 믿었으나 실제로는 두번째 범죄행위에 의하여 비로소 발생된 경우가 이에 해당한다. 예컨대 어떤 자가 사람을 살해했다고 오신하고 죄적을 숨기려고 피해자를 물에 던진 결과 익사한 경우가 이에 해당한다. 이 경우에는 행위자가 발생된 결과에 대한 고의의 기수책임을 진다. 개괄적 고의는 불확정적 고의의 하나로서, 예컨대 군중을 향하여 총을 쏘는 경우처럼 구성요건적 결과가 발생하는 것은 확실하나 어느 객체에 결과가 발생할지가 불확정적인 경우라고 이해되기도 한다. 이러한 입장에서는 택일적 고의를 결과발생이 양자택일인 경우이고, 개괄적 고의는 다자택일의 경우라고 구분한다. 그렇지만 이러한 구분은 의미가 없고 모두 택일적 고의에 포함되는 것으로 이해하는 것이 타당하다.

착오(錯誤)

라 ; error 영 ; mistake
독 ; Irrtum 불 ; erreur

착오란 주관적 인식과 객관적 실재가 일치하지 않는 것을 의미한다. 형법상으로는 구성요건적 고의와 구성요건적 사실이 일치하지 않는 경우를 말한다. 착오에는 현실적으로 존재하지 않는 사실을 존재한다고 생각하는 적극적 착오와 존재하는 사실을 존재하지 않는다고 생각하는 소극적 착오가 있다. 예를 들어 환각적 불능범 및 미수범이 적극적 착오에 해당된다.

<table>
<tr><td colspan="4" align="center">비　　교　　표</td></tr>
<tr><td colspan="2">학설</td><td>객체의 착오</td><td>방법의 착오</td></tr>
<tr><td rowspan="2">구체적
부합설</td><td>구체적 사실의 착오</td><td>기수</td><td>미수+과실</td></tr>
<tr><td>추상적 사실의 착오</td><td colspan="2">미수+과실의 상상적 경합</td></tr>
<tr><td rowspan="2">법정적
부합설</td><td>구체적 사실의 착오</td><td colspan="2">기수</td></tr>
<tr><td>추상적 사실의 착오</td><td colspan="2">미수+과실의 상상적 경합</td></tr>
<tr><td rowspan="3">추상적
부합설</td><td>구체적 사실의 착오</td><td colspan="2">기수(법정적 부합설과 동일)</td></tr>
<tr><td rowspan="2">추상적 사실의 착오</td><td colspan="2">경(인식)→중(실현)=(경 : 기수, 중 ; 과실)</td></tr>
<tr><td colspan="2">중(인식)→경(실현)=(중 : 미수, 경 ; 기수)</td></tr>
</table>

구성요건적 착오 (構成要件的 錯誤)
(Tatbestandsirrtum)

종래 사실의 착오와 같은 말로, 구성요건의 객관적 요소(사실적 요소·규범적 요소 포함)에 관한 착오를 말한다. 이에 관하여는 오랫동안 위법성의 사실에 관한 착오가 사실의 착오인가 법률의 착오인가에 대해 논란이 있어 왔던 바, 이런 개념의 혼동을 피하기 위해서도 사실의 착오와 법률의 착오의

분류보다는 구성요건적 착오와 금지의 착오로 분류하는 것이 타당하다.

사실의 착오와 법률의 착오
(事實의 錯誤와 法律의 錯誤)

종래에는 착오를 사실의 착오와 법률의 착오로 분류한 뒤, 사실의 착오는 고의를 조각하지만 법률의 착오는 고의를 조각하지 않는다고 보는 것이 일

반적이었다. 그러나 이러한 구별은 명확하지 않아 착오론 자체를 혼란에 빠뜨리게 되었다. 그리하여 최근에 이를 구성요건적 착오와 금지의 착오와 구별한 뒤, 구성요건의 착오는 객관적 구성요건요소의 존재에 대한 착오임에 반하여 금지의 착오는 행위자가 인식한 사실이 법적으로 금지되어 있느냐에 대한 착오를 의미한다고 하고 있다 (독일형§16, §17).

구체적 부합설 (具體的 附合設)

행위자의 인식과 발생한 사실이 구체적으로 부합하는 경우에 한하여 발생한 사실에 대한 고의를 인정하는 학설을 말한다. 구체적 부합은 비록 동기의 착오는 있었다 할지라도 현실적으로 인식한 객체에 결과가 발생하고, 행위자가 생각했던 객체와 실제로 행위의 대상이 되었던 객체사이에 구성요건적 동가치성이 있어야 한다는 두가지 조건에 부합될 때에만 긍정된다. 이 설에 의하면 구체적 사실의 착오에 있어서 객체의 착오에 관하여는 고의법의 기수를 인정하나, 방법의 착오에 관하여는 인식과 사실이 구체적으로 부합되지 아니하므로 인식한 사실에 대한 미수와 발생한 사실의 과실범의 상상적 경합이 성립한다고 보며, 추상적 사실의 착오에 관하여는 방법의 착오와 같이 해결한다.

법정적 부합설 (法定的 符合說)

구성요건적 착오에 관한 학설 가운데 하나로서, 행위자의 인식과 발생한 사실이 구성요건적으로 부합되면 언제나 발생된 사실에 대한 고의가 성립한다는 이론이다. 이 설은 프랑크, 리스트 등이 주장하고 독일의 소수설인데, 우리나라와 일본에 있어서는 다수설의 위치에 있다. 이 설은 구체적 사실의 착오에 관하여는 객체의 착오와 방법의 착오를 불문하고 인식한 사실과 발생한 사실이 동일한 구성요건에 속하므로 결과에 대한 고의의 성립을 인정한다. 그러나 추상적 사실의 착오에 관하여는 구체적 부합설과 같이 인식한 사실의 미수와 발생한 사실의 과실범의 상상적 경합이 된다고 한다. 법정적 부합설은 구성요건적 부합설과 법익(죄질) 부합설로 구분되기도 한다. 구성요건부합설은 행위자가 인식한 사실과 발생한 사실이 같은 구성요건에 속하는 경우에만 발생한 사실에 대한 고의를 인정함에 대하여, 죄질부합설은 양자사이에 구성요건이 같은 경우는 물론 죄질이 동일한 경우에도 고의의 성립을 인정하고 있다. 따라서 기본적 구성요건과 가중적 구성요건 사이에는 물론, 절도죄와 점유이탈물횡령죄와 같은 다른 구성요건 사이에도 고의가 인정된다.

사실의 착오의 태양 (事實의 錯誤의 態樣)

사실의 착오는 크게 구체적 사실의 착오와 추상적 사실의 착오로 분류할 수 있다. 구체적 사실의 착오란 인식사실과 발생사실이 구체적으로 일치하지 아니하나 동일한 구성요건에 해당하는 경우를 말하고, 추상적 사실의 착오란 인식사실과 발생사실이 서로 상이한 구성요건에 해당되는 경우를 말한다.

사실의 착오와 고의의 성부
(事實의 錯誤와 故意의 成否)

고의가 현실로 발생한 사실과 어느 정도 일치하여야 고의범의 기수로 처벌할 수 있느냐라는 문제가 제기되는데 이에 대해서는 세 가지의 견해가 있다. (1) 구체적 부합설 : 인식사실과 발생사실이 구체적으로 부합되는 경우에 한하여 고의·기수의 성립을 인정하려는 견해, (2) 법정적 부합설(구성요건적 부합설) : 인식사실과 발생사실이 법정적 사실의 범위에서 符合하면, 즉 동일한 구성요건에 속하면 고의·기수의 성립을 인정하는 견해, (3) 추상적 부합설 : 인식사실과 발생 사실이 모두 범죄사실인 이상 추상적으로 양자가 일치하는 한도에서 고의·기수의 성립을 인정하여야 한다는 견해.

객체의 착오 (客體의 錯誤)

객체의 착오란 행위자가 의도한 객체가 아닌 다른 객체를 침해한 경우를 말하며 목적의 착오라고도 한다. 객체의 착오에는 동일한 구성요건의 범위 내에서 생기는 경우(구체적 사실의 착오)와 별개의 구성요건에 걸쳐서 생기는 경우(추상적 사실의 착오)가 있다. 예를 들어 甲인줄 알고 발포하였던 바 사실은 乙이었던 경우는 구체적 사실의 착오의 예이고, 개라고 생각하여 사살하였는데 개가 아니라 사람이 사망하였던 경우는 추상적 사실의 착오의 예이다. 이러한 객체의 착오에 대해 통설 및 판례는 고의의 성립에 영향을 미치지 않는 것으로 보고 있다.

방법의 착오 (方法의 錯誤)

방법의 착오는 타격의 착오라고도 하며 수단에 엇갈림이 생겨 의도한 객체 이외의 객체에 결과가 발생하여 버린 경우를 말한다. 예를 들어 甲을 향하여 발포하였는데 갑에 명중하지 아니하고 옆에 있던 乙에 명중하여 버린 것과 같은 경우이다. 이 경우에 구체적 부합설에 의하면 甲에 대한 살인죄의 미수와 乙에 대한 과실치사죄와의 관념적 경합을 인정하고, 법정적 부합설·추상적 부합설에 의하면 乙에 대한 관계에도 살인죄의 기수를 인정한다. 최근의 유력설은 방법의 착오에 대하여 구체적 부합설을 취한다. 왜냐하면 갑을 향하여 발포하였는데 갑뿐만 아니고 우연히 곁에 있던 을에게도 명중한 경우에는 법정적 부합설로서는 설명이 곤란하기 때문이다.

구체적 사실의 착오
(具體的 事實의 錯誤)

인식한 행위객체와 결과가 발생한 행위객체 사이에 구성요건적 동가치성이 인정되는 경우의 착오를 말한다.

인과관계의 착오
(因果關係의 錯誤)
독 ; Irrtum ber Kausalverlauf

인식된 사실과 발생된 사실은 일치하지만 그 결과에 이르는 인과과정이 행위자가 인식했던 인과과정과 다른 경우를 말한다. 예컨대 갑이 을을 강물에 밀어 넣어 익사시키고자 함에 있어서 을이 강물에 떨어지는 중 교각에 머리를 부딪쳐 사망한 경우가 이에 해당한다. 종래 인과과정이 행위자의 표상과 본질적으로 상위한가 아니면 비본질적으로 상위한가를 기준으로 하여 본질적인 상위의 경우 발생된 결과에 대한 고의기수를 부인하고 비본질적인 상위의 경우에는 고의기수를 인정하였다. 그러나 최근에는 인과관계의 착오를 단지 객관적 귀속의 문제로 해결하려는 경향이 점증하고 있다. 인과관계의 착오에서는 인과과정과 관련된 행위자의 주관적 표상보다 행위자의 행위에서 발단하여 현실적으로 등장한 인과과정과 현실적으로 야기된 결과가 일반인의 관점에서 객관적으로 귀속될 수 있느냐가 더 중요하기 때문이다.

위법성 조각사유의 객관적 전제조건에 관한 착오
(違法性 阻却事由의 客觀的 前提條件에 관한 錯誤)

행위자가 객관적으로 존재하지 않는 위법성 조각사유의 객관적 전제사실이 존재한다고 착오로 잘못 믿고 정당방위·긴급피난·자구행위 등의 조치를 취한 경우를 말한다. 허용구성요건 착오라고도 한다. 이에는 오상방위·오상긴급피난·오상자살행위 등이 있다. 이 같은 허용구성요건착오의 경우는 그것이 위법성 조각사유의 객관적 요건과 관련되어 있다는 점에서 구성요건의 객관적 표지와 관계되어 있는 구성요건착오와 유사한 점이 있는 반면, 행위의 금지사실과 관련되어 있다는 점에서 금지착오와도 유사한 점이 있다. 그리하여 이것을 구성요건착오로 볼 것인가 또는 금지착오로 볼 것인가, 아니면 제3의 착오형태로 보아야 할 것인가가 논의의 핵심이 되고 있다. 소극적 구성요건표지이론은 위법성조각사유의 객관적 전제사실에 관한 착오를 구성요건착오로 취급한다. 따라서 허용구성요건 착오는 구성요건 착오에 관한 규율이 직접 적용되는 경우로서, 고의가 배제되며, 만약 행위자에게 과실이 있고 과실범처벌이 법정되어 있는 경우에는 과실범으로 처벌될 수 있다는 것이다. 제한적 책임설은 허용구성요건착오의 경우에 고의가 배제된다는 결론에 있어서는 소극적 구성요건 표지이론과 같다. 그러나 위법성조각사유의 객관적 전제사실은 구성요건의 객관적 요소와 유사성은 갖고 있지만 동일한 것은 아니라는 전제에서 허용구성요건착오가 있는 경우에는 구성요건착오의 경우 그 불법내용에는 구성요건고의가 그대로 남아 있어 고의범이 성립하지만, 그 법효과, 즉 처벌에 있어서 만은 행위자의 감경된 책임 때문에 과실범과 같이 취급한다. 따라서 고의행위자가 과실범으로 처벌받는 결과가 된다. 엄격책임설은 목적적 범죄체계에서 주장하는 이론으로서 허용구성요건착오의 경우는 구성요건착오의 경우가 아니라 금지착오의 규정이 직접 적용되는 예로 본다. 모든 위법성조각사유는 구성요건 해당성을 배제하는 것이 아니라 위법성만을 조각하는 것이므로 위법성 조각사유의 객관적 전제사실에 관한 착오는 구성요건고의를 배제하는 것이 아니라 책임요소인 위법성의 인식, 즉 불법의식을 배제할 뿐이기 때문에 그것은 구성요건착오가 아니라 금지착오라는 것이다.

과실 (過失)
라 ; culpa   영 ; negligence
독 ; Fahrlässigkeit   불 ; faute

과실이란 고의와 함께 책임요건의 하나로서 범죄사실의 발생을 행위자의 부주의에 의하여 인식하지 못한 것을 말한다. 예를 들어, 생각 못한 실수로 화재를 내거나 자면서 몸을 뒤쳐 아기를 압사시키는 것 등이 과실이다. 알면서 일부러 한 일이 아니기 때문에 엄격한 책임을 부여할 수는 없으나 주의만 하면 그러한 결과를 가져오지 않을 수 있고 사회생활을 영위하는 보통인이면 서로 인명이나 공공의 안전에 대하여 과실이 없도록 주의할 의무가 있을 것이다. 바로 이 주의의무에 위반하여 중대한 피해를 발생시킨 점에 대하여 과실범으로서의 형사책임을 묻게 되는 것이다. 그러나 논어에는 「잘못은 따지지 말라」고 했다. 형법은 고의범을 원칙적으로 벌하고 과실범은 예외적으로 법률에 과실범을 벌하는 규정이 있는 경우에 한하여 이를 벌하기로 되어

있다(형§14). 이와 같이 과실은 부주의에 대한 형법적인 비난이므로 아무리 주의를 하여도 결과의 발생을 피할 수 없었다는 경우에는 불가항력으로 과실범으로서도 성립하지 아니한다. 또 성격적으로 주의력 산만으로 인해 주의하려 해도 주의할만한 주의능력이 없는 사람에 대하여는 부주의의 책임까지도 추급할 수 없는 것이나 그래서는 득을 보는 자가 생길 수 있기 때문에 주의했는가 아니했는가는 통상일반 보통인의 주의능력을 표준으로 하여 정하도록 되어 있다.

인식 없는 과실 (認識 없는 過失)
라 ; negligentia

행위자가 그에게 요구되는 주의의무를 위반하여 법적 구성요건의 실현가능성을 인식하지 못한 경우를 말한다. 우리 형법 제14조에 규정된 '죄의 성립요소인 사실을 인식하지 못한 행위'란 바로 인식 없는 과실을 지칭한 말이다.

인식 있는 과실 (認識 있는 過失)
라 ; luxuria

행위자가 법적 구성요건의 실현가능성을 인식했으나 그에게 요구되는 주의의무를 위반하여 자신의 경우에는 구성요건이 실현되지 않을 것으로 신뢰한 경우를 말한다. 우리 형법 제14조는 인식 없는 과실만을 명문으로 규정하고 있지만 인식 있는 과실도 당연히 전제하고 있다. 행위자가 구성요건 실현의 가능성을 인식했지만 자신의

능력을 과신하거나 기타 부주의로 구성요건적 결과가 발생하지 않으리라고 신뢰한 점이 이 과실형태의 특징이다. 인식 있는 과실은 특히 미필적 고의와의 구별이 문제된다.

중과실 (重過失)
라 ; culpa lata
영 ; gross negligence
독 ; grobe Fahrlässigkeit
불 ; lourde faute, faute grave

중과실이란 주의의무의 위반이 현저한 과실, 즉 극히 근소한 주의만 하였더라도 결과발생을 예견할 수 있었음에도 불구하고 부주의로 이를 예견하지 못한 경우를 말한다. 형법 제171조의 중실화 제268조의 중과실사상이 여기에 해당된다. 중과실의경우는 보통의 과실, 즉 경과실에 비하여 비교적 형이 중하다.

업무상 과실 (業務上 過失)
독 ; Berufsfahrlässigkeit

업무상 필요한 주의를 태만히 하는 것, 즉 의사나 자동차운전사와 같이 사람의 생명·신체 등에 위험이 따르는 각종 업무에 종사하고 있는 자가 그 업무의 수행상 필요한 주의의무를 게을리 하여 사람을 상하게 하거나 사망케 한 경우는 보통의 과실범에 비하여 중하게 처벌되는데, 이러한 것을 업무상 과실이라고 한다. 예를 들어 형법 제268조의 업무상과실치사상죄, 제189조의 업무상과실교통방해죄 등이 이에 해당한다. 이와 같이 업무상 과실을 중하게 처벌하는 것은 보통과실에 비하여 주의의무는 동일하나 예견의무가 다르기 때문에 책임이 가중되어 형법이 이를 가중하여 벌하는 것이다.

허용된 위험 (許容된 危險)

결과발생의 가능성을 예견하였을 경우에 최선의 회피수단은 그러한 행위를 즉각 중지하는 것이다. 그러나 결과발생을 방지하기 위하여 오늘날의 발달된 기계문명의 시설을 모두 제거해 버릴 수는 없다. 왜냐하면 만약 그렇게 된다면 그것은 문명에 대한 역행이 되기 때문이다. 따라서 일정한 생활범위에 있어서는 예견하고 회피할 수 있는 위험이라 할지라도 전적으로 금지할 수 없는 것이 있다. 그러한 위험을 허용된 위험이라고 한다. 예를 들어 허용된 위험은 자동차교통에 있어서와 같이 모든 교통규칙을 준수하더라도 타인에게 피해를 입힐 가능성이 항상 내포되어 있는 경우에 인정되는 것이다. 이러한 허용된 위험은 사회생활상의 필요성과 결합된 사회적 상당성(soziale Adäquanz)의 표현이라고 할 수 있다.

신뢰의 원칙 (信賴의 原則)

위험발생의 방지책임을 공동으로 지고 있는 수인이 있는 경우에 각인은 특별한 사정이 없는 한 공동책임을 지고 있는 타인이 그의 채무를 충실히 이행한 것이라는 신뢰아래 자신의 책무만 충실히 이행하면 된다고 생각하게 된다. 예를 들어 교통규칙을 준수한 운전자는 다른 교통관여자가 교통규칙을 준수할 것이라고 신뢰하게 되는 것이다. 이와 같이 타인의 책무수행에 대한 신뢰하에 자기의 할 일을 다한 경우에는 주의의무를 이행하였다고 보는 것을 신뢰의 원칙이라고 한다. 독일의 판례가 발전시킨 이론으로 오늘날 많은 학자들의 지지를 받고 있으며 우리 대법원 판례도 교통사고의 경우에 이 원칙을 인정하고 있다.

결과적 가중범 (結果的 加重犯)
독 ; erfolgsqualifiziertes Delikt

일정한 고의에 기한한 범죄행위가 그 고의를 초과하여 행위자가 예견하지 못하였던 중한 결과를 발생시킨 경우에 그 중한 결과에 의하여 형이 가중되는 범죄를 말한다. 예를 들어 단지 쓰러뜨릴 작정으로 안면을 구타하였더니 뇌출혈로 상대방이 죽어버린 경우에는 어떻게 되는가, 이 경우 행위자에게는 구타할 의사는 있었으나 살의는 전혀 없었다. 따라서 사망은 의외의 결과이므로 과실치사죄가 성립될 만하기도 하다. 그러나 형법은 구타라는 본래의 행위에 고의가 있으면 그 행위에서 파생한 결과(사망)에 대하여는 설사 결과의 발생을 인식하지 않았다 하여도 그 결과에 대하여는 과실범으로서가 아니라 상해치사죄(형§259)로서 상해죄보다 무겁게 벌하게 되어 있다. 이것이 결과적 가중범이다. 이외에 기차를 전복하여 승객 등을 사망시킨 경우(§187), 강도현장에서 사람을 살해한 경우(§338)등 모두기차전복강도의 기본행위에 고의가 있으면 우연히 사람을 사상케 하여도 그 결과에 의하여 기본행위보다 무거운 책임을 지우게 된다.

위 법 성

위법성(違法性)
독 ; Rechtswidrigkeit
불 ; lément injuste

범죄의 성립요건의 하나로서 행위가 법률에 의해 허용되지 않는다는 성질을 말한다. 범죄는 위법한 행위이다. 상술하면 범죄는 형법각칙의 규정(예를 들어, 제250조의 살인죄, 제329조의 절도죄)에 해당되는 위법·유책한 행위이다. 따라서 행위가 「위법」하다는 것은 범죄의 성립에 매우 중요한 요소이다. 그러나 그럼에도 불구하고 형법에는 무엇이 위법인가에 대해 정의를 내리고 있지 않다. 보통은 형법각칙의 처벌규정에 해당하는 행위를 원칙으로 하여 위법여부를 판단하는 것이나, 무엇이 위법인가의 문제에 대한 실질적인 답은 학설에 맡기고 있으며, 형법에는 다만 실질적으로 위법한 행위가 되지 않는 행위만을 제20조부터 제24조까지 규정하고 있을 뿐이다. 실질적으로 위법이라 함은 문자 그대로 법에 어긋나는 것, 즉 법질서에 위반하는 것이다. 이것을 조리위반, 의무위반, 공서양속위반 또는 규범위반이라고도 하는데 모두 같은 의미를 표현하고 있는 것이라 이해해도 좋다. 요컨대 위법성이란 사회적으로 견디기 어려운 것(사회적 상대성)을 말하는 것이다. 예를 들어 비록 자신이 놓은 불이 아니라고 하더라도 타인이 놓은 불이 화재가 될 것을 알면서도(더구나 불을 쉽게 끌 수 있음에도 불구하고 끄지 않은 경우에 그러한 행위는 방화죄(즉 위법)가 된다는 과거의 일본판례가 있었는데 이는 사회생활상 상당하지 않은 행위라는 것이 그 이유일 것이다.

위법성의 본질

구 분		학 설 의 내 용	주 장 자
형식적 위법성론		행위자가 형식적으로 법규범에 위반하면 위법성 있다고 함.	Binding, Merkel
실질적 위법성론	권리침해설	권리침해가 위법의 본질이라고 함	Feuerbach
	법익침해설	법질서 목적위반, 즉 법익의 침해 또는 위태가 위법의 실질이라고 함	Bimbaum Liszt
	유해성설	사회생활상 이익을 비교형량하여 유익한 것보다 유해한 것이 초과된 행위가 위법이다.	Hippel Sauer
	반윤리성설	문화규범에 반하는 것이 위법이다.	M. E. Mayer
		사회적 상당성에 반한 것이 위법	Welzel
		조리에 반하는 것	瀧川(다끼가와), 草野(구사노)

가별성의 조건 (可罰性의 條件)

성립된 범죄의 가별성에 직접 관련된 것으로, 일단 성립한 범죄의 가별성만을 형벌 필요성 내지 형사정책적 이유에서 문제삼는 요건을 말한다. 이에는 적극적 가별요건인 객관적 처벌조건과 소극적 가별요건인 인적 처벌조각사유가 있다. 가별성의 재판인 형 면제의 판결을 선고하게 된다.

가별적 위법성론 (可罰的 違法性論)

일본형법에서 형벌의 겸억주의(경미한 사건에 무죄판결을 내리기 위한)를 바탕으로 하여 발전된 것으로, 이 이론에 의하면 행위가 일정한 구성요건에 해당하더라도 범죄로써 형벌을 과하기에 상당한 정도의 위법성을 결한 경우에는 아직 위법하다고 할 수 없다고 한다. 사회상규에 위배되지 아니하는 행위를 포괄적 위법성조각사유로 규정하고 있는 우리 형법(20조)에는 이 이론을 도입해야할 하등의 필요성이 없으며, 각 본조에는 구성요건을 일정한 형벌의 예고로서 법적으로 금지된 행위의 유형 즉, 가별적 위법유형을 표시하여 규정하고 있다. 이 이론은 위법성과 불법을 구분하지 아니한 개념상의 문제점이 있다.

객관적 위법성설
(客觀的 違法性設)
독 ; Objektive Rechtswidrigkeit

법규범의 기능을 평가규범과 결정규범으로 나누어 객관적인 평가규범에 위반하는 것이 위법이라고 하는 견해를 말한다. 주관적 위법성설에 대립하는 것으로서 법은 의사결정 규범으로서의 기능을 하기 이전에 논리적 전제로서 평가규범으로서의 기능을 하게된다는 법규범의 구조분석에서 출발한 이론이다. 이 이론은 예링(v. Jhering)에 의하여 민법분야에서 처음으로 주장되었으나, 이를 형법학에 도입하여 객관적 위법성설의 기초를 제시한 자는 베링·리스트·나글러이고, 또 힙펠·슈미트·메츠거 등의 지지를 받아 통설로 되었다.

객관적 위법성 (客觀的 違法性)

법을 객관적인 평가규범으로 이해하고, 행위가 객관적인 평가규범에 위반하는 것을 위법이라고 하는 설. 범죄는 위법한 행위이다. 그러나 그 위법이라는 것을 누구의 입장에서 판단할 것인가에 대하여는 학설의 다툼이 있다. 통설은 이를 제3자(일반인)의 입장에서 객관적으로 결정해야 한다고 주장한다. 따라서 행위는 이러한 입장에서 객관적으로 위법성이 있는 경우에 범죄가 되는 것도 행위자가 어떻게 생각하든지 객관적으로 위법이기 때문이다. 다만 객관적으로 판단한다 하더라도 판단의 객체에 주관적 요소, 즉 행위자의 동기·목적 등을 포함하는 것은 모순되지 않는다. 이와 같은 요소를 포함하여 객관적으로 위법성을 결정하는 것이다.

주관적 위법성 (主觀的 違法性)

주관적 위법성이라 함은 행위자의 유책행위를 전제로 하는 객관적 위법성의 반대말로서 무엇이 위법인가를 행위자의 입장을 중심으로 하여 결정한다는 설이다. 다시 말해서 행위는 그것이 객관적으로 위법하다는 것만으로는 부족하고 행위자가 위법하다는 것을 알면서 그 행위를 한 경우가 아니면 위법이라 할 수 없게 된다. 따라서 이 입장에서 보면 정신병자는 자기의 행위에 대하여 위법이라는 평가를 할 수 없기 때문에 그 행위는 언제나 위법이 아니고 범죄가 되지 않는다(특히 이 자의 침해에 대하여는 정당방위도 성립되지 않을 것이다). 원래 행위자가 어떻게 생각하였는가 하는 것은 책임의 문제이기 때문에 이 설은 위법의 문제와 책임의 문제를 혼동하고 있다는 비판을 받고 있다.

위법성 조각사유 (違法性 阻却事由)
독 ; Rechtswidrigkeitsaus-
　　 schliessungsgrund
불 ; fait justificatif

위법성을 조각하는 일련의 사유를 말한다. 위법성은 범죄성립요건의 하나이므로 위법성이 없으면 범죄는 성립하지 않는다. 그런데 형법은 위법성에 관하여 적극적으로 규정하지 않고 소극적으로 위법성이 조각되는 사유만을 규정하고 있다. 따라서 형법의 각칙규정 중에 형벌을 규정한 조문에 해당하는 행위는 일단 위법한 것(형식적 위법)으로 판단된다. 그러나 그 행위가 실질적 또는 사회적으로 상당한 것으로 인정될 경우에는 그러한 위법성을 조각하게 된다. 형법은 제20조에서 제24조까지 정당행위, 정당방위, 긴급피난, 자구행위, 피해자의 승낙 등을 위법성조각사유로 규정하고 있다. 노동쟁의행위, 치료행위 등에 대하여는 이를 제20조의 정당행위에 포함시킬 것인가에 대하여 다툼이 있다. 여하간 범위의 광협(廣狹)의 차는 있으나, 형법이 규정하고 있는 세 가지의 경우에 한하지 아니하고 실질적으로 보아 사회적으로 상당성이 있는 행위는 위법성을 조각한다는 견해가 지배적이다. 이와 같은 형법에 규정되어 있는 위법성조각사유 이외의 위법조각사유를 초법규적 위법조각사유라고 한다.

객관적 처벌조건
(客觀的 處罰條件)
독 ; objktive Bedingungen der Strafbarkeit

범죄의 성부와 관계없이 일단 성립한 범죄에 대한 형벌권의 발생을 좌우하는 외부적·객관적 사유를 말한다. 예컨대 파산범죄에 있어서 파산의 선고가 확정된 때(파산법 366조·367조) 또는 사전수뢰죄에 있어서 공무원 또는 중재인이 된 사실(형법 129조2항)이 여기에 해당한다. 명예훼손죄 즉 형법 제307조의 규정이 객관적 처벌조건에 속한다는 견해도 있다. 그러나 형법 310조는 특수한 위법성조각사유를 규정한 것이라고 해석하는 것이 다수설이다. 객관적 처벌조건은 책임원칙에 위배된다는 견해가 있다. 그러나 객관적 처벌조건은 충분한 불법내용과 책임내용이 드러남에도 불구하고 형벌을 부가적 정황에 의존하게 함으로써 실제에 있어 형벌의 제한근거가 되기 때문에 책임원칙에 합치된다고 보아야 할 것이다.

정당방위(正當防衛)
독 ; notwehr
불 ; légitime défense

자기 또는 타인의 법익에 대한 현재의 부당한 침해를 방위하기 위한 행위 즉 급박부당한 침해에 대하여 자기 또는 타인의 권리를 방위하기 위하여 부득이하게 된 가해행위를 말한다. 몸에 튀긴 불꽃은 털어 버려야 한다. 우리들은 누구도 부당한 침해를 감수할 의무는 없다. 이러한 취지를 규정한 것이 바로 형법 제21조의 정당방위이다. 따라서 정당방위행위에 의하여 상대(침해자)를 죽이거나 상하게 하여도 살인죄(형§250)나 상해죄(§257) 등은 성립하지 않는다. 이것이 위법조각사유의 가장 전형적인 것이다. 그런데 이러한 정당방위가 성립되려면 세 가지의 요건이 필요하다. 첫째는 급박부당한 침해가 존재해야 한다는 것이다. 여기서 말하는 급박이라 함은 현재라는 의미이므로 과거 또는 미래의 침해에 대하여는 정당방위가 허용되지 아니한다. 따라서 밤마다 술을 도둑질 당하기 때문에 그 보복으로 술병에 독을 넣어 두는 것 같은 경우에는 해당이 안 된다. 침해는 실해뿐만 아니라 위험도 포함한다. 두 번째로는 자기 또는 타인의 권리를 방위하기 위한 것이 아니면 안

된다는 것이다. 여기서 말하는 권리는 법률이 보호하는 이익이라는 넓은 의미의 것으로 또 방위한다는 목적이 없어서는 안된다. 세 번째로 부득이한 것이었어야 한다. 이것은 급박피난과 달라서 다른 수단·방법이 없었다는 경우이었음을 요하지 아니하고, 필요부득이한 것이었다는 것만으로도 족하다. 방위행위가 필요의 정도를 넘으면 과잉방위가 되어 위법성을 조각하지 못하게 된다. 이러한 정당방위의 본질에 대하여 통설은 법의목적이 정당한 법익보호에 있는 이상 법규범의 본질상 당연히 정당방위가 인정된다고 한다(법규범본질설).

> 경찰관의 행위가 적법한 공무집행을 벗어나 불법하게 체포한 것으로 볼 수밖에 없다면, 그 체포를 면하려고 반항하는 과정에서 경찰관에게 상해를 가한 것은 **불법 체포로 인한 신체에 대한 현재의 부당한 침해에서 벗어나기 위한 행위로서 정당방위에 해당하여 위법성이 조각**된다(대법원 2000. 7. 4. 선고 99도4341 판결).

대물방위(對物防衛)
독 ; Notwehrgegen Sachen

정당방위의 요건 중 하나인 「현재의 부당한 침해」가 사람의 침해행위가 아니라 그 이외의 단순한 침해사실이 있을 때에 이에 대해 방위행위를 할 수 있는가 하는 경우이다. 여기서 주로 문제가 되는 것은 동물의 침해가 있는 경우이다. 이에 대해 학설은 (1) 동물

의 침해는 부당한 침해가 아니라는 것을 근거로 하여 정당방위가 성립되는 것이 아니라 긴급피난이 허용된다는 설과 (2) 법익에 대한 침해는 모두 위법한 것이므로 정당방위를 인정해야 한다는 설로 나뉘어져 있다.

오상방위(誤想防衛)

객관적으로 정당방위의 요건이 구비되지 않았음에도 불구하고 주관적으로 구비된 것으로 오인하고 방위행위를 한 경우를 말한다. 예를 들어 밤길에 사람을 만나 이를 강도로 잘못 알고 상해한 것과 같은 경우이다.

실제로는 급박부당한 침해(즉 강도)가 없는데도 이를 있다고 오신하여 방위행위에 착수하였다는 점에서 정당방위와 비슷하지만 이와는 구별하여야 한다.

이 경우는 위법인 사실을 인식하지 못한 것이므로 이를 단순한 과실상해로 볼 것인가(사실의 착오설), 또는 우선 고의의 상해로 볼 것인가(위법성의 착오설)에 대하여는 설이 나뉘어져 있다. 형법학상 가장 다툼이 있는 문제의 하나이다.

과잉방위(過剩防衛)
독 ; Notwehrexzess
불 ; excés de la légitime défense

방위행위가 지나쳐 그 상당성의 정도를 벗어난 경우를 말하며, 초과방위라고도 한다. 과잉방위는 위법한 행위로서 범죄가 되지만 정황에 의하여 그 형의 경감 또는 면제될 수 있다(형법 21조2항). 과잉방위의 경우에 있어서

도 그 행위가 야간 기타 불안스러운 상황하에서 공포·경악·흥분 또는 당황으로 인한 때에는 벌하지 아니하는데(형법 21조3항), 이는 이러한 불안한 상태하에서는 적법행위에의 기대가능성이 없고, 따라서 책임성이 조각되기 때문이다.

오상과잉방위(誤想過剩防衛)

오상과잉방위란 현재의 부당한 침해가 없음에도 불구하고 존재한다고 오인하고 상당성을 넘어 방위행위를 한 경우, 즉 오상방위와 과잉방위가 결합된 경우를 말한다. 오상과잉방위의 처리에 대해서는 이를 오상방위와 동일하게 취급하여 엄격책임설에 따라 처리해야 한다는 견해와 과잉성을 인식한 협의의 오상방위는 과잉방위로, 착오로 그 정도를 초월한 광의의 오상방위는 오상방위와 같이 처리하자는 견해가 있다.

긴급피난(緊急避難)
영 ; necessity
독 ; Notstand
불 ; tat de nécessité

자기 또는 타인의 법익에 대한 현재의 위난을 피하기 위한 행위를 말하는 것으로서 위법성조각사유의 하나이다. 자기 또는 타인의 생명, 신체, 자유, 재산에 대한 현재의 위난을 피하기 위하여 부득이 행한 행위로서, 그 행위에서 생긴 피해는 피하려는 피해의 정도를 넘지 않은 경우에 인정되며, 그 피해의 정도를 넘은 때에는 과잉피난이

되어 위법성이 조각되지 않는다는 것은 정당방위의 경우와 같다(형§22). 법익은 생명, 신체, 자유, 재산의 네 가지이나 명예, 정조에 대한 현재의 위난(실해와 위험)을 피하려는 경우에도 인정된다. 긴급피난이 정당방위와 상위되는 점은 (1) 정당방위는 부정에 대한 정(正)이라는 관계이나, 긴급피난은 정(正) 대 정(正)이라는 관계에 있는 것 (2) 긴급피난은 달리 취할 방법이 없는 경우가 아니면 인정되지 않는 것(보충성) (3) 법익을 비교하여 피할 수 있었던 피해가 加한 피해보다 크지 않으면 안 된다는 것의 세 가지 점이다. 예를 들어 길을 꽉 채운 자동차를 피하려고 연도의 인가에 돌입한 경우에 생명, 신체의 위험과 주거의 안전과의 비교에서 긴급피난이 허용되며 주거침입이 되지 않는 것은 그 하나의 예라 하겠다. 다만 경찰관, 소방관과 같이 일정한 위험에 직면할 의무가 있는 자들에게는 긴급피난성립의 여지가 적게 된다(형§22②참조).

임신의 지속이 모체의 건강을 해칠 우려가 현저할 뿐더러 기형아 내지 불구아를 출산할 가능성마저도 없지 않다는 판단하에 부득이 취하게된 산부인과 의사의 낙태 수술행위는 정당행위 내지 긴급피난에 해당되어 위법성이 없는 경우에 해당된다(*대법원 1976. 7. 13. 선고 75도1205 판결*).

정당방위와 긴급피난의 비교
《(正) 정당방위 (緊) 긴급피난》

구분	같 은 점
성질면	・긴급피난 ・위법성조각사유

성립요건	・자기 또는 타인의 법익 ・방위·피난의사가 필요 ・침해와 위난의 현재성
취급면	・불벌 ・오상과잉행위의 문제에 있어서 동일 ・가담자도 불벌

・긴급피난의 본질에 있어서는 책임조각설, 이분설 등의 학설대립이 있다.

구 분	다 른 점
본 질 상	(정) 부정 대 정 (긴) 정 대 正
상 당 성	(정) 법익균형·보충성 불요 (긴) 법익균형·보충성 요함
행위대상	・제3자 법익침해는 정당방위가 아니나 긴급피난에서는 가능함 ・사실의 침해→긴급피난
주 체	(정) 제한없음 (긴) 제한있음(형§22②)
민 법 상 책 임	(정) 손해배상책임 없음 (긴) 배상책임 있는 경우가 있음

오상피난(誤想避難)
독 ; Putativnotstand

객관적으로 긴급피난의 요건이 사실이 존재하지 아니함에도 불구하고 그것이 존재한다고 오신하고 피난행위를 한 경우를 말한다. 오상피난은 오상방위와 마찬가지로 위법성조각사유의 전제사실에 착오가 있는 경우에 해당한다. 착각피난이라고도 한다.

과잉피난(過剩避難)
독 ; Notstandsexzeß

피난행위의 상당성이 결여된 경우를 말한다. 위법성을 조각하지 아니하나,

정황에 따라 그 형을 경감 또는 면제할 수 있다(형법 22조3항·21조2항). 이 때에도 행위가 야간, 기타 불안스러운 상태하에서 공포·경악·흥분 또는 당황으로 인한 때에는 벌하지 아니한다(형법 22조3항·21조3항).

의무의 충돌(義務의 衝突)

의무의 충돌이란 동시에 긴급하게 이행하여야 할 의무가 서로 충돌하여 행위자가 두 의무 가운데 하나만을 이행할 수 있을 뿐이고 다른 의무를 이행할 수 없게 되어 그 결과 구성요건을 실현하는 경우를 말한다. 우리 형법상에는 명문의 규정이 없다. 따라서 보통 긴급피난의 특수한 경우로 해석하여 형법 제22조의 규정에 의하여 해결하고 있다.

정당행위(正當行爲)

우리 형법 제20조는 「법령에 의한 행위 또는 업무로 인한 행위 기타 사회상규에 위배되지 아니하는 행위는 벌하지 아니한다」로 규정하고 있다. 그러나 여기에서 말하는 「법령」 또는 「업무」에 의한 행위 등은 사회상규에 위배되지 않는 정당행위의 예시에 불과하다. 「법령에 의한 행위」라 함은 예를 들면 공무원의 직무행위, 징계행위, 현행범의 체포, 정신병자의 감치 등을 말하고, 「업무로 인한 행위」라 함은 직접 법령에 근거가 없어도 사회관념상 정당시되는 행위를 업무로 하여 행하는 경우를 말한다. 씨름, 권투,

프로레슬링 등의 스포츠 및 의술 등에서 타인에게 상처를 입힌다든지 수술로 신체를 상해하는 것이 허용되는 것은 이 규정에 의한 까닭이다. 그리고 자진해서 이러한 행위를 미숙한 사람이 행하였을 때에도 위법성이 조각된다. 즉 누군가 행하든지 행위자체가 정당한 것이기 때문이다. 더구나 정당행위는 정당한 업무로 인한 행위에 한하지 아니하고 넓게 법률상 정당한 행위 일반을 의미하고 제20조는 그러한 의미를 지닌 규정으로 해석되고 있다. 따라서 정당방위나 긴급피난은 본래 이러한 의미의 정당행위로 해석되기도 한다. 또 노동쟁의행위도 그 범위를 일탈하지 않는 한, 정당행위가 된다. 또한 자손행위도 법률에 특별규정이 없는 한 원칙적으로 위법성이 조각된다. 그러나 자손행위가 예를 들어 자기물건방화(형§166②), 자기낙태(§269①) 또는 특별규정이 있는 경우, 예를 들어 병역기피목적의 자상(병역§86) 등에 관하여는 처벌규정(1년이상 3년이하의 징역)이 있다.

정당한 행위로서 위법성이 조각되는지 여부는 그 구체적 행위에 따라 합목적적, 합리적으로 가려져야 할 것인바 정당행위를 인정하려면 첫째, 그 행위의 **동기나 목적의 정당성** 둘째, 행위의 **수단이나 방법의 상당성** 셋째, **보호이익과 침해이익과의 법익권형성** 넷째, **긴급성** 다섯째로 그 행위외에 다른 수단이나 방법이 없다는 **보충성** 등의 요건을 갖추어야 한다(*대법원 1984. 5. 22. 선고 84도39 판결*).

안락사(安樂死)
라; Euthansie 독; euthanasia
불; Euthanasie

의학상으로 보아 회복의 가망이 없는 빈사(瀕死)의 병인에 대하여 본인의 진지한 촉탁 또는 승낙을 받아 그 고통을 제거해 주기 위하여 강구된 사기(死期)를 빠르게 하는 행위를 안락사 또는 안사술(安死術)이라고 한다. 고통을 제거하여 안락하게 죽도록 한다는 의미에서 이러한 이름이 붙여졌다. 형법학상 이러한 행위의 살인죄 성립여부에 대하여 논쟁이 있다. 1985. 4. 15. 미국정부에서는 안락사의 권리를 인정한 규칙을 발표하였다. 즉 (1) 유아가 장기간 혼수상태에 있어서 회복이 불가능한 경우, (2) 치료가 단지 피치 못할 죽음을 연장하기 위한 경우, (3) 극단적인 치료로서도 효력의 가망이 없고, 그것이 비인도적이 되는 경우의 세 가지 기준을 제시하고 있다. 그러나 이에 대해서 일본의 한 학자는 안락사가 위법성을 조각하기 위해서는 (1) 환자가 불치의 병으로 사기(死期)가 임박하였을 것, (2) 환자의 고통이 차마 눈으로 볼 수 없을 만큼 극심할 것, (3) 환자의 고통을 완화시키기 위한 목적으로 행할 것, (4) 환자의 의식이 명료한 때에는 본인의 진지한 촉탁 또는 승낙이 있을 것, (5) 원칙적으로 의사에 의해 시행되고 그 방법이 윤리적으로 타당하다고 인정될 수 있을 것 등이 요구된다고 하였다. 안락사는 생명단축을 수반하지 않고, 임종시의 고통을 제거하기 위하여 적당량의 마취제나 진정제를 사용하여 안락하게 자연사하도록 하는 '진정 안락사'와 생명을 단축시키는 안락사인 '부진정 안락사'로 구분할 수 있다. '부진정 안락사'는 다시 생명연장을 위한 적극적인 수단을 취하지 않음으로써 환자로 하여금 빨리 죽음에 이르도록 하는 '소극적 안락사', 고통완화처지가 필수적으로 생명단축의 부수효과를 가져오는 '간접적 안락사', 생명단축을 목적으로 적극적 수단을 사용하여 생명을 단절시키는 '적극적 안락사'로 나뉜다. '진정 안락사'는 살해라고 할 수 없어 살인죄의 구성요건에 해당하지 않는다. '소극적 안락사'와 '간접적 안락사'는 일정한 요건(사기임박, 육체적 고통 극심, 고통완화 목적, 피해자의 촉탁·승낙, 의사가 윤리적 방법으로 시행)을 갖춘 경우에 사회상규에 위배되지 않는 행위로서 위법성이 조각될 수 있다는 것이 다수설이다. 반면, '적극적 안락사'는 살인죄에 해당한다는 것이 다수설이다.

치료행위 (治療行爲)

치료행위는 형법 제20조의 정당행위에 속한다. 따라서 치료의 목적으로 의학상 상당한 방법을 사용하는 한 상해죄가 되지 않는다. 이는 치료를 하는 행위자가 의사이거나 미숙한 사람이거나를 불문하고 적용된다. 고름을 빼기 위하여 피부를 절개하거나 가시를 빼기 위하여 손가락을 상하게 하는 등의 일반인의 행위가 허용되는 것은 바로 이 때문이다. 다만 미숙한 사람인 경우 이것을 업무로 행하는 것이 의료법 등에 위반되는 것과는 별론이다.

자구행위 (自救行爲)
독 ; Selbsthilfe 불 ; justice privée

법정절차에 의한 청구권보전이 불가능한 경우에 그 청구권의 실행불능 또는 현저한 실행곤란을 피하기 위해 자력으로 구제하는 행위를 말하며, 자력구제라고도 한다. 예를 들어 결혼반지를 도난당한 자가 우연히 길에서 자기의 결혼반지를 끼고 있는 범인을 발견했을 때 경찰관을 부를 여유가 없어 자기 스스로 탈환한 경우 또는 변제기일이 급박한 채무자가 장기간 해외여행을 가려고 하는 경우에 자력으로 채무자의 여행을 저지하는 행위 등이 그것이다. 학설과 판례도 이를 인정하고 있다. 자구행위의 성립요건을 분설하면 첫째로 법정절차에 의하여 청구권이 보전 가능한 경우이어야 하며, 둘째로 청구권의 실행불능 또는 현저한 실행곤란을 피하기 위한 행위이어야 하고, 셋째로 상당한 이유가 있어야 한다. 만일 세 번째 요건을 충족하지 않는 경우, 즉 상당성이 없는 경우에는 과잉자구행위로서 위법성이 조각되지 않는다(형 §23②). 자구행위에 있어서 문제되는 것은 형법 제335조의 사후강도에 관하여 범인으로부터 도품을 탈환하는 경우인데, 이 경우에 있어서는 자구행위로 이해하는 경우와 정당방위로 이해하는 견해가 있는데, 후설이 다수설이다.

과잉자구행위 (過剩自救行爲)
독 ; Selbsthilfeexzeß

청구권의 보전수단인 구제행위가 그 정도를 지나쳐 상당한 이유가 없는 경우를 말한다. 이 경우에는 위법성이 조각되지 아니하나 정황에 따라 그 형이 감경 또는 면제될 수 있다(형법 23조2항). 과잉방위나 과잉피난의 경우와는 달리 형법 제21조3항이 준용되지 아니한다.

피해자의 승낙(被害者의 承諾)
영 ; consent of the victim
독 ; Einwilligung des Verletzten
불 ; consentement de la victime

피해자가 자기의 법익에 대한 침해행위를 허용·동의한 경우에는 가해자의 행위는 위법이 되지 않는다는 것을 말하며 위법조각사유의 하나이다. 그러나 생명에 대한 승낙에는 이 이론은 적용되지 아니하고(고로 제252조는 동의살인죄를 벌하고 있다), 신체상해에 대하여도 사회적으로 상당하지 않는 경우(수족, 손가락의 절단 등)에는 적용되지 아니한다. 개인의 자유처분이 허용되어 있는 재산에 대하여는 원칙적으로 피해자의 승낙은 행위의 위법성을 조각한다. 피해자의 승낙이 있으면 타인의 재물을 탈취하여도 절도죄가 성립하지 아니하게 되는 것은 그 예의 하나이다. 국가적 법익, 사회적 법익 또는 타인과의 공동의 법익(전원의 승낙이 없는 한)에 대하여는 피해자의 승낙은 위법성조각의 효과가 생기지 않는다. 피해자의 승낙에 의한 행위가 위법성을 조각하려면 (1) 그 법익을 처분할 수 있는 자의 승낙이 있어야 하고 (2) 법률에 특별한 규정이 없어야 하며, (3) 승낙으로 인한 행위는 법익침해의 분량정도 및 방법이 사회상규에 위배되지 않아야 하고, (4) 행위당시에 승낙이 있어야 한다.

형법 제24조의 규정에 의하여 위법성이 조각되는 피해자의 승낙은 개인적 법익을 훼손하는 경우에 법률상 이를 처분할 수 있는 사람의 승낙을 말할 뿐만 아니라 그 승낙이 윤리적, 도덕적으로 사회상규에 반하는 것이 아니어야 한다(대법원 1985. 12. 10. 선고 85도1892 판결).

추정적 승낙(推定的 承諾)
독 ; mutmaßliche Einwilligung

추정적 승낙이란 피해자의 승낙이 없거나 피해자 또는 그 대리인이 부재중이거나 의식이 없어 필요한 때에 승낙을 받을 수 없지만 모든 사정을 객관적으로 판단하면 승낙이 확실히 기대될 수 있는 경우를 말한다. 이러한 추정적 승낙에 의해 위법성이 조각될 수 있다는 점에 대해서는 견해가 일치하고 있다. 그러나 그 성질에 관해서는 긴급피난설, 승낙의 대용물이라는 설, 사무관리설, 상당설 등의 학설상의 대립이 있다. 추정적 승낙이 위법성을 조각하기 위해서는 (1) 그 법익이 처분할 수 있는 법익이어야 하고, (2) 피해자의 승낙을 바로 얻을 수 없는 것이어야 하며, (3) 피해자의 승낙이 확실히 기대될 수 있어야 한다. 그리고 이러한

모든 상황은 행위당시 행위자의 모든 사정에 대한 양심에 따른 심사를 전제로 한다. 이러한 의미에서 양심의 심사는 추정적 승낙에 있어서 주관적 정당화요소가 된다.

양해(諒解)
독 ; Einverständnis

양해란 피해자의 승낙이 구성요건해당성 자체를 조각하는 경우를 말한다. 예를 들어 절도죄는 타인의 재물을 절취함으로써 성립하는데, 만약 그 타인이 재물의 취거를 동의하면 절취라고 할 수 없게 된다. 즉 범죄의 불법상황은 피해자의 의사에 반하는 데 있으므로 피해자가 동의한다면 범죄가 될 수 없는 것이다. 그러한 피해자의 동의를 양해라 한다.

책 임 성

책임(責任)
독 ; Verantwortlichkeit
불 ; responsabilité

「형법 제○조에 위반하는 행위를 하였다」라고 하는 것만으로 범죄가 성립되지 아니한다. 고대에는 법률에 위반된 행위가 있으면 비록 철이 없는 어린아이의 행위라고 할지라도 그것만으로 처벌되고 또 자기는 아무런 잘못이 없어도 일가일족의 누군가가 대죄를 범하면 그에 연좌되어 처벌을 받는 일도 있었다. 「책임 없으면 형벌 없다(Keine Strafeohne Schuld)」는 원칙을 대전제로 하고 있는 근대의 형법은 그렇지 않다. 그리하여 비록 법규에 위반된 행위를 하여도 그 위반행위자가 연령 기타의 점에 대하여 사회인으로서 충분하게, 법률의 요구에 따라서 행동할 수가 있었을 것이고 또 법을 범하지 않으려면 범하지 않을 수도 있었을 것이다라는 행위자 그 자신에 대한 연령적, 심리적, 도의적의 요건이 갖추어지지 않으면 그 위반행위를 범죄로 하여 처벌할 수 없다. 따라서 위반행위를 한 자에 대하여 사회로부터 비난이 가해질 수 있는 행위자에 대한 요건을 책임이라고 한다. 이러한 책임이 없는 자의 행위는 범죄가 되지 않는다. 왜냐하면 범죄는 구성요건에 해당하는 위법·유책한 행위이기 때문이다. 그러면 어떤 경우에 책임이 없다 할 수 있는가. 형법은 먼저 행위자가 형법상의 책임을 질 수 있는 힘을 가진 자, 즉 책임능력자임을 요건으로 한다. 즉 사물의 시비선악을 판단하고 그 판단에 따라서 행동할 수 있는 능력을 가진 자가 책임능력자이다. 그리고 이 능력이 없는 자를 책임무능력자라 한다. 책임무능력자는 (1) 14세가 되지 아니한 자(형§9), (2) 심신상실자 - 심신장애 등에 의하여 사물을 辨別(변별)할 능력이 없거나 이에 가까운 자(통상인이라도 혼취〈混醉〉로 인해 이러한 상태가 되는 수가 있다. §10①). 한정책임능력자는 (1) 농아자(§11), (2) 심신미약자 - 변별능력이 극히 감퇴하였으나 심신상실정도는 아닌 자(§10②)이다. 책임무능력자의 행위는 벌하지 아니하며 한정책임능력자의 경우에는 형이 감경된다. 책임에는 이외에도 고의·과실이라는 심리상황, 적법행위의 기대가능성이라는 사정이 요건이 된다.

결과책임(結課責任)
(Erfolgs haftung)

행위자의 책임에 의하지 않고, 단순히 야기된 결과에 대해 죄책을 인정하는 것을 의미한다. 결과책임은 오늘날 책임원칙과정면충돌하는 것으로서 원칙적으로 사라졌지만, 그럼에도 결과책임의 잔재가 엿보이는 몇 가지 제도들이 형사정책의 필요성 때문에 아직도 남아 있다. 예컨대 인식없는 과실, 객관적 처벌조건, 결과적 처벌조건, 결과적 가중범, 합동범, 상해죄의 동시범의 특례, 양형에서 결과의 고려 등을 들 수 있다.

인격적 책임론(人格的 責任論)
독 ; persönlichkeitsschuldlehre

소질과 환경의 영향을 받으면서 어느 정도 상대적 의사자유를 가진 인격상을 전제로 하여 책임의 근거를 행위자의 배후에 있는 인격에서 찾으려는 견해를 말한다. 이 견해의 특색은 현실적으로 나타난 일회적인 불법행위 이외에 하나하나의 생활(인격형성과정)까지 책임비난의 대상으로 삼는 데 있다. 따라서 이 견해를 인격형성책임론이라고도 한다.

도의적 책임론(道義的 責任論)
독 ; moralische Schuld
불 ; reponsabilité morale

책임의 근거를 자유의사에 두고 책임은 자유의사를 가진 자가 자유로운 의사에 의하여 적법한 행위를 할 수 있었음에도 불구하고 위법한 행위를 하였으므로 행위자에게 윤리적 비난을 가하는 것이라고 하는 이론을 말한다. 따라서 행위자에게 자기의 행위를 지배할 수 있는 자유의사가 없으면 책임도 없고, 자유의사가 없는 자는 책임무능력자로서 이에 대하여 형벌을 과할 수 없다. 그러므로 책임능력은 범죄능력을 의미하며 일반인에게 과하는 형벌과 책임무능력자에 대한 보안처분은 질적 차이를 가지게 되고, 책임은 행위에 포함된 범위에서만 문제되어 행위책임의 원리가 지배하게 된다. 도의적 책임론은 자유의사를 전제로 하는 전통적인 고전학파(구파)의 책임이론이며, 형벌을 도의적 비난에 근거한 응보로 이해하는 응보형주의의 책임론이다.

심리적 책임론(心理的 責任論)
독 ; psychologische Schuldlehre

책임을 결과에 대한 행위자의 심리적 관계로 파악하는 이론을 말한다. 심리적 책임개념은 주로 리스트(Liszt)의 지도 하에 형성된 자연주의적인 체계적 책임개념으로서 규범적 책임개념이 나올 때까지 지배적이었다. 당시의 범죄론에 있어서는 모든 객관적이고 외적인 것은 위법성에, 그리고 모든 주관적이고 내재적인 것은 책임에 속하는 것으로 이해되었으며, 따라서 책임에 속하는 것으로 이해되었으며, 따라서 책임은 결과에 대한 행위자의 심적 관계라야 한다고 보았다. 행위자의 심적 관계는 상이한 두 종류, 즉 고의 또는 과실로서 나타난다. 책임능력은 범행에 대한 행위자의 심적 관계(주관적 영상)에 속하지 아니하므로 책임의 구성부분이 아니고 책임의 전제일 뿐이다. 심리적 책임개념에 의하면 책임의 전제인 책임능력이 있고 고의 또는 과실만 있으면 행위자의 책임은 인정된다. 이러한 심리적 책임론에 대하여는 다음과 같은 비판이 가하여진다.

(1) 심리적 책임개념은 어떠한 심적 관계가 중시되고 어찌하여 그것이 책임을 지우며 그것이 없으면 책임이 조각되는가에 대하여 하등의 근거를 제시하고 있지 아니하다. (2) 책임능력의 전제하에 고의 또는 과실만 있으면 책임은 인정되므로 책임조각사유(예컨대

강요된 행위나 일정한 조건하의 과잉방위 등)가 있을 경우 어째서 책임이 없다고 하는가를 설명하지 못한다. (3) 인식 없는 과실에 있어서는 결과에 대한 행위자의 심적관계가 없기 때문에 심리적 책임개념에 의해서는 책임을 인정하기 어렵다.

규범적 책임론(規範的 責任論)
독 ; normative schuldauffassung

책임의 본질을 비난가능성이라 하고, 고의 또는 과실이라는 심리적 요소뿐만 아니라 부수적 사정에 의한 기대가능성이라는 규범적 요소를 포함시켜 책임개념을 파악하는 이론을 말한다. 프랑크, 골트슈미트, 프로이덴탈 등을 거쳐 정립된 기대가능성을 중심으로 삼는 규범적 책임론은 오늘날 통설적 지위를 차지하게 되었다. 이에 의하면 고의 또는 과실이 있는 경우에도 기대가능성이 없으면 책임이 조각되므로 고의·과실은 책임의 조건이 될 뿐이고 궁극적으로 책임을 결정하는 것은 기대가능성이라 하게 된다. 한편 목적적 행위론은 행위의 심적 구성부분인 고의를 가치판단의 개념인 책임으로부터 배제하는 한편, 종래 고의의 요소로 취급되었던 위법성의식을 규범적 성격을 지닌 독자적 책임요소로서 인정함으로써 이른바 순수한 규범적 책임개념을 형성하였다. 그러나 순수한 규범적 책임개념은 평가의 대상과 대사의 평가를 엄격히 구별하여 단지 평가, 즉 비난가능성만을 그 표식으로 삼기 때문에 규범적 평가의 대상은 책임개념 그 자체에 있는 것이 아니라, 타인의 머릿속에만 존재하고 있어, 결국 책임개념의 공허화에 이르고 만다는 약점을 안고 있다. 이런 관점에서 책임은 순수한 규범적 책임개념으로 존재할 수는 없고 오히려 평가의 대상으로서 고의·과실 등을 책임요소로서 요구할 뿐만 아니라, 이 대상에 대한 평가로서 비난가능성을 함께 고려하고 있는 소위 복합적 책임개념의 형태로 존재하는 전통적인 규범적 책임개념이어야 할 것이다.

사회적 책임론(社會的 責任論)
독 ; soziale Verantwortlichkeit
불 ; responsabilit

범죄는 소질과 환경에 의해서 필연적으로 결정된 행위자의 사회적 위험성이 있는 성격의 소산이므로 책임의 근거는 사회적으로 위험한 행위자의 사회적 성격(반사회적 성격)에 있다는 견해를 말한다. 사회적 책임론은 인과적 결정론의 입장에서도 도의적 책임론이 형사책임의 근거로 삼고 있는 자유의사는 하나의 주관적 환경에 불과하다고 비판하며 인간의 자유의사를 부정한다. 즉 범죄는 행위자의 소질과 환경에 의하여 결정되는 것이므로 행위자에게 도덕적 비난을 가하는 것은 넌센스에 지나지 않는다고 한다. 사회적 책임론에 의하면 책임의 근거는 행위자의 반사회적 성격에 있으므로 사회생활을 하고 있는 책임무능력자에 대하여도 사회방위의 보안처분을 하여야 한다. 따라서 책임능력은 형벌능력을 의미하고, 형벌과 보안처분은 사회방위의 수단인 점에서 동일하며, 다만 양적 차이가 있을 뿐이다. 책임의 근거가 행위자의 반사회적 성격에 있기 때문에 책임론은 반사회적 성격의 징표를 문제로 하며, 여기에 성격책임의 원리가 지배하게 되는 것이다. 사회적 책임론은 근대학파(신파)의 형법이론에 기초가 되어 있는 책임이론이며, 범죄론에 있어서의 주관주의와 형벌론에 있어서의 목적형주의와 결합된 책임이론이라고 할 수 있다.

심신상실(心神喪失)

심신장애로 인하여 사물을 변별할 능력이 없거나 의사를 결정할 능력이 없는 상태를 말한다. 심신상실로 인한 책임무능력자가 되기 위해서는 심신장애라는 생물학적 요소와, 심신장애로 인하여 사물의 변별능력과 의사결정능력이 없다는 심리적 요소가 있어야 한다. 심신상실의 요인으로는 정신병·정신박약, 심한 의식장애 또는 기타 중한 심신장애적 이상을 들 수 있다. 형법상 심신상실자는 책임무능력자로서 처벌되지 않는다(형법 10조 1항).

피고인이 범행 당시 그 심신장애의 정도가 단순히 사물을 변별할 능력이나 의사를 결정할 능력이 미약한 상태에 그쳤는지 아니면 그러한 능력이 상실된 상태이었는지 여부가 불분명하므로, 원심으로서는 먼저 피고인의 정신상태에 관하여 충실한 정보획득 및 관계 상황의 포괄적인 조사·분석을 위하여 피고인의 정신장애의 내용 및 그 정도 등에 관하여 정신의로 하여금 감정을 하게 한 다음, 그 감정결과를 중요한 참고자료로 삼아 범행의 경위, 수단, 범행 전후의 행동 등 제반 사정을 종합하여 범행 당시의 심신상실 여부를 경험칙에 비추어 규범적으로 판단하여 그 당시 심신상실의 상태에 있었던 것으로 인정되는 경우에는 무죄를 선고하여야 한다 *(대법원 1998. 4. 10. 선고 98도549 판결).*

심신미약(心神微弱)

심신장애로 인하여 사물을 변별할 능력이나 의사를 결정할 능력이 미약한 상태를 말한다. 심신미약도 심신장애의 일종이며, 다만 심신상실과는 그 장애의 정도에 차이가 있을 뿐이다. 형법은 심신상실과 마찬가지로 심신미약에 대해서도 혼합적 방법(생물학적 및 심리적)을 사용하고 있다. 심신미약의 '생물학적 요소'는 심신상실의 정도에 이르지 아니한 심신장애가 있어야 한다. 중병 아닌 정신박약·신경쇠약·히스테리·노쇠·알콜중독·경증의 정신병질 및 경한 운동장애 등이 보통이겠으나, 경우에 따라서는 경한 뇌성마비·정신분열증 또는 간질에 대해서도 한정책임능력을 인정할 수 있다. 심신미약의 '심리적 요소'는 사물변별능력과 의사결정능력이 미약해야 한다. 심신미약의 판단에는 전문가의 감정이 중요한 역할을 할 수 있지만, 궁극적으로는 법적·규범적인 관점에서 법관이 판단할 법률문제이다. 형법상 심신미약자는 한정책임능력자로서 그 형이 감경할 수 있다(형법 10조 2항).

> 형법 제10조에 규정된 심신장애의 유무 및 정도의 판단은 법률적 판단으로서 반드시 전문감정인의 의견에 기속되어야 하는 것은 아니고, 정신질환의 종류와 정도, 범행의 동기, 경위, 수단과 태양, 범행 전후의 피고인의 행동, 반성의 정도 등 여러 사정을 종합하여 법원이 독자적으로 판단할 수 있다(*대법원 1999. 8. 24. 선고 99도1194 판결*).

원인에 있어서 자유로운 행위

(原因에 있어서 自由로운 行爲)
독; actio liberain causa

책임능력자의 고의·과실에 의하여 스스로 일시적인 심신장애의 상태를 야기시키고, 그 상태를 이용하여 범죄를 실행하는 경우를 말한다. 예를 들어 사람을 상해할 목적으로 자의로 음주혼취하고 그 상태에서 사람에게 상해를 가한 경우가 이에 해당된다. 일반적으로 형법상 혼수상태에서 행하여진 살인이나 상해 등은 심신상실 중의 행위라 하여 처벌되지 아니하거나 또는 심신미약자의 행위라 하여 형이 감경된다(형§10③). 그러나 일부러 술에 취하여 책임무능력 상태를 스스로 연출하고 그 후에 그 상태를 이용하여 살인을 행하는 것 같은 경우, 즉 「원인에서 자유로운 행위(actiolibera in causa)의 경우는 처음부터 범죄행위의 고의가 있는 것이므로 단순한 책임무능력자의 행위와는 다르다. 즉 행위시에는 취한 상태로서 판단능력이 없지만 그러한 혼취한 상태를 조작하려고 음주한 원인행위 당시는 그 능력이 충분

히 있었기 때문에 그 원인인 행위와 사후의 행위를 합하여 살인실행행위라 하여 이를 처벌하려는 것이다. 명정행위(酩酊行爲)는 그 자체에는 책임이 부족하나 스스로 죄를 행하려고 명정상태를 조작한 경우 또는 평소 주난(酒亂)의 경향이 있는 자가 폭음한 경우 등의 명정중의 범죄에 대하여도 형사책임을 부담하게 된다.

원인에 있어 자유로운 행위의 가벌성의 근거

학설	내용
구성요건 모델	책임능력이 있었던 원인행위 자체를 이미 불법의 실체를 갖춘 구성요건적 행위로 보고, 그 원인행위에 가벌성의 근거가 있다는 견해.
반무의식 상태설	원인행위는 단순한 예비행위에 지나지 않고, 심신장애상태하의 행위가 범죄의 실행행위가 되고, 여기에 가벌성의 근거가 있다는 견해.
예외모델 (다수설)	실행행위는 심신장애상태하의 행위이나 책임능력은 원인행위시에 갖추어져 있으므로 원인행위와 실행행위의 불가분적 연관에 가벌성의 근거가 있다는 견해.

법률의 착오(法律의 錯誤)

독; erroëiuris 불; Rechtsirrtum

행위가 법률로서 금지되어 있는 것을 알지 못하는 것(허용되어 있는 것으로 믿고 있는 것을 포함)을 말하며 금지의 착오 또는 위법성의 착오라고도 한다. 예를 들어 새로운 단속법규가 제정된 것을 모르고 태연하게 위반행위를 행한 것은 법률의 착오이다. 이 경우에 법률의 유무에 불구하고 도덕적으로 나쁘다고 되어 있는 자연범이면 법률의 착오는 변명의 이유가 되지 않으나

도로교통법이나 공직선거 및 부정선거 방지법 등에 정하여 있는 범죄는 법률을 알지 못하였거나 바로 이해하지 않으면 나쁘다는 것을 알지 못하고 무심히 위반행위를 범해버릴 염려가 있다. 따라서 이것을 보통의 고의범으로 벌하는 것은 불합리하다. 그리하여 학설 중에는 특히 법정범에 대하여 법률의 착오가 있는 때에는 고의범이 아니고 과실범으로 취급해야 한다는 학설도 있으나, 그렇게 하면 법률을 알지 못한 자가 득을 보고 법률을 알고 있었던 자만 처벌되게 된다고 하여 판례는 일률적으로 법률의 착오는 문제시 않고 있다. 법률의 착오는 근본적으로 두 가지 형태, 즉 직접적 착오와 간접적 착오로 나눌 수 있다. 직접적 착오란 행위자가 그의 행위에 대하여 직접 적용되는 금지규범을 인식하지 못하여 그 행위가 허용된다. 오인한 경우를 말하고, 간접적 착오란 행위자가 금지된 것을 인식하였으나 구체적인 경우에 위법성조각사유의 법적 한계를 오해하였거나 위법성조각사유가 존재하는 것으로 오인하여 위법성을 조각하는 反對規範(반대규범)이 존재하는 것으로 착오한 것을 의미한다.

기대가능성 (期待可能性)
독 ; Zumutbarkeit

기대가능성이란 행위당시 행위자에게 기대할 수 있는 적법행위의 기대 가능성을 말하는 것으로 책임요건 중의 하나이다. 그러한 경우 누구라도 그렇게 하지 않을 수 없었을 것이라는 상황

아래서 행해진 위법행위에 대하여는 그 행위를 형법적으로 비난하는 것은 안 된다. 누구든지 그와 같은 상황에 몰린다면 나쁜 일인 줄 알면서도 그 행위를 그만두거나 나아가서 적법한 행위를 취하기가 불가능했으리라고 판단되기 때문이다. 행위자의 책임이 추급되는 것은 일반적으로는 보통인이라면 누구라도 적법행위를 취할 수가 기대되는데 그 기대를 배반하여 위법행위를 감행한 경우만에 한한다. 적법행위를 취하여야 할 「기대가능성」이 없는 상황에서 하게 된 행위에 대해서는 책임이 없다. 즉 기대가능성의 유무가 책임의 유무를 결정한다는 견해가 통상적 지위를 점하고 있다. 이 점에 대한 독일의 흥미 있는 판례[Léinenfänger(라이엔 권리사건)]가 있다. 마차를 끄는 말이 난폭하여 통행인에게 상처를 입혔다. 이 마차를 모는 마부는 본래부터 이 말의 난폭함을 잘 알고 있었다. 마부는 당연 「업무상과실상해죄」로 문책받아야 했다. 그러나 마부는 그 이전에 재삼 고용주에게 말을 바꾸어 달라고 요청하였다. 그러나 고용주는 이 요청을 거절하고 마부로서 주인의 명령을 거역하면 해고되리라는 것은 필연의 사실이다. 법원은 이 사건에 대하여 마부에게는 그 말을 부리지 않을 것을 기대할 수 없다하여 무죄를 선고하였다는 것이다[(1897. 3. 23. 라이히법원(Reichsger - icht/ 판결)].

> 양심적 병역거부자에게 그의 양심상의 결정에 반한 행위를 기대할 가능성이 있는지 여부를 판단하기 위해서는, <u>행</u>

위 당시의 구체적 상황하에 행위자 대신에 사회적 평균인을 두고 이 평균인의 관점에서 그 기대가능성 유무를 판단하여야 할 것이다*(대법원 2004. 7. 15. 선고 2004도2965 전원합의체 판결)*.

강요된 행위(強要된 行爲)
독; Nötingsstand

형법 제12조는 「저항할 수 없는 폭력이나 자기 또는 친족의 생명·신체에 대한 위해를 방어할 방법이 없는 협박에 의하여 강요된 행위는 벌하지 아니한다」라고 규정하고 있다. 이것이 바로 강요된 행위이며 형법상의 책임조각사유 중의 하나이다. 강요된 행위는 구법하에서 초법규적 책임조각사유로서 학설상 인정되었던 것을 현행법이 명문화한 것이다. 이 규정의 입법취지는 이러한 폭력이나 협박에 의하여 강요된 사정하에서는 행위자에 대하여 적법행위로 나올 것을 기대할 수 없다는 점에 있다(기대불가능성). 즉 책임조각사유로서의 강요된 행위는 기대가능성이론의 한 예시인 것이다.

기대가능성의 판단기준

학 설	내 용	주 장 자
평균인 표준설	•행위에 평균인이 행위자의 지위에 있다면 그 통상인도 역시 행위자와 마찬가지로 행하였을까 하는 것을 판단의 기초로 한다. •평균인에게는 기대 가능해도 행위자에게 기대불가능한 경우 비난이 불가능하다는 비판을 받고 있다.	Goldschmidt, Liszt, 황산덕, 정영석, 정성근
국가 표준설	•기대가능성의 표준은 국가 내지 국법질서를 표준으로 결정할 것이라고 하다. •기대하는 것은 국가측이라도 기대가능한가는 행위자측에 있고, 법률상 어떤 경우에 기대가능성을 인정할 것인가에 있어서 법질서가 기대가능성을 인정하면 기대가능성이 있다고 함으로써 질문에 대하여 질문으로 답한다는 비판이 있다.	Wolf, Mezger, 佐伯, 平場
행위자 표준설	•행위자 개인의 능력과 그 개인적 사정을 기초로 적법행위의 기대가능성의 유무를 판단한다. •부당하게 형사사법을 약화시키고 책임판단을 불가능하게 한다는 비판이 있다.	Freudenthal, 木村(기무라), 유기천, 심재우, 이형국

기대가능성의 구체적 지위

학 설	내 용	주 장 자
고의·과실의 구성요건설	기대가능성을 고의·과실의 구성요소로 본다.	Freudenthal, E. Schmidt, 小野(오노)
책임조각 사 유 설	원칙적으로 책임능력과 책임조건이 있으면 책임이 인정되나 예외적으로 기대가능성이 없는 때에는 책임이 조각된다는 설	독일과 우리나라의 다수설
제3의 책임요소설	기대가능성은 책임능력·책임조건 등과 併例的 위치에 있는 제3의 책임요소라는 설	Frank, Goldschmidt, 이형국, 심재우, 진계호

■ 미 수 론

미수(未遂)
독; Versuch

미수란 범죄의 실행에 착수하였으나 종료함에 이르지 않은 경우를 말한다. 일반적으로 범죄는 그 실행에 착수하여 처음 행위자가 의도한 대로 소기의 결과를 거두는 것도 있지만, 그 중도에서 좌절되는 것도 있고 또 스스로 중지하는 경우도 있으며 또한 행위는 종료하였으나 그 결과를 얻지 못하는 경우도 있다. 그리하여 형법은 범죄의 실행에 착수하여 어떠한 죄가 될 사실의 전부가 실현된 때에는 범죄가 완료된 것으로 기수(Vollendung)라 하고 이에 반하여 실행에 착수는 하였으나 어떠한 사정에 의하여 법률이 각개의 조문에서 죄로 규정하고 있는 사실의 전부를 실현함에 이르지 않은 경우를 미수라 하고 있다(형§25). 미수범이라 함은 행위자가 주관적으로는 어떤 범죄를 실현하려는 고의를 가지고 객관적으로 그 죄가 될 사실(이른바 구성요건적 사실)의 일부가 되는 행위를 하였으나 어떠한 사유로 인하여 예정하고 있던 죄가 될 사실의 전부를 실현할 수 없었거나 또는 전부의 행위를 종료하였으나 소기의 결과를 얻을 수 없었던 경우를 말한다. 그러나 형법은 모든 범죄에 대하여 이와 같은 미수를 죄로 인정하고 있는 것은 아니고 예를 들어 방화나 살인 등 중요한 법익을 침해하는 범죄에 대해서만 이를 인정하고 있다. 형법상 미수범에는 두 가지의 경우가 있다.

범인의 자유의사에 의하지 않고 외부의 사정에 의하여 범죄의 완료에 이르지 못한 경우로 이를 협의의 미수 또는 장애미수라 하며, 그 법정형은 기수와 같으나 법관의 자유재량에 의하여 형을 감경할 수 있다(§25②).

행위자 자신의 자유의사에 의하여 범죄를 중단시킨 경우로 이를 중지범이라 하며, 이 경우에는 반드시 형을 감경 또는 면제하여야 한다(§26).

기수(旣遂)

영 ; consummation
독 ; Vollendung 불 ; consimmatio

행위가 구성요건의 모든 표식을 충족하는 경우를 말한다. 형법은 기수를 범죄의 기본형으로 하고 있다. 범죄마다 그 특성이 다르기 때문에 기수시기 문제에 대하여 모든 범죄에 공통되는 일정한 이론적 표준을 세우는 것은 불가능하다.

그러므로 각 범죄의 기수시기는 그 범죄의 구성요건의 해석에 따라 구체적으로 결정된다. 기수는 범행의 종료와 구분된다. 즉 범행은 기수에 달함으로써 서로 끝나버리는 것이 아니라 구성요건에 의하여 보호되는 법익에 대한 손상이 실제로 행위자가 원하는 범위내로 들어갔을 때에 비로소 이루어진다. 이를 기수와 구분하여 범행의 종료라고 한다.

실행의 착수(實行의 着手)

독 ; Aufangcher Ausführung

실행의 착수라 함은 「범죄실행의 개시」를 의미하며, 예비와 미수를 구별하는 한계선이 된다. 미수범의 성립에는 객관적 요건의 하나로서 「실행의 개시」 또는 「실행의 착수」라는 것이 필요하다. 행위가 이 같은 단계에 들어가기 이전의 것은 「예비」에 지나지 않으며, 이러한 예비단계에서 처벌되는 것은 극히 드물며, 중요한 법익을 해하는 범죄의 경우이고 또 특히 그러한 명문이 있는 경우에 한한다.

그러면 실제문제로서 어떠한 상태에 달하였을 때에 실행의 착수가 있는가에 대해서 대체로 두 가지의 의견이 있다.

(1) 객관적인 견해로 이른바 구성요건에 속하는 행위사실의 일부분 또는 이에 밀접한 관계가 있는 행위가 행하여진 때이나 또는 범죄를 수행하기에 도달할 위험이 있는 행위에 착수하였거나 혹은 범죄를 완성하기 위하여 필요 불가결한 행위에 착수하는 것이라고 본다.

(2) 주관적인 견해로서, 즉 어떤 죄를 범하려는 고의가 행위자의 행동에 의하여 외부적으로 표현되었다고 보아야 할 단계에 달하였을 때가 실행의 착수가 있었던 것으로 한다. 요컨대 죄가 될 사실형식에 해당하는 행위의 일부실행에 의하여 행위자의 범죄실행에의 의사가 확인됨에 이르렀을 때에 비로소 실행의 착수가 있다고 하는 견해인 것이다

실행의 착수에 관한 학설개요

학설		내 용	주 장 자
객관설	형식적 객관설 (정형설)	• 형식적으로 구성요건의 각도에서 보아 구성요건의 일부를 실현한 때 실행의 착수가 있다고 한다. • 대부분의 학자가 이 설을 정형설이라 한다.	백남억, 박문복, 박정근, 김종수, 小野(오노), 團藤

	실질적 객관설 (밀접설)	실행의 착수를 보다 실질적으로 고찰하는 입장에서 구성요건적 해당행위와 밀접한 관련이 있기 때문에 자연적 파악에 의하면 구성요건적 행위의 구성부분이라고 생각되는 행위시에 실행의 착수가 있다. 그런데 밀접설을 형식적 객관설이라고 보는 견해도 있다(齊藤)	Frank, 瀧川(다까가와), 판례
	기타	보호법익에 대한 위태화 또는 보호법익침해의 제1행위가 있으면 착수가 있다	Mezger, 大塚, Maurach
주 관 설	행위자의 반사회적 성격을 중시하고 범죄행위를 행위자의 처벌적 의사의 표현으로 보는 신파의 입장에서 주장되는 것으로 범의를 표준으로 하여 실행의 착수를 결정하려 한다.	Ⓐ 범의의 비약적 표동이 있을 때	宮本(미야모또)
		Ⓑ 범의의 성립이 그 수행적 행위에 의하여 확정적으로 확정된 때	牧野(마끼노)
		Ⓒ 행위자의 범죄적 의사가 하나여야 하고, 취소가 불가능하리만큼 확실성을 보이는 행위가 있을 때	本村(기무라)
		Ⓓ 자기의 행위가 사물의 자연적 경과에 의하면 범죄를 실현할 가능성이 있음을 인식하고 그 행위에 나온 때	江家
절 충 설	Ⓐ 객관적인 면에 중점을 두는 견해	「행위자가 자기계획에 의하면 직접적으로 범죄구성요건실행을 시작하는 활동」이 있을 때	Welzel
	Ⓑ 주관적인 면에 중점을 두는 견해	범죄적 의사가 행위자의 전체계획에 의하면 직접으로 해당구성요건의 보호객체의 위태화로 인도하는 행위 속에 명백히 나타난 때	Schönke, Schröder

중지범(中止犯)
독; Freiwilliger Rücktrittv um Versuch
불; désistement volontaire de l'agent
●────────

미수범중에서 「자기의 의사에 의하여 이를 중지한」 경우이다. 형법상 미수범에는 두 가지 경우, 즉 장애미수죄와 중지범이 있다. 장애 미수는 객관적인 고장에 의하여 범죄를 완료할 수 없었던 경우이고 중지범은 범인의 주관적 의사에 의하여 임의적으로 범죄의 완료에 이르지 않은 경우이다. 독일의 형법 등에서는 미수범이라면 다만 장애미수죄의 경우, 즉 협의의 미수범만을 지칭하고, 「미수로부터의 후퇴」(Rucktrit von Versuch)라 함은 범인이 자기의 행위에 의하여 생긴 결과의 발생

을 방지하려고 노력하는 경우와 같은 것을 말하고 이것은 미수범에서 구별하여야 한다고 하고 있다. 형법상 장애미수죄의 법정형은 기수의 경우와 같다. 다만 법관의 자유재량에 의하여 형벌을 감경할 수 있을 뿐이다. 그러나 중지범의 경우에는 법관이 그 형을 반드시 감경 또는 면제하여야 한다(형§26).

실행행위 (實行行爲)
독; Ausführungshandlung
불; acted'execution
●────────

구성요건을 실현하는 행위를 말한다. 실행행위의 개시를 실행의 착수라고 한다. 실행의 착수는 미수와 예비·음모

를 구분하는 척도가 된다.

실행미수 (實行未遂)
독 ; beendeter Versuch
불 ; infraaction manquee

실행행위는 종료되었지만 결과가 발생하지 아니한 경우의 미수를 말한다. 종료미수라고도 하며, 착수미수와 구별되는 것이다. 실행행위의 종료여부에 따라 미수의 형태를 착수미수와 실행미수로 구분하는 실익은 무엇보다도 중지미수와 관련하여 실행행위가 아직 끝나지 아니한 시점에 있어서는 행위자가 실행행위를 자의적으로 중지하면 되지만, 실행행위가 종료된 시점에 있어서는 행위자가 자의에 따라 적극적이고도 진지한 태도로 결과의 발생을 방지해야만 중지미수로 된다는 점에 있다.

불능범과 불능미수
(不能犯과 不能未遂)

불능범이란 행위자에게 범죄의사가 있고 외관상 실행의 착수라고 볼 수 있는 행위가 있지만 행위의 성질상 결과의 발생이 불가능한 경우, 즉 구성요건실현의 가능성이 없는 경우를 말한다. 구성요건실현의 가능성은 위험성을 의미하므로 불능범은 위험성이 없는 행위로서 미수범으로 처벌할 수 없고 범죄도 성립하지 않는다는 것이 종래의 통설의 견해이다.
그런데 형법 제27조는 불능범이란 논

제아래 「실행의 수단 또는 대상의 착오로 인하여 결과의 발생이 불가능하더라도 위험성이 있는 때에는 처벌한다. 단 형을 감경 또는 면제 할 수 있다」고 규정하고 있다. 즉 형법 제27조는 그 제를 불능범이라고 하고 있지만 불가벌적인 불능범을 규정하고 있는 것이 아니라 위험성이 있기 때문에 처벌되는 미수를 규정하고 있는 것이다.
일반적으로 불능범과 불능미수는 그 위험성의 유무에 의해 구별된다. 즉 불능범은 사실상 결과의 발생이 불가능할 뿐 아니라 위험성이 없기 때문에 벌할 수 없는 행위임에 대하여, 불능미수는 결과의 발생은 사실상 불가능하나 그 위험성으로 인하여 미수범으로 처벌되는 경우를 말한다.

환각범 (幻覺犯)

환각범은 사실상 허용되고 있는 행위를 금지되거나 처벌된다고 오인한 경우를 말한다. 반전된 금지의 착오라고 할 수 있다. 환각범은 불능미수와 구별되는데, 불능미수는 구성요건요소가 존재하지 아니함에도 불구하고 이를 존재한다고 착오한 경우이며, 사실의 착오의 반대 경우라고 할 수 있다. 환각범의 예로는 근친상간이 금지된 것으로 알고 이를 범한 경우나 인적 처벌조각사유가 존재함에도 불구하고 자기의 행위가 처벌받는다고 인식한 경우 등을 들 수 있다.

위험성의 판단기준에 관한 학설개요

학 설	내 용	주 장 자
객관적 위험설 (절대적·상대적 불능설)	•위험성의 유무를 객관적 입장에서 절대적 불능과 상대적 불능으로 구분하여 절대적 불능이 불능범이고 상대적 불능이 미수범이라고 함. •비판-입장에 따라 절대와 상대가 바뀔 수 있다.	Feuerbach, Nittermayer, Cohn
사실적 불능설과 법률적 불능설	•불능을 사실적 불능과 법률적 불능으로 나누어 사실적 불능을 미수범, 법률적 불능을 불능범이라고 함. •비판-양자의 구별이 상대적이다.	Roux, Garraud
구체적 위험설(신객관설·객관적 위험설)	•행위자의 인식과 일반인의 인식을 기초로 하여 일반적으로 위험성 유무를 판단한다. •비판-행위자와 일반인의 인식이 불일치한 경우 어느 사정을 기초로 하여 판단할 것인가가 불명하다.	Liszt, Hippel,, 이재상, 이형국
추상적 위험설	•행위자가 의도한 대로 실현되면 객체에 대한 침해가 있었으리라고 일반적으로 인정되는 것을 법질서에 대한 위험이라 하여 미수범이 된다고 한다.	Wachenfeld, Frank
(순)주관설	•일반적으로 불능범의 개념을 부정하고 미신범 이외에는 불능범이 없다고 한다. 그리고 일단 주관적으로 범의가 확실히 표현된 이상 객관적으로 절대적 불능한 행위라도 미수로 본다. •비판-미신범만을 불능범으로 인정하여 미수범으로부터 제외하려는 이론적 근거가 박약하다.	Buri, Schröder, Maurach, Welzel
주관적 위험설	•위험성 판단의 기초를 행위자의 주관에 두고, 위험성 판단의 주체를 일반인에게 두어 일반인의 입장에서 위험하다고 생각되면 미수범이 된다. 따라서 이 설에 의할 때 미신범은 그 위험성이 없어 불능범이 된다.	木村(기무라)

사실의 흠결(事實의 欠缺)
독; Mangel am Tatbestand

행위의 내용 중 구성요건에 해당하는 요소가 없는 경우로서 구성요건의 흠결이라고도 하며 미수, 불능범과는 구별되는 범죄불성립사유 중의 하나이다. 예를 들면 甲이 乙을 독살하려고 쥐약을 혼입한 식사를 제공하였으나 乙의 의사의 노력에 의하여 생명을 구하게 되었으면 이것은 미수이나, 이에 반하여 임신한 부녀를 낙태시키려고 낙태약을 복용시켰으나 상대방의 부녀는 실제로 임신하지 않았다는 경우나 증뢰(贈賂)하려 했으나 상대방은 공무원이 아니었다는 것과 같은 경우는 구성요건의 기초적 사실을 결했으므로 당연히 무죄이며 미수범의 문제는 발생할 여지가 없다. 이에 대하여 일부의 견해는「사실의 흠결」(Mangel am Tatbestand)이라 하고 미수범과 불능범과를 구별하는 하나의 기준으로 하고 있다. 즉 불능범이라 함은 범인이 취한 행위가 그 목표로 하는 대상물 내지 수단에 관한 경우를 말한다. 예를 들면 설탕물로 사람을 독살하려는 것과 같은 것이지만 구성요건에 해당한다고 보는데 필요한 「사실 자체를 흠결」하고 있는 경우도 범죄를 실현할 수 없는 것이므로 이것도 생각에 따라서는 불능범의 하나로 볼 수 있다.

장애미수(障碍未遂)

장애미수란 미수중 중지미수를 제외한 것을 말한다. 형법은 제25조에 「범죄의 실행에 착수하여 행위를 종료하지 못한 것은 그 형을 감경할 수 있다」고 규정하고 있다. 즉 범죄의 실행에 착수는 하였지만 어떠한 외부적인 사정에 의하여 그 범죄행위의 완성에 이르지 못한 경우를 장애미수라고 한다. 이는 미수범의 일종인 「중지범」과 구별하는 의미에서 또 「협의의 미수범」이라고도 하며 주로 적극적인 행위에 의한 범행 특히 고의범인 경우에 생기는 범죄형식이다. 이 협의의 미수범에는 이른바 「착수미수」와 「실행미수」와의 구별이 있다. 착수미수라 함은 행위자가 어떤 범죄실행에 착수하였으나 자기의 의사 이외의 사정에 방해되어 예정한 행위의 전부를 종료함에 이르지 못한 경우를 말한다. 그 중에는 (1) 의외의 외부적인 장애에 의한 경우와 (2) 행위자의 오해가 범죄를 완료할 수 없게 한 경우와 (3) 이른바 「잘못하여」 즉 행위자의 실행방법이 졸렬함에 의한 경우 등이 있다. 실행미수라 함은 예정된 행위는 전부 완료했으나 소기의 결과를 거두지 못한 경우를 말하며

혹은 이를 종료미수라고도 한다. 그 중에는 (1) 결과의 발생은 필연적이었으나 행위자의 의사활동에서 독립한 다른 사유에 의하여 결과가 발생하지 아니한 경우, 예를 들면 상대방에게 치명상을 주었으나 의사의 가료(加療)로 목숨을 건진 경우와, (2) 결과의 발생은 확실한 것이나 현재로서는 아직 결과가 발생하지 아니한 경우, 예를 들면 상해는 반드시 죽게 될 것이나 피해자는 아직 생존하고 있는 경우와, (3) 행위는 완료했으나 결과의 발생은 아직 불명확한 경우, 예를 들면 살인행위에 의한 피해자는 중상이지만 사망하게 될는지는 불명한 경우 등이 있다.

중지미수(中止未遂)
독 ; freiwilliger Rücktritt vom Versuch

구성요건실현의 결의로 범죄의 실행에 착수한 자가 그 범죄가 완성되기 전에 자의로 범행을 중단하거나 결과의 발생을 방지한 경우를 말한다(형법 26조). 중지범이라고도 한다.
☞ 중지범

자의성(自意性)
독 ; Freiwilligkeit

중지미수에 특유한 주관적 요건으로 자의성이 필요하다. 자의성에 의해 중지미수와 장애미수가 구별된다. 자의성의 표지가 일반적으로 어떠한 기준에 따라서 판단될 수 있느냐 하는 점은 학설, 판례에서 통일되어 있지 않다. 자의성의 일반적인 판단기준에 관하여 절충설은 일반의 사회관념상 범죄수행

에 장애가 될 만한 사유가 있는 경우는 장애미수이지만, 그러한 사유가 없음에도 불구하고 자기의사에 의하여 중지한 경우에 자의성을 인정하는 견해이다. 즉 강제적 장애사유가 없음에도 불구하고 자율적 동기에 의하여 중지한 때에는 자의성이 인정되지만, 범인의 의사와 관계없이 사태를 현저히 불리하게 만든 장애사유 때문에 타율적으로 중지한 때에는 자의가 되지 않는다는 것이다. 절충설이 우리나라의 다수설이다.

자의성의 판단기준

학설	내용
객관설	외부적 사정으로 인하여 범죄를 완성하지 못한 경우는 장애미수이고, 내부적 동기로 인하여 범죄를 완성하지 못한 경우는 중지미수라는 견해.
주관설	후회, 동정, 연민, 양심의 가책 등 윤리적 동기로 범죄를 완성하지 못한 경우는 중지미수이고, 그 외의 사정으로 인하여 범죄를 완성하지 못한 경우는 장애미수라는 견해.
Frank의 공식	할 수 있었음에도 불구하고 하기를 원하지 않아서 중지한 경우에는 중지미수이고, 하려고 하였지만 할 수가 없어서 중지한 경우에는 장애미수라는 견해.
절충설 (다수설)	사회일반의 경험상 강제적 장애사유로 인하여 타율적으로 중지한 때에는 장애미수이고, 이러한 사유가 없음에도 자율적 동기에 의하여 중지한 때에는 중지미수라는 견해.
규범설	범인의 범행중지의 동기가 형의 필요적 감면의 보상을 받을만한 가치가 있다고 평가되는 경우에는 중지미수이고, 그렇지 않은 경우에는 장애미수라는 견해.

예비(豫備)

독 ; Vorbereitung 불 ; acte préparatire

예비라 함은 범행장소의 심사, 범행의 도구의 구입 등과 같은 범죄의 실현을 위한 일체의 준비행위를 말한다. 즉 예비는 범죄의 실행을 위한 준비 또는 계획의 단계로 아직 실행행위가 개시되지 않은 것이다. 일반적으로 예비는 형법상의 금지되는 범죄행위는 아니나, 예비행위에 의하여 간접적으로 침해되는 법익의 가치와 그 행위 또는 행위자의 위험성으로 인하여 그 자체가 법적 평온에 대한 중대한 위협이 되는 때에는 형사정책상 예외적으로 처벌된다. 형법도 「범죄의 음모 또는 예비행위가 실행의 착수에 이르지 아니한 때에는 법률에 특별한 규정이 없는 한 벌하지 아니한다」고 규정하고 있다(형§28). 형법상 예외적으로 처벌되는 예비죄는 예를 들어 내란예비죄(§90), 외환예비죄(§101), 방화예비죄(§75), 살인예비(§255), 통화에 관한 죄의 예비(§213) 등이 있다.

부정선거관련자처벌법 제5조 제4항에 동법 제5조 제1항의 예비음모는 이를 처벌한다고만 규정하고 있을 뿐이고 그 형에 관하여 따로 규정하고 있지 아니한 이상 죄형법정주의의 원칙상 위 예비음모를 처벌할 수 없다*(대법원 1977. 6. 28. 선고 77도251 판결).*

음모 (陰謀)
독 ; komplot

2인 이상의 자가 일정한 범죄를 실행할 것을 모의한다는 말이다. 형법상 어떤 범죄가 성립함에는 특정한 고의 또는 예외로 과실에 의하여 어떤 범죄행위사실이 있는 경우에 한한다. 따라서 단순히 고의가 생긴 것으로는 범죄가 되지 않는다. 그러나 극히 희소한 경우이지만 2인 이상의 자가 어떤 범죄를 하기 위하여 談合(담합)한 정도로 이를 죄로서 벌하는 경우가 있는데, 이를 「음모죄」라 한다. 예를 들면 내란음모죄(형90), 외환음모죄(§101) 등이 그것이다.

일본으로 밀항하고자 공소외인에게 도항비로 일화 100만엔을 주기로 약속한 바 있었으나 그 후 이 밀항을 포기하였다면 이는 밀항의 음모에 지나지 않는 것으로 밀항의 예비정도에는 이르지 아니한 것이다(*대법원 1986. 6. 24. 선고 86도437 판결*).

공 범 론

정범(正犯)
독 ; Täterschaft

기본적 구성요건에 해당하는 행위, 즉 실행행위를 행하는 자를 말한다. 공범과 구별되는 개념이다. 정범에는 이론상 보통 단독(직접)정범·간접정범·공동정범이 포함한다. 단독정범은 자기의 범죄를 스스로 행하는 자이고, 간접정범은 타인을 이용하여 자기의 범죄를 행하는 자이며, 공동정범은 수인이 공동하여 죄를 범하는 경우라고 할 수 있다. 형법각칙의 구성요건은 주로 정범의 형태로 규정되어 있다. 행위자가 단독으로 또한 직접 구성요건을 실현하는 단독정범 및 직접정범의 형태가 대부분이지만 합동범, 필요적 공동정범·간접정범·동시범 등의 정범형태는 이러한 각칙상의 정범형태에 대해 보충적으로 적용될 뿐이다.

주관적 정범개념 (主觀的 正犯槪念)
독 ; subjektiver Täterschaftsbegriff

행위자의 의사를 표준으로 하여 스스로를 위하여 범죄를 행한다는 의사를 가지고 행위하는 것을 정범이라고 하는 정범개념을 말한다. 이에 상대되는 개념으로, 좁은 의미의 공범은 타인을 위해 한다는 의사를 가지고 행위하는 것을 말한다.

제한적 정범개념 (制限的 正犯槪念)
독 ; restriktiver Täterschaftsbegriff

확장적 정범개념에 상대되는 개념으로, 타인의 개입 없이 직접 범죄의 구성요건에 해당하는 행위를 한 경우만을 정범으로 보는 정범개념을 말한다. 이에 따르면 타인을 이용한 행위는 모두 협의의 공범이 되는 까닭에, 공범규정이 없는 경우에는 처벌할 수 없어 결과적으로 형벌확장사유를 정한 것이 된다. 또한 이 개념을 취하면 간접정범을 정범으로 인정하는 데에도 무리가 생긴다.

확장적 정범개념 (擴張的 正犯槪念)

확장적 정범개념이란 구성요건적 결과발생에 조건을 설정한 자는 그것이 구성요건에 해당하는 행위인가의 여부를 불문하고 모두 정범이 된다는 정범개념이다. 이 개념에 의하면 고사범, 종범도 원래 정범의 형으로 처벌되어야 할 것이지만 정범보다 가볍게 취급하는 것은 정범의 처벌범위를 축소한 형벌축소사유가 된다.

공범(共犯)
독 ; Teilnahme　　　불 ; complicite

공범이란 단독범으로 규정된 구성요건에 대하여 두 사람 이상이 가공하여 범죄를 실현하는 것을 말한다. 형법각칙의 각각의 구성요건은 원칙으로 한 사람이 이를 실현하는 것을 예상하고 규정되어 있다. 그러나 2인, 3인 또는 다수인이 협력하여 범죄를 실현하는 경우가 있는데 이를 공범이라 하고, 함께 죄를 범한 자를 공범자라고 한다. 여기에서 문제가 되는 것은 공범의 경우 이에 참가한 각인의 책임을 어떻게 정할 것인가 어떤 범죄에 참가한 자 중에는 실행에 중요한 역할을 한 자도 있을 것이고, 또는 경미한 부분을 연출함에 불과한 자도 있을 것이다. 또 때로는 실제로는 범죄행위를 하지 아니하고 다만 모의에만 가담했다던가 또는 타인을 선동하여 범죄의 결심을 하게 한 者도 있을 것이고, 또 어떤 자는 실행도중에 중지한 자도 있을 수 있으며, 또 범행현장에서 모두가 모의했던 것과 다른 행동을 한 자도 있을 것이다. 이에 대하여 주관주의의 견해는 이러한 참가자로서 적어도 그 죄를 범할 의사를 가지고 행동에 참가한 이상, 그 어느 누구도 주범자로서 각자 행동에 상당한 처벌을 하여야 한다고 본다. 이에 반하여 객관주의의 견해에 의하면 위와 같은 획일주의를 배척하고 적어도 주된 역할을 행한 자와 종(從)된 역할을 행한 자를 우선 법률상에서 구별하여 그 범위 내에서 실재행동에 따라서 처벌하여야 할 것이라고 본다. 우리 형법에서는 대체로 객관주의의 견해를 취하여 어떤 죄를 범할 의사를 같이 하여 결과의 발생에 공동으로 힘을 합한 자 모두를 정규적 행위자 즉 정범으로서 정범에 종속적인 역할을 행한 것으로 보아 「교사범」과 「종범」의 두 가지 형식을 인정하고 상대방은 교사범에 종속해서만 처벌할 수 있는 것으로 하고 있다(§30~§32).

공범의 본질에 관한 학설개요

구분	학설	내 용	특색(비교)
공 범 의 공 동 성	범죄공동설 (객관주의)	(1)공범이란 수인이 공동하여 특정범죄를 공동으로 하는 것이다. (2)주관적 요건인 의사연결은 공동하여 「범죄」를 실행하는 고의의 공동을 의미함.	(1)과실범의 공동정범, (2)고의범과 과실범의 공동정범, (3)공모공동정범, (4)편면적 공동정범, (5)승계적 공동정범을 모두 부정
	행위공동설 (주관주의)	(1)공범이란 수인이 「행위」를 공동하여 각자가 범죄를 수행한다는 것. (2)주관적 요건인 의사공동은 반드시 특정구성요건적 고의의 공동을 요치 않고 전구성요건적·전법률적·자연적 의사의 공동으로 족함	이상 범죄공동설이 부정하는 것을 모두 인정
	공동의사 주 체 설	(1)법률이 공범을 규정한 것은 2인 이상이 합하여 공동목적을 실현하려는 특수한 사회심리적 현상을 억제하려는 것이며, 공범은 고의범에만 인정되고 과실범에서는 부정된다고 본다. (2)주관적 요건으로 고의 공동을 요하는 점은 범죄공동설과 같다.	(1)공모공동정범을 인정 (2)민법의 조합이론을 형법에 수용한 것
	공동행위 주 체 설	(1)공동의사주체설의 수정설 (2)어느 의미에서든지 실행 행위를 분담했다고 볼 수 있는 경우에만 공동성립을 인정한다.	과실의 공동정범을 긍정함

필요적 공범의 분류

필요적 공범
- 필요적 진정공범
  - 집합범 - 내란죄(형§87)·소요죄(§115) - 성질상 집합적 범죄
  - 대향범 -
    - (1) 쌍방의 법정형이 동일한 경우…도박죄(§246①), 아동혹사죄(§274),·부녀매매죄(§288②)
    - (2) 쌍방의 법정형이 상이한 경우…수뢰죄의 수뢰자와 증뢰자(§129§133), 의사등낙태죄의 의사와 부녀(§269§270), 배임수증죄의 배임수재자와 배임증재자(§357①, ②)
    - (3) 일방은 처벌되고 타방은 처벌법규가 없는 경우…음서등반포죄(§243)단, 필요적 공범이 아니라는 설도 있음
- 필요적 부진정공범
  - 형을 가중하기 위한 경우
    - (1) 합동범…특수도주죄(§146)·특수절도죄(§331②)·특수강도죄(§334②)
    - (2) 기타…특수주거침입죄(§320)·특수폭행죄(§261)·특수협박죄(§284)·특수손괴죄(§369)·특수공무집행방해죄(§144)·해상강도죄(§340).

필요적 공범 (必要的 共犯)

범죄의 성질상 당연히 수인의 공동을 필요로 하는 범죄, 즉 구성요건의 내용으로서 수인이 공동가공하여 실행할 것을 예정하고 있는 범죄를 말한다. 예를 들면 뇌물을 주고받는 것인 증수뢰죄 혹은 다수인의 참가를 전제로 하는 소요죄와 같은 경우이다. 그 중에는 범죄의 구성상 일반적으로 수인의 병존을 필요로 하는 집합적 필요적 공범과 상대방의 대립을 필요로 하는 대립적 필요적 공범이 있다. 소요죄, 내란죄는 집합적 필요적 공범의 예이고, 증수뢰죄와 같은 것은 대립적 필요적 공범의 예이다. 여기에 문제가 되는 것은 이같은 필요적 공범의 경우에 형법의 「공범의 규정」이 적용되는가 하는 점이지만 이것들은 특별죄이므로 필요적 공범의 내부관계에 관한 한, 일반공범 규정을 적용할 여지는 없다. 다만 이와 외위(外圍)와의 관계에서 때로는 공범규정을 적용하여야만 하는 경우가 있다. 그러나 이같은 경우는 실제로는 극히 드물다.

> 형법 제357조 제1항의 배임수재죄와 같은 조 제2항의 배임증재죄는 통상 필요적 공범의 관계에 있기는 하나 이것은 반드시 수재자와 증재자가 같이 처벌받아야 하는 것을 의미하는 것은 아니고 증재자에게는 정당한 업무에 속하는 청탁이라도 수재자에게는 부정한 청탁이 될 수도 있는 것이다(대법원 1991. 1. 15. 선고 90도2257 판결).

대향범 (對向犯)

필요적 공범의 일종으로 범죄의 성립에 2인 이상의 행위자가 상호 대향된 행위의 존재를 필요로 하는 범죄를 말한다. 회합범이라고도 하며 수뢰죄·간통죄 등이 이에 해당된다.

집합범 (集合犯)

필요적 공범의 일종으로 범죄의 성립상 다수자가 동일한 방향으로 공동할 것을 필요로 하는 범죄를 말한다. 내란죄, 소요죄 등이 이에 해당된다. 집합범은 일반적으로 수괴, 모의에 참여한 자, 솔선하여 가담한 자, 부화뇌동한 자 등의 행위가 구성요건으로 규정되어 그 사이에 형의 경중을 두고 있다.

동시범 (同時犯)
독 ; Nebentäterschaft

공범이 성립되기 위해서는 주관적 요건으로서 참가자 사이에 「의사의 공통」, 즉 고의가 있어야 한다. 그런데 형법 제263조는 독립행위가 경합하여 상해의 결과를 발생케 한 경우, 즉 의사 공통 내지 연락이 없어도 공범과 같이 취급하는 경우를 규정하고 있다. 그것은 2인 이상이 폭행을 가하여 사람을 상해한 경우에 과연 그 중에 누가 실제로 상해를 가하였는지, 만일 2인이 같이 하였다 해도 그 가한 상해의 정도를 알 수 없을 때에는 이들 가해자 사이에 의사의 공동이 없어도 공동정범의 예에 의하여 처치하고 모두 결과의 발생에 대하여 형사책임을 지운다는 것이다. 이것은 일종의 의제적인 규정이지만 이같은 규정을 설정해야 할 이유는 어디까지나 진실의 정도를 증거에 의하여 입증하지 않으면 안 된다고 한다면 이와 같은 경우에는 분명한 증거는 없고 가해의 결과는 판명되었는데도 행위자가 행한 점이 판명되지 않아 무죄로 하여야 한다는 결과가 되기 때문이다.

공범의 종속성

구분	학 설	내용	양설의 비교	주장자
종속성의 유무	공범종속성설 (객관설)	(1)공범을 일종의 차용범죄라 함 (2)정범의 실행행위가 있기 전의 공범(교사방조)의 행위는 한낱 예비에 불과하고 정범의 가능성이 확정되어야 공범의 가벌성도 확정된다고 함	(1)교사의 미수를 부인하고 미수의 교사만 인정 (2)간접정범의 정범성 인정 (3)제33조 본문을 당연규정으로 봄 (4)자살의 공범처벌을 특별규정이라 함	Hippel
	공범독립성설 (주관설)	(1)공범을 일종의 고유범 또는 개별범으로 본다. (2)공범(교사방조)의 범죄성 또는 가벌성은 정범과 독자적으로 판단	(1)공범미수, 교사의 미수 또는 미수의 교사를 인정 (2)간접정범을 본질상 공범내지 공동정범이라 함 (3)제33조 본문을 예외규정이라 함 (4)자살의 미수처벌은 당연한 것이다.	牧野 木村
종속성의 정도		(1)최소한 종속형식-정범의 행위가 구성요건에 해당하기만 하면 가담범으로 처벌가능 (2)제한적 종속형식-정범의 행위가「구성요건해당+위법」하면 가담범으로 처벌가능 (3)극단적 종속형식-정범의 행위가「구성요건해당+위법+책임」까지 구비하여야 가담범 처벌가능 (4)초극단적 종속형식-정범의 행위가 구성요건을 완전히 구비하고 처벌조건까지 구비해야 가담범 처벌가능		M. E. Mayer

공범과 정범의 구별표준에 관한 학설개요

구분	학설	내 용	비 판	주장자
조건적주인과관관계론에설입각	목적설 (이익설)	자기목적(이익)을 위해 범죄하면 정범이고, 타인목적(이익)을 위해 범죄하면 공범이 된다는 설	구성요건이 타인을 위한 의사를 규정한 경우에(촉탁살인·타인을 위한 강도·사기·배임 등) 그 구성요건에 해당하는 행위자는 정범임에도 공범이 된다는 모순이 있다.	독판례 (RG. 74:85)
	의사설 (고의설)	범인의 의사가 자기범죄의 의사이면 정범이고, 타인범죄의 의사이면 공범이라는 설	행위를 안 한 참여범이나 예비행위만을 협력한 자, 나아가 실행정범을 도와준 데 불과한 경우(범인은닉)에도 정범이 되는 모순이 있다.	독판례 (BGH 3,350)
객관관설	실질설 (원인·조건설)	결과발생에 원인을 준 행위는 정범이고, 단순한 조건을 주면 공범이라는 설	원인과 조건의 구별이 어렵다는 비판이 있다.	Birkmeyer
	형식설 (제한적 정범개념설)	(1)실행행위를 한 자가 정범이고, 다만 실행행위를 이용한 자는 교사범 또는 종범이라고 한다. (2)실행자 아닌 공범(교사범·종범)이 처벌되는 것은「형벌확장사유」를 인정한 것이라 한다.	범행에 직접 가담치 않은 단체범죄의 두목은 교사방조죄에 불과하다는 모순이 있고 구성요건에 해당하는 정형적 행위를 하지 않는 단순한 이용자가 간접정범이 되는 이유를 설명하지 못하는 결함이 있다고 본다.	Welzel
	확장적 정범 개념설	구성요건적 결과발생의 원인이 되는 행위를 한 자는 모두 정범이므로, 교사방조자도 정범으로 되지만 정범과 구별하여 처벌하는 이유는「형벌축소원인」을 인정하기 때문이라고 한다.	간접정범을 정범이라 이해하는 데 편리하나, 이 설은 공범과 간접정범을 포함하는 정범개념을 미리 정립하고 이어서 공범을 제거하고 남은 부분을 정범이라 論하므로 정범개념은 공범개념에 선행치 못한 모순이 있다.	Mezger
	목적적 행위 지배설	(1)행위자가 지배가능한 외부적 행위를 하는「목적적 행위지배」가 있으면 정범이고, 행위지배 없이 그저 고의만 가지고 있으면 공범이 된다는 설 (2)압수행위도 공동정범이 가능하다고 본다.	압수행위는 종범 또는 교사에 불과하다는 반대설이 있다	Welzel

가담범 (加擔犯)

⇒ 교사범 또는 종범

공범독립성설·공범종속성설
(共犯獨立性說·共犯從屬性說)

공범독립성설은 공범이 독립한 범죄이지 정범에 종속하여 성립하는 것은 아니라고 한다. 주관주의범죄론은 범죄를 반사회적 성격의 징표라고 보기 때문에 반사회적 징표만 있으면 범죄가 성립한다. 따라서 교사범과 종범도 교사 또는 방조행위에 의하여 반사회성이 징표되면 정범의 성립과 관계없이 성립하며, 따라서 공범은 타인의 행위를 이용하여 자기의 범죄를 행하는 단독정범에 지나지 않는다. 공범종속성설은 공범의 성립은 정범의 성립에 종속한다고 한다. 즉 공범은 정범을 예정한 개념이며, 범죄의 실행행위가 정범에 의하여 행하여지고 공범은 여기에 가담하는데 불과하므로 공범은 正犯의 행위에 종속되어 정범이 성립하는 때에 한하여 성립한다는 것이다. 이 설에 의하면 공범의 본질은 타인의 구성요건실현에 가담하는데 있고 불법은 구성요건요소를 실현해야 형성되는 것이므로 공범의 처벌근거는 정범의 행위를 야기하거나 촉진하여 공범의 행위원인이 되었다는데 있게 된다. 즉 공범의 불법은 독립하여 존재하는 것이 아니라 공범의 불법에서 나오는 것이므로 공범의 불법은 정범에서 나오는 것이므로 공범의 불법은 정범의 불법에 종속되지 않을 수 없다고 한다. 이 설은 객관주의범죄론의 공범이론이다.

> 정범의 성립은 교사범, 방조범의 구성요건의 일부를 형성하고 **교사범, 방조범이 성립함에는 먼저 정범의 범죄행위가 인정되는 것이 그 전제요건이 되는 것**은 공범의 종속성에 연유하는 당연한 귀결이다(*대법원 1981. 11. 24. 선고 81도2422 판결*).

간접정범 (間接正犯)
독 ; mittelbar Täterschaft

타인을 「생명 있는 도구」로 이용하여 범죄를 실행하는 경우로서 직접정범에 대응하는 개념이다. 이는 Stübel이 주장한 이래 독일·일본의 학설·판례에 의해 인정되었고, 우리 형법도 이를 인정하고 있다(형§34①). 예를 들면 형법상 책임능력이 없는 14세 미만의 자를 꾀어 절도를 시키거나 혹은 광인(狂人)을 조종하여 타인의 가옥에 방화시키고 또는 상급공무원이 하급공무원을 무리하게 강제로 수뢰(受賂)케 하는 등의 경우이며 이러한 것은 공범이 성립되지 아니하고 이를 이용한 자가 정범자가 된다. 그런 의미에서 간접정범이라 한다(형§34). 간접정범이 성립되는 주된 경우는 (1) 수단으로 사용한 인물이 책임능력 또는 책임조건을 결(缺)한 경우, (2) 피이용자가 책임성을 부정할 수 있는 사정을 지닌 경우(예를 들면 강제에 의한 경우), (3) 이용된 인물이 어떤 주관적 의식을 결하고 있음을 이용한 경우, (4) 피이용자가 어떤 범죄구성의 사실요건을 결한 행동으로 나온 것을 이용하는 경우 등이다.

처벌되지 아니하는 타인의 행위를 적극적으로 유발하고 이를 이용하여 자신의 범죄를 실현한 자는 형법 제34조 제1항이 정하는 간접정범의 죄책을 지게 되고, 그 과정에서 <u>타인의 의사를 부당하게 억압하여야만 간접정범에 해당하는 것은 아니다</u>(*대법원 2008. 9. 11. 선고 2007도7204*).

단독정범(單獨正犯)
독 ; Einzeltäterschaft

공동정범에 대응하는 개념으로서 다른 사람의 가담없이 스스로 구성요건을 충족시키는 자를 말한다. 형법각칙은 원칙적으로 단독정범을 규정하고 있다.

공동정범(共同正犯)
독 ; Mittäter
불 ; coanteur

2인 이상의 책임능력이 있는 자가 서로 공동으로 죄가 될 사실을 실현하고, 그것에 참가공력한 정도의 여하를 불문하고 전원을 정범자(교사범도 아니고 종범자도 아닌 주범인)로서 처벌한다는 것으로, 이를 「공동정범」이라 한다(형§30). 공동정범의 특성은 하나의 범죄를 각자가 분담하여 이행하였지만 각자는 그 전체에 대해 형사책임을 진다는 점에 있다. 예를 들면 3인이 타인의 주택 내에 침입하여 절도할 것을 모의하고 그 중 1인은 옥외에서 망을 보고 다른 1인은 입구의 창문을 열고 또 다른 1인은 옥내에 침입을 하여 재물을 절취한 경우, 이 3인은 모두 주거침입, 절도의 정범으로 처벌된다(그 중 망을 보고 있었던 자는 때로는 종범이 될 수도 있다). 공동정범이라는 것은 타자의 행위에 대하여 종속적으로 책임을 지는 것이 아니고 그 자체가 독립적으로 정범자로서의 책임을 지는 것이다. 법문에「각자」라고 한 것은 이러한 의미에서의 표현이다. 공동정범의 성립에는 먼저 객관적 요건으로서 2인 이상의 자가 공동으로 어떤 범죄를 실행하였다는 공동참가의 사실이 있어야 한다. 다음으로 주관적 요건으로서 소위「공동모의」내지 서로 공동으로 어떤 범죄를 실행하려는 공동의사가 존재하여야 한다.

형법 제30조의 공동정범은 2인 이상이 공동하여 죄를 범하는 것으로서, <u>공동정범이 성립하기 위하여는 주관적 요건인 공동가공의 의사와 객관적 요건인 공동의사에 의한 기능적 행위지배를 통한 범죄의 실행사실이 필요</u>하고, 공동가공의 의사는 공동의 의사로 특정한 범죄행위를 하기 위하여 일체가 되어 서로 다른 사람의 행위를 이용하여 자기의 의사를 실행에 옮기는 것을 내용으로 하는 것이어야 한다(*대법원 2001. 11. 9. 선고 2001도4792 판결*).

공동의사 주체설 *(共同意思 主體說)*

2인 이상이 일정한 범죄를 실현하려는 공동 목적하에 일심동체를 이루면 여기에 공동의사주체가 형성되어 그 중의 일부가 범죄를 실행해도 그 실행행위는 공동의사주체의 행위가 되어 직접 실행행위를 분담하지 않은 단순 공모자도 실행자에 종속하여 공동정범이 된다는 이론을 말한다.

범죄공동설 *(犯罪共同說)*

수인이 공동하여 특정한 범죄를 행하는 것이 공동정범이라고 보는 견해를 말한다. 이 설은 객관적으로 특정한 범죄를 예상하고 이를 2인 이상이 행하는 경우를 공동정범으로 이해하며 따라서 각 공동행위자의 고의까지도 동일한 범죄사실에 속할 것이 요구된다. 예컨대 갑과 을이 한 개의 범죄인 살인죄를 공동으로 행한 경우에는 공동관계가 인정되나, 갑은 살해의 의사로써, 을은 강도의 의사로써 단지 폭행행위만을 공동으로 한 경우에는 공동관계가 부정된다. 범죄공동설에 의하면 과실범의 공동정범, 고의범과 과실범의 공동정범 및 상이한 구성요건간의 공동정범은 부정된다. 그러나 범죄공동설의 내용이 오늘날은 새로운 주장과 더불어 관점에 따라 변모되고 있다. 전통적인 견해, 즉 동일한 고의범만을 공동으로 실행하는 것이 공동정범이라는 견해는 고의공동설로 불리어지는가 하면, 공동정범의 성립을 객관적 구성요건 충족의 관점에서 인정한 후 그 책임은 각자의 고의의 범위 내에서 개별적으로 논하는 구성요건공동설, 수인의 공동행위자의 죄가 각각 개별인 경우에도 구성요건적으로 중첩하는 범위 내에서 공동정범의 성립을 인정하는 부분적 범죄공동설 등이 거론되고 있다.

과실범의 공동정범 *(過失犯의 共同正犯)*

2인 이상이 공동의 과실로 인하여 과실범의 구성요건적 결과를 발생케 한 경우에 과실범의 공동정범이 될 수 있는가의 문제를 말한다. 공동정범의 성립요건인 공동의사의 내용을 어떻게 파악할 것인가의 문제이다. 이 문제를 두고 종래의 행위공동설을 취하면 과실범의 공동정범을 인정하게 되고, 범죄공동설을 취하면 부인하게 된다는 것이 공식이었다. 우리나라의 판례는 초기에는 과실범의 공동정범을 부인하는 입장이었다. 하지만 1954년부터 초기의 입장을 바꾸어 1962년에 행위공동설의 입장에서 과실범의 공동정범을 처음으로 인정한 후 줄곧 이 입장을 견지하고 있다. 다수설은 과실범의 공동정범의 성립을 부정하는 부정설을 취하고 있고, 그 논거로는 범죄공동설·목적적 범행지배설 그리고 기능적 범행지배설이 있다. 이에 반해 과실범의 공동정범을 긍정하는 이론으로는 행위공동설·공동행위주체설 그리고 과실공동·행위공동설 등이 있다.

건물(삼풍백화점) 붕괴의 원인이 건축계획의 수립, 건축설계, 건축공사공정, 건물 완공 후의 유지관리 등에 있어서의 과실이 복합적으로 작용한 데에 있다고 보아 각 단계별 관련자들을 <u>업무상과실치사상죄의 공동정범</u>으로 처단한 사례*(대법원 1996. 8. 23. 선고 96도1231 판결).*

승계적 공동정범
(承繼的 共同正犯)

공동정범에 있어서는 공동의사의 성립시기에 따라 공모공동정범·우연적공동정범 및 승계적공동정범 등으로 구분된다. 승계적 공동정범이란 공동의 의사가 행위도중, 즉 실행행위의 일부 종료 후 그 기수 이전에 성립한 경우를 말한다. 예를 들어 A가 강도의 의사로 B에게 폭행을 가하여 억압한 후 친구인 C에게 그 사실을 이야기하고 공동하여 B의 재물을 탈취한 경우나, A가 강간의 의사로 B女에게 폭행을 가하여 상처를 입히고 실신케 한 후 우연히 그곳을 지나가던 C와 함께 B를 간음한 경우를 말한다.

공모공동정범(共謀共同正犯)

공모공동정범이란 2인 이상의 자가 공모하여 그 공모자 가운데 일부가 공모에 따라 범죄의 실행에 나아간 때에는 실행행위를 담당하지 아니한 공모자에게도 공동정범이 성립한다는 이론이다. 이 이론은 처음, 일본의 대심원 판례(1896. 3. 3.)에 의하여 인정되어 처음에는 지능범에만 적용하여 오다가 실력범에 이르기까지 확대되었고, 우리 대법원도 일관하여「공동정범에 있어서 범죄행위를 공모한 후 그 실행행위에 직접 가담하지 아니하더라도 다른 공모자가 분담 실행한 행위에 대하여 공동정범의 죄책을 면할 수 없다」고 판시하며 이 이론을 인정하고 있다.

> 공모공동정범의 경우에 공모는 법률상 어떤 정형을 요구하는 것은 아니고 2인 이상이 공모하여 범죄에 공동가공하여 범죄를 실현하려는 의사의 결합만 있으면 되는 것으로서, 비록 전체의 모의과정이 없었다고 하더라도 수인 사이에 순차적으로 또는 암묵적으로 상통하여 그 의사의 결합이 이루어지면 공모관계가 성립한다 할 것이고, 이러한 공모가 이루어진 이상 실행행위에 직접 관여하지 아니한 자라도 다른 공범자의 행위에 대하여 공동정범으로서 형사책임을 지는 것이다(대법원 1997. 10. 10. 선고 97도1720 판결).

공모공동정범의 인정여부

구분	학설	근거	주장자
부 정 설	(1)범죄공동설 (2)행위공동설 (3)공동행위주체설	(1)실행행위 없는 자에 대한 부채는「행위책임 원칙」에 반한다. (2)공동의사주체는 일시적으로 단체성이 없고,「개별책임원칙」에 반한다. (3)모의사실만으로 공동범죄라면 교사범과의 구별이 어렵다. (4)교사범도 정범과 같은 법정형으로 처벌하는 이상 이를 인정할 실익이 없고, 수괴나 거물급은 제34조 2항을 적용처벌할 수도 있다.	牧野 (마끼노) 瀧川 (다끼가와)
긍	(1)공동의사주	(1)주족 자체가 실행행위와 같은 목적적 행위지배가 인정된다.	草野

정설	체설 (2)목적적행위 지배설	(2)의사강화작용과 행위의 이용·보충이라는 공범의 분업원리상 긍정해야 한다. (3)금일의 집단범죄시대에서는 배후조종자인 거물급의 처벌이 필요하다. (4)실행자가 공모전에 범의를 가졌거나 또는 지휘감독관계에 있지 않을 때에는 제34조2항의 적용도 불가능하다. (5)구형법 제60조의 「공동하여 범죄를 실행한 때」와 달리 신형법 제30조는 「공동하여 죄를 범한 때」로 규정한 실정법적 근거가 있다.	(구사노)
판례	일본의 경우	처음은 공갈죄와 같은 지능범에 한하여 공모공동정범을 인정했으나(1911. 10. 6), 후에는 방화죄·절도죄·살인죄 등의 강력범에까지 확대했고(1931. 11. 9), 전후에는 모든 범죄에 공모공동정범을 인정하기에 이르렀다(1936. 5. 28일대판 연합부).	
	우리나라의 경우	처음은 절도·강도죄와 같이 유형적 행위를 필요로 하는 범죄의 공모공동정범을 부인하고 사기죄·공갈죄 같은 지능범에만 이를 인정했으나(1916. 4. 22. 朝고판), 그 입장을 바꾸어 모든 범죄에 대한 공모공동정범을 인정하였다(1932. 4. 6. 朝고판 ; 1967. 9. 19. 76도1027 대판).	

교사범(敎唆犯)

교사범(Anstifung)이란 타인에게 범죄를 결의하여 실행케 한 자를 말한다. 교사범이 성립하려면 교사자의 교사행위와 정범의 실행행위가 있어야 한다. 책임능력이 없는 소년이나 광인(狂人)에게 정신적 영향을 주어 범행을 하게 한 때에는 간접정범이며 교사범이 되지 않는다. 이 경우에 타인에게 어떤 범죄를 하도록 결의시키는 수단은 제한이 없으나, 만일 그것이 강제·위협·긴급의 상태·오해를 이용하였을 경우에는 이것도 간접정범은 될 수 있어도 교사범은 되지 않는다. 교사범의 성립요건으로서는 먼저 주관적 요건으로서 자기의 행위에 의하여 타인에게 어떤 범죄를 실행하도록 결의시켜 그 자에게 그 범죄를 실행케 하려는 의사가 있음을 요하고(교사고의), 다음에 객관적 요건으로 타인으로 하여금 어떤 범죄를 하려는 결의가 생기도록 하여 이 결의에 의하여 그 타자가 범죄를 실행함에 이르렀다는 결과를 필요로 한다.

교사범은 일견 그 책임이 정범에 비하여 가벼운 것 같으나 타인에게 범의가 생기도록 하여 실행시키는 의미에서 그 책임은 반드시 가볍지 않다. 그래서 형법은 교사범의 책임은 「죄를 실행한 자와 동일한 형으로 처벌한다」(형§31)고 규정하고 있다.

교사범이 성립하기 위해서는 교사자의 교사행위와 정범의 실행행위가 있어야 하는 것이므로, **정범의 성립은 교사범의 구성요건의 일부를 형성하고 교사범이 성립함에는 정범의 범죄행위가 인정되는 것이 그 전제요건**이 된다*(대법원 2000. 2. 25. 선고 99도1252 판결).*

교사의 미수(敎唆의 未遂)

형법 제31조에 의하면 교사범의 성립에는 피교사자로 하여금 단순히 범의를 생기게 함에 그치지 아니하고 나아가서 실행행위를 하도록 하여 적어도 실행의 착수 이상에 이르러야 함을 요한다. 따라서 이른바 「교사의 미수」,

즉 교사의 결과 상대방에게 고의가 생기도록 하였으나 상대방이 그 고의를 실행하는 활동이 이르지 않은 때에는 원칙적으로 불가벌이 된다. 여기서 이것과 구별해야 하는 것은 「미수죄에의 교사」의 경우로서, 즉 교사행위가 미수범에 관하여 어떤 교사에 의하여 피교사자가 범행을 결의하고 이에 의하여 상대방이 그 미수행위에 착수한 한, 그 한도의 교사죄는 성립한다.

미수의 교사(未遂의 敎唆)

일반적으로 「교사범」은 범인으로 하여금 어떤 범죄를 결의케 하여 그 자로 하여금 그 범죄를 실행하게 함으로써 성립하는 것이다. 그렇다면 「어떤 범죄의 미수행위를 행하도록 하기 위하여 타인으로 하여금 범죄를 결의케 하고, 그 자로 하여금 그 미수행위에 그치도록 하였을 때, 즉 일종의 교사행위의 형사책임은 어떻게 되는가」하는 문제는 어떻게 처리할 것인가? 다시 말하면「교사자가 정범의 미수에 그칠 것을 인식하고 그 교사를 한 경우에 그 책임은 어떤 것인가」의 문제가 제기된다. 이른바 「아장 쁘로보까뙤르(Agent Provocateur)」의 문제로 학자간의 의론(議論)이 있다. 통설로는 전혀 실행행위에 착수하지 않을 것을 예상했던 경우에는 죄가 되지 않으나 이론상 이점의 해답에는 세 가지의 설이 있다. 제1설은, 항상 유죄로 한다. 그러나 형법은 교사죄의 성립에는 피교사자가 실행행위에 착수하여야 하므로 이 설은 채택할 수 없다. 제2설은, 그

교사가 범인의 기수행위에 착수할 것임을 예견한 경우에 한하여 범죄가 된다는 것이다. 그러나 이것은 여기에 문제되어 있는 것에서 일탈하고 있다. 제3설은, 교사자가 그 행위의 미수임을 예상하고 있어도 이것을 실행행위에 유도하려고 교사한 경우에 한하여 죄가 되는 것으로 하고 있다. 형법에서 교사범의 성립에는 상대방에게 일정한 고의를 발생케 하고, 다시 나아가 실행행위에의 착수 이상의 행위가 있음을 요하므로, 소위 「교사의 미수」, 즉 피교사자가 실행의 착수 이상의 행위가 없을 때에는 죄가 되지 안으나 「미수죄에의 교사」인 경우, 즉 교사에 의하여 피교사자가 미수행위에 착수한 한, 그 한도에서의 교사죄는 성립하는 것이다.

간접교사 (間接敎唆)
독 ; mittelbare Anstifung

타인에게 제3자를 교사하여 범죄를 실행하게 한 경우와 타인을 교사하였는데 피교사자가 직접실행하지 않고 제3자를 교사하여 실행하게 한 경우를 정범에 대한 간접교사라고 하며, 교사의 한 형태이다. 간접교사의 가벌성에 대하여 간접교사를 처벌한다는 명문의 규정이 없는 형법 아래서는 범죄의 정형적 의미를 중시하고 형벌법규의 엄격한 해석이 요구되므로 그 가벌성을 부정해야 한다는 견해와 형법은 교사범의 요건으로 "타인을 교사하여 죄를 범한자"라고만 규정하고 있을 뿐이며, 그 방법에는 제한이 없으므로 피교사

자가 반드시 정범이어야 하는 것은 아니고, 따라서 간접교사도 타인을 교사하여 죄를 범한자에 해당한다고 보아야 하므로 교사범과 같이 처벌하여야 한다는 견해의 대립이 있다. 대법원은 간접교사를 교사범으로 처벌하고 있다.

연쇄교사 (連鎖教唆)
독 ; Kettenanstiftung

재간접교사 및 그 이사의 교사의 교사를 말한다. 이에 대하여는 가벌성을 긍정하는 견해와, 부정하는 견해로 나누어져 있다. 간접교사의 경우와 마찬가지로 재간접교사가 바로 앞의 간접교사자도 행위사정을 알 것이라고 생각하고 교사했으며 중간교사자들과 정범의 실행 사이에 인과관계 내지 객관적 귀속의 가능성이 있는 한 가벌성을 인정할 수 있을 것이다.

종범 (從犯)
독 ; Beihilfe

종범이란 정범을 방조한 자로서 방조범이라고도 한다. 여기에서 말하는 방조란 정범에 의한 구성요건의 실행을 가능하게 하거나, 쉽게 하거나 또는 정범에 의한 법익침해를 강화하는 것을 말한다. 일반적으로 종범은 그 자신 스스로 범죄를 실행하는 것이 아니라 정범의 실행행위에 가담하는 것이므로 교사범과 함께 협의공범에 해당된다. 따라서 종범은 행위지배가 없는 점에 그 특색이 있다. 정범 내지 공동정범이 성립하는 경우와「종범」과의 구별에 관하여는 견해가 나누어져 있다. (1) 주

관설에 의하면 자신이 죄를 범할 의사인 경우가 정범이고, 타인의 범죄에 참가할 의사로 한 경우를 종범이라 하고, (2) 객관설 중의 형식설은 실행행위를 분담한 자를 정범이라 하며, 그렇지 않고 이에 支待行爲(지대행위)를 행한 자를 종범으로 하고, 또 (3) 사건을 실질적으로 생각하려는 견해는 결과적으로 보아 중요한 부분을 행하였는가에 의하여 양자를 구별하려고 한다. 실제로는 위 3설을 종합하여 결정함이 타당하다. 종범의 성립요건으로서는 객관적으로 범인의 범죄의 실행을 지대원조한 행위가 있어야 하며 피원조자는 유책적으로 범죄의 실행행위를 행함을 요한다. 그리고 이 지지원조행위는 물리적 힘에 의한 지지든 정신적 지지행위든 불문한다. 이런 의미에서 종범행위에는 (1) 유형적 종범과 (2) 무형적 종범과의 구별이 있다. 유형적 종범은 기구의 급여 기타의 유형적인 방법으로 원조하는 경우이고, 무형적 종범은 유도지시 기타의 무형의 방법으로 원조하는 경우를 말한다. 또 주관적 요건으로서는 정범을 원조한다는 의사, 즉 자신은 개인의 어떤 범죄행위를 지지한다는 인식이 필요하다. 종범의 형은 반드시 정범의 형보다 감경한다(형§32②).

> 형법상 방조행위는 정범이 범행을 한다는 정을 알면서 그 실행행위를 용이하게 하는 행위로서 그것은 정범의 실행에 대하여 **물질적 방법이건, 정신적 방법이건, 직접적이건, 간접적이건 가리지 아니한다 할 것인바**, 피고인들이 정범

의 변호사법 위반행위(금 2억원을 제공받고 건축 사업허가를 받아 주려한 행위)를 하려한다는 정을 알면서 자금능력있는 자를 소개하고 교섭한 행위는 그 방조행위에 해당한다(*대법원 1982. 9. 14. 선고 80도2566 판결*).

• 사후방조 (事後幇助)

타인이 죄를 범한 후에 범죄에 기한 증거인멸·범인은닉 등의 목적으로 행해지는 방조행위를 말한다. 이러한 행위는 전범의 종범으로 되지 않고, 다만 그 형태에 의하여 장물죄(형§362), 범인은닉죄(§151), 증거인멸죄(§155)를 구성하는 경우가 있다.

방조범 (幇助犯)
독 ; Beihilfe   불 ; complicité

정범의 범죄실행을 방조한 자(형법 32조 1항)를 말한다. 종범이라고도 하며 교사범과 함께 협의의 공범에 해당한다. 방조에는 언어방조와 거동방조가 있다. 언어방조는 지적·정신적 방조를 말하는 것으로 이미 범죄를 결의하고 있는 자에게 결의를 강화시켜주고 조언을 한다는 점에서 교사와 구별된다. 그리고 거동방조는 기술적·물리적 방조를 말하며 범행지배가 없다는 점에서 공동정범과 구별된다. 각칙상 방조행위가 특별구성요건으로 규정되어 있는 경우가 많다. 예컨대 도주원조(형법 147조), 아편흡식 등 장소제공(형법 201조 2항), 자살방조(형법 252조 2항) 등의 경우에는 그것 자체가 정범의 실

행행위이므로 제32조가 적용될 여지가 없다. 방조행위는 정신적 내지 물리적으로는 또는 적극적 작위 내지 소극적 부작위로 정범의 실행행위를 돕는 것을 말하며 그 방법에는 제한이 없다. 예컨대 언어에 의한 조언·격려, 범행도구의 대여, 범행장소의 제공, 범행자금의 제공 등을 비롯하여 정범에게 두려움을 없애 주고 안정감을 일으켜 범행결의를 강화하는 경우 및 절취해 온 장물을 처분해 주겠다는 약속 등을 포함한다. 방조행위는 정범의 실행행위 착수 전후에 걸쳐 가능하다. 즉 착수 이전에 예비행위의 방조, 정범결의의 강화 등이 가능하며, 또한 실행행위의 종료 후에도 결과발생 전까지는 방조가 가능하다. 그러나 범죄가 완료된 후에는 방조범이 성립할 수 없으므로 범죄완료후 범인은닉, 증거인멸 등은 사후종범이 아니라 독립된 범죄비호유형이 된다(형법 151조, 155조). 방조행위와 정범의 실행행위간에 인과관계를 필요로 하느냐를 놓고 불필요설과 필요설이 대립되고 있다. 그러나 공범의 처벌 근거는 종속적 원인 야기에 의한 법익침해행위라는데 있으므로 그 한도 내에서 인과관계는 필요하다. 방조범은 정범의 범죄실행을 방조한다는 인식, 즉 '방조의 고의'와 정범이 범죄를 실행함으로써 기수에 이르러 결과가 발생할 것이라고 하는 '정범의 고의'가 있어야 한다. 이를 이중의 고의라고 한다. 방조범과 정범간의 의사가 일치가 있을 필요가 없다. 그러므로 편면적 방조범도 인정할 수 있으며, 이 점에서 편면적 공동정범이 인정될 수 없는 것

과 구별된다. 정범의 실행행위를 필요로 하느냐에 관하여는 공범독립설과 공범종속성설에 따라 다르고, 또 후자의 입장에서는 그 실행행위가 어느 정도의 범죄성을 갖춤을 요하느냐에 관하여, 어느 종속형태를 채용하느냐에 따라 다르다. 다수설에 따른다면 제한적 후속형식의 결과 이 경우 정범의 실행행위는 구성요건에 해당하고 위법해야 한다. 방조범의 형은 정범의 형보다 감경한다(형법 32조 2항). 이는 정범에게 적용하는 법정형을 방조범에게도 적용하지만 필요적으로 감경한다는 것을 의미한다. 피방조자가 방조자의 지휘·감독을 받는 자인 경우에는 특수방조범(형법 34조 2항)으로 되어 방조자는 정범의 형으로 처벌받게 된다. 또한 형법은 어느 행위로 인하여 처벌되지 아니하거나, 과실범으로 처벌되는 자를 방조하여 범죄행위의 결과를 발생하게 한 경우에, 방조의 예에 의하여 처벌하도록 규정하고 있다(형법 34조 1항). 형법 제33조의 적용에 따라 신분없는 자도 진정신분범의 방조범이 될 수 있다. 부진정신분범에 있어서 비신분자는 기본적 범죄의 방조범이 될 뿐이다. 방조범은 공동정범 또는 교사범과 흡수관계에 있다.

공범과 신분 (共犯과 身分)

형법 제33조는 "신분관계로 인하여 성립될 범죄에 가공한 행위는 신분관계가 없는 자에게도 전3조(공동정범·교사범·방조범)의 규정한다. 다만 신분관계로 인하여 형의 경중이 있는 경우에는 중한 형으로 벌하지 아니한다"라고 규정하고 있다. 이것을 종래 공범과 신분이란 문제로 취급하여 왔다. 즉 신분이 범죄의 성립이나 형의 가감에 영향을 미치는 경우에 신분없는 자와 신분있는 자가 공범관계에 있을 때 이를 어떻게 취급할 것이냐의 문제가 그것이었다. 우리나라의 통설은 형법 33조의 본문은 진정신분범의 연대성을, 단서는 부진정신분범의 개별화를 규율한다는 입장을 취해 왔다.

구성적 신분 (構成的 身分)

행위자에게 일정한 신분이 있어야 범죄가 성립하는 경우의 신분을 말한다. 이 경우의 신분은 가벌성을 구성하는 요소로 작용한다. 구성적 신분을 필요로 하는 범죄를 진정신분범이라 한다. 예를 들어 수뢰죄(형법 129조)·위증죄(형법 152조)·허위진단서작성죄(형법 233조)·업무상비밀누설죄(형법 317조)·횡령죄및배임죄(형법 355조)가 여기에 해당한다.

가감적 신분 (加減的 身分)

가감적 신분이란 신분이 없어도 범죄는 성립하지만 신분에 의하여 형이 가중 또는 감경되는 경우를 의미한다. 이러한 가감적 신분을 요하는 범죄를 부진정신분범이라고 한다. 예를 들어 존속살해죄의 직계비속, 업무상횡령죄의 업무자는 가중적 신분의 예이고, 영아살해죄의 직계존속은 감경적 신분의 예이다.

죄 수 론

죄수 (罪數)
독 ; Einheit und Mehrheit der
　　　Verbrechen

범죄의 개수를 말한다. 한 사람이 1개의 범죄를 범한 때는 일죄, 수개의 범죄를 범한 때는 수죄이다. 일죄의 경우와 수죄의 경우와는 형법상의 취급이 다르므로 무엇을 표준으로 하여 범죄의 수를 결정한 것인지가 중요한 것이다. 이 표준에 대하여는 설이 나누어져 있어서 행위가 1개인가 어떤가에 의한 행위설, 각행위에서 발생한 결과의 수에 의한 결과설, 범인의 의사가 단일한 것인가, 아닌가에 의한 의사설 등이 있으나, 현재의 통설로서는 구성요건표준인데, 형벌규정의 구성요건에 해당되는 행위가 몇 회 행하여졌는가에 의하여 죄수를 결정하려는 것이다. 이 설에 의하면, 죄수는 반드시 자연적인 관찰에 의한 행위의 수와는 일치한다고 할 수 없다. 예를 들면, 창고 속에 있는 물건을 하룻밤 사이에 몇 회에 나누어 도출함은 자연적인 행위로서는 수개의 행위가 될지라도 1개의 절도죄로 평가되며, 반대로 1발의 탄환으로 사람을 죽이고 물건을 파괴한 때의 행위는 1개이나 죄살인죄와 손괴죄의 2죄이다.

죄수결정에 대한 학설

학설	내 용	주장자
행위 표준설	객관주의입장에서 행위가 1개이면 1죄, 행위가 2개이면 2죄 라는 설, 이 설은 수개의 행위로 1개의 죄를 범한 경우 또는 구성요건상 처음부터 수개의 행위를 내용으로 한 범죄를 설명하기 곤란하다는 비판이 있다.	(1958. 4. 11. 대판)
법익 표준설	법익을 단위로 하여 죄수를 결정하는 역시 객관설의 입장으로, (1)전속적 법익(살인죄 등)침해의 경우는 1개의 행위로 2개의 법익을 침해한 경우 2죄이고, (2)비전속적 법익(손괴죄 등)인 경우는 1개의 행위로 수개의 법익을 침해하더라도 1죄라고 본다. 양자의 구별이유가 불충분하다는 비판이 있다.	박문복
의사 표준설	주관주의 입장으로 범죄의사를 단위로 하여 범죄수를 결정하려는 설이다. 그러나 구성요건을 무시하고 의사만에 의하여 행위나 죄의 수를 결정하려는 태도가 부당하다.	木村 (기무라)
구성요건 충 족 설	이 설은 실정법의 면에서 죄수를 결정하려는 입장으로서 구성요건을 1회 충족하면 1죄, 2회 충족하면 2죄라고 보는 설이다(다수설).	유기천
결 합 설	이상 제설은 종합적으로 고려하여 합목적으로 죄수를 결정할 것이라고 한다.	

병과주의(倂科主義)

수죄를 어떻게 처벌한 것인가에 대한 방법으로 각죄에 정한 형을 병과하는 주의이다. 이것은 수죄의 처벌에 관한 전통적인 원칙이며 아직도 영미법은 이 주의를 따르고 있다. 그러나 이 주의는 자유형 가운데 유기형을 병과하는 때에는 실제상 무기형과 같은 효과를 가져오게 되어 형벌의 성질을 바꾸는 결과가 된다는 비판을 받고 있다.

흡수주의(吸收主義)

수죄의 처벌에 대한 한 방법으로, 수죄 중 가장 중한 죄에 정한 형으로 처단하고 다른 경한 죄에 정한 형은 여기에 흡수되는 주의를 말한다. 형법은 사상적 경합(형§40)과 경합범 가운데 중한 죄에 정한 형이 사형 또는 무기징역이나 무기금고인 때(§38①)에 흡수주의를 취하고 있다.

가중주의(加重主義)

수죄의 처벌에 대한 한 방법으로, 수죄에 대하여 하나의 전체형을 선고하는 것을 말한다. 이 경우 전체형은 통상 가장 중한 죄에 정한 형을 가중하는 방법으로 이루어진다. 스위스형법(§68)과 오스트리아형법(§28)은 상상적 경합과 경합범을 모두 가중주의에 의하여 벌하고 있으나, 우리 형법과 독일형법은 원칙적으로 경합범만 가중주의에 의하여 벌하고 있다(§38①Ⅱ).

법조경합의 태양

종 류	내 용	예
특별 관계	1개의 형벌법규가 타형벌법규에 대하여 특별법의 관계에 있는 경우로서 특별법만이 적용되는 경우	(1)횡령죄와 배임죄 (2)존속살인죄와 보통살인죄 (3)산림절도죄와 형법상 절도죄 (4)통화위조와 문서위조죄
흡수 관계	1개의 형벌법규가 타형벌법규를 흡수하는 경우로서 피흡수법은 배척되고 흡수법만이 적용된다.	(1)예비·음모와 미수 (2)살인죄와 상해죄 (3)방화죄와 재물손괴죄
보충 관계	기본적 법규와 보충적 법규가 경합하는 경우에 기본법규는 보충적 규정에 우선하고 기본적 법규가 적용되지 않는 경우에 한하여 보충성이 적용	(1)기수에 대한 미수 (2)미수에 대한 예비 (3)상해죄에 대한 폭행죄 (4)명예훼손죄에 대한 모욕죄
택일 관계	양립되지 않는 2개의 법규간에 있어서 그 일방만이 적용되는 관계이다.	(1)절도죄와 횡령죄 (2)단, 횡령죄와 배임죄를 택일관계로 보는 견해가 있으나, 특별관계라고 본다

법조경합(法條競合)
독 ; Gesetzeskonkurrenz

법조경합이란 하나의 행위가 2개 이상의 형벌 규정에 저촉되는 것 같은 외관을 지녀도 실은 그러한 형벌법규 상호간의 관계상 그중 1개만이 적용되고 다른 것의 적용은 배제되는 경우를 말한다. 예를 들면, 자기의 부모를 죽인 자는 살인죄(형§250①)와 존속살인죄(§250②)의 2개에 해당되는 것처럼 보이나 실은 존속살인죄만(특별관계) 적용되고, 불을 질러 타인의 건물을 태워버린 자는 방화죄(§164)의 적용만을 받아 건조물손괴죄(§367)의 적용을 받지 아니하고(흡수관계), 또 타인으로부터 위탁받은 물건을 횡령하는 행위는 원칙적으로 동시에 배임죄(§355②)의 요건을 갖추고 있으나 횡령죄(§355①)의 성립을 인정하면 배임죄를 적용할 여지는 없다(택일관계).

포괄일죄(包括一罪)

수개의 행위가 포괄적으로 1개의 구성요건에 해당하여 일죄를 구성하는 경우를 포괄일죄라 한다. 예를 들어 사람을 체포하여 감금한 경우와 뇌물의 요구를 약속하고, 수수한 경우에는 각각 체포·감금죄(형§276), 수뢰죄(형§129)의 일죄이다. 또 외설문서를 수회에 걸쳐 판매하여도 1개의 외설문서의 판매죄가 성립할 뿐이다. 판매라는 것은 당연히 반복적인 행위를 예상하는 것이기 때문이다. 이러한 종류의 경우를 집합범이라 한다. 절도범인이 하룻밤 사이에 같은 창고에서 수회에 걸쳐 물품을 도출(盜出)한 경우에도 1개의 절도죄로 본다. 그러나 이를 일부 학자들은 접속범이라고 부르기도 한다.

결합범(結合犯)

결합범이란 개별적으로 독립된 범죄의 구성요건에 해당하는 수개의 행위가 결합하여 1개의 범죄를 구성하는 경우를 말한다. 예를 들어 강도죄는 폭행죄 또는 협박죄와 강도살인죄는 강도죄와 살인죄, 강도강간죄는 강도죄와 강간죄의 결합범이다.

계속범(繼續犯)
독 ; Dquerverbechen
불 ; délit continu

계속범이란 구성요건적 행위가 기수에 이름으로써 행위자는 위법한 상태를 야기하고 구성요건적 행위에 의하여 그 상태가 유지되는 범죄를 말한다. 주거침입죄, 감금죄 등이 이에 해당한다. 계속범은 위법한 상태가 없어질 때까지는 일시적 중단으로 종료되지 않는다.

접속범(接續犯)

접속범이란 동일한 법익에 대하여 수개의 행위가 불가분하게 접속하여 행해지는 것을 말한다. 즉 단독의 행위에 의해서도 구접속범이란 동일한 법익에 대하여 수개의 행위가 불가분하게 접속하여 행해지는 것을 말한다. 즉 단독의 행위에 의해서도 구성요건의 충족이 가능한 경우에 수개의 행성요건의 충족이 가능한 경우에 수개의 행위가 동일한 기회·동일한 장소에서 불가분하게 결합되어 구성요건적 결과가 발생한 경우를 말한다. 예를 들어 절도범이 문 앞에 자동차를 대기해 놓고 재물을 수회 반출하여 자동차에 싣는 방법으로 절취한 경우가 이에 해당된다.

연속범(連續犯)
독; fortgesetztes Verbrechen
불; déchen

연속범이란 연속한 수개의 행위가 동종의 범죄에 해당하는 것을 의미한다. 연속된 수개의 행위가 반드시 구성요건적으로 일치할 것을 요하지 않고 시간적·장소적 접속도 요건으로 하지 아니하여 그 사이의 연관이 긴밀하지 않다는 점에서 접속범과 구별된다. 연속범의 경우에 죄수를 어떻게 할 것이냐에 대해서는 포괄일죄로 보아야 한다는 견해, 연속범은 접속범과 개념을 달리하는 것이므로 수죄로서 경합범이 된다고 하는 견해, 처분상의 일죄로 보아야 한다는 견해 등이 있다. 대법원은 이 경우 일관하여 포괄일죄에 해당한다고 판시하고 있다.

집합범(集合犯)

집합범이란 다수의 동종의 행위가 동일한 의사에 의하여 반복되지만 일괄하여 일죄를 구성하는 경우를 말한다. 영업범·직업범 및 상습범이 여기에 속한다.

상상적 경합(想像的 競合)
독; idealkon·kurrenz

1개의 행위가 수개의 죄에 해당되는 것을 말한다. 예를 들면 권총 1발의 탄환으로 사람을 죽이고(살인죄) 또 타인의 재물을 파손한(손괴죄) 것과 같은 경우를 말하며, 관념적 경합이라고도 한다. 상상적 경합은 그 수개의 죄명 중에 가장 중한 것으로 처벌된다(형§40). 위 경우에는 살인죄(§366)의 刑보다 무거우므로 살인죄의 형으로 처단하게 된다. 상상적 경합은 본래는 수죄인 것이 1개의 행위에 의하여 행하여졌기 때문에 특히 법률상 일죄로서 취급되는 것이다.

견련범(牽連犯)

견련범이란 범죄의 수단 또는 결과인 행위가 수개의 죄명에 해당하는 경우를 말한다. 예를 들면 주거침입과 절도·강도·강간살인이나, 문서위조와 위조문서행사사기 등의 관계가 이에 해당된다.

경합범(競合犯)

경합범이란 아직 확정재판을 받지 아니한 수개의 범죄 또는 판결이 확정된 죄와 그 판결확정 전에 범한 죄(형§37)를 말한다. 예를 들면 어떤 사람이 절도죄, 횡령죄, 사기죄, 살인죄를 순차적으로 범하였을 때, 그 중의 어느 것이나 아직 확정재판을 받지 아니한 때에는 전부가 경합범이다. 만일 어느 죄에 대하여 금고이상의 형에 처하는 확정판결이 있었을 때에는 그 죄와 그 죄의 재판의 확정 전에 범한 죄만이 경합범이다. 위의 예 중에서 횡령죄에 대하여 재판이 확정되었으나 절도죄는 그 확정전에, 사기죄·살인죄는 그 확정 후에 행하였다면 절도죄와 횡령죄로서 제1의 경합범이, 사기죄와 살인죄로서 제2의 경합범이 성립되는 셈이다. 경합범에 대하여 동시에 재판을 받는 경우에는 형법상 특별한 취급을 받는다(형§37~§40). 즉 그 중의 일죄에 대하여 사형 또는 무기의 징역·금고에 처하여야 할 때에는 원칙적으로 다른 형을 과하지 아니한다. 경합범 중에 2개 이상의 죄에 대하여 유기의 징역·금고에 처하여야 할 때에는 그 중에 가장 중한 죄에 대하여 정하여진 형에 가중하여 처벌한다(§38). 이와 같이 경합범이 동시에 재판되는 경우에는 전체적으로 보아 평가가 행하여지는 결과, 예를 들면 그 중에 일부가 뒤늦게 발각되어 따로 재판을 받는 경우보다도 범인으로서는 유리하게 된다. 그래서 경합범에 대하여 따로 재판이 되는 경우에도 형의 집행에 있어서는 가급적 동시재판의 경우와 가까운 결과가 되도록 하는 특별규정(§39)이 있다.

여죄(餘罪)

경합범 가운데 이미 판결이 확정된 죄와 아직 판결을 받지 아니한 죄가 있는 경우에 있어서 후자의 죄를 말한다. 이 경우 판결이 확정된 죄에 관해서는 거듭 재판할 수 없으므로 여죄에

대해서만 형을 선고한다(형법 39조1항). 이에 의하여 수개의 판결이 있는 때에는 경합범의 처벌예에 의하여 집행한다(형법 39조2항).

과형상의 일죄(科刑上의 一罪)

어떤 범인의 일정한 행위가 1죄인가 혹은 수죄인가를 결정하는 표준에 관하여는 예로부터 여러 가지 학설이 있으나 그 중 현재 가장 유력한 학설로는 소위「구성요건설」이다. 즉 일정인의 행위로서 어떠한 범죄구성요건을 1회만으로 충족할 수 있는 행위가 있으면 그것은 일죄이며, 수회 또는 다른 2개 이상의 구성요건을 충족하는 행위가 있으면 수죄라는 것이다. 그러나 실제로 형법의 규정을 보면, 실질상 일정한 구성요건을 둘 이상 충족하고 있어도 1개의 범죄로서 형법각칙에 규정되어 있는 경우가 있다. 이것을 「결합범」이라 한다(형§338). 이에 반하여 2개 이상의 구성요건을 충족하는 행위라도 그 행위가 실질적으로는 상호의 수단, 목적 또는 원인, 결과의 관계에 있는 것인 경우에는 입법자는 이 행위를 사회 관념적으로 한 개의 범죄로 보아서 형법상 취급하는 것이 타당한 것이라고 한다. 그리고 이와 같은 경우에 그러한 수단결과 중에 가장 무거운 범죄구성요건에 해당하는 실체법상 하나의 범죄로서, 그 전부를 처리하도록 되어 있다. 이것을 취급상의 일죄라고 한다.

형 벌 론

주형(主刑)
독 ; Hauptstrafe
불 ; peine principale

독립하여 과할 수 있는 형벌을 말한다. 부가형과 구별되는 개념이다. 형법 제41조는 형벌의 종류로서 사형·징역·금고·자격상실·자격정지·벌금·구류·과료 및 몰수의 9종을 인정하고 있다.

자유형(自由刑)
독 ; Freiheitsstrafe
불 ; Peine privative de liberté

자유형이란 자유의 박탈을 내용으로 하는 형벌을 말한다. 우리 형법상에는 징역·금고·구류 등 3종의 자유형이 인정되고 있다. 자유형은 범죄인의 자유를 박탈함에 의하여 이를 개과천선하게 하는 교육적 내용을 주된 목적으로 한다. 이 경우 자유형의 집행에 의하여 범죄인은 안정과 자기반성의 기회를 가지고 새로운 인격구조를 형성할 수 있게 된다는 의미에서 자유형은 보호기능을 가지게 된다. 자유형은 현행 형법상 그 적용범위가 크고 또한 그 작용이 커서 현대의 형벌제도 중에서 가장 중요한 지위를 차지하고 있다. 오늘날 자유형에 관해서는 자유형의 단일화, 단기자유형의 폐지, 부정기형의 채용, 누진처우와 같은 문제가 제기되어 형사정책 또는 행형학의 중심이 되어 있다.

단기자유형(短期自由刑)
영 ; short term imprisonment
독 ; kurzzeitige Freiheitsstrafe
불 ; courtes peines

일반적으로 6개월 이하의 자유형을 말한다. 단기자유형의 기준기한을 놓고 1949년 국제형법형무회의에서는 3월 이하설, 1959년 UN범죄방지회의에서는 6월 이하설이, 미국에서는 1년 이하설이 거론되어 왔으나, 통설은 6월 이하설이다. 단기자유형은 개선·교화의 효과를 거둘 시간적 여유가 없고 위하력도 약한 반면, 강한죄질의 수형자가 다른 수형자로부터 악영향을 받을 우려, 전과자로서의 낙인으로 인한 사회복귀의 어려움, 수형자의 가족의 정신적 부담과 경제적 파탄 등 여러 가지 부작용은 크기 때문에 그 폐지가 주장되고 있다. 단기자유형의 대체방안으로서는 벌금형에의 환형, 선고유예·집행유예제도의 활용, 기소유예제도의 활용, 무구금강제노동, 선행보증 등이 있다.

사형(死刑)
독 ; Todesstrafe
불 ; death penalty

범인의 생명을 박탈하는 형벌로서 이른바 극형이다. 형법은 내란죄, 외환죄, 방화죄, 기차 등의 전복치사죄, 살인죄, 강도살인죄 등의 중대한 범죄에 대하여 사형을 과할 수 있도록 하였으나, 실제로 사형선고를 받는 자의 대부분은 강도살인죄이다. 사형은 교도소 내에서 교수(絞首)의 방법으로 집행된다(형§66). 형벌제도로서 사형을 폐지시키려는 사형폐지론이 유력하게 주장되고 있는데 그 근거로서는 사형은 잔혹비인도적이고 오판에 의하여 집행되면 돌이킬 수 없다는 것, 그 위협력은 일반이 생각하고 있는 것처럼 강하지 않다는 것, 피해자의 구제에 도움이 되지 않는다는 것 등이다. 현재 독일, 스위스 등 사형을 폐지하고 있는 나라도 있다. 영국에서도 최근 실질상 사형을 폐지하고 미연방최고법원에서도 사형을 위헌으로 하고 있다. 이에 대하여 사형존치론은 응보관념, 일반위협적 효과, 국민의 규범감정의 만족 등에 그 필요성을 인정하고 있다.

> 헌법 제12조 제1항에 의하면 형사처벌에 관한 규정이 법률에 위임되어 있을 뿐 그 처벌의 종류를 제한하지 않고 있으며, 현재 우리나라의 실정과 국민의 도덕적감정 등을 고려하여 국가의 형사정책으로 질서유지와 공공복리를 위하여 **형법 등에 사형이라는 처벌의 종류를 규정하였다 하여 이것이 헌법에 위반된다고 할 수 없다**(*대법원 1991. 2. 26. 선고 90도2906 판결*).

정역(定役)

미리 정해진 작업을 말한다. 징역과 금고는 수형자를 교도소 내지 포치한다는 점에서는 동일하다. 그러나 징역은 정역에 복무하게 함에 대하여(형법 67조), 금고는 그렇게 하지 않는 점에 차이가 있다(형법 68조). 작업은 수형자의 연령·형기·건강·기술성격·취미·직업과 장래의 생계 기타 사정을 참작하여 과한다(행형법 35조).

징역(懲役)

징역이란 수형자를 교도소 내에 구치하여 정역(定役)에 복무하게 하는 것을 내용으로 하는 자유형 가운데 가장 무거운 죄형이다(형§67). 징역에는 무기와 유기의 2종이 있다. 무기는 종신형이지만 20년이 경과한 후에는 가석방이 가능하다는 점에서(§72①) 자유형의 사회복귀적기능이 유지되고 있다고 할 수 있다. 유기징역은 1월 이상 30년 이하이나 형을 가중하는 때에는 50년까지로 한다(§42).

금고(禁錮)

수형자를 교도소 내에 구치하여 자유를 박탈하는 형벌로서(형§68) 정역에 복무하지 않는 점에서 징역과 구별된다. 그러나 금고수(禁錮囚)도 희망하면 작업에 나갈 수 있다(행형§38). 금고에도 무기와 유기가 있고, 그 기간 등은 징역의 경우와 같은 것이다. 금고는 징역보다는 가벼운 형벌이며 주로 과실범이나 정치상의 확신범과 같은 비파렴치적인 범죄에 과하게 되는 것이지만 이에 노역을 과하지 않는 것을 수형자에 대한 우우(優遇:아주 후하게 대우함)로 보는 것은 노동멸시의 사상의 표현이라 하여 일본에서는 금고라는 형종을 폐지하자는 주장도 있다고 한다.

구류(拘留)

1일 이상 30일 미만동안 구치소에 구치하는 것(형§46)으로 가장 경한 자유형이며 주로 경범죄에 과한다. 구치소도 교도소의 일종이지만 실제로는 대용교도소로서 경찰의 유치장에 구금되는 것이 많으며 여러 가지 폐해가 있다. 또 구류는 형사소송절차에 피의자나 피고인에 대한 구류와 혼동되지 아니하도록 주의해야 한다.

벌금(罰金)
독 ; Feldstrafe

범인에 대하여 일정한 금액의 지불의무를 강제적으로 부담케 하는 재산형으로 그 형은 금고보다는 가볍고 구류보다는 무겁다. 형법의 규정에 의하면 그 금액은 원칙적으로 5만원이상으로 되어 있으며(형§45), 벌금을 완납할 수 없는 자는 1일 이상 3년 이하의 기간 노역장에 유치된다(§69②). 이때 선고하는 벌금이 1억원 이상 5억원 미만인 경우에는 300일 이상, 5억원 이상 50억원 미만인 경우에는 500일 이상, 50억원 이상인 경우에는 1,000일 이상의 유치기간을 정하여야 한다(§70②). 기존에는 이러한 제한이 없었다. 즉, 노역장 유치 기간에 대해서는 법관의 재량에 의해 구체적 사안에 따라 정하도록 하고 있었다. 이에 따라 고액 벌금형의 경우 피고인이 벌금을 납입하지 않더라도 단기간 동안 노역장에 유치되는 것만으로 벌금액 전액을 면제받게 되는 경우도 있었다. 이에 2014년 5월 14일 형법 개정시 일정 액수 이상의 벌금형을 선고할 경우에 노역장 유치의 최소 기간을 법률에 규정하여 고액 벌금형을 단기의 노역장 유치로 무력화하지 못하도록 하였다.

과료(科料)

과료도 재산형의 일종으로 범죄인에게 일정한 금액의 지불의무를 강제적으로 부담하게 한다는 점에서 벌금형과 동일하다. 다만 경미한 범죄에 대하여 부과되며, 따라서 그 금액이 적다는 점에서 벌금과 구별될 뿐이다. 과료는 2천원 이상 5만원 미만으로 한다(형§47). 과료를 납입하지 아니한 자는 1일 이상 30일 미만의 기간 노역장에 유치하여 작업에 복무하게 한다(형§69). 과료는 과태료와 구별하여야 한다. 즉 과료는 재산형의 일종이지만 과태료는 형법상의 형벌이 아니라 행정상의 제재에 불과하다. 과료는 형법에 예외적으로 규정되어 있는데 불과하다. 따라서 주로 경범죄처벌법이나 단행법률에 많이 규정되어 있다.

몰수(沒收)
독 ; Einziehung

범죄행위와 관련된 재산을 박탈하는 형벌로 범죄에 의한 이득을 금지함이 목적이다. 이때 몰수할 수 있는 것은, (1) 범죄행위를 조성한 물건(예를 들면 반포된 외설문서), (2) 범죄행위에 제공하였거나 제공하려고 했던 물건(살인에 사용한 권총 등), (3) 범죄행위로 인하여 생기고 또는 이에 의하여 취득한 물건 혹은 범죄행위의 대가로 얻은 물건(도박에 이겨 취득한 재물, 타태수술의 사례금 등), 도품의 매각대금 등이다(형§48). 몰수할 것인가 아닌가는 법관의 재량에 맡겨져 있으나 수수한 뇌물 등은 반드시 몰수하여야 한다. 형법상 몰수는 부가형(附加刑)으로 되어 있다. 즉 다른 형벌을 선고하는 경우에 한하여 이와 함께 과할 수 있다. 그러나 몰수만을 독립하여 과할 수도 있다(§49단). 이와 같이 몰수는 형식상은 형벌의 일종이지만 이를 과하는 목적은 그 물건에서부터 생기는 위험성을 방지하는 것, 또는 범인에게 범죄에 의한 부당한 이익을 보지(保持)시키지 않다는 것이며, 실질적인 성격은 오히려 보안처분에 가깝다. 따라서 일정한 경우에는 범인 이외의 자에 속한 물건을 몰수(소위 제3자몰수)할 수도 있다(§48①후단). 그리고 이 부가형은 주형을 선고하는 경우에 있어서 몰수나 몰수에 갈음하는 부가형적 성질을 띠는 추징도 그 선고를 유예할 수 있다(1980. 3. 11. 대법판례 공보 632호).

추징(追徵)

몰수 할 수 있는 물건 중에 범죄행위에 의하여 생기고, 또는 이로 인하여 취득한 물건, 범죄행위의 대가로 취득한 물건의 전부 또는 일부가 소비되었거나 분실 기타의 이유로 몰수 할 수 없게 된 경우에 그 물건에 상당한 가액을 징수하는 것이다(형§48②). 범죄행위로 얻은 불법한 이익을 범인으로부터 빼앗으려는 것이다. 추징은 몰수에 준하는 처분으로서, 몰수와 같이 부가형의 성격을 가진다.

자격상실(資格喪失)

자격상실이라 함은 일정한 형의 선고가 있으면 그 형의 효력으로서 당연히 일정한 자격이 상실되는 것을 말한다. 형법상 자격이 상실되는 경우로는 사형·무기징역 또는 무기금고의 판결을 받은 경우이며, 상실되는 자격은 (1) 공무원이 되는 자격, (2) 공무원의 선거권과 피선거권, (3) 법률로 요건을 정한 공법상의 업무에 관한 자격, (4) 법인의 이사·감사 또는 지배인 기타 법인의 업무에 관한 검사역이나 재산관리인이 되는 자격이다(형§43①).

자격정지(資格停止)

수형자의 일정한 자격을 일정기간 정지시키는 형벌이다. 현행법상 자격정지는 범죄의 성질에 따라 선택형 또는 병과형으로 하고 있고, 또 유기징역 또는 유기금고의 판결을 받은 자는 그 형의 집행이 종료하거나 면제 될 때까지 당연히 자격이 정지되는 경우와(형§43②) 판결의 선고에 의하여 전술한 자격(§43① I ~ Ⅳ)의 전부 또는 일부가 정지되는 경우가 있다. 그리고 자격정지기간은 1년 이상 15년 이하로 한다(§44①). 자격정지와 관련하여, 「형법」 및 「공직선거법」에 의하여 수형자 및 집행유예 중인 자의 선거권을 제한하는 것이 헌법상 과잉금지원칙에 위배된다는 헌법재판소의 헌법불합치 및 위헌 결정이 있었다. 이에 「공직선거법」이 1년 미만의 징역 또는 금고의 집행을 선고받아 수형 중에 있는 사람과 형의 집행유예를 선고받고 유예기간 중에 있는 사람에 대하여 선거권을 부여하도록 개정되었고, 그로 인하여 징역 또는 금고의 집행이 종료하거나 면제될 때까지 선거권을 포함하는 자격 전반이 정지되도록 정하고 있던 「형법」 제43조 제2항의 개정이 필요하였다. 이에 2016년 1월 6일 형법 개정시 제43조 제2항 단서를 신설하여 유기징역 또는 유기금고의 집행이 종료하거나 면제될 때까지 당연히 자격이 정지되도록 하고 있는 제43조 제2항에 대하여 다른 법률에 특별한 규정이 있는 경우에는 그 법률에 따르도록 하였다.

판결선고에 의한 자격정지는 자격정지의 형이 다른 형과 선택형으로 되어 있을 경우에는 단독으로 과할 수 있고 또 다른 형에 병과할 수 있다. 자격정지기간의 기산점은 유기징역 또는 유기금고를 병과한 때에는 징역 또는 금고의 집행을 종료하거나 면제된 날로부터(§44②), 선택형인 때에는 판결이 확정된 날로부터이다(§84①).

노역장 유치(勞役場 留置)

벌금 또는 과료를 선고하는 때에, 이를 납입하지 않을 경우의 유치기간을 정하여 선고하는 환형처분(형법 70조)을 말한다. 벌금 또는 과료를 선고할 때에는 납입하지 아니하는 경우의 유치기간을 정하여 동시에 선고하여야 한다. 벌금을 납입하지 아니한 자는 1일 이상 3년 이하, 과료를 납입하지 아니한 자는 1일 이상 30일 미만의 일정한 기간 노역장에 유치하여 작업에 복무하게 한다. 이때 선고하는 벌금이 1억원 이상 5억원 미만인 경우에는 300일 이상, 5억원 이상 50억원 미만인 경우에는 500일 이상, 50억원 이상인 경우에는 1,000일 이상의 유치기간을 정하여야 한다. 벌금 또는 과료의 선고를 받은 자가 그 일부를 납입한 때에는 벌금 또는 과료액과 유치기간의 일수에 비례하여 납입금액에 상당한 일수를 공제한다(형법 71조). 소년과 법인에 대하여는 환형처분이 금지되어 있고(소년법 55조), 노역장 유치의 집행에 관하여는 형의 집행에 관한 규정이 준용된다(형사소송법 492조).

법정형(法定刑)

개개의 구성요건에 규정되어 있는 형벌을 말한다. 이는 입법자가 각 구성요건의 전형적인 불법을 일반적으로 평가한 형의 범위이다. 법정형은 구체적인 형의 선택을 위한 1차적인 기준이 된다는 의미에서 양형이론의 출발점이라고 할 수 있다. 예를 들어 형법 제250조에서 「사람을 살해한 자는 사형·무기 또는 5년 이상의 징역에 처한다」라고 규정하고 있는 것이 법정형이다.

양형(量刑)
독 ; Strafzumessung

법원이 법정형에 가능한 수정을 가하

여 얻어진 처단형의 범위 내에서 범인과 범행 등에 관련된 제반정황을 고려하여 구체적으로 선고할 형을 정하는 것을 말한다. 형의 양정 또는 형의 적용이라고도 한다.

양형조건(量刑條件)

양형에 있어서 참작해야 할 조건을 말한다. 양형요소라고도 한다. 형법 제51조는 양형조건으로서 (1)범인의 연령·성행·지능 및 환경, (2)피해자에 대한 관계, (3)범행의 동기·수단과 결과, (4)범행후의 정황 등을 규정하고 있다. 그러나 형법 제51조에 규정된 양형요소는 예시적인 것으로 보아야 하며, 그 외의 사항도 적정한 양형을 위해 필요한 사항이라면 폭 넓게 수용해야 한다. 각 양형요소는 상반작용의 양립성을 가지고 있으므로 하나의 동일한 양형요소가 책임 또는 예방관점에 따라 형벌가중적 혹은 감경적으로 작용할 수 있다.

처단형·선고형(處斷刑·宣告刑)

형법은 일정한 범죄에 대하여 법률조문상에서 각각 형의 종류와 정도를 규정하고 있다. 이 「법정형」에는 두 종류가 있는데 그 하나는 「절대적 법정형」이고, 예를 들면 제93조 「여적죄」와 같이 형을 「사형에 처한다」로 하고 별종의 형벌을 선고함을 허용하지 않는다. 그 다음은 「상대적 법정형」이며 이는 일정한 범위에서 형벌의 종류 또는 정도에 최고한도와 최저한도를 정

하고 있으며 그 범위에서 법원은 개개의 구체적 범행에 대하여 법률이 특히 정하고 있는 가중할 사정 및 감경할 사정의 존부를 심사하여 이를 수정하고 그리고 그 수정된 범위 내에서 다시 범인 및 범행의 제사정, 정도 등을 심사하여 적당한 구체적 형벌을 정하여 선고하는 것을 허용하는 것이다. 법정형은 *前述*한 여적죄와 같은 극히 희소한 경우를 제외하고 거의 그 전부는 이 같은 상대적 법정형을 정한 것이다. 그러나 위와 같은 상대적 법정형이라는 것은 형법이 구체적 범행에 대하여 형을 선고함에 있어서 누범자의 경우 또는 경합범의 경우에는 이를 가중하는 것으로 하고(형§35, §37), 또는 반대로 중지범(§26)이라든가 심신미약자(§10②) 또는 종범(§32②)과 같은 경우에는 이를 감경하여야 한다. 그뿐 아니라 위와 같은 형을 가중 또는 감경할 사정이 있을 때에는, 구체적 범죄의 정상이 동정할 가치가 있으면 다시 작량감경도 할 수 있도록 되어 있다(§53). 그러므로 추상적인 상대적 법정형은 위와 같은 제사정의 존부에 의하여 구체적 범행에서 시인되는 형의 종류와 정도·범위는 어느 정도 수정을 받게 된다. 이것을 처단형이라 한다. 또 「처단형」의 범위 내에서 법원은 다시 범인의 주관 및 객관적 제사정의 일체를 참작하여 최후의 구체적인 형을 선고하는 것이다. 이 처단형의 범위 내에서 실제로 선고된 구체적인 형을 선고형이라 한다.

선고형(宣告刑)

처단형의 범위 내에서 구체적으로 형을 양정하여 당해 피고인에게 선고하는 형을 말한다. 형의 가중·감경이 없는 경우에는 법정형을 기준으로 선고형이 정해진다. 자유형의 선고형식에는 자유형의 기간을 확정하여 선고하는 정기형과 그 기간을 확정하지 아니한 채 선고하는 부정기형이 있다. 부정기형에는 재판에 있어서 전혀 형기를 정하지 아니하고 선고하는 절대적 부정기형과 형기의 일정한 장기와 단기를 정하여 선고하는 상대적 부정기형이 있는데, 절대적 부정기형은 죄형법정주의의 명확성의 원칙에 위배되므로 배척된다. 우리 형법은 정기형을 원칙으로 하고 있다. 다만 소년법상 소년범죄자에 대하여서는 상대적 부정기형을 인정하고 있다(소년법 60조). 현행 형법의 정기형제도 아래에서도 가석방제도는 실질적으로 형기를 부정기화하고 있으며, 무기징역도 가석방이 인정됨으로 인하여 실질상 일종의 절대적 부정기형이라 할 수 있다.

유기형(有期刑)

무기형에 상대되는 개념으로, 일정한 기간이 정해져 있는 자유형을 말한다. 형법상 유기형에는 유기징역·유기금고 및 구류가 있다. 징역형과 금고형의 구별을 배제하고 유기형을 단일화하자는 주장이 있다. 유기형은 1개월 이상 30년 이하의 기간인데 형을 가중하는 때에는 그 상한이 50년으로 된다(형법 4

2조).

무기형(無期刑)

종신구금을 내용으로 하는 자유형을 말한다. 종신형이라고도 한다. 형법상 무기형으로는 무기징역과 무기금고가 있다(형법 42조). 무기징역과 무기금고를 감경할 때에는 10년 이상 50년 이하의 징역 또는 금고로 한다(형법 55조 1항 2호). 무기형의 집행 중에 있는 자에 대하여도 그 행장이 양호하여 개전의 정이 현저한 때에는 무기에 있어서는 20년, 유기에 있어서는 형기의 3분의 1을 경과한 후 행정처분으로 가석방을 할 수 있다(형법 72조 1항). 뿐만 아니라 사면법에 의하면 사면 또는 감형의 길도 열려 있다. 그러나 무기형은 헌법상의 인간의 존엄과 가치 존중의 요청과 합치되는지의 여부, 즉 위헌성이 논의된다.

부가형(附加刑)
독 ; Neberstrafe
불 ; peine accessoire et complémentaire

주형에 부가하여서만 과하여지는 형벌을 말한다. 구형법 제9조는 몰수 이외의 형을 주형으로, 몰수를 부가형으로 규정하였으나, 현행 형법은 몰수형의 부가성만을 인정하고 있다(형법 49조).

명예형(名譽刑)
독 ; Ehrenstrafe
불 ; peine privative de droit

범인의 명예 또는 자격을 박탈하는 것을 내용으로 하는 형벌을 말한다. 자격형이라고도 한다. 형법상 인정되는 자격형으로는 자격상실과 자격정지가 있다. 여기서 자격이란 (1) 공무원이 되는 자격, (2) 공무원의 선거권과 피선거권, (3) 법률로 요건을 정한 공법상의 업무에 관한 자격, (4) 법인의 이사감사 또는 지배인 기타 법인의 업무에 관한 검사역이나 재산관리인이 되는 자격을 말한다(형법 43조 1항). 명예형은 중세부터 19세기까지 유럽 각국에서 이용되고 있던 원시적인 형벌이며, 19세기 초까지 유럽 각국에서 이용되고 있던 원시적인 형벌이며, 19세기 초까지 유럽 각국에서는 범죄인을 일반 대중에서 선보여 범죄인의 수치심을 유발하는 치욕형이 많았으나, 그 이후에는 주로 명예상실·공직박탈·직업금지 등의 자격형이 많이 이용되었다. 우리나라에서도 조선시대에는 관직에서 해임시키거나 관리에의 취임을 금지시키는 유형이 있었다.

재산형(財産刑)
독 ; Vermogensstrafe
불 ; peinepécuniaire

범죄인에게서 일정한 재산을 박탈하는 것을 내용으로 하는 형벌을 말한다. 현행 형법은 재산형으로 벌금과료 및 몰수의 3종을 인정하고 있다. 과료는 벌금과 같이 재산형의 일종으로 범죄인에게 일정한 금액의 지급을 강제적으로 부담지우는 형벌이다. 그러나 과료는 벌금에 비해 그 금액이 적고 또한 비교적 경미한 범죄의 경우에 부과

된다. 몰수는 타형에 부가하여 과하는 것을 원칙으로 한다. 이를 몰수의 부가성이라 한다(형법 49조 본문). 다만 예외적으로 행위자에게 유죄의 재판을 아니할 때에도 몰수의 요건이 있는 때에는 몰수만을 선고할 수 있다(형법 49조 단서).

양벌규정(兩罰規定)

직접 행위를 한 자연인 외의 법인을 처벌하는 규정을 말한다. 쌍벌규정이라고도 한다. 법인을 처벌하는 규정은 대부분 양벌규정의 방식에 의하고 있으며, 각종의 행정형법에서 양벌규정을 두고 있다. 양벌규정의 처벌근거에 관해서는 (1) 법인에게 행위자의 행위에 의한 전가(대위)책임을 인정한다는 무과실책임설, (2) 법인처벌규정을 종업원의 선임·감독에 있어 법인의 과실의 책임을 입법자가 법률상 추정한 규정이라고 이해하고, 과실이 없었음을 증명하지 못하는 한 법인은 부작위에 의한 과실의 책임을 진다는 과실추정설, (3) 법인처벌규정은 종업원의 위반행위가 있으면 법인의 과실을 당연히 의제하는 것이고, 법인은 그 의사 여하와 무과실의 증명을 통하여서도 그 책임을 면제할 수 없다고 보는 과실의제설, (4) 법인의 처벌은 법인 자신의 행위에 기인하는 과실책임이라고 보는 과실책임설 등이 있다. 과실책임설이 유력설이다.

이 사건 법률조항은 <u>법인이 고용한 종업</u>

원 등이 업무에 관하여 구 도로법 제83조 제1항 제2호의 규정에 따른 위반행위를 저지른 사실이 인정되면, 법인이 그와 같은 종업원 등의 범죄에 대해 어떠한 잘못이 있는지를 전혀 묻지 않고 곧바로 그 종업원 등을 고용한 법인에게도 종업원 등에 대한 처벌조항에 규정된 벌금형을 과하도록 규정하고 있는바, 오늘날 법인의 반사회적 법익침해활동에 대하여 법인 자체에 직접적인 제재를 가할 필요성이 강하다 하더라도, 입법자가 일단"형벌"을 선택한 이상, 형벌에 관한 헌법상 원칙, 즉 법치주의와 죄형법정주의로부터 도출되는 책임주의원칙이 준수되어야 한다. 그런데 이 사건 법률조항에 의할 경우 법인이 종업원 등의 위반행위와 관련하여 선임·감독상의 주의의무를 다하여 아무런 잘못이 없는 경우까지도 법인에게 형벌을 부과될 수밖에 없게 되어 법치국가의 원리 및 죄형법정주의로부터 도출되는 책임주의원칙에 반하므로 헌법에 위반된다(헌재 2009. 7. 30, 2008헌가17).

누범·상습범(累犯·常習犯)

독 ; Rückfall·gewohnheitsm assiges Verbrechen
불 ; récidive délit-d'habitude

일반적으로 범죄를 누적적으로 범하는 것을 의미하나 형법상 금고 이상의 형을 받아 그 집행을 종료하거나 면제를 받은 후 3년 내에 금고 이상에 해당하는 죄를 범한 자를 누범으로 처벌하도록 규정하고 있다(형§35). 누범에 대하여는 형이 가중되어(누범가중) 그 죄에 대하여 정한 형의 2배까지 가중한다. 예를 들면 통상의 절도라면 6년 이하의 징역이지만 그것이 누범의 요건에 해당되었다면 12년 이하의 징역이 된다는 것이다. 이와 같이 누범의 형이 가중되는 것은 이미 형에 처하게 된 자가 개심(改心)하지 아니하고 또 범행을 거듭하였다는 점이 중한 비난의 대상이 됨과 동시에 이러한 행위자는 특히 강한 반사회적 위험성을 지니고 있기 때문이다. 이러한 누범 중 특히 사회적 위험성이 큰 것을 상습범이라고 한다. 그러나 양자는 전혀 다른 개념이다. 즉 누범은 반복된 처벌을 의미함에 비하여 상습범은 반복된 범죄에 징표된 범죄적 경향을 말하는 점에서 개념상 구별된다. 따라서 누범은 전과(全科)를 요건으로 함에 비하여 상습범은 반드시 전과가 있을 것을 요하지 않고, 이범(異犯)은 전과(全科)가 있으면 족하지만 상습범은 동일죄명 또는 동일죄질의 범죄의 반복을 요건으로 한다.

상습범과 누범은 서로 다른 개념으로서 누범에 해당한다고 하여 반드시 상습범이 되는 것이 아니며, 반대로 상습범에 해당한다고 하여 반드시 누범이 되는 것도 아니다. 또한, 행위자책임에 형벌가중의 본질이 있는 상습범과 행위책임에 형벌가중의 본질이 있는 누범을 단지 평면적으로 비교하여 그 경중을 가릴 수는 없고, 사안에 따라서는 폭력행위 등 처벌에 관한 법률 제3조 제4항에 정한 누범의 책임이 상습범의 경우보다 오히려 더 무거운 경우도 얼마든지 있을 수 있다(대법원 2007. 8. 23. 선고 2007도4913).

상습범(常習犯)

독 ; Gewohnheitsnässiges Verbrecheb
불 ; délit d'habitude, infraction d'habitude

일정한 행위를 상습적으로 행함으로써 성립하는 범죄를 말한다. 형법총칙은 상습범을 일반적으로 규정하지 않고, 각칙에서 개별적으로 규정하여 형을 가중하고 있다. 예컨대 형법 제246조 상습도박죄, 형법 제332조 상습절도죄 등이 있다. 상습이란 반복된 행위에 의하여 얻어진 행위자의 습벽으로 인하여 죄를 범하는 것을 말한다. 상습범은 범죄학상의 개념인 점에서 형법학상의 개념인 누범과는 그 성질을 달리한다. 주범과 상습범은 범죄를 누차적으로 반복하여 범한다는 의미에서 밀접한 관계가 있으나, 반드시 동일한 개념은 아니다. 누범에는 전형의 체험의 무시로 인한 책임의 증대라는 의미가 포함되어 있으나, 상습범은 동종의 범죄를 반복실행하는 행위자의 위험성에 착안한 개념이다. 즉 누범은 범수를 바탕으로 하는 개념이고, 상습범은 범수보다도 행위자의 상습적 습벽을 바탕으로 하는 개념이다.

자수·자백·자복

(自首·自白·自服)

죄를 범한 자가 아직 수사기관에 발각되기 전에 자기 스스로 수사기관에 자기의 범죄사실을 신고하여 처분을 구하는 것을 자수라 한다. 이것은 범죄의 발견을 용이하게 하고 실행의 발생을 예방하려는 정책적인 의도에서 일반적으로 자수자에 대하여는 형을 감

경 또는 면제할 수 있도록 되어 있다(형§52①). 그리고 범죄사실이 발각되어 있어도 범인이 누구인가가 발각되기 이전에 자수하면 역시 감경이 인정된다. 자수는 자발적으로 하여야 하므로 수사기관의 조사에 응하여 범죄사실을 진술하는 것은 자백이며 자수는 아니다. 또 친고죄에 대하여 고소권을 가진 자에게 자발적으로 자기의 범죄사실을 고하여 그 고소에 맡기는 것을 자복이라 하고 자수와 같이 취급한다(§52②).

> 자수라 함은 범인이 스스로 수사책임이 있는 관서에 자기의 범행을 고하고 그 처분을 구하는 의사표시를 하는 것을 말하고, 가령 수사기관의 직무상의 질문 또는 조사에 응하여 범죄사실을 진술하는 것은 자백일 뿐 자수로는 되지 않는다(대법원 1982. 9. 28. 선고 82도1965 판결).

자복 (自服)

피해자의 의사에 반하여 논할 수 없는 죄에 있어서 피해자에게 자기의 범죄사실을 고지하는 것을 말한다. 자복은 성립가능한 범죄의 종류가 제한되고 수사기관이 아닌 피해자에게 고지한다는 점에서 자수와 구분되나 그 본질에 있어서는 동일하다. 자복에 있어서는 피해자에게 범죄사실을 고지하여야 한다. 다만 형법 제52조 제2항은 그 대상범죄를 '피해자의 의사에 반하여 처벌할 수 없는 죄'라고 규정하는데 이에는 그 입법취지나 자복의 본질에

비추어 반의사불벌죄 뿐만 아니라 친고죄도 포함된다고 보아야 할 것이다. 자복은 형의 임의적 감경사유가 된다(형법 52조2항). 자복은 이를 행한 자에게만 효력이 미치며, 타공범자에게는 영향이 없다.

작량감경(酌量減輕)

법률상의 감경사유가 없어도 법률로 정한 형이 범죄의 구체적인 정상에 비추어 과중하다고 인정되는 경우에 법관이 그 재량에 의하여 형을 감경하는 것(§53)을 작량감경이라 한다. 법률상의 감경이라 함은 심신장애자의 범죄라든가 미수죄와 같이 형을 감경하는 것을 의미한다. 또 형을 감경할 수 있는 것이 법률상 분명히 정하여져 있는 경우도 있다. 감경의 정도는 법률상의 감경도 작량감경과 같은 것으로 형법 제55조에 규정하고 있다. 또 법률상의 감경을 하는 경우에도 다시 이중으로 작량감경을 할 수 있도록 인정되어 있다.

형법 제56조는 형을 가중 감경할 사유가 경합된 경우 가중 감경의 순서를 정하고 있고, 이에 따르면 법률상 감경을 먼저하고 마지막으로 작량감경을 하게 되어 있으므로, 법률상 감경사유가 있을 때에는 작량감경보다 우선하여 하여야 할 것이고, 작량감경은 이와 같은 법률상 감경을 다하고도 그 처단형보다 낮은 형을 선고하고자 할 때에 하는 것이 옳다(대법원 1994. 3. 8. 선고 93도3608 판결).

재판상의 감경(裁判上의 減輕)

법률상의 특별한 감경사유가 없더라도 범죄의 정상에 참작할 만한 사유가 있는 경우에 법원이 작량하여 그 형을 감경하는 것을 말한다(형법 53조). 작량감경이라고도 한다. 법률상 형을 가중감경한 경우에도 작량감경을 할 수 있다. 참작할 만한 사유에 관하여는 형법 제51조가 적용되며, 작량감경도 법률상의 감경에 관한 형법 제55조의 범위에서만 허용된다.

부정기형(不定期刑)
영; indeterminate sentence
독; unbestimmte Verurte- ilung
불; sentence indéterminee

부정기형이라 함은 정기형에 대응하는 개념을 말하는 것으로, 법정형에 관한 문제가 아니고 주로 선고형, 특히 자유형의 선고에 관한 것이다. 형법이 법정형에 대하여 「절대적 법정형」을 정하고 있는 것은 형법 제93조와 같은 것을 제외하고는 극히 희소하고, 대체로 「상대적 법정형」을 주의로 하고 자유형의 종류와 그 정도의 최대한 또는 최소한 내지 양자를 한정하여 규정하고 있으나, 실제로는 일정한 범행에 대하여 범인에게 선고된 형은 몇 년 몇 월이라는 「정기형」이며 재판에서는 자유형의 종류와 기간을 구체적으로 확정하여 선고하고 있다. 그런데 일반적으로 부정기형이라고 말하고 있는 것은 재판에서 자유형의 기간을 위와 같이 구체적으로 확정하지 아니하고 후일 재판의 집행의 단계에 들어가서 그 성적을 보고서야 석방의 시기를 결정하는 것을 말한다. 여기에는 두 종류의 것이 있다. 그 하나는 절대적 부정기형으로 재판에서 자유형의 종류는 정하나, 그 기간에 대하여는 전혀 한정하지 않는 경우를 말한다. 그러나 이와 같은 경우에도 형법총칙의 자유형의 일반적 기간의 규정 및 형법각칙의 법정형에 일정한 한도가 표시되어 있는 관계상 그 제한범위를 벗어날 수 없으므로, 이 의미에서는 절대적 부정기형은 아니라고 할 수 있다. 그 다음은 상대적 부정기형이며 재판에서는 일정한 장기 및 단기를 정하여 선고하여도 그 후 형의 집행의 단계에 들어가 그 성적이 어떠한가를 본 후에 석방의 시기를 결정하는 성질의 것을 말한다. 현행형사재판은(성인범에 대하여) 위 2종의 부정기형의 어느 것도 채용하지 않고 모두 정기형의 선고를 하고 있다. 다만 예외적으로 소년법(소년§60)에 있어서는 원칙적으로 상대적 부정기형주의로 하고 있다. 현재 세계 각국 중에서 성인의 범인에 대하여 부정기형언도의 제도를 채택하고 있는 국가는 뉴욕주 등 미합중국의 38주 및 연방형법이고 다른 미국제주와 모든 나라들은 대개 정기형주의이고 다만 이에 병행하여 또는 선택적 내지 집행상에 형이 대체적인 보안감치, 예방구금, 보안감찰, 보호관찰 등의 보안처분을 정기적 또는 부정기적으로 인정하고 있음에 불과하다.

미결구금(未決拘禁)
독 ; Untersuchungshaft

범죄의 혐의를 받는 자를 재판이 확정될 때까지 구금하는 것을 말한다. 이것을 판결선고전 구금이라고도 한다. 미결구금의 목적은 증거인멸을 방지하고 범인도피의 예방을 통하여 소송절차의 진행을 확보하고, 유죄판결의 확정에 따라 시행될 형벌집행을 담보하려는데 있다. 물론 미결구금은 형은 아니나 실질적으로는 자유형의 집행과 동일한 효력을 가진다. 2014년 12월 30일 개정 전 형법 제57조 제1항에서는 '판결선고전의 구금일수는 그 전부 또는 일부를 유기징역, 유기금고, 벌금이나 과료에 관한 유치 또는 구류에 산입한다.'고 규정하고 있었고, 이에 대하여 2009. 6. 25. 헌법재판소는 법관이 미결구금일수 중 일부를 형기에 산입하지 않을 수 있도록 한 이 규정은 헌법상 무죄추정의 원칙 및 적법절차의 원칙 등을 위배하여 합리성과 정당성 없이 신체의 자유를 지나치게 제한함으로써 헌법에 위반된다고 결정하였다. 이에 위헌 결정의 취지를 반영하여 2014년 12월 30일 형법 개정시 '또는 일부'를 삭제하여 "판결선고전의 구금일수는 그 전부를 유기징역, 유기금고, 벌금이나 과료에 관한 유치 또는 구류에 산입한다."고 규정하였다. 구금일수의 1일은 징역, 금고, 벌금이나 과료에 관한 유치 또는 구류의 기간의 1일로 계산한다. 무기형에 대하여는 산입할 수 없으나, 항소심이 무기징역을 선고한 일심판결을 파기하고 유기징역을 선고하는 경우에는 1심판결 선고전의 구금일수도 산입하여야 한다.

> 헌법상 무죄추정의 원칙에 따라 유죄판결이 확정되기 전에 피의자 또는 피고인을 죄 있는 자에 준하여 취급함으로써 법률적·사실적 측면에서 유형·무형의 불이익을 주어서는 아니되고, 특히 미결구금은 신체의 자유를 침해받는 피의자 또는 피고인의 입장에서 보면 실질적으로 자유형의 집행과 다를 바 없으므로, 인권보호 및 공평의 원칙상 형기에 전부 산입되어야 한다. 따라서 형법 제57조 제1항 중 "또는 일부 부분"은 헌법상 무죄추정의 원칙 및 적법절차의 원칙 등을 위배하여 합리성과 정당성 없이 신체의 자유를 침해한다(헌재 2009. 6. 25, 2007헌바25).

집행유예(執行猶豫)

영; reprieve
독; bedingte Verurteilung
불; sursis al'exécution

집행유예란 형을 선고함에 있어서 일정한 기간 형의 집행을 유예하고 그 유예기간을 경과한 때에는 형의 선고는 효력을 잃게 되는 제도를 말한다. 이 경우에 만약 집행유예의 선고를 받은 자가 유예기간 중 고의로 범한 죄로 금고 이상의 실형을 선고받아 그 판결이 확정된 때에는 집행유예의 선고는 효력을 잃게 되어 다시 실형에 복역하여야 한다(형§63). 원래 죄를 범한 자는 그에 상응한 형의 선고를 받고 또 그 집행을 받는 것이 당연하다. 그러나 범죄의 정상에 따라서는 반드시 현실로 형을 집행하여야 할 필요가 없는 경우도 적지 않다. 특히 우발적인 원인에 의하여 비교적 경한 죄를 범한 초범자로서 이미 십분 후회하고 재범의 우려가 없는 자에 대하여서까지 일률적으로 형을 집행하면 오히려 자포자기하여 교도소 내에서의 악감화(惡感化)를 받아 진짜 범죄인으로 만들게 되는 위험이 있다. 이와 같은 폐해를 피하기 위하여 집행유예의 제도가 채용되어 있다. 집행유예를 할 것인가 아닌가는 법원의 재량에 맡기고 있으나 근년에 점차로 활용되어 현재의 상황으로는 법률상 유예가 가능한 경우의 상당수에 대하여 유예를 허용하고 있다. 이러한 집행유예를 선고하기 위해서는 다음의 요건이 구비되어야 한다. 즉 (1) 3년 이하의 징역이나 금고 또는 500만원 이하의 벌금의 형을 선고할 경우, (2) 정상에 참작할 만한 사유가 있을 경우, (3) 금고 이상의 형을 선고한 판결이 확정된 때부터 그 집행을 종료하거나 면제된 후 3년까지의 기간에 범한 죄가 아닐 것이다. 과거에는 3년 이하의 징역이나 금고에만 집행유예가 허용되었었다. 이에 대해 징역형보다 상대적으로 가벼운 형벌인 벌금형에는 집행유예가 인정되지 않아 합리적이지 않다는 비판이 있었고, 벌금 납부능력이 부족한 서민의 경우 벌금형을 선고받아 벌금을 납부하지 못할 시 노역장에 유치되는 것을 우려하여 징역형의 집행유예 판결을 구하는 예가 있는 등 형벌의 부조화 현상이 있었다. 이러한 문제점을 해결하고 서민의 경제적 어려움을 덜어주기 위해 벌금형에 대한 집행유예를 도입할 필요가 있다는 지적이 있었고, 이에 2016년 1월 6일 형법 일부 개정시 벌금형에 대한 집행유예를 도입하여 2018년 1월 7일부터 시행하고 있다. 다만, 고액 벌금형의 집행유예를 인정하는 것에 대한 비판적인 법감정이 있는 점 등을 고려하여 500만원 이하의 벌금형을 선고하는 경우에만 집행유예를 선고할 수 있도록 하였다.

선고유예(宣告猶豫)

범행이 경미한 범인에 대하여 일정한 기간 형의 선고를 유예하고 그 유예기간을 특정한 사고 없이 경과하면 형의 선고를 면하게 하는 제도를 말한다. 형의 선고유예는 1년 이하의 징역이나 금고, 자격정지 또는 벌금의 형을 선고할 경우에 개전(改悛)의 정이 현저한 자에게 한다. 단, 자격형 이상의 형을 받은 전과가 있는 者에 대하여는 예외로 한다(§60). 그러나 형의 선고유예를 받은 자가 유예기간 중 자격정지 이상의 형에 처한 판결이 확정되거나, 자격정지 이상의 형에 처한 전과가 발견된 때에는 유예한 형을 선고한다(§61). 형의 선고유예제도는 현행법이 새로이 규정한 것으로 집행유예와 같이 단기 자유형의 폐해를 피하고 형의 집행 없이 형벌의 목적을 달성하며, 나아가서 유죄판결이 선고되지 않았던 것과 동일한 효력을 부여하려는 제도이다.

가석방(假釋放)
독; Aussetzung des Stragrestes

자유형을 집행 받고 있는 자가 개전(改悛)의 정이 현저하다고 인정되는 때에는 형기만료전이라도 조건부로 석방하는 제도(형§72, §76)를 말한다. 가석방은 이미 개심하고 있는 자에 대한 무용의 구금을 가급적 피함으로써 수형자에게 장래의 희망을 가지도록 하여 개선을 촉진하기 위한 형사정책적인 제도이다. 그 행형적 의의는「형의 집행유예」등과 같은 것이다. 가석방의 제도는 1791년 영국의 식민지 호주에서 유형의 죄수들을 섬안에서만 살아야 하다는 조건으로 석방한 데서 시작되었으며, 이어서 1829년 및 1833년의 폴란드 법률에 의한 분류제의 채용과 함께 수형자의 상급자에 대한 처우로서 취소를 조건으로 하는 가석방(Ticket of Leave During Good Conduct)이라는 것을 인정함으로써 확립된 것이라 한다. 18세미만의 소년수형자에 대하여는 단기와 장기를 정한 상대적 부정기형을 선고하여야 하는 바(소년§60), 이 경우에는 장기는 10년, 단기는 5년을 초과하지 못하며, 사형 또는 무기형으로 처할 것인 때에는 15년의 유기징역으로 한다(소년§59). 가석방을 허가함에는「개전의 정」이 있어야 하고 무기형에는 20년, 유기형에는 형기의 3분의 1의 기간을 경과하여야 한다. 가석방은 어떤 의미에서 자유형의 일연장(一延長)이라 하겠고, 외부적으로는 집행이라고 할 수 있다. 설사 구금이 풀리고 자유의 사회에 해방된 것이긴 하나 그 행동에 대해서는 아주 방임하는 것이 아니고, 어느 정도의 단속이 필요한 것이다. 따라서 현행법제하에서는 보호관찰등에관한법률로써 가석방자도 보호관찰의 대상자(보호관찰등에관한법률§3Ⅲ, 형§73)의2②)로 하고 일정한 사항을 정하여 이를 준수케 하고 있다. 그리고 가석방은 취소할 수도 있다(형§75·가석방자관리규정).

가영치(假領置)

경찰관에 의해 보호조치에 취해진 피구호자가 휴대하고 있는 무기·흉기 등 위험을 야기할 수 있는 것으로 인정되는 물건을 경찰관서에 보관하는 임시조치(경찰관직무집행법 4조3항)를 말한다. 경찰상의 즉시강제수단의 하나로서 임시영치라고도 한다.

가위탁(假委託)

⇒ 감호조치

가출옥(假出獄)

가석방에 대한 구형법상의 용어이다.

선고유예·집행유예·가석방의 비교

	선고유예	집행유예	가석방
요 건	(1)1년 이하의 징역, 금고, 자격정지, 벌금 (2)개전의 정이 현저할 것 (3)자격정지 이상의 전과가 없을 것	(1)3년 이하의 징역, 금고 (2)정상참작사유가 존재할 것 (3)금고 이상의 형을 선고한 판결이 확정된 때부터 집행을 종료하거나 면제된 후 3년까지의 기간에 범한 죄에 대하여 형을 선고하는 경우가 아닐 것	(1)무기…20년, 유기…형기의 1/3경과 (2)개전의 정이 현저할 것 (3)벌금이나 과료를 완납할 것
기 간	2년	1년이상 5년이하	무기형-10년 유기형-잔형기:기간 10년초과 못함
기간경과의 효과	면소된 것으로 간주	형의 선고의 효력상실	형의 집행을 종료한 것으로 간주
실효요건	(1)유예기간 중 자격정지 이상의 형에 처한 판결의 확정 또는 자격정지 이상의 전과 발견 (2)보호관찰을 면한 선고유예를 받은 자가 보호관찰기간중에 그 준수사항을 위반하고 정도가 무거운 때	집행유예기간 중 고의로 범한 죄로 금고 이상의 실형을 선고받아 그 판결이 확정된 때	금고 이상의 형의 선고를 받아 그 판결이 확정된 경우

취소 요건	취소제도 없음	(1)요건 (3)이 결여된 것이 발각된 경우 (2)보호관찰이나 사회봉사 또는 수감을 면한 집행유예를 받은 자가 준수사항이나 명령을 위반하고 그 정도가 무거운 때	감시에 관한 규칙에 위배하건, 보호관찰의 준수사항을 위반하고 그 정도가 무거운 때(효과-가석방 중의 일수를 형기에 산입하지 않는다)

보안처분(保安處分)
독 ; sichernde Massnahme
불 ; mesure de sareté

사회적 위험성을 방지하기 위하여 형벌을 보충하거나 이에 대신하는 보호·양육·교정·치료 및 그 밖의 처분을 말한다. 보안처분과 형벌과의 관계에 있어서는 보안처분을 범인의 장래의 위험성에 대해서 가해지는 특별예방을 목적으로 하는 윤리적으로 무색한 처분이라고 해석하고 양자의 질적 차이를 인정하려는 설과, 보안처분을 이상자 또는 보통인의 이상행위에 대한 예방처분이라고 해석하고 형벌도, 보안처분도 행위자의 위험성을 기초로 하여 과해지는 것이기 때문에 양자는 단순히 양적인 구별에 지나지 않는다라고 하는 설이 있다. 1921년의 이탈리아 형법초안 및 1927년의 구소련 형법은 후자의 견해, 즉 사회방위처분의 일원론을 기초로 한 입법으로 유명하다.

대인적 보안처분
독 ; persönliche sichernde Maßhmen

사람에 의한 장래의 범죄행위를 방지하기 위하여 특정인에게 선고되는 보안처분을 말한다. 대인적 보안처분에는 자유를 박탈하는 보안처분과 자유를 제한하는 보안처분이 있다.

보호관찰(保護觀察)
영 ; probation, supervision

범인을 교도소 기타의 시설에 수용하지 아니하고 자유로운 사회에서 인정한 준수사항을 명하여 이를 지키도록 지도하고 필요한 때에는 원호(援護)하여 그의 개선, 갱생을 도모하는 처분, 형의 집행유예가 허용된 자에 대하여는 보호관찰을 행할 수 있으나(재차의 집행유예를 허용한 者에 대하여는 반드시 행하여야 한다), 이 같은 수용처분 없이 처음부터 보호관찰을 행하는 경우를 프로베이션(Probation)이라 한다. 또 가출옥이 허용된 자에 대하여는 보호관찰을 하나 일단 수용처분을 한 후에 가석방하여 보호관찰을 할 경우를 파로올(Parole)이라 한다. 또 프로베이션은 비행소년에 대한 보호처분의 일종으로서도 행하여지고 있다. 파로올은 소년원으로부터 가퇴원(假退院)된 자에 대하여도 행하여지고 있다.

감별(鑑別)

과학적 방법으로 비행소년의 요보호성을 진단하여, 그 교정치료의 방법을 찾는 절차를 말한다. 감별의 대상은 비행이나 범죄 등 그 증상이 아니라 그러한 증상을 나타내는 소년이다. 감별은 비행소년의 개성과 환경을 역동적 상관관계에 의해 규명하여 장래 범죄적 위험성을 예측하고 또 구체적 보호방법을 수립하여 적절한 처우의 결정을 목표로 한다. 따라서 이는 책임능력에 관한 정신의학적 진단인 정신감정과 구분된다.

감호조치(監護措置)

소년사건의 조사·심리에 필요하다고 인정되는 경우 소년의 신병을 감호하기 위한 조치(소년법 18조)를 말한다. 임시조치라고도 하며 소년부 판사의 결정으로써 집행한다. 그 종류로는 보호자소년을 위탁할 수 있는 적당한 자 또는 시설에 위탁하는 것, 병원 기타 요양소에 위탁하는 것, 소년분류심사원에 위탁하는 것 등이 있다. 감호조치는 언제든지 결정으로써 취소 또는 변경할 수 있다(소년법 18조 6항).

보호감호(保護監護)

수개의 형을 받거나 수개의 죄를 범한 자와 범죄를 목적으로 하는 단체 또는 집단의 수괴 및 간부인 자에 대해 적용되는 보안처분이다. 이러한 의미에서 보호감호는 위험한 상습범에 대한 보안처분이라고 할 수 있다. 그리고 보호감호의 기간은 7년을 초과할 수 없다.

치료감호(治療監護)

치료감호란 심신장애자와 중독자를 치료감호시설에 수용하여 치료를 위한 조치를 행하는 보안처분을 의미한다. 2005. 8. 4. 사회보호법이 폐지됨으로써 보호감호제도 및 그에 따른 보호관찰은 폐지되었지만 치료감호제도 및 그에 따른 보호관찰은 치료감호법을 새로 제정함으로써 존속하게 되었다. 치료감호는 피치료감호자의 치료와 안전의 목적을 동시에 달성하기 위한 보안처분이지만 치료의 목적이 보다 중요시된다. 이때 치료감호의 기간은 심신장애자에 해당하는 자는 15년, 중독자에 해당하는 자는 2년의 기간을 초과할 수 없다(치료감호법 제16조 2항). 치료감호와 형이 병과된 경우에는 치료감호를 먼저 집행한다. 이 경우 치료감호의 집행기간은 형 집행기간에 포함한다(치료감호법 제18조). 치료감호는 치료감호심의위원회의 종료결정에 의해서만 종료된다(치료감호법 제22조). 그러나 검사에 의한 집행정지도 가능하다(치료감호법 제24조).

사면(赦免)

국가의 원수의 특권에 의하여 형벌권을 소멸시키거나 혹은 형벌권의 효력을 멸살하는 것을 말한다. 우리 헌법에서 대통령은 법률[사면법(1948. 8. 3

0. 법률 제2호)]이 정하는 바에 의하여 사면·감형·복권을 명할 수 있고 국회의 동의를 얻어 일반사면을 명할 수 있다. 이러한 사면 중에서 가장 중요한 것은 일반사면으로서 죄의 종류를 정하여 유죄의 선고를 받은 자에 대하여는 형의 선고효력이 상실되며, 아직 형의 선고를 받지 아니한 자에 대하여는 공소권이 상실된다. 그 외에 특별사면은 형의 집행이 면제되고, 복권(復權)은 상실 또는 정지되었던 자격을 회복하며, 형의 집행을 면제하는 종류 등이 있다.

재판상의 복권(裁判上의 復權)
불 ; réhabilitation judiciaire

법원의 선고에 의하여 자격을 회복시키는 것을 말한다. 법률상의 복권에 대응하며, 사면법상의 복권과도 구별된다. 자격정지의 선고를 받은 자가 피해자의 손해를 보상하고 자격정지 이상의 형을 받음이 없이 정지기간의 2분의 1을 경과한 때에는 본인 또는 검사의 신청에 의하여 자격의 회복을 선고할 수 있다(형법 82조). 이 규정은 자격정지의 선고를 받은 자가 자격정지의 기간이 만료되지 아니하더라도 일정한 조건하에서 자격을 회복시켜 사회복귀의 장애를 제거하는 데 그 취지가 있다. 형의 실효 및 복권의 선고는 그 사건에 관한 기록이 보관되어 있는 검찰청에 대응하는 법원에 신청해야한다(형소법 337조1항). 이 신청을 받은 법원은 결정으로써 이를 선고한다(형소법 337조2항). 물론 이 신청을 각하하는 결정에 대하여는 신청인이 즉시항고를 할 수 있다(형소법 337조3항). 복권은 형의 언도의 효력을 상실시키는 것이 아니고 형의 언도의 효력으로 인하여 상실 또는 정지된 자격을 회복시킬 뿐이므로 복권이 있었다고 하더라도 그 전과사실을 누범 가중사유에 해당한다.

형의 시효(刑의 時效)

형의 선고를 받은 자가 재판이 확정된 후 그 형의 집행을 받지 않고 일정한 기간이 경과한 때에는 그 집행이 면제되는 제도를 말한다(§77, §78). 범죄 후 일정한 시간이 경과하면 제소할 수 없게 되는 「공소의 시효」(형소 §249)와는 구별하여야 한다. 구체적인 시효 기간은 사형은 30년, 무기의 징역 또는 금고는 20년, 10년 이상의 징역 또는 금고는 15년, 3년 이상의 징역이나 금고 또는 10년 이상의 자격정지는 10년, 3년 미만의 징역이나 금고 또는 5년 이상의 자격정지는 7년, 5년 미만의 자격정지, 벌금, 몰수 또는 추징은 5년, 구류 또는 과료는 1년이다.

형의 시효는 집행유예의 경우와 같이 형의 집행을 유예하고 혹은 수형자가 심신상실 등의 경우와 같이 법령에 의하여 형의 집행을 정지한 기간은 진행하지 아니한다(형§79①). 또한 형이 확정된 후 그 형의 집행을 받지 아니한 자가 형의 집행을 면할 목적으로 국외에 있는 기간 동안은 시효는 진행되지 아니한다(형§79②). 형의 집행을 위하여 범인을 체포하면 시효는 중단된다(§80).

● 형의 면제(刑의 免除)

형의 면제라 함은 범죄는 성립하였으나, 다만 이에 대한 형벌을 면제한다는 뜻의 선고를 할 경우를 말한다. 그러므로 실제로는 형의 면제라 하여도 재판으로써 선고하는 것이고, 또 그 재판의 성질은 「유죄의 재판」에 속하는 것이며 「무죄의 재판」과는 전혀 성질이 다르다. 「형의 면제」의 사유에는 (1) 「법률상의 것」과, (2) 「재판상의 것」이 있다. 그래서 위의 (1)의 경우에도 ㉮ 법률상 당연한 것과 또 ㉯ 재판상 임의의 것과의 구별이 있다. 즉 위 (1)의 ㉮ 법률상 당연한 것으로서는, 예를 들면 형법 제26조 「중지범」의 경우와 형법 제153조의 「자수」의 경우 등을 들 수 있다. 이와 같은 경우에는 반드시 형의 면제를 선고하여야 한다. 이에 반하여 ㉯의 재판상 임의적인 예로서는, 형법 제155조 4항의 가족이 증거인멸을 한 경우와 같이 법문이 단순히 「처벌하지 아니한다」에 불과한 경우이다. 또 위의 (2)의 「재판상의 것」으로서는 예를 들면 형법 제21조 2항, 제22조 3항 등과 같이 「정상에 의하여」 형을 면제할 수 있는 경우를 들 수 있다. 여기에서 주의해야 할 것은 위의 「형의 면제」라 함은 「형의 집행면제」와는 엄격히 구별해야 한다는 사실이다. 후자의 형의 집행면제라 함은, 예를 들면 형법 제77조에서 「형의 선고를 받은 자는 시효의 완성으로 인하여 그 집행이 면제된다」고 규정한 것 등이다. 즉 형의 집행면제는 형의 선고가 있는데도 그 집행이 면제되는 것이므로 형의 집행면제의 경우에는 다시 「누범」관계가 문제되는 것이다.

● 인적 처벌조각사유(人的 處罰阻却事由)

범죄가 성립되었음에도 불구하고 범인의 특정한 신분 기타의 사정으로 인하여 형을 과할 수 없는 경우의 일신적인 사정을 말하며, 일신적 형벌조각사유라고도 한다. 예를 들면, 직계혈족, 배우자, 동거의 친족 사이에 절도, 사기, 공갈, 횡령, 배임, 장물 등의 죄를 범한 경우에는 그 형이 면제되는데(형§344, §354, §361, §365), 이 경우의 친족인 신분이 인적 처벌조각사유이다. 또 헌법 제45조에 「국회의원은 국회에서 직무상 행한 발언과 표결에 관하여 국회 외에서 책임을 지지 아니한다」고 정한 것도 인적 처벌조각사유를 정한 것이라고 해석된다.

형 법 각 론

개인적 법익에 관한 죄

생명과 신체에 관한 죄

사람의 시기와 종기
(사람의 始期와 終期)

형법상 생명과 신체에 대한 죄를 논함에 있어서 가장 먼저 대두되는 문제는 사람의 시기와 종기에 대한 것이다. 사람은 출생한 때부터 사람이 된다. 따라서 아직 출생하지 아니한 태아는 낙태죄의 객체가 될 수 있을 뿐이다. 일반적으로 사람의 시기(始期)는 태아가 사람으로 되는 시기를 말하는데, 언제 사람이 출생하였는가 하는 점에 대해서는 견해의 대립이 있다. 즉 (1) 진통설은 규칙적인 진통을 수반하면서 태아의 분만이 개시될 때를 사람의 시기라 한다. 이 설은 우리 나라의 통설이며 대법원 판례의 입장이다. (2) 일부노출설은 태아의 신체의 일부가 모체에서 노출된 때를 사람의 시기라 한다. 이 설은 일본의 통설과 판례의 입장이다. (3) 전부노출설은 분만이 완성되어 태아가 모체로부터 완전히 분리된 때를 사람이 되는 시기(始期)라고 한다. 우리 민법상의 통설이다. (4) 독립호흡설은 태아가 모체에서 완전히 분리되어 태반에 의한 호흡을 그치고 독립하여 폐에 의하여 호흡을 할 때에 사람이 된다고 한다. 사람의 종기는 사망이다. 그러나 사망시기에 대해서는 견해의 대립이 있다. 즉 (1) 호흡정지설은 호흡이 영구적으로 그쳤을 때에 사람이 사망한다고 한다. (2) 맥박종지설은 심장의 고동이 영구적으로 정지한 때를 사람의 종기라고 한다. 이설이 우리 나라의 통설이다. (3) 뇌사설은 뇌기능의 종국적인 정지상태, 즉 뇌사상태에 이른 때에 사람이 사망한다고 한다. 이 설은 1968년 8월 9일 시드니에서 개최된 제22차 세계의사학회에서 채택된 Sydney선언에서 사망의 시기결정에 대한 가장 유효한 기준으로 추천되었으며 현재독일에서 통설적인 지위를 차지하고 있다.

> 사람의 생명과 신체의 안전을 보호법익으로 하고 있는 <u>형법의 해석으로는 규칙적인 진통을 동반하면서 분만이 개시된 때(소위 진통설 또는 분만개시설)가 사람의 시기(시기)라고 봄이 타당하다</u>(대법원 2007. 6. 29. 선고 2005도3832).

살인죄(殺人罪)
영·불 ; homicide   독 ; Tötung

고의로 타인을 살해하여 생명을 빼앗는 것을 말한다(형§250). 사람을 살해하여 사망이라는 결과를 야기함에 있어서 그 수단이나 방법은 불문한다. 즉 타살·사살·교살·독살·참살·자살·익살·추락) 등의 유형적 방법으로 살해하든 정신적인 고통이나 충격을 주는 무형적 방법으로 살해하든 상관없다. 단 폭발물을 사용하는 경우에는 별죄를 구성한다(형§119참조). 또한 직접적인 방법이나 간접적인 방법으로 살해하든, 작위에 의하든 부작위에 의하든지 상관없다. 여기에서 고의라 함은 행위의 객체에 대해 단지 사람이라는 인식만 있으면 족하고, 또한 행위에 대해서는 사망이라는 결과의 인용이 있으면 족하다. 따라서 객체의 착오, 인과관계의 착오, 방법의 착오는 고의의 성립에 영향이 없고 또한 미필적고의로도 충분하다. 이 경우 만약 고의가 없다면 단지 상해치사죄(형§259①), 폭행치사죄(§262) 또는 과실치사죄(§267)가 될 뿐이다. 본죄의 객체는 생명이 있는 타인이다. 따라서 생명이 있는 한 기형아·생존능력이 없는 빈사상태의 환자분만 중인 태아·실종선고를 받은 자 또는 사형의 확정판결을 받은 자 등도 모두 살인죄의 객체가 된다. 본죄는 상대방을 사망시킴으로써 기수가 되고, 살해하기 위한 행위는 있었으나 사망의 결과에 이르지 못한 경우에는 살인미수죄(§254)가 된다. 또한 살인의 목적으로 흉기나 독약을 준비하면 살인예비로서, 2인 이상의 살인을 모의하게 되면 살인음모로서 10년 이하의 징역에 처하게 된다(§255). 본죄를 범한 자는 사형·무기 또는 5년 이상의 징역에 처한다(§250). 단 형의 감경이나 집행유예도 가능하며, 일반적으로 양형의 폭이 매우 넓다.

존속살해죄(尊屬殺害罪)
독; Aszendentenmord　　　불; parricide

자기 또는 배우자의 직계존속을 살해하는 죄이다(형§250②). 여기에서 말하는 직계존속은 부모·친부모·증조부모 등 직계상의 친족을 말한다. 존속은 어디까지나 법률상·가족법상의 관념이다. 따라서 양친과 법률상의 계부모는 직계존속이 된다. 그러나 인지되지 아니한 사생자가 실부를 살해하거나, 또는 입양으로 말미암아 등록부상 타가에 입적한 자가 그 실부모를 살해하였을 경우에는 반대설이 있으나 존속살해가 되지 않는다. 또 배우자는 법률혼의 경우만을 포함하고 사실혼의 경우는 포함하지 않는다. 따라서 내연의 처의 부모를 부가 살해하더라도 보통살인죄(§250①)가 성립될 뿐이다. 존속살인은 보통살인보다 형을 가중하여 사형 또는 무기징역 또는 7년이상의 징역에 처한다. 존속살해에 형을 가중하는 데 대하여 위헌설은 헌법 제11조 제1항에 규정된 국민평등의 원칙에 위반된다던가, 존속살인의 실례를 들어보면 존속측이 가혹하여 도리어 비속측에 동정의 여지가 많다든지, 영아살인의 경우만은 형을 가중하는 것은 인도적 견지에서 허용될 수 없다고 주장한다. 이에 대해 합헌설은 (1) 국민평등에 관한 헌법의 규정은 국민이 법률상 차별취급을 받지 아니한다는 대원칙을 표시한 것이지 모든 사람을 항상 차별대우를 해서는 안된다는 절대적 평등을 의미하는 것은 아니며, (2) 형법이 존속에 대한 범죄를 무겁게 벌하는 것은 자의 부모에 대한 도덕적 의무에 근거를 둔 것으로 이러한 친자관계를 지배하는 도덕은 고금동서를 불문하고 인정되어 있는 인륜의 대본이요 보편적 도덕원리이며, (3) 본죄는 비속의 비윤리성을 특히 비난하는 데 그 본질이 있고 이로 인하여 존속이 강하게 보호되는 것은 그 반사적 이익에 불과하므로 본죄를 위헌이라고 할 수 없다고 한다.

본죄는 살인행위의 실행을 착수한 때에 법률상 존속관계가 존재하면 족하고 그 결과가 일어난 때에 존재함을 요하지 않는다. 또한 배우자의 직계존속은 현재 존재하는 배우자의 직계존속을 가리키는 것으로 배우자가 사망하여 배우관계가 존재하지 않게 된 때에는 배우자의 직계존속이 아니다. 그리고 본죄에 가공한 자는 공범으로 볼 수 있으나 형법 제33조 단서의 규정에 의하여 보통살인죄가 된다.

피살자(여)가 그의 문전에 버려진 영아인 피고인을 주어다 기르고 그 부와의 친생자인것 처럼 출생신고를 하였으나 입양요건을 갖추지 아니하였다면 피고인과의 사이에 모자관계가 성립될 리 없으므로, 피고인이 동녀를 살해하였다고 하여도 존속살인죄로 처벌할 수 없다(대법원 1981. 10. 13. 선고 81도2466 판결).

영아살해죄(嬰兒殺害罪)
영 ; infanticide   불 ; kindertötung

직계존속이 치욕을 은폐하기 위하거나 양육할 수 없음을 예상하거나 특히 참작할 만한 동기로 인하여분만 중 또는

분만 직후의 영아를 살해함으로써 성립하는 범죄이다. 본죄의 주체는 직계존속인데, 여기의직계존속에는 법률상의 직계존속뿐만 아니라 사실상의 직계존속도 포함된다. 다만 직계존속의 범위에 관하여는 견해가 일치하지 않는데, 통설은 형법이 그 주체를 어머니에 제한하지 아니한 이상 직계존속은 모두 본죄의 주체가 된다고 하고 있다. 본죄를 범한 자는 10년 이하의 징역에 처한다(형§251). 형법이 이와 같이 본죄를 살인죄에 비하여 가볍게 벌하는 것은 영아 생명을 경시하기 때문이 아니라, 출산으로 인하여 심신의 균형이 상실된 비정상적인 심신상태로 인하여 행위자의 책임이 감경된다는 데 그 근거가 있다. 본조의 미수범은 처벌한다(§254).

영아유기죄(嬰兒遺棄罪)

직계존속이 치욕을 은폐하기 위하거나 양육할 수 없음을 예상하거나 특히 참작할 만한 동기로 인하여 영아를 유기한 때에 성립하는 범죄(형법 272조)를 말한다. 본죄에 있어서의 직계존속은 법률상의 직계존속과 사실상의 직계존속을 포함하며 반드시 산모에 한하지 않고 부도 포함한다. 본죄에 있어서의 영아는 법문에서 아무런 제한을 두지 않았으므로 분만으로 인한 흥분상태나 종료한 이후에도 무방하며, 또 유기의 성질상 분만 완료 이전의 영아는 객체로 될 수 없다. 따라서 본죄에 있어서의 영아는 전부 노출된 이후의 영아로서 일반적 의미의 영아, 즉 젖먹이 아이(유아)를 의미한다고 보아야 한다.

촉탁·승낙에 의한 살인죄
(囑託·承諾에 의한 殺人罪)

본인으로부터 의뢰를 받고 또는 그의 승낙을 받아 그 사람을 살해하는 경우를 말하며 동의살인죄라고도 한다. 본인으로부터 「차라리 죽여 달라」는 적극적인 부탁을 받아 살해하는 것은 촉탁살인이며 「나 대신에 죽여달라」는 말을 듣고 그의 승낙을 받아 살해하는 것은 승낙살인이다(형§252①). 대체로 촉탁에 의한 살해는 항상 피해자의 희망과 합치되어야 하지만, 승낙에 있어서는 이러한 합치는 엄격하게 요구되지 않고, 다만, 살해행위가 피해자의 의사에 반하지만 않으면 된다. 살해에 대한 의뢰 및 승낙은 일시적인 기분이나 농담에 의해서는 할 수 없고, 본인의 진지한 요청에 의한 명확한 것이어야 한다. 그렇지 않으면 보통의 살인죄가 성립될 것이다. 또 불치의 병자가 육체적인 고통을 참을 수 없어 「죽여달라」는 진지한 요구를 하고, 이에 의하여 사기(死期)를 단축시켜 살해하는 「안락사」는 형식상으로는 동의살인죄에 해당하지만, 상황에 따라 「정당행위」(§20)로서 범죄로 되지 않은 경우도 있다. 본죄의 형은 1년 이상 10년 이하의 징역이며, 본죄의 미수범은 처벌된다(§254).

자살관여죄(自殺關與罪)

타인을 교사(敎唆) 또는 방조하여 자살하게 한 범죄이다(형§252②). 자살은 형법상 타인에게 자살을 교사하거나 방조하게 되면 이 범죄가 성립한다. 「함께 자살하자」고 하여 자살의 의사가 없는 자에게 그러한 의사를 가지게 하면 자살교사죄가 성립하고, 자살하려고 하는 자에게 그 자살행위를 용이하게 하기 위하여 총검을 대여해 주거나 독약을 제조해 주는 경우는 자살방조죄가 성립한다. 타인의 자살을 교사방조함에 있어서 공동자살, 예를 들면 정사(情死)에 있어서 한 사람이 살아났을 경우에는 자살방조죄가 성립한다. 그러나 상대방의 의사에 반하는 강제정사의 경우는 당연히 살인죄(§250①)가 성립한다. 또 자살은 자살이 무엇인가를 이해할 수 있는 능력을 가진 자가 자유로운 의사결정에 의하여 결의하여야 한다. 만일 그렇지 않은 경우에는 보통살인죄가 성립한다. 따라서 자살이 무엇인가를 이해할 수 없는 유아를 교사하여 공동자살하려던 모친은, 그 모친만이 생존한 때에 한하여 살인죄로서 처벌하게 된다. 형은 1년이상 10년 이하의 징역이다.

> 형법 제252조 제2항의 **자살방조죄**는 자살하려는 사람의 자살행위를 도와주어 용이하게 실행하도록 함으로써 성립되는 것으로서, 그 방법에는 자살도구인 총, 칼 등을 빌려주거나 독약을 만들어 주거나, 조언 또는 격려를 한다거나 기타 적극적, 소극적, 물질적, 정신적 방법이 모두 포함된다(*대법원 1992. 7. 24. 선고 92도1148 판결*).

정사(情死)
영; Suicide Pact 불; Doppelselbstmoerd

정사는 자살관여죄와 관계되어 논의되는 것으로서 합의에 의한 공동자살을 말하며 두 가지의 경우가 있다. 즉 정사하려는 일방이 진정으로 죽을 의사 없이 상대방만을 유혹하여 사망케 하는 경우와 양자가 진정으로 함께 죽을 약속이 되어서 자살한 경우이다. 전자의 경우는 형법 제253조에 따라 위계에 의한 살인죄가 되므로 별문제가 없으나, 후자의 경우에는 어느 일방이 살아남은 경우 어떻게 처벌할 수 있는가 하는 문제를 제기한다. 이 경우에는 사실관계에 따라 (1) 자살을 방조한 사실이 있는 때에는 자살방조죄로 처벌하고, (2) 두 사람이 동시에 자살행위를 한 사실이 명백한 때에는 무죄가 되며, (3) 때로는 교사자로서의 책임을 지는 경우도 있을 것이다.

위계 등에 의한 촉탁살인죄
(僞計 등에 의한 囑託殺人罪)

위계 또는 위력으로써 사람의 촉탁 또는 승낙을 받아 그를 살해하거나, 자살을 결의하게 하여 자살케 함으로써 성립하는 범죄이다(형§253). 여기에서 말하는 「위계」란 목적이나 수단을 상대방에게 알리지 아니하고 그의 부지나 착오를 이용하여 그 목적을 달성하는 것을 말하며 기망뿐만 아니라 유혹도 포함한다. 또한 「위력」이란 사람의 의사를 제압할 수 있는 유형적·무형적인 힘을 말한다. 따라서 폭행·협박은 물론 사회적·경제적 지위를 이용하는 경우도 여기에 해당된다. 본죄에 해당하는 경우는 제250조의 예에 의한다. 즉 본죄의 객체가 사람인 때에는 살인죄(사형, 무기 또는 5년이상의 징역), 자기 또는 배우자의 직계존속인 때에는 존속살해죄의 형(사형, 무기 또는 7년이상의 징역)으로 처벌받는 것이다.

모살·고살 (謀殺·故殺)
영; murder·manslanghter
독; Mord·Totschlag

살인죄는 원리 모살(謀殺)과 고살(故殺)이라는 두 가지 태양으로 분리되어 발전되어 왔으며 현재까지도 대부분의 입법례가 모살과 교살을 구별하고 있다. 다만, 양자의 구별기준에 대해서는 그 태도가 일치하지 않는데 대부분 양자의 구별기준으로 윤리적 요소와 심리적 요소를 들고 있다. 여기에서 말하는 모살이란 미리 계획을 세워 사람을 죽이는 것을 말한다. 원래 중세 독일에서는 공개적이고 당당한 싸움에 의한 살인을 고살, 비밀로 행하는 살인을 모살이라고 하였다. 이와 같이 모살은 처음에는 비밀성을 요소로 하였으나 그후 차츰 이욕(利慾)을 위한 살인, 흉기에 의하거나 예모(豫謀)에 의한 살인까지 포함하게 되었다. 즉 심리적 요소에 의해 모살과 고살을 구별하게 된 것이다. 그러나 심리적 요소에 의해 양자를 구별할 때에는 고통을 이기지 못하는 사람을 동정하여 계획적으로 살해하면 모살이 되고 순간적인 격정에 의하여 잔학한 방법으로 살해한 경우에는 고살에 지나지 않는다는 불합리한 결과가 초래된다. 그리하여 1941년 개정된 독일형법은 1919년의 스위스형법초안의 영향을 받아 심리적 요소를 포기하고 윤리적 요소에 의하여 모살과 고살을 구별하는 태도를 취했다. 이러한 외국의 입법례와는 달리 우리 형법은 일본형법의 영향을 받아 모살과 고살을 구별하지 않는다.

상해죄(傷害罪)
독; vorsätzliche körperverletzung

사람의 신체를 상해하는 죄를 말한다. 상해의 의미에 대해서는 사람의 신체에 손상을 주는 것, 즉 신체의 완전성(完全性)을 해하는 것을 의미한다는 신체의 완전성침해설과 사람의 신체의 건강상태를 불량하게 변경하는 것을 말한다는 생리적기능장애설 및 생리적 기능의 훼손과 신체외모에 대한 중대한 변화라고 해석하는 절충설등이 있는데 통설은 생리적기능장애설을 취하고 있고, 판례는 신체의 완전성침해설을 취하는 경우도 있고, 생리적기능장애설을 취하는 경우도 있으며, 양자를 포괄하는 입장을 취하는 경우도 있다. 통설의 견해에 따를 때 예를 들면 남자의 수염이나 여자의 소량의 모발을 깎아 버리는 것은 상해가 아니라 폭행죄에 해당된다. 그러나 피부의 표피를 박리(剝離)하는 것, 중독증상을 일으켜 현기구토를 하게 하는 것, 치아의 탈락, 피로·권태를 일으키게 하는 것, 처녀막열상, 성병에 감염시키는 것 등은 모두 상해로 된다. 그러나 상해에 대한 고의는 없이 다만 뺨을 한번 때렸던

바, 의외에도 상처를 입히게 된 경우에는 폭행치상죄(형§262)가 된다. 이에 관하여 구형법에서는 상해죄가 성립된다고 하였으나, 현행 형법은 폭행치상죄의 구성요건을 신설하고 있으므로 상해죄는 고의범에 한하여 성립된다. 형은 7년 이하의 징역·10년 이하의 자격정지 또는 1천만원 이하의 벌금이다. 폭행의 고의도 없이 오로지 과실에 의하여 타인에게 상해를 가한 경우에는 과실치상죄(§266①)로서 5백만원 이하의 벌금구류 또는 과료에 처하고, 상해를 가하였던 바 상대방이 사망에 이르게 한 경우에는 상해치사죄(형§259①)로서 3년 이상의 유기징역에 처한다. 또 2인 이상이 각각 동시에 특정한 사람에게 상해를 가한 경우에 그 상해가 누구의 행위에 의한 것인지 판명되지 아니할 때에는 그 모두를 공동정범으로 처벌한다(§263). 이는 동시범의 특례를 인정한 것이다. 본죄의 보호객체는 자기 이외의 타인의 신체이다. 즉 피해자는 독립성을 가진 개인임을 요하고 따라서 태아, 사체 및 유골은 포함되지 않는다. 그러나 자기의 신체의 상해라도 특별법에 의해 처벌되는 경우가 있다(병역§86 ; 1년이상 5년이하의 징역, 군형§41① ; 적전(敵前)인 경우 사형, 무기, 5년이상의 징역, 기타의 경우 3년이하의 징역). 그리고 비록 타인의 신체에 상해를 가했다하더라도 그것이 사회상규에 위배되지 않는 피해자의 승낙이거나 치료행위 및 징계행위일 경우에는 위법성이 조각된다.

상해의 개념

학설	내용
신체의 완전성침 해설	상해란 신체의 완전성에 대한 침해를 의미한다는 견해.
생리적 기능훼손 설 (다수설)	상해란 생리적 기능의 훼손, 즉 건강침해로서 육체적, 정신적 병적 상태의 야기와 증가를 의미한다는 견해.
절충설	상해란 생리적 기능의 훼손 이외에 신체외관에 중대한 변경을 가하는 경우를 포함한다는 견해.

상해치사죄(傷害致死罪)

사람의 신체를 상해하여 사망에 이르게 함으로써 성립하는 범죄를 말한다. 객체가 자기 또는 배우자의 직계존속이 경우에는 형을 가중한다(형법 259조 2항). 상해에 대하여는 고의가 있었으나 사망의 결과가 고의 없이 발생한 상해죄에 대한 결과적 가중범의 일반원리에 따라 상해와 사망의 결과 사이에 인과관계가 있어야 하며 사망의 결과에 대한 예견가능성, 즉 과실이 있을 것을 요한다.

중상해죄(重傷害罪)
독; schwere körperverletzung

사람의 신체를 상해하여 (1) 생명에 대한 위험을 발생하게 하거나, (2) 불구에 이르게 하거나, (3) 불치나 난치의 질병에 이르게 함으로써 성립하는 범죄를 말한다. 본죄의 성격에 관해서는 본죄는 결과에 의해 형이 가중되는

경우이지만 여기에서의 중한 결과 역시 상해의 개념에 들어가므로 결과적 가중범이 아니라는 견해와 (1) 형법은 본죄의 미수범은 처벌하지 아니할 뿐만 아니라, (2) 본죄가 단순히 상해의 고의만 있으면 성립한다고 해석하는 것은 결과책임을 인정하는 것이 되므로, 본죄는 결과적 가중범을 규정한 것이지만 중한 결과를 과실로 발생케 한 경우뿐만 아니라 중한 결과에 대하여 고의가 있는 경우에도 성립하는 부진정결과적가중범이라고 해석하는 견해가 있다. 후설이 통설이다.

특수상해죄(特殊傷害罪)

단체 또는 다중의 위력을 보이거나 위험한 물건을 휴대하여 상해·존속상해·중상해·존속중상해의 죄를 범한 경우에 성립하는 범죄이다. 기존에 「폭력행위 등 처벌에 관한 법률」에 규정되어 있던 것을 2016년 1월 6일 형법 일부 개정시 형법에 편입하였다(§258조의2). 단체 또는 다중의 위력을 보이거나 위험한 물건을 휴대하여 상해·존속상해죄를 범한 때에는 1년 이상 10년 이하의 징역, 중상해·존속중상해죄를 범한 때에는 2년 이상 20년 이하의 징역에 처한다.

상해죄의 동시범의 특례
(傷害罪의 同時犯의 特例)

2인 이상이 의사연락 없이 개별적으로 동시에 죄를 범한 경우를 동시범이라 한다. 이 때 동시범은 각자가 단독

정범에 불과하기 때문에 개인책임의 원리에 따라 각자는 자기의 행위에 의하여 발생한 결과에 대해서만 책임을 지게 된다. 형법 제19조가 독립행위의 경합이라고 하여 「동시 또는 이시의 독립행위가 경합한 경우에 그 결과발생의 원인된 행위가 판명되지 아니한 때에는 각 행위를 미수범으로 처벌한다」고 규정하고 있음은 바로 이를 의미하는 것이다. 그러나 형법은 제263조에서 상해죄에 대해서는 동시범의 특례를 인정하여 형법 제19조의 예외를 인정하고 있다. 즉 형법 제263조는 「독립행위가 경합하여 상해의 결과를 발생하게 한 경우에 있어서 원인된 행위가 판명되지 아니한 때에는 공동정범의 예에 의한다」고 규정하고 있다. 이것은 2인 이상이 동일인에 대하여 폭행을 가하여 상해의 결과가 발생한 경우에 누구의 행위에 의하여 상해의 결과가 발생하였는가를 입증하기 곤란하기 때문에 이러한 입증곤란을 구제하기 위하여 정책적인 예외규정을 둔 것이다. 이러한 상해죄의 동시범의 특례에 대해 예외를 둔 형법 제263조의 법적 성질에 대해서는 (1) 피고인이 자기의 행위로 상해의 결과가 발생하지 않았음을 증명할 증거책임을 지운 것이라고 하는 증거책임전환설과, (2) 입증의 곤란을 구제하기 위하여 공동정범에 관한 법률상의 책임의 추정을 규정한 것이라는 법률상추정설 및 (3) 소송법상으로는 증거책임의 전환으로서의 성질을 가지며 실체법상으로는 공동정범의 범위를 확장시키는 의제를 한 것이라는 이원설이 있다. 현재는 증거책임전환설이 다수설이다. 형법 제263조가 상해죄와 폭행치상죄에 대해 적용됨에는 이론(異論)이 없다. 제263조는 '상해의 결과를 발생하게 한 경우'에 적용되므로 당연히 적용되는 것이다. 그러나 상해치사죄·폭행치사죄·강간치상죄에 대해서는 논란이 있다. 우리 대법원은 이 경우에 있어 상해치사죄와 폭행치사죄의 경우에는 형법 제263조가 적용된다고 판시하고 강간치상죄에는 적용되지 않는다고 판시하고 있다.

폭행죄(暴行罪)
영 ; assault
독 ; Gewalt

사람의 신체에 대하여 폭행을 가하는 죄이다(형§260①). 여기에서 말하는 폭행이란 신체에 대한 일체의 불법적인 유형력의 행사를 포함하며, 그 행위로 반드시 상해의 결과를 초래할 필요는 없다. 이에 따라 불법하게 모발·수염을 잘라버리는 것, 높지 않은 곳에서 손으로 사람을 밀어 떨어지게 하는 것, 사람의 손을 세차게 잡아당기는 것 등도 폭행이 된다. 또 구타 등과 같이 직접 행위에 의한 경우뿐만 아니라 널리 병자의 머리맡에서 소란을 피우거나 마취약을 맡게 하거나 또는 최면술에 걸리게 하는 등 사람의 신체에 대한 일체의 유형력의 행사, 즉 물리적인 힘의 행사에 한하지 않고 예를 들면 담배의 연기를 상대방에게 뿜어 버리거나 강제로 키스하는 것도 폭행이 된다. 형법에는 폭행죄에 있어서의 폭행 이외에 세 가지 종류의 폭행이 있다. 즉 소요죄·내란죄 등에 있어서의 폭행과 같이 사람에 대한 것이든 물건에 대한 것이든 모든 종류의 유형력의 행사 즉 최광의의 폭행과, 공무집행방해죄에 있어서의 폭행과 같이 사람에 대한 직접적·간접적인 유형력의 행사, 즉 광의의 폭행 및 강도죄·강간죄 및 강제추행죄 등에 있어서의 폭행과 같이 피해자의 저항을 억압할 정도의 유형력의 행사 즉 최협의의 폭행이 있다. 또 폭행은 고의가 있어야 하고 위법한 것이어야 하므로, 씨름·권투시합·프로레슬링에서의 행위는 폭행이 아니며 상대방의 승낙을 받아 시행한 최면술도 폭행이 아니다. 신문기사에 흔히 나오는 「부녀폭행」은 강간을 의미하는 것으로서, 이는 까다로운 표현을 피하기 위하여 사용되는 말에 불과하고 본래의 의미의 폭행과 다르다. 폭행죄는 2년 이하의 징역 또는 500만원 이하의 벌금·구류또는 과료에 처한다. 또 폭행죄는 이른바 반의사불벌죄로서 피해자의 명시한 의사에 반하여서는 공소를 제기 할 수 없다.

반의사불벌죄(反意思不罰罪)

폭행죄와 같이 피해자의 명시한 의사에 반하여 공소를 제기할 수 없는 죄를 말한다. 즉 처벌을 희망하는 의사표시가 없어도 공소를 제기할 수 있으나, 처벌을 희망하지 아니하는 의사표시가 있거나 처벌을 희망하는 의사표시를 철회하였을 때에는 공소를 제기할 수 없고, 공소를 제기한 때에는 공소기각의 판결을 선고하여야 한다(형소§327Ⅵ). 이러한 의미에서 반의사불벌죄를

해제조건부범죄라고도 한다.

특수폭행죄(特殊暴行罪)

단체 또는 다중의 위력을 보이거나 위험한 물건을 휴대하여 폭행을 또는 존속폭행을 한 죄이다(형§261). 여기에서 말하는 (1) 단체라 함은 일정한 공동목적을 가진 다수인의 조직적인 결합체를 말한다. 법인·조합은 물론 기타 계속적인 조직을 포함하고 일시적인 데모를 할 공동목적으로 조직된 결합체도 본조의 「단체」라고 봄이 타당하다. (2) 다중이라 함은 단체를 이루지 못한 다수인의 결합을 말한다. 그러나 현실적으로 그 중합인원(衆合人員)이 몇 명 이상이어야 한다는 것은 구체적인 경우에 따라 결정해야 할 것이다. 같은 용어를 쓰고 있는 형법 제115조의 소요죄에서와 같이 일정한 지방의 평온을 교란할 정도의 다수임을 필요로 하지 않고, 불과 수명이라 하더라도 그것이 어떤 집단적 세력을 배경으로 한다던가, 다수로 볼 수 있는 단체 아닌 결합체 등이 이에 해당한다. (3) 위력이라 함은 사람의 의사를 제압하는 힘이다. 그러나 형법 제253조(촉탁살인 등)의 「위력」과는 같지 않다. 즉, 형법 제253조의 경우에는 무형력의 사용도 포함하지만 형법 제261조의 「위력」은 유형력의 사용만을 뜻한다. 따라서 무형력을 사용한 경우에는 특수협박죄에 해당된다. 여기에서 위력을 보인다 함은 사람의 의사를 제압시킬만한 세력을 상대방에게 인식시키는 것을 말한다. 예컨대 시각에 작용시키든

(단체위임의 타이틀이 있는 명함을 보이는 것), 청각에 작용시키든(다중의 대표자로서 왔다고 말하는 것), 촉각(觸覺)에 작용하든(맹인에게 점자를 만지게 하는 것) 불문한다. 그리고 위력을 보이기 위하여는 단체 또는 다중이 현장에 있음을 필요로 하지 아니한다. (4) 위험한 물건이라 함은 일반적으로 사람의 생명, 신체를 침해할 수 있는 물건을 말한다. 예컨대 총, 검, 철봉, 곤봉, 폭발물, 독약물이 여기 속한다. 안전면도용 칼날도 그 용법에 따라 위험한 물건이 되기도 한다.

위력(威力)

사람의 의사를 제압할 수 있는 유형적·무형적인 힘을 말한다. 폭행·협박을 사용한 경우는 물론, 사회적·경제적 지위를 이용하여 의사를 제압할 수 있다. 형법상 업무방해죄(형법 314조), 특수폭행죄(형법 261조) 등에 있어서 범행의 수단으로 되어있다.

과실상해·과실치사죄
(過失傷害·過失致死罪)

이 죄(형§266, §267)는 주관적 요건으로, (1) 상해 또는 폭행에 대한 고의가 없어야 한다. 상해의 고의가 있으면 상해죄가 되고, 폭행의 고의가 있으면 폭행치상죄가 문제된다. (2) 부주의로 결과발생을 예견하지 못하거나 (의식 없는 과실), 결과가 발생되지 않으리라고 생각한 경우(인식 있는 과실)이다. 또 객관적 요건으로는, (1) 행위가 작위건 부작위건, 폭행이건 아니건 불문하고 (2) 보통사람의 주의능력을 표준으로 결정한다(객관설). 그러나 행위자를 표준으로 해야한다는 주관설이 있고, 주의능력이 평균인 이하이면본인을 표준으로, 평균인 이상이면 평균인을 표준으로 해야 한다는 절충설이 있다. 따라서 실제에 있어서는 구체적인 사실에 따라 판단해야 한다. 그리고 (3) 과실과 치상과의 사이에는 인과관계가 있어야 한다. 본죄도 반의사불벌죄이다. 본조에서는 본죄와 관련하여 과실범, 즉 본죄의 공범이 가능한가 하는 문제가 제기된다. 과실의 공동정범이 가능한가에 대해 통설은 이를 부정하고 있으나, 대법원의 판례는 행위공동설의 입장에서 이를 긍정하고 있다.

업무(業務)

사회생활상의 지위에 기하여 계속 또는 반복하여 행하는 사무를 말한다. 업무는 사회생활상의 지위에 기한 사무여야 한다. 사회생활상의 지위에 기한 사무란 사람이 사회생활을 유지하면서 행하는 사무를 말한다. 업무는 객관적으로 상당한 횟수 반복하여 행하여지거나 또는 반복 계속할 의사로 행하여진 것이어야 한다.

따라서 호기심에 의하여 단 1회 운전한 것만으로는 업무라고 할 수 없다. 그러나 장래 반복하여 행할 의사로 행한 때에는 단 1회의 행위라도 업무에 해당한다. 업무는 사회생활에서 계속성을 가지는 사무여야 한다.

폭행의 개념

구분	개 념	해 당 범 죄
최광의	일체의 유형력의 행사 (사람에 대한 것이든 물건에 대한것이건 불문함)	내란죄(형§87), 소요죄(§115), 다중불해산죄(§116).
광의	일정한 사람에 대한 직접간접의 유형력의 행사	공무집행방해죄(§136), 특수도주죄(§146), 강요죄(§324).
협의	사람의 신체에 대한 직접적인 유형력의 행사	폭행죄(§260), 특수공무원의 폭행 등의 죄(§324)
최협의	상대방의 항거를 현저히 곤란하게 하거나, 反抗을 억압할 정도의 강한 유형력의 행사	강간죄(§297), 강제추행죄(§298), 강도죄(§333), 준강도죄(§335)

폭행죄와 상해죄의 비교

구 분	상 해 죄	폭 행 죄
보호법익	•신체의 생리적 기능 •신체의 완전성침해설과 생리적 기능의 훼손+신체외모에 대한 중대한 변화라고 하는 절충설도 있음	신체의 완전성
보호정도	침해범	형식범
행 위	상해행위가 보통이며 무형적 방법도 가능	폭행행위, 무형적 방법도 가능
고 의	상해고의일 것	폭행고의일 것
위 법 성	피해자의 승낙이나 징계행위는 사회상규 또는 공서양속에 위배되지 않는 범위 내에서 위법성 조각	상해죄와 같으나 구체적으로 징계행위의 경우 징계목적 달성상 불가피하다는 객관적 요건과 징계목적으로 한다는 주관적 요건이 구비되어야 함
기 타	•친고죄 아님 •과실상해죄 인정(형§266) •동시범의 특례적용(§263)	•반의사불벌죄 •과실폭행은 불벌 •상해죄와는 흡수관계

상해죄와 폭행죄

구분	폭행	상해	사망
폭행죄	폭행의 의사 상해의 의사		
상해죄	폭행의 의사		
과실상해죄	폭행의 고의 없고, 폭행이 정당한　　경우		
상해치사죄	폭행의 의사	(과실)	
과실치사죄	고의 없이	(결과적 가중범)	

업무상과실치사상죄
(業務上過失致死傷罪)

업무상 과실로 인하여 사람을 사상에 이르게 함으로써 성립하는 범죄이다. 본죄는 업무자라는 신분관계로 인하여 형이 가중되는 가중적 구성요건이다. 그러나 그러한 가중의 근거에 대해서는 (1) 업무자에게는 특히 무거운 주의의무가 과하여지기 때문에 고도의 주의의무를 태만히 한 점에서 형이 가중된다는 견해와, (2) 주의의무는 동일하지만 업무자에게는 고도의 주의능력이 있으므로 위법성이 크다는 점에서 무겁게 벌하는 이유가 있다는 견해 및 (3) 업무자의 주의의무는 일반인과 동일하지만 업무자에게는 일반적으로 결과에 대한 예견가능성이 크기 때문에 그 책임이 보통사람의 중과실의 경우와 같다고 보는 견해 등으로 나뉘어져 있다. 본죄에서 말하는 업무란 「사람이 사회생활상의 지위에 기하여 계속하여 행하는 사무」를 말한다. 대법원도 본죄의 업무에 관하여 「사람의 사회생활 면에 있어서의 하나의 지위로서 계속적으로 종사하는 사무를 말하고 반복계속의 의사 또는 사실이 있는 한 그 사무에 대한 각별한 경험이나 법규상의 면허를 필요로 하지 않는다」라고 판시하고 있다.

업무상과실치사상죄에 있어서의 업무란 사람의 사회생활면에 있어서의 하나의 지위로서 계속적으로 종사하는 사무를 말하고, 여기에는 수행하는 직무 자체가 위험성을 갖기 때문에 안전배려를 의무의 내용으로 하는 경우는 물론 사람의 생명·신체의 위험을 방지하는 것을 의무내용으로 하는 업무도 포함된다 할 것이다(대법원 2007. 5. 31. 선고 2006도3493).

중과실 치사상죄
(重過失 致死傷罪)

중대한 과실로 인하여 사람을 사상에 이르게 함으로써 성립하는 범죄(형법 268조 후단)를 말한다. 여기서 중대한 과실이라 함은 주의의무위반의 정도가 현저한 경우, 즉 조금만 주의하였더라면 결과의 발생을 회피할 수 있었음에도 불구하고 이를 게을리한 경우를 말한다. 중대한 과실이 있느냐의 여부는 결국 구체적 상황에 따라 건전한 사회의식에 비추어 판단하지 않을 수 없다.

낙태죄(落胎罪)
영 ; abortion
독 ; Schwangerschaftsabbruch Abtreibung

자연의 분만기에 앞서서 인위적으로 태아를 모체 밖으로 배출하는 범죄를 말하며 또한 모체내에서 약물 등에 의하여 태아를 살해하는 경우도 포함한다. 낙태죄에 있어서는 태아를 모체 밖으로 배출하는 한, 그 태아의 사망여부는 범죄의 성부에 영향이 없다. 따라서 임신 1월의 태아도 낙태죄로 된다. 방법은 약물을 사용하든 수술에 의하든 불문한다. 낙태죄는 고의범이다. 그러나 반드시 태아를 살해한다는 의사는 필요하지 않다. 고의범이므로 과실낙태죄는 없다. 따라서 임산부가 회태(懷胎)의 사실을 인식하지 못하고, 또한 낙태의 의사도 없이 약을 복용하였던 바, 우연히 낙태의 결과가 발생하였다하더라도 처벌되지 아니한다. 본죄의 보호법익에 대해서는 태아는 주체성이 없으므로 임산부의 신체만이 보호법익이라는 설과 태아의 생명이라는 설 및 태아의 생명과 임산부의 신체의 안전성이라고 하는 설 등의 세 가지 견해가 있다.

그러나 태아의 생명이 본죄의 보호법익으로 되는 것은 의문이 없지만, (1) 형법이 임부의 동의유무에 따라 刑에 있어서 경중의 차이를 두고 있고, (2) 낙태치사상죄를 무겁게 벌하고 있을 뿐만 아니라, (3) 임부의 신체도 독립된 보호법익이 된다고 해야 하므로 세 번째 견해가 타당하다. 현행 형법상 낙태에는 자기낙태, 동의낙태, 업무상 낙태, 부동의낙태, 낙태치사상 등의 다섯 가지 종류가 있다. 즉 (1) 임부자신이 약물 기타의 방법으로 낙태하면 1년 이하의 징역 또는 200만원 이하의 벌금(§269①)이다. (2) 임부의 촉탁 또는 승낙을 받은 타인이 낙태하게 하면 임부자신의 낙태와 동일하게 처벌하지만(§269②), 이로 인하여 임부를 상해에 이르게 되면 3년 이하의 징역, 사망에 이르게 되면 7년 이하의 징역(§269③)이다. (3) 의사한의사조산사약제사 등이 임부의

촉탁 또는 승낙을 받아 낙태하게 한 때에는 2년 이하의 징역(§270①)이다. (4) 임부의 촉탁 또는 승낙 없이 낙태하게 하면 3년 이하의 징역(§270②)이며 그 결과 임부를 상해에 이르게 하면 5년 이하의 징역이고 사망에 이르게 하면 10년 이하의 징역이다(§270③). 낙태죄를 처벌하는 것이 입법정책상 타당한가에 관하여는 의학적·우생학적·사회경제적·윤리적 견지에서 논의되고 있으며, 심지어 1974년의 개정 독일형법은 기한방식을 도입하여 낙태의 절대적 자유화를 채택하고 있다(독일형법§218의a). 이러한 사조의 영향을 받아 현재 우리 모자보건법에도 낙태죄의 위법성조각사유로서 (1) 본인 또는 배우자가 우생학적 또는 유전학적 정신장해나 신체질환이 있는 경우, (2) 본인 또는 배우자에게 전염성 질환이 있는 경우, (3) 강간 또는 준강간에 의하여 임신된 경우, (4) 법률상 혼인할 수 없는 혈족 또는 인척 간에 임신된 경우, (5) 임신의 지속이 보건의학적 이유로 모체의 건강을 심히 해하고 있거나 해할 우려가 있는 경우를 들고 있다(모자보§14①).

낙태죄는 태아를 자연분만기에 앞서서 인위적으로 모체 밖으로 배출하거나 모체 안에서 살해함으로써 성립하고, 그 결과 태아가 사망하였는지 여부는 낙태죄의 성립에 영향이 없다(대법원 2005. 4. 15. 선고 2003도2780 판결).

형법상의 사무개념

구분	사항	내용	형 법 규 정
총칙	정당행위로서의 업무(형§20)	위법성 조각사유(정당행위의 예시적 의의)	
각 칙	㉮ 행위 주체 로서 의 업무	(1)과실범에 관한 업무	① 일정한 업무자는 예견의무가 많기 때문에 부주의에 대한 책임이 가중되는 경우 ② 이런 업무는 생명, 기타 중요법익에 대한 침해가능성이 크므로 법은 일정한 허가제도를 둔다.	업무상과실화죄(§171) 업무상교통방해죄(§189) 업무상과실장물죄(§364) 업무상과실치사상죄(§268)
		(2)진정신분범의 요소로서의 업무	이런 업무는 타인의 비밀 및 상당히 중요한 서류의 취급자이므로 죄형법정주의 원칙상 상당한 해석의 제한이 따른다(예 : 변호사 아닌 변호인은 행위주체가 못됨)	업무상과실장물죄(§364) 업무상비밀누설죄(§317) 허위진단서 등의 작성죄(§233)
		(3)부진정신분범의 요소로서의 업무	특히 형벌을 가중토록 한다.	업무상실화죄(형§171) 업무상과실교통방해죄(§189②) 업무상횡령·배임죄(§356) 업무상과실치사상죄(§268) 업무상낙태죄(§270①) 업무상위력 등에 의한 간음죄(§303)
	㉯ 보호객체로서의 업무	① 업무에 제한이 없다. ② 업무는 방대한 해석이 허용되지 않는다. ③ 합법한 업무에 국한한다. ④ 공사무의 구별이 있다.	업무방해죄(§314)
	㉰ 행위상황으로서의 업무	곡마단과 같이 생명·신체에 대한 위험성 있는 업무	아동혹사죄(§274)

유기죄(遺棄罪)
영; abandon
불; Aussetzung

나이가 많거나 어림, 질병 그 밖의 사정으로 도움이 필요한 사람을 법률상 또는 계약상 보호할 의무가 있는 자가 유기하는 것을 내용으로 하는 범죄를 말하며(형§271) 일종의 신분범이며 위험범이다. 여기에서 말하는「도움이 필요한 사람」이라 함은 정신상 또는 신체상의 결함으로 인하여 타인의 부조·조력없이는 스스로 일상생활에 필요한 동작이 불가능한 자를 말한다. 이때 그 생활자료를 자급할 수 있는가 여부는 불문한다. 예컨대 경제적인 면에서 곤란하지 않은 사람도 부조를 요하는 경우가 있다. 또한 본죄의 주체는「보호할 법률상 또는 계약상의 의무 있는 자」이다. 여기에서 말하는 보호의무는 법률의 규정·계약·관습·사무관리·수리 등에 의하여 발생한다. 따라서 보호 책임이 없는 자(지나가는 통행인과 같은)는, 병자를 교외의 들판에 데리고

가서 방기하는 것 같이, 적극적으로 요보호자를 위험한 장소에 옮겼을 때에 한해서 처벌된다(형§271①). 보호책임이 있는 자(친권자, 배우자, 간호사 등)는 요부조자가 있음을 인식하면서도 그대로 떠나버리는 경우에도 처벌된다(형§271①, ②). 형벌에 있어서는 일반유기죄의 경우는 3년 이하의 징역 또는 500만원 이하의 벌금에 처한다. 존속유기죄의 경우는 10년 이하의 징역 또는 1천5백만원 이하의 벌금이고 직계존속이 영아를 유기하였을 때에는 형이 경감된다(2년이하의 징역 또는 3백만원이하의 벌금). 일반유기죄를 범하여 사람의 생명에 대한 위험을 발생케 할 때에는 7년 이하의 징역, 존속유기죄를 범하여 사람의 생명에 대하여 위험을 발생한 때에는 2년 이상의 유기징역에 처한다(§271③, ④).

현행 형법은 유기죄에 있어서 구법과는 달리 보호법익의 범위를 넓힌 반면에 보호책임없는 자의 유기죄는 없애고 법률상 또는 계약상의 의무있는 자만을 유기죄의 주체로 규정하고 있어 **명문상 사회상규상의 보호책임을 관념할 수 없**다고 하겠으니 유기죄의 죄책을 인정하려면 보호책임이 있게 된 경위 사정관계등을 설시하여 구성요건이 요구하는 법률상 또는 계약상보호의무를 밝혀야 하고 설혹 동행자가 구조를 요하게 되었다 하여 **일정거리를 동행한 사실만으로서는 피고인에게 법률상 계약상의 보호의무가 있다고 할 수 없으니 유기죄의 주체가 될 수 없다**(대법원 1977. 1. 11. 선고 76도3419).

중유기죄(重遺棄罪)

나이가 많거나 어림, 질병 그 밖의 사정으로 도움이 필요한 사람을 법률상 또는 계약상 보호할 의무가 있는 자가 유기하여 그의 생명에 대한 위험을 발생하게 함으로써 성립하는 범죄(형법 271조3항)를 말한다. 자기 또는 배우자의 직계존속이 객체인 경우에는 형이 가중된다(형법 271조4항). 본죄는 유기죄 또는 존속유기죄에 대한 결과적 가중범이다. 여기서 사람의 생명에 대한 위험이란 구체적 위험을 의미한다. 따라서 본죄는 구체적 위험범이다.

학대·존속학대죄
(虐待·尊屬虐待罪)

자기의 보호 또는 감독을 받는 사람을 학대하거나(형§273①) 자기 또는 배우자의 직계존속을 학대한 죄(§273②)이다. 여기에서 말하는 자기의 보호 또는 감독을 받는 사람이라 함은 그 근거가 반드시 법령의 근거뿐만 아니라, 계약 기타 일반 조리상에 근거한 경우도 포함한다. 또한 「학대」라 함은 반드시 육체적으로 고통을 가하는 행위뿐만 아니라, 정신적 고통은 물론 차별대우 같은 것도 포함한다. 그리고 어느 정도로 학대하는 것을 필요로 하느냐에 대하여는 구체적인 사정에 따라서 결정될 것이다. 여기에서 한 가지 주의할 것은 본죄의 보호법익이 일반적으로 인간의 인격권에 있다고 해야 할 것이므로 인간이 가지는 인격권을 침해하는 행위라고 생각되어도, 이에 대한 침해가 반윤리적인 침해의 정도로는 부족하고, 유기의 일종이라고 볼 수 있는 정도에 달하는 것이라야 본조에 해당하는 행위라고 해석해야 된다는 점이다.

> 형법 제273조 제1항에서 말하는 '학대'라 함은 육체적으로 고통을 주거나 정신적으로 차별대우를 하는 행위를 가리키고, 이러한 학대행위는 형법의 규정체제상 학대와 유기의 죄가 같은 장에 위치하고 있는 점 등에 비추어 <u>단순히 상대방의 인격에 대한 반인륜적 침해만으로는 부족하고 적어도 유기에 준할 정도에 이르러야 한다</u>(대법원 2000. 4. 25. 선고 2000도223).

아동혹사죄(兒童酷使罪)

자기의 보호 또는 감독을 받는 16세 미만의 자를 그 생명 또는 신체에 위험한 업무에 사용할 영업자 또는 그 종업원에게 인도하거나 인도 받음으로써 성립하는 범죄이다(형§274). 여기에서 말하는 「생명 또는 신체에 위험한 업무」라 함은 서커스, 광산노동 등과 같은 인체성장에 유해한 모든 노동을 말한다. 또 「인도」라 함은 계약에 관계없이 현실적으로 인도함을 의미하고 실제로 위험한 업무에 종사하였는가의 여부는 불문한다. 그리고 이러한 인도는 반드시 그 업무의 영업주에게 함을 필요로 하지 않고 그의 종업원에게 인도한 경우에도 해당된다. 본죄에 있어

서 아동은 16세 미만이면 족하고 구체적인 발육의 정도나 본인의 동의 유무를 불문한다(아동§18).

자유에 관한 죄

감금(監禁)
영 ; detention   독 ; Einsperrung

사람을 일정한 장소 밖으로 나가지 못하게 하여 신체적 활동의 자유를 장소적으로 제한하는 것을 말한다. 장소적 제한이 있는 점에서 체포와 구별된다. 감금의 수단 또는 방법을 불문한다. 문을 잠그거나 감시인을 두거나 개로 하여금 지키게 하여 출입구를 봉쇄하는 것이 보통이나, 여기에 제한되지 아니한다. 폭력을 사용하거나 묶거나 마취시키는 것과 같은 유형적방법에 의하든, 협박 또는 기망과 같은 무형적 방법에 의하든 불문한다. 밖으로 나가지 못하게 한다는 것은 탈출이 불가능할 것을 요하지 아니하며, 그것이 곤란한 경우도 포함된다. 따라서 사실상 탈출할 수는 있었다고 할지라도 피해자가 출구를 모르거나 인식하기 어려운 상태에 있었다면 감금에 해당한다. 피해자가 출구를 알고 있었던 경우에도, 예를 들어 아파트의 창문을 통하여 뛰어내리거나, 질주하는 차에서 내리는 것과 같이 탈출할 때와 같이 생명 또는 신체에 대한 위험이 뒤따르는 경우는 물론 수치심 때문에 밖으로 나가지 못한 때에도 감금이라고 할 수 있다.

> 감금죄에 있어서의 감금행위는 사람으로 하여금 일정한 장소 밖으로 나가지 못하도록 하여 신체의 자유를 제한하는 행위를 가리키는 것이고, 그 방법은 반드시 물리적, 유형적 장애를 사용하는 경우뿐만 아니라 심리적, 무형적 장애에 의하는 경우도 포함되는 것인바, 설사 피해자가 경찰서 안에서 직장동료인 피의자들과 같이 식사도 하고 사무실 안팎을 내왕하였다 하여도 피해자를 경찰서 밖으로 나가지 못하도록 그 신체의 자유를 제한하는 유형, 무형의 억압이 있었다면 이는 감금행위에 해당한다 *(대법원 1991. 12. 30. 자 91모5).*

감금죄(監禁罪)

사람을 감금하는 죄(형법 276조1항)를 말한다. 자기 또는 배우자의 직계존속에 대한 존속감금(형법 276조2항), 감금하여 가혹행위를 가한 중감금(형법 277조1항), 존속중감금(형법 277조2항), 단체 또는 다중의 위력을 보이거나 위험한 물건을 휴대하여 행한 특수감금(형법 278조), 그리고 상습감금(형법 279조)의 경우에는 형을 가중한다. 감금치상죄(형법 281조)의 경우에는 상해죄와 비교하여 중한 형으로 처벌한다.

체포·감금죄(逮捕·監禁罪)

불법하게 사람을 체포 또는 감금하여 사람의 신체적 활동의 자유를 침해하는 것을 내용으로 하는 범죄를 말한다(형§276). 본죄는 자연인인 타인을 객체로 하며, 책임능력, 행위능력 및 의사능력의 유무는 불문한다. 다만 갓난 아이는 제외된다. 그러나 주취자, 수면자 등은 각성이 기대되는 한 본죄의 객체가 된다. 여기에서 말하는 체포라 함은 사람의 신체에 대하여 직접의 자유를 박탈하는 것을 말한다. 유형적방식(악지, 결박)이든 무형적방식(위계, 협박)이든 또 작위이든 부작위(해방시킬 의무 있는 자가 필요한 수단을 취하지 않는다)이든 그 수단, 방법에는 제한이 없다. 또한 감금이라 함은 일정한 구역 밖으로 나가는 것을 불가능 또는 현저히 곤란케 하여 신체적 행동의 자유를 제한하는 것을 말한다. 그 수단 및 방법은 역시 불문한다. 체포·감금은 어느 정도 시간적으로 계속하여 행하여져야만 하는 계속범이다. 따라서 일순간의 구속은 폭행죄에 지나지 않는다. 감금은 해상의 선박과 같이 헤엄을 치는 등 비상특별수단에 의하지 않으면 탈출할 수 없는 장소에 두는 것도 감금이다(1949년 2월 20일 일·최고판).

또 목욕 중인 부녀의 의류를 탈취하여 욕실에서 나오지 못하게 하는 행위도 감금이다. 그러나 정당한 사유가 있는 경우에는 본죄를 구성하지 않는다. 예컨대 현행범 체포(형소§212), 친권자의 징계행위(민§915), 정신병자·주취자·자살기도자·부상자의 보호 조치(경찰관직무집행법§4①) 등이다. 이런 것들은 형법 제20조의 정당행위로서 위법성이 조각된다(정당한 이유가 있다고 보는 정신병자 감호를 위한 감치같은 것은 해당하지 않는다).

중체포감금죄(重逮捕監禁罪)

사람을 체포 또는 감금하여 가혹한 행위를 가함으로써 성립하는 범죄(형법 277조1항)를 말한다. 객체가 자기 또는 배우자의 직계존속인 경우에는 형이 가중된다(형법 277조2항). '가혹한 행위'라고 함은 사람에게 육체적·정신적으로 고통을 주는 일체의 행위를 말한다. 예컨대 폭행 또는 협박을 가하거나 일상생활에 필요한 의식주를 제공하지 아니하거나, 수면을 허용하지 않는 것 등이 여기에 해당한다.

그러나 감금의 수단이 된 폭행 또는 협박만으로는 가혹한 행위라고 할 수 없다. 본죄는 처음부터 체포·감금하여 가혹한 행위를 할 의사가 생긴 경우에도 성립한다. 본죄의 미수범은 처벌한다(형법 280조).

협박죄(脅迫罪)
독; Bedrohung

공포심을 일으키게 할 목적으로 상대방 또는 그 친족의 생명, 신체, 자유, 명예에 위해를 가할 것을 통고하는 범죄(형§283)이다. 「죽여버린다」고 말하면 생명에 대한 해악의 통고가 되고, 「집에 불을 질러버린다」고 말하면 재산에 대한 해악의 통고가 된다. 통고의 방법은 구두에 의하건 서면에 의하건 관계없고 또 입밖에 내지 않더라도 팔을 휘두르면서 위협을 보이기만 해도 통고가 된다. 따라서 실제로 위해를 가할 듯이 없었다 하더라도 협박죄는 성립한다. 통고내용은 보통 일반사람이 들어서 위해의 발생을 예감하고 공포심을 갖게 할 정도면 된다. 지구의 종말이 다가 왔다라던가, 죽음의 그림자가 덮였다던가 하는 말은 「경고」이지 협박은 아니다.

또 통고를 받은 사람이 실제로 놀라지 않았다 하더라도 협박죄의 성립에는 영향이 없다. 본죄의 법정형은 3년 이하의 징역, 500만원 이하의 벌금, 구류 또는 과료에 처하도록 되어 있고 피해자의 명시한 의사에 반하여 공소를 제기할 수 없다(반의사불벌죄).

특수체포감금죄(特殊逮捕監禁罪)

단체 또는 다중의 위력을 보이거나 위험한 물건을 휴대하여 전 2조의 죄를 범한 때에는 그 죄에 정한 형의 2분의 1까지 가중한다(형법 278조).

협박죄의 보호의 정도

학설	① 위험범이라는 견해와 ② 침해범이라는 견해(통설)가 대립되고 있다.
판례	협박죄는 사람의 의사결정의 자유를 보호법익으로 하는 위험범이라 봄이 상당하고, 협박죄의 미수범 처벌조항은 해악의 고지가 현실적으로 상대방에게 도달하지 아니한 경우나, 도달은 하였으나 상대방이 이를 지각하지 못하였거나 고지된 해악의 의미를 인식하지 못한 경우 등에 적용될 뿐이다(대법원 2007. 9. 28. 선고 2007도606 전원합의체판결).

형법상 협박의 개념

표준		내용	형법규정
행위자체		협박 자체가 죄가 되는 것	협박죄(§283)
		협박이 타행위와 결합하는 경우에 죄가 되는 것 a. 협박이 타행위의 목적으로 되는 것 : 다중불해산죄(§116)에서 협박을 목적으로 하는 다중의 중합 b. 협박이 타행위의 수단으로 되는 것 : 특수도주죄(§146), 강간죄(§297), 강도죄(§333), 공무집행방해죄(§136), 강요죄(§324) c. 타행위와 결합하여 목적도 수단도 아니고 그 자체가 죄로 되는 것 : 소요죄(§115)에 있어서 다중의 중합과 협박	
협박강약의의성질정도	광의	일반적으로 사람에게 외포심을 일으키게 할 만한 해악의 고지	공무집행방해죄(§136) 특수도주죄(§146)
	협의	일정한 악의의 고지로 상대방을 현실로 외포케 하는 것	협박죄(§283), 공갈죄(§350조), 강요죄(§324)
	최협의	상대방의 반항을 현저히 곤란 또는 억압할 정도의 외포심을 일으키게 할 만한 해악의 고지	강간죄(§297) 강제추행죄(§298) 준강도죄(§335)
행위주체	중합에 의한 협박(공동의사에 기한 공동협박)		소요죄(§115)
	수인 또는 1인의 협박(개인적 협박)		
피침해법익	개인적 법익		협박죄(§283), 강간죄(§297), 강도죄(§33), 강제추행죄(§298), 강요죄(§324)
	국가적 법익		소요죄(§115), 다중불해산죄(§116), 특수도주죄(§146)
	사회적 법익		사문서의 부정행위죄(§236)

강요죄(强要罪)

폭행 또는 협박으로 사람의 권리행사를 방해하거나 의무없는 일을 하게 함으로써 성립하는 범죄(형법 324조①)를 말한다. 형법은 본죄를 권리행사를 방해하는 죄의 장에서 규정하고 있으나, 본죄는 사람의 의사결정의 자유와 그 활동의 자유를 보호법익으로 하는 침해범이며, 따라서 본죄의 죄명을 강요죄로 개정한 것이 타당하다. 본죄를 범하여 사람의 생명에 대한 위험을 발생하게 한 경우(중강요죄)에는 형을 가중한다(형법 326조). 본죄의 객체인 사람은 자연인인 타인을 의미하며, 의사의 자유를 가진 자에 제한된다. 강요의 수단은 폭행 또는 협박이다. 폭행이란 타인의 의사나 행동에 대하여 현재의 해악을 가하여 강제효과를 발생케 하는 일체의 수단을 의미한다. 협박이란 해악을 고지하여 상대방에게 공포심을 일으키는 것으로서 협박죄의 있어서의 협박을 의미한다. 본죄의 있어서의 폭행과 협박은 반드시 상대방의 반항을 불가능하게 하거나 곤란하게 할 정도에 이를 것을 요하지 않지만, 적어도 상대방에게 공포심을 주어 그 의사결정과 활동에 영향을 미칠 정도에 이를 것을 요한다. 권리행사를 방해한다 함은 행사할 수 있는 권리를 행사하지 못하게 하거나 의무없는 일을 행하게 하는 것을 포함한다. 행사할 수 있는 권리란 그것을 행사하는가 아닌가가 그 권리자의 자율에 속하는 것을 말하며, 반드시 법령에 근거가 있을 것을 요하지 않는다. 또 의무없는 일을 하게 한다는 것은 자기에게 아무런 권리도 없고, 따라서 상대방에게 의무가 없음에도 불구하고 일정한 작위·부작위 또는 인용을 강요하는 것을 말한다. 그것이 법률행위이든 사실행위이든 묻지 않는다. 본죄는 폭행 또는 협박에 의하여 권리행사를 방해한다는 결과가 발생하여야 기수가 된다. 폭행 또는 협박과 권리행사방해 사이에는 인과관계가 있어야 한다. 인과관계가 없을 때에는 권리행사방해의 결과가 발생했다 하더라도 본죄는 미수에 불과하다. 그런데 형법은 본죄의 미수범을 처벌하지 않으므로 본죄의 미수에 해당하는 경우에는 폭행죄 또는 협박죄에 의하여 처벌하지 않을 수 없다.

특수강요죄(特殊强要罪)

단체 또는 다중의 위력을 보이거나 위험한 물건을 휴대하여 강요의 죄를 범한 경우에 성립하는 범죄이다(형법 제324조 ②). 기존에는 「폭력행위 등 처벌에 관한 법률」에 규정되어 있었으나, 2016년 1월 6일 형법 일부 개정

시 형법에 편입하였다.

중강요죄(中强要罪)

폭행 또는 협박으로 사람의 권리행사를 방해하여 사람의 생명에 대한 위험을 발생케 함으로써 성립하는 범죄(형법 326조)를 말한다. 본죄는 강요죄를 범하여 사람의 생명에 대한 위험을 발생하게 한 경우에 성립하는 결과적 가중범이다. 여기서 사람의 생명에 대한 위험이란 생명에 대한 구체적 위험을 의미한다.

약취, 유인 및 인신매매의 죄
(略取, 誘引 및 人身賣買의 罪)
영; abduction, kidnapping
독; Entfulhrung, kindese- ntziehung und Geiselnahme

사람을 약취 또는 유인하여 자기 또는 제3자의 실력지배하에 옮김으로써 개인의 자유를 침해하는 범죄이다. 약취는 폭행 또는 협박을 수단으로 하는 데 대하여, 유인은 기망 또는 유혹을 수단으로 하는 점에서 구별된다. 미성년자를 약취, 유인한 죄는 10년 이하의 징역, 추행, 간음, 결혼 또는 영리를 위하여 사람을 약취, 유인한 죄는 1년 이상의 10년 이하의 징역, 노동력 착취, 성매매와 성적 착취, 장기적출을 목적으로 한 약취, 유인죄는 2년 이상 15년 이하의 징역, 국외로 이송할 목적으로 약취·유인하거나 국외에 이송한 때에도 2년 이상 15년 이하의 징역에 처한다. 또한 사람을 매매한 사람은 7년 이하의 징역에 처하며 추행, 간음,

결혼 또는 영리의 목적으로 사람을 매매한 사람은 1년 이상 10년 이하의 징역에 처한다. 그리고 동력 착취, 성매매와 성적 착취, 장기적출을 목적으로 사람을 매매한 사람은 2년 이상 15년 이하의 징역에 처한다. 국외에 이송할 목적으로 사람을 매매하거나 매매된 사람을 국외로 이송한 사람도 2년 이상 15년 이하의 징역에 처한다.

> 형법 제287조에 규정된 미성년자약취 죄의 입법 취지는 심신의 발육이 불충분하고 지려와 경험이 풍부하지 못한 미성년자를 특별히 보호하기 위하여 그를 약취하는 행위를 처벌하려는 데 그 입법의 취지가 있으며, 미성년자의 자유 외에 보호감독자의 감호권도 그 보호법익으로 하고 있다는 점을 고려하면, 피고인과 공범들이 미성년자를 보호·감독하고 있던 그 아버지의 감호권을 침해하여 그녀를 자신들의 사실상 지배하로 옮긴 이상 미성년자약취죄가 성립한다 할 것이고, 약취행위에 미성년자의 동의가 있었다 하더라도 본죄의 성립에는 변함이 없다(*대법원 2003. 2. 11. 선고 2002도7115*).

인질강요죄(人質强要罪)

사람을 체포·감금·약취 또는 유인하여 이를 인질로 삼아 제3자에 대하여 권리행사를 방해하거나 의무 없는 일을 하게 함으로써 성립하는 범죄(형법 324조의2)를 말한다. 이는 사람을 인질로 삼은 권리행사방해를 가중처벌하기 위해 1995년 개정 형법에서 신설한 규정으로, 체포감금죄나 약취유인죄와

강요죄의 결합범이며, 그 보호법익은 인질의 장소 선택의 자유 및 피강요자의 의사결정의 자유이다. 본죄가 성립하려면 체포·감금 또는 약취·유인과 강요라는 행위가 있어야 하는 까닭에 체포·감금·약취 또는 유인하지 않는 자가 강요한 때에는 강요죄가 성립할 뿐이다. 그러나 반드시 강요의 목적으로 체포·감금·약취 또는 유인하였을 것을 요하지 않는다. 여기서 강요란 피체포·감금·약취·유인자를 인질로 삼아 제3자에게 권리행사를 방해하거나 의무없는 일을 하게 하는 것을 말하는 바, 강요의 상대방은 인질을 제외한 제3자(자연인·법인·법인격 없는 단체·국가기관)이다. 착수시기는 강요행위를 개시한 때이며, 기수시기는 강요로 인하여 권리행사를 방해하였을 때이다. 인질강요죄를 범한 자가 인질을 상해하거나 상해에 이르게 한 때 또는 살해한 때에는 그 형을 가중한다(형법 324조의3·4). 본 조의 미수범은 처벌한다. 그러나 인질강요죄 또는 인질상해·치상의 죄를 범한 자 미 그 죄의 미수범이 피약취·유인자나 인질을 안전한 장소로 풀어준 때에는 그 형을 경감할 수 있다.

강간과 추행의 죄 (强姦과 醜行의 罪)

강간과 추행의 죄 (强姦과 醜行의 罪)

형법 제32장의 죄로서 사람의 정조를 침해하는 죄. 즉, 강간·강제추행 등에 의한 상해·치상·살인·치사, 미성년자 등

에 대한 간음, 업무상위력 등에 의한 간음, 혼인빙자 등에 의한 간음, 미성년자에 대한 간음·추행 등이 이에 해당한다.

강간 (強姦)
영 ; rape   독 ; Notzuch   불 ; viol

폭행·협박에 의하여 상대방의 반항을 곤란하게 하고 사람을 간음하는 것을 말한다. 여기서 폭행이란 사람에 대한 유형력의 행사를 말하며, 협박이란 해악을 통고하는 것을 말한다. 반드시 본인에 대한 해악의 통고에 한하지 않고 제3자에 대한 해악(예컨대 자녀에 대한 해악)의 통고도 포함한다. 해악의 내용에는 제한이 없다. 폭행·협박의 정도에 관하여는 강도죄의 그것과 같이 해석하여 상대방의 의사를 억압할 정도에 이를 것을 요한다는 견해도 있으나, 통설은 반드시 상대방의 반항을 불가능하게 하는 경우뿐만 아니라 그것을 현저히 곤란하게 하는 것도 포함한다고 해석하고 있다. 대법원도 본죄의 폭행·협박은 상대방의 반항을 현저히 곤란하게 할 정도로 족하다고 판시하고 있다. 마취제 또는 수면제 등의 약물을 사용하거나 최면술을 거는 것도 본죄의 폭행에 해당한다고 해야 한다. 그것은 절대적 폭행의 한 유형이라고 보아야 하기 때문이다.

강간죄 (強姦罪)
영; rape 독; Notzucht

폭행 또는 협박을 수단으로 하여 사람을 항거불능의 상태로 만든 뒤 간음을 함으로써 성립한다(형§297). 다만 13세 미만의 사람에 대한 경우에는 폭력을 수단으로 하지 않았어도, 또 상대방의 동의가 있었다 하더라도 본죄가 성립한다(§305). 본죄는 사람의 정조의 자유를 침해함으로써 건전한 성적윤리질서를 혼란시키는 행위를 처벌하는 데 그 목적이 있다. 따라서 스스로 수절(守節)할 수 없는 심신상실자나 항거불능력자에 대한 간음행위는 준강간죄(§299). 강간죄를 피해자의 연령에 따라서 구별하는 것은 합의에 대한 이해능력을 고려한 것이다. 강간죄는 폭행이나 협박의 개시로 착수된다. 본래 강간죄의 객체는 부녀였으나, 변화된 시대상황을 반영하여 개정(2012.12.18. 법률 제11574호)되어 범죄의 객체가 '부녀'에서 '사람'으로 확대되었고, 강간죄 등 성범죄에 관하여 고소가 있어야 공소를 제기할 수 있도록 한 규정도 삭제되었다.

유사강간 (類似強姦)

폭행 또는 협박으로 사람에 대하여 구강, 항문 등 신체(성기는 제외한다)의 내부에 성기를 넣거나 성기, 항문에 손가락 등 신체(성기는 제외한다)의 일부 또는 도구를 넣는 행위를 한 사람에게 성립하는 범죄이며, 2년 이상의 유기징역에 처한다(§297의2). 변화된 시대 상황을 반영하여 다양화된 성범죄에 효과적으로 대처하기 위하여 2012년 12월 18일 형법 일부 개정시 신설한 범죄이다.

강간등에 의한 치사상죄
(强姦등에 의한 致死傷罪)
•━━━━━━━━━━

형법 제297조(강간)내지 제297조의2·제298조·299조·300조(유사강간·강제추행·준강간·준강제추행 및 그 미수)의 죄를 범하여 사람을 사상에 이르게 함으로써 성립하는 범죄를 말한다. 본죄는 강간죄·유사강간·강제추행죄·준강간죄·준유사강간·준강제추행죄·미성년자의제강간·미성년자의제강제추행 및 그 미수범을 범하여 사람을 사상에 이르게 하는 결과적 가중범이다. 따라서 위의 각 범죄에 대해서는 결과로 인하여 불법이 가중되는 가중적 구성요건이며 본죄에는 미수범에 관한 규정이 없다. 사상의 결과는 간음·추행의 기회에 또는 이와 밀접히 관련된 행위에서 생긴 것이면 충분하다. 따라서 간음·추행행위 그 자체에서 발생한 경우는 물론, 그 수단인 폭행·협박에 의해서 야기된 경우 또는 간음·추행에 수반되는 행위(피해자가 폭행을 피하려다 상처를 입은 경우)에 의해서 야기된 경우도 포함된다. 상해는 상해죄의 그것과 동일하다. 처녀막열상, 회음부과찰상과 같은 외상은 물론, 보행불능·수면장애·식욕감퇴·성병감염 등 기능장애를 일으킨 경우, 나아가서 "히스테리"증을 야기시킨 경우 등도 모두 상해에 해당한다. 사상의 결과 발생과 그 원인인 간음·추행·폭행·협박 또는 이에 수반되는 행위와의 사이에는 인과관계가 있어야 한다. 따라서 강간당한 피해자가 수치심이나 임신을 비관하여 자살한 경우, 강간으로 임신되어 낙태수술이나 분만중에 사망한 경우에는 강간행위에 수반된 행위로서 야기된 것이라 할 수 없으므로 본죄에 해당하지 않는다. 그러나 강간을 피하려다가 사사의 결과가 발생된 경우에는 강간행위에 수반된 행위와 인과관계가 있으므로 본죄에 해당한다. 본죄는 강간·강제추행 등의 기본행위가 기수로 되었건 미수로 그쳤던 관계없이 사상의 결과발생이 있으면 기수로 된다. 본죄는 결과적 가중범이므로 사상의 결과에 대한 인과관계와 예견가능성이 필요하지만, 행위자에게 결과에 대한 고의가 있을 것을 요하지 않는다.

강도강간죄 (强盜强姦罪)
•━━━━━━━━━━

강도가 사람을 강간함으로써 성립하는 범죄(형법 339조)를 말한다. 본죄는 강도가 사람을 강간하는 행위를 일반의 강도나 강간의 경우보다 가중처벌하려는 것으로 강도죄와 강간죄의 결합범이다. 가중처벌을 하는 이유는 강도가 항거불능의 상태에 있는 사람을 강간하는 것은 그 폭행·협박의 정도가 클 뿐만 아니라, 재물탈취와 신체적 자유의 침해 이외에 다시 성적자유까지 침해하고 나아가서 수치심으로 말미암아 수사기관에의 신고를 지연시킬 가능성도 있기 때문이다. 본죄의 주체는 강도범인이라고 하는 일종의 신분범이다. 단순강도죄(형법 333조)·특수강도죄(형법 334조)·준강도죄(형법 335조)·약취강도죄(형법 336조)의 강도범인을 모두 포함한다. 강도의 실행행위에 착수한 후의 자임을 요하나, 강도에 착수한 이상 그 기수미수를 불문한다. 본죄의 객체는 사람이며, 그 미수범은 처벌한다.

미성년자의제강간죄
(未成年者擬制强姦罪)

2020년 5월 19일 형법개정으로 인하여, 형법 제305조의 미성년자의제강간죄에 내용이 추가되었다. 기존에는 13세 미만의 사람에 대하여 간음 또는 추행을 한 자에게 죄를 물었는데, 제2항이 추가되어 "13세 이상 16세 미만의 사람에 대하여 간음 또는 추행을 한 19세 이상의 자"도 본죄에 해당되게 되었다. 본죄는 13세 미만의 사람 혹은 13세 이상 16세 미만의 사람이라는 점을 알고 간음하면 성립하며, 폭행·협박에 의하여 간음한 때에는 강간죄가 성립한다. 피해자의 동의가 있는 때에도 본죄의 성립에는 영향이 없다. 본죄가 성립하기 위한 주관적 구성요건으로 고의가 있어야 함은 당연하며, 미필적 고의로도 족하다. 따라서 행위자는 피해자가 '13세 미만 혹은 13세 이상 16세 미만'이라는 사실을 인식하여야 한다.

강제추행죄 (强制醜行罪)
독; sexuell Nögung

폭행 또는 협박으로 사람에 대하여 추행을 함으로써 성립한다. 본죄는 사람의 성적 자유 내지 성적 자기결정의 자유를 보호하기 위한 것이다. 본죄의 주체에는 아무런 제한이 없어 남자뿐만 아니라 여자도 본죄의 주체가 된다. 또한 본죄는 신분범도 자수범도 아니다. 따라서 여자도 본죄의 단독정범 또는 공동정범이 될 수 있다. 여기에서 말하는 「추행」이란 성욕의 흥분 또는 만족을 얻을 동기로 행하여진 정상적인 성적 수치감정을 심히 해치는 성질을 가진 행위를 말한다. 즉 일반사회의 건전한 도덕감정을 해치는 행위로서 결과를 요하지 않고 일정한 행위에 나아가는 것을 기수로 한다. 예컨대 여자의 국부를 손으로 만지거나 또는 키스하는 경우라든가 동성애 같은 것도 구체적인 경우에 따라서 본죄가 성립될 수 있다. 그리고 강제추행행위가 공공연하게 행해진 때는 본죄와 공연음란죄(형§245)와의 상상적 경합이 된다. 본죄가 성립하기 위해서는 고의가 있어야 하나 미필적 고의로도 족하다. 본죄의 고의는 폭행 또는 협박에 의하여 사람을 추행한다는 인식을 내용으로 한다. 따라서 성욕을 자극 또는 만족한다는 경향이나 목적이 있을 것은 요하지 않는다.

준강간죄·준강제추행죄
(準强姦罪·準强制醜行罪)

사람의 심신상실 또는 항거불능의 상태를 이용하여 간음 또는 추행을 함으로써 성립하는 범죄를 말하며 강간 또는 강제추행의 예에 의해 처벌된다(형§299). 이것은 비록 폭행이나 협박의 방법으로 간음 또는 추행한 것은 아니지만 심신상실 또는 항거불능의 상태를 이용하여 같은 결과를 초래한 때에 이를 강간죄 또는 강제추행죄와 같이 처벌하는 것이다.

여기에서 말하는 「심신상실」이라 함은 형법 제10조의 심신상실과 반드시 그 의미가 같은 것이 아니다. 즉 형법 제10조의 심신상실이란 심신장애라는 생물학적 기초에서 사물을 변별하거나 의사를 결정할 능력이 없는 것을 말하지만, 본죄의 심신상실은 심신장애라는 생물학적 기초에 제한되지 않는다.

따라서 수면중의 부녀 또는 일시적으로 의식을 잃고 있는 부녀도 여기에 해당된다. 한편 심신미약도 본죄의 심신상실에 포함되는지와 관련하여 포함된다고 보는 견해도 있으나, 형법은 제302조에서 심신미약자에 대한 간음·추행을 별도로 규정하고 있으므로, 심신미약자는 본죄의 객체에 포함되지 않는다는 것이 다수의 견해이다. 그리고 「항거불능」이란 심신상실 이외의 사유로 인하여 심리적 또는 육체적으로 반항이 불가능한 경우를 말한다. 예를 들어 심리적으로 항거가 불가능한 경우로는 의사가 자기를 신뢰한 여자환자를 치료하는 것처럼 하면서 간음한 경우를 들 수 있으며, 포박되어 있거나 수회의 강간으로 기진해 있는 부녀는 육체적으로 반항이 불가능한 경우에 해당된다. 본죄의 보호법익은 개인의 성적 자유이다. 그러나 본죄의 객체는 대부분 성적 자유를 가지지 못한 사람이므로, 엄격히 본다면 본죄는 성적 자유를 가지지 못한 사람이 성욕의 객체나 도구가 되는 것으로부터 보호하는 데 그 취지가 있다고 할 수 있다. 본죄가 자수범인가에 대해서 긍정설이 있으나, 본죄는 성적 거부의사를 제대로 표명할 수 없는 자의 현실적·잠재적 성적 자유를 보호하는 데 그 목적이 있으므로 자수범이 아니라는 부정설이 다수설이다. 본죄의 미수범도 역시 처벌된다(형§300).

> 형법 제299조에서의 항거불능의 상태라 함은 같은 법 제297조, 제298조와의 균형상 심신상실 이외의 원인때문에 심리적 또는 물리적으로 반항이 절대적으로 불가능하거나 현저히 곤란한 경우를 의미한다(대법원 2000. 5. 26. 선고 98도3257).

간음(姦淫)

피해자에 대하여 위법한 성행위를 하는 가해자의 행위로서, 추행행위의 넓은 개념에 속한다. 종래에는 만 13세 미만인 자에 대해서만 이 죄가 성립하였으나, 2020년 5월 19일 법이 개정되어 미성년자 의제강간 연령을 16세로 높였다(형법 제305조 제2항). 심신상실이나 항거불능의 상태를 이용하여 간음한 때에도 역시 강간죄가 성립된다(형법 299조), 이로 인하여 사람을 상해하거나 상해에 이르게 하면 형이 가중된다(형법 301조).

미성년·심신미약자 간음추행죄 (未成年·心神微弱者 姦淫醜行罪)

미성년자 또는 심신미약자에 대하여 위계 또는 위력으로서 간음 또는 추행을 함으로써 성립하는 범죄(형법 302

조)를 말한다. 위계라 함은 상대방을 착오에 빠지게 하여 정당한 판단을 못하게 하는 것을 말하며, 기망 뿐만 아니라 유혹도 포함된다. 위력이란 사람의 의사를 제압할 수 있는 힘을 말한다. 폭행·협박은 물론 지위·권세를 이용하여 상대방의 의사를 제압하는 일체의 행위를 포함한다. 그러나 폭행·협박의 경우에는 그것이 강간죄 또는 강제추행죄의 폭행·협박에 이르지 않을 것을 요한다. 피해자가 미성년자라 할지라도 강간죄에서 요구하는 정도의 폭행·협박으로 간음한 때에는 본죄가 아니라 강간죄가 성립한다.

형법 제302조의 위계에 의한 미성년자간음죄에 있어서 위계라 함은 행위자가 간음의 목적으로 상대방에게 오인, 착각, 부지를 일으키고는 상대방의 그러한 심적 상태를 이용하여 간음의 목적을 달성하는 것을 말하는 것이고, 여기에서 오인, 착각, 부지란 간음행위 자체에 대한 오인, 착각, 부지를 말하는 것이지, 간음행위와 불가분적 관련성이 인정되지 않는 다른 조건에 관한 오인, 착각, 부지를 가리키는 것은 아니다(대법원 2001. 12. 24. 선고 2001도5074).

미성년자추행죄
(未成年者醜行罪)

13세 미만의 사람에게 추행을 함으로써 성립하는 범죄(형법 305조 후단)를 말한다. 본죄는 13세 미만의 사람이라는 점을 알고 추행하면 성립하며, 폭행·협박을 수단으로 할 것을 요하지 아니한다. 13세 미만이라고 할지라도 폭

행·협박에 의하여 추행한 때에는 강제추행죄가 성립한다. 본죄가 성립하기 위한 주관적 구성요건으로 고의가 있어야 함은 당연하다. 미필적 고의로도 족하다. 따라서 행위자는 피해자가 13세 미만이라는 사실을 인식하여야 한다. 13세 미만인 사람에 대하여는 추행에 대한 동의능력을 인정하지 아니하여 그 동의가 있는 때에도 강제추행죄(형법 298조)의 예에 의하여 처벌하는 것이다. 따라서 본죄의 미수범은 처벌된다.

혼인빙자간음죄(婚姻憑藉姦淫罪)

혼인을 빙자하거나 기타 위계로써 음행의 상습이 없는 부녀를 기망하여 간음함으로써 성립하는 범죄이다. 이는 독일구형법 제179조의 Beischlafsers chleichung을 그 원형으로 하며, 기망의 방법으로 성적 자유를 침해하는 것을 보호하기 위한 것이다. 그러나 본죄에 대해서는 최근에 들어 폐지해야 한다는 의견이 제기되고 있었고, 헌법재판소는 2009년 11월 26일 재판관 6:3의 의견으로, 형법 제304조 중 "혼인을 빙자하여 음행의 상습없는 부녀를 기망하여 간음한 자"부분이 헌법 제37조 제2항의 과잉금지원칙을 위반하여 남성의 성적자기결정권 및 사생활의 비밀과 자유를 침해하는 것으로 헌법에 위반된다는 결정을 선고하였고 이에 따라 혼인빙자간음죄의 규정은 효력을 잃게 되었다. 이에 대하여 재판관 3인은 위 조항이 처벌대상의 가벌성에 비하여 지나치게 무겁다고 볼 수

없고 법익균형이 잘못되었다고 할 수 없으며 남녀를 불합리하게 차별하는 것이라고도 보기 어려우므로 헌법에 위반되지 않는다는 반대의견을 밝혔다.

명예와 신용에 관한 죄

명예훼손죄(名譽毀損罪)
영 ; libel and slander
독 ; Ehrverletzung

공연히 사실 또는 허위의 사실을 적시하여 사람의 명예를 훼손함으로써 성립한다(형§307). 즉「그는 뇌물을 받고 있다」,「여자관계가 복잡하다」는 등의 사실을 여러 사람 또는 불특정인이 지득할 수 있게 하여 타인의 명예, 즉 사회적 지위 또는 가치에 대한 평가를 손상케 하는 죄이다. 여기에서 말하는「공연성」이란 불특정 또는 다수인이 인식할 수 있는 상태를 의미한다. 따라서 불특정인인 경우에는 그 수의 다소를 묻지 않고, 다수인인 경우에는 그 다수인이 특정되어 있다고 하더라도 관계없게 된다. 또한「사실의 적시」라 함은 사람의 사회적 가치 내지 평가를 저하시키는데 충분한 사실을 지적하는 것을 말한다. 따라서 적시된 사실은 사람의 사회적 가치 내지 평가를 저하시키는데 적합한 것이어야 한다. 본죄에 있어서 그 적시방법은 구두나 전단 또는 입간판이나 신문에 게재하는 방법 외에도 몸짓으로 나타내는 것도 포함한다. 한 가지 주의할 것은 사자(死者)에 대한 명예훼손은 진실을 지적하는 한 죄로 되지 않는데(형§308)

반하여 생존자의 경우는 비록 지적된 사실이 진실한 사실이라 하더라도 처벌된다는 점이다(§307). 본죄의 형은 2년 이하의 징역이나 금고 또는 5백만원 이하의 벌금이다. 단, 생존자에 대한 명예훼손 행위는 예를 들면 행정관서의 부정적발과 같이 내용이 공공의 이해와 관계있거나, 또는 다만 공익을 위한 목적에서 행했을 경우에는 표시된 내용의 진실성이 증명되는 한 벌하지 않는다. 또 법원에 기소되지 아니한 사람의 범죄행위에 관한 사실은 공공의 이해관계되는 경우에 벌한다. 국민의 공사인 공무원이나 공선에 의한 후보자에 대한 명예훼손은 진실의 증명이 있는 한 벌하지 않는다. 본 죄는 피해자의 명시한 의사에 반하여 공소를 제기할 수 없다(반의사불벌죄). 그러나 사자명예훼손죄는 고소가 있어야 공소를 제기할 수 있다(친고죄).

명예훼손죄와 모욕죄의 보호법익은 다같이 사람의 가치에 대한 사회적 평가인 이른바 외부적 명예인 점에서는 차이가 없으나 다만 **명예훼손**은 사람의 사회적 평가를 저하시킬 만한 **구체적 사실의 적시를 하여 명예를 침해함을 요하는 것**으로서 구체적 사실이 아닌 **단순한 추상적 판단이나 경멸적 감정의 표현으로서 사회적 평가를 저하시키는 모욕죄**와 다르다(*대법원 1987. 5. 12. 선고 87도739*).

사자명예훼손죄(死者名譽毀損罪)

공연히 허위의 사실을 적시하여 사자의 명예를 훼손하는 죄를 말한다(형§3

08). 본죄의 보호법익에 관하여 사자(死者)는 인격자가 아니며 법익의 주체가 될 수 없으므로 유족의 애모숭경(愛慕崇敬)의 감정이라는 견해도 있으나 통설은 사자 자신의 명예라고 본다. 그 근거로서는 전설에 의할 때에는 유족이 존재하지 않을 때에는 본죄가 성립하지 않고, 유족의 명예를 사자의 명예와 동시할 수 없으며, 또 사자도 역사적인 존재로서 인격자에 준하여 명예의 주체로 인정하여야 한다는 데 있다. 본죄는 허위의 사실을 적시한 경우에 한하여 성립한다. 「공연」이라 함은 불특정 또는 다수인이 인지할 수 있는 상태를 말한다. 본죄는 친고죄(§312①)이며, 그 고소권자는 사자의 친족 또는 자손이고(형소§227), 이러한 고소권자가 없는 경우에는 이해관계인의 신청에 의하여 검사가 10일 이내에 고소권자를 지정한다(형소§228).

모욕죄(侮辱罪)
독 ; Beleidigung

공연히 사람을 모욕함으로써 성립하는 범죄를 말하며, 본죄의 보호법익은 사람의 외적 명예이다. 여기에서 말하는 모욕이라 함은 사람의 사회적 평가를 저하시키는데 충분한 구체적 사실을 적시하지 아니하고 단지 모멸적인 언사를 사용하여 타인의 사회적 평가를 경멸하는, 자기의 추상적 판단을 표시하는 것을 말한다(대법원 1981. 11. 24. 선고 81도2280). 그러나 모욕에 의하여 상대방이 현실적으로 그 명예에 해를 입었다는 것은 필요로 하지 않는다(형§31

1). 이 경우에 모욕에의 방법은 문서로 하거나 혹은 구두로 하거나, 동작으로(예를 들면 뺨을 치는 경우)하거나를 불문한다(동작으로 하는 경우는 폭행죄와 관념적 경합이 있을 수 있다). 그러나 표시 없는 단순한 무례행위는 여기서 말하는 죄가 되지 않는다. 본죄의 형은 1년 이하의 징역이나 금고 또는 200만원이하의 벌금이며, 본죄는 명예훼손죄와는 달리 피해자의 고소 없이는 공소를 제기할 수 없다(형§312).

명예훼손죄와 모욕죄의 비교

구 분	명예훼손	모 욕
행위태양	공연히 사실적시	공연히 사람을 모욕
사실적시 방 법	구체적 (요건)	추상적 (사실적시불요)
위 법 성	§310	없음(사실증명에 의한 위법성조각 없음)
처 벌	반의사 불벌죄	친고죄

신용훼손죄 (信用毁損罪)
독 ; Kerditgefärdung

허위의 사실을 유포하거나 기타 위계로써 사람의 신용을 훼손한 때에 성립하는 범죄이다(형§313). 명예에 관한 죄가 인격적 측면에서 사람의 사회적 평가를 침해하는 것을 내용으로 하는 범죄임에 대하여, 본죄는 경제적 측면에서 사람의 사회적 평가를 침해하는 것을 내용으로 하는 범죄인 점에서 양죄는 공통점을 지닌다. 다만 사람의 인격적 가치와 경제적 가치는 반드시 일치하는 것이 아니므로 형법이 이를 독립된 법익으로 보호하고 있는 것이다.

여기에서 말하는 「허위의 사실을 유포한다」라 함은 허위의 사실을 불특정 또는 다수인에게 전파시키는 것을 말한다. 전부 허위이건 일부 허위이건 불문한다. 그리고 그 「사실」은 범인 스스로 날조한 것을 요하지 않고 또 범인이 직접 불특정 또는 다수인에게 전파하는 것을 필요로 하지 않는다. 그리고 「위계」라 함은 사람의 신용을 해하는 술책을 사용하는 것이며, 기망 또는 유혹을 수단으로 타인의 착오 또는 부지)를 이용하는 행위를 말한다. 비밀히 행하거나 공공연하게 행하는가를 묻지 않는다. 또한 「신용」이라 함은 사람의 경제생활에 있어서 사회상의 평가를 말한다. 즉 사람의 지급능력 또는 지급의사에 관한 타인의 신뢰를 실추하게 할 우려가 있는 행위를 하는 것을 말한다. 예를 들면 甲이 乙은 사업에 실패하여 거지같이 되었다고 허위의 사실을 유포한 경우에, 이는 명예훼손죄에 해당하는 것이 아니라, 신용훼손죄에 해당한다. 그러나 구체적인 사실을 적시하여 그 명예를 훼손할 때, 이를테면 그런 사업의 실패는 너무 부당한 이윤을 얻으려고 했기 때문이라는 등의 아주 구체적인 사실의 적시가 있는 때에는 신용훼손죄와 명예훼손죄의 상상적 경합이 될 것이다. 본죄를 범한 자는 5년 이하의 징역 또는 1천 5백만원 이하의 벌금에 처한다.

형법 제313조에 정한 신용훼손죄에서의 '신용'은 경제적 신용, 즉 사람의 지불능력 또는 지불의사에 대한 사회적 신뢰를 말하는 것이다(대법원 1969. 1.

21. 선고 68도1660 판결 참조). 그리고 같은 조에 정한 '허위의 사실을 유포한다'고 함은 실제의 객관적인 사실과 다른 사실을 불특정 또는 다수인에게 전파시키는 것을 말하는데, 이러한 경우 그 행위자에게 행위 당시 자신이 유포한 사실이 허위라는 점을 적극적으로 인식하였을 것을 요한다(대법원 2006. 5. 25. 선고 2004도1313).

업무방해죄(業務妨害罪)
독 ; Betriebsgefärdung

허위의 사실을 유포하거나 기타 위력으로 사람의 업무를 방해하는 죄이다 (형§314①). 여기에서 업무란 정신적·경제적인 것을 묻지 않고 사회생활의 지위를 따라 계속해 종사할 것이 요구되는 모든 사무를 말한다. 정규면허를 갖고 있지 않더라도 또한 무보수로 하고 있는 일이라 할지라도 형법상으로는 업무로서 취급한다. 이러한 업무를 (1) 다중 또는 불특정인에게 허위사실을 유포하여 방해하거나, 또는 타인의 점포에 불량품을 진열하는 따위의 계약을 써서 방해하거나 또는 (2) 위력이나 폭력·협박은 물론, 권력이나 지위 등에 의하여 압력을 가하여 방해하면 (형§314①) 본죄에 해당한다. 업무가 방해될 위험이 있으면 범죄는 성립하며, 방해의 결과발생은 필요로 하지 않는다. 노동쟁의행위도 폭력 또는 파괴행위를 수단으로 하여 그 적정한 범위를 일탈하였을 경우에는 권리의 남용이 되어 본조가 적용된다. 컴퓨터등 정보처리장치 또는 전자기록등 특수매체기록을 손괴하거나 정보처리장치에 허위의 정보 또는 부정한 명령을 입력하거나 기타 방법으로 정보처리장치에 장애를 발생하게 하여 사람의 업무를 방해한자도 위와 같다(§314②).

형량은 5년 이하의 징역 또는 1천5백만원 이하의 벌금이다.

> 업무방해죄의 보호대상이 되는 "업무"라 함은 직업 또는 사회생활상의 지위에 기하여 계속적으로 종사하는 사무나 사업을 말하고 이러한 주된 업무와 밀접 불가분의 관계에 있는 부수적인 업무도 이에 포함된다(*대법원 1993. 2. 9. 선고 92도2929*).

경매·입찰방해죄
(競賣·入札妨害罪)

위계 또는 위력 기타의 방법으로 경매 또는 입찰의 공정을 해함으로써 성립하는 범죄이다(형§315). 즉 본죄의 보호법익은 경매 또는 입찰의 공정인 것이다. 「경매」란 매도인이 다수인으로부터 구두로 청약을 받고 그 가운데 최고가격의 청약자에게 승낙함으로써 성립하는 매매를 말하고, 「입찰」이란 경쟁계약에 있어서 경쟁에 참가한 다수인에 대하여 문서로 계약의 내용을 표시하게 하여 가장 유리한 청약자를 상대방으로 하여 계약을 성립시키는 것을 말한다. 이 경우 경매 또는 입찰의 종류는 묻지 않는다. 따라서 국가 또는 공공단체가 하는 경매·입찰뿐만 아니라 사인이 행하는 경매·입찰도 포함한다. 본죄는 추상적 위험범이다. 따라서 경매 또는 입찰의 공정을 해하는

행위가 있으면 족하고, 현실적으로 경매·입찰의 공정히 해하여진 결과가 발생하였을 것은 요하지 않는다. 이 경우에 말하는 적정한 가격이란 객관적으로 산정되는 공정한 가격을 말하는 것이 아니라 경매·입찰의 구체적 진행과정에서 얻어지는 가격을 의미한다. 본조에서 특히 문제되는 것은 이른바 담합행위의 경우에 본죄를 구성하느냐 하는 것이다.

여기서 말하는 「담합」이라 함은 경매·입찰의 경쟁에 참가하는 자가 상호 통모하여 특정한 자를 낙찰자 내지 경낙자로 하기 위하여 기타의 자는 일정한 가격 이상 또는 그 이하로 입찰 또는 호가하지 않을 것을 협정하는 것을 말하며, 가장입찰의 경우뿐만 아니라 수인의 입찰자 가운데 1인을 입찰케 하고 나머지 자는 입찰을 포기할 것을 모의하는 경우도 포함한다. 이러한 경우 본죄를 구성하느냐 여부는 경우를 나누어 결정해야 한다. 즉 담합행위가 공정한 가격을 해하거나 부정한 이익을 얻을 목적으로 행하여진 이상 위계에 의한 경매·입찰방해죄가 성립한다고 해야 하나, 만약 그러한 담합행위가 주문자의 예정가격 내에서 적정한 가격을 유지하면서 무모한 출혈결쟁을 방지함에 있고 낙찰가격도 공정한 가격의 범위내인 때에는 담합자 사이에 금품의 수수가 있었다고 하더라도 경매나 입찰의 공정을 해하였다고 볼 수 없으므로 본죄는 성립하지 않는다고 해야 한다. 본죄를 범한 자는 2년 이하의 징역 또는 7백만원 이하의 벌금에 처한다.

입찰방해죄(入札妨害罪)

위계 또는 위력 기타 방법으로 입찰의 공정을 해함으로써 성립하는 범죄로서, 경매의 경우도 포함하여 경매·입찰방해죄도 규정되어 있다(형법 315조). 입찰이란 경쟁계약에 있어서 경쟁에 참가한 다수인에 대하여 문서로 계약의 내용을 표시하게 하여 가장 유리한 청약자를 상대방으로 하여 가장 유리한 청약자를 상대방으로 하여 계약을 성립시키는 것을 말한다. 입찰의 종류는 묻지 않으며, 국가 또는 공공단체가 하는 입찰뿐만 아니라 사인이 행하는 입찰도 포함한다. 입찰의 공정을 해하는 방법은 위계 또는 위력 및 기타의 방법이다. 입찰의 공정을 해한다는 것은 적정한 가격을 형성하는 공정한 자유경쟁이 방해될 우려가 있는 상태를 말한다. 본죄는 추상적 위험범이므로 입찰의 공정을 해하는 행위가 있으면 족하고, 현실적으로 입찰의 공정이 해하여진 결과가 발생하였을 것을 요하지 않는다. 본죄와 관련해서 문제되는 것은 소위 담합행위가 본죄를 구성하느냐에 있다. 담합이란 입찰의 경쟁에 참가하는 자가 상호 통모하여 특정한 자를 낙찰자로 하기 위하여 기타의 자는 일정한 가격 이상 또는 그 이하로 입찰하지 않을 것을 협정하는 것을 말한다. 담합행위가 공정한 가격을 해하거나 부정한 이익을 얻을 목적으로 행하여진 이상 위계에 의한 입찰방해죄가 성립한다고 해야한다.

사생활의 평온에 관한 죄

비밀침해죄(祕密侵害罪)

봉함 기타 비밀장치를 한 타인의 편지·문서 또는 도화를 개봉함으로써 성립하는 범죄이다(형§316). 봉함 기타 비밀 장치란 사람의 편지·문서·도화 또는 전자기록 등 특수매체 기록을 기술적 수단을 이용하여 그 내용을 알아낸 경우도 마찬가지이다(§316②). 본죄의 보호법익은 개인의 비밀이다. 이 경우에 비밀의 주체는 자연인이든 법인이든 법인격 없는 단체이든 불문한다. 문제는 국가 또는 공공단체의 비밀도 여기에 포함되느냐에 있다. 이점에 대하여서는 본죄가 친고죄로 되어 있으므로 국가의 비밀은 포함되지 않는다는 견해가 있으나, 본죄는 봉함 기타 비밀장치한 타인의 편지·문서 또는 도화를 개봉함으로써 성립하는 추상적 위험범이므로 편지 등에 포함되어 있는 비밀의 내용은 문제되지 않으며, 따라서 개인의 비밀뿐만 아니라 국가 또는 공공단체의 비밀도 여기에 포함된다고 해야 한다. 본죄에서 말하는 비밀장치라 함은 그 문서 자체에 대하여 봉인한 것, 풀로 붙인 것, 끈으로 맨 것 등의 방법에 의한 것으로서 파괴하지 않고서는 그 안에 있는 문서 등을 볼 수 없는 장치를 말한다. 그리고 편지라 함은 특정인에게 의사를 전달하는 문서를 말하고, 발송전이거나 발송 중이거나 발송 후 이건 불문한다. 그러나 「우편엽서」같은 비밀장치가 없는 편지는 여기에 해당하지 않는다. 도화라 함은 문자 아닌 형상적 방법으로 어떤 의사나 판단을 표시한 것을 말하고, 문서라 함은 문자 기타 부호로 어떤 의사 또는 판단을 표시한 것을 말한다. 또한 개봉이라 함은 봉함, 기타 비밀장치를 파기하여 편지·문서·도서의 내용을 알 수 있는 상태에 두는 것을 말하고, 개봉 후 원상회복을 불문하고, 또 반드시 그 내용을 인지할 필요는 없다. 따라서 개봉 이외의 방법으로 예를 들면 전등불에 투시하여 그 내용을 읽어보는 것은 편지개봉이 아니다. 본죄가 성립하기 위해서는 편지 등의 개봉이 위법해야 한다. 그러나 본죄의 위법성도 위법성조각사유가 존재하면 조각된다. 또한 편지를 개봉할 권한이 법령에 규정되어 있는 경우에는 위법성이 조각된다. 예컨대 통신비밀보호법 제3조, 행형법 제18조 제3항, 형사소송법 제107조, 제120조 및 우편법 제28조 제2항과 제35조 제2항 등이 그것이다. 본죄는 친고죄이다. 그러나 누가 고소권자인지에 대해서는 견해가 대립되고 있다. 그리하여 편지가 도착하기 전에는 발송인, 도착한 후에는 수신인만이 고소권자가 된다는 견해도 있다. 그러나 다수설은 편지 등의 비밀은 발송인과 수신인에게 공통되는 것이므로 발송인뿐만 아니라 수신인도 언제나 피해자가 된다고 하고 있다. 본죄를 범한 자는 3년 이하의 징역이나 금고 또는 5백만원 이하의 벌금에 처한다.

> 형법 제316조 제1항의 비밀침해죄는 봉함 기타 비밀장치한 사람의 편지, 문서 또는 도화를 개봉하는 행위를 처벌하는 죄이고, 이때 '봉함 기타 비밀장치가 되어 있는 문서'란 '기타 비밀장치'라는 일반 조항을 사용하여 널리 비밀을 보호하고자 하는 위 규정의 취지에 비추어 볼 때, <u>반드시 문서 자체에 비밀장치가 되어 있는 것만을 의미하는 것은 아니고, 봉함 이외의 방법으로 외부 포장을 만들어서 그 안의 내용을 알 수 없게 만드는 일체의 장치를 가리키는 것으로, 잠금장치 있는 용기나 서랍 등도 포함한다고 할 것이다</u>(대법원 2008. 11. 27. 선고 2008도9071).

업무상비밀누설죄
(業務上祕密漏泄罪)

일정한 職에 있는 자 또는 있었던 자가 그 직무상 지득한 타인의 비밀을 누설하는 죄이다(형§317). 남에게 알리고 싶지 않은 사인의 비밀을 보호하기 위하여 타인의 비밀을 쉽게 알 수 있는 의사, 한의사, 치과의사, 약제사, 약종상, 조산사, 변호사, 공증인, 변리사, 계리사, 대서업자나 그 직무상 보조자 또는 이전에 이러한 직에 있었던 자가 그 직업상 지득한 타인의 비밀(예 : 전과라든가 성병감염사실 등)을 누설했을 경우를 처벌하는 것이다. 형은 3년 이하의 징역이나 금고, 10년이하의 자격정지 또는 7백만원 이하의 벌금에 처한다. 본죄는 친고죄이다.

주거침입죄(住居侵入罪)
영 ; burglary, housebreaking
독 ; Hausfriedensbruch

사람의 주거 또는 관리하는 장소의

평온과 안전을 침해하는 것을 내용으로 하는 범죄이다. 즉 정당한 이유 없이 사람의 주거, 관리하는 건조물, 선박이나 항공기 또는 점유하는 방실(房室)에 침입한 죄를 말한다(형§319).

본죄에서 말하는 (1) 주거라 함은 사람이 기거하고 침식에 사용하는 장소, 즉 사람이 일상생활을 영위하기 위하여 점거하는 장소를 말한다. 따라서 반드시 영구적일 필요가 없으며, 현재 사람이 있을 것을 요하지 않고, 주거에 사용되는 건조물뿐만 아니라 부수되는 정원도 포함하고 주거하고 있는 차량(소위 Wohnwagon)도 이에 포함하고, 사무실 혹은 침식의 설비가 되어 있지 않은 점포, 기선의 선실 등도 주거로 보아야 하고, 그 장소가 반드시 적법하게 점유된 경우에 국한할 필요가 없다.

(2) 「관리하는」이라 함은 사실상 사람이 관리하는 것을 말하고 관리자 스스로가 관리하거나 타인으로 하여금 감시케 하거나, 자물쇠를 걸어두거나를 불문하고 관리의 사실이 인정될 때를 말한다. 단순히 「관리자 이외는 출입을 금한다」는 간판을 세운다던가 첩지(貼紙)하는 것만으로는 관리라 할 수 없다(경범§1 I).

(3) 건조물이라 함은 주거용이 아닌 그 이외의 건물 및 부속정원을 말한다. 극장·공장·관공서 등이다. 이 경우에도 사람이 간수하는 경우에 한한다.

(4) 「선박」이라 함은 사람이 그 안에서 주거할 수 있는 정도의 선박이면 족하다. 따라서 하천에 놓아둔 「보트」는 여기서 말하는 선박이 아니다.

(5) 「점유하는 방실」이라 함은 호텔·여관 등에 투숙한 방이나 기차·전차의 차장실 등을 말한다. 본 죄도 고의범이다. 따라서 행위자는 주거권자의 의사에 반하여 들어간다는 고의가 있어야 하지만 미필적 고의로도 족하다. 이 경우 행위자가 주거권자의 의사에 반한다는 것을 인식하지 못한 때에는 구성요건적 사실의 착오로서 고의가 조각된다. 본죄를 범한 자는 3년 이하의 징역 또는 5백만원 이하의 벌금에 처하며(형§319①), 본죄의 미수범도 처벌한다(형§322).

주거침입죄는 사실상의 주거의 평온을 보호법익으로 하는 것이므로, 반드시 행위자의 신체의 전부가 범행의 목적인 타인의 주거 안으로 들어가야만 성립하는 것이 아니라 **신체의 일부만 타인의 주거 안으로 들어갔다고 하더라도 거주자가 누리는 사실상의 주거의 평온을 해할 수 있는 정도에 이르렀다면 범죄구성요건을 충족**하는 것이라고 보아야 하고, 따라서 **주거침입죄의 범의**는 반드시 신체의 전부가 타인의 주거 안으로 들어간다는 인식이 있어야만 하는 것이 아니라 **신체의 일부라도 타인의 주거 안으로 들어간다는 인식이 있으면** 족하다(*대법원 1995. 9. 15. 선고 94도 2561*).

주거·신체수색죄
(住居·身體搜索罪)

사람의 신체·주거, 관리하는 건조물·자동차·선박이나 항공기 또는 점유하는 방실을 수색함으로써 성립하는 범죄(형법 321조)를 말한다. 수색이란 사람 또는 물건을 발견하기 위하여 사람의 신체 또는 일정한 장소를 조사하는 것을 말한다. 수색은 불법이어야 하므로 피해자의 동의 또는 형사소송법(형법 109·137조)에 의한 수색은 위법성이 조각된다. 주거에 침입하여 수색한 때에는 본죄와 주거침입죄의 경합범이 된다. 본죄의 미수범은 처벌한다(형법 322조).

퇴거불응죄(退去不應罪)

퇴거요구를 받고 응하지 않음으로써 성립하는 범죄이다(형§319②). 여기에서「퇴거요구를 받고 응하지 아니한다」라 함은 일단 적법하게 주거에 들어간 자가 퇴거요구를 받고도 나가지 않는 것을 말한다. 따라서 처음부터 주거권자의 의사에 반하여 주거에 침입한 자는 주거침입죄가 성립될 뿐이다. 본죄가 성립하기 위해서는 먼저 퇴거요구가 있어야 한다. 이 때 퇴거요구는 1회로도 족하며 반드시 명시적으로 행해져야 하는 것은 아니다. 다만 그것은 주거권자에 의하여 행해져야 한다. 그러나 주거권자를 대리하거나 주거권자로부터 위탁받은 자도 할 수 있다. 이 경우에 반드시 그가 성인일 필요는 없다. 본죄는 진정부작위범으로서 본죄를 범한 자는 3년 이하의 징역 또는 5백만원 이하의 벌금에 처한다.

재산에 관한 죄

절도죄(竊盜罪)
영; larceny
불; Diestahl

타인의 재물을 절취하는 것을 내용으로 하는 범죄로서(형§329) 재산죄 중에서 재물만을 객체로 하는 순수한 재물죄이다. 본죄의 보호법익은 소유권인데 재물에 대한 실질적·경제적인 가치를 보호하는 것이 아니라, 그 재물에 대한 형식적 소유권을 보호법익으로 하고 있다. 여기에서 말하는「타인의 재물」이란 타인이 소유하는 재물을 말하는 것으로 하늘을 나르는 새와 같이 누구의 소유에도 속하지 않는 무주물은 절도죄의 객체로 될 수 없다. 그러나 타인이 양식하고 있는 양어를 절취한다면 당연히 절도죄가 성립한다. 그리고 타인의 소유물이라 하더라도 그것을 타인이 점유하고 있지 않을 때에는 횡령죄 등의 객체로 될 수 있음은 별문제로 하고 절도죄는 성립하지 않는다. 따라서 자기가 보관하고 있는 타인의 시계를 임의로 질입(質入)하였을 경우에는 횡령죄(§355①)가 성립한다. 토지나 건물 등의 부동산을 그 상태대로 두고 절취할 수 있느냐에 대해서 다수설은 이를 긍정하지만 판례와 소수설은 부정한다. 부동산에 대한 절도죄를 인정하지 않는 입장에서는 경계선을 넘어서 타인의 인지의 일부를 차지하는 것에 대해서는 경계침범죄(§370)가 성립한다고 한다. 또 자기 재산이라도 타인이 점유하고 있는 물건을 그 점유자의 의사에 반하여 자기의 사실상의 지배하에 옮기는 경우는 권리행사방해죄(§323)가 성립하고, 공무소의 명령에 의해서 타인이 간수하고 있는 물건도 타인의 물건으로 간주되고 있으나, 이에 관하여는 공무상 보관물무효죄(§142)가 적용된다.

그러므로 예를 들면 타인에게 임대하고 있는 자기의 물건을 절취하면 권리행사방해죄가 성립한다. 전기와 같은 동력은 재물로 간주한다(§346). 절취는 탈취의 일종으로서 재물에 대한 타인의 소지 즉 사실상의 지배를 그 의사에 반하여 자기 또는 제3자의 지배하에 옮기는 것을 말한다. 따라서 형법상의 점유는 민법상의 점유와 달리 현실적으로 사실상의 지배를 의미하며 보통 「소지」라고 한다. 그러나 그 「소지」가 현실적으로 현재 점유하고 있지 않을지라도 사실상 지배하고 있다고 인정되면 형법상 점유는 있는 것이다. 그러므로 소지자 또는 소유자가 일시 재물을 잃어버렸을 때에도 그 재물이 건물안에 존재하는 한 또 화재를 당하여 피난자가 가재도구를 공용도로에 내어놓고 일시 그 곳을 떠났을 지라도, 그리고 주인에게 돌아오는 습성을 가진 새가 일시 그 주인의 사실상의 지배를 떠나 외유 중일지라도 귀환하는 습성을 잃지 않는 한 절도죄의 객체로 되는 것이다. 또 타인이 소유하고 있는 재물을 자기의 것이라고 속여 정을 모르는 제3자로 하여금 가져가게 한 때에도 절도죄는 성립한다. 그러나 절도범인으로부터 현장에서 장물을 탈환하는 것은 자구행위로서 죄로 되지 않는다. 절도죄가 기수로 되려면 단순히 타인의 재물에 손을 대는 정도로는 부족하나(접촉설) 재물의 장소를 이전하는 것까지는 필요치 않고(이전설) 재물의 취득이 있음으로써 족하다(취득설). 그러므로 장롱 속에서 의류를 자기 손에 넣지 않았을 때에는 절도미수죄가 성립한다(형§342). 또 자식이나 동거친족이 부 또는 가족의 재물을 절취하면 절도죄는 성립하지만 그 형은 면제한다(§344, §328 준용). 절도죄의 형은 6년 이하의 징역 또는 1천만원 이하의 벌금이다.

불가벌적 사후행위
(不可罰的 事後行爲)
독 ; mitbestrafte Nachtat

범죄에 의하여 획득한 위법한 이익을 확보하거나, 사용·처분하는 구성요건에 해당하는 사후행위가 이미 주된 범죄에 의하여 완전히 평가된 것이기 때문에 별죄를 구성하지 않는 경우를 말한다. 예컨대 절도범이 절취한 재물을 손괴하여도 절도죄 이외에 손괴죄를 구성하지 않는 것이 그 전형적인 예이다. 불가벌적 사후행위에 있어서는 주된 범죄와 사후행위의 성질에 관하여는 이를 보충관계로 보거나, 실체적 경합에 해당하지만 인적 처벌조각사유라고 하는 견해도 있으나, 흡수관계로 이해하는 것이 타당하다. 사후행위가 다른 사람의 새로운 법익을 침해한 때에는 불가벌적 사후행위가 아니다. 예컨대 절도·횡령·사기한 재물을 손괴하거나 횡령물의 반환을 거부하는 것은 불가벌적 사후행위이지만, 절취 또는 갈취한 예금통장으로 현금을 인출한 경우에는 사기죄 등이 별개의 범죄를 구성한다. 사후행위는 제3자에 대한 관계에서는 불가벌적 사후행위가 되지 않는다. 제3자에게는 처벌받는 주된 범죄가 없기 때문이다. 따라서 사후행위에만 관여한 공범은 처벌될 수 있다.

재물 (財物)

재물의 개념에 대하여는 유체성설과 관리가능성설이 대립되고 있다. 유체성설은 재물이란 유체물, 즉 일정한 공간을 차지하고 있는 물체에 한한다고 보는데 대하여, 관리가능성설은 관리할 수 있으면 유체물 뿐만 아니라 무체물도 재물이 된다고 한다. 통설은 관리가능성설을 취하면서, 형법 346조는 관리가능성설을 입법화한 것이므로 형법의 해석에 있어서 이러한 논쟁은 실익이 없다고 한다. 형법상의 재물에는 유체물 뿐만 아니라 전기 기타 관리할 수 있는 동력도 포함된다(형법 346조). 따라서 민법상의 물건과 개념과 대체로 같은 의미이다(민법 98조). 재물은 부동산도 포함한다. 다만, 부동산이 절도죄·강도죄의 객체인 재물에는 포함될 수 있는가에 대해서 견해가 나누어진다. 살아 있는 사람은 권리의 주체이지 객체가 아니므로 재물이 아니다. 그러나 사람의 신체의 일부분이 분리되었을 경우에 그 분리된 부분 및 인격자의 유해로서의 성질을 상실하여 단순한 학술연구의 자료에 지나지 않는 사체는 재물이 될 수 있다.

타인의 재물 (他人의 財物)

형법은 절도, 강도죄, 횡령죄 및 손괴죄의 객체로서 「타인의 재물」이라 규정하고 있는 데(형§329, §333, §335①, §366) 이것은 타인소유의 재물을 의미한다. 이에 대하여 사기죄 및 공갈죄에서는 단순히 「재물」이라고 규정하고 있는데(§347, §350) 이것도 역시 타인소유의 재물을 의미하는 것이다. 형법은 또한 도박죄의 객체로서의 도물도 「재물」이라고(§246) 규정하고 있는데, 이는 본래부터 타인소유의 재산을 의미하지 않는다는 점에서 재산죄의 객체인 재물과 다르다. 타인소유의 재물을 의미하는 「재물」에 관하여는 여러 가지 문제가 있다. 첫째로 재물이란 유체물에 한하지 않으며, 관리 가능한 동력이면 족하다는 것이 통설인데, 유체물설도 있다. 유체물설에 따르면 전기 등 동력을 재물로 간주하고 있는 형법 제346조는 예외 규정이 된다고 한다. 둘째로 재물은 경제적 가치를 가질 필요는 없으나, 적어도 어떠한 사용가치는 있어야만 한다는 것이다. 셋째로 재물은 형벌규정에 의하여 보호받을 만한 정도의 가치가 있어야 한다. 넷째로 인체와 같이 소유권의 목적이 될 수 없는 것은 재물이 아니다. 끝으로 가동성은 재물의 요건은 아니지만, 부동산이 재산죄의 대상이 되느냐 안 되느냐에 관하여는 의론(議論)이 있다.

불법영득의 의사 (不法領得의 意思)
독; Zueignung sabsicht,
Zueignungswille

절도죄나 강도죄를 재물의 소유권을 침해하는 성질의 것으로 보는 입장에서는 그러한 범죄가 성립하기 위해서는 행위자에게 불법영득의 의사가 반드시 있어야만 한다고 한다(통설·판례). 불법영득의 의사 또는 영득의 의사란「권리자를 배제하고 타인의 재물을 자기 소유물과 같이 그 경제적 용법에 따라서 이용 또는 처분하는 의사」로서, 통설에 따르면 일단 영득의 의사를 가지고 타인의 재물을 자기 지배하에 옮긴 이상 그후에 그 재물을 유기하는 등의 비경제적 처분을 하더라도 절도죄는 성립한다는 것이다(이점에 있어서는 이익의 의사와 구별되고 있다). 이에 대해 반대설은「형법상의 탈취는 재물의 소지를 침해하는 사실만으로 성립되기 때문에 탈취죄(즉 절도죄나 강도죄)가 성립하는 데는 영득의 의사를 필요로 하지 않는다」고 이해하고 있으나 판례는 무죄로 하고 있다. 즉「정부보유 양곡의 재고량의 차질을 없애기 위하여가마니마다 쌀을 조금씩 뽑아내어 새가마니에 채워 수량을 증가시킨 본안에 대하여, 쌀을 뽑아낸다는 사실 그 자체를 형식상으로 볼 때에는 소지의 침해가 있다고 할 수 있겠으나, 그 쌀을 자기의 물건으로 소지하려는 의사가 없는 것이므로 절도죄라 할 수 없다」고 하고 있다. 독일의 형법에는 절도죄의 성립에 불법영득의 의사를 필요로 한다는 규정이 있지만(독형§242), 우리 형법에는 이에 관한 명문규정이 없으므로 해석상 논란이 있다. 그러나 통설과 판례는 탈취죄의 주관적 요소로서「불법영득의 의사」를 필요로 한다고 한다.

형법상 절취란 타인이 점유하고 있는 자기 이외의 자의 소유물을 점유자의 의사에 반하여 그 점유를 배제하고 자기 또는 제3자의 점유로 옮기는 것을 말하고, 절도죄의 성립에 필요한 불법영득의 의사라 함은 권리자를 배제하고 타인의 물건을 자기의 소유물과 같이 그 경제적 용법에 따라 이용·처분할 의사를 말하는 것으로, 단순한 점유의 침해만으로는 절도죄를 구성할 수 없으나 영구적으로 그 물건의 경제적 이익을 보유할 의사가 필요한 것은 아니고, 소유권 또는 이에 준하는 본권을 침해하는 의사 즉 목적물의 물질을 영득할 의사이든 그 물질의 가치만을 영득할 의사이든을 불문하고 그 재물에 대한 영득의 의사가 있으면 족하다 (대법원 2006. 3. 24. 선고 2005도8081).

탈취죄 (奪取罪)

타인의 재물을 영득하는 것을 내용으로 하는 범죄인 영득죄 중 타인의 의사에 의하지 않고 재산을 취득하는 범죄를 총칭하는 개념이다. 이는 영득죄 중 타인의 하자 있는 의사에 의하여 재물을 취득하는 범죄를 총칭하는 개념인 편취죄에 대비되는 개념이다. 탈취죄는 타인의 의사에 반하거나 적어도 그 의사에 의하지 않고 재산을 취득하는 범죄이며(절도·강도·장물·횡령),

편취죄는 피해자를 기망하거나 협박하여 착오나 공포에 빠지게 하고 그 상태 하에서 재물의 교부를 받는 것이다 (사기·공갈). 편취죄는 그 수단이 실력에 의하여 직접 행동으로 행하여지는 데 대하여 편취죄는 그 수법이 보다 간접적·지능적인 성격을 가진다는 데 특징이 있다.

불법영득의사의 여부에 따른 재산죄의 분류

불법영득 의사필요설	재 물 죄	영득죄	탈취죄 : 재물이 타인의 지배하에 있는 경우(절도, 강도, 장물죄)재물이 자기의 점유하에 있거나 누구의 지배하에도 있지 않은 경우(횡령죄)
		훼손죄	손괴죄
	이 득 죄		배임죄
불법영득의 사불요설	재 물 죄	영득죄	교부죄 : 하자 있는 의사에 의한 교부(사기죄, 공갈죄) 도취죄 : 의사에 반하여 점유이전(절도, 강도, 장물죄)
		횡령죄	탈취가 필요없는 범죄
		훼기죄	타인재물의 효용·가치를 감각시키는 것(손괴죄)
	이 익 죄		재산상의 이익을 침해하는 범죄(배임죄)

편취죄 (編取罪)

타인의 지배 아래 있는 재물을 그 지배자의 하자 있는 의사표시에 의하여 자기가 취득하거나 제3자에게 영득케 하는 죄. 이는 하나의 죄명이 아니고 사기죄와 공갈죄를 포함하는 뜻으로 쓰인다. 권리자의 의사에 반하여 타인의 재물을 강취하는 절도·강도죄와 구별된다.

이득죄 (利得罪)

이익죄라고도 한다. 재물 이외의 재산상 권리획득을 목적으로 하는 범죄다. 재물죄에 대한 개념이다. 구법과 다르게 현행법은 배임죄(§355②)를 이익죄로 규정하였으므로 이득죄를 특히 이익죄와 구별할 필요는 없다. 그리고 강도죄(§333)·사기죄(§347②후, §348②후)·공갈죄(§350①후·②후)는 재물 또는 재산상의 이익을 그 객체로 하므로 재물죄인 동시에 리익죄가 된다.

점유강취죄 (占有强取罪)

폭행 또는 강박으로 타인의 점유에 속하는 자기의 물건을 강취함으로써 성립하는 범죄를 말한다(형법 325조1항). 본죄를 범하여 사람의 생명에 대한 위험을 발생하게 한 때에는 형을 가중한다(형법 326조). 강도죄에 대응하는 범죄이며, 타인의 점유에 속하는 자기의 물건에 대한 강도죄라고 할 수 있다. 폭행·강박은 강도죄에 있어서와 같이 상대방의 의사를 억압할 정도에 이를 것을 요하지 않는 점에서 강도죄와 차이가 있을 뿐이다. 공무소의 명에 의하여 타인이 간수하는 자기의 물건을 폭행·강박으로 강취한 경우에도 본죄가 성립한다. 강취란 폭행·강박에 의하여 목적물의 점유를 취득하는 것을 말한다. 본죄의 미수범은 처벌된다(형법 325조3항).

준점유강취죄 (準占有强取罪)

타인의 점유에 속하는 자기의 물건을 취거함에 당하여 그 탈환을 항거하거나, 체포를 면탈하거나, 죄적을 인멸할 목적으로 폭행 또는 협박을 가함으로써 성립하는 범죄(형법 325조2항)를 말한다. 준강도죄에 대응하는 범죄이며, 자기의 물건에 대한 준강도죄이다. 본죄는 체포를 면탈하거나 죄적을 인멸하거나 탈환을 항거할 목적으로 폭행·협박하여야 성립하는 목적범이다. 그러나 목적의 달성여부는 본죄의 성립에 영향이 없다. 폭행·협박의 정도가 상대방의 의사를 억압할 정도임을 요하는 것은 준강도의 경우와 같다. 다만 폭행·협박은 취거함에 당하여 행하여져야 하며, 취거행위와 시간적·장소적 접근성이 인정되어야 한다. 점유자와 폭

행·협박을 받은 자가 같은 사람임을 요하는 것은 아니다. 본죄의 미수범은 처벌한다(형법 325조3항).

야간주거침입절도죄
(夜間住居侵入竊盜罪)

야간에 사람의 주거, 간수하는 저택, 건조물이나 선박 또는 점유하는 방실에 침입하여 타인의 재물을 절취함으로써 성립하는 범죄를 말한다(형§330). 여기에서 말하는 (1)「주거」란 사람의 기와침식에 사용되는 장소를 말한다. 그러나 사람이 현존할 필요는 없다. 부재중의 저택이나 별장도 거주이다. (2)「착수」라 함은 사실상의 관리·지배를 말하며, 반드시 저택(건조물·선박)에 밀접해서 간수하는 것을 말하는 것이 아니다. 예를 들면 자물쇠를 잠그고 그 열쇠를 가진 경우에도 간수가 된다. (3)「저택」은 주거용의 가옥과 그 위요지(담장안)를 말하고 현 거주여부를 불문한다. (4)「건조물」이란 주거 이외로 사용되는 가옥과 그 요내지(繞內地)를 말한다(사무소, 공장, 창고 등). (5)「선박」의 경우는 대소여부를 불문하고, (6)「점유하는 방실」이란 여관이나 호텔 등의 방을 말한다. 본죄는 절도의 의사로 사람의 주거 등에 침입하였을 때 간수되고, 재물의 절취에 의하여 기수로 된다. 본 죄는 단순절도죄의 가중적 구성요건으로서 본죄를 범한 자는 10년 이하의 징역에 처한다.

야간에 타인의 재물을 절취할 목적으로 사람의 주거에 침입한 경우에는 주거에 침입한 단계에서 이미 형법 제330조에서 규정한 야간주거침입절도죄라는 범죄행위의 실행에 착수한 것이라고 보아야 한다(대법원 2006. 9. 14. 선고 2006도2824).

사용절도 (使用竊盜)
독 ; Gebrauchsdiebstahl

사용절도란 타인의 재물을 일시적으로 사용한 후에 소유자에게 반환하는 것을 말한다. 따라서 사용절도의 본질은 반환의사에 있다. 예를 들면 가정부가 주부의 의복을 꺼내 입고 외출한 후에 바로 제자리에 놓아두었다고 하는 경우에 일시로 사용한 다음 반환할 의사가 있었다고 볼 수 있고 함부로 자기의 물건으로 사용하려는 의사, 즉 불법영득의 의사가 있었다고 볼 수 없다. 이를 보통 사용절도라고 하고 다수설은 절도죄로 되지 않는다고 본다. 판례도 「불법영득의 의사 없이 단순히 일시적으로 사용하기 위하여 타인의 재물을 자기 소지로 옮겼다」고 하였다. 그런데 이러한 경우에도 권리자의 동의 없이 타인의 자동차, 선박, 항공기 또는 원동기장치자전차를 일시 사용한 자는 3년 이하의 징역, 500만원이하의 벌금, 구류 또는 과료에 처한다(형§331의2). 또한 타인의 저금통장과 인장을 사용하여 저금을 인출했을 때에는 통장을 제자리에 갖다 놓았다 하더라도 사용절도가 아닌 절도죄가 성립하고 사기죄와 상상적 경합이 된다(통설·판례).

자동차 등 불법사용죄
(自動車 등 不法使用罪)

권리자의 동의 없이 타인의 자동차·선박·항공기 등 원동기장치자전거를 일시 사용함으로써 성립하는 범죄(형법 331조의2)를 말한다. 사용절도에는 불법영득의사가 없어 절도죄가 성립되지 않기 때문에 이를 처벌하기 위해 신설한 것이다. 이처럼 본죄는 절도죄에 대해 보충관계에 있으므로, 본죄는 절도죄에 해당하지 않는 경우에만 인정된다. 만일 권리자의 동의가 있다고 오인한 때에는 구성요건적 사실의 착오로서 고의를 조각한다. 여기서 사용이란 기관의 시동을 거는 것만으로는 부족하고 통행수단으로 이용하였을 것을 요한다.

소극적 신분 (消極的 身分)

행위자에게 일정한 신분이 있으면 범죄의 성립 또는 형벌이 조각되는 경우의 신분을 말한다. 이는 적극적 신분(구성적 신분과 가감적 신분)에 대응하는 개념으로서 거론된다. 이에는 일반인에게 금지된 행위를 특정신분자에게 허용하는 경우, 예컨대 의료행위에 있어서의 의사의 신분과 같은 위법조각적 신분, 형사미성년자(형법 9조)와 같은 책임조각적 신분, 친족상도례(형법 328조)에 있어서의 친족적 신분과 같은 형벌조각적 신분이 이에 해당된다.

절도죄의 유형

죄 명	행 위	처 벌
단순절도죄 (형§329)	절취	① 6년 이하의 징역 ② 1천만원 이하의 벌금 ③ 유기징역에 처할 경우에는 10년 이하의 자격정지병과 가능 ④ 미수 처벌(§342)
야간주거침입 절도죄 (형§330)	① 야간 ② 주거침입 ③ 절취	① 10년 이하의 징역 ② §329③, ④와 동일
특수절도죄 (형§331)	① 야간 ② 문호 또는 장벽 기타 건조물의 일부를 손괴 ③ 침입 ④ 절취	① 1년 이상 10년 이하의 징역 ② §329 ③, ④와 동일
상습절도죄 (형§332)	상습으로 §329조, §330조, §331, §331조의2를 범함	① 형의 1/2까지 가중 ② §329③, ④와 동일

절도죄에 있어서의 점유의 요소

요 소	내 용	사 례
물리적 요소	(1)「사실상의 물적 지배」인 사실적 개념이므로 법률적 개념인 민법상의 점유와 구별된다.	(1) 민법이 인정하는 간접점유·상속에 의한 점유의 승계를 형법에서는 인정치 않고, (2) 민법이 부인하는 점유보조자의 점유를 형법은 인정한다. (3) 민법이 인정하는 법인의 점유를 부인하고 형법은 자연인을 통해서만 점유를 인정
사회규범적인 요소	(1) 형법상의 점유는 반드시 掘持(악지)할 필요가 없고 일반관습에 의하여 물건에 대한 사실상의 지배관계가 있으면 족하다. (2) 사회규범적인 요소를 점유요소로 보지 않고 점유의 범위문제로 취급하는 견해가 있다.	(1) 일시 외출한 공가 및 가옥내에 방치한 물건, 밭에 퇴적한 곡물, 들판에서 놀고 있는 가축 등은 주인의 점유하에 있다. (2) 여객이 유실한 물건은 여관주인의 점유하에 있다. (3) 화재시에 가재(家財)를 가두어 반출하고 일시 그 장소를 떠나도 소유자의 점유에 있다.
정신적 요소	(1) 물(物)에 대한 점유의사가 필요하다. 그러나 이 점유의사는 개별적인 의사가 아니라 일반적·포괄적인 의사이다.	(1) 편지통에 들어 있는 우편물 (2) 바다에 쳐놓은 그물 속에 들어 있는 물고기들은 행위자의 점유가 인정된다.
	(2) 점유의사는 법적 개념이 아니라 사실적 개념이다.	정신병자나 유아도 이러한 의사를 가진다.

절도죄의 공동점유

경우	구분	내용	
① 상하주종관계	학설	㉮ 부정설-상하주종관계의 공동점유를 부정하여, 주된 소지자만이 점유자이고 종된 소지자는 단순한 手足(수족)으로 보조자에 불과하다고 하여, 점원이 상점 내의 상품을 영득한 경우 절도라고 한다. ㉯ 긍정설-주된 소지자 외에 종된 소지자도 점유자라 한다. 다만 긍정설도 점원의 점유자임을 인정한 후 상품영득행위는 주된 소지자인 주인의 점유를 침해할 것이므로 부정설과 같이 절도라고 한다. ㉰ 횡령죄설-사실적 지배에다 신분자로서의 점유(보관의 의미)의 성질을 대유하는가를 고려하여 절도인가 횡령인가를 정할 것인바(진계호「형법각론」289면), 위의 예는 단순한 외부로부터의 점유침해와는 달리 점유의 내부관계에서의 침해란 점에서 주점유자에 대한 배임적 성격을 가지므로 횡령이라고 한다.	
	판례	점포주인이 점원에게 금고 열쇠와 오토바이 열쇠를 맡기고 금고 안의 돈은 배달될 가스대금으로 지급할 것을 지시하고 외출했음에도, 점원이 현금을 꺼내어 오토바이를 타고 도주한 경우(81도3396)	절도죄가 아니라 횡령죄가 성립하는 경우
		산지기로서 종중 소유의 분묘를 간수하고 있는 자가 그 분묘에 설치된 석등이나 문관석 등을 반출하여 가는 행위(84도3024)	횡령가 아니라 절도죄가 성립하는 경우
② 대등관계		㉮ 수인이 공동하여 타인의 재물을 보관(점유)하는 경우 1인이 그의 단독점유로 옮긴 때는 공동점유자의 점유를 침해한 것으로 절도이다(통설). ㉯ 수인이 공동하여 자기들의 재물을 점유하는 경우 1인이 불법하게 영득하면 역시 절도이다(1965. 1. 1964도581대판). ㉰ 공동소유물이라도 공동점유하에 있지 않고 어느 1인의 단독점유하에 있는 경우 그 점유자가 영득하면 횡령이 된다.	

封緘(봉함)된 包緘物(포함물)을 수탁자가 그 내용물을 영득한 경우의 형사책임

학설	내용
제1설	위탁물 전체에 대해서는 수탁자가 그 내용물에 관해서는 수탁자가 점유를 가지므로 절도죄가 된다고 함.
제2설	포장물 전체나 내용물에 대해서도 수탁자의 점유에 속하므로 횡령죄가 된다고 함
제3설	포장물 전체나 내용물에 대하여 수탁자의 점유에 속하므로 절도죄가 된다고 함
제4설	내용물에 대하여는 동시에 타인의 직접점유와 자기의 간접점유와의 공동점유가 성립하므로 이에 대한 영득은 자기점유의 관계에 대하여 횡령이고, 타인점유의 관계에 대하여 절도가 되어 양자가 법조경합관계에 있다고 함.
제5설	단순히 형식적으로 봉함물이란 점에 구애된 것이 아니라 구체적인 위탁관계를 참작하여 단순히 형식적 위탁관계라면 절도가 되고, 실질적 위탁관계라면 횡령이 된다고 함.

친족상도례 (親族相盗例)

강도죄와 손괴죄를 제외한 재산죄에 있어서는 친족간의 범죄의 경우 형을 면제하거나 고소가 있어야 공소를 제기할 수 있는 특례가 인정되고 있는데 이를 친족상도례라고 한다(형§328, §344). 형법이 이러한 특례를 인정하는 것은 친족간의 내부의 일에는 국가권력이 간섭하지 않고 친족내부에서 처리하는 것이 사건화하는 것보다 친족의 화평을 지키는 데 좋을 것이라는 취지에서이다. 이러한 친족상도례에 있어서 刑이 면제되는 경우에 그 법적 성질에 대해서는 위법성조각설 또는 책임조각설 등이 주장되고도 있으나 통설은 이를 인적 처벌조각사유라고 해석하고 있다. 본특례에 있어서 친족간의 범위는 민법의 규정에 따라 정해진다. 이러한 친족관계는 행위시에 존재해야 한다. 따라서 행위시에 친족관계에 있는 이상 그 후에 그 친족관계가 없어지더라도 친족상도례는 적용된다. 또한 본 특례규정은 정범에 대하여 뿐만 아니라 공범에게도 적용된다. 그러나 정범과 공범 사이는 물론 수인의 공범에 대하여도 친족상도례는 친족관계가 있는자에게만 적용된다. 현행 형법은 친족상도례를 권리행사방해죄에서 규정하고, 이를 절도·사기·공갈·횡령·배임·장물 등의 여러 죄에도 준용하고 있다.

형법 제344조, 제328조 제1항 소정의 친족간의 범행에 관한 규정이 적용되기 위한 **친족관계는 원칙적으로 범행 당시에 존재하여야 하는 것이지만**, 부가 혼인 외의 출생자를 인지하는 경우에 있어서는 민법 제860조에 의하여 그 자의 출생시에 소급하여 인지의 효력이 생기는 것이며, 이와 같은 인지의 소급효는 친족상도례에 관한 규정의 적용에도 미친다고 보아야 할 것이므로, 인지가 범행 후에 이루어진 경우라고 하더라도 그 소급효에 따라 형성되는 친족관계를 기초로 하여 친족상도례의 규정이 적용된다(대법원 1997. 1. 24. 선고 96도1731).

상대적 친고죄 (相對的 親告罪)

친족상도례(형법 328·334조) 경우와 같이 범인과 피해자 사이에 일정한 신분관계가 있음으로써 비로소 친고죄로 되는 것을 말한다. 이 점에서 절대적 친고죄와 구별된다. 즉 양자를 구별하는 이유는 후자의 경우에는 고소불가분의 원칙이 적용되므로 범인을 지정할 필요가 없으나, 전자에 있어서는 범인을 지정하고 고소하지 않는 한 다른 공범자를 고소하더라도 그 효과는 친족인 공범자에게 미치지 않는 데 있다.

강도 (强盗)
영 ; robbery 독 ; Raub
불 ; Volavec violence

폭행·협박으로 타인의 재물을 강취하거나, 기타 재산상의 이익을 취득하거나, 제3자로 하여금 이를 취득하게 하는 것을 말한다. 폭행이란 사람에 대한 유형력의 행사를 말한다. 단순한 물건에 대한 유형력의 행사는 폭행이라고 할 수 없다. 그러나 직접 사람에 대하여 유형력이 행사되었을 것을 요하는 것은 아니다. 직접적으로는 물건에 대한 유형력이라고 할지라도 간접적으로는 사람에 대한 것이라고 볼 수 있으면 여기에 폭행에 해당한다. 사람의 신체에 직접 유형력이 미쳐야 하는 것도 아니다. 따라서 사람에게 총을 겨누는 것도 폭행이 될 수 있다. 협박이란 해악을 고지하여 상대방에게 외포심을 일으키는 것을 말한다. 해악의 내용에는 제한이 없다. 반드시 생명·신체에 대한 해악에 제한되지 않는다. 현실적으로 해악을 가할 의사와 능력이 있을 것을 요하는 것도 아니다. 폭행·협박은 재물의 소지자에게 행하여지는 것이 보통이지만 제3자에 대하여 가하여져도 무방하다. 폭행과 협박은 상대방의 의사를 억압하여 반항을 불가능하게 할 정도에 이를 것을 요한다. 강취란 폭행·협박에 의하여 자기 또는 제3자의 점유로 옮기는 것을 말한다. 강취는 반드시 탈취임을 요하지 않고 상대방의 의사에 반하여 교부한 경우도 포함된다. 폭행·협박과 재물의 강취 사이에는 일정한 관계가 있어야 한다. 폭행 또는 협박이 재물강취의 수단이 되지 아니한 때에는 강도죄는 성립하지 않는다. 이러한 관계는 폭행·협박과 재물의 강취가 시간적·장소적 연관이 있어야 인정될수 있다.

강도죄 (強盜罪)
영 ; robbery
불 ; Raub

폭행 또는 협박으로 타인의 재물을 강취하거나 기타 재산상의 이익을 취득하거나 제3자로 하여금 이를 취득하게 하는 죄를 말한다(형§333). 따라서 사람의 신체를 포박하거나, 사람에게 흉기로 위협하면서 현금 등을 탈취하는 경우 및 노무를 제공케 하는 행위 등은 모두 강도죄이다. 그리고 본죄에 있어서의 「강취」는 반드시 탈취일 필요는 없고 피해자가 교부하는 외관을 보이더라도 그것이 피해자의 의사를 억압한 경우에는 강취가 된다. 폭행은 사람에 대하여 유형력을 행사하는 것이고, 협박은 해악의 고지에 의하여 사람에게 공포심을 일으키게 하는 것인데, 강도죄에서는 이러한 행위가 반드시 재물강취의 수단이어야 하므로 이에 의하여 상대방의 반항을 억압하는 데 족할 정도에 달했는가 아닌가는 피해자의 성별, 연령, 범행 장소, 시간 등을 고려하여 사회일반인의 통념에 따라서 판단할 수밖에 없다. 만약 이 정도에 미달하는 협박에 의해서 재물을 교부케 되었다면 그것은 형법상의 공갈죄(§350)가 성립할 뿐이다. 또한 폭행이나 협박은 강취의 수단에 불과한 것이므로 집사람을 협박하여 주인의 물건을 탈취해도 강도죄가 된다. 형은 3년 이상의 유기징역이며, 미수죄와 예비음모죄(7년이하의 징역)도 처벌한다(§342, §343). 또 절도가 재물의 탈환을 항거하거나 체포를 일탈하거나 죄적을 인멸할 목적으로 폭행 또는 협박을 가한 때에는 준강도라 하고, 강도죄와 동일한 형으로 처벌한다(§335). 강도범인이 사람을 상해하거나 상해에 이르게 하였을 때(강도상해치상)에는 무기 또는 7년 이상의 징역에 처하고, 사람을 살해한 때(강도살인죄)에는 사형 또는 무기징역에 처하고, 사망에 이르게 한 때(강도치사죄)에는 무기 또는 10년 이상의 징역에 처하는데(형§338), 이러한 죄를 총칭해서 강도치사상죄라고 한다.

여기에서 말하는 강도범인이란 강도에 착수한 자를 말하며 사후 강도도 이에 포함된다. 강도범인에게 살해의 고의가 있었을 경우(강도살인죄)도 강도살인·치사죄에 의하여 처벌된다. 강도의 실행에 착수한 범인이 사람을 강간했을 때(강도강간죄)에는 무기 또는 10년 이상의 징역에 처하며, 이로 인하여 고의 없이 사람을 사망케 했을 때에는 강도강간죄와 강간치사죄의 상상적 경합이 되고, 고의로서 강간한 후 살해하면 강도강간죄와 강도살인죄의 상상적 경합이다. 강도살인과 강도강간의 미수죄도 처벌한다(§342). 사람을 체포·감금·약취 또는 유인하여 이를 인질로 삼아 재물 또는 재산상의 이익을 취득하거나 제3자로 하여금 이를 취득하게 한 경우, 즉 인질강도죄(§336)의 경우에는 3년 이상의 유기징역에 처한다. 본죄는 약취죄와 공갈죄의 결합범으로서 그 약취의 객체는 반드시 미성년자에 한하지 않는다. 본죄는 인질로 삼아 재물 또는 재산상의 이익을 취득함으로써 기수에 이르고 그 객체는 재물 또는 재산상의 이익에 한하며, 약취유인(§287, §288)와 법조경합의 관계에 서게 된다. 그리고 야간에 사람의주거, 관리하는 건조물이나 선박이나 항공기 또는 점유하는 방실에 침입하여 제333조의 죄를 범할 경우에는 특수강도죄로서 무기 또는 5년 이상의 징역에 처하게 되는데(§334), 이것은 행위의 방법 때문에 불법이 가중된 가중적 구성요건이다. 또한 다중의 위력으로 해상에서 선박을 강취하거나 선박 내에 침입하여 타인의 재물을 강취한 경우에는 해상강도죄(§340①)로서 무기 또는 7년 이상의 징역에 처하며 그 미수범도 역시 처벌한다(§342).

강도살인·치사죄 (強盜殺人·致死罪)

강도가 사람을 살해하거나 치사케 함으로써 성립하는 범죄(형법 338조)를 말한다. 본죄의 입법취지는 강도의 기회에 잔혹한 살상행위가 수반되는 예가 허다하므로 고의에 의한 살인의 경우나 고의없는 치사의 경우를 구별함이 없이 동일하게 처벌하려는 취지이다. 그러나 외국의 입법례와는 달리 치사행위를 살인행위와 동등하게 취급함은 책임주의에 반하므로 입법상 재고가 요청된다. 형법 제338조는 강도살인죄와 강도치사죄를 병합하여 규정했으나, 성격상 전자는 고의범이고, 후자는 결과적 가중범이다. 따라서 후자에 관한 한 치사의 결과발생에 대한 예견이 없는데 대하여 과실이 있어야 한다. 따라서 후자는 미수범을 처벌하지 않는다. 또 재산권 이외에 피해자의 생명도 보호하는 강도죄와 살인죄의 결합범이다. 본죄의 주체는 강도범인이다. 강도죄의 실행에 착수한 자로서 단순강도죄·사후강도죄·약취강도죄의 범인이며, 강도의 기수미수는 묻지 않는다. 살해는 살인의 고의가 있는 경우이며, 치사는 고의 없이 사망의 결과를 발생케 한 경우이다. 살해 또는 치사는 반드시 강도의 수단인 폭행에 의하여 일어날 것을 요하지 않는다. 살해 또는 치사가 강도의 기회에 일어날 것을 요

하지만 그것으로 족하다. 협박으로 인한 쇼크로 피해자가 사망한 때에도 본죄를 구성한다. 강도살인죄의 미수범은 처벌한다. 강도살인죄의 기수와 미수는 살인의 기수미수를 불문하고 강도 살인 미수죄가 성립한다. 강도의 고의 없이 사람을 살해하고 그의 재물을 영득한 때에는 살인죄와 점유이탈물횡령죄의 경합범이 된다. 이에 반하여 강도의 고의로 사람을 살해하고 재물을 탈취한 때에 강도살인죄가 성립한다는 데는 이론이 없다.

형법상 「특수」가 붙은 구성요건

범죄형태	구 성 요 건	특 징
특수도주죄 (§146)	수용설비 또는 기구를 손괴하거나 사람에게 폭행 또는 협박을 가하거나 2인 이상이 합동하여 법률에 의하여 체포 또는 구금된 자가 도주한 경우	
특수절도죄 (§331)	① 야간의 문호 또는 장벽 기타 건조물을 일부를 손괴하고 §330의 장소(사람의 주거, 간수하는 저택, 건조물이나 선박 또는 점유하는 방실)에 침입하여 타인의 재물을 절취한 경우 ② 흉기를 휴대하거나 2인 이상이 합동하여 타인의 재물을 절취한 경우	① 합동범인 점 ② 손괴 또는 침입 등의 행위가 특수상황 하에서 이루어지고 있는 점
특수강도죄 (§334)	① 야간에 사람의 주거, 관리하는 건조물이나 선박이나 항공기 또는 점유하는 방실에 침입하여 강도죄를 범한 경우 ② 흉기를 휴대하거나 2인 이상이 합동하여 강도죄를 범한 경우	
특수공무방해죄 (§114)	단체 또는 다중의 위력을 보이거나 위험한 물건을 휴대하여 §136(공무집행방해), §138(법정 또는 국회의장모욕), §140 내지 §143 공무상 비밀표시무효, 부동산 강제집행 효용침해 공용서류등의 무효, 공용물의 파괴, 공무상 보관물의 무효, 미수범의 죄를 범한 때는 각조에 정한 형의 2분의 1까지 가중한다.	① 단체 또는 다중의 위력을 보이거나 위험한 물건을 휴대하여 행위하는 점 ② 이른바 방법적 가중유형이다.
특수상해죄 (§258의2)	단체 또는 다중의 위력을 보이거나 위험한 물건을 휴대하여 상해존속상해, 중상해존속중상해죄를 범한 경우	
특수폭행죄 (§261)	단체 또는 다중의 위력을 보이거나 위험한 물건을 휴대하여 폭행존속폭행죄를 범한 경우	
특수체포·감금죄	단체 또는 다중의 위력을 보이거나 위험한 물건을 휴대하여	

(§278)	체포와 감금의 죄(§276, §277)를 범한 경우
특수협박죄 (§284)	단체 또는 다중의 위력을 보이거나 위험한 물건을 휴대하여 협박죄·존속협박죄(§283①, ②)를 범한 경우
특수주거침입죄 (§320)	단체 또는 다중의 위력을 보이거나 위험한 물건을 휴대하여 주거침입죄(§319)를 범한 경우
특수강요죄 (§324②)	단체 또는 다중의 위력을 보이거나 위험한 물건을 휴대하여 강요죄를 범한 경우
특수공갈죄 (§350의2)	단체 또는 다중의 위력을 보이거나 위험한 물건을 휴대하여 공갈죄를 범한 경우
특수손괴죄 (§369)	단체 또는 다중의 위력을 보이거나 위험한 물건을 휴대하여 재물 또는 문서 또는 전자 기록등 특수매체기록의 손괴죄(§366)를 범한 경우

강도상해·치상죄
(强盜傷害·致傷罪)

강도가 사람을 상해하거나 치상케 함으로써 성립하는 범죄(형법 337조)를 말한다. 본죄의 취지는 강도살인·치사죄(형법338조)와 함께 범행에 있어서 살상·치사상 등의 잔혹한 행위를 수반하는 경우가 많음에 비추어 가중처벌하려는 것이다. 본죄는 강도상해죄와 강도치상죄를 병합하여 규정한 것이나, 강도상해죄는 강도죄와 상해죄, 강도치상죄는 강도죄와 과실치상죄의 결합범이다. 그러나 본죄를 강도죄에 대한 독자적인 범죄로 이해하는 견해도 있다. 본죄의 주체는 강도라는 일정한 신분범이다. 단순강도죄(형법333조)뿐만 아니라 특수강도죄(형법334조)·준강도죄(형법335조)·약취강도죄(형법336조)의 강도범인도 본죄의 주체가 됨은 물론이다. 강도의 기수·미수를 불문하고 강도의 실행의 착수가 있으면 본죄의 주체가 되나 강도예비·음모죄의 범인은 제외된다고 본다. 상해란 상해에 대한 고의가 있는 경우를 말하며, 치상이란 상해의 고의 없이 상해의 결과를 발생케 한 경우를 말한다. 강도상해죄는 고의범이므로 반드시 상해의 결과에 대한 고의가 있어야 하며, 폭행의 고의로 상해의 결과를 가져온 때에는 강도상해죄는 성립하지 않는다. 이에 반하여 강도치상죄는 결과적 가중범이다. 따라서 강도와 상해의 결과 사이에는 인과관계가 있어야 할뿐 아니라 결과에 대한 예견가능성이 있어야 한다. 상해 또는 치상의 결과는 반드시 강도의 수단인 폭행으로 인한 것임을 요하지 않는다. 그 원인이 강도의 기회에 이루어진 것이면 족하다. 강도치상죄의 미수범은 처벌한다.

강도죄의 여러 형태

죄 명	수 단 등
단 순 강 도	폭행 또는 협박으로 재물강취(§333)
특 수 강 도	주거침입 등, 흉기휴대, 2인 이상 합동-동상행위(§334)
준강도(사후강도)	탈환항거, 체포면탈, 죄적인멸-동상행위(§335)
인 질 강 도	사람을 체포·감금약취 또는 유인하여 이를 인질로 삼아 재물 또는 재산상의 이익취득(§336)
강도상해·치상죄	강도가 사람을 상해, 상해에 이르게 한때(§337)
강도살인·치사죄	강도가 사람을 살해·사망에 이르게 한때(§338)
강 도 강 간 죄	강도가 부녀를 강간(§339)
해 상 강 도 죄	다중의 위력으로 해상에서 선박·재물강취(§340①)
해상강도상해·치상죄	동상행위로 사람을 상해·상해에 이르게 한때(§340②)
해상강도살인·치사·강간죄	동상행위로 사람을 살해, 사망에 이르게 하거나 강간(§340③)
상 습 강 도 죄	상습으로 §333, §334, §336, §340①의 범죄
강도예비·음모죄	강간할 목적으로 예비, 음모(§343)

준강도죄(準强盜罪)

절도가 재물의 탈환을 항거하거나 체포를 면탈하거나 죄적을 인멸한 목적으로 폭행 또는 협박을 가함으로써 성립하는 범죄(형법 335조)를 말한다. 사후강도죄라고도 한다. 준강도죄에 있어서도 강도죄의 경우와 같이 절도와 폭행·협박이 결합되어 있다. 그러나 강도죄가 재물을 강취하기 위하여 폭행·협박을 하는 경우인 데 대하여, 준강도죄는 재물을 절취하거나 이에 착수한 자가 일정한 목적을 위하여 폭행·협박을 함으로써 성립하는 점에서 그 결합의 형식이 강도죄와 구별된다. 본죄의 주체는 절도범이다. 절도죄는 미수범을 처벌한다. 따라서 여기의 절도에는 절도의 기수뿐만 아니라 미수범도 포함

된다. 그러나 절도의 실행에 착수하기 전에 예비단계에서 폭행·협박을 한 때에는 본죄가 성립하지 않는다. 폭행 또는 협박의 정도는 강도죄의 그것과 같다. 따라서 상대방의 반항을 억압할 정도에 이르지 않으면 안 된다. 폭행 또는 협박은 절도의 기회에 행하여져야 한다.

인질강도죄(人質强盜罪)

2사람을 체포·감금약취 또는 유인하여 이를 인질로 삼아 재물 또는 재산상 이익을 취득하거나 제3자로 하여금 이를 취득하게 함으로써 성립하는 범죄(형법 336조)를 말한다. 상습인질강도의 경우에는 형을 가중한다(형법 341조). 본죄의 인질의 객체는 사람인데,

반드시 미성년자에 한하지 않는다. 인질이란 폭행 또는 협박으로 사람을 체포·감금약취 또는 유인하여 현재의 상태에서 자기 또는 제3자의 실력적 지배하에 옮기는 것을 말한다. 본죄는 석방의 대상으로 재물을 취득하거나 제3자로 하여금 이를 취득하게 함으로써 기수에 이른다. 객체는 재물 또는 재산상의 이익인데, 피약취자와 재물의 피해자가 일치할 것을 요하지 않는다. 미성년자를 약취·유인하고 재물이나 재산상의 이익을 취득한 때에는 특정범죄가중처벌등에관한법률에 의하여 가중처벌된다. 본죄는 약취유인죄(형법 287·288조)와 법조경합의 관계에 있다. 미수범은 처벌한다(형법 342조). 인질강도죄를 변경되었다.

☞ 인질강도죄

사기죄(詐欺罪)
영 ; false pretence, cheat
독 ; Betrug

사람을 기망하여 재물의 교부를 받거나 재산상의 이익을 취득하는 경우 및 제3자로 하여금 재물의 교부를 받게 하거나 재산상의 이익을 취득하게 하는 죄이다(형§347). 사기죄는 절도죄 및 강도죄와 같이 재물죄 특히 영득죄의 일종이지만 절도죄 및 강도죄가 상대방의 의사에 반하여 재물을 탈취하는 것과는 달리, 사기죄는 기망에 의한 상대방의 착오 있는 의사에 의하여 재물을 교부받거나 재산상의 이익을 취득하는 것이다. 따라서 외관상으로는 피해자의 임의에 의한 교부가 있더라도 그 교부행위가 착오에 의한 교부라는 점에 특색이 있다. 이를 편취라 한다. 그리고 교부는 자진해서 교부하는 것에 한하지 않고 이에 준할 수 있는 것, 예를 들면 법원 또는 집행관을 기망하여 공권력에 의하여 피해자로 하여금 재물을 교부하게 하는 이른바 소송사기도 사기죄로 된다는 것이 통설이다. 기망은 사람을 착오에 빠뜨리는 것이다. 착오가 어떠한 점에서 생겨났는가는 가리지 않는다. 반드시 법률행위의 중요한 요소에 관한 착오일 필요는 없다. 기망된 의사표시가 민법상 무효한 것이라도 본죄의 성립에 영향을 미치지 않는다. 기망의 수단·방법은 언어에 따르던 무전취식과 같은 동작에 따르던, 또 상대방이 이미 착오에 빠져있음을 알면서도 고의로 진실을 알리지 않는 부작위에 의하건 불문한다. 그러므로 판례는 피보험자의 질병을 묵비하고 보험계약을 체결하는 경우, 저당권이 설정되어 있음을 감추고서 부동산을 보통가격으로 매각하는 경우 등에도 사기죄를 인정하였다. 또 사기죄는 상대방의 교부행위, 즉 처분행위에 의하여 재물을 취득하는 것이 필요하다. 따라서 예를 들면 자동판매기에 위조동전을 넣고 물건을 가져가는 것은 처분행위가 없는 것이므로 사기죄는 성립할 수 없고 절도죄가 성립한다. 또 사기죄가 성립함에는 기망당하는 사람과 재산상의 손해를 받는 사람이 동일할 필요가 없다. 즉 기망이 재산상의 피해자에게 직접 행해질 필요는 없는 것이다. 따라서 처를 속여서 남편의 재물을 편취한 경우에도 사기죄가 된다.

강도죄와 마찬가지로 재산상의 이익도 사기죄의 객체로 된다. 즉 착오에 의한 상대방의 처분행위로 말미암아 채무의 면제를 받거나, 전기계량기를 역회전시켜 요금지불을 면탈하는 것은 모두 사기죄로 되는 것이다(판례). 사기죄가 기수로 되기 위하여는 기망행위와 재물의 교부 또는 이익의 공여와의 사이에 인과관계가 있어야 한다는 것이 통설이다. 그러므로 기망당한 상대방이 착오를 일으키지 아니하고 다만 연민의 정에서 행위자에게 재물을 교부하였다면 사기죄의 미수범으로 처벌된다(§352). 사기죄의 법정형은 10년 이하의 징역 또는 2천만원 이하의 벌금이다.

연히 사기죄를 구성하게 된다(대판 1984. 1. 31. 83도1501).

> 사기죄의 요건으로서의 기망은 널리 재산상의 거래관계에 있어 서로 지켜야 할 신의와 성실의 의무를 저버리는 모든 적극적 또는 소극적 행위를 말하는 것이고, 이러한 소극적 행위로서의 <u>부작위에 의한 기망은 법률상 고지의무 있는 자가 일정한 사실에 관하여 상대방이 착오에 빠져 있음을 알면서도 이를 고지하지 아니함을 말하는 것</u>으로서, 일반거래의 경험칙상 상대방이 그 사실을 알았더라면 당해 법률행위를 하지 않았을 것이 명백한 경우에는 신의칙에 비추어 그 사실을 고지할 법률상 의무가 인정되는 것이다 *(대법원 1998. 12. 8. 선고 98도3263).*

기망행위(期亡行爲)

사기죄의 행위는 기망행위이다. 이러한 행위자의 기망행위는 피기망자에게 착오를 일으킬 것을 요한다. 기망이란 널리 거리관계에서 지켜야 할 신의칙에 반하는 행위로서 사람으로 하여금 착오를 일으키게 하는 것을 말한다. 기망행위의 수단방법에는 제한이 없다. 일반에게 착오를 일으킬 수 있는 모든 행위가 포함된다. 명시적이든 묵시적이든 작위이건 부작위이건 묻지 않는다. 무전취식이나 무전숙박은 작위에 의한 기망행위에 해당한다. 재물을 처분하는 자는 그 재물이 자기의 소유물이거나 이를 처분할 권한이 있음을 묵시적으로 표현했다고 해야 한다. 따라서 타인에게 이전등기해 준 부동산을 매도하거나 임대하고 대금을 받은 때에는 당

준사기죄(準詐欺罪)

미성년자의 사리분별력 부족 또는 사람의 심신장애를 이용하여 재물을 교부받거나 재산상 이익을 취득한 죄(형§348). 본죄는 미성년자(20세 미만의 자)의 지려천박 또는 사람의 정신상태에 심신의 장애가 있는 상태를 이용하여(기망수단을 쓰지 않더라도) 재물의 교부를 받거나, 재산상의 이익을 취득하게 하면 성립된다. 본죄의 특질은 사람의 지려의 부족을 이용하는 것을 기망수단을 사용하는 것과 동일하게 취급하는 데 있다. 그러나 기망행위를 한 경우에는 아무리 본죄에 해당하는 행위의 객체일지라도 일반적인 사기죄(§347)에 따라서 처벌되는 것이다. 그러나 전연 의사능력이 없는 유아나 심신

상실자로부터 재물을 취득했을 경우에는 본죄가 아니고 절도죄가 된다. 예를 들면 초등학교 1학년 정도의 어린이에게 과자를 주고는 그 어린이가 갖고 있는 사진기를 교부하게 하는 경우이다.

컴퓨터 사용 사기죄

컴퓨터 등 정보처리장치에 허위의 정보 또는 부정한 명령을 입력하여 정보처리를 하게 함으로써 재산상의 이익을 취득하거나 제3자로 하여금 취득하게 함으로써 성립하는 범죄이며(§347의 2), 이익사기죄의 특별유형이라고 할 수 있다. 범죄는 컴퓨터의 조작에 의해 불법한 이익을 얻는 행위가 사기죄에 의하여 처벌되지 않는 처벌의 결함을 보완하기 위한 규정이며, 기계를 이용하여 불법한 이익을 취득한 경우에 성립하는 범죄란 점에서 편의시설부정이용죄(§348의 2)와 공통된 성질을 갖는다. 편의시설부정이용죄가 자동판매기 등 유료자동설비를 이용한 경우임에 반해 본죄는 컴퓨터를 이용한 경우라는 점에서 차이가 있을 뿐이다. 본죄의 보호법익은 재산상의 이익, 즉 재산권이다. 따라서 컴퓨터를 사용함으로써 얻게 되는 경제상의 일반적 이익은 반사적 효과에 불과하다.

편의시설부정이용

부정한 방법으로 대가를 지급하지 아니하고 자동판매기, 공중전화 기타 유료자동설비를 이용하여 재물 또는 재산상의 이익을 취득한 자는 3년 이하의 징역, 500만원 이하의 벌금, 구류 또는 과료에 처한다. (§348조의2)

> 형법 제348조의2에서 규정하는 편의시설부정이용의 죄는 부정한 방법으로 대가를 지급하지 아니하고 자동판매기, 공중전화 기타 유료자동설비를 이용하여 재물 또는 재산상의 이익을 취득하는 행위를 범죄구성요건으로 하고 있는데, 타인의 전화카드(한국통신의 후불식 통신카드)를 절취하여 전화통화에 이용한 경우에는 통신카드서비스 이용계약을 한 피해자가 그 통신요금을 납부할 책임을 부담하게 되므로, 이러한 경우에는 피고인이 '대가를 지급하지 아니하고' 공중전화를 이용한 경우에 해당한다고 볼 수 없어 편의시설부정이용의 죄를 구성하지 않는다.
> *(대법원 2001. 9. 25., 선고, 2001도3625, 판결)*

부당이득죄(不當利得罪)
영 ; unjust enrichment
독 ; ungerechtfertigte Bere- icherung

사람의 궁박한 상태를 이용하여 현저하게 부당한 이익을 취득하거나 제3자로 하여금 취득하게 함으로써 성립하는 범죄이다(형§349). 본죄는 이른바 폭행행위를 처벌하는 것으로 엄밀하게 보면 사기죄의 한 형태라고 할 수 없다. 본죄의 본질은 사람의 궁박한 상태를 경제적으로 이용하여 현저하게 부당한 이익을 취득하는 것을 금지하는 데 있다. 즉 본죄는 사기죄는 아니지만 타인의 궁박한 상태를 이용하였다는 점에서 사기죄의 한 형태로서 처벌하고 있는 것이다. 본죄의 보호법익은 전체로서의 재산이며, 본죄의 완성을 위하여는 피해자에게 손해가 발생하였음을 요하지 않고 재산상의 위험만 있으면 족하다는 점에서 본죄는 위험범이다. 따라서 본죄의 미수범은 처벌하지 않는다.

> 부당이득죄에 있어서 궁박이라 함은 '급박한 곤궁'을 의미하는 것으로서, 피해자가 궁박한 상태에 있었는지 여부는 거래당사자의 신분과 상호간의 관계, 피해자가 처한 상황의 절박성의 정도 등 제반 상황을 종합하여 구체적으로 판단하여야 할 것이고, 특히 부동산의 매매와 관련하여 피고인이 취득한 이익이 현저하게 부당한지 여부는 우리 헌법이 규정하고 있는 자유시장경제질서와 여기에서 파생되는 계약자유의 원칙을 바탕으로 피고인이 당해 토지를 보유하게 된 경위 및 보유기간, 주변 부동산의 시가, 가격결정을 둘러싼 쌍방의 협상과정 및 거래를 통한 피해자의 이익 등을 종합하여 구체적으로 신중하게 판단하여야 한다(대법원 2005. 4. 15. 선고 2004도1246).

공갈죄(恐喝罪)
독; Erpressung

사람을 공갈하여 재물의 교부를 받거나 재산상의 불법한 이익을 취득하거나 타인으로 하여금 이를 얻게 함으로써 성립하는 범죄이다(형§350). 본죄는 재물뿐만 아니라 재산상의 이익도 객체로 하고 공갈, 즉 폭행 또는 협박을 수단으로 하는 점에서 강도죄와 유사한 구조를 가진다. 그러나 여기에서 말하는 공갈이란 재물 또는 그 밖의 재산상의 이익을 공여케 하는 수단으로서 협박을 가하는 것이며, 상대방의 반항을 억압할 정도에 이르지 아니한 협박이라야 한다. 따라서 공갈은 강도죄의 수단으로 행해지는 협박에 비하여 정도상의 차이가 있다. 즉 공갈죄는 상대방의 의사에 의하여 재물이나 그 밖의 재산상의 이익을 교부, 공여하게 하는 점에서 상대방의 저항을 억압하는 강도죄와 성질상의 차이가 있다. 공갈죄의 협박도 상대방에게 공포심을 일게 하는 해악의 고지이기는 하나, 그 해악내용은 재산적 이익을 목적으로 하는 것에 한하므로, 협박죄의 경우(§283①)와는 다르다. 또 협박은 사람의 신체·생명·자유·명예·재산을 해악의 내용으로 하는 것에 한하지 않고 그 해악의 실현가능성 유무 등 아무런 제한을 받지 않는다. 해악의 고지는 묵시라도 좋고, 권리를 행사하거나 또는 대가를 제공했을 경우에는 협박이 재물이나 이익을 취득하는 수단으로서 부당하지 않을 때에는 공갈죄로 되지 않는다. 또 상대방이 교부 또는 그에 준하는 처분행위를 하지 아니하면 공갈죄는 성립하지 않는다. 사람과 충돌하여 그 사람이 휘청거리는 사이에 재물을 탈취하는 것은 공갈이나 강도가 아니라 절도이다. 사람을 공갈해서 금전교부의 약속을 하게 하는 것으로 공갈죄의 기수라 할 수 없다. 형은 10년 이하의 징역 또는 2천만원 이하의 벌금에 처한다.

공갈죄의 수단으로써의 협박은 객관적으로 사람의 의사결정의 자유를 제한하거나 의사실행의 자유를 방해할 정도로 겁을 먹게 할 만한 해악을 고지하는 것을 말하고, 그 해악에는 인위적인 것뿐만 아니라 천재지변 또는 신력이나 길흉화복에 관한 것도 포함될 수 있으나, 다만 천재지변 또는 신력이나 길흉화복을 해악으로 고지하는 경우에는 상대방으로 하여금 행위자 자신이 그 천재지변 또는 신력이나 길흉화복을 사실상 지배하거나 그에 영향을 미칠 수 있는 것으로 믿게 하는 명시적 또는 묵시적 행위가 있어야 공갈죄가 성립한다(*대법원 2002. 2. 8. 선고 2000도3245*).

특수공갈죄(特殊恐喝罪)

단체 또는 다중의 위력을 보이거나 위험한 물건을 휴대하여 공갈죄를 범한 경우에 성립하는 범죄이며, 1년 이상 15년 이하의 징역에 처한다(§350의2). 기존에는 「폭력행위 등 처벌에 관한 법률」에 규정되어 있었으나, 2016년 1월 6일 형법 일부 개정시 형법에 편입하였다.

횡령죄(橫領罪)
영; embezzlement
불; Veruntreung, Unters- chlagung

타인의 재물을 보관하는 자가 그 재물을 횡령하거나 그 반환을 거부함으로써 성립하는 죄를 말한다(형§355①). 횡령죄를 범할 수 있는 주체는 타인의 재물을 보관하는 자이고 타인재물만이 횡령죄의 객체로 할 수 있고, 재산상의 이익은 제외된다. 보관은 재물에 대한 사실적 지급 또는 법률적 지배를 말한다. 따라서 동산에 관하여 시장이 그의 지배 아래 있는 시의 재산을 보관하기 위하여 은행에 예치하였을 경우에도 시장은 보관자가 되며, 부동산에 관하여는 사실상 타인의 부동산을 관리하고 있는 자는 등기부상의 명의인이 따로 있을지라도 그 보관자가 된다. 창고증권을 소지하는 경우, 예금을 한 경우에는 보관이 된다고 하는 판례도 있다. 그리고 여기서 보관은 위탁임무에 따른 것이어야 하고, 반드시 계약 등에 의하여 위임된 것에 한하지 않는다. 횡령은 자기가 보관하는 타인의 재물을 불법으로 횡령하는 행위이다(영득행위설). 횡령의 태양(態樣)으로서는 소비·보관 중의 예금인출·임치물의 매각·차용물의 질입(質入)·압류·은닉 등을 들 수 있다. 영득의 의사는 자기가 영득하려는 의사뿐만 아니라 제3자에게 영득하게 하는 의사도 포함한다. 이장이 마을의 공금을 보관 중, 이것을 마을을 위한 의사로서 사용용도가 다른 경비에 유용했을 경우, 또는 주지가 사원의 집기를 사원을 위한 일로 매각 처분했을 경우에는 불법영득의 의사가 없기 때문에 횡령죄는 성립하지 않는다. 친족간의 범행의 특례에 대한 형법 제344조의 규정은 횡령죄에도 준용되는데(§361), 이 경우에는 재물의 소유자와 위탁자의 쌍방이 범인의 친족이어야만 한다. 형벌은 5년 이하의 징역 또는 1천5백만원 이하의 벌금에 처한다.

> 횡령죄에 있어서 보관이라 함은 재물이 사실상 지배하에 있는 경우뿐만 아니라 법률상의 지배·처분이 가능한 상태를 모두 가리키는 것으로 타인의 금전을 위탁받아 보관하는 자는 보관방법으로 이를 은행 등의 금융기관에 예치한 경우에도 보관자의 지위를 갖는 것이다(*대법원 2000. 8. 18. 선고 2000도1856*).

업무상횡령죄 (業務上橫領罪)

업무상 횡령죄라 업무상 자기가 보관하는 타인의 재물을 그 임무에 위배하여 횡령하는 죄를 말한다(형§356). 업무상 타인의 재물을 보관한다는 것은 신분에 관한 것이며, 본죄는 업무상의 임무를 위배했다는 점에서 단순횡령죄보다도 중하게 벌하는 것으로 역시 신분범의 하나이다. 여기에서 말하는 업무란 반복 계속되는 사무를 총칭하며, 업무상의 보관이란 업무에 관한 보관이면 족하다. 반드시 직무 또는 영업으로서 생활유지를 위한 업무에 한하지 않고 또 보수나 이익 등 반대급부가 있음을 필요로 하지 않는다. 경찰관이 증거물건을 영치하거나 역장이 단체여행을 주최하고 그 비용을 보관하는 것은 업무상의 보관이다. 이러한 점을 제외하면 단순횡령죄에서 설명한 모두가 본죄에 적용된다. 형벌은 10년 이하의 징역 또는 3천만원 이하의 벌금이다.

점유이탈물횡령죄 (占有離脫物橫領罪)

유실물·표류물·매장물 기타 타인의 점유를 이탈한 재물을 횡령함으로써 성립하는 범죄이다(형§360). 타인의 점유에 속하지 않는 타인의 재물을 영득하는 죄라는 점에서는 횡령죄와 공통점을 가진다. 그러나 본죄는 위탁관계에 의하여 타인의 재물을 보관할 것을 요하지 아니하며, 따라서 신임관계의 배반을 내용으로 하지 않는 점에서 횡령죄나 업무상 횡령죄와는 그 성질을 달리하는 범죄이다. 여기에서 말하는「유실물·표류물」이란 점유자의 의사에 의하지 않고 그 점유를 이탈하여 그 누구의 점유에도 속하지 않는 물건을 말하고,「점유를 이탈한 물건」이라 함은 유실물법「타인이 놓고 간 물건」,「유실한 가축」기타「우연히 자기점유에 소속된 물건」등을 말한다(예컨대 바람에 날려온 옆집의 세탁물). 그리고 매장물이라 함은 점유이탈물에 준하는 것으로서, 예컨대 고분 내에 매장되어 있는 보석, 거울, 도검 등이다(1934. 6. 13. 일대판).

배임죄 (背任罪)
독; Untreu

타인을 위하여 그 사무를 처리하는 자가 그 임무에 위배되는 행위로써 재산상의 이익을 취득하거나 제3자로 하여금 이를 취득하게 하여 본인에게 재산상의 손해를 가하는 죄(형§355②)이다. 여기에서 말하는 타인을 위하여 그 사무를 처리하는 자란 타인과의 위탁 신임관계에 의하여 사적 또는 공적 사무를 행하는 자를 말하며, 이러한 신분이 없는 자는 본죄의 주체가 될 수 없다. 따라서 배임죄는 신분범이다. 그리고 그 임무에 위배되는 행위란 위탁, 신임 관계에 위반하는 행위를 말하여, 보관하고 있는 물품을 부패하게 했을 때가 그 예이다. 재산상의 손해를 가한다는 것은 적극적으로 기존재산을 감소하게 하거나 또는 소극적으로 얻을 수 있었던 이익을 잃게 하는 등 전체적인 재산에 손해를 발생하게 하는 것이다. 배임죄의 본질에 관해서는 권한남용설과 배신설 등이 있는데, 배임죄의 본질을 위탁이나 신임에 위반하는 것으로 보는 배신설에 의하게 되면 횡령죄는 배임죄의 특별죄이며, 횡령죄가 성립되는 경우에는 일반죄인 배임죄는 성립되지 않는다고 한다. 그리고 대개 타인의 사무를 처리하는 자가 그 임무에 위배하고 타인을 기망하여 재물을 편취했을 경우에는 사기죄만이 성립한다는 것이 통설인데 이러한 경우에는 사기죄와 배임죄와의 상상적 경합이라는 설이 많다. 형벌은 5년 이하의 징역 또는 1천5백만원 이하의 벌금이다.

배임죄는 타인의 사무를 처리하는 자가 위법한 임무위배행위로 재산상 이득을 취득하여 사무의 주체인 타인에게 손해를 가함으로써 성립하는 것이므로, 그 범죄의 주체는 타인의 사무를 처리하는 신분이 있어야 한다. 여기에서 '타인의 사무를 처리하는 자'라고 하려면 두 당사자의 관계의 본질적 내용이 단순한 채권관계상의 의무를 넘어서 그들 간의 신임관계에 기초하여 타인의 재산을 보호 내지 관리하는 데 있어야 한다. 만약, 그 사무가 타인의 사무가 아니고 자기의 사무라면, 그 사무의 처리가 타인에게 이익이 되어 타인에 대하여 이를 처리할 의무를 부담하는 경우라도, 그는

타인의 사무를 처리하는 자에 해당하지 않는다(*대법원 2009. 2. 26. 선고 2008도11722*).

횡령죄와 배임죄의 구별

죄명 / 구분	횡 령 죄	배 임 죄
신임 관계	같다	
주 체	특정재물의 보관자 또는 합득자	타인의 사무를 처리하는 자
객 체 (개개)	타인의 재물	널리 타인의 재물 또는 재산상의 이익
재물처분 행위	자기계산 또는 자기명의로	본인계산 또는 본인명의로
죄성립	본죄가 성립하면 배임죄와 경합으로 배임죄불성립	횡령죄불성립의 경우에도 배임죄 성립

부동산의 이중매매의 형사책임

구 분		내 용
인정 여부	부정설 (소수설)	부동산 물권변동에 관하여 형식주의를 취한 신민법하에서는 부동산의 이중매매 자체가 있을 수 없다고 함
	긍정설 (다수설)	① 채권계약으로써 매매계약의 이중적 체결이 가능하다. ② 물권행위 후 등기이전이 끝나지 않은 채로 제2의 매매계약으로 물권행위와 등기가 가능하므로 신민법하에서도 부동산의 이중매매가 가능하다.
부동산의 이중매매	① 계약금만 교부받은 경우	상호간에 계약금의 배상상환 또는 계약금의 포기 등으로 계약해제가 가능하므로 채무불이행의 책임외에 형사책임이 없다.
	② 중도금까지 교부받은 경우	㉠ 이쯤되면 매도인은 매수인에 대하여 사무처리자의 지위에 서므로 배임죄를 구성한다. ㉡ 이 단계에서도 역시 계약당사자간의 채권관계에 불가하고 매도인은 여전히 그 소유권의 내용인 처분기능을 갖기 때문에 역시 채무불이행의 문제가 될 뿐이라고 한다.
	③ 대금 전액을 지급받은 경우	㉠ 사기죄는 피해자와 피기망자의 일치를 필요치 않고, 매도인은 제2의 매수인에게 제1매수인과의 매매계약의 사실을 묵비한 기망행위가 있으므로, 사기죄라고 한다. ㉡ 매도인에게 제2의 매수인에게 제1의 매수인과의 매매계약의 사실을 고지할 법률상 또는 신의칙상의 작위의무가 거래실정으로 보아 없고, 다만 신의성실의 원칙상 대금전액을 받고 다만 등기의무만 남았다면 매도인은 이제 타인의 업무처리상의 지위에 있다고 해석되므로 배임죄가 성립된다.

업무상배임죄(業務上背任罪)

업무상 타인의 사무를 처리하는 자가 그 임무에 위배하는 행위로서 재산상의 이익을 취득하거나 제3자로 하여금 이를 취득하게 하여 손해를 가함으로써 성립하는 범죄(형법 356조)를 말한다. 타인의 사무를 처리하는 것이 업무로 되어있기 때문에 배임죄에 대하여 책임이 가중되는 가중적 구성요건이다. 따라서 본죄도 타인의 사무를 처리하는 자라는 신분과 업무자라는 신분, 즉 이중의 신분을 요구하는 신분범이다. 전자는 구성적 신분(진정신분범)이고, 후자는 가감적 신분(부진정신분범)이다. 본죄의 미수범은 처벌한다(형법 359조). 친족상도례가 허용된다(형법 361조).

배임수증재(背任收贈財)

타인의 사무를 처리하는 자가 그 임무에 관하여 부정한 청탁을 받고 재물 또는 이익을 취득하거나 제3자로 하여금 이를 취득하게 함으로써 성립하는 범죄이다(형§357①). 기존에는 재물이나 재산상 이익을 본인이 아닌 제3자에게 제공하도록 한 경우에는 처벌할 수 있는 근거가 없었다. 이에 부패행위를 방지하고 「UN 부패방지협약」 등 국제적 기준에 부합하도록 본인이 직접 재물이나 재산상의 이익을 취득하는 행위뿐만 아니라 제3자로 하여금 재물이나 재산상 이익을 취득하게 하는 행위도 처벌할 수 있도록 2016년 5월 29일 형법 일부 개정시 배임수재죄의 구성요건에 '제3자로 하여금 재물이나 재산상의 이익을 취득하게 한 경우'도 추가하였다. 본죄는 타인의 사무처리에 있어서의 공정과 성실의무를 지키고자 하는 데 그 근본 취지가 있다. 즉 본죄의 보호법익은 거래의 청렴성인 것이다. 여기에서 말하는 부정한 청탁이란 배임이 되는 내용의 부정한 청탁을 말하는 것이 아니라, 사회상규 또는 신의성실의 원칙에 반하는 것을 내용으로 하는 청탁이면 족하다. 본죄를 범한 자는 5년 이하의 징역 또는 1천만원 이하의 벌금에 처하고, 그 미수범도 처벌한다(§359). 범인 또는 배임수재의 정을 아는 제3자가 취득한 재물을 몰수하고, 그 재물을 몰수할 수 없거나 재산상의 이익을 취득한 때에는 그 가액을 추징한다. 이 경우 몰수 또는 그 추징은 필요적이다. 따라서 배임수재자가 해당 금액을 공여자에게 반환하였다고 하여도 추징하여야 한다.

장물죄(臟物罪)
영; receiving stolen property
불; Hehlerei, Sachhehlerei

장물죄란 장물을 취득·양여·운반·보관 또는 이들 행위를 알선하는 죄(형§362)를 총칭하는 것이다. 장물이란 재산죄 중의 영득죄(절도, 강도, 사기, 공갈, 횡령죄)에 의하여 불법으로 영득된 재물로서, 피해자가 법률상 그것을 추구할 수 있는 재물, 즉 도둑맞은 시계나 편취된 보석을 말한다. 따라서 영득죄가 아닌 도박에 의하여 취득한 금품은 장물이 아니다. 장물이 될 수 있는 재물을 최초로 영득한 범죄 또는 범죄인을 본범이라고 하는데, 그 본범에는 책임이 없기 때문에 그 행위가 가벌적으로 될 수 없는 경우, 예를 들면 14세 미만의 자가 절취한 경우에도 그로 인하여 취득한 재물은 장물이다. 피해자가 추구권을 갖지 않는 재물은 장물이 아니기 때문에 본범의 피해자가 소유권을 상실한 재물은 원칙으로 장물이 아니다. 장물죄는 고의범이기 때문에 장물인 情을 행위자가 인식하고 있음을 필요로 한다. 그러나 그것이 어떠한 범죄에 의하여 취득한 것인가, 본범은 누구인가 등 구체적 사실을 자세히 알 필요는 없다.「취득」이란 장물을 유상 또는 무상으로 취득하는 것이며,「양여」는 장물을 취득한 자가 이것을 제3자에게 유상무상으로 수여하는 것이다. 또「운반」이란 장물의 소재를 유상무상으로 이전하는 것이고,「보관」이란 장물인 정을 알고서 위임을 받아 그것을 은닉하는 행위이며,「알선」이란, 장물의 법률적 처분행위(매매·입질) 또는 사실상 처분(운반·보관)을 매개·주선하는 것을 말한다. 형벌은 7년 이하의 징역이나 1천 5백만원 이하의 벌금으로 되어 있는데 친족간의 범행에 대해서는 특칙이 인정되고 있다(§365).

장물이라 함은 재산죄인 범죄행위에 의하여 영득된 물건을 말하는 것으로서 절도, 강도, 사기, 공갈, 횡령 등 영득죄에 의하여 취득된 물건이어야 한다*(대법원 2004. 12. 9. 선고 2004도5904).*

중과실장물죄 (重過失 臟物罪)

중대한 과실로 인하여 장물을 취득운반 또는 보관하거나 이러한 행위를 알선함으로써 성립하는 범죄(형법 364조 후단)를 말한다.

업무상과실장물죄
(業務上過失臟物罪)

업무상과실로 인하여 장물을 취득양여·운반·보관하거나 이들의 행위를 알선함으로써 성립하는 범죄(형법 364조)를 말한다. 형법상의 재산죄 가운데 중과실의 경우와 더불어 과실범을 처벌하는 유일한 규정이다. 본죄의 입법취지에 관하여는 고의의 입증이 곤란한 경우에 과실범으로 처벌할 길을 열어 단속의 효과를 거둔다는 정책적 고려에 있다고 보는 견해도 있다. 그러나 본죄가 업무상 과실과 중과실만을 처벌하고 있는 점에서 볼 때, 고물상이 전당포와 같이 중고품을 취급하는 업무에 종사하는 자는 장물을 취급하기 때문에 그 업무처리상의 주의의무를 요구하고, 보통인의 중과실을 이와 같이 취급하는 것이라고 해야 한다. 여기의 업무는 반드시 본래의 업무에 한하지 아니하고 그에 부수되는 업무도 포함한다. 친족간의 범죄에는 특례(형법 365조 1·2항)가 적용된다.

장물죄의 본질과 장물범위

학설	내용	장물범위	주장자
추구권설	장물죄의 본질은 재산죄의 피해자가 점유를 상실한 재물에 대하여 추구·회복함을 곤란 내지 불능케 하는 점에 있다고 한다(여기서 추구라 함은 소유권 기타 물권에 기한 반환청구권을 말한다)	재산죄에 의하여 불법으로 취득한 재물로서 피해자가 법률상 추구할 수 있는 것. 따라서 절도, 강도, 사기, 공갈, 횡령, 장물죄에 의하여 얻은 물건을 장물이라고 한다.	통설·판례
유지설	장물죄의 본질은 재산권침해로 인하여 성립한 위법한 재산상태의 유지·존속에 있다고 한다.	장물의 개념을 전반적인 재산권 침해로 인하여 취득한 물건에까지 확장한다. 따라서 조수 보호 및 수렵에 관한 법률위반, 수산업법위반, 도박에서 얻은 물건, 뇌물로 받은 물건 등 범죄로 인하여 취득한 물건은 장물이다.	독일의 통설
공범설	장물죄의 본질을 범죄에 의하여 얻은 이익에 관여하는 것으로 본다.	피해자의 추구권 유무와는 관계없이 오로지 수수한 물건과 피해자간에 관련성만 있으면 장물이다.	平野, 유기천

손괴죄(損壞罪)
독 ; Sachbeschädigung

타인의 재물, 문서 또는 전자기록등 특수매체를 손괴 또는 은닉 기타의 방법으로 그 효용을 해하는 죄(형§366)이다. 손괴죄의 본질은 타인의 재물에 대하여 그 이용가치 내지 효용의 전부 또는 일부를 해하는데 있으므로 재산죄의 하나이지만, 그 재물을 「영득할 의사」가 없다는 점에서 영득죄인 다른 재산죄와 구별된다. 도죄(盜罪)와 같이 친족상도례의 적용이 없는데 특색이 있다. 또 손괴죄의 객체인 타인의 재물, 문서 또는 전자기록등 특수매체기록은 국가법인·법인격 없는 단체 또는 개인의 것임을 불문하고, 또 그것을 타인이 소지하고 있음을 요하지 않고, 자기가 소지하는 타인의 재물 또는 문서를 손괴·은닉 기타 효용을 해하더라도 무방하다. 그러나 자기소유의 재물에 대한 손괴는 본죄가 아니라 권리행사방해죄가 성립될 수 있을 뿐이다. 재물은 동산·부동산을 가리지 않으나 공무소에서 사용하는 서류 기타 물건 또는 전자기록등 특수매체기록은 제외되고(§141), 또 공익건조물에 대한 손괴는 형이 가중된다(§367). 문서는 타인의 권리·의무에 관한 것에 한하지 않으며, 공문서도 사인의 소유하는 것인 때, 또는 자기명의의 문서라도 타인의 소유인 경우에는 재물·문서손괴죄의 객체로 된다. 또한 관리 가능한 동력도 재물로 본다(§372, §342준용). 손괴는 물질적 파괴가 보통이지만, 반드시 전부를 사용 불가능하게 하는 것을 요하지 않고,

예를 들면, 자기 명의의 차용증서의 내용의 일부 또는 그 서명을 말소하는 경우, 또는 문서에 첨부된 인지를 떼어내는 것도 문서손괴로 된다. 또 양조(養鳥)나 양어(養魚)를 개방하거나, 타인의 식품에 방뇨하여 그 효용적 가치를 해하는 것도 재물손괴로 된다. 즉 손괴란 재물 또는 문서에 직접 유형력을 행사하여 그 이용가능성을 침해하는 것을 말한다. 그러나 이로 인하여 물체 자체가 반드시 소멸 될 것은 요하지 아니하며, 그 재물이 가지고 있는 원래의 목적에 사용될 수 없게 하는 것이면 족하다. 그리고 은닉이라 함은 재물, 문서 또는 전자기록등 특수매체기록의 소재를 불분명하게 하여 그 발견을 곤란 또는 불가능하게 함으로써 그 재물, 문서 또는 전자기록 등 특수매체기록이 가진 효용을 해하는 것을 말한다. 따라서 은닉은 물권 자체의 상태의 변화를 가져오지 않는다는 점에서 손괴와 구별된다.

재물손괴등 죄는 3년 이하의 징역 또는 700만원 이하의 벌금에 처하고, 공익건조물파괴죄는 10년 이하의 징역 또는 2천만원 이하의 벌금이다. 이상의 죄를 범하여 사람의 생명·신체에 위험을 발생시키면 1년 이상 10년 이하의 징역, 사람을 상해에 이르게 한 때에는 1년이상의 유기징역에 처한다. 사망에 이르게 한 때에는 3년이상의 유기징역에 처한다(§368①, ②). 단체 또는 다중의 위력을 보이거나 위험한 물건을 휴대하여 재물손괴(§366)등 죄를 범하면 5년 이하의 징역 또는 1천만원 이하의 벌금, 이에 의하여 공익건

조물파괴죄(§367)를 범하면 1년 이상의 유기징역 또는 2천만원 이하의 벌금에 처한다(§369①, §371). 또 경계표를 손괴·이동 또는 제거하거나 기타의 방법으로 토지의 경계를 인식 불능하게 하면 3년 이하의 징역 또는 5백만원 이하의 벌금이다(§370).

> 재물손괴죄에서의 효용을 해하는 행위에는 일시 물건의 구체적 역할을 할 수 없는 상태로 만드는 경우도 해당하므로 판결에 의하여 명도받은 토지의 경계에 설치해 놓은 철조망과 경고판을 치워버림으로써 울타리로서의 역할을 해한 때에는 재물손괴죄가 성립한다(*대법원 1982. 7. 13. 선고 82도1057*).

중손괴죄(重損壞罪)

재물문서손괴죄·공익건조물파괴죄를 범하여 사람의 생명 또는 신체에 대하여 위험을 발생하게 하거나 사람을 사상에 이르게 함으로써 성립하는 범죄(형법 368조1·2항)를 말한다. 재물(문서)손괴죄와 공익건조물파괴죄의 결과적 가중범이다. 형법 제368조 제1항은 생명·신체에 대한 위험이 발생한 경우이며, 제2항은 사상이라는 결과가 발생한 경우이다(재물손괴치사상죄). 재물손괴죄와 공익건조물파괴죄는 미수범을 벌하므로 손괴 또는 파괴가 기수인가 미수인가는 묻지 않는다. 결과적 가중범의 일반원리에 따라 손괴행위와 발생한 결과 사이에 인과관계가 있어야 하고 그 결과는 예견할 수 있는 것이어야 한다.

재물문서손괴죄(財物文書損壞罪)

타인의 재물문서 또는 전자기록 등 특수매체기록을 손괴 또는 은닉 기타 방법으로 그 효용을 해함으로써 성립하는 범죄(형법 366조)를 말한다. 본죄의 보호법익은 소유권의 이용가치 또는 기능으로서의 소유권이다. 본죄에 대한 가중적 구성요건으로는 본죄로 인해 사람을 상해한 경우인 중손괴죄(형법 368조)와 특수손괴죄(형법 369조)가 있다. 본죄에서 '재물'이란 유체물 뿐만 아니라 관리할 수 있는 동력을 포함한다(형법 372조). 동산·부동산을 불문하며, 동물도 또한 여기의 재물에 해당한다. 재물은 반드시 경제적 가치를 가질 것을 요하지 않는다. '문서'란 형법 141조 제1항(공용서류 등 무효죄)의 서류에 해당하지 않는 모든 서류를 말한다. 사문서이든 공문서이든 불문한다. 사문서는 권리·의무에 관한 문서이든 사실증명에 관한 문서이든 묻지 않는다. 특정인으로부터 특정인에게 의사를 전달하는 신서는 물론 도서나 유가증권도 여기에 포함된다.'재물 또는 문서'는 타인의 소유에 속하여야 한다.

경계침범죄(境界侵犯罪)

경계표를 손괴·이동 또는 제거하거나 기타의 방법으로 토지의 경계를 인식 불능케 함으로써 성립하는 범죄로서(형 §370) 토지에 대한 권리와 중요한 관계를 가진 토지경계의 명확성을 그 보호법익으로 한다. 여기에서 말하는 토지의 경계란 소유권 등의 권리의 장소적 한계를 나타내는 지표를 말한다. 따라서 사법적 권리의 범위를 표시하건 공법적 권리의 범위를 표시하건 불문하며, 자연적 경계이건 인위적 경계이건 또는 그 경계가 권한 있는 기관에 의해 확정된 것이건 사인간의 계약에 의하여 확정된 것이건 불문한다. 또한, 그 경계가 관습상 일반적으로 인정된 것이라도 가리지 아니하며 비록 그 경계가 실체법상의 권리와 일치하지 않더라도 상관없다. 그리고 경계표란 토지의 경계를 확정하기 위하여 그 토지에 만들어진 표식·공작물·입목 기타의 물건을 말하며 반드시 타인의 소유임을 요하지 않고 자기의 소유이든 무주물이든 불문한다. 본 죄는 경계표를 손괴·이동·제거하거나 기타의 방법으로 경계를 인식 불능케 한다는 인식을 요하며 또한 그것으로 족하다. 따라서 정당한 경계가 아니라고 믿는 것만으로는 고의가 조각되지 않는다. 그러나 토지의 경계를 인식 불능케 한다는 인식이 없고 손괴의 고의만 있을 때에는 본죄가 성립하지 않고 재물손괴죄를 구성한다. 본죄의 형은 3년 이하의 징역 또는 5백만원 이하의 벌금이다.

형법 제370조의 경계침범죄는 토지의 경계에 관한 권리관계의 안정을 확보하여 사권을 보호하고 사회질서를 유지하려는데 그 규정목적이 있으므로 비록 실체상의 경계선에 부합되지 않는 경계표라 할지라도 그것이 종전부터 일반적으로 승인되어 왔다거나 이해관계인들의 명시적 또는 묵시적 합의에 의하여 정하여진 것이라면 그와 같은 경계표는 위 법조 소정의 계표에 해당된다 할 것이고 반대로 기존경계가 진실한 권리상태와 맞지 않는다는 이유로 당사자의 어느 한쪽이 기존경계를 무시하고 일방적으로 경계측량을 하여 이를 실체권리관계에 맞는 경계라고 주장하면서 그 위에 계표를 설치하더라도 이와 같은 경계표는 위 법조에서 말하는 계표에 해당되지 않는다(대법원 1986. 12. 9. 선고 86도1492).

권리행사방해죄(權利行使妨害罪)

타인이 점유하거나 권리의 목적이 된 자기의 물건 또는 전자기록등 특수매체기록을 그 타인의 승낙 없이 취거·은닉 또는 손괴하여 타인의 권리행사를 방해하는 죄이다(형§323). 예를 들면 타인에게 임대해 준 자기의 자전거를 그 타인의 승낙 없이 제3자에게 매매하여 인도한 경우가 이에 해당한다. 여기서 타인은 자연인에 한하지 않고 법인이든 법인격 없는 단체이든 관계없다. 또 자기와 타인이 공동으로 점유하는 물건도 타인이 점유하는 물건으로 인정된다. 그러나 자기와 타인이 공동으로 소유하는 물건은 타인의 물건이 되어 본죄의 객체로 되지 않는다. 공무소의 명령에 의하여 타인이 간수하는 자기의 물건도 타인의 점유에 속하는 것이지만, 이에 관하여는 공무상보관물무효죄(형§142)가 성립될 뿐이다. 점유는 사실상의 지배를 말하므로, 예를 들면 백금반지를 친구에게 맡기고 돈을 차용한 경우에, 그 백금반지가 친구의 정원에 떨어져 있음을 알고 이를 은닉한 때에도 권리행사방해죄가 된다. 또 타인의 권리의 목적이 된 자기의 물건은 그것이 질권이나 저당권)과 같은 물권의 목적이든, 임대된 물건과 같은 채권의 목적이든, 묻지 않고 그 물건도 재산죄에 있어서의 「재물」의 개념·내용과 동일하다. 따라서 「관리할 수 있는 동력」(§346)도 여기의 물건에 포함시키는 것이 통설이다. 본죄의 행위는 점유자의 의사에 반하여 타인의 점유물을 자기 또는 제3자의 사실상의 지배 밑으로 옮기거나(취거), 물건의 소재의 발견을 불능 또는 곤란하게 하거나(은닉), 혹은 물건의 일부 또는 전부를 용익적·가치적으로 해하는 것(손괴)이고, 이러한 행위에 의하여 타인의 권리행사를 방해함으로써 범죄가 성립한다. 5년 이하의 징역 또는 7백만원 이하의 벌금에 처하고, 본죄를 직계혈족·배우자·동거친족·가족 또는 그 배우자 사이에 범한 경우에는 그 형을 면제하고(§328①), 그 이외의 친족 사이에 범한 때에는 고소가 있어야 공소를 제기할 수 있다(§328②). 이른바 친족상도례가 적용되는 범죄이다.

폭력 또는 협박으로 타인의 권리행사를 방해하거나 의무 없는 일을 하게 하면 5년 이하의 징역(§324)에 처하고, 사람을 체포·감금·약취 또는 유인하여 이를 인질로 삼아 제3자에 대하여 권리행사를 방해하거나 의무 없는 일을 하게 하면 3년이상의 유기징역에 처하고, 이에 의하여 인질을 상해하건, 상해에 이르게 한때에는 무기 또는 5년이상의 징역, 인질을 살해한 때에는 사형 또는 무기징역, 사망에 이르게 한 때에는 무기 또는 10년이상의 징역에 처한다. 위의 미수범은 처벌하고 위의 죄를 범한자 및 그 죄의 미수범이 인질을 안전한 장소로 풀어준 때에는 형을 감경할 수 있다(§324의 2 내지 §324의6). 폭행 또는 협박으로 타인이 점유하는 자기의 물건을 강취하거나 타인의 점유에 속하는 자기의 물건을 취거함에 당하여 그 탈환을 거부하거나 체포를 면탈하거나 죄적을 인멸할 목적으로 폭행 또는 협박을 가한 때에는 7년 이하의 징역 또는 10년 이하의 자격정지에 처하며(§325①, ②) 위 죄의 미수범은 처벌한다(§325③). 이에 의하여 사람의 생명에 위험을 발생하게 하면 10년 이하의 징역에 처한다(§326). 또 강제집행을 면할 목적으로 재산을 은닉·손괴·허위양도 또는 허위채무를 부담하여 채권자를 害하면 3년 이하의 징역 또는 1천만원 이하의 벌금이다(§327). 이 죄는 목적범이므로 강제집행을 면하는 데 성공하였는가 아닌가는 범죄의 성립에 영향을 미치지 아니한다.

중권리행사방해죄 (重權利行使妨害罪)

점유강취죄·준점유강취죄를 범하여 사람의 생명에 대한 위험을 발생하게 함으로써 성립하는 범죄(형법 326조)를 말한다. 본죄는 결과적 가중범이다. 사람의 생명에 대한 위험이란 생명에 대한 구체적 위험을 의미한다. 사사의 결과가 발생한 경우는 본조에서 규정하지 않고 있다. 따라서 점유강취죄나 준

점유강취죄와 함께 폭행치상 또는 폭행치상죄가 성립할 뿐이라고 해야 한다.

공무원권리행사방해죄
(公務員權利行使妨害罪)

공무원이 직권을 남용하여 사람으로 하여금 의무없는 일을 행하게 하거나 사람의 권리행사를 방해함으로써 성립하는 범죄(형법 123조)를 말한다. 본죄의 성질에 관하여 다수설은 폭력에 의한 권리행사방해죄(형법 324조)에 대하여 공무원이라는 신분으로 인하여 책임이 가중되는 가중적 구성요건이라고 해석하고 있다.

사회적 법익에 관한 죄

공공의 안전과 평온에 관한 죄
공안을 해하는 죄 (公安을 害하는 罪)

공공의 법질서 또는 공공의 안전과 평온을 해하는 것을 내용으로 하는 범죄(형법 각칙5장)를 말한다. 형법은 공안을 해하는 죄로 제114조 이하에서 범죄단체조직죄(형법 114조), 소요죄(형법 115조), 다중불해산죄(형법 116조), 전시공수계약불이행죄(형법 117조) 및 공무원자격사칭죄(형법 118조)의 5개범죄를 규정하고 있다.

공공위험죄 (公共危險罪)
독 ; gemein grfährliche straftaten

공공의 위험의 발생이 구성요건으로 되어 있는 범죄를 말한다. 형법상 공공위험죄로 들 수 있는 것은 폭발물에 관한 죄, 방화와 실화의 죄, 일수와 수리에 관한 죄, 교통방해의 죄, 음용수에 관한 죄 등이다. 이 이외에 소요죄도 공공위험죄에 포함된다는 견해도 있다. 공공의 위험의 판단 기준은 보통인의 객관적 판단을 기준으로 하여야 한다. 또한 그것은 물리적 가능성이 아니라 심리적·객관적 가능성을 뜻한다.

범죄단체조직죄 (犯罪團體組織罪)

사형, 무기 또는 장기 4년 이상의 징역에 해당하는 범죄를 목적으로 하는 단체 또는 집단을 조직하거나 이에 가입 또는 그 구성원으로 활동함으로써 성립하는 죄를 말한다(형§114). 사형, 무기 또는 장기 4년 이상의 징역에 해당하는 범죄를 목적으로 하는 단체의 조직행위를 처벌하도록 하여 그 범위를 제한하여 '국제연합국제조직범죄방지협약'의 내용과 조화를 이루게 하였다.

> 형법 제114조 제1항 소정의 범죄를 목적으로 하는 단체라 함은 특정다수인이 일정한 범죄를 수행한다는 공동목적 아래 이루어진 계속적인 결합체로서 그 단체를 주도하는 최소한의 통솔체제를 갖추고 있음을 요한다(*대법원 1985. 10. 8. 선고 85도1515*).

소요죄 (騷擾罪)
독 ; Landfriedensbruch

다중이 집합하여 폭행·협박 또는 손괴행위를 함으로써 성립하는 범죄이다(형§115). 사회의 평온을 그 보호법익으로 한다. 다중의 집합을 요건으로 하는 필요적 공범이며, 군집범죄(Massed elikte)라는 점에서 내란죄와 그 성질을 같이 한다고 할 수 있다. 그러나 국헌문란 등을 목적으로 하지 않는 점에서 내란죄(§87)와 다르다. 다중이란 몇 사람 이상이라고 명시되어 있는 것은 아니나 한 지방의 공공의 평온을 해할 수 있는 폭행, 협박, 손괴를 하는데 있어서의 상당한 다수의 인원을 말한다. 집합이란 내란죄와 같이 조직화

를 필요로 하지 않으며, 집합의 목적도 불문한다. 집합한 다중이 특정한 공동목표를 가질 것도 필요로 하지 않는다. 폭행, 협박은 가장 넓은 의미의 것을 말한다. 즉 폭행은 사람에 대한 것이든 물건에 대한 것이든 모두 포함한다. 협박은 사람에게 공포심을 갖게 하는 일체의 행위를 포함한다. 이 죄가 성립하려면 단순한 폭행, 협박이 이루어짐으로써 족하느냐, 그 폭행, 협박은 구체적으로 한 지방의 공공의 평온을 해하는데 족할 정도임을 필요로 하는가에 대해서 학설과 판례는 견해를 달리하고 있는데 판례는 後說을 취한다. 형은 1년 이상 10년 이하의 징역이나 금고 또는 1천5백만원 이하의 벌금이다.

다중불해산죄 (多衆不解散罪)
독 ; Auflauf

폭행·협박·손괴의 행위를 할 목적으로 다중이 집합하여 그를 단속할 권한이 있는 공무원으로부터 해산명령을 3회 이상 받았음에도 불구하고 해산하지 않는 죄로서, 형은 2년 이하의 징역이나 금고 또는 3백만원 이하의 벌금에 처한다(형§116). 이 죄는 소요죄에 이르는 전 단계를 독립한 범죄로서 규정한 것으로 넓은 의미의 소요죄에 포함되는 것이다. 따라서 집합한 다중이 더 나아가서 적극적으로 폭행·협박·손괴의 행위를 하였을 경우에는 소요죄가 성립되는 것이다. 이 죄는 목적범죄이다. 다만 집합시초부터 폭행, 협박의 목적이 있음은 필요하지 않으며, 타목적으로 집합한 다중이 도중에서 이러한 목

적이 생김으로써 충분하다. 단속할 권한이 있는 공무원이란 해산을 명할 수 있는 권한이 있는 공무원을 말한다. 3회 이상의 해산명령은 최소한 3회임을 말하며 각회의 명령사이에는 해산에 필요한 정도의 시간적 간격이 있어야 한다. 연속 3회를 연호(連呼)하여도 그것은 1회의 명령에 지나지 않는다.

전시공수계약불이행죄
(戰時公需契約不履行罪)

전쟁·천재 기타 사변에 있어서의 국가 또는 공공단체와 체결한 식량 기타 생활필수품의 공급계약을 정당한 이유 없이 이행하지 아니한 범죄를 말한다(형§117). 본죄는 전쟁·천재 기타 사변에 있어서 국가 또는 공공단체와 체결한 공수계약을 이행하지 않거나 계약이행을 방해한 자를 처벌하여 국가비상사태하에서 생활필수품의 원활한 공급을 가능하게 하여 국민생활의 안정을 도모하려는 데 그 취지가 있으며, 전시군수계약불이행죄(§103)와 평행되는 규정이다. 그러나 여기에서 말하는 국가는 제103조의 정부보다 넓은 개념이며, 또한 공공단체에는 지방조합도 포함된다.

전시군수계약불이행죄
(戰時軍需契約不履行罪)

전쟁 또는 사변에 있어서 정당한 이유없이 정부에 대한 군수품 또는 군사공작물에 관한 계약을 이행하지 아니하거나, 이러한 계약이행을 방해함으로써 성립하는 범죄(형법 103조1·2항)를 말한다. 계약불이행죄는 진정부작위범이고, 계약이행 방해는 작위범으로 규정되어 있다. 전쟁 또는 사변과 같은 비상사태에서 군작전상 필요한 물자와 시설에 대한 계약을 이행하지 않거나 그 이행을 방해하는 것은 군작전 수행에 막대한 지장을 초래하고, 나아가서 국가의 존립까지 위태롭게 할 염려가 있다는 이유로 범죄로서 처벌하기로 한 것이다. 본죄에서의 정부란 행정부를 통칭하지만 정부를 대표하여 군수계약을 체결할 수 있는 지방관서도 포함하며, 군수품군용공작물이란 군작전상 필요로 하는 일체의 물자와 시설을 말한다.

공무원자격사칭죄
(公務員資格詐稱罪)

공무원의 자격을 사칭하여 직권을 행사함으로써 성립하는 범죄이다(형§118). 따라서 본죄가 성립하기 위해서는 공무원의 자격사칭과 직권행사라는 두 가지의 요건이 구비되어야 한다. 여기에서의 공무원에는 임시직원도 포함된다. 그리고 자격을 사칭하는 방법에는 제한이 없다. 따라서 자기 자신이 스스로 사칭할 것을 요하지 않고 부작위에 의한 사칭도 가능하다. 그러나 본죄에 있어서 직권행사가 없는 단순한 사칭은 경범죄에 해당될 뿐이다(경범§1Ⅷ).

공무원자격사칭죄가 성립하려면 어떤 직권을 행사할 수 있는 권한을 가진 공무원임을 사칭하고 그 직권을 행사한 사실이 있어야 하는바, 피고인들 이 그들이 위임받은 채권을 용이하게 추심하는 방편으로 합동수사반원임을 사칭하고 협박한 사실이 있다고 하여도 위 **채권의 추심행위는 개인적인 업무이지 합동수사반의 수사업무의 범위에는 속하지 아니하므로 이를 공무원자격사칭죄로 처벌할 수 없다**(*대법원 1981. 9. 8. 선고 81도1955*).

폭발물사용죄 (爆發物使用罪)

폭발물을 사용하여 사람의 생명·신체 또는 재산을 해하거나 기타 공안을 문란케 함으로써 성립하는 범죄로서 공공위험범죄의 일종이다(형§119). 즉 본죄는 폭발물의 사용이라는 특별한 방법에 의하여 공공의 평온을 해하는 범죄인 것이다. 여기서의 폭발물이란 점화 등 일정한 자극을 가하면 폭발하는 작용을 하는 물체를 말한다. 그러나 그 개념은 법률적 개념으로 폭발의 파괴력이 사람의 생명·신체·재산을 해하거나 공안을 문란케 할 정도에 이르러야 한다. 또 공안의 문란이라 함은 폭발물을 사용하여 한 지방의 법질서를 교란할 정도에 이르는 것을 말한다. 따라서 본죄는 폭발물이 폭발하여 공안을 문란케 하였을 때에 기수가 된다.

방화죄 (放火罪)

영 ; arson   독 ; Brandstiftung

고의로 현주건조물·공용건조물·일반건조물 또는 일반건물을 소훼하는 것을 내고의로 현주건조물·공용건조물·일반건조물 또는 일반건물을 소훼하는 것을

내용으로 하는 공공위험죄의 대용으로 하는 공공위험죄의 대표적인 예이다. 본죄는 개인법익인 재산에 대한 손괴의 성질도 가지고 있으며, 역사적으로도 매우 중하게 처벌되어 왔다. 그런데 형법은 이러한 좁은 의미의 방화죄외에 진화를 방해하거나, 폭발성 있는 물건을 파열하거나 가스등의 공작물을 손괴하는 것도 방화죄에 준하여 처벌하고 있다. 따라서 광의의 방화죄에는 이와 같은 방화죄도 포함된다고 보아야 한다. 방화죄는 그 목적물의 종류에 따라 여러 가지 태양(態樣)이 있다.

즉 (1) 불을 놓아 사람이 주거로 사용하거나 사람이 현존하는 건조물, 기타, 전차, 선박, 자동차, 항공기, 광갱 등을 소훼했을 때는 무기 또는 3년 이상의 징역에 처하며(형§164①), 그 미수죄도 처벌한다(§174). 위 죄를 범하여 사람을 상해에 이르게 한때에는 무기 또는 5년 이상의 징역에, 사망에 이르게 한 때에는 사형, 무기 또는 7년 이상의 징역에 처한다(§164②). 여기서 사람이라 함은 범인 이외의 자를 말하며, 처자 등도 포함한다. 건조물 등의 소유권이 범인에게 속하는가 타인에게 속하는가는 불문한다. (2) 불을 놓아서 사람이 주거로 사용하거나 사람이 현존하지 않는 건조물이나 기차, 전차, 자동차, 선박, 항공기 또는 광갱을 소훼했을 때에는 2년 이상의 유기징역(§166①), 또는 그것이 자기소유물일 때에는 공공의 위험을 발생하게 하였을 경우에 한하여 7년 이하의 징역 또는 1천만원 이하의 벌금에 처한다(§166②). (3) 불을 놓아 건조물 등 이

외의 물건을 소훼하여 공공의 위험을 발생하게 한 자는 1년 이상 10년 이하의 징역에 처하고(§167①), 이러한 물건이 자기소유에 속한 때에는 3년 이하의 징역이나 700만원 이하의 벌금에 처한다(§167②). 또 (1)(2)에 대한 예비·음모도 처벌된다(§175). (2)(3)에서 말하는 공공의 위험이란 불특정 또는 다수인의 생명, 신체, 재산을 침해하는 개연성 있는 상태를 말하며, 이러한 범죄가 성립되자면 이와 같은 공공의 위험의 인식이 있어야 함이 필요하다. 그러나 이에 대해서는 이견이 있다. 이 밖에도 연소죄(§168), 진화방해죄 (§169), 실화죄(§170, §171)가 있다. 여기에서 말하는 연소란 행위자가 예기치 않은 건조물 등 물건에 옮겨 붙은 것을 말하는 것이며, 진화방해행위란 예를 들면 수도를 차단하여 소화

작업을 방해했을 때나 진화행위가 방해될 만한 장소에서 물러가지 않는 행위 같은 것을 말한다. 이와 같은 방화죄의 기수시기에 대해서는 몇 가지의 견해가 대립되고 있다. 즉 (1) 불이 매개물을 떠나 목적물에 독립하여 연소할 수 있는 상태에 이르렀을 때에 기수가 된다는 독립소설과 (2) 화력에 의하여 목적물의 중요부분이 소실되어 그 효용이 상실된 때에 기수가 된다는 효용상실설 그리고 (3) 양자의 절충설이 있다. 그러나 현재 통설 및 판례는 제(1)설을 취하고 있다.

> 방화죄는 **화력이 매개물을 떠나 스스로 연소할 수 있는 상태에 이르렀을 때에 기수가** 된다*(대법원 1970. 3. 24. 선고, 70도330).*

방화죄의 태양(態樣)

제164조	(객체)	
현주건조물방화 (주택방화)	사람의 주거사용 또는 사람의 현존하는 건조물, 기차, 전차, 자동차, 선박, 항공기, 광갱	**공공의 위험에 대한 인식불요**
제165조		
공용건조물방화 (비주택방화)	공용 또는 공익에 공하는 건조물, 기차, 전차, 자동차, 선박, 항공기, 광갱	
제166조		
일반건조물방화	제164조, 제165조와 동일하나 비현주, 비공용	**자기소유인 경우는 공공위험발생을 요건**
제167조		
일반물방화	제164조, 제165조, 제166조 이외의 물건	**공공의 위험에 대한 인식필요**

진화방해죄(鎭火妨害罪)

화재에 있어서 진화용의 시설 또는 물건을 은닉 또는 손괴하거나 기타 방법으로 진화를 방해한 죄(형§169)를 말한다. 본죄에서 말하는 (1) 「화재에 있어서」라 함은 공공의 위험이 발생할 정도의 물건 등이 연소상태에 있는 것을 말한다. 화재의 원인이 방화이건, 실화이건, 천재이건 불문한다. 그리고 소훼의 결과가 일어나는 것을 필요로 하지 않고, 화재가 일어나고 있다는 사실만으로 충분하다. (2) 「은닉」이라 함은 일정한 행위의 객체의 발견을 불가능 또는 곤란하게 하는 행위를 말한다. (3) 「손괴」라 함은 그 물건의 제조목적을 해하는 것을 말한다. (4) 「기타의 방법」이란 예컨대 소방차를 못가게 한다던가, 소방원에게 폭행 또는 협박을 하여 진화작업(鎭火作業)을 못하게 하는 것 등이다. (5) 「진화용의 시설」이라 함은 화재경보기 등과 같은 소방용 통신시설이나 기타의 시설을 말한다. (6) 「진화용의 물건」이라 함은 소방자동차 또는 소방용 호스와 같이 화재를 방지하기 위하여 만든 물건을 말한다.

가스, 전기등 공급방해죄
(가스, 電氣等 供給妨害罪)

공공용 또는 일반의 가스, 전기 또는 증기의 공작물을 손괴 또는 제거하거나 기타 방법으로 가스, 전기 또는 증기의 공급이나 사용을 방해하여 공공의 위험을 발생하게 하는 죄이다. 처벌은 1년 이상 10년 이하의 징역(형§17

3③). 이 위험은 공공에 대한 위험일 것이 요구되며(구체적 위험범), 이 죄의 고의에 대해서는 견해가 대립되어 있다. (1) 소극설은 누출 등의 행위에 대해서는 인식예견이 필요하지만 결과의 발생에 대해서는 필요하지 않는다고 본다. (2) 적극설은 위험발생에 대해서도 인식예견이 필요하다. 그러나 위험의 예견이면 족하고 결과의 구체적인 인식은 필요하지 않다고 본다. (1)설이 통설로 받아들여지고 있지만 (2)설도 상당히 유력하다. 이 죄를 범함으로 인하여 사람을 사상케 한 경우는 결과적 가중범이 된다.

가스·전기등 방류죄
(가스·電氣등 放流罪)

가스·전기·증기 또는 방사선이나 방사성 물질을 방출·유출 또는 살포시켜 사람의 생명·신체 또는 재산에 대하여 위험을 발생시킴으로써 성립하는 범죄(형법 174조의2항)를 말한다. 미수범(형법 174조) 및 예비·음모(형법 175조)도 처벌한다.

폭발성물건파열죄
(爆發性物件破裂罪)

보일러, 고압가스 그 밖에 폭발성이 있는 물건을 파열케 하여 사람의 생명, 신체 또는 재산에 대하여 위험을 발생시키는 죄이다(형§172①). 이 죄는 1년 이상의 유기징역에 처한다. 사람을 상해에 이르게 한 때에는 무기 또는 3년 이상의 징역에 처한다. 사망에 이르게 한 때에는 무기 또는 5년 이상의 지역에 처한다(§172②). 공공위험범의 일종이다. 압류·강제처분을 받거나 타인의 권리 또는 보험의 목적이 된 물건은 자기의 물건이라도 타인의 소유로 취급한다는 점에서 방화죄에 있어서와 같다(§176).

실화죄 (失火罪)
독 ; fahrlässige Brandstifung

과실로 인하여 현주건조물(형§164) 또는 공용건조물(§165) 및 일반건조물(§166) 등에 기재된 물건을 연소시킨 죄(§170)이다. 사람의 주거에 사용하거나 사람이 현존하는 건조물, 기차, 전차, 자동차, 선박, 항공기 또는 광갱 그 밖에 사람의 주거에 사용하지 않는 타인소유의 건조물 또는 사람이 현존하지 않는 건조물 등을 과실로 인하여 소훼했을 때에는 추상적 위험범으로서 즉시 범죄가 성립되는 것이나(§170①), 만일 자기소유에 속하는 것일 경우에는 구체적 위험범으로서 공공의 위험이 발생한 때에 한하여 범죄로 되는 것이다(§170②). 그 어느 것이든 1천5백만원 이하의 벌금으로 처벌된다. 과실에 의한 손괴는 처벌하지 않고 실화만 처벌하는 것은 화력이 지니는 특수한 위험성 때문이다. 실화란 과실로 인하여 불이 나게 한 것을 말하는데, 담배불을 붙이다가 옆에 있던 휘발유탱크에 인화하는 경우나, 전기 다리미의 스위치를 뽑지 않고 그대로 두는 것과 같은 부작위에 의한 경우도 포함된다. 업무상 필요한 주의를 태만함으로써

일어난 중과실의 경우는 그 형이 가중된다(§171). 여기서 업무라고 함은 통설에 따르면 예컨대 휘발유탱크와 같이 발화의 위험을 수반하는 업무를 의미한다고 해석하고 있다. 그리고 중과실이란 부주의의 정도가 특히 큰 경우를 말한다.

업무상실화죄 (業務上失火罪)

업무상 과실로 인하여 범한 실화죄(형법 171조)를 말한다. 업무상실화는 업무자의 예견의무로 인하여 책임이 가중되는 경우이다. 여기서 업무란 주유소와 같이 화재의 위험이 수반되는 업무, 화기·전기를 다루는 사람과 같이 화재를 일으키지 않도록 특별히 주의해야 할 업무 및 화재방지를 내용으로 하는 업무가 포함된다.

> 업무상 실화죄에 있어서의 업무에는 그 직무상 화재의 원인이 된 화기를 직접 취급하는 것에 그치지 않고 화재의 발견 방지 등의 의무가 지워진 경우를 포함한다(대법원 1983. 5. 10. 선고 82도2279).

일수죄 (溢水罪)
영 ; inundating
독 ; berschwemmung

수해(水害)를 일으켜서 공공의 안전을 해하는 것을 내용으로 하는 범죄로서 공공의 평온을 그 보호법익으로 하는 공공위험죄라는 점에서 방화죄와 본질이 같다. 그러나 방화죄가 화력에 의한 파괴를 예방하는 데 그 본질이 있음에

반하여, 수익죄는 수력에 의한 파괴력을 이용하는 점에 특색이 있다. 즉 본죄는 물을 넘겨 사람의 주거에 사용하거나 사람이 현존하는 건조물, 기차, 전차, 자동차, 선박, 항공기, 광갱을 침해한 죄이다(형§177①). 이 경우 자기 소유에 속하는 것 이외의 물건에 대해서는 공공의 위험이 발생할 것을 필요로 한다. 「수력에 의한다」, 「화력에 의한다」라는 것만이 다를 뿐 이 죄는 방화죄와 그 성질을 같이하는 공공위험죄이다. 여기서 말하는 일수(溢水)란 제한되어 있는 물의 자연력을 해방하여 범람하게 하는 것이다. 이러한 물은 유수(流水)이건 저수이건 상관없다. 해방의 수단도 제한되어 있지 않다. 제방이나 수문을 파괴하거나 그밖에 어떠한 수단이라도 상관없다. 작위는 물론 부작위에 의해서도 가능하다. 또 일수(溢水)는 방수를 해(害)하는 행위도 포함된다. 다만 형법에서는 이를 다른 죄로 써 독립하여 처벌하고 있다(방수방해죄). 여기서의 침해란 수력에 의한 물건의 손괴(효력의 멸실 또는 현저한 감소)를 말한다(통설). 또 공공의 위험 발생을 필요로 하는 경우에 이를 예견함이 필요한가에 관하여 이론이 있으나 통설은 필요하다고 한다. 일수죄는 그 미수죄도 처벌된다(§182). 또 과실에 의한 일수의 경우도 처벌된다(§181).

과실일수죄 (過失溢水罪)

과실로 현주건조물등 일수죄(형법 177조) 또는 공용건조물등 일수죄(형법 1

78조)에 기재된 물건을 침해하거나, 일반건조물등 일수죄(형법 179조)에 기재한 물건을 침해하여 공공의 위험을 발생케 한 경우에 성립하는 범죄를 말한다. 과실에 의한 재물손괴는 처벌하지 않는다. 그러나 수력의 파괴력이 크다는 점을 고려하여 형법은 일수죄에 관하여는 공공의 위험이 인정되거나 또는 그 위험이 발생한 경우에 과실범을 처벌하는 것이다. 전자가 추상적 위험범임에 반하여, 후자는 구체적 위험범이다.

방수방해죄 (防水妨害罪)

수재에 있어서 방수용의 시설 또는 물건을 손괴 또는 은닉하거나 기타 방법으로 방수를 방해함으로써 성립하는 범죄(형법 180조)를 말한다. 본죄는 진화방해죄(형법 169조)와 그 본질을 같이하는 공공위험죄이다. '수재에 있어서'란 수재로 인하여 침해의 결과가 일어난 때뿐만 아니라 수재발생의 위험이 있는 상태를 포함한다. 수재발생의 원인은 묻지 않는다. 방수용의 시설 또는 물건이란 방수하기 위하여 만든 일체의 시설 또는 물건을 포함한다. 재료나 구조가 어떤가는 물론 소유권의 여하도 문제되지 않는다. 따라서 자기 소유의 물건에 대하여도 본죄가 성립될 수 있다.

수리방해죄 (水利妨害罪)

제방을 결궤(決潰)하거나 수문을 파괴하거나 기타 수리방해가 되는 행위를 한 죄로서 5년 이하의 징역 또는 7백만원 이하의 벌금에 처한다(형§184). 수리권의 보호가 그 목적이며, 공공위험죄는 아니다. 일수죄와 같은 장에 규정되어 있는 것은 이 죄가 일수의 위험을 수반하는 일이 많으며, 또 수단도 공통되기 때문이다. 수리란 관개, 목축, 발전 등 모든 물의 이용을 말하며, 다만 교통, 수도에 의한 음료수의 이용은 제외된다. 방해되는 수리는 타인의 권리에 속하는 것이어야만 하며, 수리를 방해받은 사람에게 수리권(水利權)이 없을 때에는 이 죄가 성립되지 않는다. 그리고 방해방법은 제방의 결궤나 수문파괴 외에도 유수(流水)의 폐색, 변경, 저수를 유출케 하는 등 현실로 수리(水利)를 방해할 우려가 있는 모든 행위를 말한다. 다만 경미한 수로의 물을 방해하는 행위는 포함되지 않는다. 따라서 실제로 수리방해의 결과발생을 요하지는 않는다.

형법 제184조는 '제방을 결궤(결궤, 무너뜨림)하거나 수문을 파괴하거나 기타 방법으로 수리를 방해'하는 것을 구성요건으로 하여 수리방해죄를 규정하고 있는바 여기서 **수리(수리)**라 함은, 관개용·목축용·발전이나 수차 등의 동력용·상수도의 원천용 등 널리 물이라는 **천연자원을 사람의 생활에 유익하게 사용하는 것**을 가리키고(다만, 형법 제185조의 교통방해죄 또는 형법 제195조의 수도불통죄의 경우 등 다른 규정에 의하여 보호되는 형태의 물의 이용은 제외될 것이다), **수리를 방해한다 함은 제방을 무너뜨리거나 수문을 파괴하는 등 위 조문에 예시된 것을 포함하여 저수시설, 유수로(유수로)나 송·인수시설 또는 이들에 부설된 여러 수리용 장치를 손괴·변경하거나 효용을 해침으로써 수리에 지장을 일으키는 행위**를 가리키며, 나아가 수리방해죄는 타인의 수리권을 보호법익으로 하므로 수리방해죄가 성립하기 위하여는 법령, 계약 또는 관습 등에 의하여 타인의 권리에 속한다고 인정될 수 있는 물의 이용을 방해하는 것이어야 한다(*대법원 2001. 6. 26. 선고 2001도404*).

교통방해죄 (交通妨害罪)
독 ; Verkehrsstraftaten, gefährliche Eingriffe in den Verkehr

교통로 또는 교통기관 등 교통설비를 손괴 또는 불통하게 하여 교통을 방해하는 것을 내용으로 하는 범죄, 즉 육로, 수로 또는 교량을 손괴 또는 불통하게 하거나 기타 방법으로 교통을 방해한 죄를 말한다. 본죄의 보호법익은 교통의 안전이다. 일반적으로 교통의 안전은 한편으로는 공중의 생명, 신체, 재산의 안전을 내포하고 있다. 따라서 이것은 공공위험죄에 속한다. 교통방해죄는 철도 또는 그 표지, 등대 또는 부표 등을 파괴하거나(형§186), 사람이 현존하는 기차, 전차, 자동차, 선박 또는 항공기 등을 전복, 매몰, 추락 또는 파괴하는 행위(§187)를 포함한다. 이 경우에 육로란 도로만을 의미하며 철도는 제외된다. 또 기차나 전차라고 함은 휘발유나 경유같은 것으로 움직이게 되는 차도 포함한다. 또 과실, 업무상과실, 중과실에 의한 교통방해(§189)가 있으며 업무상과실 또는 중과실의 경우에는 3년 이하의 금고 또는 2천만원 이하의 벌금에 처한다. 과실로 인한 경우에는 1천만원 이하의 벌금에 처한다.

과실교통방해죄 (過失交通妨害罪)

과실로 인하여 일반교통방해죄(형법 185조), 기차·선박등 교통방해죄(형법 186조) 및 기차등 전복죄(형법 187조)를 범함으로써 성립하는 과실범을 말한다. 교통방해죄의 공공위험성이 크다는 점을 고려하여 과실범을 처벌키로 한 것이다. 과실범이므로 과실범의 일반적 구성요건을 구비하여야 한다.

중과실교통방해죄
(重過失 交通妨害罪)

중대한 과실로 인하여 일반인교통방해죄(형법 185조), 기차·선박 등 교통방해죄(형법 186조) 및 기차등 전복죄(형법 187조)를 범한 경우에 성립하는 범죄(형법 189조)를 말한다. 과실교통방해죄보다 형이 가중된다.

업무상과실교통방해죄
(業務上過失交通妨害罪)

업무상과실로 인하여 일반교통방해죄(형법 185조), 기차선박등 교통방해죄(형법 186조) 및 기차등 전복죄(형법 187조)를 범한 경우에 성립하는 범죄(형법 189조2항)를 말한다. 업무란 사회생활상의 지위에서 계속하여 행하는 사무를 말한다. 여기의 업무는 주로 직접 또는 간접으로 기차·전차 등 교통에 종사하는 자의 업무를 말한다.

교통방해치사상죄
(交通妨害致死傷罪)

일반교통방해죄(형법 185조), 기차·선박 등 교통방해죄(형법 186조) 또는 기차등 전복죄(형법 187조)를 범하여 사람을 사상케 하는 결과가 발생하였을 때에 성립하는 결과적 가중범을 말한다. 본죄는 기수 뿐만 아니라 미수도 포함한다. 사람의 사상이란 교통기관 안에 현존하는 사람뿐만 아니라 보행자 또는 부근에 있던 기타의 다른 사람들을 포함 한다. 본죄의 성격에 대해서는, 사상의 결과 발생에 대하여 과실이 있는 때에만 성립되는 결과적 가중범이라는 견해, 그리고 치사죄는 진정결과적 가중범이고, 치상죄는 부진정결과적 가중범이라는 견해로 나누어진다.

건조물 (建造物)
독 ; Gebäude   영 ; a building

형법상 주거 또는 저택을 제외한 일체의 건물을 말한다. 즉 공장·차고·극장 또는 관공서의 청사도 여기에 해당한다. 건물뿐만 아니라 정원도 포함한다. 그러나 건조물은 주거와 달리 부동산에 제한하지 않을 수 없다. 즉 건조물이라 하기 위하여는 지붕이 있고 담 또는 기둥으로 지지되어 토지에 정착하고 있어 사람이 출입할 수 있을 것을 요한다. 따라서 사람이 출입할 수 없는 견사나 토지에 정착되지 않은 천막은 건조물이 아니다.

공익건조물파괴죄
(公益建造物 破壞罪)

공익에 속하는 건조물을 파괴함으로써 성립하는 범죄를 말한다(형법 367조). 공용건조물·선박·기차 또는 항공기의 파괴에 대해서는 형법 제141조2항에 별도로 규정하고 공익건조물의 파괴에 한하여는 재물손괴죄의 특별구성요건으로 신설한 것이다. 본죄의 보호법익은 공공의 이익이며, 객체는 공익에 공하는 건조물이다. 공익에 공하는 건조물이란 공공의 이익을 위하여 사용되는 건조물을 말하며, 국가공공단체의 소유이건 사인의 소유이건 묻지 않는다. 그러므로 국유인 경우에도 국유재산대부계약에 의하여 사인의 용도로 사용되고 있는 건조물은 이에 해당하지 않는다. 반면 사인의 소유라도 공공의 이익을 위하여 사용되는 건조물(교회 등)은 공익건조물이 된다. 다만 공무소에서 사용하는 건조물은 형법 141조의 적용을 받으므로 여기서 제외된다. 본죄의 미수범은 처벌한다(형법 371조).

공용물파괴죄 (公用物破壞罪)

공무소에서 사용하는 건조물·선박·기차 또는 항공기를 파괴함으로써 성립하는 범죄를 말한다(형법 141조2항). 본죄는 성질상 손괴죄에 해당하지만 공무방해의 면에서 공무방해에 관한 죄의 일종으로 규정한 것이다. 본죄의 성질에 대해서는 손괴죄(형법 366조)에 대한 가중규정이라는 견해와, 공익건조물파괴죄(형법 367조)에 대한 가중규정이라는 견해가 대립하고 있으나, 손괴죄의 가중규정이라고 보는 것이 타당하겠다. 따라서 공무소에서 사용하는 건조물에는 공익에 공하는 건조물(형법 367조)은 포함되지 않는다. 본죄의 미수범은 처벌한다(형법 143조).

공공의 신용에 관한 죄

통화위조죄(通貨僞造罪)
영 ; coinage offences
독 ; Münzverbrechen

행사할 목적으로 통화를 위조·변조하거나, 위조·변조한 통화를 행사·수입·수출 또는 취득하거나, 통화유사물을 제조함으로써 성립하는 범죄를 말한다. 본죄는 화폐, 지폐, 은행권에 의한 거래의 안전을 보호하기 위한 것인데, 통설은 이외에도 국가의 통화발행권도 포함된다고 하고 있다. 본죄는 다음과 같은 여러 가지의 태양(態樣)이 있다. 즉, (1) 협의의 통화위조죄 : 행사의 목적으로 통용하는 화폐나 지폐 또는 은행권을 위조, 변조하는 죄로서, 형은 무기 또는 2년 이상의 징역(형§207①) 단 유기징역에 처한 경우에는 10년 이하의 자격정지 또는 2천만원 이하의 벌금을 병과할 수 있다(§209). 위조란 통화발행권이 없는 자가 통화의 외관을 가진 물건을 만드는 것이며, 보통사람으로 하여금 진정통화로 믿게할 수 있는 정도이면 충분하다는 것이 통설이다. (2) 위조통화행사죄 : 위조, 변조의 화폐 등을 행사하거나 또는 행사할 목적으로 수입 또는 수출하는 죄로서 그 위조 또는 변조의 각죄에 정한 형으로 처벌한다(§207④). (3) 외국통화위조죄(§207②) : 국내에 유통하는 외국통화를 대상으로 한다. 유통이란 강제통용력이 있다고 주장하는 반대설도 있지만 사실상 유통하는 것을 말한다. 1년 이상의 유기징역에 처하며, 단, 10년 이하의 자격정지 또는 2천만원 이하의 벌금을 병과할 수 있다(통설). 또 이러한 통화를 행사하거나 행사할 목적으로 수입·수출하는 위조외국통화행사죄(§207④)도 동일한 형으로 처벌한다. (4) 위조통화취득죄 : 행사의 목적으로 위조, 변조의 화폐 등을 취득함으로써 성립된다(§208). 형벌은 5년 이하의 징역 또는 1천 5백만원 이하의 벌금에 처하며, 단 10년 이하의 자격정지 또는 2천만원 이하의 벌금을 병과할 수 있다. 「취득」이라 함은 위조, 변조한 통화를 자기의 소지에 옮기는 일체의 행위를 말하고 유상무상을 불문하며 또 그 방법의 여하도 불문한다. (5) 위조통화취득후의 지정행사죄 : 통화를 취득한 후, 그것을 알고 행사하는 죄로서 2년 이하의 징역, 5백만원 이하의 벌금에 처한다. (6) 통화류이물의 제조 등 죄 : 판매할 목적으로 내국 또는 외국에서 통용하거나 유통하는 화폐, 지폐 또는

은행권에 유사한 물건을 제조, 수입 또는 수출하거나 판매함으로써 성립한다. 3년 이하의 징역 또는 7백만원 이하의 벌금에 처한다. (7) 미수범 : 통화위조죄(§207①, ④)·외국통화위조죄(§207②, ③, ④)·위조통화취득죄(§208) 및 통화류이물제조죄(§211)의 미수범은 처벌한다. (8) 예비, 음모죄 : 제207조 제1항 제3항의 죄를 범할 목적으로 예비 또는 음모한 자는 5년 이하의 징역에 처하고 그 목적한 죄의 실행에 이르기 전에 자수한 때에는 그 형을 감경 또는 면제한다(형§213).

위조통화행사죄의 객체인 위조통화는 객관적으로 보아 일반인으로 하여금 진정통화로 오신케 할 정도에 이른 것이면 족하고 그 위조의 정도가 반드시 진물에 흡사하여야 한다거나 누구든지 쉽게 그 진부를 식별하기가 불가능한 정도의 것일 필요는 없으나, 이 사건 위조지폐인 한국은행 10,000원권과 같이 전자복사기로 복사하여 그 크기와 모양 및 앞뒤로 복사되어 있는 점은 진정한 통화와 유사하나 그 복사된 정도가 조잡하여 정밀하지 못하고 진정한 통화의 색채를 갖추지 못하고 흑백으로만 되어 있어 객관적으로 이를 진정한 것으로 오인할 염려가 전혀 없는 정도의 것인 경우에는 위조통화행사죄의 객체가 될 수 없다(대법원 1985. 4. 23. 선고 85도570).

형법상의 유가증권

구 분	요 지
의 의	(대한민국 또는 외국의 공채증서 기타의 유가증권) ㉮ 공채증서-국가지방자치단체에서 발생하는 국채나 공채(유가증권의 일례) ㉯ 유가증권-재산권이 체화되어 표시된 증권으로서 그 권리행사에 증권의 점유를 요하는 것
내 용	㉮ 재산권이라면 물권·채권·사원권을 불문한다. ㉯ 재산권의 주체도 사인·국가외국을 불문한다(형§214). ㉰ 기명식·무기명식·지시식을 불문한다.
종 류	㉮ 유가증권에 해당할 것 　a) 법률상의 것-약속어음·환어음·수표·주식회사의 주권·사채권·화물상환증·창고증권·선하증권 등 　b) 사실상의 것-철도·전차자동차 등의 승차권·상품권·복권·상품권·극장이나 흥행장의 입장권·관람권 등 ㉯ 유가증권이 아닌 것-증명증권(신용증서), 증거증권(영수증), 면책증권(공중접객업소가 발행하는 신발표, 수표·소화물상환표), 금액권(우표, 수입인지, 지폐), 물품구입권, 무기명정기예금증서 등
유통성의 유 무	유가증권에 유통성이 있음을 요하는가? 일반인으로 하여금 일견 진정한 유가증권임을 인정할 정도의 형식을 구비할 것이라면 유통성의 유무는 불필요하다는 것이 통설, 판례이다(1972. 12. 26. 72도1688대판). 따라서 발행일자의 기재가 없는 수표(1959. 12. 24. 大判). 허무인 명의로 작성된 유가증권(1971. 7. 27. 71도905 대판)등도 유가증권임에 변함이 없다.

위조·변조통화행사죄
(僞造·變造通貨行使罪)

위조 또는 변조한 통화(형법 207조1항 내지 3항에 기재된 통화)를 행사하거나 행사할 목적으로 수입 또는 수출함으로써 성립하는 범죄(형법 207조4항)를 말한다. '행사'란 위조 또는 변조된 통화의 점유 또는 처분권을 타인에게 이전하여 통화로서 유통될 수 있게 하는 것을 말한다. 통화를 유통시킬 것을 요하므로 단순히 자기의 신용력을 보이기 위하여 위조통화를 제시하는 것만으로는 행사에 해당하지 않는다. '수입'이란 외국에서 국내로 반입하는 것을 말하며,'수출'은 국내에서 국외로 반출하는 것이다. 본죄의 미수범은 처벌한다(형법 212조).

변조 (變造)

통화위조죄, 문서위조죄, 유가증권위조죄를 구성하는 행위다. 통화의 변조란 정당한 권한 없이 진화에 가공을 하여 진정 통화의 외관을 갖도록 만드는 것이다. 지폐표면에 나타나 있는 문자나 모양에 가공을 하여 통화의 외관을 갖게 하는 것 등이 그 예이다. 진화를 그 재료로 하였더라도 그것이 전혀 새로운 것으로 만들어지는 경우 변조가 아니고 위조이다. 동화에 도금하여 금화로 만든 경우가 위조냐, 변조냐에 관하여 이론이 있지만 변조설이 유력하다. 유가증권의 변조란 문서의 변조와 같이 권한 없는 자가 진정한 타인명의의 유가증권에 변경을 가하는 것을 말한다. 예를 들면, 자기가 발행한 어음을 타인에게 배서하게 한 다음, 그 발행일자를 임의로 변경하는 것과 같이 자기명의의 유가증권에 대해서도 변조가 성립된다는 소수설이 있다. 또 변조는 어음의 발행과 같은 기본적인 증권행위에 대해서만 성립되느냐에 관하여 이론이 있으나 그것에 한하지 않는다고 보는 유력설이 있다.

• 모조 (模造)

모조:위조는 모두 그 진정을 '속이는 것으로서 일반적으로 보아 진정한 것이라고 하는 인상을 주는 정도의 것일 때 이를 위조라 하고 그 정도에 이르지 않은 것을 모조라고 한다. 통화증권에 있어서 위조는 통화위조죄·유가증권위조죄로서 처벌되며 모조도 역시 처벌되나 그 형이 가볍다. 때로 특정한 상대방을 기망할 우려는 있지만 사회일반의 신용을 해할 만한 위험은 없기 때문이다.

• 행사 (行使)

통화위조죄(형§207④, §210), 문서위조죄)(§229, §234, 유가증권위조죄(§217) 및 인장위조죄(§238, §239)의 행위의 하나이다. 통화위조죄에 있어서의 행사란 위조, 변조한 통화를 진정의 통화와 같이 만들어서 진정한 통화의 용법에 따라 유통하는 것을 말한다. 대가의 유무나 그 용도 등은 묻지 아니한다. 따라서 진화로서 타인에게 증여하거나 도박에 사용하는 것도 행사이다. 공중전화기나 자동판매기에 사용하는 것도 행사이다(통설). 그러나 현금을 갖고 있음을 나타내기 위하여 이른바 「전시효과」로 사용하는 것은 유통시킨 것이 아니기 때문에 행사죄를 구성하지 않는다. 위화행사에 대해서는 위화(僞貨)를 사용해서 재물을 사취했을 경우에는 위화행사죄 외에도 사기죄가 성립하는가에 관하여 이론이 있으나 통설은 사기죄를 인정하지 않는다. 문서위조죄의 행사란 위조, 변조 또는 허위 기재한 문서를 그 용법에 따라 진정 또는 내용이 진실한 문서로서 사용하는 것을 말하며, 반드시 문서의 본래의 용법에 따라서 사용될 필요는 없다. 그러므로 애첩에게 저금을 증여하기 위하여 위조저금통장을 진정의 통장인 것처럼 증여하는 것도 행사이다. 행사의 방법은 타인에게 제시 또는 인도하는 것이 보통이지만 공정증서의 원본과 같은 것은 부실기재한 것만으로도 행사란 문서의 경우와 같으며 진정한 또는 내용이 진실한 유가증권으로서 사용하는 것을 말한다. 통화의 경우와는 달리 유통에 그 목적이 있는 것은 아니다. 또 인장위조죄에서도 행사라는 말을 사용하고 있는데, 위인(僞印)의 사용이란 허위의 인영(印影)을 나타낸 문서나 그밖의 것을 행사하는 것을 의미하며, 인영을 나타내는 행위를 의미하지는 않는다.

유가증권위조죄 (有價證券僞造罪)

독; Werpapierfälschung

행사의 목적으로 유가증권을 위조 또는 변조하거나 혹은 유가증권에 허위기재를 하는 죄(형§214)와 위조, 변조의 유가증권 또는 허위기재를 한 유가증권을 행사 또는 행사할 목적으로 이를 사람에게 수입 또는 수출하는 죄(§217)로서, 처벌은 어느 것이나 10년 이하의 징역이다. 행사 등의 죄에 대해서는 미수도 벌한다(§223). 본죄는 유가증권에 대한 공공의 신용을 보호법익으로 하고 있다. 여기서 말하는 유가증권이란 예컨대 수표나 상품권과 같이 재산권을 나타내는 증권으로서 그 권리행사와 처분을 위하여 그 증권의 점유를 필요로 하는 것을 말한다. 그리고 형법 제214조는 공채증서를 들고 있는데, 여기의 공채증서는 국가 또는 지방자치단체에서 발행하는 유가증권(국채·공채 등)을 말한다. 그 밖의 유가증권으로서는 약속어음·환어음·수표, 기차승차권, 화물상환증, 질입증권, 선하증권 등이다. 그러나 본죄에 있어서의 유가증권은 유통성이 있음을 요하지 않는다(통설). 따라서 철도승차권이나 복권 등도 유가증권이다. 위조란 유력한 학설에 의하면 타인의 명의를 속여서 유가증권을 작성하는 것이라고 하는데, 통설과 판례는 어음발행과 같이 이른바 기본적인 증권행위에 대해서 타인의 명의를 모용하는 경우라고 한다. 변조란 진정하게 성립된 유가증권에 대하여 권한 없이 변경을 가하는 것이다. 그리고 허위기재란 통설에 의하면 유가증권의 진실에 반하는 기재를 하는 일체의 행위를 말한다. 단, 위조, 즉 작성명의를 속이고 증권을 작성하는 행위만은 제외한다. 그러나 유력한 학설은 작성권한이 있는 자가 그러한 내용을 속이고 기재를 하는 것이라 한다. 그러므로 유력설에 의하면 예컨대 창고업자가 수치하지 않는 화물에 대해서 예치증권을 발행하는 행위가 이에 해당하며, 타인의 명의를 모용하여 약속어음에 배서를 하는 것은 위조에 해당한다.

우표·인지의 위조·변조죄

(郵票·印紙의 僞造·變造罪)

행사할 목적으로 대한민국 또는 외국의 인지, 우표 기타 우편요금을 표시하는 증표를 위조 또는 변조하는 것을 말한다(형§218①). 본죄의 객체는 대한민국 또는 외국의 표시하는 증표이다. 여기서 말하는 우표란 정부 기타 발행권자가 일반인에게 우편요금의 납부용으로 첨부사용하게 하기 위하여 일정한 금액을 권면(券面)에 표시하여 발행한 증표를 말하고, 인지(印紙)란 인지법이나 인세법이 정하는 바에 따라 일정한 수수료 또는 인지세를 납부하는 방법으로 첨부사용하기 위하여 정부 기타 발행권자가 일정한 금액을 권면에 표시하여 발행한 증표를 말한다. 본죄를 범한 자는 10년 이하의 징역에 처하며, 그 미수범도 처벌한다(§223). 변조된 대한민국 또는 외국의 인지·우표 기타 우편요금을 표시하는 증표를 행사하거나 행사할 목적으로 수입 또는 수출한 때에도 위의 형과 같다(§218②). 그리고 이러한 위조 또는 변조된 표시하는 증표를 행사할 목적으로 취득한 자는 3년 이하의 징역 또는 1천만원 이하의 벌금에 처한다(§219). 이 경우에도 역시 그 미수범을 처벌한다(§223).

도화 (圖畵)
독 ; Abbildung

문자 이외의 상형적 부호에 의하여 관념 내지 사상이 표시된 것을 말한다. 지적도나 상행의 부위를 명백히 하기 위한 인체도가 여기에 해당한다. 사람의 관념 내지 의사가 화체되어 표현될 것을 요하므로 단순한 미술작품으로서의 회화는 도화에 해당되지 않는다. 또한 도면이나 인체도라도 명의인의 관념 내지 의사가 표시된 의미를 갖지 못하는 것은 도화라 할 수 없다. 도화는 상형적 부호를 사용하고 있다는 점에서 협의의 문서와 다를 뿐, 관념내지 의사를 표시한다는 점에서는 협의의 문서와 다르지 않다. 따라서 도화도 영속적 기능·증명적 기능·보장적 기능이 있어야 한다.

문서위조죄 (文書僞造罪)
영 ; forgery
독 ; urkunden Straftaten

행사할 목적으로 문서를 위조 또는 변조하거나, 허위의 문서를 작성하거나, 위조·변조·허위 작성된 문서를 행사하거나 문서를 부정행사 함으로써 성립하는 범죄이다. 본죄의 보호법익은 문서에 대한 거래의 안전과 신용이다. 판례도 문서에 대한 공공의 신용이 문서위조죄의 보호법익이라고 판시하고 있다. 따라서 문서에 관한 죄에 의하여 보호되는 것은 문서 자체가 아니라 문서의 증명력과 문서에 화체된 사상에 대한 안전과 신용이라고 할 수 있다. 형법상 문서에 관한 죄는 (1) 인장과 서명의 유무에 따라 형기를 구별하지 아니하고, (2) 자격모용에 의한 공문서와 사문서의 작성죄(형§226, §232)에 관한 규정을 신설하고, (3) 적법한 공문서 또는 사문서를 부정하게 행하는 것을 처벌하는 규정(§230, §236)을 둔 점에 특색이 있다. 본죄는 추상적 위험범이다. 따라서 문서에 대한 거래의 안전과 신용의 추상적 위험이 있으면 본죄는 성립한다. 광의의 문서위조는 협의의 문서위조(유형위조)와 허위문서의 작성(무형위조)으로 구분된다. 통설에 따르면 거래의 안정을 위해서는 책임소재에 허위가 없어야 함이 가장 중요하다는 관점에서 유형위조를 주로 벌하게 되며, 무형위조를 벌하는 것은 특히 중요한 경우에 한한다. 또한 넓은 의미에서 유형위조라고 하면 「변조」도 포함된다. 「변조」란 타인명의의 문서에 권한 없이 변경을 가하는 것을 만드는 것이 아니라는 점에서 위조와 구별되지만 이와 동일한 의미를 가지는 행위이다. 좁은 의미의 문서위조죄에는 공문서위조죄(§225, §226)와 사문서위조죄(§231, §232)가 있다. 문서란 문자 또는 이에 대신하는 부호로서 다소 계속적으로 사상을 표시한 것이며, 도서란 기타 형상을 갖고 표시한 것을 말한다. 우체국의 일부인(日附印)·인감지(印鑑紙)·지급전표(支給傳票)같은 것도 문서이다. 형벌은 공문서위조가 사문서위조보다 무겁고, 또 인장이나 서면을 사용했을 때가 이를 사용하지 않았을 때보다 무겁다. 문서위조죄는 어느 것이나 행사의 목적이 있어야 한다(목적범). 따라서 만일 행사의 목적이 없이 예컨대 단순히 장난삼아 타인명의의 문서를 만들었을 경우에는 이 죄가 성립되지 않는다. 허위문서작성죄에는 허위공문서작성죄(§227)와 공전자기록위작, 변작죄(§227의2)와 공정증서원본등의 부실기재죄(§228) 및 허위진단서등의 작성죄(§233)등이 있다. 다만, 특별법에는 허위기재를 벌하는 것이 적지 않다(예 : 소득세법 중에서). 이러한 위조(허위)문서를 행사하게 되면 각기 위조죄나 허위문서작성죄와 같은 형에 처벌되며 문서를 위조하고 이를 행사하게 되면 위조죄와 행사죄와의 상상적 경합이 된다(§40).

자격모용공문서작성죄
(資格冒用公文書作成罪)

행사할 목적으로 공무원 또는 공무소의 자격을 모용하여 문서 또는 도서를 작성함으로써 성립하는 범죄를 말한다. 본죄는 자격모용에 의한 사문서작성죄에 대해서 불법이 가중되는 가중적 구성요건이다. 여기서 '자격을 모용하여 공문서를 작성한다'는 것은 일정한 지위를 허위로 기재한다는 것을 의미한

다. 이와 같이 본죄는 타인의 자격만을 모용하는 것이라는 점에서, 타인명의를 모용하는 공문서위조죄와 구별된다. 따라서 타인의 자격뿐만 아니라 명의까지 모용하여 공문서를 작성한 때에는 본죄가 성립하는 것이 아니라 공문서위조죄가 성립한다. 본죄는 목적범이며, 미수범은 처벌한다(형법 235조).

자격모용사문서작성죄
(資格冒用私文書作成罪)

행사할 목적으로 타인의 자격을 모용하여 권리의무 또는 사실증명에 관한 문서 또는 도서를 작성함으로써 성립하는 범죄(형법 232조)를 말한다. 대리권 또는 대표권을 가지지 아니하는 자가 타인의 대표자격 또는 대표자격이 있는 것으로 가장하여 문서를 작성하는 경우를 처벌하기 위한 것이다. 예컨대 대리권 없는 갑이 을의 대리인으로 자기명의(을 대리인 갑)의 문서를 작성하는 경우가 이에 해당한다. 그러므로 대리권 또는 대표권 없는 자가 타인의 대리자격을 사칭하여 그 타인명의의 문서를 작성하는 경우, 또는 대리권·대표권이 있다고 하더라도 그 권한 이외의 사항에 관하여 대리(대표)권자 명의의 문서를 작성하는 경우, 권한보조자가 권한 있는 자의 대리·대표자격을 모용하여 권한 있는 자 명의의 문서를 작성하는 경우 등은 모두 본죄에 해당한다. 본죄는 목적범이며, 미수범은 처벌한다(형법 235조).

문서위조죄의 본질과 개념

본질	형식주의	문서위조죄는 문서의 형식적 진정(성립의 진정), 즉 문서의 작성명의의 진정(眞正)을 보호하는 것이 그 본질이라고 한다. 따라서 내용이 진실하더라도 권한 없이 타인명의의 문서를 작성하면 위조라고 본다.	통설 판례 (1957.6.7.4290형상 102 대판 동지)
	실질주의	문서위조는 문서의 실질적 진정(표시된 내용의 진정)을 보호하려는 것이 문서위조죄의 본질이라고 한다. 따라서 문서의 의사의 내용으로서 표시된 사실이 객관적 사실과 일치되는 이상 설사 작성명의를 거짓으로 하였다 할지라도 문서위조가 될 수 없다고 한다.	
개념	유형위조	① 문서위조는 작성명의를 허위로 기재하는 것. 즉 타인의 작성명의를 도용(모용)하여 문서를 작성하는 것을 말한다(협의의 개념) ② 형법은 원칙적으로 이것을 벌한다.	
	무형위조	① 문서위조라 함은 자기명의의 문서에 내용상에 있어서 허위기재를 하는 것을 말한다(광의의 개념) ② 형법은 예외적으로 처벌한다.	

문서에 관한 죄의 죄수 결정 표준

구분	학설	내용	주장자
주관설	의사설	의사의 단복(單複)을 표준으로 하여 단일의사로 행한 한, 문서의 물체·작성명의인·내용·사항·수를 불문하고 1죄로 보는 입장	
	주체설	작성명의인의 수를 표준으로 하는 설. 작성명의인이 1인인 한, 물체·의사의 복수가 인정되더라도 1죄	
객관설	물체설	문서의 물체의 동일성을 기초로 하여 물체가 1개인 이상 그 표시된 명의인 또는 명의·사항을 불문하고 1죄	
	법익설	피해법익의 수를 표준으로 하여 죄수를 결정하는 입장	劉基天 大場 (오오바)
	의사표시사항설	문서에 표시된 의사내용의 單複(단복)을 표준으로 하여 그것이 단일인 때에는 문서의 물체·작성명 등의 단복을 불문하고 1죄	木村 (기무라)
결합설		문서에 관한 죄의 보호법익인 문서에 대한 공공의 신용에 입각하여 合目的的(합목적적)으로 결정하여야 한다는 견해	
판례		우리 판례는 「문서가 2명 이상의 작성명의인의 연명(連名)으로 작성되었을 때에는 명의자마다 1개의 문서가 성립되는 것으로 보아야 할 것이다」(1956. 3. 2. 대판)라고 하여 주체설에 입각한다.	그러나 일본판례는 물체설에 입각한 것이 있는가하면 (1917. 3. 10. 일대판), 의사표시사항설에 입각한 것도 있다(1914. 3. 24. 일대판).

유형위조 (有形僞造)

권한 없이 타인명의의 문서를 작성하는 것으로 무형위조에 대한 개념이다. 현행형법은 원칙으로 유형위조를 처벌하며, 무형위조를 벌하는 것은 특히 중요한 경우(형§227, §228, §233)에 한해서만 인정하고 있다. 문제는 대리(대표) 자격을 모용했을 경우, 예컨대 甲이 권한 없이 「乙 대리인 甲(을 대리인 갑)」이라는 이름으로 문서를 만들었을 경우이다. 문서내용의 「乙 대리인」에 허위가 있기 때문에 무형위조라고 하는 소수설도 있지만, 통설과 판례는 유형위조라고 한다. 그런데 유형위조라고 하는 설에 있어서도 그 이유에 대하여 여러 가지 異見이 있다. 또 대리인이 그 대리권의 범위를 초월한 사항에 대해서 본인명의의 문서를 만들게 되면 유형위조가 되는데, 그 권한 내의 사항에 대해서는 작성명의에 허위가 없기 때문에, 예컨대 자기나 제3자의 이익을 위하여 작성했다 하더라도 유형위조는 되지 않는다. 가공의 명의를 사용하여 문서를 작성한 경우에는 유형위조가 되지 않는다고 하는 설이 있으나 최근의 학설은 보통 가공인으로 파악할 수 있는 명의를 사용하는 경우를 제외하고는 이 경우도 유형위조라고 보고 있으며, 판례의 입장도 이와 같다.

무형위조 (無形僞造)

문서의 작성권한자가 문서의 내용을 허위로 작성하는 것을 말한다. 형법은 유형위조와 구별하여 이 경우를 「허위문서작성」, 「허위(또는 부실)기재」라고 칭한다(통설). 무형위조는 공문서(형§227, §228) 외에는 원칙적으로 처벌하지 않는다(예외형§233). 이것은 형법이 사문서에 대한 사회의 신용을 그 내용의 진실이라는 것보다는 작성명의가 진정한 것이어야만 된다고 생각하기 때문이다. 무형위조에 대해서는 공정증서원본등의 부실기재(§228) 이외의 공문서에 대하여 정을 모르는 공무원을 이용하여 내용을 허위로 작성하게 한 자는 허위공문서작성죄(§227)의 간접정범이 되는가 하는 것이 논의되고 있는데, 예를 들어 공무원이 공무원을 이용하는 경우는 간접정범이 되지만, 공무원이 아닌 자가 공무원을 이용하는 경우는 간접정범이 되지 않는다고 보고 있다.

공정증서원본부실기재죄 (公正證書原本不實記載罪)

공무원에 대하여 허위신고를 하여 공정증서원본 또는 이와 동일한 전자기록 등 특수매체 기록, 면허증, 허가증, 등록증 또는 여권에 부실의 사실을 기재 또는 기록하게 함으로써 성립하는 범죄이다(형§228①, ②). 본죄는 공무원을 이용하여 행하는 공문서의 무형위조이므로 공무원이 그 정을 알지 못하는 것이 요건이다. 만일 공무원에게 허위인 정을 알려서 부실의 사실을 기재하게 하면 공무원은 허위공문서작성죄를 적용받게 되고 그것을 기재하게 한자는 그 공범이 된다. 「공정증서원본

」이라 함은 부동산등기부·가족관계등록부·상업등기부 또는 공무원이 그 직무상 작성하는 문서로서 권리·의무에 관한 어떠한 사실을 증명하는 효력을 가지는 것을 말한다. 그것은 사법상의 사항의 증명에만 한정하는 것이 아니고 수세(收稅)등의 사항을 증명하는 것도 포함한다. 「면허증」이란 특정한 권능을 부여하기 위하여 공무원이 작성하는 증서를 지칭하고(의사면허증), 「허가증」, 「등록증」이란 각종 영업허가증, 등록증과 같이 공무소가 일정한 사람에 대하여 일정한 영업을 할 수 있도록 허가하는 문서를 말하며,「여권」이란 여행의 허가증을 말한다. 또한 「허위신고를 한다」함은 진실에 반하여 일정한 사실의 존부에 대하여 신고하는 것을 말한다. 공정증서원본부실기재죄를 범한 경우에는 5년 이하의 징역 또는 1천만원 이하의 벌금에 처한다. 그리고 면허증·허가증·등록증 또는 여권에 대한 부실기재는 3년 이하의 징역 또는 7백만원 이하의 벌금에 처한다.

> 형법 제228조에서 말하는 공정증서란 권리의무에 관한 공정증서만을 가르키는 것이고 사실증명에 관한 것은 이에 포함되지 아니하므로 권리의무에 변동을 주는 효력이 없는 토지대장은 위에서 말하는 공정증서에 해당하지 아니한다(대법원 1988. 5. 24. 선고 87도2696).

인장위조죄 (印章僞造罪)

행사의 목적으로 공무원 또는 공무소의 인장, 서명, 기명 또는 기호와 타인의 인장, 서명, 기명 또는 기호를 위조 또는 부정사용하는 것을 내용으로 하는 범죄이다. 본죄의 보호법익은 인장, 서명 등의 진정에 대한 공공의 신용이다. 여기에서 말하는 (1) 인장이라 함은 특정인의 인격 및 동일성을 증명하기 위하여 사용하는 인영(人影) 또는 인영을 현출시키는데 필요한 문자 등을 조각한 물체(이것을 인과〈印顆〉라고 한다)를 말한다. 인장은 반드시 특정인의 성명을 표출한 것만을 요하지 않는다. 그러므로 무인이나 우체국의 일부인도 인장으로 본다. 그리고 형법 제238조에서 말하는 인장은 공무원이 공무상 사용하는 모든 인장을 말한다. 현재 「인장」에 관하여는 인과(인형)로 보는 견해와 인영(印影)으로 보는 견해로 나뉘고 있으나, 구법의 경우와 달라서 신법에 있어서는 「인장의 부정사용」(형 §238①, §239①, 이 때의 인장은 인과〈印顆〉를 의미한다)를 구별하고 있는 점으로 보아 인과와 인영을 모두 포함한다고 보아야 한다. (2) 서명이라 함은 특정인격의 주체를 표시하는 문자를 말하고 자서(自署)에 국한한다(개명은 포함하지 않는다). 성명을 표시하는 경우만이 아니라 요약해서 성만 쓰거나 이름만을 쓰는 경우 그리고 상호나 아호 등도 이에 포함한다. (3) 기명은 자서이외의 경우로서 대필이나 인쇄하는 것들이다. (4) 부정사용이라 함은 진정한 인장·서명·기명 또는 기호를 정당한 권한 없이 타인에 대하여 위법하게 사용하는 것을 말한다. 권한있는 자라도 그 권한을 남용하여 사용하는 경우는 부정사용이 된다. 위조행위가 그 인장자체의 거짓을 만드는 것인 데 반하여 부정사용은 인장자체는 진정한 것이지만「사용의 진정」을 거짓으로 하는 것이다. (5) 행사는 위조 또는 부정사용한 인장, 서명, 기명, 기호를 그 용법에 따라 타인에 대하여 사용하는 것이다. 자기가 위조·부정사용한 것이거나, 타인에게 위조·부정사용하게 한 것이거나를 불문하나 후자의 경우에는 위조·부정사용이라는 인식이 있음을 필요로 한다. 「행사할 목적」은 행위자가 스스로 행사할 목적은 물론, 타인으로 하여금 행사케 할 목적도 포함한다. (6) 타인이라 함은 공무소 공무원 이외의 타인을 말한다. 법인격 있는 자는 물론, 법인격이 없는 자도 사회거래상 독립하여 권리의무의 주체가 될 수 있는 단체인 이상 타인이다. 인장위조는 문서(유가증권)위조의 수단으로 행해지는 경우가 많다. 그리하여 문서 등의 위조가 기수로 되면 인장위조는 이러한 위조죄에 흡수되어 독립하여 처벌되지 아니한다. 그러나 그러한 위조가 미수로 끝났을 때에는 인장위조죄가 성립한다.

사문서위조변조죄
(私文書 僞造變造罪)

행사할 목적으로 권리의무나 사실증명에 관한 타인의 문서·도화 또는 전자기록 등 특수매체기록을 위조 또는 변조함으로써 성립하는 범죄(형법 231~234조)를 말한다. 문서에 관한 죄 중 가장 기본적인 범죄라고 하겠다. 사문서 중에는 권리의무 또는 사실증명에 관한 문서만 본죄의 객체가 된다. 권리의무에 관한 문서만 본죄의 객체가 된다. 권리의무에 관한 문서란 공법상 또는 사법상의 권리의무의 발생·변경 또는 소멸에 관한 사항을 기재한 문서를 말한다. 사실증명에 관한 문서는 권리의무에 관한 문서 이외의 문서로서 거래상 중요한 사실을 증명하는 문서를 말한다. 추천서·인사장·안내장·이력서 또는 단체의 신분증 등이 여기에 해당한다. 위조란 작성권한 없는 자가 타인 명의를 모용하여 문서를 작성하는 것을 말한다. 부진정한 문서를 작성하는 것을 의미한다고 할 수 있다. 변조란 권한 없이 이미 진정하게 성립된 타인 명의의 문서내용에 그 동일성을 해하지 않을 정도로 변경을 가하는 것을 말한다. 본죄는 고의 이외에 행사의 목적을 필요로 하는 목적범이다. 위조문서는 원칙적으로 형법 제48조 제1항에 의하여 몰수할 수 있다. 그러나 위조문서라 할지라도 선의의 제3자를 보호할 필요가 있거나, 문서의 일부만 위조 또는 변조된 때에는 그 전부를 몰수할 수는 없게 된다. 본죄의 미수범은 처벌한다(형법 235조).

공인위조부정행사죄
(公印僞造不正行使罪)

행사할 목적으로 공무원 또는 공무소의 인장·서명·기명 또는 기호를 위조 또는 부정행사함으로써 성립하는 범죄를 말한다(형법 238조1항). 위조·부정사용한 것을 행사한 때에는 별죄(형법

238조)를 구성한다. 본죄는 목적범이며, 행위의 객체가 공무원 또는 공무소의 인장·서명 등이기 때문에 사인위조죄에 대하여 불법이 가중되는 가중적 구성요건이다.

사인위조부정사용죄
(私印僞造 不正使用罪)

행사할 목적으로 타인의 인장·서명·기명 또는 기호를 행사하면 별죄(형법 239조 2항)를 구성한다. 행위의 객체는 타인의 인장·서명 기명 또는 기호이다. 적어도 권리의무 또는 사실증명에 관한 것임을 요한다. 위조란 권한 없이 타인의 인장·서명·기명 또는 기호를 작성 내지 기재하여 일반인으로 하여금 명의인의 진정한 인장·서명·기명 또는 기호로 오신케 하는 것을 말한다. 권한 없는 경우뿐만 아니라 대리권 또는 대표권을 가진 자가 그 권한 이외의 무권대리행위로 서명·날인하는 경우도 포함한다. 부정사용이라 함은 인장 등을 권한 없는 자가 사용하거나 권한 있는 자가 그 권한을 남용하여 부당하게 사용하는 것을 말한다. 본죄가 성립하기 위해서는 고의 이외에 행사의 목적이 있어야 한다. 행사의 목적이란 위조인장을 진정한 인장으로 사용하려는 의사를 말한다. 미수범은 처벌한다(형법 240조).

사문서부정행사죄
(私文書 不正行使罪)

관리의무나 사실증명에 관한 타인의 문서 또는 도화를 부정행사함으로써 성립하는 범죄(형법 236조)를 말한다. 부정행사란 권리의무 또는 사실증명에 관한 진정성립된 타인의 사문서를 사용할 권한 없는 자가 문서명의자로 가장 행세하여 이를 사용하거나, 또는 사용할 권한이 있더라도 본래의 사용목적 이외에 다른 사실을 직접 증명하는 용도에 이를 사용하는 것을 말한다. 객체가 진정한 사문서라는 점에서 위조·변조 등 사문서 행사죄와 구별된다.

> 형법 제236조 소정의 사문서부정행사죄는 **사용권한자와 용도가 특정**되어 작성된 권리의무 또는 사실증명에 관한 타인의 사문서 또는 사도화를 사용권한 없는 자가 사용권한이 있는 것처럼 가장하여 부정한 목적으로 행사하거나 또는 권한 있는 자라도 정당한 용법에 반하여 부정하게 행사하는 경우에 성립한다(*대법원 2007. 3. 30. 선고 2007도629*).

공중의 건강에 관한 죄

먹는 물에 관한 죄

제16장 음용수에 관한 죄가 2020년 12월 8일 형법 개정으로 먹물에 관한 죄로 변경되었다. 공중의 건강을 보호법익으로 하는 범죄로서 공공위험죄의 하나이다. 사용방해죄, 혼독치사상죄, 수도불통죄로 나누어진다. 사용방해죄는 목적물이 음료수인가 또는 수도에 의해서 공중에게 공급되는 음수 또는

그 수원(水源)인가에 따라서 처벌이 다르다(형§192·139). 오물을 혼입한다는 것은 사용할 수 없게 하는 것을 말하며, 감정적으로 불쾌감을 주게 하는 것이면 된다. 음용수란 자연적으로 솟아나는 것도 되고, 샘(泉) 같이 계속 고이는 곳이라도 된다. 음용으로 하는 사람의 범위는 불특정 또는 다중이라고 해석되고 있다(통설). 수도란 물을 일정한 장소로 유도하는 설비를 말하는 것이다. 혼독시치사죄는 독물이나 그밖의 건강을 해할 물건을 흡입하는 죄로 사용방해죄와 같이 목적물에 의해서 처벌이 다르다(193②). 먹는물의 사용방해죄나 수돗물의 사용방해죄를 범하여 사람을 상해 또는 사망에 이르게 했을 때는 형이 가중된다(§194). 치사상의 인식이 있으며 살인죄나 상해죄와의 상상적 경합이 된다. 수도불통죄(§195)의 목적물은 수도에 한하며, 수원(水源)은 포함되지 않는다. 수원의 파괴 또는 폐쇄는 수리방해죄(§184)에 해당한다.

수도불통죄 *(水道不通罪)*

공중의 음용수를 공급하는 수도 기타 시설을 손괴 기타 방법으로 불통하게 함으로써 성립하는 범죄(형법 195조)를 말한다. 객체가 수도 기타 시설이고 행위의 양태가 손괴 기타의 방법으로 불통하게 하는 것이라는 점에서 음용수 사용방해죄가 가중된 구성요건이며, 정수의 공급시설의 효용을 해하여 간접적으로 음용을 방해하는 점에 특색이 있다. 공중의 음용수를 공급하는 수도는 음용수를 공급하는 인공적 시설을 말하며, 수도음용수 사용방해죄의 수도에 의하여 공중의 음용에 공하는 정수와 같은 의미이다. 기타 시설은 공중의 음용수를 공급하는 수도 이외의 시설을 말한다. 예컨대 불특정 또는 다수인에 의하여 이용되는 우물이 여기에 해당한다. 손괴란 행위의 객체를 물리적으로 훼손하여 효용을 해하는 것을 말하고, 불통하게 한다는 것은 손괴 이외의 방법으로 수도의 유통을 제지하여 정수의 공급을 불가능하게 하는 것을 말한다. 정수의 공급을 불가능하게 할 정도에 이르지 않을 때에는 경범죄처벌법 또는 수도법에 의한 제재를 받는 데 불과하다. 본죄의 미수범은 처벌한다(형법 196조). 또한 본죄를 범할 목적으로 예비 또는 음모한 자도 처벌한다(형법 197조).

마약 (痲藥)
영 ; narcotic　　　　독 ; Narkotikum

아편·모르핀(morphin)·코카인(kokain : 의학상으로는 중추신경계흥분제로 분류됨)·헤로인(heroin)·메타돈(methadone) 기타 화학적으로 합성된 것 등의 마취약을 말한다. 이러한 것들은 적은 양으로도 진통작용이 있을 뿐만 아니라 사용에 따라서 환각 내지는 도취를 체험하게 되므로 한번 잘 못 운용하면 의존상태에 빠지고 금단증상이 일어나 이것을 끊기가 매우 어렵다. 따라서 대부분의 사용자나 중독자들이 마약을 얻기 위하여 여러 수단을 강구하게 되어 불량한 하층사회에 들어가 사기·절도 등의 범죄를 저지르거나 매춘 등을 하게 된다. 뿐만 아니라 자기중심적 행동에의 경향변덕·불쾌·허언남발 등 인격변화를 일으켜 가정파탄을 가져오고 악행이나 범죄를 저지르기 쉽다. 이에 따라 마약은 국내외적으로 단속대상이 되어 있다. 즉 1919년 제령 제15에 의한 조선아편취체령을 시발로, 1935년 제령 제6호에 의한 조선마약취체령, 1946년 군정법령 제119호에 의한 마약취체령에 이어, 현행 형법상 아편에 관한 죄(형법 198조 내지 206조)와 단행법으로 마약법·대마관리법· 향 정신성의약품관리법 등이 있었으나, 2000년 1월 12일 마약류관리에관한법률로 통합되어 규율하고 있다(법률 제6146호). 한편 국제적으로는 1909년 상해의회의 국제아편회의결의를 비롯하여, 1924년부터 1926년까지의 제네바회의의 제1아편회의의 협정 및 의정서, 그리고 1931년 마약의 제조제한 및 분배단속에 관한 조약 등이 있다.

아편에 관한 죄 (阿片에 관한 罪)

아편의 흡식 등에 의하여 국민보건에 위험을 초래하게 하는 것을 내용으로 하는 죄를 말한다. 여기에서 말하는 아편이란 단속적인 측면에서 보아 생아편도 포함된다. 생아편은 마약류관리에 관한 법률의 규정이 적용된다. 형법에서 처벌되는 것은 다음과 같은 행위이다. (1) 아편, 몰핀 또는 그 화합물을 제조, 수입 또는 판매하거나 판매할 목적으로 소지하거나(형§198), 아편을 흡

식하는 기구에 대한 위의 행위(§199), 세관관리가 그와 같은 것을 수입 또는 수입을 허가한 행위(§200), (2) 아편을 흡식 또는 몰핀을 주사하거나, 아편의 흡식 또는 몰핀 주사를 위해 적당한 장소를 제공하여 이득을 취득하는 행위(§201) 또는 아편, 몰핀 그 화합물 또는 아편흡식의 기구를 소지한 행위(§205), (3) 소지죄 이외의 위의 죄 등에 대한 미수행위(§202)이다. 여기서 수입이라 함은 국외로부터 국내에 들어오게 하는 것인데, 기수시기에 관하여 이론이 있다. 통설에 따르면 육상의 경우는 국경선을 넘었을 때, 해상의 경우는 양육을 했을 때 기수로 된다고 하지만 해상의 경우는 영해에 들어왔을 때에 기수로 된다는 반대설이 있다.

사회의 도덕에 관한 죄

성풍속에 관한 죄
(性風俗에 관한 罪)

성생활에 관련되는 성도덕 또는 건전한 성풍속을 해하는 행위를 내용으로 하는 범죄를 말하며, 음행매개죄, 음란물죄, 공연음란죄 등이 이에 해당한다.

간통죄 (姦通罪)
영 ; adultery 독 ; Ehebruch

배우자 있는 자가 간통하거나 그와 상간하는 것을 내용으로 하는 범죄로서 개정 전 형법 제241조에서 규정하고 있었다. 간통죄와 관련하여 그 폐지

론이 강력히 주장되었으며, 헌법재판소는 2015년 2월 26일 재판관 9명 중 7명의 위헌의견으로 간통죄를 규정하고 있는 형법 제241조가 성적 자기결정권 및 사생활의 비밀과 자유를 침해하여 헌법에 위반된다고 판단하였고 이에 따라 간통죄는 폐지되었다(2009 헌바17등).

음행매개죄 (淫行媒介罪)

영리의 목적으로 사람을 매개하여 간음하게 함으로써 성립하는 범죄이다(형§242). 따라서 본죄는 미성년의 부녀와 음행의 상습없는 부녀를 보호하려는 것이다. 본죄에 있어서 (1)「영리의 목적」이라 함은 현실로 그 결과가 있었음을 필요로 하지 않고, 또 타인의 이익을 위한 경우도 포함한다. (2)「매개한다」라 함은 간음할 결의를 하게 하는 일체의 행위를 말한다. 그러나 이 행위는 교사행위일 필요는 없다. 즉 피간음매개자가 간음할 생각을 가지고 있을 때라도 사람을 매개하여 구체적인 결과를 낳게 하면 여기에 해당하고, 돈 폭행이나 협박 등은 여기에 포함되지 않는다. 즉 폭행이나 협박이 따르면 형법 제32장의 강간과 추행의 죄에 해당되기 때문이다.

음란죄 (淫亂罪)

음서 등의 반포죄(형§243) 및 공연음란죄(§245) 등을 말한다. 여기에서 (1) 음서등의 반포죄라 함은 음란한 문서나 도서 필름 기타 물건을 반포, 판매 또는 임대하거나, 공연히 그것을 전시 또는 상영하는 죄를 말한다. 여기에서 반포란 불특정 또는 다수인에 대한 무상의 교부이며, 판매는 유상의 양도를 말한다. 단 한번만의 교부나 양도도 반복의 의사에서 행한 것이라면, 반포나 판매가 된다. 공연히 전시 또는 상영한다는 것은 불특정 또는 다중이 관람할 수 있는 상태에 두는 것을 말한다. (2) 공연음란죄란 공연히 음란한 행위를 하는 죄를 말한다. 여기에서 「음란」이란 함부로 사람의 성욕을 흥분시키거나 자극시켜 보통사람의 정상적인 성적 수치심을 해하거나 선량한 성도덕 관념에 반하는 것을 의미한다. 이 경우 음란행위에는 동작 이외에 언어도 포함된다(통설). 또한 「공연히」란 불특정 또는 다수인이 알 수 있는 상태를 의미한다. 따라서 내부적으로 결합된 수인 사이에서 음란행위를 하는 것은 여기에 포함되지 않는다.

공연음란죄 (公然淫亂罪)

형법 제245조의 공연히 음란한 행위를 함으로써 성립하는 범죄를 말한다. 형법 243·244조의 음란물죄가 음란한 물건에 대한 일정한 행위태양을 처벌하는 범죄임에 대하여, 공연음란죄는 음란한 행위 자체를 처벌하는 거동범이며, 행위상황으로서 공연성을 요구한다는 점에 특색이 있다. 본죄의 보호법익도 선량한 성도덕 내지 성풍속이라는 사회 일반의 이익이다. "공연히"란 불특정 다수인이 인식할 수 있는 상태를 말한다.

형법 제245조 소정의 '음란한 행위'라 함은 일반 보통인의 성욕을 자극하여 성적 흥분을 유발하고 정상적인 성적 수치심을 해하여 성적 도의관념에 반하는 행위를 가리키는 것이고, 그 행위가 반드시 성행위를 묘사하거나 성적인 의도를 표출할 것을 요하는 것은 아니다(대법원 2006. 1. 13. 선고 2005도1264).

음란물건반포죄 (淫亂物件頒布罪)

음란한 문서·도서 기타 물건을 반포·판매 기타 임대하거나 공연히 전시함으로써 성립하는 범죄(형법 243조)를 말한다. 선량한 성풍속을 보호하기 위한 추상적 위험범이라 할 수 있다. 통설은 음란성을 그 내용이 성욕을 자극 또는 흥분시키고 보통인의 정상적인 성적 수치심을 해하고 선량한 성적 도의관념에 반하는 것을 말한다고 설명하고 있으며, 판례도 같은 취지로 판시하고 있다. 음란성의 판단기준은 보통인, 즉 통상의 성인이다. 그리고 음란성의 판단대상은 문서 전체가 되어야 하며, 어느 부분의 음란성이 아니다. 과학서나 문예작품의 과학성과 예술성이 음란성과 양립할 수 있는가에 대하여는 적극설과 소극설이 대립되고 있다. 문서나 도화는 비밀침해죄와 문서위조죄의 그것과 같으며, 사진과 필름도 도화에 해당한다. 기타 물건에는 조각품·음반 또는 녹음테이프 등이 포함된다. 반포란 불특정 또는 다수인에게 무상으로 교부하는 것을 말하며, 유상인 때에는 판매에 해당한다. 판매란 불특정 또는 다수인에 대한 유상양도를 말하며, 매매 또는 교환에 제한되지 않는다. 술값 대신 음화를 주거나 음란지를 배부하는 것도 대가관계가 인정되며 여기에 포함된다. 임대란 유상의 대여를 말한다. 영업으로 행할 것을 요하지 않는다. 반포·판매·임대의 상대방은 본죄의 공범으로 처벌받지 않는다. 공연히 전시한다는 것은 불특정 또는 다수인이 관람할 수 있는 상태에 두는 것을 말하며, 유상인가 무상인가를 불문한다.

음란물건제조죄 (淫亂物件製造罪)

반포·판매 또는 임대하거나 공연히 전시할 목적으로 음란한 물건을 제조·소지·수입 또는 수출함으로써 성립하는 범죄(형법 244조)를 말한다. 음화 등 반포·매매·임대 또는 공연전시죄의 예비에 해당하는 범죄를 독립한 구성요건으로 규정한 것이다. 따라서 본죄는 음화판매등죄를 범할 목적이 있어야 하는 목적범이다. 행위의 객체는 음란한 물건이다. 음란한 물건이란 음란한 문서와 도화를 포함하는 개념이다. 제조는 음란한 물건을 만드는 것이고, 소지는 이를 자기의 사실상의 지배하에 두는 것을 말한다. 수입과 수출은 국외에서 국내로 반입하는 것과 국내에서 국외로 반출하는 것을 말한다.

도박죄 (賭博罪)

도박을 함으로써 성립하는 범죄를 말하며(형§246), 국민의 근로정신과 공공의 미풍양속을 그 보호법익으로 한다. 도박을 한 사람은 1천만원 이하의 벌금에 처한다. 다만, 일시오락 정도에 불과한 경우에는 예외로 한다. 상습으로 본죄를 범한 사람은 3년 이하의 징역 또는 2천만원 이하의 벌금에 처한다.

> 형법 제246조에서 도박죄를 처벌하는 이유는 정당한 근로에 의하지 아니한 재물의 취득을 처벌함으로써 경제에 관한 건전한 도덕법칙을 보호하는 데 있다. 그리고 도박은 '재물을 걸고 우연에 의하여 재물의 득실을 결정하는 것'을 의미하는바, 여기서 '우연'이란 주관적으로 '당사자에 있어서 확실히 예견 또는 자유로이 지배할 수 없는 사실에 관하여 승패를 결정하는 것'을 말하고, 객관적으로 불확실할 것을 요구하지 아니한다. 따라서, 당사자의 능력이 승패의 결과에 영향을 미친다고 하더라도 다소라도 우연성의 사정에 의하여 영향을 받게 되는 때에는 도박죄가 성립할 수 있다(*대법원 2008. 10. 23. 선고 2006도736*).

도박장소 등 개설

영리의 목적으로 도박을 하는 장소나 공간을 개설함으로써 성립하는 범죄이다(형§247). 본죄는 성질상 도박행위를 교사하거나 준비시키는 예비행위에 불과하나 형법은 이를 독립된 범죄로 하여 도박죄로다 가중하여 처벌하고 있다. 왜냐하면 행위자가 재물상실의 위험을 부담하지 않고 인간의 사행본능을 이용하여 도박범을 유인하거나 이

를 촉진시킴으로써 영리를 도모하는 것은 도박행위보다 더 반도덕적 요소가 있기 때문이다. 본죄에 있어서「영리의 목적」이라 함은 도박을 하는 자로부터 개평 등의 명목으로 도박개설의 대가로 불법의 이득을 취하려는 의사를 말한다(1949. 6. 18. 일최고판). 그리고 영리의 목적일 때는 현실로 이익을 얻을 것을 필요로 하지 않는다(1949. 4. 12. 일최고결§). 그리고「개장한다」함은 주재자로서 그 지배하의 도박을 위하여 일정한 장소를 제공하는 것이다. 때문에 도박의 주재자가 되지 않는한, 단순히 도박장소를 제공한 것만으로는 설사 사례를 받았다하더라도 본죄가 성립하지 않는다(이 경우는 도박방조죄가 성립한다). 그리고 이 경우에 도박장을 상설인 것을 필요로 하지 않고 또 개장자가 도박장에 나가 있어야 하거나 함께 도박을 할 필요가 없다. 본죄를 범한 자는 5년 이하의 징역 또는 3천만원 이하의 벌금에 처한다. 본죄에 관한 규정 형법 제246조, 247조는 2013.4.5. 법률제11731호로 개정되어 도박하는 장소 뿐 아니라 도박하는 공간을 개설한 경우도 처벌할 수 있도록 규정을 명확히 하였다. 그동안 인터넷상에 도박사이트를 개설하여 전자화폐나 온라인으로 결제하도록 하는 경우 판례상 도박개장죄로 처벌하고 있었지만, 법개정으로 인하여 처벌규정이 명확해졌다.

> 형법 제247조의 도박개장죄는 영리의 목적으로 스스로 주재자가 되어 그 지배하에 도박장소를 개설함으로써 성립

하는 것으로서 도박죄와는 별개의 독립된 범죄이고, '도박'이라 함은 참여한 당사자가 재물을 걸고 우연한 승부에 의하여 재물의 득실을 다투는 것을 의미하며, '영리의 목적'이란 도박개장의 대가로 불법한 재산상의 이익을 얻으려는 의사를 의미하는 것으로, 반드시 도박개장의 직접적 대가가 아니라 도박개장을 통하여 간접적으로 얻게 될 이익을 위한 경우에도 영리의 목적이 인정되고, 또한 현실적으로 그 이익을 얻었을 것을 요하지는 않는다(대법원 2002. 4. 12. 선고 2001도5802).

복표에 관한 죄(福票에 관한 罪)

복표의 발매·발매의 중개·취득을 함으로써 성립하는 범죄를 말한다(형§248). 이 경우에 복표라 함은 발매자가 번호찰을 발매하고 추첨 및 그 밖의 방법으로 구매자간에 불평등한 금액을 분배하는 것을 말한다. 도박과의 차이는 도박에는 관여자가 모두 위험을 부담함에 반하여 복표에 있어서는 복표발매자는 기업실패의 위험을 부담하나 우연에 의한 위험은 부담하지 않는다는 점이다. 그러나 경마 등에 있어서와 같이 복표발매를 허가하는 특별한 경우가 있다. 본 죄에 관한 형법 제248조는 '국제연합국제조직범죄방지협약'의 대상범죄가 될 수 있도록 2013. 4.5. 법률 제11731호로 개정되어 법정형이 '3년 이하의 징역 또는 2천만원 이하의 벌금'에서 '5년 이하의 징역 또는 3천만원 이하의 벌금'으로 상향되었다.

복표발매·중개·취득죄 (福票發賣·仲介·取得罪)

법령에 의하지 아니한 복표를 발매·발매중개 또는 취득함으로써 성립하는 범죄(형법 248조)를 말한다. 복표의 발행도 우연에 의하여 승패가 결정된다는 의미에서 넓은 의미의 도박죄에 해당하나, 형법이 이를 별도로 규정하여 복표의 발매와 중개 및 취득을 처벌하고 있다. 그러나 복표의 발행은 사행행위 등 규제법의 적용을 받게 된다. 복표는 법령에 의하지 아니한 것임을 요한다. 따라서 법령에 의하여 적법하게 발행된 복표는 본죄의 객체가 되지 않는다.

신앙에 관한 죄 (信仰에 관한 罪)

종교적 평온과 종교감정을 침해하는 것을 내용으로 하는 범죄를 말한다. 신앙에 대한 죄는 종교적 평온과 종교적 감정을 보호하기 위한 범죄이며, 종교 자체를 보호하는 것은 아니다. 형법에는 신에 대한 모독죄의 규정이 없기 때문이다. 여기서 종교적 감정이란 개인의 종교적 감정이 아니라 다수인 또는 일반의 그것을 의미한다. 형법은 신앙에 관한 죄로 장례식등 방해죄(형법 158조), 사체등 오욕죄(형법 159조), 분묘발굴죄(형법 160조), 사체등 손괴·영득죄(형법 161조), 및 변사자 검시 방해죄(형법 163조) 등을 규정하고, 그 중 분묘 발굴죄와 사체등 손괴·영득죄의 미수범을 처벌한다(형법 162조). 그리고 변사자 검시 방해죄는 사체에 관련된 것이라 하여 편의상 신앙에 관한 죄에 규정하고 있으나, 이는 종교생활의 평온이나 종교감정과 아무런 관련이 없는 범죄이며, 오히려 범죄수사를 목적으로 하는 행정법규에 지나지 않는다. 신앙에 관한 죄의 보호법익이 무엇이냐에 대해서, 사회풍습 내지 선량한 풍속으로 되어 있는 종교감정이라는 견해와, 사회풍습으로서의 종교감정과 종교생활의 평온을 모두 보호한다는 통설이 대립한다.

장식방해죄(葬式妨害罪)

장식·제전·예배 또는 설교를 방해함으로써 성립하는 범죄(형법 158조)를 말한다. 장식 등 종교적 행사를 방해하는 행위를 처벌하여 종교적 평온을 보호하기 위한 범죄라고 할 수 있다. 장식·예전·예배 또는 설교에 한하므로 교회 내에서 종교단체의 회합이라도 정치적·학술적 강연을 위한 집회나 결혼식은 본죄의 객체로 되지 않는다. 따라서 본조의 규정 이외의 의식에 대한 방해행위는 경범죄처벌법 제1조 제18호에 의하여 처벌될 뿐이다. 장식이란 사자를 장사지내는 의식을 말한다. 반드시 종교적인 의식일 것을 요하지 않고 비종교적 장식도 포함한다. 사체가 존재할 것도 요하지 않는다. 예전이란 제사지내는 의식을 말한다. 종교적 의식도 여기에 포함된다. 예배란 종교단체의 규칙과 관례에 따라 신에게 기도하고 숭경하는 종교적 의식을 말한다. 예배의 장소는 문제되지 않는다. 설교란 종교상의 교의를 해설하는 것을 말한다. 방해란 장식·제전·예배 또는 설교의 평온한 진행에 지장을 주는 일체의 행위를 말한다. 방해의 방법에는 제한이 없다. 본죄는 추상적 위험범이다. 따라서 본죄는 장식 등을 방해하면 기수가 되며, 종교적 의식이 방해되었다는 결과가 발생할 것은 요하지 않는다.

사체영득죄(死體領得罪)

사체·유골·유발 또는 관내에 장치한 물건을 손괴·은닉 또는 영득함으로써 성립하는 범죄(형법 161조 1항)를 말한다. 분묘를 발굴하여 본죄를 범한 경우에는 형이 가중된다(형법 161조 2항). 사회의 종교적 감정을 보호하기 위한 범죄라는 점에서 재산죄와는 성질을 달리한다. 본죄의 객체에 대하여 재산죄가 성립할 수 있는가에 관하여는 견해가 대립되고 있다. 사체라 할지라도 해부목적으로 의과대학에 기증된 것은 본죄의 객체라 할 수 없으므로 재산죄의 객체로 된다는 점에 의문이 없다. 또 사자에 대한 숭경의 대상이 되는 사체·유골·유발도 소유의 대상이 아니므로 재물이 될 수 없다는 것도 명백하다. 관내 장치물에 대해서는 재산성이 있으므로 재산죄의 객체로 된다는 견해와, 본죄의 객체와 재산죄의 객체는 성질이 다르므로 재산죄의 객체로 될 수 없다는 견해가 대립한다. 본죄의 주체에는 제한이 없다. 사자의 후손도 또한 본죄를 범할 수 있다. 사체 등에 대하여 처분권을 가지고 있더라도 관계없다. 사체·유골·유발의 개념은 사체 등 오욕죄의 그것과 같다. 관내에 장치한 물건이란 기념을 위하여 사체와 함께 관내에 둔 일체의 부장을 말한다. 사체의 착의나 사자의 유애물 등이 여기에 해당한다. 그러나 관 자체는 여기에 포함되지 않는다. 손괴란 종교적 감정을 해할 정도의 물리적인 훼손 또는 파괴를 말한다.

• 사체오욕죄(死體汚辱罪)

사체·유골 또는 유발을 오욕함으로써 성립하는 범죄(형법 159조)를 말한다. 보호법익은 사자에 대한 사회의 경외와 존경의 감정, 즉 종교적 감정이다. 사체란 사람 모양의 통일체로 결합되어 있는 사람의 시체를 말한다. 사태는 사체에 포함되지 않는다고 해석하는 견해도 있다. 그러나 통설은 인체의 형태를 갖춘 사태도 사체에 포함된다고 해석한다. 시체의 전부 뿐만 아니라 일부도 포함한다. 따라서 머리나 팔·다리는 물론 장기와 뇌장도 여기에 해당한다. 유골이란 화장 기타의 방법에 의하여 백골이 된 사체의 일부분을 말하며, 유발은 사자를 기념하기 위하여 보존한 모발이다. 화장하고 버려진 재는 여기의 유골에 포함되지 않는다. 유골과 유발은 사자를 제자기념하기 위하여 보존하고 있는 것임을 요한다. 따라서 유골이나 유발이라 할지라도 학술상 표본이 된 것은 종교적 감정의 보호와 관계없기 때문에 여기에 포함되지 않는다. 오욕이란 폭행 기타 유형력의 행사에 의하여 모욕적인 의사를 표현하는 것을 말한다. 예를 들면 시체에 침을 뱉거나 방뇨하는 경우는 물론, 시체를 간음하는 경우도 여기에 해당한다.

• 분묘발굴죄(墳墓發堀罪)

분묘를 발굴함으로써 성립하는 범죄(형법 160조)를 말한다. 분묘의 평온을 유지하여 사자에 대한 종교적 감정을 보호하기 위한 것이다. 판례는 본죄의 보호법익을 종교감정의 공서양속이라고 해석하고 있다. '분묘'란 사람의 사체·유골·유발을 매장하여 사자를 제사 또는 기념하는 장소를 말한다. 사체나 유골이 분해된 이후라고 할지라도 후손의 제사와 존경의 목적이 되어 있는 것은 여기의 분묘에 해당한다. 다만 제사나 예배의 대상이 되지 않는 고분은 분묘라고 할 수 없다. '발굴'이란 복토의 전부 또는 일부를 제거하거나 묘석 등을 파괴하여 분묘를 손괴하는 것을 말한다. 관이나 유골 또는 사체가 외부에 표출될 것을 요하는가에 대하여 복토제거설과 외부인지설이 대립되고 있다. 판례는 발굴행위에는 유골사체가 외부로부터 인식할 수 있는 상태까지 현출될 필요는 없다고 하여 복토제거설을 취하고 있다. 그러나 미수범을 처벌하는 형법의 태도에 비추어 볼 때 통설인 외부인지설이 타당하다.

국가적 법익에 관한죄

국가의 존립과 권위에 관한 죄

국교에 관한 죄 (國交에 관한 罪)

외국과의 평화로운 국제관계를 침해하여 국제법상 보호되는 외국의 이익을 해하고, 외국과의 국교관계 내지 자국의 대외적 지위를 위태롭게 하는 범죄를 말한다.

선전(宣傳)

일정한 사항에 관한 취지를 불특정다수인에게 이해시키고, 그들의 찬동을 얻기 위한 일체의 의사전달행위를 말한다. 이에 관해서 내란죄(형법 90조 2항), 외환죄(형법 101조 2항), 국가보안법 제4조 등에 처벌규정을 두고 있다.

국헌문란(國憲紊亂)

헌법의 기본질서에 대한 침해를 말한다. 형법 제91조는 국헌문란의 목적을 구체적으로 정의하여 국헌문란의 목적이란 (1) 헌법 또는 법률에 정한 절차에 의하지 아니하고 헌법 또는 법률의 기능을 소멸시키는 것, (2) 헌법에 의하여 설립된 국가기관을 강압에 의하여 전복 또는 그 기능행사를 불가능하게 하는 것을 말한다고 규정하고 있다. 헌법 또는 법률에 정한 절차에 의하지 아니하고 헌법 또는 법률의 기능을 소멸시키는 것은 국가의 기본조직을 파괴 또는 변혁하는 것을 의미하며, 헌법에 의하여 설치된 국가기관을 강압에 의하여 전복 또는 그 권한행사를 불가능하게 하는 것은 이에 대한 예시라고 할 수 있다. 따라서 정부조직제도 자체를 불법하게 파괴하는 것은 국헌문란에 해당되지만, 개개의 구체적인 정부와 내각을 타도하는 것은 여기에 포함되지 않는다. 또한 단순히 국무총리나 수상을 살해하여 내각을 경질함을 목적으로 하는 것이 아닐 때에도 국헌문란이라고 할 수 없다. 헌법에 규정된 권력분립, 의회제도, 복수정당제도, 선거제도 및 사법권의 독립은 국가의 기본조직에 속하는 것이므로 이를 파괴하는 것은 국헌문란이라고 할 수 있다. 내란죄가 성립하기 위해서는 국토를 참절하거나 국헌을 문란할 목적이 있어야 한다.

내란죄(內亂罪)

폭동에 의하여 국가의 존립과 헌법질서를 위태롭게 하는 범죄, 즉 국토를 참절하거나 국헌을 문란하게 할 목적으로 폭동을 일으킴으로써 성립하는 범죄를 말한다(형§87). 본죄는 이른바 목적범으로서 본죄가 성립하려면 주관적으로 일정한 목적, 즉 주관적 위법요소가 있어야 한다. 국토참절 또는 국헌문란의 목적이 바로 그것이다. 또 이 범죄는 1인으로서는 범할 수 없고, 다중이 결합하여 폭행 또는 협박을 하는 어느 정도의 조직적인 것임을 요한다. 이러한 의미에서 필요적 공범이라 하고 특히 그 중에서도 집합적 범죄에 속한다. 그리고 여기에서의 폭동은 한 지방의 평온을 해할 정도의 대규모적임을 요한다. 본죄의 처벌은 각행위자별로 나뉘어 있다. 즉 본죄의 수괴는 사형·무기징역 또는 무기금고, 모의에 참여하거나 지휘하거나 기타 중요한 임무에 종사한 자 또는 살해·파괴 혹은 약탈의 행위를 실행한 자는 사형·무기 또는 5년 이상의 징역이나 금고, 기타 부화수행하거나 단순히 폭력에만 관여한 자는 5년 이하의 징역 또는 금고에 처한다. 또 내란죄 등을 범할 목적으로 예비 또는 음모하거나 이를 선동 또는 선전한 자는 3년 이하의 유기징역이나 금고에 처하고 그 목적한 죄의 실행에 이르기 전에 자수한 때에는 그 형을 감경 또는 면제한다(§90). 본죄에 있어서 국헌을 문란할 목적이라 함은 (1) 헌법 또는 법률에 정한 절차에 의하지 아니하고 헌법 또는 법률의 기능을 소멸시키는 것과, (2) 헌법에 의하여 설치된 국가기관을 강압에 의하여 전복 또는 그 기능행사를 불가능하게 하는 것을 말한다.

> 내란죄의 구성요건인 폭동의 내용으로서의 폭행 또는 협박은 일체의 유형력의 행사나 외포심을 생기게 하는 해악의 고지를 의미하는 최광의의 폭행·협박을 말하는 것으로서, 이를 준비하거나 보조하는 행위를 전체적으로 파악한 개념이며, 그 정도가 한 지방의 평온을 해할 정도의 위력이 있음을 요한다*(대법원 1997. 4. 17. 선고 96도3376 전원합의체 판결).*

내란목적살인죄 (內亂目的 殺人罪)

국토를 참절하거나 국헌을 문란할 목적으로 사람을 살해함으로써 성립하는 범죄(형법 88조)를 말한다. 본 죄의 성격에 관해서는, (1) 국토참절 또는 국헌문란을 목적으로 사람을 살해하면 제87조의 제2호의 내란죄에 해당하지만, 이를 특별히 중하게 처벌하기 위한 특별규정으로서 내란죄의 일종으로 해석하는 견해, (2) 폭동시에 일반인을 살해하는 폭동에 의한 내란죄와 구별하여 폭동의 전후를 묻지 않고 요인암살을 내용으로 하는 독립된 내란죄의 한 유형이라고 해석하는 견해, (3) 본죄의 내용은 폭동에 의한 살인이 아니라 살인의 목적을 달성하기 위해서 내란의 목적을 가진데 불과하므로 살인죄에 대한 가중적 구성요건으로서 살인죄의 한 유형이라고 해석하는 견해 등이 대립된다. 살해의 수단·방법은 묻지 않으나 내란목적을 가지고 살해해야 한다. 본죄의 미수(형법 89조), 예비(형법 90조 1항), 선동·선전(형법 90조 2항)은 처벌한다. 다만 실행에 이르기 전에 자수한 때에는 그 형을 감경 또는 면제한다(형법 90조 1항 단서).

외환죄 (外患罪)

외환을 유치하거나 대한민국에 항적하거나 적국에 이익을 제공하여 국가의 안전을 위태롭게 하는 범죄를 말한다. 국가의 존립과 안전을 위태롭게 한다는점에서는 내란죄와 그 본질이 같으나, 외부로부터 국가의 존립을 위태롭게 하는 행위를 처벌하는 것이라는 점에서 구별된다. 즉 내란죄는 그 보호법익이 국가의 내적 안전임에 비하여 본죄의 보호법익은 국가의 외적 안전인 것이다. 본죄는 다음의 각 사항별로 나누어 볼 수 있다. 즉 (1) 외국의 정부·군대·외교사절 등과 통모하여 전투상태를 개시하게 하거나 적국을 위하여 군무에 종사함으로써 대한민국에 반항, 적대하는 자는 사형 또는 무기징역에 처한다(외환유치죄 : 형§93). 이 범죄는 현행 형법상 사형만을 인정하고 있는 유일한 규정이다. 이를 절대적 법정형이라고 한다. 그러나 이 범죄에 있어서도 작량감경을 할 여지는 있다(§53). (3) 적국을 위하여 적국에 통보 또는 교부할 의사로써 대한민국의 국가기밀을 탐지하거나 또는 국가기밀에 속하는 정보 기타 도서·물건 등을 수집하고, 또 적국의 간첩자라는 정보를 알면서 그를 원조하여 용이하게 하거나, 또는 군사상의기밀을 누설한 자는 사형·무기 또는 7년 이상의 징역에 처한다(간첩죄§98). 이 범죄는 적국을 위한 간첩 등의 범죄를 처벌하는 것이므로 적국이 아닌 북한의 반국가단체를 위하여 간첩 등의 행위를 한 경우에는 국가보안법에 의하여 처벌된다. 외환의 죄를 범할 목적으로 예비 또는 음모한 자는 2년 이상의 유기징역에 처하고, 다만 그 목적한 죄의 실행에 이르기 전에 자수한 때에는 그 형을 감경 또는 면제한다(§101①).

외환유치죄 (外患誘致罪)

외국과 통모하여 대한민국에 대하여 전단(戰端)을 열게 하거나 외국인과 통모하여 대한민국에 항적함으로써 성립하는 범죄(형법 92조)를 말한다. 본죄의 행위의 양태는 외국과 통모하여 대한민국에 대하여 전단을 열게 하거나, 외국인과 통모하여 대한민국에 항적하는 것으로 나뉘어진다. '외국과 통모한다'는 것은 외국의 정부기관과 의사를 연락하는 것을 말한다. 통모의 발의가 누구에 의한 것인가 또한 의사연락의 방법이 직접적인가 간접적인가를 불문한다. '전단을 연다'는 것은 전투행위를 개시하는 것을 말한다. 전쟁을 국제법상 전쟁개시의 형태로 인정되어 있는 적대행위를 의미한다고 해석하는 견해도 있으나, 반드시 국제법상 전쟁을 개시하는 경우에 제한되지 않고 사실상의 전쟁도 포함한다고 해석해야 한다. '항적한다'는 것은 적국을 위하여 적국의 군무에 종사하면서 대한민국에 적대하는 일체의 행위를 말한다. 적국의 군무에 종사하여 적대행위를 하면 족하고 전투원인가 비전투원인가는 묻지 않는다.

여적죄 (與敵罪)

적국과 합세하여 대한민국에 항적함으로써 성립되는 범죄를 말한다(형§93). 여기서 적국이라 함은 대한민국에 대적하는 외국 또는 외국인의단체를 포함하며(§102), 항적(抗敵)은 동맹국에 대한 것도 포함한다(§104). 본죄의 미수·예비·음모·선동·선전 등도 처벌한다. 본죄에 있어서 고의는 적국과 합세하여 대한민국에 항적한다는 인식을 필요로 한다.

간첩죄 (間諜罪)

적국을 위하여 간첩행위를 하거나 적국의 간첩을 방조하는 죄를 말한다(형§198). 사실상의 기밀을 적국에 누설한 자도 같다. 미수·예비·선동·선전을 처벌한다. 또한 본죄는 동맹국에 대한 행위에도 적용된다(§104). 본죄에 있어서 간첩(영§:spy, 독:Spion)이라 함은 일방의 교전자의 작전지역 내에서 타방의 교전자에게 통지할 의사를 가지고 비밀리에 또는 허위의 구실하에 정보를 수집하는 자를 말한다. 그러나 변장하지 않고 적의 작전지역내에 침입하는 군인, 자국군이나 적군에게 보낸 통신을 공공연히 전달하는 자, 군 및 지방의 상호간의 연락을 도모하는 자는 간첩이 아니다. 간첩은 국제법상 위법은 아니나 상대방 교전국이 체포한 경우에는 재판에 의하여 전시범죄로서 처벌할 수 있다. 군인의 간첩행위는 현행중임을 요한다.

외국에 대한 사전죄
(外國에 대한 私戰罪)

외국에 대하여 사전(私戰)하거나 사전할 목적으로 예비 또는 음모함으로써 성립하는 범죄를 말한다(형§111). 국민의 일부가 외국에 대하여 마음대로 사적인 전투행위를 하는 때에는 외교관계를 더욱 악화시켜 국가의 존립을 위태롭게 할 위험이 있기 때문이다. 여기서의 사전이란 국가의 전투명령을 받지 않고 함부로 외국에 대하여 전투행위를 하는 것을 의미한다. 본죄를 범한 자는 1년 이상의 유기징역에 처하고 이를 위해 예비·음모한 자는 3년 이하의 금고 또는 500만원이하의 벌금에 처한다. 단 그 목적한 죄의 실행에 이르기 전에 자수한 때에는 그 형을 경감 또는 면제한다.

중립명령위반죄 (中立命令違反罪)

외국간의 교전에 있어서 중립명령을 위반함으로써 성립하는 범죄를 말한다(형§112). 외국간의 교전이 있을 때, 국가가 중립을 선언하였음에도 불구하고 일반국민이 여기에 따르지 않고 교전국의 일방에 가담하여 군사행동을 하게 되면 중립선언이 무의미하게 되고, 그 국가와의 국교관계를 위태롭게 할 우려가 있기 때문에 본죄를 규정하고 있는 것이다. 본죄에 있어서 어떠한 행위가 중립명령에 위반되는가는 중립명령에 의해 결정된다. 따라서 본죄는 구성요건의 중요한 내용을 중립명령에 위임하고 있는 백지형법의 대표적인 예이다. 본죄를 범한 자는 3년 이하의 금고 또는 5백만원 이하의 벌금에 처한다.

외교상기밀누설죄
(外交上 機密漏泄罪)

외교상 기밀누설죄는 외교상의 기밀

을 누설하거나 누설을 목적으로 외교상의 기밀을 탐지 또는 수집함으로써 성립하는 범죄(형법 113조1·2항)를 말한다. '외교상의 기밀'이란 외국과의 관계에서 국가가 보지(保持)해야 할 기밀을 말하고, 외국과의 기밀조약을 체결한 사실 또는 체결하려고 하는 사실 등이 이에 해당한다. 이미 국내에서 공지에 속한 사실은 아직 외국에 알려져 있지 않은 경우 기밀이 될 수 있느냐에 대해서는 견해가 대립된다. '누설'이란 직접·간접으로 타국 또는 타인에게 알리는 것을 말한다. 다만 외교상의 기밀 중에는 간첩죄에 해당하는 군사기밀도 포함되므로 이를 적국에 누설하면 간첩죄에 해당한다. 따라서 외교상의 기밀을 적국 아닌 타국에 누설한 때에만 본죄가 성립한다. 누설하는 수단·방법에는 제한이 없다. 누설할 목적으로 외교상의 기밀을 탐지·수집한 자도 같은 형으로 처벌한다. 기밀누설에 대한 예비행위를 독립하여 규정한 경우이다. 외교상의 기밀을 탐지·수집하는 때에는 고의 이외에 누설할 목적이 있음을 요한다.

국기· 국장모독죄
(國旗·國章冒瀆罪)

대한민국을 모욕할 목적으로 국가 또는 국장을 손상·제거 또는 오욕함으로써 성립하는 범죄를 말한다(형법 105조). 모욕의 목적이 있어야 성립하는 목적범이며, 모욕죄와 손괴죄의 결합범이라고 할 수 있다. 국기란 국가를 상징하는 기를 말하며, 국장이란 국기 이외의 휘장을 말한다. 국기·국장의 소유권이 누구에게 있는 가는 묻지 않는다. 본죄의 행위는 손상·제거 또는 오욕이다. 손상이란 국기나 국장을 절단하는 것과 같은 물질적인 파괴 내지 훼손을 말한다. 제거는 국기·국장 자체를 손상하지 않고 이를 철거 또는 차폐하는 것을 말한다. 장소적 이전을 요하지 않는다. 오욕이란 국가국장을 불결하게 하는 일체의 행위를 말한다. 국기에 오물을 끼얹거나, 방뇨하거나, 침을 뱉는 것이 여기에 해당된다. 손상·제거 또는 오욕은 대한민국의 권위와 체면을 손상시킬 정도에 이를 요한다. 따라서 본죄는 구체적 위험범이다.

국기·국장비방죄
(國旗·國章誹謗罪)

대한민국을 모욕할 목적으로 국기 또는 국장을 비방함으로써 성립하는 범죄를 말한다. 국기·국장모독죄와는 행위의 양태가 다를 뿐이다. 모독죄가 물질적·물리적으로 국가나 국장을 모독하는 경우임에 반해, 여기서 비방이란 언어나 거동, 문장이나 회화에 의하여 모욕의 의사를 표현하는 것을 말한다. 단 비방이라고 하기 위해서는 동연성이 있어야 한다고 해석해야 한다.

외국국기국장모독죄
(外國國旗國章冒瀆罪)

외국을 모욕할 목적으로 그 나라의 공용에 공하는 국기 또는 국장을 손상·제거 또는 오욕함으로써 성립하는 범

죄(형법 109조)를 말한다.'공용에 공하
는'이란 국가의 권위를 상징하기 위하
여 그 나라의 공적 기관이나 공무소에
서 사용되는 것을 말한다. 공용에 공하
는 국기·국장임을 요하므로 사용(私用)
에 공하는 것은 제외된다. 따라서 장식
용 만국기나 외국인을 환영하기 위하
여 사인이 게양·휴대·소지하는 외국기
또는 현실적으로 사용되지 않는 소장
중의 외국의 국기·국장 등은 본죄의 객
체로 될 수 없다. 외국의 국기·국장이
므로 초국가적인 국제연합은 본죄의
외국에 포함되지 않는다. 따라서 국제
연합기나 그 휘장도 본죄의 객체가 아
니다. 본죄의 주관적 요건으로서 고의
이외에 외국을 모욕할 목적이 있어야
하는 목적범이다. 여기서 모욕이란 외
국에 대한 경멸의 의사를 표시하는 것
을 말한다. 본죄는 그 외국정부의 명시
한 의사에 반하여 공소를 제기할 수
없다(형법 110조).

외국사절에 관한 죄
(外國使節에 관한 罪)

대한민국에 파견된 외교사절에 대하
여 폭행·협박 또는 모욕을 가하거나 명
예를 훼손함으로써 성립하는 범죄(형법
108조1·2항)를 말한다. '외국사절'이란
대사·공사 등을 말한다. 외국사절인 이
상 상설사절인가 임시사절인가, 정치적
사절인가 의례적 사절인가를 불문하며,
계급 또한 불문한다. 외국사절은 대한
민국에 파견된 자임을 요한다. 그러므
로 제3국에 파견되어 부임 또는 귀국
중에 대한민국에 체제하는 자는 여기

에 포함되지 않는다. 또 외국사절임을
요하므로 외교사절의 특권과는 달리,
외국사절의 가족·수행원·사자 등은 본죄
의 객체가 되지 않는다. 본죄는 그 외
국정부의 명시한 의사에 반하여 공사
를 제기할 수 없다(형법 110조).

외국원수에 대한 죄
(外國元首에 대한 罪)

대한민국에 체재하는 외국의 원수에
대하여 폭행·협박 또는 모욕을 가하거
나 명예를 훼손함으로써 성립하는 범
죄(형법 107조 1·2항)를 말한다. 행위
의 객체가 대한민국에 체재하는 외국
원수이기 때문에 폭행죄·협박죄·모욕죄
또는 명예훼손죄에 대하여 불법이 가
중되는 가중적 구성요건이라고 할 수
있다. 대한민국의 원수에 대한 폭행·협
박 등에 대하여도 특별규정이 없는 점
에 비추어 입법론상 의문을 제기하는
견해도 있다.'원수'란 외국의 헌법에
의하여 국가를 대표할 권한이 있는 자
를 말한다. 따라서 외국의 대통령 또는
군주는 여기에 포함되지만, 내각책임제
하의 수상은 일반적으로 원수라고 할
수 없다. 폭행·협박의 개념은 폭행죄
또는 협박죄의 경우와 같다. 모욕이나
명예훼손죄의 위법성조각사유에 관한
규정이 적용되지 않는다는 점에서 모
욕죄나 명예훼손죄와 구별된다. 또 모
욕죄가 친고죄임에 반하여, 본죄는 반
의사불벌죄이다. 따라서 그 외국정부의
명시한 의사에 반하여 공소를 제기할
수 없다(형법 110조).

시설제공이적죄 (施設提供利敵罪)

군대·요새·진영 또는 군용에 공하는 선박이나 항공기 기타 장소·설비 또는 건조물을 적국에 제공하거나, 병기 또는 탄약 기타 군용에 공하는 물건을 적국에 제공함으로써 성립하는 범죄(형법 95조)를 말한다. 군대·요새·진영은 군사시설의 예시이고 군용에 공하는 설비 또는 물건이란 우리나라의 군사목적에 직접 사용하기 위하여 설비한 일체의 시설 또는 물건을 말한다. 예컨대 군사통신시설·군용양식 등도 이에 포함된다. 대한민국에 적대하는 외국 또는 외국인의 단체는 적국으로 간주한다(형법 102조). 본죄의 미수범(형법 100조)과 예비·음모(형법 101조1항본문)·선동·선전(형법101조2항)은 처벌한다. 단 예비·음모의 경우에 실행에 이르기 전에 자수한 때에는 그 형을 감경 또는 면제한다(형법 101조1항단서).

시설파괴이적죄 (施設破壞利敵罪)

적국을 위하여 군대·요새·진영 또는 군용에 공하는 선박이나 항공기 기타 장소·설비 또는 건조물, 병기 또는 탄약 기타 군용에 공하는 물건을 파괴하거나 사용할 수 없게 함으로써 성립하는 범죄(형법 96조)를 말한다. 본죄가 성립하기 위해서는 군사시설·군용물건을 파괴 또는 사용할 수 없게 한다는 고의 이외에 적국을 위한다는 이적의사가 있어야 한다(일종의 목적범). 따라서 적국 함대의 포획을 면하기 위하여 승선을 자침케 하는 경우는 이적의사가 없으므로 본죄로 보지 않는다. 이적의사 없이 군사시설을 손괴 기타 방법으로 그 효용을 해한 자는 군사시설보호법(동법 11조)의 적용을 받게 된다. 본죄의 미수범(형법 100조)과 예비·음모(형법 101조1항본문)·선동·선전(형법 101조2항)은 처벌한다. 단 예비·음모의 경우에 실행에 이르기 전에 자수한 때에는 그 형을 감경 또는 면제한다(형법 101조1항단서).

모병이적죄 (募兵 利敵罪)

적국을 위하여 모병하거나 모병에 응함으로써 성립하는 범죄(형법 94조)를 말한다. 적국이란 대한민국에 적대하는 외국을 말하고, 대한민국에 적대하는 외국 또는 외국인의 단체도 적국으로 간주된다(형법 102조). 적국의 범위에 관해서는 국제법상 선전포고를 하고 대한민국과의 전쟁을 수행하는 상대국에 한정하는 견해도 있으나 사실상 전쟁을 수행하고 있는 외국도 포함된다고 본다. 모병이란 전투에 종사할 사람을 모집하는 것을 말하고, 모병에 응한 자란 자발적으로 이에 지원한 자를 말한다. 강제모병에 응한 때에는 기대불가능성이 문제될 수 있다. 본죄는 모병 또는 모병에 응한다는 고의 이외에 적국을 이롭게 할 이적의사가 있어야 한다. 따라서 일종의 목적범이다. 미수범(형법 100조), 예비·음모(형법 101조1항 본문), 선동·선전(형법 101조 2항)을 처벌한다. 단 예비·음모의 경우에, 실행에 이르기 전에 자수한 때에는 그 형을 감경 또는 면제한다(형법 101조 1항 단서).

물건제공이적죄
(物件提供 利敵罪)

군용에 공하지 아니하는 병기·탄약 또는 전투용에 공할 수 있는 물건을 적국에 제공함으로써 성립하는 범죄(형법 97조)를 말한다. 군용에 공하는 시설·물건을 적국에 제공하면 별도로 시설제공 이적죄(형법 95조)가 성립한다. 미수범(형법 100조) 및 예비·음모·선동·선전(형법 101조 1항, 2항)을 처벌한다. 단 예비·음모의 경우 그 실행에 이르기 전에 자수한 때에는 그 형을 감경 또는 면제한다(형법 101조 1항 단서).

반국가단체구성죄
(反國家團體構成罪)

정부를 참칭하거나 국가를 변란할 목적으로 결사 또는 집단을 구성함으로써 성립하는 범죄(국가보안법 3조)를 말한다. 수괴의 임무에 종사한 자, 간부 기타 지도적 임무에 종사한 자, 간부 기타 지도적 임무에 종사한 자, 그리고 그 이외의 자로 나누어 그 형을 달리하고 있다. 본죄의 미수범(국가보안법 3조 3항) 및 예비·음모(국가보안법 3조 4항, 5항)를 처벌한다.

국가의 기능에 관한 죄

공무원의 직무에 관한 죄
(公務員의 職務에 관한 罪)

공무원이 의무에 위배하거나 직권을 남용하여 국가기능의 공정을 해하는 것을 내용으로 하는 범죄를 말한다. 즉 공무원의 직무범죄(Amtsdelikte) 이다. 이는 국가의 기능이 직권남용·뇌물 기타의 이유로 부패되는 것을 방지하기 위한 범죄라고 할 수 있다. 형법에서 규정하고 있는 공무원의 직무에 관한 죄는 직권남용죄와 직무위배죄 및 뇌물죄의 세가지로 분류된다.

공무원 (公務員)

공무원이라 함은 법령(國家公務員法·지방공무원법 또는 기타 법령)에 의하여 공무에 종사하는 직원·의원·위원을 말한다. 공무종사의 관계는 임명의 형식에 의하건 촉탁에 의하건 또는 선거에 의하건 불문한다. 다만 공무원의 직무에 관한 죄의 주체로서의 공무원이라 하기 위해서는 직무수행에 있어서 어느 정도 정신적 지능적인 판단을 요하는 사무에 종사하는 것을 필요로 하므로 단순히 노무에 종사하는 공무원(국공§2③Ⅳ), 예컨대 공원, 인부, 사환 등과 같이 단순히 기계적 노무에 종사하는 데 불과한 자는 여기에 말하는 공무원이라 할 수 없다. 그런데 대법원은 공무원의 의의에 관하여 현행법에는 구법과는 달라 공무원의 정의에 관한 규정이 없으나 현행법 하에서는 공무원이라 함은 「관리에 의하여 그 직무권한이 정하여진 자에 한하지 않고 널리, 법령에 의하여 공무에 종사하는 직원을 지칭한다고 해석하는 것이 타당하다」(대판)고 하고 있다.

직무유기죄 (職務遺棄罪)

공무원이 정당한 이유 없이 그 직무수행을 거부하거나 직무를 유기함으로써 성립하는 범죄를 말한다(형§122). 본죄가 성립하기 위해서는 주관적으로 직무의 수행을 거부하거나 이를 유기한다는 인식과 객관적으로는 직무 또는 직장을 벗어나는 행위가 있어야 한다. 따라서 공무원이 직무집행과 관련하여 태만·분망(奔忙)·착각 등으로 인해 부당한 결과를 초래하였다고 하더라도 본죄는 성립하지 않는다. 여기에서 말하는 (1) 「직무수행을 거부한다」라 함은 그 직무를 수행할 의무 있는 자가 이를 행하지 않는 것을 말한다. 그 거부는 국가에 대한 것이건, 국민에 대한 것이건 또한 적극적이건, 소극적이건 불문한다(1966. 10. 19. 대판). (2) 「직무를 유기한다」라 함은 직장을 무단이탈 한다거나 직무를 포기하는 것을 말한다. 그러나 단순한 직무의 태만은 아니다. 본죄를 범한 자는 1년 이하의 징역이나 금고 또는 3년 이하의 자격정지에 처한다.

형법 제122조의 이른바 직무를 유기한다는 것은 법령, 내규, 통첩 또는 지시 등에 의한 추상적인 충근의무를 태만히 하는 일체의 경우를 이르는 것이 아니라 구체적으로 직무의 의식적인 포기 등과 같이 국가의 기능을 해하며 국민에게 피해를 야기시킬 가능성이 있는 경우를 일컫는 것이므로 <u>직무유기죄가 성립하려면 주관적으로는 직무를 버린다는 인식과 객관적으로는 직무 또는 직장을 벗어나는 행위가 있어야 하고</u> 다만 직무집행에 관하여 태만, 분망, 착각 등 일신상 또는 객관적 사정으로 어떤 부당한 결과를 초래한 경우에는 형법상의 직무유기죄는 성립하지 않는다 *(대법원 1983. 1. 18. 선고 82도2624).*

피의사실공표죄 (被疑事實公表罪)

검찰, 경찰 기타 범죄수사에 관한 직무를 행하는 자 또는 이를 감독하거나 보조하는 자가 그 직무를 행함에 있어서 지득한 피의사실을 공판청구 전에 공표하는 범죄(형§126). 즉, 공판청구 전에 불특정 또는 다수인에게 피의사실의 내용을 공표하는 범죄(형§126)이다. 다만 한 사람의 신문기자에게 알려주는 (작위) 경우, 또는 비밀을 보지(保持)할 법률상의 의무 있는 자가 신문지기자의 기록열람을 묵인한(부작위)경우도 신문의 특성으로 보아 공표 되는 것으로 본다(형소§198, 소년§68).

공무상비밀누설죄
(公務上祕密漏泄罪)

공무원 또는 공무원이었던 자가 법령에 의한 직무상 비밀을 누설한 죄를 말한다(형§127). 「비밀」은 법령에 의한 직무상의 비밀을 말하며 일반적으로 알려져 있지 않거나, 알려서는 안되는 사항으로서 국가가 일정한 이익을 가지는 사항이다. 자신의 직무에 관한 사항이거나 타인의 직무에 관한 것이거나를 불문한다. 그리고「누설」이라 함은 타인에게 알리는 것으로서, 그 방법에는 제한이 없다. 따라서 비밀서류를 열람게 하는 것도 여기에 포함한다. 본죄를 범한 자는 2년 이하의 징역이나 금고 또는 5년 이하의 자격정지에 처한다.

형법 제127조는 공무원 또는 공무원이었던 자가 법령에 의한 직무상 비밀을 누설하는 것을 구성요건으로 하고 있고, 동 조에서 법령에 의한 직무상 비밀이란 반드시 법령에 의하여 비밀로 규정되었거나 비밀로 분류 명시된 사항에 한하지 아니하고 정치, 군사, 외교, 경제, 사회적 필요에 따라 비밀로 된 사항은 물론 정부나 공무소 또는 국민이 객관적, 일반적인 입장에서 외부에 알려지지 않는 것에 상당한 이익이 있는 사항도 포함하는 것이나, 동 조에서 말하는 비밀이란 실질적으로 그것을 비밀로서 보호할 가치가 있다고 인정할 수 있는 것이어야 할 것이다. 그리고 본죄는 기밀 그 자체를 보호하는 것이 아니라 공무원의 비밀엄수의무의 침해에 의하여 위험하게 되는 이익, 즉 비밀의 누설에 의하여 위협받는 국가의 기능을 보호하기 위한 것이다*(대법원 1996. 5. 10. 선고 95도780).*

직권남용죄 (職權濫用罪)

공무원이 직권을 남용하여 사람으로 하여금 의무 없는 일을 행하게 하거나 사람의 권리행사를 방해하는 범죄로서 타인의 권리행사방해죄(형§123)라고도 한다. 또 재판, 검찰, 경찰 기타 범죄수사에 관한 직무를 행하는 자 또는 이를 감독하거나 보조하는 자가 그 직권을 남용하거나 보조하는 자가 그 직권을 남용하여 사람을 체포, 감금하거나(불법감금, 불법체포 : §124), 또는 재판, 검찰, 경찰 기타 인신구속에 관한 직무를 행하는 자 또는 이를 보조하는 자가 그 직무수행상 형사피고인이나 피의자, 참고인 등에게 폭행을 가하거나 학대를 가하는 행위(폭행, 가혹행위 : §125)는 일반공무원보다도 그 형이 훨씬 중하다. 타인의 권리행사방해죄와 폭행 등 가혹행위죄는 5년 이하의 징역과 10년 이하의 자격정지 또는 1천만원 이하의 벌금에 처하고, 불법체포감금죄는 7년 이하의 징역과 10년 이하의 자격정지에 처하며, 폭행, 가혹행위죄는 5년이하의 징역과 10년 이하의 자격정지에 처한다. 본죄는 권리행사방해의 결과발생시에 비로소 기수로서 인정된다. 따라서 국가의 기능이 현실적으로 침해되어야 하는 것은 아니다. 이러한 의미에서 본죄는 추상적 위험범이다.

직권남용죄의"직권남용"이란 공무원이 그의 일반적 권한에 속하는 사항에 관하여 그것을 불법하게 행사하는 것, 즉 형식적, 외형적으로는 직무집행으로 보이나 그 실질은 정당한 권한 이외의 행위를 하는 경우를 의미하고, 따라서 직권남용은 공무원이 그의 일반적 권한에 속하지 않는 행위를 하는 경우인 지위를 이용한 불법행위와는 구별되며, 또 직권남용죄에서 말하는"의무"란 법률상 의무를 가리키고, 단순한 심리적 의무감 또는 도덕적 의무는 이에 해당하지 아니한다*(대법원 1991. 12. 27. 선고 90도 2800).*

가혹행위 *(苛酷行爲)*

타인으로 하여금 심히 수치·오욕(汚辱) 또는 고통을 받게 하는 행위를 말한다. 따라서 폭행·협박은 물론 정신적 또는 육체적 고통을 주는 행위도 포함한다. 법원·검찰·경찰 그밖에 인신구속에 관한 직무를 행하는 자 및 그 보조자가 직무집행중 형사피고인·피구금자·피의자 기타 소송관계인 등 수사재판에 있어서 신문조사의 대상으로 되는 사람에 대하여 폭행 또는 가혹한 행위를 하게 되면 본죄가 성립한다(형§125). 처벌은 5년 이하의 징역과 10년 이하의 자격정지이다.

선거방해죄 *(選擧妨害罪)*

검찰·경찰 또는 군의 직에 있는 공무원이 법령에 의한 선거에 관하여 선거인·입후보자 또는 입후보자가 되려는 자에게 협박을 가하거나 기타 방법으로 선거의 자유를 방해한 경우에 성립하는 범죄를 말한다(형§128). 본죄는 민주주의 국가의 기본이 되는 선거의 자유, 즉 정치적 의사결정과 의사표현의 자유를 보호하기 위한 것이다. 본죄의 본질에 관해서는 직무위배죄의 일종이라는 견해와 직권남용죄에 대한 특별규정이라고 하는 견해가 있다. 그러나 본죄는 선거 자체의 적정한 진행을 보호하는 것이 아니라 선거권의 자유로운 행사 내지 선거권자의 선거권을 보호하는 것이므로 직권남용죄에 대한 특별규정이라는 견해가 타당하다. 본죄는 선거의 자유를 방해할 행위를 하면 족하다. 따라서 현실적으로 방해의 결과가 발생될 것을 요하지 않는다.

뇌물죄 *(賂物罪)*
독 ; Bestechungsdelikte

공무원 또는 중재인이 직무행위에 대한 대가로 법이 인정하지 않는 이익을 취득하지 못하도록 하는 내용의 범죄이다(형§129). 본죄의 보호법익은 국가기능의 공정성에 있다. 형법상 뇌물죄(Bestechung)란 공무원 또는 중재인에게 이를 공여하는 것을 내용으로 하는 범죄이다. (1) 중재인이라 함은 법령에 의하여 중재인의 직에 있는 자를 말한다. 예컨대 노동조합 및 노동관계조정법에 규정된 중재인 등이다. 따라서 단순한 분쟁의 해결이나 알선을 위한 사실상의 중재인은 여기에 해당하지 않는다. 중재인은 공무원은 아니지만 그 직무의 공공성에 비추어 공무원과 함께 본죄의 주체가 되는 것이다. (2) 「직무에 관하여」라 함은 그 공무원의 권한에 속하는 직무행위는 물론이고 그 직무행위와 밀접한 관계에 있는 경우도 포함한다. 따라서 그 결정권의 유무를 불문하고, 또 행위자가 반드시 구체적으로 그 직무를 담당할 필요가 없고, 자기의 직무분담구역내에 있을 필요로 한다(1949. 4. 17. 일최판).
(3) 뇌물이라 함은 직무의 대가로서의
부당한 이익을 얻는 것을 말한다.「직
무의 대가」라 하여도 직무 중의 어떤
특정한 행위에 대한 대가이거나 포괄
적인 것이거나를 가릴 필요는 없다. 그
리고 직무행위에 대한 대가로서 인정
되느냐 않느냐에 따라서 뇌물성이 결
정된다. 따라서 사교적 의례의 명목을
빌렸다 해도 뇌물성이 있는 이상 뇌물
인 것이다. 예컨대 관혼상제를 계기로
사교적 의례의 범위를 넘은 금품의 공
여나, 뇌물을 차용금 명목으로 수수하
고 실제로 이를 변제하였다 해도 뇌물
죄의 성립에는 영향이 없는 것이다(19
68. 9. 6. 대판). 그러나 진정으로 순
수한 사교적 의례의 범위에 속한 향응
이나 물품의 증답(贈答)은 뇌물성이 없
다할 것이다(1955. 6. 7. 대판). (4)「
수수」라 함은 뇌물이란 정을 알고 받
는 것을 말한다. (5)「요구」라 함은 뇌
물을 받을 의사로써 상대방에게 그 교
부를 청구하는 것이다. 이 청구가 있은
때에 본죄는 기수가 된다. 따라서 상대
방이 이에 응했든 아니했든 본죄의 성
립에는 상관없다. (6)「약속」이라 함은
양 당사자간에 뇌물의 수수를 합의하
는 것을 말한다. 그리고 뇌물의 목적물
인 이익은 약속당시에 현존할 필요는
없고, 예기만 할 수 있는 것이라도 무
방하며 이익이 금전일 경우에는 그 금
액의 교부시기가 확정되어 있지 않아
도 본죄는 성립하는 것이다. 또 약속의
의사표시를 어느 쪽이 먼저 하였는가
도 불문한다. (7)「청탁」이라 함은 장
차 공무원 또는 중재인이 될 사람에

대하여 일정한 직무행위를 부탁하는
것이다. 그 부탁은 부당한 직무행위거
나, 정당한 직무행위거나를 불문한다.
형법 제129조 제1항의 단순수뢰와 다
른 점은「공무원 또는 중재인이 될 자
」라고 하는 행위자의 신분과「청탁을
받고」수뢰한다는 점이다. 본죄는 필요
적 공범이다(다수설·판례).
　본죄는 다음의 각 사항별로 나누어
볼 수 있다. 즉 (1) 공무원 또는 중재
인이 그 직무에 관하여 뇌물을 수수·요
구 또는 약속한 때에는 5년 이하의 징
역 또는 10년 이하의 자격정지에 처하
고(단순수뢰죄형§129①), 이 경우 범인
또는 情을 아는 제3자가 받은 뇌물 또
는 뇌물에 공할 금품은 沒收하며, 몰수
가 불가능할 경우에는 그 가액을 추징
한다(§134). (2) 공무원 또는 중재인이
될 자가 그 담당할 직무에 관하여 청
탁을 받고 뇌물을 수수·요구 또는 약속
한 후 공무원 또는 중재인이 된 때에
는 3년이하의 징역 또는 7년이하의 자
격정지에　처하며(사전수뢰죄§129②),
뇌물 또는 그에 공할 금품은 몰수한다
(§134). (3) 공무원 또는 중재인이 그
직무에 관하여 부정한 청탁을 받고 제
2자에게 뇌물을 공여하게 하거나 공여
를 요구 또는 약속한 때에는 5년 이하
의 징역 또는 10년 이하의 자격정지에
처한다(제3자뢰물제공죄 §130). 이 경
우에도 그 뇌물 또는 뇌물에 공할 금
품은 몰수 또는 추징한다(§134). (4)
공무원 또는 중재인이 §129내지 §130
의 죄를 범하여 부정한 행위를 한 때
에는 1년 이상의 유기징역에 처한다
(수뢰후부정처사죄§131①). 이 경우에

는 10년 이하의 자격정지를 병과할 수 있으며 뇌물 또는 그에 공할 금품은 역시 몰수 또는 추징한다. (5) 공무원 또는 중재인이었던 자가 그 재직 중에 청탁을 받고 직무상 부정한 행위를 한 후 뇌물을 수수요구 또는 약속한 때에는 5년 이하의 징역 또는 10년 이하의 자격정지에 처한다(사후수뢰죄§131③). 이 경우 10년 이하의 자격정지를 병과할 수 있으며, 뇌물 또는 그에 공할 금품은 역시 몰수 또는 추징한다. (6) 공무원이 그 지위를 이용하여 다른 공무원의 직무에 속한 사항의 알선에 관하여 뇌물을 수수요구 또는 약속한 때에는 3년 이하의 징역 또는 7년 이하의 자격정지에 처하며(알선수뢰죄§132), 뇌물 또는 그에 공할 금품은 몰수 또는 추징한다. (§7) 제129조 내지 제132조에 기재한 뇌물을 약속공여 또는 공여의 의사를 표시한 자는 5년 이하의 징역 또는 2천만원 이하의 벌금에 처하고, 위 행위에 공할 목적으로 제3자에게 금품을 교부하거나 그 정을 알면서 교부를 받은 자도 위의 형과 같다(증뢰물전달죄§133).

> 뇌물죄가 직무집행의 공정과 이에 대한 사회의 신뢰 및 직무행위의 불가매수성을 그 보호법익으로 하고 있음에 비추어 볼 때, 공무원이 그 이익을 수수하는 것으로 인하여 사회일반으로부터 직무집행의 공정성을 의심받게 되는지 여부도 뇌물죄의 성부를 판단함에 있어서의 판단 기준이 된다(*대법원 2000. 1. 21. 선고 99도4940*).

제3자뇌물공여죄 (第3者賂物供與罪)

공무원 또는 중재인이 그 직무에 관하여 부정한 청탁을 받고 제3자에게 뇌물을 공여하게 하거나 공여를 요구 또는 약속한 때에 성립하는 범죄(형법 130조)를 말한다. 본죄의 성질에 관하여는 뇌물을 받는 자가 제3자라는 점에서 실질적인 간접수뢰를 규정한 것이라고 보는 견해(다수설)와 본죄는 간접수뢰와는 엄격히 구별되어야 한다는 견해가 대립되고 있다. 제3자란 행위자와 공동정범자 이외의 사람을 말한다. 교사범이나 종범도 제3자에 포함될 수 있다. 자연인에 한하지 않고 법인 또는 법인격 없는 단체도 제3자가 될 수 있다. 그러나 처자 기타 생활이익을 같이하는 가족은 여기의 제3자가 될 수 없다. 제3자에게 뇌물을 공여하게 하거나 이를 요구약속함으로써 본죄는 성립하며, 제3자가 뇌물을 수수하였을 것을 요하지 않는다. 제3자가 그 정을 알았는가도 문제되지 않는다. 본죄는 공무원 또는 중재인이 직무에 관하여 부정한 청탁을 받는 것을 요건으로 한다. 부정한 청탁이란 위법한 것뿐만 아니라 부당한 경우를 포함한다.

> 형법 제130조의 제3자 뇌물공여죄에 있어서 '부정한 청탁'이라 함은, 그 청탁이 위법하거나 부당한 직무집행을 내용으로 하는 경우는 물론, 비록 청탁의 대상이 된 직무집행 그 자체는 위법·부당한 것이 아니라 하더라도 당해 직무집행을 어떤 대가관계와 연결시켜 그 직무집행에 관한 대가의 교부를 내용으

로 하는 청탁이라면 이는 의연 '부정한 청탁'에 해당한다고 보아야 한다(*대법원 2006. 6. 15. 선고 2004도3424*).

증뢰죄 (贈賂罪)
독 ; bribery 독 ; aktive Bestechung
불 ; corruption active

형법 제129조 내지 제132조(수뢰·사전수뢰·제3자뇌물제공·수뢰후부정치사·사후수뢰·알선수뢰)에 기재한 뇌물을 약속또는 공여의 의사를 표시하거나 혹은 이러한 행위에 공할 목적으로 제3자에게 금품을 교부하거나 그 정을 알면서 교부를 받을 때에 성립하는 범죄(형법 133조1·2항)를 말한다. 뇌물공여등죄라고도 한다. 뇌물죄가 공무원의 직무범죄임에 반하여, 본죄는 비공무원이 수뢰행위를 방조 또는 교사하는 공범적 성격을 갖는 행위를 따로 처벌하는 것이라고 볼 수 있다. 주체에는 제한이 없다. 비공무원임이 보통이나, 공무원도 또한 본죄의 주체가 될 수 있다. 공여란 뇌물을 취득하게 하는 것을 말한다. 상대방이 뇌물을 수수할 수 있는 상태에 두면 족하며, 현실적인 취득을 요하는 것은 아니다. 공여의 의사표시는 상대방에게 뇌물을 공여할 의사를 표시하면 족하며 공여할 금약을 표시하였을 것도 요하지 않는다. 정을 아는 제3자가 받은 뇌물 또는 뇌물에 공할 금품은 몰수하며, 그를 몰수하기 불능인 때에는 그 가액을 추징한다(형법 134조).

수뢰죄 (受賂罪)
영 ; corruption
독 ; Bestechungsdelikte
불 ; corruption passive

공무원 또는 중재인이 그 직무에 관하여 뇌물을 수수·요구 또는 약속한 때에 성립하는 범죄(형법 129조)를 말한다. 공무원이란 국가 또는 지방자치단체의 사무에 종사하는 자로서 그 직무의 내용이 단순한 기계적·육체적인 것에 한정되어 있지 않은 자를 말한다. 기한부로 채용된 공무원도 포함한다. 중재인이란 법령에 의하여 중재의 직무를 담당하는 자를 말하며 사실상 중재를 하는 것만으로는 족하지 않다. 노동조합및노동관계조정법에 의한 중재위원(동법 64조), 중재법에 의한 중재인(중재법 12조)이 여기에 해당한다. 수수란 뇌물을 취득하는 것을 말하나, 무형의 이익인 때에는 이를 현실로 받은 때에 수수가 된다. 수수한 뇌물의 용도는 불문한다. 수수한 장소가 공개된 곳인가도 문제되지 않는다. 그러나 수수라고 하기 위하여는 영득의 의사가 있을 것을 필요로 한다. 요구란 뇌물을 취득할 의사로 상대방에게 그 교부를 청구하는 것을 말한다. 청구가 있으면 족하며 뇌물의 교부가 있을 것을 요하지 않는다. 약속이란 양당사자 사이에 뇌물의 수수를 합의하는 것을 말한다. 청구가 있으면 족하며 뇌물의 교부가 있을 것을 필요로 한다. 요구란 뇌물을 취득할 의사로 상대방에게 그 교부를 청구하는 것을 말한다. 청구가 있으면 족하고 뇌물의 교부가 있을 것을 요하지 않는다. 약속이란 양당사자

사이에 뇌물의 수수를 합의하는 것을 말한다. 뇌물의 수수를 장래에 기약하는 것이므로 목적물인 이익이 약속 당시에 현존할 필요는 없고 예기할 수 있으면 족하며 또 가액이 확정되었을 것도 요하지 않는다. 동일인에 대하여 순차로 요구약속수수한 때에는 포괄하여 한 개의 수수죄가 성립할 뿐이다.

사전수뢰죄 (事前受賂罪)

공무원 또는 중재인이 될 자가 그 담당할 직무에 관하여 청탁을 받고 뇌물을 수수요구 또는 약속함으로써 성립하는 범죄(형법 129조)를 말한다. 취직 전의 비공무원이 청탁을 받고 뇌물을 수수하는 경우에도 앞으로 담당할 공무의 공정과 그 신뢰를 해할 위험성이 있으므로 감경적 구성요건으로 처벌하기로 한 것이다. 공무원 또는 중재인이 될 자란 공무원 또는 중개인이 될 것이 확실할 것을 요하는 것은 아니다. 본죄는 직무에 관하여 청탁을 받고 뇌물을 수수요구약속할 것을 요한다. 청탁이란 일정한 직무행위를 할 것을 의뢰하는 것을 말하며, 청탁을 받고란 그러한 의뢰에 응할 것을 약속하는 것을 말한다. 직무행위가 부정할 것을 요하지 않으며, 청탁과 약속이 명시적이어야 하는 것도 아니다. '공무원 또는 중재인으로 된 때'는 객관적 처벌조건이라고 하는 것이 통설이다(구성요건요소라고 해석하는 견해도 있다). 따라서 본죄는 공무원 또는 중재인이 되었을 때에 처벌한다.

형법 제129조 제2항의 사전수뢰는 단순수뢰의 경우와는 달리 청탁을 받을 것을 요건으로 하고 있는바, 여기에서 청탁이라 함은 공무원에 대하여 일정한 직무행위를 할 것을 의뢰하는 것을 말하는 것으로서 그 직무행위가 부정한 것인가 하는 점은 묻지 않으며 그 청탁이 반드시 명시적이어야 하는 것도 아니라고 할 것이다(대법원 1999. 7. 23. 선고 99도1911).

사후수뢰죄 (事後收賂罪)

공무원 또는 중재인이 그 직무상 부정한 행위를 한 후 뇌물을 수수요구 또는 약속하거나, 제3자에게 이를 공여하게 하거나, 공여를 요구 또는 약속함으로써 성립하는 범죄(형법 131조 2항)를 말한다. 부정한 행위를 한 후에 뇌물을 수수하는 경우라는 점에서 수뢰후부정처사죄(형법 131조 1항)와 대립되는 경우라 할 수 있다. 부정행위와 뇌물죄가 결합되어 형이 가중되는 경우라는 의미에서 본죄와 수뢰후부정처사죄를 합하여 가중수뢰죄라고도 한다. 공무원 또는 중재인이었던 자가 그 재직중에 청탁을 받고 직무상 부정한 행위를 한 후 뇌물을 수수요구 또는 약속하는 경우에는 형이 가볍다(형법 131조 3항). 이 경우에 재직 중 직무상 부정한 행위를 할 것을 요하므로 정당한 행위를 한 때에는 본죄가 성립하지 않는다.

수뢰후 부정처사죄
(收賂後 不正處事罪)

공무원 또는 중재인이 수뢰·사전수뢰 또는 제3자뇌물공여의 죄를 범하여 부정한 행위를 함으로써 성립하는 범죄(형법 131조 1항)를 말한다. 본죄는 공무원 또는 중재인이 수뢰행위를 하였을 뿐만 아니라 부정한 행위를 하여 국가기능의 공정성이 구체적으로 위험에 처하게 되었다는 것을 고려하여 그 형을 가중한 것이다. 부정한 행위란 공무원 또는 중재인이 직무에 위배하는 일체의 행위를 말한다. 직무행위 자체뿐만 아니라 그 것과 관련 있는 행위를 포함한다. 적극적으로 부정한 행위를 하는 작위인가 또는 당연히 해야 할 일을 하지 않는 부작위인가를 불문한다. 예컨대 수사기록의 일부를 파기·소각하거나 응찰자에게 예정가격을 보여 주는 경우뿐만 아니라, 증거품의 압수를 포기하거나 회의에 참석하지 않는 것도 여기에 해당한다. 부정한 행위가 공문서위조죄나 또는 배임죄를 구성하는 때에는 본죄와 상상적 경합이 된다.

알선수뢰죄 (斡旋收賂罪)

공무원이 그 지위를 이용하여 다른 공무원의 직무에 속한 사항의 알선에 관하여 재물을 수수요구 또는 약속함으로서 성립하는 범죄(형법 132조)를 말한다. 직무행위의 불가매수성을 보호한다는 점에서 수뢰죄와 본질을 같이 하나, 간접적으로 직무행위의 공정을 보호하고자 하는 점에 특색이 있다. 본죄가 성립하기 위해서는 공무원이 지위를 이용하였을 것을 요한다. 지위를 이용하면 족하며 다른 공무원에 대한 임면권이나 압력을 가할 수 있는 법적 근거가 있을 것을 요하지 않고, 또 상하관계나 감사관계 또는 협조관계가 존재할 것도 요하지 않는다. 알선이란 일정한 사항을 증가하는 것을 말한다. 알선행위는 과거의 것이거나 현재의 것이거나 불문한다. 정당한 직무행위의 알선에 대하여는 본죄가 성립하지 않는다는 견해도 있으나, 이 경우에도 본죄의 성립을 부정해야 할 이유는 없다.

> 형법 제132조 소정의 알선수뢰죄에 있어서 "공무원이 그 지위를 이용하여"라고 함은 친구, 친족관계 등 사적인 관계를 이용하는 경우이거나 단순히 공무원으로서의 신분이 있다는 것만을 이용하는 경우에는 여기에 해당한다고 볼 수 없으나, 다른 공무원이 취급하는 업무처리에 법률상 또는 사실상으로 영향을 줄 수 있는 공무원이 그 지위를 이용하는 경우에는 여기에 해당하고 그 사이에 반드시 상하관계, 협동관계, 감독권한 등의 특수한 관계에 있거나 같은 부서에 근무할 것을 요하는 것은 아니다(대법원 1994. 10. 21. 선고 94도852).

공무방해에 관한 죄
(公務妨害에 관한 罪)

형법 제8장에 규정된 죄로 협의에서의 공무집행방해죄·위계에 의한 공무집행방해죄·법연(法廷) 또는 국회회의장모욕죄·공무상비밀 표시무효죄·인권용호직무방해죄·공용서류등의 무효·공용물의 파괴죄·공무상 보관물의 무효죄·부동산강제집행효용침해죄·특수공무집행방해죄 등이 해당된다.

공무집행방해죄 (公務執行妨害罪)

직무를 집행하는 공무원에 대하여 폭행 또는 협박을 함으로써 그 직무수행을 방해하는 죄(형§136①). 세무공무원이 장부 등을 조사하러 왔을 때 사무실 밖으로 떠밀어내는 행위도 바로 이 죄에 해당한다. 또한 직접 공무원의 신체에 손을 대지 않아도 책상을 두들긴다거나, 주먹을 휘두르면서 장부를 보여주지 않는 것도 폭행이 된다. 공무원에게 상해를 가하면 공무집행방해죄와 동시에 상해죄가 성립한다. 직무집행의 범위는 넓으며 압류 또는 현행범의 체포와 같이 강제적인 집행에 한하지 않고, 공무소의 회의실에서 회의중이거나 서류를 운반하는 일도 모두「직무집행」에 해당한다. 다만 여하한 직무도 집행하기 이전에 어떠한 처분을 하지 못하게 하거나, 또는 협박을 할 때에는 직무강요죄(§136②)가 성립한다. 처벌은 5년 이하의 징역이다. 공무집행방해죄에 있어서 먼저 문제가 되는 것은 위법한 공무집행도 형법의 보호를 받는가 하는 점이다. 이에 대해서는 적법한 직무집행이라야 형법상의 보호를 받는다는 적극설과 공무의 집행인 이상 적법성 내지 합법성을 필요로 하지 않는다는 소극설이 있는데, 적극설이 통설이다. 또한 적법성의 요건이 구비되었느냐에 여부를 누구의 입장에서 판단할 것인가에 대해 (1) 법원의 법령해석에 따라 판단하자는 객관설과 (2) 당해 공무원이 적법한 것이라고 믿고 행한 것이라면 적법한 것으로 보는 주관설 및 (3) 일반인의 견해를 표준으로 하자는 절충설이 있는데, 통설은 객관설을 취하고 있고 판례는 절충설을 취하고 있다.

형법 제136조 제1항에 규정된 공무집행방해죄에서 '직무를 집행하는'이라 함은 공무원이 직무수행에 직접 필요한 행위를 현실적으로 행하고 있는 때만을 가리키는 것이 아니라 공무원이 직무수행을 위하여 근무중인 상태에 있는 때를 포괄하고, 직무의 성질에 따라서는 그 직무수행의 과정을 개별적으로 분리하여 부분적으로 각각의 개시와 종료를 논하는 것이 부적절하고 여러 종류의 행위를 포괄하여 일련의 직무수행으로 파악함이 상당한 경우가 있으며, 나아가 현실적으로 구체적인 업무를 처리하고 있지는 않다 하더라도 자기 자리에 앉아 있는 것만으로도 업무의 집행으로 볼 수 있을 때에는 역시 직무집행 중에 있는 것으로 보아야 하고, 직무 자체의 성질이 부단히 대기하고 있을 것을 필요로 하는 것일 때에는 대기 자체를 곧 직무행위로 보아야 할 경우도 있다(대법원 2002. 4. 12. 선고 2000도3485).

위계에 의한 공무집행방해죄
(僞計에 의한 公務執行妨害罪)

위계로서 공무원의 직무집행을 방해한 때에 성립하는 범죄를 말한다(형법 137조). 공무집행방해의 수단이 폭행·

협박이 아니라 위계일 뿐이며, 대상에 있어서도 현재 직무를 집행하고 있는 공무원일 것을 요하지 않는다. 장래의 직무집행을 예상한 경우도 포함한다는 점에서 좁은 의미의 공무집행방해죄와 구별된다. '위계'란 타인의 부지 또는 착오를 이용하는 일체의 행위를 말한다. 기망뿐만 아니라 유혹의 경우를 포함한다. 또 위계의 상대방이 직접 직무를 담당하는 공무원일 것을 요하지 않으므로, 제3자를 기망하여 공무원의 직무를 방해하는 경우도 이에 해당한다.

직무강요죄 (職務强要罪)

공무원에 대하여 그 직무상의 행위를 강요 또는 저지하거나 그 직을 사퇴하게 할 목적으로 폭행 또는 협박한 경우의 죄를 말한다(형§136②). 본죄의 객체는 어떤 직무에 관한 권한 있는 공무원이다. 따라서 권한이 없는 행위를 강요하였다면 본죄는 성립하지 않는다.

강제집행면탈죄 (强制執行免脫罪)

강제집행을 면한 목적으로 재산을 은닉·손괴·허위양도 또는 허위의 채무를 부담하여 채권자를 해함으로써 성립하는 범죄를 말한다. 본죄의 보호법익은 국가의 강제집행권이 발동될 단계에 있는 채권자의 채권이다. 따라서 본죄가 성립하기 위하여는 주관적 구성요건으로 강제집행을 면할 목적이 있어야 하는 외에, 객관적 구성요건으로 강제집행을 받을 객관적 상태에 있음을 요한다. 강제집행을 받을 위험이 있는 객관적 상태라 함은 민사소송에 의한 강제집행 또는 가압류·가처분 등의 집행을 당할 구체적 염려가 있는 상태를 말한다. 여기의 강제집행은 민사소송법상의 강제집행이나 민사소송법이 준용하는 강제집행에 한하지 않고, 형사소송법상의 벌금·과료·몰수의 재판의 집행도 포함한다는 견해가 있다. 그러나 본죄는 채권자의 채권을 보호하는 데에 그 근본취지가 있는 것이므로, 본죄의 강제집행은 민사소송법상의 강제집행이나 동법이 준용되는 가압류·가처분만을 의미한다고 해석하는 것이 타당하다고 생각된다. 재산이란 재물뿐만 아니라 권리도 포함되며, 재물은 동산부동산을 불문한다. 다만 그것이 강제집행의 대상이 될 수 있는 것이라야 함은 당연하다. 은닉이란 강제집행을 실시하려는 자에 대하여 재산의 발견을 불가능하게 하거나 곤란하게 만드는 것을 말하며, 손괴란 재물의 물질적 훼손뿐만 아니라 그 가치를 감소케 하는 일체의 행위를 의미한다. 허위양도란 실제로 재산의 양도가 없음에도 불구하고 양도한 것으로 가장하여 재산의 명의를 변경하는 것을 말한다. 채권자가 현실적으로 해를 입을 것을 요하는 것이 아니라 채권자를 해할 위험성이 있으면 족하다. 즉, 본죄는 위험범이다.

부동산강제집행효용침해죄
(不動産强制執行效用侵害罪)

강제집행으로 명도 또는 인도된 부동산에 침입하거나 기타 방법으로 강제집행의 효용을 해함으로써 성립하는 범죄(형법 140조의2)를 말한다. 본죄의 미수범은 처벌한다. 본죄의 보호법익은 국가의 부동산에 대한 강제집행권인 바, 강제집행으로 명도 또는 인도된 부동산에 침입하여 강제집행의 효용을 무력화함으로써 공권행사에 지장을 초래하는 행위를 처벌하기 위하여 1995년 개정형법에서 신설한 것이다. 강제집행과 그 효용을 해하는 행위의 시간적 관련성에 관하여는 명문규정이 없으므로 반드시 그 직후이어야 하는 것은 아니나, 시간적 관련성이 있어야 한다. 그 행위는 침입하거나 기타 방법으로 그 효용을 해하는 것이며, 강제집행이 적법하여야 하는 것은 강제처분표시무효죄에 있어서와 동일하다. 본죄의 주체는 강제집행을 받은 채무자는 물론, 채무자의 친족 기타 제3자도 무방하며, 그 객체는 강제집행으로 명도 또는 인도된 부동산이다.

공무상 비밀표시무효죄
(公務上 祕密表示無效罪)

공무원이 그 직무에 관하여 실시한 봉인 또는 압류 기타 강제처분의 표시를 손상·은닉 또는 그 효용을 해하는 범죄(형§140①). 공무원이 그 직무에 관하여 비밀로 한 봉함 기타 비밀장치한 문서나, 도화를 개봉한 죄(§140②). 그리고 위의 문서, 도화 또는 전자기록 등 특수매체 기록을 기술적 수단을 이용하여 내용을 알아낸 범죄를 말한다. 집행관이 재산을 압류하거나 세무공무원이 밀주(密酒)를 발견했을 때에는 「봉인」을 하여 압류의 표시를 한다. 이러한 봉인을 뜯어버리거나 밀주가 들어있는 독밑에 구멍을 내어 봉인의 효력을 잃게 하는 행위가 이 죄에 해당한다. 공무원이 실시한 봉인인 이상 도장이 찍혀 있었는지의 여부는 불문한다. 또 공시문만 붙이고 개개의 물품에 일일이 봉인을 하지 않았다 하더라도 그 물품을 함부로 공개하게 되면 이 죄가 성립한다. 또 압류된 물건이 제3자에게 보관되어 있는 경우, 이를 가져가면 공무상 비밀표시무효죄와 동시에 절도죄가 적용된다. 형벌은 5년 이하의 징역 또는 7백만원 이하의 벌금에 처하여진다.

공문서에 관한 죄
(公文書에 관한 罪)

형법 각칙 제20장 문서에 관한 죄 중 공문서에 관한 죄(형법 225조·230조·235조)를 말한다. 이는 사문서에 관한 죄와 상대되는 개념으로 형법상의 형명은 아니다. 일반적으로 공문서에 관한 죄는 사문서에 관한 죄보다 중하게 처벌하고 있다. 공문서와 사문서의 구분은 문서의 형식이나 작성명의인에 의하여 결정된다.

공문서 (公文書)
독 ; ffentliche Urkunde

공무소 또는 공무원이 직무에 관하여 작성한 문서를 말한다. 즉 공문서는 공무소 또는 공무원이 작성명의인인 문서로, 이는 사문서에 대응하는 것이다.

외국의 공무소 또는 공무원이 작성한 문서는 공문서가 아니다. 민사소송법은 문서의 방식과 취지에 의하여 공무원이 직무상 작성한 것으로 인정한 때에는 진정한 공문서로 추정한다는 규정을 두고있다(민소법 356조). 공증인이 사서증서를 인증하는 경우와 같이 공문서와 사문서가 병존하는 문서도 있다. 공문서의 위조는 사문서의 위조보다 형이 무겁다(형법 225조·231조).

공문서부정행사죄
(公文書不正行使罪)

공무원 또는 공무소의 문서 또는 도서를 부정행사하는 경우에 성립하는 범죄(형법 230조)를 말한다. 죄의 주체는 제한이 없으며, 공무원·비공무원 모두 주체가 될 수 있다. 객체는 이미 진정하게 성립된 공문서 또는 공도서이다. 따라서 위조 또는 변조된 공문서(공도서)를 부정행사한 때에는 본죄를 적용하지 않고 형법 225조 및 229조를 적용한다.

> 사용권한자와 용도가 특정되어 있는 공문서를 사용권한 없는 자가 사용한 경우에도 그 공문서 본래의 용도에 따른 사용이 아닌 경우에는 형법 제230조의 공문서부정행사죄가 성립되지 아니한다(*대법원 2003. 2. 26. 선고 2002도4935*).

공문서위조·변조죄
(公文書僞造·變造罪)

행사를 목적으로 공무원 또는 공무소의 문서 또는 도서를 위조·변조함으로써 성립하는 범죄이다(형법 225조). 사문서 변조·위조죄에 대해서 객체가 공문서이기 때문에 불법이 가중된 가중적 구성요건이다. 공무원·공무소의 직무상 작성명의로 되어 있는 공문서는 사문서에 비하여 신용력이 무겁다는 점을 고려한 것이다. 본죄는 객체가 공무원 또는 공무서의 문서·도서이고, 목적범이므로 주관적 구성요건으로 고의 이외에 행사의 목적이 있어야 한다. 위조·변조된 공문서, 공도서, 전자기록, 특수매체기록 등을 행사하면 별죄(형법 229조)를 구성한다.

공공서류 등 무효죄
(公共書類 等 無效罪)

공무소에서 사용하는 서류 그 밖의 물건 또는 전자기록등 특수매체기록을 손상 또는 은닉하거나 기타의 방법으로 그 효용을 해함으로써 성립하는 죄를 말한다(형§141). 형벌은 7년 이하의 징역 또는 1천만원 이하의 벌금이다. 공무방해에 관한 죄중의 하나이다.

공용서류무효죄 (公用書類無效罪)

공무소에서 사용하는 서류 기타 물건을 손상 또는 은닉하거나 기타 방법으로 그 효용을 해함으로써 성립하는 범죄이다(형법 141조1항). 원래 손괴의 일종으로 파악되던 범죄였으나, 소유권과 관계없이 공무소를 보호하기 위한 공무방해죄의 일종으로 구성되어 있는 점에 특색이 있다. 공무소에서 사용하는 서류란 공무소에서의 사용목적으로 보관하는 일체의 문서로 작성자가 공무원·사인인지, 그 작성목적이 공무소·사인을 위한 것인지를 불문한다. 서류 또는 물건의 소유권이 누구에게 있는가도 불문한다.

법정모욕죄 (法庭侮辱罪)
영 ; contempt of court

법원의 재판을 방해 또는 위협할 목적으로 법정 또는 그 부근에서 모욕 또는 소동함으로써 성립하는 범죄(형법 138조)를 말한다. 본죄는 법정의 기능을 특히 보호하기 위한 범죄이며, 특수법정모욕(형법 144조)의 경우에는 형을 가중한다. 모욕의 상대방은 법관임을 요하지 않고 증인이나 검사에 대한 것도 포함한다. 소동이란 내란죄에 있어서의 폭동이나 소요죄의 폭행·협박에 이르지 않고 재판을 방해할 정도로 소음을 내는 문란한 행위를 말한다. 부근이란 심리에 영향을 미칠 수 있는 장소를 의미한다고 할 수 있다. 본죄가 성립하기 위해서는 고의 이외에 법원의 재판을 방해 또는 위협할 목적이 있을 것을 요하는 목적범이다.

도주죄 (逃走罪)

법률에 의하여 체포 또는 구금된 자가 스스로 도주하거나 타인의 도주에 관여함으로써 성립하는 범죄를 말한다(형§145). 본죄는 국가의 구금권 또는 국가의 특수한 공적 권력관계의 확보를 그 보호법익으로 한다. 본죄의 주체

는 법률에 의해 체포 또는 구금된 자이다. 여기서 말하는 「구금된 자」라 함은 현실로 구금된 자를 말하고, 가석방 중에 있는 자나 보석 중 또는 형집행정지 중에 있는 자는 해당하지 않는다. 또 아동복리시설에 수용중인 자도 구금이 아니기 때문에 또한 여기에 해당하지 않는다. 그러나 체포되어 연행 중에 있는 자, 특히 영장 없이 긴급 체포된 자는 여기에 포함된다. 그리고 「도주」라 함은 구금상태로부터 이탈하는 것을 말하고, 간수자의 실력적 지배로부터 이탈할 때에 기수가 된다. 그리고 특수도주행위는 다음의 세 가지의 태양(態樣)이 있다. 즉 (1) 수용시설 또는 기구를 손괴하는 것, (2) 폭행 또는 협박을 행하는 것 그리고 (3) 2인 이상이 합동하여 행하는 것 등이다. 본죄를 범한 자는 1년 이하의 징역에 처하고, 그 미수범도 처벌한다(형§149). 그리고 본죄에는 단순도주죄, 집합명령위반죄, 특수도주죄 등의 태양이 있다.

인권옹호직무방해죄
(人權擁護職務妨害罪)

경찰의 직무를 행하는 자 또는 이를 보조하는 자가 인권옹호에 관한 검사의 직무집행을 방해하거나 그 명령을 준수하지 아니함으로써 성립하는 범죄(형법 139조)를 말한다. 국가의 기능 중에서 검사의 인권옹호에 관한 직무집행기능을 보호하기 위한 범죄이다. 그러나 검사의 직무집행을 방해하는 그 자체로도 공무집행방해죄에 해당하며, 검사와 상명하복관계에 있는 경찰

이 그 명령을 준수하지 않는 경우에는 징계처분으로도 충분히 그 목적을 달성할 수 있으므로 이를 특히 형법에서 범죄로 규정할 필요는 없다고 본다. 본죄의 주체는 경찰의 직무를 집행하는 자 또는 이를 보조하는 자에 한한다(신분범). 검사의 지휘를 받아 수사의 직무를 담당하는 사법경찰관과 이를 보조하는 사법경찰리가 이에 해당한다.

집합명령위반죄 (集合命令違反罪)

법률에 의하여 구금된 자가 천재·사변 기타 법령에 의하여 잠시 해금된 경우에 정당한 이유 없이 그 집합명령에 위반함으로써 성립하는 범죄를 말한다(형법 145조2항). 본죄의 주체는 법률에 의하여 해금된 경우라고 해석하는 견해도 있으나, 이는 천재·사변 또는 이에 준할 상태에서 법령에 의하여 해금된 경우를 말한다고 보아야 한다. 따라서 천재 등의 상태에서 불법출소한 때에는 본죄가 적용되지 않는다. 본죄는 집합명령에 응하지 않음으로써 성립하는 진정부작위범이다. 진정부작위범의 미수를 인정할 수 있는지와 관련하여 미수범처벌규정이 있는 한 미수를 인정할 수 있다는 견해도 있지만(긍정설), 형법상의 진정부작위범은 모두 거동범이므로 미수를 인정할 수 없다는 견해(부정설)가 다수설이므로, 이에 따를 때 비록 형법이 본죄에 대하여 미수범처벌규정을 두었다 할지라도 본죄의 미수범은 있을 수 없다고 해야 한다.

도주원조죄 (逃走援助罪)
독 ; Gefangenbefreiung

법률에 의하여 구금된 자를 탈취하거나 도주하게 함으로써 성립하는 범죄(형법 147조)를 말한다. 간수 또는 호송하는 자가 이를 도주하게 하는 때에는 형이 가중된다(형§148). 본죄는 성질상 도주죄의 교사 또는 방조에 해당하는 행위이지만 형법을 이를 독립된 구성요건으로 규정한 것이다. 자기도주의 경우와 달리 기대가능성이 적다고 할 수 없으므로 본죄를 도주죄에 비하여 중한형으로 처벌하기로 한 것이다. 따라서 본죄에 대하여는 총칙상의 공범규정을 적용할 여지는 없다. 탈취란 피구금자를 그 착수자의 실력적 지배로부터 이탈시켜 자기 또는 제3자의 실력적 지배로 옮기는 것을 말한다. 단순히 피구금자를 해방하여 달아나게 하는 것은 탈취가 아니라 도주하게 만드는 것이다. 탈취의 수단과 방법은 불문한다. 탈취에 있어서는 탈취의 결과가 나타남으로써 기수가 되며, 도주하게 하게 하는 때에는 피구금자가 착수자의 실력적 지배에서 이탈하였을 때는 본죄는 기수가 된다. 피구금자의 동의의 유무는 문제되지 않는다. 본죄의 미수범(형§149) 및 예비 또는 음모(형§150)는 처벌한다.

범인은닉죄 (犯人隱匿罪)

벌금 이상의 형에 해당하는 죄를 범한 자를 은닉 또는 도피하게 한 경우에 성립하는 범죄를 말한다(형§151①).

여기서 말하는 (1)「벌금 이상의 형에 해당하는 죄」라고 함은 법정형 중 가장 중한 형이 벌금 이상의 형으로 되어 있는 죄를 말하고, 선택형으로서 구류나 과료가 함께 규정되어 있어도 무방하다. 따라서 형법각칙에 규정된 죄는 전부 이러한 죄에 해당된다고 볼 수 있다. (2)「죄를 범한 자」라 함은 실제로 죄를 범한 자에 한정한다는 설(소수설)과 그러한 죄를 범하였다는 혐의로 수사 또는 소추 중에 있는 형사피의자 또는 형사피고인도 포함된다는 설(다수설)이 있으나 본죄가 사법에 관한 국권의 행사를 방해하는 자를 처벌한다는 것이므로 수사 중인 자도 포함된다는 것이 판례의 입장이다(1960. 2. 24. 4292 형§(상§555, 대법판). 또 친고죄의 범인에 대하여 아직 고소가 없더라도 본죄의 객체가 된다. 왜냐하면 친고죄에 있어서 고소는 단지 소송조건에 불과하기 때문이다. 여기에는 정범 뿐만 아니라 교사종범·미수범·예비·음모한 자도 그 형이 벌금이상에 해당하면 객체가 된다. (3) 은닉이라 함은 장소를 제공하여 수사기관원의 발견, 체포를 방해하는 것을 말한다. (4) 도피라 함은 은닉 이외의 방법으로 수사기관원의 발견, 체포를 방해하는 것을 말한다. 예컨대 범인을 변장시키는 행위·도피의 장소를 가르쳐 주는 행위 등이다. 본죄를 범한 자는 3년 이하의 징역 또는 5백만원 이하의 벌금에 처한다. 단, 친족 또는 동거의 가족이 본인을 위하여 범한 경우에는 처벌하지 않는다(친족간의 특례 : §151②).

위증죄 (僞證罪)

•━━━━━

법률에 의하여 선서한 증인이 허위의 진술을 하거나, 법률에 의하여 선서한 감정인·통역인 또는 번역인이 허위의 감정·통역 또는 번역을 함으로써 성립하는 범죄를 말한다(형§152, §154). 법원으로부터 소환 받은 민사·형사사건의 증인은 증언하기 전에 선서를 한다. 즉「양심에 따라 숨김과 보탬이 없이 사실 그대로 말하고 만일 거짓말이 있으면 위증의 벌을 받기로 맹서합니다」라고 기재된 선서서를 낭독하고 서명날인한다(형소§157). 따라서 본죄는 이 선서를 한 증인이 허위의 진술, 즉 자기의 견문 경험 등에 의한 기억에 반하는 사실을 증언하는 범죄이다(형§152). 형은 5년 이하의 징역 또는 1천만원 이하의 벌금이다. 이 허위의 증언이 재판상 사실의 판단을 결정하는 데에 영향을 미치지 아니하더라도 자기의 기억에 반한 사실의 진술이 있으면 위증죄는 성립한다. 다만 위증한 자가 그 진술한 사건의 재판 또는 징계처분이 확정되기 전에 자백 또는 자수한 대에는 그 형을 감경 또는 면제한다(§153). 또 위증죄는 소환 받은 증인뿐만 아니라 선서한 감정인·통역인·번역인이 허위의 감정·통역·번역을 한 때에도 준용된다(§154).

> 위증죄는 법률에 의하여 선서한 증인이 **자기의 기억에 반하는 사실을 진술함으**로써 성립하는 것이므로 그 진술이 객관적 사실과 부합하지 않는다고 하여 그 증언이 곧바로 위증이라고 단정할

수는 없다(*대법원 1996. 8. 23. 선고 95도 192*).

모해위증죄 (謀害僞證罪)

형사사건 또는 징계사건에 관하여 피고인·피의자 또는 징계혐의자를 모해할 목적으로 법률에 의하여 선서한 증인이 허위의 공술을 함으로써 성립하는 범죄(형법 152조 2항)를 말한다. 본죄를 범한 자가 그 공술한 사건의 재판 또는 징계처분이 확정되기 전에 자백 또는 자수한 때에는 그 형을 감경 또는 면제한다(형법 153조). 본죄는 피고인·피의자 또는 징계처분자를 모해할 목적으로 인하여 불법이 가중되는 가중적 구성요건이며, 부진정목적범이다. 모해할 목적이란 그들을 불이익하게 할 일체의 목적을 말한다. 피고사건 이외에 피의사건을 포함시킨 것은 증거보전절차(형소법 184조)와 증인신문의 청구(형소법 221조의2)에 의하여 피의사건에 대한 증인신문이 가능하기 때문이다. 피고사건 또는 피의사건의 경중은 불문한다.

증인은닉도피죄 (證人隱匿逃避罪)

타인의 형사사건 또는 징계사건에 관한 증인을 은닉 또는 도피하게 함으로써 성립하는 범죄를 말한다(형법 155조2항). 피고인·피의자 또는 징계혐의자를 모해할 목적으로 본죄를 범한 때에는 형이 가중된다(형법 155조3항). 여기의 증인에는 형사소송법상의 증인뿐만 아니라 수사기관에서 조사하는

참고인을 포함한다. 행위는 증인을 은닉하거나 도피하게 하는 것이다. 은닉은 증인의 현출을 방해하는 것이며, 도피하게 하는 것은 증인의 도피를 야기 내지 방조하는 일체의 행위를 말한다. 친족 또는 동거의 가족이 본인을 위하여 본죄를 범한 때에는 처벌하지 아니한다(형법 155조4항).

모해증인은닉도피죄 (謀害證人隱匿逃避罪)

피고인·피의자 또는 징계혐의자를 모해할 목적으로 타인의 형사사건 또는 징계사건에 관한 증인을 은닉 또는 도피하게 함으로써 성립하는 범죄(형법 제155조 3항)를 말한다. 본죄는 증인은닉·도피죄에 대해서 모해할 목적 때문에 불법이 가중되는 부진정목적범이다. 그리고 친족 또는 동거의 가족이 본인을 위하여 본죄를 범한 때에는 처벌하지 아니한다(형법 155조 4항).

증거인멸죄 (證據湮滅罪)

타인의 형사사건 또는 징계사건에 관한 증거를 인멸·은닉·위조 또는 변조하거나 위조 또는 변조한 증거를 사용한 자 또는 그러한 증인을 은닉 또는 도피하게 한 경우와 피고인, 피의자 또는 징계혐의자를 모해할 목적으로 위와 같은 죄를 범한 자이다(형§155). 여기에서 말하는 (1) 「타인의 형사사건 또는 징계사건」은 타인의 죄의 유무와 징계사실의 유무나 또는 후일의 기소 여부를 불문한다. 그리고 행위자는 장

차 공소의 제기가 있을 것을 예상하고
서 실행하는 것이므로 수사개시전의
행위도 포함된다. (2) 증거라 함은 재
판에 있어서 법원에 대하여 사실의 유
무에 관한 확신을 주는 자료를 말한다.
즉 범죄의 성부(成否)와 경중 등을 믿
게 하는 것으로서 물적이건 인적이건
불문한다. 또 증거는 피고인, 피의자
또는 징계혐의자 등에게 유리한 것이
건 불리한 것이건 불문한다. (3) 인멸
이라 함은 증거의 현출방해는 물론 그
효력을 멸실·감소시키는 일체의 행위를
말한다(1961. 10. 19. 대법판 4294).
(4) 은닉이라 함은 증거의 소재를 알
수 없게 하여 그것을 찾아내기에 곤란
하게 하는 일체의 행위를 말한다. (5)
위조라 함은 진정하지 아니한 증거를
만들어 내는 것, 즉 현존하지 않는 증
거를 새로이 만들어 내는 행위를 말한
다. 증거위조는 증거자체를 위조하는
것을 지칭하고 증인의 위증을 포함하
지 않는다(1953. 10. 19. 일최판). 위
증을 교사하는 행위는 실질적으로 증
거위조에 해당하지만 이 경우에는 본
죄가 아닌 위증교사죄에 성립한다. (6)
변조라 함은 현존의 증거를 가공하여
증거로의 가치(증거의 증명력)을 변경
하는 것을 말하고 문서인 경우에는 그
작성권한이 있는 자에 의한 경우에도
변조가 된다. (7) 「위조 또는 변조한
증거를 사용하다」라 함은 위조 또는
변조된 증거를 법원에 제출하는 것에
만 한하지 않고 수사기관 또는 징계위
원회에 제출하는 것도 포함하고, 자진
해서 제출하는 것이건 요구에 의하여
제출하는 것이건 불문한다. 본죄를 범

한 자는 5년 이하의 징역 또는 7백만
원 이하의 벌금에 처한다. 그러나 친족
또는 동거하는 가족이 본인을 위하여
범한 경우에는 처벌하지 아니한다(친족
간의 특례 : §155④).

모해증거인멸죄 (謀害證據湮滅罪)

피고인·피의자 또는 징계혐의자를 모
해할 목적으로 타인의 형사사건 또는
징계사에 관한 증거를 인멸·은닉·위조
또는 변조하거나, 위조 또는 변조한 증
거를 사용함으로써 성립하는 범죄를
말한다(형법 155조). 본죄는 증거인멸
죄에 대해서 모해할 목적 때문에 불법
이 가중되는 부진정목적범이다. 여기의
모해할 목적이란 피고인·피의자 또는
징계혐의자에게 형사처분 또는 징계처
분을 받게 할 목적을 말하며 그 목적
달성 여부는 본죄의 성립에 영향이 없
다. 특별법으로서 국가보안법 제12조
제1항이 있다. 그리고 친족 또는 동거
의 가족이 본인을 위하여 본죄를 범한
때에는 처벌하지 아니한다(형법 155조
4항).

모해허위감정통역번역죄
(謀害虛僞鑑定通譯飜譯罪)

법률에 의하여 선서한 감정인·통역인
또는 번역인이 형사사건 또는 징계또
는 번역인이 형사사건 또는 징계사건
에 관하여 피고인·피해자 또는 징계혐
의자를 모해할 목적으로 허위의 감정·
통역 또는 번역을 함으로써 성립하는

범죄(형법 154조)를 말한다. 본죄를 범한 자가 그 감정·통역 또는 번역한 사건의 재판 또는 징계처분이 확정되기 전에 자백 또는 자수한 때에는 그 형을 감경 또는 면제한다.

무고죄 (誣告罪)
영 ; false charge
독 ; fasche Verdächtigung

타인으로 하여금 형사처분 또는 징계처분을 받게 할 목적으로 허위의 사실을 경찰서나 검찰청 등의 공무소 또는 공무원에게 신고함으로써 성립하는 범죄를 말한다(형§156). 신고의 방법은 자진하여 사실을 고지하는 한 구두에 의하건 서면에 의하건 고소·고발의 형식에 의하건 혹은 記名(기명)에 의하건 익명에 의하건 또는 자기명의에 의하건 타인명의에 의하건 모두 불문한다. 이 경우에 신고의 상대방은 공무원 또는 공무소이다. 여기에서 말하는 공무원 또는 공무소라 함은 형사처분 또는 징계처분을 할 수 있는 권한을 가지고 있는 상당관서 또는 관헌 및 그 보조자를 말한다. 예를 들면 경찰 또는 검사와 같은 수사기관 및 그 보조자인 사법경찰리, 임명권 또는 감독권이 있는 소속장관 또는 상관 등이다. 처벌은 10년 이하의 징역 또는 1천 5백만원 이하의 벌금이다. 그러나 허위의 신고를 한 자가 그 신고한 사건의 재판이 확정되기 전에 또는 징계처분을 행하기 전에 자백 또는 자수한 때는 그 형을 감경 또는 면제한다(형§157). 본죄는 국가적 법익인 국가의 심판기능 내지 형사 또는 징계권의 적정한 행사를

그 보호법익으로 한다. 그리고 본죄는 목적범으로서 허위사실의 신고가 공무소 또는 공무원에게 도달한 때에 기수로 된다. 따라서 도달한 문서를 비록 되돌려 받았다고 하더라도 본죄의 성립에는 영향이 없다.

> 무고죄는 타인으로 하여금 형사처분 등을 받게 할 목적으로 신고한 사실이 객관적 진실에 반하는 허위사실인 경우에 성립되는 범죄로서, 신고자가 그 신고내용을 허위라고 믿었다 하더라도 그것이 객관적으로 진실한 사실에 부합할 때에는 허위사실의 신고에 해당하지 않아 무고죄는 성립하지 않는 것이며, 한편 위 신고한 사실의 허위 여부는 그 범죄의 구성요건과 관련하여 신고사실의 핵심또는 중요내용이 허위인가에 따라 판단하여 무고죄의 성립 여부를 가려야 한다(*대법원 1991. 10. 11. 선고 91도1950*).

변사자검시방해죄
(變死者 檢視妨害罪)

검시를 받지 않은 변사자의 사체에 변경을 가함으로써 성립하는 범죄(형법 163조)를 말한다. 범죄수사와 경찰목적을 달성하기 위하여 규정된 범죄이며, 종교적 평온과 종교감정을 보호하기 위한 신앙에 관한 죄와는 아무 관계가 없다는 점에 관하여는 이론이 없다. 검시란 사람의 사망이 범죄로 인한 것인가를 판단하기 위하여 수사기관이 변사자의 상황을 조사하는 것을 말한다. 검시를 검증과 같은 뜻으로 이해하는 견해도 있으나, 이는 수사의 단서에 지나지 않으므로 범죄의 혐의가 인정

된 경우의 수사처분인 검증과는 구별
하지 않으면 안 된다. 변사자란 자연사
또는 통상의 병사가 아닌 사체로서 범
죄로 인한 사망이라는 의심이 있는 것
을 말한다. 사체에 변경을 가한다는 것
은 주로 밀장을 의미하나 여기에 제한
되지 않는다. 사체에 대하여 외적 또는
내적으로 변화를 일으키는 일체의 행
위를 포함한다.

제2권

형사소송법

형사소송법

[시행 2022. 9. 10.]
[법률 제18862호, 2022. 5. 9., 일부개정]

법무부(형사법제과), 02-2110-3307~8

제1편 총칙

제1장 법원의 관할

제1조(관할의 직권조사)
법원은 직권으로 관할을 조사하여야 한다.

제2조(관할위반과 소송행위의 효력)
소송행위는 관할위반인 경우에도 그 효력에 영향이 없다.

제3조(관할구역 외에서의 집무)
① 법원은 사실발견을 위하여 필요하거나 긴급을 요하는 때에는 관할구역 외에서 직무를 행하거나 사실조사에 필요한 처분을 할 수 있다.
② 전항의 규정은 수명법관에게 준용한다.

제4조(토지관할)
① 토지관할은 범죄지, 피고인의 주소, 거소 또는 현재지로 한다.
② 국외에 있는 대한민국 선박 내에서 범한 죄에 관하여는 전항에 규정한 곳 외에 선적지 또는 범죄 후의 선착지로 한다.
③ 전항의 규정은 국외에 있는 대한민국 항공기 내에서 범한 죄에 관하여 준용한다.

직권남용권리행사방해·업무방해·공무상비밀누설·선박안전법위반교사
[대법원 2015.10.15, 선고, 2015도1803, 판결]

【판시사항】
형사사건의 관할을 결정하는 기준 / 제1심 형사사건에 관한 지방법원 본원과 지방법원 지원 사이의 관할의 분배가 소송법상 토지관할의 분배에 해당하는지 여부(적극) / 지방법원 지원에 제1심 형사사건 토지관할이 인정된다는 사정만으로 당연히 지방법원 본원에 제1심 토지관할이 인정되는지 여부(원칙적 소극)

【판결요지】
형사사건의 관할은 심리의 편의와 사건의 능률적 처리라는 절차적 요구뿐만 아니라 피고인의 출석과 방어권 행사의 편의라는 방어상의 이익도 충분히 고려하여 결정하여야 하고, 특히 자의적 사건처리를 방지하기 위하여 법률에 규정된 추상적 기준에 따라 획일적으로 결정하여야 한다. 이에 따라 각급 법원의 설치와 관할구역에 관한 법률 제4조 제1호 [별표 3]은 지방법원 본원과 지방법원 지원의 관할구역을 대등한 입장에서 서로 겹치지 않게 구분하여 규정하고 있다. 따라서 제1심 형사사건에 관하여 지방법원 본원과 지방법원 지원은 소송법상 별개의 법원이자 각각 일정한 토지관할 구역을 나누어 가지는 대등한 관계에 있으므로, 지방법원 본원과 지방법원 지원 사이의 관할의 분배도 지방법원 내부의 사법행정 사무로서 행해진 지방법원 본원과 지원 사이의 단순한 사무분배에 그치는 것이 아니라 소송법상 토지관할의 분배에 해당한다. 그러므로 형사소송법 제4조에 의하여 지방법원 본원에 제1심 토지관할이 인정된다고 볼 특별한 사정이 없는 한, 지방법원 지원에 제1심 토지관할이 인정된다는 사정만으로 당연히 지방법원 본원에도 제1심 토지관할이 인정된다고 볼 수는 없다.

제5조(토지관할의 병합)
토지관할을 달리하는 수개의 사건이 관련된 때에는 1개의 사건에 관하여 관할권 있는 법원은 다른 사건까지 관할할 수 있다.

제6조(토지관할의 병합심리)
토지관할이 다른 여러 개의 관련사건이 각각 다른 법원에 계속된 때에는 공통되는 바로 위의 상급법원은 검사나 피고인의 신청에 의하여 결정(決定)으로 한 개 법원으로 하여금 병합심리하게 할 수 있다.
[전문개정 2020.12.8.]

제7조(토지관할의 심리분리)
토지관할을 달리하는 수개의 관련사건이 동일법원에 계속된 경우에 병합심리의 필요가 없는 때에는 법원은 결정으로 이를 분리하여 관할권 있는 다른 법원에 이송할 수 있다.

제8조(사건의 직권이송)
① 법원은 피고인이 그 관할구역 내에 현재하지 아니하는 경우에 특별한 사정이 있으면 결정으로 사건을 피고인의 현재지를 관할하는 동급 법원에 이송할 수 있다.
② 단독판사의 관할사건이 공소장변경에 의하여 합의부 관할사건으로 변경된 경우에 법원은 결정으로 관할권이 있는 법원에 이송한다. 〈신설 1995.12.29.〉

제9조(사물관할의 병합)
사물관할을 달리하는 수개의 사건이 관련된 때에는 법원합의부는 병합관할한다. 단, 결정으로 관할권 있는 법원단독판사에게 이송할 수 있다.

제10조(사물관할의 병합심리)
사물관할을 달리하는 수개의 관련사건이 각각 법원합의부와 단독판사에 계속된 때에는 합의부는 결정으로 단독판사에 속한 사건을 병합하여 심리할 수 있다.

제11조(관련사건의 정의)
관련사건은 다음과 같다.
1. 1인이 범한 수죄
2. 수인이 공동으로 범한 죄
3. 수인이 동시에 동일장소에서 범한 죄
4. 범인은닉죄, 증거인멸죄, 위증죄, 허위감정통역죄 또는 장물에 관한 죄와 그 본범의 죄

제12조(동일사건과 수개의 소송계속)
동일사건이 사물관할을 달리하는 수개의 법원에 계속된 때에는 법원합의부가 심판한다.

제13조(관할의 경합)
같은 사건이 사물관할이 같은 여러 개의 법원에 계속된 때에는 먼저 공소를 받은 법원이 심판한다. 다만, 각 법원에 공통되는 바로 위의 상급법원은 검사나 피고인의 신청에 의하여 결정으로 뒤에 공소를 받은 법원으로 하여금 심판하게 할 수 있다.
[전문개정 2020.12.8.]

제14조(관할지정의 청구)
검사는 다음 각 호의 경우 관계있는 제1심법원에 공통되는 바로 위의 상급법원에 관할지정을 신청하여야 한다.
1. 법원의 관할이 명확하지 아니한 때
2. 관할위반을 선고한 재판이 확정된 사건에 관하여 다른 관할법원이 없는 때
[전문개정 2020.12.8.]

제15조(관할이전의 신청)
검사는 다음 경우에는 직근 상급법원에 관할이전을 신청하여야 한다. 피고인도 이 신청을 할 수 있다.
1. 관할법원이 법률상의 이유 또는 특별한 사정으로 재판권을 행할 수 없는 때
2. 범죄의 성질, 지방의 민심, 소송의 상황 기타 사정으로 재판의 공평을 유지하기 어려운 염려가 있는 때

제16조(관할의 지정 또는 이전 신청의 방식)
① 관할의 지정 또는 이전을 신청하려면 그 사유를 기재한 신청서를 바로 위의 상급법원에 제출하여야 한다.
② 공소를 제기한 후 관할의 지정 또는 이전을 신청할 때에는 즉시 공소를 접수한 법원에 통지하여야 한다.
[전문개정 2020.12.8.]

제16조의2(사건의 군사법원 이송)

법원은 공소가 제기된 사건에 대하여 군사법원이 재판권을 가지게 되었거나 재판권을 가졌음이 판명된 때에는 결정으로 사건을 재판권이 있는 같은 심급의 군사법원으로 이송한다. 이 경우에 이송전에 행한 소송행위는 이송후에도 그 효력에 영향이 없다. 〈개정 1987.11.28.〉
[본조신설 1973.1.25.]

제2장 법원직원의 제척, 기피, 회피

제17조(제척의 원인)

법관은 다음 경우에는 직무집행에서 제척된다. 〈개정 2005.3.31.,2020.12.8.〉
  1. 법관이 피해자인 때
  2. 법관이 피고인 또는 피해자의 친족 또는 친족관계가 있었던 자인 때
  3. 법관이 피고인 또는 피해자의 법정대리인, 후견감독인인 때
  4. 법관이 사건에 관하여 증인, 감정인, 피해자의 대리인으로 된 때
  5. 법관이 사건에 관하여 피고인의 대리인, 변호인, 보조인으로 된 때
  6. 법관이 사건에 관하여 검사 또는 사법경찰관의 직무를 행한 때
  7. 법관이 사건에 관하여 전심재판 또는 그 기초되는 조사, 심리에 관여한 때
  8. 법관이 사건에 관하여 피고인의 변호인이거나 피고인·피해자의 대리인인 법무법인, 법무법인(유한), 법무조합, 법률사무소, 「외국법자문사법」 제2조제9호에 따른 합작법무법인에서 퇴직한 날부터 2년이 지나지 아니한 때
  9. 법관이 피고인인 법인·기관·단체에서 임원 또는 직원으로 퇴직한 날부터 2년이 지나지 아니한 때

제18조(기피의 원인과 신청권자)

① 검사 또는 피고인은 다음 경우에 법관의 기피를 신청할 수 있다.
  1. 법관이 전조 각 호의 사유에 해당되는 때
  2. 법관이 불공평한 재판을 할 염려가 있는 때
② 변호인은 피고인의 명시한 의사에 반하지 아니하는 때에 한하여 법관에 대한 기피를 신청할 수 있다.

공무집행방해·폭력행위등 처벌에 관한 법률 위반(공동상해)
[대법원 2013.9.12, 선고, 2011도12918, 판결]

【판시사항】
범죄 피해자인 검사 또는 압수·수색영장의 집행에 참여한 검사가 관여한 수사의 적법여부

【판결요지】
범죄의 피해자인 검사가 그 사건의 수사에 관여하거나, 압수·수색영장의 집행에 참여한 검사가 다시 수사에 관여하였다는 이유만으로 바로 그 수사가 위법하다거나 그에 따른 참고인이나 피의자의 진술에 임의성이 없다고 볼 수는 없다.

제19조(기피신청의 관할)

① 합의법원의 법관에 대한 기피는 그 법관의 소속법원에 신청하고 수명법관, 수탁판사 또는 단독판사에 대한 기피는 당해 법관에게 신청하여야 한다.
② 기피사유는 신청한 날로부터 3일 이내에 서면으로 소명하여야 한다.

제20조(기피신청기각과 처리)

① 기피신청이 소송의 지연을 목적으로 함이 명백하거나 제19조의 규정에 위배된 때에는 신청을 받은 법원 또는 법관은 결정으로 이를 기각한다. 〈개정 1995.12.29.〉
② 기피당한 법관은 전항의 경우를 제한 외에는 지체없이 기피신청에 대한 의견서를 제출하여야 한다.
③ 전항의 경우에 기피당한 법관이 기피의 신청을 이유있다고 인정하는 때에는 그 결정이 있은 것으로 간주한다.

제21조(기피신청에 대한 재판)

① 기피신청에 대한 재판은 기피당한 법관의 소속법원합의부에서 결정으로 하여야 한다.
② 기피당한 법관은 전항의 결정에 관여하지 못한다.
③ 기피당한 판사의 소속법원이 합의부를 구성하지 못하는 때에는 직근 상급법원이 결정하여야 한다.

제22조(기피신청과 소송의 정지)

기피신청이 있는 때에는 제20조제1항의 경우를 제한 외에는 소송진행을 정지하여야 한다. 단, 급속을 요하는 경우에는 예외로 한다.

제23조(기피신청기각과 즉시항고)

① 기피신청을 기각한 결정에 대하여는 즉시항고를 할 수 있다.
② 제20조제1항의 기각결정에 대한 즉시항고는 재판의 집행을 정지하는 효력이 없다. 〈신설 1995.12.29.〉

제24조(회피의 원인 등)

① 법관이 제18조의 규정에 해당하는 사유가 있다고 사료한 때에는 회피하여야 한다.
② 회피는 소속법원에 서면으로 신청하여야 한다.

③ 제21조의 규정은 회피에 준용한다.

제25조(법원사무관등에 대한 제척·기피·회피)

① 본장의 규정은 제17조제7호의 규정을 제한 외에는 법원서기관·법원사무관·법원주사 또는 법원주사보(이하 "법원사무관등"이라 한다)와 통역인에 준용한다. 〈개정 2007.6.1.〉

② 전항의 법원사무관등과 통역인에 대한 기피재판은 그 소속법원이 결정으로 하여야 한다. 단, 제20조제1항의 결정은 기피당한 자의 소속법관이 한다. 〈개정 2007.6.1.〉

[제목개정 2007.6.1.]

제3장 소송행위의 대리와 보조

제26조(의사무능력자와 소송행위의 대리)

「형법」제9조 내지 제11조의 규정의 적용을 받지 아니하는 범죄사건에 관하여 피고인 또는 피의자가 의사능력이 없는 때에는 그 법정대리인이 소송행위를 대리한다. 〈개정 2007.6.1.〉

도로교통법위반·도로교통법위반 (음주운전)(미성년자의 음주운전과 법정대리인의 채혈 동의 사건)
[대법원 2014.11.13, 선고, 2013도1228, 판결]

【판시사항】

음주운전과 관련한 도로교통법 위반죄의 범죄수사를 위하여 미성년자인 피의자의 혈액채취가 필요한 경우, 법정대리인이 의사능력 없는 피의자를 대리하여 채혈에 관한 동의를 할 수 있는지 여부(원칙적 소극)

【판결요지】

형사소송법상 소송능력이란 소송당사자가 유효하게 소송행위를 할 수 있는 능력, 즉 피고인 또는 피의자가 자기의 소송상의 지위와 이해관계를 이해하고 이에 따라 방어행위를 할 수 있는 의사능력을 의미하는데, 피의자에게 의사능력이 있으면 직접 소송행위를 하는 것이 원칙이고, 피의자에게 의사능력이 없는 경우에는 형법 제9조 내지 제11조의 규정의 적용을 받지 아니하는 범죄사건에 한하여 예외적으로 법정대리인이 소송행위를 대리할 수 있다(형사소송법 제26조). 따라서 음주운전과 관련한 도로교통법 위반죄의 범죄수사를 위하여 미성년자인 피의자의 혈액채취가 필요한 경우에도 피의자에게 의사능력이 있다면 피의자 본인만이 혈액채취에 관한 유효한 동의를 할 수 있고, 피의자에게 의사능력이 없는 경우에도 명문의 규정이 없는 이상 법정대리인이 피의자를 대리하여 동의할 수는 없다.

제27조(법인과 소송행위의 대표)

① 피고인 또는 피의자가 법인인 때에는 그 대표자가 소송행위를 대표한다.

② 수인이 공동하여 법인을 대표하는 경우에도 소송행위에 관하여는 각자가 대표한다.

제28조(소송행위의 특별대리인)

① 전2조의 규정에 의하여 피고인을 대리 또는 대표할 자가 없는 때에는 법원은 직권 또는 검사의 청구에 의하여 특별대리인을 선임하여야 하며 피의자를 대리 또는 대표할 자가 없는 때에는 법원은 검사 또는 이해관계인의 청구에 의하여 특별대리인을 선임하여야 한다.
② 특별대리인은 피고인 또는 피의자를 대리 또는 대표하여 소송행위를 할 자가 있을 때까지 그 임무를 행한다.

제29조(보조인)

① 피고인 또는 피의자의 법정대리인, 배우자, 직계친족과 형제자매는 보조인이 될 수 있다. 〈개정 2005.3.31.〉
② 보조인이 될 수 있는 자가 없거나 장애 등의 사유로 보조인으로서 역할을 할 수 없는 경우에는 피고인 또는 피의자와 신뢰관계 있는 자가 보조인이 될 수 있다. 〈신설 2015.7.31.〉
③ 보조인이 되고자 하는 자는 심급별로 그 취지를 신고하여야 한다. 〈개정 2007.6.1., 2015.7.31.〉
④ 보조인은 독립하여 피고인 또는 피의자의 명시한 의사에 반하지 아니하는 소송행위를 할 수 있다. 단, 법률에 다른 규정이 있는 때에는 예외로 한다. 〈개정 2015.7.31.〉

제4장 변호

제30조(변호인선임권자)

① 피고인 또는 피의자는 변호인을 선임할 수 있다.
② 피고인 또는 피의자의 법정대리인, 배우자, 직계친족과 형제자매는 독립하여 변호인을 선임할 수 있다. 〈개정 2005.3.31.〉

제31조(변호인의 자격과 특별변호인)

변호인은 변호사 중에서 선임하여야 한다. 단, 대법원 이외의 법원은 특별한 사정이 있으면 변호사 아닌 자를 변호인으로 선임함을 허가할 수 있다.

제32조(변호인선임의 효력)

① 변호인의 선임은 심급마다 변호인과 연명날인한 서면으로 제출하여야 한다.
② 공소제기 전의 변호인 선임은 제1심에도 그 효력이 있다.

제32조의2(대표변호인)

① 수인의 변호인이 있는 때에는 재판장은 피고인·피의자 또는 변호인의 신청에 의하여 대표변호인을 지정할 수 있고 그 지정을 철회 또는 변경할 수 있다.

② 제1항의 신청이 없는 때에는 재판장은 직권으로 대표변호인을 지정할 수 있고 그 지정을 철회 또는 변경할 수 있다.

③ 대표변호인은 3인을 초과할 수 없다.

④ 대표변호인에 대한 통지 또는 서류의 송달은 변호인 전원에 대하여 효력이 있다.

⑤ 제1항 내지 제4항의 규정은 피의자에게 수인의 변호인이 있는 때에 검사가 대표변호인을 지정하는 경우에 이를 준용한다.

[본조신설 1995.12.29.]

제33조(국선변호인)

① 다음 각 호의 어느 하나에 해당하는 경우에 변호인이 없는 때에는 법원은 직권으로 변호인을 선정하여야 한다. 〈개정 2020.12.8.〉

1. 피고인이 구속된 때
2. 피고인이 미성년자인 때
3. 피고인이 70세 이상인 때
4. 피고인이 듣거나 말하는 데 모두 장애가 있는 사람인 때
5. 피고인이 심신장애가 있는 것으로 의심되는 때
6. 피고인이 사형, 무기 또는 단기 3년 이상의 징역이나 금고에 해당하는 사건으로 기소된 때

② 법원은 피고인이 빈곤이나 그 밖의 사유로 변호인을 선임할 수 없는 경우에 피고인이 청구하면 변호인을 선정하여야 한다. 〈개정 2020.12.8.〉

③ 법원은 피고인의 나이·지능 및 교육 정도 등을 참작하여 권리보호를 위하여 필요하다고 인정하면 피고인의 명시적 의사에 반하지 아니하는 범위에서 변호인을 선정하여야 한다. 〈개정 2020.12.8.〉

[전문개정 2006.7.19.]

폭행·상해·재물손괴·공연음란·업무방해·특수재물손괴
[대법원 2019. 9. 26., 선고, 2019도8531, 판결]

【판시사항】

[1] 형사소송법 제33조의 취지 / 법원이 국선변호인을 반드시 선정해야 하는 사유로 형사소송법 제33조 제1항 제5호에서 정한 '피고인이 심신장애의 의심이 있는 때'의 의미 및 피고인의 의식상태나 사물에 대한 변별능력, 행위통제능력이 결여되거나 저하된 상태로 의심되어 피고인이 공판심리단계에서 효과적으로 방어권을 행사하지 못할 우려가 있다고 인정되는 경우가 이에 포함되는지 여부(적극)

[2] 제1심이 피고인에 대한 폭행, 상해, 재물손괴, 공연음란, 업무방해, 특수재물손괴의 각

공소사실을 모두 유죄로 인정하면서 일부 범행에 대해 심신미약 감경을 한 다음 벌금형을 선고하였고, 이에 대하여 검사만이 양형부당 등을 이유로 항소하였는데, 원심이 검사의 양형부당 주장을 받아들여 제1심판결을 파기하고 피고인에게 징역 10개월을 선고한 사안에서, 원심이 변호인이 선임되지 않은 피고인에 대하여 국선변호인을 선정하지 아니한 채 공판절차를 진행한 조치는 소송절차가 형사소송법에 어긋나 위법하고, 위와 같이 위법한 공판절차에서 이루어진 소송행위는 무효라고 한 사례

【판결요지】

[1] 형사소송법 제33조는 헌법 제12조에 의하여 피고인에게 보장된 변호인의 조력을 받을 권리가 공판심리절차에서 효과적으로 실현될 수 있도록 일정한 경우에 직권 또는 피고인의 청구에 의한 법원의 국선변호인 선정의무를 규정하는 한편(제1항, 제2항), 피고인의 연령·지능 및 교육 정도 등을 참작하여 권리 보호를 위하여 필요하다고 인정되는 때에도 피고인의 명시적 의사에 반하지 아니하는 범위 안에서 법원이 국선변호인을 선정하여야 한다고 규정하고 있다(제3항). 그리고 형사소송법 제282조는 제33조 제1항의 필요적 변호 사건과 제2항, 제3항에 따라 국선변호인이 선정된 사건에 관하여는 변호인 없이 개정하지 못한다고 규정하고 있다.

헌법상 변호인의 조력을 받을 권리와 형사소송법에 국선변호인 제도를 마련한 취지 등에 비추어 보면, 법원이 국선변호인을 반드시 선정해야 하는 사유로 형사소송법 제33조 제1항 제5호에서 정한 '피고인이 심신장애의 의심이 있는 때'란 진단서나 정신감정 등 객관적인 자료에 의하여 피고인의 심신장애 상태를 확신할 수 있거나 그러한 상태로 추단할 수 있는 근거가 있는 경우는 물론, 범행의 경위, 범행의 내용과 방법, 범행 전후 과정에서 보인 행동 등과 아울러 피고인의 연령·지능·교육 정도 등 소송기록과 소명자료에 드러난 제반 사정에 비추어 피고인의 의식상태나 사물에 대한 변별능력, 행위통제능력이 결여되거나 저하된 상태로 의심되어 피고인이 공판심리단계에서 효과적으로 방어권을 행사하지 못할 우려가 있다고 인정되는 경우를 포함한다.

[2] 제1심이 피고인에 대한 폭행, 상해, 재물손괴, 공연음란, 업무방해, 특수재물손괴의 각 공소사실을 모두 유죄로 인정하면서 일부 범행에 대해 심신미약 감경을 한 다음 벌금형을 선고하였고, 이에 대하여 검사만이 양형부당 등을 이유로 항소하였는데, 원심이 검사의 양형부당 주장을 받아들여 제1심판결을 파기하고 피고인에게 징역 10개월을 선고한 사안에서, 범행의 내용, 범행 전후에 나타난 피고인의 이상행동, 구속수감된 이후에도 계속된 피고인의 정신이상 증세, 정신과 전문의의 진단 결과와 약물 처방내역 등 제반 사정을 종합하면, 범행 당시 정신이상 증세로 인한 피고인의 심신장애 상태가 원심 공판심리단계에서도 계속되어 피고인이 공판심리단계에서 효과적으로 방어권을 행사하지 못할 우려가 있었을 가능성을 배제할 수 없고, 이는 형사소송법 제33조 제1항 제5호의 '심신장애의 의심이 있는 때'에 해당하여 형사소송법 제282조, 제33조 제1항 제5호에서 정한 필요적 변호 사건에 해당한다고 볼 여지가 충분할 뿐만 아니라, 같은 법 제33조 제3항에 따라 피고인의 명시적인 의사에 반하지 아니하는 범위 안에서 피고인의 권리 보호를 위해 직권으로 국선변호인을 선정하여야 할 필요성도 있다는 이유로, 원심이 변호인이 선임되지 않은 피고인에 대하여 국선변호인을 선정하지 아니한 채 공판절차를 진행한 조치는 소송절차가 형사소송법에 어긋나 위법하고, 위와 같이 위법한 공판절차에서 이루어진 소송행위는 무효라고 한 사례.

제34조(피고인 · 피의자와의 접견, 교통, 진료)

변호인이나 변호인이 되려는 자는 신체가 구속된 피고인 또는 피의자와 접견하고 서류나 물건을 수수(授受)할 수 있으며 의사로 하여금 피고인이나 피의자를 진료하게 할 수 있다.

[전문개정 2020.12.8.]

제35조(서류·증거물의 열람·복사)

① 피고인과 변호인은 소송계속 중의 관계 서류 또는 증거물을 열람하거나 복사할 수 있다. 〈개정 2016.5.29.〉
② 피고인의 법정대리인, 제28조에 따른 특별대리인, 제29조에 따른 보조인 또는 피고인의 배우자·직계친족·형제자매로서 피고인의 위임장 및 신분관계를 증명하는 문서를 제출한 자도 제1항과 같다.
③ 재판장은 피해자, 증인 등 사건관계인의 생명 또는 신체의 안전을 현저히 해칠 우려가 있는 경우에는 제1항 및 제2항에 따른 열람·복사에 앞서 사건관계인의 성명 등 개인정보가 공개되지 아니하도록 보호조치를 할 수 있다. 〈신설 2016.5.29.〉
④ 제3항에 따른 개인정보 보호조치의 방법과 절차, 그 밖에 필요한 사항은 대법원 규칙으로 정한다. 〈신설 2016.5.29.〉

[전문개정 2007.6.1.] [제목개정 2016.5.29.]

제36조(변호인의 독립소송행위권)

변호인은 독립하여 소송행위를 할 수 있다. 단, 법률에 다른 규정이 있는 때에는 예외로 한다.

제5장 재판

제37조(판결, 결정, 명령)

① 판결은 법률에 다른 규정이 없으면 구두변론(口頭辯論)을 거쳐서 하여야 한다.
② 결정이나 명령은 구두변론을 거치지 아니할 수 있다.
③ 결정이나 명령을 할 때 필요하면 사실을 조사할 수 있다.
④ 제3항의 조사는 부원(部員)에게 명할 수 있고 다른 지방법원의 판사에게 촉탁할 수 있다.

[전문개정 2020.12.8.]

강간

[대법원 2015.12.10, 선고, 2015도11696, 판결]

【판시사항】
[1] 검사의 항소이유가 실질적으로 구두변론을 거쳐 심리되지 않았다고 평가될 경우, 항소

심법원이 검사의 항소이유 주장을 받아들여 피고인에게 불리하게 제1심판결을 변경할 수 있는지 여부(소극)

[2] 검사가 일부 유죄, 일부 무죄가 선고된 제1심판결 전부에 대하여 항소하면서 유죄 부분에 대하여 항소이유를 주장하지 아니한 경우, 항소심이 제1심판결의 형보다 중한 형을 선고할 수 있는지 여부(소극) / 이러한 법리는 검사가 항소장이나 법정기간 내에 제출된 항소이유서에서 유죄 부분에 대하여 양형부당 주장을 하였으나 실질적으로 구두변론을 거쳐 심리되지 아니한 경우에도 마찬가지로 적용되는지 여부(적극)

【판결요지】

[1] 공판중심주의를 실현하고 이를 통하여 피고인의 방어권을 실질적으로 보장하기 위하여 마련된 형사소송법 제37조 제1항, 제275조의3, 제285조, 제286조 제1항, 제287조, 제370조, 형사소송규칙 제156조의3 제1항, 제2항, 제156조의4, 제156조의7에 비추어 볼 때, 검사가 공판정에서 구두변론을 통해 항소이유를 주장하지 않았고 피고인도 그에 대한 적절한 방어권을 행사하지 못하는 등 검사의 항소이유가 실질적으로 구두변론을 거쳐 심리되지 않았다고 평가될 경우, 항소심법원이 검사의 항소이유 주장을 받아들여 피고인에게 불리하게 제1심판결을 변경하는 것은 허용되지 않는다.

[2] 검사가 일부 유죄, 일부 무죄가 선고된 제1심판결 전부에 대하여 항소하면서 유죄 부분에 대하여는 아무런 항소이유도 주장하지 않은 경우에는, 유죄 부분에 대하여 법정기간 내에 항소이유서를 제출하지 않은 것이 되고, 그 경우 설령 제1심의 양형이 가벼워 부당하다 하더라도 그와 같은 사유는 형사소송법 제361조의4 제1항 단서의 직권조사사유나 같은 법 제364조 제2항의 직권심판사항에 해당하지 않으므로, 항소심이 제1심판결의 형보다 중한 형을 선고하는 것은 허용되지 않는데, 이러한 법리는 검사가 유죄 부분에 대하여 아무런 항소이유를 주장하지 않은 경우뿐만 아니라 검사가 항소장이나 법정기간 내에 제출된 항소이유서에서 유죄 부분에 대하여 양형부당 주장을 하였으나, 항소이유 주장이 실질적으로 구두변론을 거쳐 심리되지 아니한 경우에도 마찬가지로 적용된다.

제38조(재판서의 방식)

재판은 법관이 작성한 재판서에 의하여야 한다. 단, 결정 또는 명령을 고지하는 경우에는 재판서를 작성하지 아니하고 조서에만 기재하여 할 수 있다.

제39조(재판의 이유)

재판에는 이유를 명시하여야 한다. 단, 상소를 불허하는 결정 또는 명령은 예외로 한다.

제40조(재판서의 기재요건)

① 재판서에는 법률에 다른 규정이 없으면 재판을 받는 자의 성명, 연령, 직업과 주거를 기재하여야 한다.
② 재판을 받는 자가 법인인 때에는 그 명칭과 사무소를 기재하여야 한다.
③ 판결서에는 기소한 검사와 공판에 관여한 검사의 관직, 성명과 변호인의 성명을

기재하여야 한다. 〈개정 2011.7.18.〉

제41조(재판서의 서명 등)
① 재판서에는 재판한 법관이 서명날인하여야 한다.
② 재판장이 서명날인할 수 없는 때에는 다른 법관이 그 사유를 부기하고 서명날인하여야 하며 다른 법관이 서명날인할 수 없는 때에는 재판장이 그 사유를 부기하고 서명날인하여야 한다.
③ 판결서 기타 대법원규칙이 정하는 재판서를 제외한 재판서에 대하여는 제1항 및 제2항의 서명날인에 갈음하여 기명날인할 수 있다. 〈신설 1995.12.29.〉

제42조(재판의 선고, 고지의 방식)
재판의 선고 또는 고지는 공판정에서는 재판서에 의하여야 하고 기타의 경우에는 재판서등본의 송달 또는 다른 적당한 방법으로 하여야 한다. 단, 법률에 다른 규정이 있는 때에는 예외로 한다.

제43조(동전)
재판의 선고 또는 고지는 재판장이 한다. 판결을 선고함에는 주문을 낭독하고 이유의 요지를 설명하여야 한다.

제44조(검사의 집행지휘를 요하는 사건)
검사의 집행지휘를 요하는 재판은 재판서 또는 재판을 기재한 조서의 등본 또는 초본을 재판의 선고 또는 고지한 때로부터 10일 이내에 검사에게 송부하여야 한다. 단, 법률에 다른 규정이 있는 때에는 예외로 한다. 〈개정 1961.9.1.〉

제45조(재판서의 등본, 초본의 청구)
피고인 기타의 소송관계인은 비용을 납입하고 재판서 또는 재판을 기재한 조서의 등본 또는 초본의 교부를 청구할 수 있다.

제46조(재판서의 등, 초본의 작성)
재판서 또는 재판을 기재한 조서의 등본 또는 초본은 원본에 의하여 작성하여야 한다. 단, 부득이한 경우에는 등본에 의하여 작성할 수 있다.

제6장 서류

제47조(소송서류의 비공개)
소송에 관한 서류는 공판의 개정 전에는 공익상 필요 기타 상당한 이유가 없으면 공개하지 못한다.

제48조(조서의 작성 방법)
① 피고인, 피의자, 증인, 감정인, 통역인 또는 번역인을 신문(訊問)하는 때에는 신문에 참여한 법원사무관등이 조서를 작성하여야 한다.
② 조서에는 다음 각 호의 사항을 기재하여야 한다.
  1. 피고인, 피의자, 증인, 감정인, 통역인 또는 번역인의 진술
  2. 증인, 감정인, 통역인 또는 번역인이 선서를 하지 아니한 때에는 그 사유
③ 조서는 진술자에게 읽어 주거나 열람하게 하여 기재 내용이 정확한지를 물어야 한다.
④ 진술자가 조서에 대하여 추가, 삭제 또는 변경의 청구를 한 때에는 그 진술내용을 조서에 기재하여야 한다.
⑤ 신문에 참여한 검사, 피고인, 피의자 또는 변호인이 조서 기재 내용의 정확성에 대하여 이의(異議)를 진술한 때에는 그 진술의 요지를 조서에 기재하여야 한다.
⑥ 제5항의 경우 재판장이나 신문한 법관은 그 진술에 대한 의견을 기재하게 할 수 있다.
⑦ 조서에는 진술자로 하여금 간인(間印)한 후 서명날인하게 하여야 한다. 다만, 진술자가 서명날인을 거부한 때에는 그 사유를 기재하여야 한다.
[전문개정 2020.12.8.]

제49조(검증 등의 조서)
① 검증, 압수 또는 수색에 관하여는 조서를 작성하여야 한다.
② 검증조서에는 검증목적물의 현장을 명확하게 하기 위하여 도화나 사진을 첨부할 수 있다.
③ 압수조서에는 품종, 외형상의 특징과 수량을 기재하여야 한다.

제50조(각종 조서의 기재요건)
전2조의 조서에는 조사 또는 처분의 연월일시와 장소를 기재하고 그 조사 또는 처분을 행한 자와 참여한 법원사무관등이 기명날인 또는 서명하여야 한다. 단, 공판기일 외에 법원이 조사 또는 처분을 행한 때에는 재판장 또는 법관과 참여한 법원사무관등이 기명날인 또는 서명하여야 한다. 〈개정 2007.6.1.〉

제51조(공판조서의 기재요건)
① 공판기일의 소송절차에 관하여는 참여한 법원사무관등이 공판조서를 작성하여야 한다. 〈개정 2007.6.1.〉
② 공판조서에는 다음 사항 기타 모든 소송절차를 기재하여야 한다. 〈개정 2007.6.1.〉
  1. 공판을 행한 일시와 법원

2. 법관, 검사, 법원사무관등의 관직, 성명
3. 피고인, 대리인, 대표자, 변호인, 보조인과 통역인의 성명
4. 피고인의 출석여부
5. 공개의 여부와 공개를 금한 때에는 그 이유
6. 공소사실의 진술 또는 그를 변경하는 서면의 낭독
7. 피고인에게 그 권리를 보호함에 필요한 진술의 기회를 준 사실과 그 진술한 사실
8. 제48조제2항에 기재한 사항
9. 증거조사를 한 때에는 증거 될 서류, 증거물과 증거조사의 방법
10. 공판정에서 행한 검증 또는 압수
11. 변론의 요지
12. 재판장이 기재를 명한 사항 또는 소송관계인의 청구에 의하여 기재를 허가한 사항
13. 피고인 또는 변호인에게 최종 진술할 기회를 준 사실과 그 진술한 사실
14. 판결 기타의 재판을 선고 또는 고지한 사실

제52조(공판조서작성상의 특례)

공판조서 및 공판기일외의 증인신문조서에는 제48조제3항 내지 제7항의 규정에 의하지 아니한다. 단, 진술자의 청구가 있는 때에는 그 진술에 관한 부분을 읽어주고 증감변경의 청구가 있는 때에는 그 진술을 기재하여야 한다. 〈개정 1995.12.29.〉

제53조(공판조서의 서명 등)

① 공판조서에는 재판장과 참여한 법원사무관등이 기명날인 또는 서명하여야 한다. 〈개정 2007.6.1.〉
② 재판장이 기명날인 또는 서명할 수 없는 때에는 다른 법관이 그 사유를 부기하고 기명날인 또는 서명하여야 하며 법관전원이 기명날인 또는 서명할 수 없는 때에는 참여한 법원사무관등이 그 사유를 부기하고 기명날인 또는 서명하여야 한다. 〈개정 2007.6.1.〉
③ 법원사무관등이 기명날인 또는 서명할 수 없는 때에는 재판장 또는 다른 법관이 그 사유를 부기하고 기명날인 또는 서명하여야 한다. 〈개정 2007.6.1.〉

제54조(공판조서의 정리 등)

① 공판조서는 각 공판기일 후 신속히 정리하여야 한다. 〈개정 2007.6.1.〉
② 다음 회의 공판기일에 있어서는 전회의 공판심리에 관한 주요사항의 요지를 조서에 의하여 고지하여야 한다. 다만, 다음 회의 공판기일까지 전회의 공판조서가 정리되지 아니한 때에는 조서에 의하지 아니하고 고지할 수 있다. 〈개정 2007.6.1.〉
③ 검사, 피고인 또는 변호인은 공판조서의 기재에 대하여 변경을 청구하거나 이의를 제기할 수 있다. 〈개정 2007.6.1.〉
④ 제3항에 따른 청구나 이의가 있는 때에는 그 취지와 이에 대한 재판장의 의견을 기재한 조서를 당해 공판조서에 첨부하여야 한다. 〈신설 2007.6.1.〉

제55조(피고인의 공판조서열람권등)
① 피고인은 공판조서의 열람 또는 등사를 청구할 수 있다. 〈개정 1995.12.29.〉
② 피고인이 공판조서를 읽지 못하는 때에는 공판조서의 낭독을 청구할 수 있다. 〈개정 1995.12.29.〉
③ 전2항의 청구에 응하지 아니한 때에는 그 공판조서를 유죄의 증거로 할 수 없다.

무고
[대법원 2014. 8. 28., 선고, 2014도4496, 판결]

【판시사항】
[1] 피고인이 시각장애인인 경우, 형사소송법 제33조 제3항에 의하여 국선변호인을 선정할 필요가 있는지 판단하는 기준
[2] 형사소송법 제33조 제3항에 의하여 선정된 국선변호인의 경우, 국선변호인의 항소이유서 제출기간

【판결요지】
[1] 헌법상 변호인의 조력을 받을 권리를 비롯한 형사소송법(이하 '법'이라 한다) 제33조, 형사소송규칙 제156조의2 제1항, 국선변호에 관한 예규 제6조 제2항, 제8조 제1항의 규정 및 국선변호인 제도의 취지와, 피고인이 시각장애인인 경우에는 공소장 부본을 송달받을 권리(법 제266조), 소송계속 중의 관계 서류나 증거물 또는 공판조서의 열람·등사청구권(법 제35조 제1항, 제55조 제1항) 등 법이 피고인에게 보장하고 있는 권리를 자력으로 행사하기 곤란할 것임에도 소송계속 중의 관계 서류 등이 점자자료로 작성되어 제공되고 있지 아니한 현행 형사소송실무상 이를 제대로 확인하지 못한 채 공판심리에 임하게 됨으로써 효과적인 방어권을 행사하지 못할 가능성이 높은 점 등에 비추어, 법원으로서는 피고인이 시각장애인인 경우 장애의 정도를 비롯하여 연령·지능·교육 정도 등을 확인한 다음 권리보호를 위하여 필요하다고 인정하는 때에는 법 제33조 제3항의 규정에 의하여 피고인의 명시적 의사에 반하지 아니하는 범위 안에서 국선변호인을 선정하여 방어권을 보장해 줄 필요가 있다.
[2] 법원이 형사소송법(이하 '법'이라 한다) 제33조 제3항에 의하여 국선변호인을 선정한 경우에는 그 변호인에게 소송기록접수통지를 함으로써, 변호인이 통지를 받은 날로부터 소정의 기간 내에 피고인을 위하여 항소이유서를 작성·제출할 수 있도록 하여 변호인의 조력을 받을 피고인의 권리를 보호하여야 하고, 또한 법 제361조의3, 제364조 등의 규정에 의하면 항소심의 구조는 피고인 또는 변호인이 법정기간 내에 제출한 항소이유서에 의하여 심판되는 것이므로 항소이유서가 제출되었더라도 항소이유서 제출기간의 경과를 기다리지 않고는 항소사건을 심판할 수 없고, 법 제33조 제3항의 규정에 의하여 선정된 국선변호인의 경우에도 국선변호인의 항소이유서 제출기간 만료 시까지 항소이유서를 제출하거나 수정·추가 등을 할 수 있는 권리는 마찬가지로 보호되어야 한다.

제56조(공판조서의 증명력)
공판기일의 소송절차로서 공판조서에 기재된 것은 그 조서만으로써 증명한다.

제56조의2(공판정에서의 속기·녹음 및 영상녹화)

① 법원은 검사, 피고인 또는 변호인의 신청이 있는 때에는 특별한 사정이 없는 한 공판정에서의 심리의 전부 또는 일부를 속기사로 하여금 속기하게 하거나 녹음 장치 또는 영상녹화장치를 사용하여 녹음 또는 영상녹화(녹음이 포함된 것을 말한다. 이하 같다)하여야 하며, 필요하다고 인정하는 때에는 직권으로 이를 명할 수 있다.

② 법원은 속기록·녹음물 또는 영상녹화물을 공판조서와 별도로 보관하여야 한다.

③ 검사, 피고인 또는 변호인은 비용을 부담하고 제2항에 따른 속기록·녹음물 또는 영상녹화물의 사본을 청구할 수 있다.

[전문개정 2007.6.1.]

제57조(공무원의 서류)

① 공무원이 작성하는 서류에는 법률에 다른 규정이 없는 때에는 작성 연월일과 소속공무소를 기재하고 기명날인 또는 서명하여야 한다. 〈개정 2007.6.1.〉

② 서류에는 간인하거나 이에 준하는 조치를 하여야 한다. 〈개정 1995.12.29.〉

③ 삭제 〈2007.6.1.〉

제58조(공무원의 서류)

① 공무원이 서류를 작성함에는 문자를 변개하지 못한다.

② 삽입, 삭제 또는 난외기재를 할 때에는 이 기재한 곳에 날인하고 그 자수를 기재하여야 한다. 단, 삭제한 부분은 해득할 수 있도록 자체를 존치하여야 한다.

제59조(비공무원의 서류)

공무원 아닌 자가 작성하는 서류에는 연월일을 기재하고 기명날인 또는 서명하여야 한다. 인장이 없으면 지장으로 한다. 〈개정 2017.12.12.〉

제59조의2(재판확정기록의 열람·등사)

① 누구든지 권리구제·학술연구 또는 공익적 목적으로 재판이 확정된 사건의 소송기록을 보관하고 있는 검찰청에 그 소송기록의 열람 또는 등사를 신청할 수 있다.

② 검사는 다음 각 호의 어느 하나에 해당하는 경우에는 소송기록의 전부 또는 일부의 열람 또는 등사를 제한할 수 있다. 다만, 소송관계인이나 이해관계 있는 제3자가 열람 또는 등사에 관하여 정당한 사유가 있다고 인정되는 경우에는 그러하지 아니하다.

1. 심리가 비공개로 진행된 경우
2. 소송기록의 공개로 인하여 국가의 안전보장, 선량한 풍속, 공공의 질서유지 또는 공공복리를 현저히 해할 우려가 있는 경우
3. 소송기록의 공개로 인하여 사건관계인의 명예나 사생활의 비밀 또는 생명·신체의

안전이나 생활의 평온을 현저히 해할 우려가 있는 경우

4. 소송기록의 공개로 인하여 공범관계에 있는 자 등의 증거인멸 또는 도주를 용이하게 하거나 관련 사건의 재판에 중대한 영향을 초래할 우려가 있는 경우

5. 소송기록의 공개로 인하여 피고인의 개선이나 갱생에 현저한 지장을 초래할 우려가 있는 경우

6. 소송기록의 공개로 인하여 사건관계인의 영업비밀(「부정경쟁방지 및 영업비밀보호에 관한 법률」 제2조제2호의 영업비밀을 말한다)이 현저하게 침해될 우려가 있는 경우

7. 소송기록의 공개에 대하여 당해 소송관계인이 동의하지 아니하는 경우

③ 검사는 제2항에 따라 소송기록의 열람 또는 등사를 제한하는 경우에는 신청인에게 그 사유를 명시하여 통지하여야 한다.

④ 검사는 소송기록의 보존을 위하여 필요하다고 인정하는 경우에는 그 소송기록의 등본을 열람 또는 등사하게 할 수 있다. 다만, 원본의 열람 또는 등사가 필요한 경우에는 그러하지 아니하다.

⑤ 소송기록을 열람 또는 등사한 자는 열람 또는 등사에 의하여 알게 된 사항을 이용하여 공공의 질서 또는 선량한 풍속을 해하거나 피고인의 개선 및 갱생을 방해하거나 사건관계인의 명예 또는 생활의 평온을 해하는 행위를 하여서는 아니 된다.

⑥ 제1항에 따라 소송기록의 열람 또는 등사를 신청한 자는 열람 또는 등사에 관한 검사의 처분에 불복하는 경우에는 당해 기록을 보관하고 있는 검찰청에 대응한 법원에 그 처분의 취소 또는 변경을 신청할 수 있다.

⑦ 제418조 및 제419조는 제6항의 불복신청에 관하여 준용한다.

[본조신설 2007.6.1.]

제59조의3(확정 판결서등의 열람·복사)

① 누구든지 판결이 확정된 사건의 판결서 또는 그 등본, 증거목록 또는 그 등본, 그 밖에 검사나 피고인 또는 변호인이 법원에 제출한 서류·물건의 명칭·목록 또는 이에 해당하는 정보(이하 "판결서등"이라 한다)를 보관하는 법원에서 해당 판결서등을 열람 및 복사(인터넷, 그 밖의 전산정보처리시스템을 통한 전자적 방법을 포함한다. 이하 이 조에서 같다)할 수 있다. 다만, 다음 각 호의 어느 하나에 해당하는 경우에는 판결서등의 열람 및 복사를 제한할 수 있다.

1. 심리가 비공개로 진행된 경우

2. 「소년법」 제2조에 따른 소년에 관한 사건인 경우

3. 공범관계에 있는 자 등의 증거인멸 또는 도주를 용이하게 하거나 관련 사건의 재판에 중대한 영향을 초래할 우려가 있는 경우

4. 국가의 안전보장을 현저히 해할 우려가 명백하게 있는 경우

5. 제59조의2제2항제3호 또는 제6호의 사유가 있는 경우. 다만, 소송관계인의 신청이 있는 경우에 한정한다.

② 법원사무관등이나 그 밖의 법원공무원은 제1항에 따른 열람 및 복사에 앞서 판

결서등에 기재된 성명 등 개인정보가 공개되지 아니하도록 대법원규칙으로 정하는 보호조치를 하여야 한다.

③ 제2항에 따른 개인정보 보호조치를 한 법원사무관등이나 그 밖의 법원공무원은 고의 또는 중대한 과실로 인한 것이 아니면 제1항에 따른 열람 및 복사와 관련하여 민사상·형사상 책임을 지지 아니한다.

④ 열람 및 복사에 관하여 정당한 사유가 있는 소송관계인이나 이해관계 있는 제3자는 제1항 단서에도 불구하고 제1항 본문에 따른 법원의 법원사무관등이나 그 밖의 법원공무원에게 판결서등의 열람 및 복사를 신청할 수 있다. 이 경우 법원사무관등이나 그 밖의 법원공무원의 열람 및 복사에 관한 처분에 불복하는 경우에는 제1항 본문에 따른 법원에 처분의 취소 또는 변경을 신청할 수 있다.

⑤ 제4항의 불복신청에 대하여는 제417조 및 제418조를 준용한다.

⑥ 판결서등의 열람 및 복사의 방법과 절차, 개인정보 보호조치의 방법과 절차, 그 밖에 필요한 사항은 대법원규칙으로 정한다.

[본조신설 2011.7.18.]

제7장 송달

제60조(송달받기 위한 신고)

① 피고인, 대리인, 대표자, 변호인 또는 보조인이 법원 소재지에 서류의 송달을 받을 수 있는 주거 또는 사무소를 두지 아니한 때에는 법원 소재지에 주거 또는 사무소 있는 자를 송달영수인으로 선임하여 연명한 서면으로 신고하여야 한다.

② 송달영수인은 송달에 관하여 본인으로 간주하고 그 주거 또는 사무소는 본인의 주거 또는 사무소로 간주한다.

③ 송달영수인의 선임은 같은 지역에 있는 각 심급법원에 대하여 효력이 있다.

④ 전3항의 규정은 신체구속을 당한 자에게 적용하지 아니한다.

제61조(우체에 부치는 송달)

① 주거, 사무소 또는 송달영수인의 선임을 신고하여야 할 자가 그 신고를 하지 아니하는 때에는 법원사무관등은 서류를 우체에 부치거나 기타 적당한 방법에 의하여 송달할 수 있다. 〈개정 2007.6.1.〉

② 서류를 우체에 부친 경우에는 도달된 때에 송달된 것으로 간주한다.

제62조(검사에 대한 송달)

검사에 대한 송달은 서류를 소속검찰청에 송부하여야 한다.

제63조(공시송달의 원인)

① 피고인의 주거, 사무소와 현재지를 알 수 없는 때에는 공시송달을 할 수 있다.

② 피고인이 재판권이 미치지 아니하는 장소에 있는 경우에 다른 방법으로 송달할 수 없는 때에도 전항과 같다.

상소권회복기각결정에대한재항고

[대법원 2022. 5. 26., 자, 2022모439, 결정]

【판시사항】

[1] 형사피고사건으로 법원에 재판이 계속 중인 사람은 공소제기 당시의 주소지나 그 후 신고한 주소지를 옮길 때 새로운 주소지를 법원에 신고하거나 기타 소송 진행 상태를 알 수 있는 방법을 강구하여야 하는지 여부(적극)

[2] 피고인이 재판이 계속 중인 사실을 알면서도 새로운 주소지 등을 법원에 신고하는 등 조치를 하지 않아 소환장이 송달불능되었더라도, 법원이 기록에 나타난 주민등록지 이외의 주소, 피고인의 집 전화번호 또는 휴대전화번호로 연락하여 송달받을 장소를 확인하여 보는 등의 시도를 하지 않고 곧바로 공시송달 방법으로 송달하는 것이 허용되는지 여부(소극) 및 잘못된 공시송달에 터 잡아 피고인의 진술 없이 공판이 진행되고 피고인이 출석하지 않은 기일에 판결이 선고된 경우, 피고인은 자기 또는 대리인이 책임질 수 없는 사유로 상소 제기기간 내에 상소를 하지 못한 것인지 여부(적극) / 공시송달에 의한 소환을 함에 있어서도 공시송달 요건의 엄격한 준수가 요구되는지 여부(적극)

【판결요지】

[1] 형사소송법 제345조의 상소권회복청구는 자기 또는 대리인이 책임질 수 없는 사유로 상소 제기기간 내에 상소를 하지 못한 경우에만 청구할 수 있다. 형사피고사건으로 법원에 재판이 계속 중인 사람은 공소제기 당시의 주소지나 그 후 신고한 주소지를 옮길 때 새로운 주소지를 법원에 신고하거나 기타 소송 진행 상태를 알 수 있는 방법을 강구하여야 하고, 만일 이러한 조치를 하지 않았다면 특별한 사정이 없는 한 소송서류가 송달되지 않아서 공판기일에 출석하지 못하거나 판결 선고사실을 알지 못하여 상소 제기기간을 도과하는 등 불이익을 면할 수 없다.

[2] 피고인이 재판이 계속 중인 사실을 알면서도 새로운 주소지 등을 법원에 신고하는 등 조치를 하지 않아 소환장이 송달불능되었더라도, 법원은 기록에 주민등록지 이외의 주소가 나타나 있고 피고인의 집 전화번호 또는 휴대전화번호 등이 나타나 있는 경우에는 위 주소지 및 전화번호로 연락하여 송달받을 장소를 확인하여 보는 등의 시도를 해 보아야 하고, 그러한 조치 없이 곧바로 공시송달 방법으로 송달하는 것은 형사소송법 제63조 제1항, 소송촉진 등에 관한 특례법 제23조에 위배되어 허용되지 아니하는데, 이처럼 허용되지 아니하는 잘못된 공시송달에 터 잡아 피고인의 진술 없이 공판이 진행되고 피고인이 출석하지 않은 기일에 판결이 선고된 경우에는, 피고인은 자기 또는 대리인이 책임질 수 없는 사유로 상소 제기기간 내에 상소를 하지 못한 것으로 봄이 타당하다.
민사소송과 달리 형사소송에서는, 피고인이 공판기일에 출석하지 아니한 때에는 특별한 규정이 없으면 개정하지 못하는 것이 원칙이고(형사소송법 제276조), 소송촉진 등에 관한 특례법 제23조, 소송촉진 등에 관한 특례규칙 제19조에 의하여 예외적으로 제1심 공판절차에서 피고인 불출석 상태에서의 재판이 허용되지만, 이는 피고인에게 공판기일

소환장이 적법하게 송달되었음을 전제로 하기 때문에 공시송달에 의한 소환을 함에 있어서도 공시송달 요건의 엄격한 준수가 요구된다.

제64조(공시송달의 방식)

① 공시송달은 대법원규칙의 정하는 바에 의하여 법원이 명한 때에 한하여 할 수 있다.

② 공시송달은 법원사무관등이 송달할 서류를 보관하고 그 사유를 법원게시장에 공시하여야 한다. 〈개정 1961.9.1., 2007.6.1.〉

③ 법원은 전항의 사유를 관보나 신문지상에 공고할 것을 명할 수 있다. 〈개정 1961.9.1.〉

④ 최초의 공시송달은 제2항의 공시를 한 날로부터 2주일을 경과하면 그 효력이 생긴다. 단, 제2회이후의 공시송달은 5일을 경과하면 그 효력이 생긴다. 〈개정 1961.9.1.〉

제65조(「민사소송법」의 준용)

서류의 송달에 관하여 법률에 다른 규정이 없는 때에는 「민사소송법」을 준용한다. 〈개정 2007.6.1.〉

[제목개정 2007.6.1.]

사기

[대법원 2018. 11. 29., 선고, 2018도13377, 판결]

【판시사항】

[1] 피고인에 대한 공판기일 소환은 형사소송법이 정한 소환장의 송달 또는 이와 동일한 효력이 있는 방법에 의하여야 하는지 여부(적극)

[2] 피고인이 원심 공판기일에 불출석하자, 검사가 피고인과 통화하여 피고인이 변호인으로 선임한 甲 변호사의 사무소로 송달을 원하고 있음을 확인하고 피고인의 주소를 甲 변호사 사무소로 기재한 주소보정서를 원심에 제출하였는데, 그 후 甲 변호사가 사임하고 새로이 乙 변호사가 변호인으로 선임된 사안에서, 원심이 피고인에 대한 공판기일소환장 등을 甲 변호사 사무소로 발송하여 그 사무소 직원이 수령하였더라도 형사소송법이 정한 적법한 방법으로 피고인의 소환이 이루어졌다고 볼 수 없다고 한 사례

【판결요지】

[1] 형사소송법은 피고인을 소환함에 있어서는 법률이 정한 방식에 따라 작성된 소환장을 송달하여야 한다고 정하면서(제73조, 제74조, 제76조 제1항), 다만 피고인이 기일에 출석한다는 서면을 제출하거나 출석한 피고인에 대하여 차회기일을 정하여 출석을 명한 때, 구금된 피고인에 대하여 교도관을 통하여 소환통지를 한 때, 법원의 구내에 있는 피고인에 대하여 공판기일을 통지한 때 등에는 소환장의 송달과 동일한 효력을 인정하고 있다(제76조 제2항 내지 제5항, 제268조). 위와 같은 관련 규정의 문언과 취지, 그리고 피고인과 달리 공판기일 출석의무가 없는 검사·변호인 등의 소송관계인에 대해서는 소환을 하는 대신 공판기일을 통지하도록 하고 있는 점(형사소송법 제267조

제3항) 등을 종합하면, 피고인에 대한 공판기일 소환은 형사소송법이 정한 소환장의 송달 또는 이와 동일한 효력이 있는 방법에 의하여야 하고, 그 밖의 방법에 의한 사실상의 기일의 고지 또는 통지 등은 적법한 피고인 소환이라고 할 수 없다.

[2] 피고인이 원심 공판기일에 불출석하자, 검사가 피고인과 통화하여 피고인이 변호인으로 선임한 甲 변호사의 사무소로 송달을 원하고 있음을 확인하고 피고인의 주소를 甲 변호사 사무소로 기재한 주소보정서를 원심에 제출하였는데, 그 후 甲 변호사가 사임하고 새로이 乙 변호사가 변호인으로 선임된 사안에서, 검사가 피고인의 주소로서 보정한 甲 변호사 사무소는 피고인의 주소, 거소, 영업소 또는 사무소 등의 송달장소가 아니고, 피고인이 형사소송법 제60조에 따라 송달영수인과 연명하여 서면으로 신고한 송달영수인의 주소에도 해당하지 아니하며, 달리 그곳이 피고인에 대한 적법한 송달장소에 해당한다고 볼 자료가 없으므로, 원심이 피고인에 대한 공판기일소환장 등을 甲 변호사 사무소로 발송하여 그 사무소 직원이 수령하였더라도 형사소송법이 정한 적법한 방법으로 피고인의 소환이 이루어졌다고 볼 수 없다는 이유로, 이와 달리 본 원심의 조치에 소송절차에 관한 법령을 위반한 잘못이 있다고 한 사례.

제8장 기간

제66조(기간의 계산)
① 기간의 계산에 관하여는 시(時)로 계산하는 것은 즉시(卽時)부터 기산하고 일(日), 월(月) 또는 연(年)으로 계산하는 것은 초일을 산입하지 아니한다. 다만, 시효(時效)와 구속기간의 초일은 시간을 계산하지 아니하고 1일로 산정한다.
② 연 또는 월로 정한 기간은 연 또는 월 단위로 계산한다.
③ 기간의 말일이 공휴일이거나 토요일이면 그날은 기간에 산입하지 아니한다. 다만, 시효와 구속기간에 관하여는 예외로 한다.
[전문개정 2020.12.8.]

제67조(법정기간의 연장)
법정기간은 소송행위를 할 자의 주거 또는 사무소의 소재지와 법원 또는 검찰청 소재지와의 거리 및 교통통신의 불편정도에 따라 대법원규칙으로 이를 연장할 수 있다.
[전문개정 1995.12.29.]

제9장 피고인의 소환, 구속

제68조(소환)
법원은 피고인을 소환할 수 있다.

제69조(구속의 정의)
본법에서 구속이라 함은 구인과 구금을 포함한다.

제70조(구속의 사유)
① 법원은 피고인이 죄를 범하였다고 의심할 만한 상당한 이유가 있고 다음 각 호의 1에 해당하는 사유가 있는 경우에는 피고인을 구속할 수 있다. 〈개정 1995.12.29.〉
   1. 피고인이 일정한 주거가 없는 때
   2. 피고인이 증거를 인멸할 염려가 있는 때
   3. 피고인이 도망하거나 도망할 염려가 있는 때
② 법원은 제1항의 구속사유를 심사함에 있어서 범죄의 중대성, 재범의 위험성, 피해자 및 중요 참고인 등에 대한 위해우려 등을 고려하여야 한다. 〈신설 2007.6.1.〉
③ 다액 50만원이하의 벌금, 구류 또는 과료에 해당하는 사건에 관하여는 제1항제1호의 경우를 제한 외에는 구속할 수 없다. 〈개정 1973.1.25., 1995.12.29., 2007.6.1.〉

성폭력범죄의처벌등에관한특례법위반(업무상위력등에의한추행)
[대법원 2016. 11. 10., 선고, 2016도7622, 판결]

【판시사항】
제1심법원이 집행유예를 선고하였으나 검사만이 양형부당을 이유로 항소한 사안에서 항소심이 변호인이 선임되지 않은 피고인에 대하여 검사의 항소를 받아들여 형을 선고하는 경우, 바람직한 국선변호인 선정 방법

【판결요지】
헌법 제12조 제4항은 "누구든지 체포 또는 구속을 당한 때에는 즉시 변호인의 조력을 받을 권리를 가진다."라고 규정하고 있고, 형사소송법은 헌법에 의하여 보장된 변호인의 조력을 받을 권리를 보장하기 위해 구속 전 피의자심문 단계에서 "심문할 피의자에게 변호인이 없는 때에는 직권으로 변호인을 선정하여야 한다."라고 규정하고 있으며(제201조의2 제8항), '피고인이 구속된 때에 변호인이 없으면 법원이 직권으로 변호인을 선정하여야 한다.'고 규정하고 있다(제33조 제1항 제1호). 이와 같은 헌법상 변호인의 조력을 받을 권리와 형사소송법의 여러 규정, 특히 형사소송법 제70조 제1항, 제201조 제1항에 의하면 구속사유는 피고인의 구속과 피의자의 구속에 공통되고, 피고인의 경우에도 구속사유에 관하여 변호인의 조력을 받을 필요가 있는 점 및 국선변호인 제도의 취지 등에 비추어 보면, 피고인에 대하여 제1심법원이 집행유예를 선고하였으나 검사만이 양형부당을 이유로 항소한 사안에서 항소심이 변호인이 선임되지 않은 피고인에 대하여 검사의 양형부당 항소를 받아들여 형을 선고하는 경우에는 판결 선고 후 피고인을 법정구속한 뒤에 비로소 국선변호인을 선정하는 것보다는, 피고인의 권리보호를 위해 판결 선고 전 공판심리 단계에서부터 형사소송법 제33조 제3항에 따라 피고인의 명시적 의사에 반하지 아니하는 범위 안에서 국선변호인을 선정해 주는 것이 바람직하다.

제71조(구인의 효력)
구인한 피고인을 법원에 인치한 경우에 구금할 필요가 없다고 인정한 때에는 그 인치한 때로부터 24시간 내에 석방하여야 한다.

제71조의2(구인 후의 유치)
법원은 인치받은 피고인을 유치할 필요가 있는 때에는 교도소·구치소 또는 경찰서 유치장에 유치할 수 있다. 이 경우 유치기간은 인치한 때부터 24시간을 초과할 수 없다. [본조신설 2007.6.1.]

제72조(구속과 이유의 고지)
피고인에 대하여 범죄사실의 요지, 구속의 이유와 변호인을 선임할 수 있음을 말하고 변명할 기회를 준 후가 아니면 구속할 수 없다 다만, 피고인이 도망한 경우에는 그러하지 아니하다. 〈개정 1987.11.28., 2007.6.1.〉

제72조의2(고지의 방법)
① 법원은 합의부원으로 하여금 제72조의 절차를 이행하게 할 수 있다. 〈개정 2021.8.17.〉
② 법원은 피고인이 출석하기 어려운 특별한 사정이 있고 상당하다고 인정하는 때에는 검사와 변호인의 의견을 들어 비디오 등 중계장치에 의한 중계시설을 통하여 제72조의 절차를 진행할 수 있다. 〈신설 2021.8.17.〉
[본조신설 2014.10.15.] [제목개정 2021.8.17.]

제73조(영장의 발부)
피고인을 소환함에는 소환장을, 구인 또는 구금함에는 구속영장을 발부하여야 한다.

제74조(소환장의 방식)
소환장에는 피고인의 성명, 주거, 죄명, 출석일시, 장소와 정당한 이유없이 출석하지 아니하는 때에는 도망할 염려가 있다고 인정하여 구속영장을 발부할 수 있음을 기재하고 재판장 또는 수명법관이 기명날인 또는 서명하여야 한다. 〈개정 1995.12.29., 2017.12.12.〉

제75조(구속영장의 방식)
① 속영장에는 피고인의 성명, 주거, 죄명, 공소사실의 요지, 인치 구금할 장소, 발부년월일, 그 유효기간과 그 기간을 경과하면 집행에 착수하지 못하며 영장을 반환하여야 할 취지를 기재하고 재판장 또는 수명법관이 서명날인하여야 한다.
② 피고인의 성명이 분명하지 아니한 때에는 인상, 체격, 기타 피고인을 특정할 수 있는 사항으로 피고인을 표시할 수 있다.

③ 피고인의 주거가 분명하지 아니한 때에는 그 주거의 기재를 생략할 수 있다.

제76조(소환장의 송달)

① 소환장은 송달하여야 한다.

② 피고인이 기일에 출석한다는 서면을 제출하거나 출석한 피고인에 대하여 차회기일을 정하여 출석을 명한 때에는 소환장의 송달과 동일한 효력이 있다.

③ 전항의 출석을 명한 때에는 그 요지를 조서에 기재하여야 한다.

④ 구금된 피고인에 대하여는 교도관에게 통지하여 소환한다. 〈개정 1963.12.13., 2007.6.1.〉

⑤ 피고인이 교도관으로부터 소환통지를 받은 때에는 소환장의 송달과 동일한 효력이 있다. 〈개정 1963.12.13., 2007.6.1.〉

제77조(구속의 촉탁)

① 법원은 피고인의 현재지의 지방법원판사에게 피고인의 구속을 촉탁할 수 있다.

② 수탁판사는 피고인이 관할구역 내에 현재하지 아니한 때에는 그 현재지의 지방법원판사에게 전촉할 수 있다.

③ 수탁판사는 구속영장을 발부하여야 한다.

④ 제75조의 규정은 전항의 구속영장에 준용한다.

제78조(촉탁에 의한 구속의 절차)

① 전조의 경우에 촉탁에 의하여 구속영장을 발부한 판사는 피고인을 인치한 때로부터 24시간 이내에 그 피고인임에 틀림없는가를 조사하여야 한다.

② 피고인임에 틀림없는 때에는 신속히 지정된 장소에 송치하여야 한다.

제79조(출석, 동행명령)

법원은 필요한 때에는 지정한 장소에 피고인의 출석 또는 동행을 명할 수 있다.

제80조(요급처분)

재판장은 급속을 요하는 경우에는 제68조부터 제71조까지, 제71조의2, 제73조, 제76조, 제77조와 전조에 규정한 처분을 할 수 있고 또는 합의부원으로 하여금 처분을 하게 할 수 있다. 〈개정 2014.10.15.〉

제81조(구속영장의 집행)

① 구속영장은 검사의 지휘에 의하여 사법경찰관리가 집행한다. 단, 급속을 요하는 경우에는 재판장, 수명법관 또는 수탁판사가 그 집행을 지휘할 수 있다.

② 제1항 단서의 경우에는 법원사무관등에게 그 집행을 명할 수 있다. 이 경우에 법원사무관등은 그 집행에 관하여 필요한 때에는 사법경찰관리·교도관 또는 법

원경위에게 보조를 요구할 수 있으며 관할구역 외에서도 집행할 수 있다. 〈개정 2007.6.1.〉

③ 교도소 또는 구치소에 있는 피고인에 대하여 발부된 구속영장은 검사의 지휘에 의하여 교도관이 집행한다. 〈개정 1963.12.13., 2007.6.1.〉

부정 처사후 수뢰(일부 예비적 죄명:직무유기)·뇌물 수수·범인 도피
[대법원 2011.9.8, 선고, 2009도13371, 판결]

【판시사항】

[1] 벌금미납자에 대한 노역장유치 집행을 위하여 검사의 지휘를 받아 형집행장을 집행하는 경우, 벌금미납자 검거가 사법경찰관리의 직무범위에 속하는지 여부(적극)

[2] 경찰관인 피고인이 벌금미납자로 지명수배되어 있던 甲을 세 차례에 걸쳐 만나고도 그를 검거하여 검찰청에 신병을 인계하는 등 필요한 조치를 취하지 않아 직무를 유기하였다는 내용으로 예비적으로 기소된 사안에서, 공소사실을 무죄로 인정한 원심판단에 법리오해의 위법이 있다고 한 사례

【판결요지】

[1] 형사소송법 제460조 제1항, 제473조에 의하면 재판의 집행은 검사가 지휘하고, 검사는 신체를 구금하는 자유형의 집행을 위하여 형집행장을 발부하여 수형자를 구인할 수 있으며, 같은 법 제475조, 제81조에 의하면 구속영장과 동일한 효력이 있는 형집행장은 검사의 지휘에 의하여 사법경찰관리가 집행하고, 이러한 형의 집행에 관한 규정은 같은 법 제492조에 의하여 벌금미납자에 대한 노역장유치의 집행에 준용되고 있다. 이러한 규정을 종합하면 사법경찰관리도 검사의 지휘를 받아 벌금미납자에 대한 노역장유치의 집행을 위하여 형집행장의 집행 등을 할 권한이 있으므로, 이 경우 벌금미납자에 대한 검거는 사법경찰관리의 직무범위에 속한다고 보아야 한다.

[2] 경찰관인 피고인이 벌금미납자로 지명수배되어 있던 甲을 세 차례에 걸쳐 만나고도 그를 검거하여 검찰청에 신병을 인계하는 등 필요한 조치를 취하지 않아 정당한 이유 없이 직무를 유기하였다는 내용으로 예비적으로 기소된 사안에서, 벌금미납자에 대한 노역장유치 집행을 위하여 검사의 지휘를 받아 형집행장을 집행하는 경우 벌금미납자 검거는 사법경찰관리의 직무범위에 속한다고 보아야 하는데도, 재판의 집행이 사법경찰관리의 직무범위에 속한다고 볼 법률적 근거가 없다는 이유로 甲에 대하여 실제 형집행장이 발부되어 있었는지 등에 대하여 나아가 심리하지 않은 채 공소사실을 무죄로 인정한 원심판단에 법리오해의 위법이 있다고 한 사례.

제82조(수통의 구속영장의 작성)
① 구속영장은 수통을 작성하여 사법경찰관리 수인에게 교부할 수 있다.
② 전항의 경우에는 그 사유를 구속영장에 기재하여야 한다.

제83조(관할구역 외에서의 구속영장의 집행과 그 촉탁)
① 검사는 필요에 의하여 관할구역 외에서 구속영장의 집행을 지휘할 수 있고 또는 당해 관할구역의 검사에게 집행지휘를 촉탁할 수 있다.

② 사법경찰관리는 필요에 의하여 관할구역 외에서 구속영장을 집행할 수 있고 또는 당해 관할구역의 사법경찰관리에게 집행을 촉탁할 수 있다.

제84조(고등검찰청검사장 또는 지방검찰청검사장에 대한 수사촉탁)
피고인의 현재지가 분명하지 아니한 때에는 재판장은 고등검찰청검사장 또는 지방검찰청검사장에게 그 수사와 구속영장의 집행을 촉탁할 수 있다. 〈개정 2004.1.20.〉
[제목개정 2004.1.20.]

제85조(구속영장집행의 절차)
① 구속영장을 집행함에는 피고인에게 반드시 이를 제시하고 그 사본을 교부하여야 하며 신속히 지정된 법원 기타 장소에 인치하여야 한다. 〈개정 2022. 2. 3.〉
② 제77조제3항의 구속영장에 관하여는 이를 발부한 판사에게 인치하여야 한다.
③ 구속영장을 소지하지 아니한 경우에 급속을 요하는 때에는 피고인에 대하여 공소사실의 요지와 영장이 발부되었음을 고하고 집행할 수 있다.
④ 전항의 집행을 완료한 후에는 신속히 구속영장을 제시하고 그 사본을 교부하여야 한다. 〈개정 2022. 2. 3.〉

마약류관리에관한법률위반(향정)·절도·공무집행방해·상해
[대법원 2017. 9. 21., 선고, 2017도10866, 판결]

【판시사항】

[1] 사법경찰관 등이 체포영장을 소지하고 피의자를 체포하는 경우, 체포영장의 제시나 고지 등을 하여야 하는 시기

[2] 공무집행방해죄에서 '적법한 공무집행'의 의미 / 경찰관이 적법절차를 준수하지 않은 채 실력으로 피의자를 체포하려고 한 행위가 적법한 공무집행인지 여부(소극) 및 피의자가 경찰관의 불법한 체포를 면하려고 반항하는 과정에서 경찰관에게 상해를 가한 행위가 정당방위에 해당하는지 여부(적극)

[3] 경찰관들이 체포영장을 소지하고 메트암페타민(일명 필로폰) 투약 등 혐의로 피고인을 체포하려고 하자, 피고인이 이에 거세게 저항하는 과정에서 경찰관들에게 상해를 가하였다고 하여 공무집행방해 및 상해의 공소사실로 기소된 사안에서, 경찰관들이 체포를 위한 실력행사에 나아가기 전에 체포영장을 제시하고 미란다 원칙을 고지할 여유가 있었음에도 애초부터 미란다 원칙을 체포 후에 고지할 생각으로 먼저 체포행위에 나선 행위는 적법한 공무집행이라고 보기 어렵다는 등의 이유로 무죄를 선고한 원심판단이 정당하다고 한 사례

【판결요지】

[1] 사법경찰관 등이 체포영장을 소지하고 피의자를 체포하기 위해서는 체포영장을 피의자에게 제시하고(형사소송법 제200조의6, 제85조 제1항), 피의사실의 요지, 체포의 이유와 변호인을 선임할 수 있음을 말하고 변명할 기회를 주어야 한다(형사소송법 제200조의5). 이와 같은 체포영장의 제시나 고지 등은 체포를 위한 실력행사에 들어가기 이전에 미리 하여야 하는 것이 원칙이다. 그러나 달아나는 피의자를 쫓아가 붙들거나 폭력으로

대항하는 피의자를 실력으로 제압하는 경우에는 붙들거나 제압하는 과정에서 하거나, 그것이 여의치 않은 경우에는 일단 붙들거나 제압한 후에 지체 없이 하여야 한다.

[2] 형법 제136조가 규정하는 공무집행방해죄는 공무원의 직무집행이 적법한 경우에 한하여 성립한다. 이때 적법한 공무집행은 그 행위가 공무원의 추상적 권한에 속할 뿐 아니라 구체적 직무집행에 관한 법률상 요건과 방식을 갖춘 경우를 가리킨다. 경찰관이 적법절차를 준수하지 않은 채 실력으로 피의자를 체포하려고 하였다면 적법한 공무집행이라고 할 수 없다. 그리고 경찰관의 체포행위가 적법한 공무집행을 벗어나 불법하게 체포한 것으로 볼 수밖에 없다면, 피의자가 그 체포를 면하려고 반항하는 과정에서 경찰관에게 상해를 가한 것은 불법체포로 인한 신체에 대한 현재의 부당한 침해에서 벗어나기 위한 행위로서 정당방위에 해당하여 위법성이 조각된다.

[3] 경찰관들이 체포영장을 소지하고 메트암페타민(일명 필로폰) 투약 등 혐의로 피고인을 체포하려고 하자, 피고인이 이에 거세게 저항하는 과정에서 경찰관들에게 상해를 가하였다고 하여 공무집행방해 및 상해의 공소사실로 기소된 사안에서, 피고인이 경찰관들과 마주하자마자 도망가려는 태도를 보이거나 먼저 폭력을 행사하며 대항한 바 없는 등 경찰관들이 체포를 위한 실력행사에 나아가기 전에 체포영장을 제시하고 미란다 원칙을 고지할 여유가 있었음에도 애초부터 미란다 원칙을 체포 후에 고지할 생각으로 먼저 체포행위에 나선 행위는 적법한 공무집행이라고 보기 어렵다는 등의 이유로 공소사실에 대하여 무죄를 선고한 원심판단이 정당하다고 한 사례.

제86조(호송 중의 가유치)
구속영장의 집행을 받은 피고인을 호송할 경우에 필요하면 가장 가까운 교도소 또는 구치소에 임시로 유치할 수 있다.
[전문개정 2020.12.8.]

제87조(구속의 통지)
① 피고인을 구속한 때에는 변호인이 있는 경우에는 변호인에게, 변호인이 없는 경우에는 제30조제2항에 규정한 자 중 피고인이 지정한 자에게 피고사건명, 구속일시·장소, 범죄사실의 요지, 구속의 이유와 변호인을 선임할 수 있는 취지를 알려야 한다. 〈개정 1987.11.28., 1995.12.29.〉
② 제1항의 통지는 지체없이 서면으로 하여야 한다. 〈개정 1987.11.28.〉

제88조(구속과 공소사실 등의 고지)
피고인을 구속한 때에는 즉시 공소사실의 요지와 변호인을 선임할 수 있음을 알려야 한다.

제89조(구속된 피고인의 접견 · 진료)
구속된 피고인은 관련 법률이 정한 범위에서 타인과 접견하고 서류나 물건을 수수하며 의사의 진료를 받을 수 있다.
[전문개정 2020.12.8.]

제90조(변호인의 의뢰)

① 구속된 피고인은 법원, 교도소장 또는 구치소장 또는 그 대리자에게 변호사를 지정하여 변호인의 선임을 의뢰할 수 있다. 〈개정 1963. 12. 13.〉

② 전항의 의뢰를 받은 법원, 교도소장 또는 구치소장 또는 그 대리자는 급속히 피고인이 지명한 변호사에게 그 취지를 통지하여야 한다. 〈개정 1963. 12. 13.〉

제91조(변호인 아닌 자와의 접견 · 교통)

법원은 도망하거나 범죄의 증거를 인멸할 염려가 있다고 인정할 만한 상당한 이유가 있는 때에는 직권 또는 검사의 청구에 의하여 결정으로 구속된 피고인과 제34조에 규정한 외의 타인과의 접견을 금지할 수 있고, 서류나 그 밖의 물건을 수수하지 못하게 하거나 검열 또는 압수할 수 있다. 다만, 의류 · 양식 · 의료품은 수수를 금지하거나 압수할 수 없다.

[전문개정 2020.12.8.]

제92조(구속기간과 갱신)

① 구속기간은 2개월로 한다. 〈개정 2007.6.1.〉

② 제1항에도 불구하고 특히 구속을 계속할 필요가 있는 경우에는 심급마다 2개월 단위로 2차에 한하여 결정으로 갱신할 수 있다. 다만, 상소심은 피고인 또는 변호인이 신청한 증거의 조사, 상소이유를 보충하는 서면의 제출 등으로 추가 심리가 필요한 부득이한 경우에는 3차에 한하여 갱신할 수 있다. 〈개정 2007.6.1.〉

③ 제22조, 제298조제4항, 제306조제1항 및 제2항의 규정에 의하여 공판절차가 정지된 기간 및 공소제기전의 체포 · 구인 · 구금 기간은 제1항 및 제2항의 기간에 산입하지 아니한다. 〈신설 1961.9.1., 1995.12.29., 2007.6.1.〉

제93조(구속의 취소)

구속의 사유가 없거나 소멸된 때에는 법원은 직권 또는 검사, 피고인, 변호인과 제30조제2항에 규정한 자의 청구에 의하여 결정으로 구속을 취소하여야 한다.

제94조(보석의 청구)

피고인, 피고인의 변호인 · 법정대리인 · 배우자 · 직계친족 · 형제자매 · 가족 · 동거인 또는 고용주는 법원에 구속된 피고인의 보석을 청구할 수 있다.

[전문개정 2007.6.1.]

제95조(필요적 보석)

보석의 청구가 있는 때에는 다음 이외의 경우에는 보석을 허가하여야 한다. 〈개정 1973.12.20., 1995.12.29.〉

  1. 피고인이 사형, 무기 또는 장기 10년이 넘는 징역이나 금고에 해당하는 죄를 범한 때

2. 피고인이 누범에 해당하거나 상습범인 죄를 범한 때
3. 피고인이 죄증을 인멸하거나 인멸할 염려가 있다고 믿을 만한 충분한 이유가 있는 때
4. 피고인이 도망하거나 도망할 염려가 있다고 믿을 만한 충분한 이유가 있는 때
5. 피고인의 주거가 분명하지 아니한 때
6. 피고인이 피해자, 당해 사건의 재판에 필요한 사실을 알고 있다고 인정되는 자 또는 그 친족의 생명·신체나 재산에 해를 가하거나 가할 염려가 있다고 믿을만한 충분한 이유가 있는 때

[전문개정 1973.1.25.]

제96조(임의적 보석)

법원은 제95조의 규정에 불구하고 상당한 이유가 있는 때에는 직권 또는 제94조에 규정한 자의 청구에 의하여 결정으로 보석을 허가할 수 있다. 〈개정 1995.12.29.〉

제97조(보석, 구속의 취소와 검사의 의견)

① 재판장은 보석에 관한 결정을 하기 전에 검사의 의견을 물어야 한다. 〈개정 2007.6.1.〉
② 구속의 취소에 관한 결정을 함에 있어서도 검사의 청구에 의하거나 급속을 요하는 경우외에는 제1항과 같다. 〈개정 1995.12.29.〉
③ 검사는 제1항 및 제2항에 따른 의견요청에 대하여 지체 없이 의견을 표명하여야 한다. 〈신설 2007.6.1.〉
④ 구속을 취소하는 결정에 대하여는 검사는 즉시항고를 할 수 있다. 〈개정 1995.12.29., 2007.6.1.〉

[전문개정 1973.1.25.] [93헌가2 1993. 12. 23.(1973.1.25. 法2450)]

제98조(보석의 조건)

법원은 보석을 허가하는 경우에는 필요하고 상당한 범위 안에서 다음 각 호의 조건 중 하나 이상의 조건을 정하여야 한다. 〈개정 2020.12.8.〉
1. 법원이 지정하는 일시·장소에 출석하고 증거를 인멸하지 아니하겠다는 서약서를 제출할 것
2. 법원이 정하는 보증금에 해당하는 금액을 납입할 것을 약속하는 약정서를 제출할 것
3. 법원이 지정하는 장소로 주거를 제한하고 주거를 변경할 필요가 있는 경우에는 법원의 허가를 받는 등 도주를 방지하기 위하여 행하는 조치를 받아들일 것
4. 피해자, 당해 사건의 재판에 필요한 사실을 알고 있다고 인정되는 사람 또는 그 친족의 생명·신체·재산에 해를 가하는 행위를 하지 아니하고 주거·직장 등 그 주변에 접근하지 아니할 것
5. 피고인 아닌 자가 작성한 출석보증서를 제출할 것
6. 법원의 허가 없이 외국으로 출국하지 아니할 것을 서약할 것
7. 법원이 지정하는 방법으로 피해자의 권리 회복에 필요한 금전을 공탁하거나 그에

상당하는 담보를 제공할 것

8. 피고인이나 법원이 지정하는 자가 보증금을 납입하거나 담보를 제공할 것

9. 그 밖에 피고인의 출석을 보증하기 위하여 법원이 정하는 적당한 조건을 이행할 것

[전문개정 2007.6.1.]

제99조(보석조건의 결정 시 고려사항)

① 법원은 제98조의 조건을 정할 때 다음 각 호의 사항을 고려하여야 한다. 〈개정 2020.12.8.〉

1. 범죄의 성질 및 죄상(罪狀)

2. 증거의 증명력

3. 피고인의 전과(前科) · 성격 · 환경 및 자산

4. 피해자에 대한 배상 등 범행 후의 정황에 관련된 사항

② 원은 피고인의 자금능력 또는 자산 정도로는 이행할 수 없는 조건을 정할 수 없다. 〈개정 2020.12.8.〉

[전문개정 2007.6.1.]

제100조(보석집행의 절차)

① 제98조제1호·제2호·제5호·제7호 및 제8호의 조건은 이를 이행한 후가 아니면 보석허가결정을 집행하지 못하며, 법원은 필요하다고 인정하는 때에는 다른 조건에 관하여도 그 이행 이후 보석허가결정을 집행하도록 정할 수 있다. 〈개정 2007.6.1.〉

② 법원은 보석청구자 이외의 자에게 보증금의 납입을 허가할 수 있다.

③ 법원은 유가증권 또는 피고인 외의 자가 제출한 보증서로써 보증금에 갈음함을 허가할 수 있다. 〈개정 2007.6.1.〉

④ 전항의 보증서에는 보증금액을 언제든지 납입할 것을 기재하여야 한다.

⑤ 법원은 보석허가결정에 따라 석방된 피고인이 보석조건을 준수하는데 필요한 범위 안에서 관공서나 그 밖의 공사단체에 대하여 적절한 조치를 취할 것을 요구할 수 있다. 〈신설 2007.6.1.〉

[제목개정 2007.6.1.]

제100조의2(출석보증인에 대한 과태료)

① 법원은 제98조제5호의 조건을 정한 보석허가결정에 따라 석방된 피고인이 정당한 사유 없이 기일에 불출석하는 경우에는 결정으로 그 출석보증인에 대하여 500만원 이하의 과태료를 부과할 수 있다.

② 제1항의 결정에 대하여는 즉시항고를 할 수 있다.

[본조신설 2007.6.1.]

제101조(구속의 집행정지)
① 법원은 상당한 이유가 있는 때에는 결정으로 구속된 피고인을 친족·보호단체 기타 적당한 자에게 부탁하거나 피고인의 주거를 제한하여 구속의 집행을 정지할 수 있다.
② 전항의 결정을 함에는 검사의 의견을 물어야 한다. 단, 급속을 요하는 경우에는 그러하지 아니하다.
③ 삭제 〈2015.7.31.〉
④ 헌법 제44조에 의하여 구속된 국회의원에 대한 석방요구가 있으면 당연히 구속영장의 집행이 정지된다. 〈개정 1980.12.18., 1987.11.28.〉
⑤ 전항의 석방요구의 통고를 받은 검찰총장은 즉시 석방을 지휘하고 그 사유를 수소법원에 통지하여야 한다.
[전문개정 1973.1.25.]
[2015.7.31. 법률 제13454호에 의하여 2012.6.27. 헌법재판소에서 위헌 결정된 이 조 제3항을 삭제함.]

제102조(보석조건의 변경과 취소 등)
① 법원은 직권 또는 제94조에 규정된 자의 신청에 따라 결정으로 피고인의 보석조건을 변경하거나 일정기간 동안 당해 조건의 이행을 유예할 수 있다.
② 법원은 피고인이 다음 각 호의 어느 하나에 해당하는 경우에는 직권 또는 검사의 청구에 따라 결정으로 보석 또는 구속의 집행정지를 취소할 수 있다. 다만, 제101조제4항에 따른 구속영장의 집행정지는 그 회기 중 취소하지 못한다.
  1. 도망한 때
  2. 도망하거나 죄증을 인멸할 염려가 있다고 믿을 만한 충분한 이유가 있는 때
  3. 소환을 받고 정당한 사유 없이 출석하지 아니한 때
  4. 피해자, 당해 사건의 재판에 필요한 사실을 알고 있다고 인정되는 자 또는 그 친족의 생명·신체·재산에 해를 가하거나 가할 염려가 있다고 믿을 만한 충분한 이유가 있는 때
  5. 법원이 정한 조건을 위반한 때
③ 법원은 피고인이 정당한 사유 없이 보석조건을 위반한 경우에는 결정으로 피고인에 대하여 1천만원 이하의 과태료를 부과하거나 20일 이내의 감치에 처할 수 있다.
④ 제3항의 결정에 대하여는 즉시항고를 할 수 있다.
[전문개정 2007.6.1.]

제103조(보증금 등의 몰취)
① 법원은 보석을 취소하는 때에는 직권 또는 검사의 청구에 따라 결정으로 보증금 또는 담보의 전부 또는 일부를 몰취할 수 있다.
② 법원은 보증금의 납입 또는 담보제공을 조건으로 석방된 피고인이 동일한 범죄사실에 관하여 형의 선고를 받고 그 판결이 확정된 후 집행하기 위한 소환을 받고 정당한 사유 없이 출석하지 아니하거나 도망한 때에는 직권 또는 검사의 청

구에 따라 결정으로 보증금 또는 담보의 전부 또는 일부를 몰취하여야 한다.
[전문개정 2007.6.1.]

제104조(보증금 등의 환부)
구속 또는 보석을 취소하거나 구속영장의 효력이 소멸된 때에는 몰취하지 아니한 보증금 또는 담보를 청구한 날로부터 7일 이내에 환부하여야 한다. 〈개정 2007.6.1.〉
[제목개정 2007.6.1.]

제104조의2(보석조건의 효력상실 등)
① 구속영장의 효력이 소멸한 때에는 보석조건은 즉시 그 효력을 상실한다.
② 보석이 취소된 경우에도 제1항과 같다. 다만, 제98조제8호의 조건은 예외로 한다.
[본조신설 2007.6.1.]

제105조(상소와 구속에 관한 결정)
상소기간 중 또는 상소 중의 사건에 관하여 구속기간의 갱신, 구속의 취소, 보석, 구속의 집행정지와 그 정지의 취소에 대한 결정은 소송기록이 원심법원에 있는 때에는 원심법원이 하여야 한다.

제10장 압수와 수색

제106조(압수)
① 법원은 필요한 때에는 피고사건과 관계가 있다고 인정할 수 있는 것에 한정하여 증거물 또는 몰수할 것으로 사료하는 물건을 압수할 수 있다. 단, 법률에 다른 규정이 있는 때에는 예외로 한다. 〈개정 2011.7.18.〉
② 법원은 압수할 물건을 지정하여 소유자, 소지자 또는 보관자에게 제출을 명할 수 있다.
③ 법원은 압수의 목적물이 컴퓨터용디스크, 그 밖에 이와 비슷한 정보저장매체(이하 이 항에서 "정보저장매체등"이라 한다)인 경우에는 기억된 정보의 범위를 정하여 출력하거나 복제하여 제출받아야 한다. 다만, 범위를 정하여 출력 또는 복제하는 방법이 불가능하거나 압수의 목적을 달성하기에 현저히 곤란하다고 인정되는 때에는 정보저장매체등을 압수할 수 있다. 〈신설 2011.7.18.〉
④ 법원은 제3항에 따라 정보를 제공받은 경우 「개인정보 보호법」 제2조제3호에 따른 정보주체에게 해당 사실을 지체 없이 알려야 한다. 〈신설 2011.7.18.〉

제107조(우체물의 압수)
① 법원은 필요한 때에는 피고사건과 관계가 있다고 인정할 수 있는 것에 한정하여

우체물 또는 「통신비밀보호법」 제2조제3호에 따른 전기통신(이하 "전기통신"이라 한다)에 관한 것으로서 체신관서, 그 밖의 관련 기관 등이 소지 또는 보관하는 물건의 제출을 명하거나 압수를 할 수 있다. 〈개정 2011.7.18.〉

② 삭제 〈2011.7.18.〉

③ 제1항에 따른 처분을 할 때에는 발신인이나 수신인에게 그 취지를 통지하여야 한다. 단, 심리에 방해될 염려가 있는 경우에는 예외로 한다. 〈개정 2011.7.18.〉

제108조(임의 제출물 등의 압수)

소유자, 소지자 또는 보관자가 임의로 제출한 물건 또는 유류한 물건은 영장없이 압수할 수 있다.

제109조(수색)

① 법원은 필요한 때에는 피고사건과 관계가 있다고 인정할 수 있는 것에 한정하여 피고인의 신체, 물건 또는 주거, 그 밖의 장소를 수색할 수 있다. 〈개정 2011.7.18.〉

② 피고인 아닌 자의 신체, 물건, 주거 기타 장소에 관하여는 압수할 물건이 있음을 인정할 수 있는 경우에 한하여 수색할 수 있다.

제110조(군사상 비밀과 압수)

① 군사상 비밀을 요하는 장소는 그 책임자의 승낙 없이는 압수 또는 수색할 수 없다.

② 전항의 책임자는 국가의 중대한 이익을 해하는 경우를 제외하고는 승낙을 거부하지 못한다.

제111조(공무상 비밀과 압수)

① 공무원 또는 공무원이었던 자가 소지 또는 보관하는 물건에 관하여는 본인 또는 그 해당 공무소가 직무상의 비밀에 관한 것임을 신고한 때에는 그 소속공무소 또는 당해 감독관공서의 승낙 없이는 압수하지 못한다.

② 소속공무소 또는 당해 감독관공서는 국가의 중대한 이익을 해하는 경우를 제외하고는 승낙을 거부하지 못한다.

제112조(업무상비밀과 압수)

변호사, 변리사, 공증인, 공인회계사, 세무사, 대서업자, 의사, 한의사, 치과의사, 약사, 약종상, 조산사, 간호사, 종교의 직에 있는 자 또는 이러한 직에 있던 자가 그 업무상 위탁을 받아 소지 또는 보관하는 물건으로 타인의 비밀에 관한 것은 압수를 거부할 수 있다. 단, 그 타인의 승낙이 있거나 중대한 공익상 필요가 있는 때에는 예외로 한다. 〈개정 1980.12.18., 1997.12.13.〉

제113조(압수·수색영장)

공판정 외에서 압수 또는 수색을 함에는 영장을 발부하여 시행하여야 한다.

제114조(영장의 방식)

① 압수·수색영장에는 다음 각 호의 사항을 기재하고 재판장이나 수명법관이 서명날인하여야 한다. 다만, 압수·수색할 물건이 전기통신에 관한 것인 경우에는 작성기간을 기재하여야 한다. 〈개정 2011.7.18., 2020.12.8.〉

1. 피고인의 성명
2. 죄명
3. 압수할 물건
4. 수색할 장소·신체·물건
5. 영장 발부 연월일
6. 영장의 유효기간과 그 기간이 지나면 집행에 착수할 수 없으며 영장을 반환하여야 한다는 취지
7. 그 밖에 대법원규칙으로 정하는 사항

② 제1항의 영장에 관하여는 제75조제2항을 준용한다. 〈개정 2020.12.8.〉

[제목개정 2020.12.8.]

군사기밀보호법위반·군기누설[선행 사건의 전자정보 압수·수색 과정에서 생성한 이미징 사본을 선행 사건의 판결 확정 이후 그 공범에 대한 범죄혐의 수사를 위해 새로 탐색·출력한 것이 위법한지 여부가 문제된 사건]

[대법원 2023. 6. 1., 선고, 2018도19782, 판결]

【판시사항】

[1] 수사기관의 전자정보에 대한 압수·수색이 저장매체 자체를 직접 반출하거나 저장매체에 들어 있는 전자파일 전부를 하드카피나 이미징 등 형태로 수사기관 사무실 등 외부에 반출하는 방식으로 허용되는 예외적인 경우

[2] 수사기관이 하드카피나 이미징 등 형태(복제본)에 담긴 전자정보를 탐색하여 혐의사실과 관련된 정보를 선별하여 출력하거나 다른 저장매체에 저장하는 등으로 압수를 완료한 경우, 혐의사실과 관련 없는 전자정보(무관정보)를 삭제·폐기하여야 하는지 여부(적극) 및 수사기관이 새로운 범죄 혐의의 수사를 위하여 무관정보가 남아 있는 복제본을 탐색, 복제 또는 출력할 수 있는지 여부(소극)

【판결요지】

[1] 수사기관의 전자정보에 대한 압수·수색은 원칙적으로 영장 발부의 사유로 된 범죄 혐의사실과 관련된 부분만을 문서 출력물로 수집하거나 수사기관이 휴대한 저장매체에 해당 파일을 복제하는 방식으로 이루어져야 한다. 수사기관이 저장매체 자체를 직접 반출하거나 그 저장매체에 들어 있는 전자파일 전부를 하드카피나 이미징 등 형태(복제본)로 수사기관 사무실 등 외부에 반출하는 방식으로 압수·수색하는 것은 현장의 사정이나 전자정보의 대량성으로 인하여 관련 정보 획득에 긴 시간이 소요되거나 전문 인력에 의한 기술적 조치가 필요한 경우 등 범위를 정하여 출력 또는 복제하는 방법이 불가능

하거나 압수의 목적을 달성하기에 현저히 곤란하다고 인정되는 때에 한하여 예외적으로 허용될 수 있을 뿐이다.

[2] 수사기관은 하드카피나 이미징 등 형태(이하 '복제본'이라 한다)에 담긴 전자정보를 탐색하여 혐의사실과 관련된 정보(이하 '유관정보'라 한다)를 선별하여 출력하거나 다른 저장매체에 저장하는 등으로 압수를 완료하면 혐의사실과 관련 없는 전자정보(이하 '무관정보'라 한다)를 삭제·폐기하여야 한다. 수사기관이 새로운 범죄 혐의의 수사를 위하여 무관정보가 남아 있는 복제본을 열람하는 것은 압수·수색영장으로 압수되지 않은 전자정보를 영장 없이 수색하는 것과 다르지 않다. 따라서 복제본은 더 이상 수사기관의 탐색, 복제 또는 출력 대상이 될 수 없으며, 수사기관은 새로운 범죄 혐의의 수사를 위하여 필요한 경우에도 유관정보만을 출력하거나 복제한 기존 압수·수색의 결과물을 열람할 수 있을 뿐이다.

제115조(영장의 집행)
① 압수·수색영장은 검사의 지휘에 의하여 사법경찰관리가 집행한다. 단, 필요한 경우에는 재판장은 법원사무관등에게 그 집행을 명할 수 있다. 〈개정 2007.6.1.〉
② 제83조의 규정은 압수·수색영장의 집행에 준용한다.

제116조(주의사항)
압수 · 수색영장을 집행할 때에는 타인의 비밀을 보호하여야 하며 처분받은 자의 명예를 해하지 아니하도록 주의하여야 한다.
[전문개정 2020.12.8.]

제117조(집행의 보조)
법원사무관등은 압수 · 수색영장의 집행에 관하여 필요한 때에는 사법경찰관리에게 보조를 구할 수 있다. 〈개정 2007.6.1.〉

제118조(영장의 제시와 사본교부)
압수 · 수색영장은 처분을 받는 자에게 반드시 제시하여야 하고, 처분을 받는 자가 피고인인 경우에는 그 사본을 교부하여야 한다. 다만, 처분을 받는 자가 현장에 없는 등 영장의 제시나 그 사본의 교부가 현실적으로 불가능한 경우 또는 처분을 받는 자가 영장의 제시나 사본의 교부를 거부한 때에는 예외로 한다. 〈개정 2022.2.3.〉
[제목개정 2022. 2. 3.]

제119조(집행 중의 출입금지)
① 압수 · 수색영장의 집행 중에는 타인의 출입을 금지할 수 있다.
② 전항의 규정에 위배한 자에게는 퇴거하게 하거나 집행종료시까지 간수자를 붙일 수 있다.

제120조(집행과 필요한 처분)

① 압수·수색영장의 집행에 있어서는 건정을 열거나 개봉 기타 필요한 처분을 할 수 있다.

② 전항의 처분은 압수물에 대하여도 할 수 있다.

제121조(영장집행과 당사자의 참여)

검사, 피고인 또는 변호인은 압수·수색영장의 집행에 참여할 수 있다.

제122조(영장집행과 참여권자에의 통지)

압수·수색영장을 집행함에는 미리 집행의 일시와 장소를 전조에 규정한 자에게 통지하여야 한다. 단, 전조에 규정한 자가 참여하지 아니한다는 의사를 명시한 때 또는 급속을 요하는 때에는 예외로 한다.

제123조(영장의 집행과 책임자의 참여)

① 공무소, 군사용 항공기 또는 선박·차량 안에서 압수·수색영장을 집행하려면 그 책임자에게 참여할 것을 통지하여야 한다.

② 제1항에 규정한 장소 외에 타인의 주거, 간수자 있는 가옥, 건조물(建造物), 항공기 또는 선박·차량 안에서 압수·수색영장을 집행할 때에는 주거주(住居主), 간수자 또는 이에 준하는 사람을 참여하게 하여야 한다.

③ 제2항의 사람을 참여하게 하지 못할 때에는 이웃 사람 또는 지방공공단체의 직원을 참여하게 하여야 한다.

[전문개정 2020.12.8.]

제124조(여자의 수색과 참여)

여자의 신체에 대하여 수색할 때에는 성년의 여자를 참여하게 하여야 한다.

제125조(야간집행의 제한)

일출 전, 일몰 후에는 압수·수색영장에 야간집행을 할 수 있는 기재가 없으면 그 영장을 집행하기 위하여 타인의 주거, 간수자 있는 가옥, 건조물, 항공기 또는 선차 내에 들어가지 못한다.

제126조(야간집행제한의 예외)

다음 장소에서 압수·수색영장을 집행함에는 전조의 제한을 받지 아니한다.

1. 도박 기타 풍속을 해하는 행위에 상용된다고 인정하는 장소
2. 여관, 음식점 기타 야간에 공중이 출입할 수 있는 장소. 단, 공개한 시간 내에 한한다.

제127조(집행중지와 필요한 처분)

압수·수색영장의 집행을 중지한 경우에 필요한 때에는 집행이 종료될 때까지 그 장소를 폐쇄하거나 간수자를 둘 수 있다.

제128조(증명서의 교부)

수색한 경우에 증거물 또는 몰취할 물건이 없는 때에는 그 취지의 증명서를 교부하여야 한다.

제129조(압수목록의 교부)

압수한 경우에는 목록을 작성하여 소유자, 소지자, 보관자 기타 이에 준할 자에게 교부하여야 한다.

제130조(압수물의 보관과 폐기)

① 운반 또는 보관에 불편한 압수물에 관하여는 간수자를 두거나 소유자 또는 적당한 자의 승낙을 얻어 보관하게 할 수 있다.
② 위험발생의 염려가 있는 압수물은 폐기할 수 있다.
③ 법령상 생산·제조·소지·소유 또는 유통이 금지된 압수물로서 부패의 염려가 있거나 보관하기 어려운 압수물은 소유자 등 권한 있는 자의 동의를 받아 폐기할 수 있다. 〈신설 2007.6.1.〉

제131조(주의사항)

압수물에 대하여는 그 상실 또는 파손등의 방지를 위하여 상당한 조치를 하여야 한다.

제132조(압수물의 대가보관)

① 몰수하여야 할 압수물로서 멸실·파손·부패 또는 현저한 가치 감소의 염려가 있거나 보관하기 어려운 압수물은 매각하여 대가를 보관할 수 있다.
② 환부하여야 할 압수물 중 환부를 받을 자가 누구인지 알 수 없거나 그 소재가 불명한 경우로서 그 압수물의 멸실·파손·부패 또는 현저한 가치 감소의 염려가 있거나 보관하기 어려운 압수물은 매각하여 대가를 보관할 수 있다.
[전문개정 2007.6.1.]

제133조(압수물의 환부, 가환부)

① 압수를 계속할 필요가 없다고 인정되는 압수물은 피고사건 종결 전이라도 결정으로 환부하여야 하고 증거에 공할 압수물은 소유자, 소지자, 보관자 또는 제출인의 청구에 의하여 가환부할 수 있다.
② 증거에만 공할 목적으로 압수한 물건으로서 그 소유자 또는 소지자가 계속 사용하여야 할 물건은 사진촬영 기타 원형보존의 조치를 취하고 신속히 가환부하여

야 한다.

제134조(압수장물의 피해자환부)
압수한 장물은 피해자에게 환부할 이유가 명백한 때에는 피고사건의 종결 전이라도 결정으로 피해자에게 환부할 수 있다.

제135조(압수물처분과 당사자에의 통지)
전3조의 결정을 함에는 검사, 피해자, 피고인 또는 변호인에게 미리 통지하여야 한다.

제136조(수명법관, 수탁판사)
① 법원은 압수 또는 수색을 합의부원에게 명할 수 있고 그 목적물의 소재지를 관할하는 지방법원 판사에게 촉탁할 수 있다.
② 수탁판사는 압수 또는 수색의 목적물이 그 관할구역 내에 없는 때에는 그 목적물 소재지지방법원 판사에게 전촉할 수 있다.
③ 수명법관, 수탁판사가 행하는 압수 또는 수색에 관하여는 법원이 행하는 압수 또는 수색에 관한 규정을 준용한다.

제137조(구속영장집행과 수색)
검사, 사법경찰관리 또는 제81조제2항의 규정에 의한 법원사무관등이 구속영장을 집행할 경우에 필요한 때에는 미리 수색영장을 발부받기 어려운 긴급한 사정이 있는 경우에 한정하여 타인의 주거, 간수자있는 가옥, 건조물, 항공기, 선차 내에 들어가 피고인을 수색할 수 있다. 〈개정 2007.6.1., 2019.12.31.〉

제138조(준용규정)
제119조, 제120조, 제123조와 제127조의 규정은 전조의 규정에 의한 검사, 사법경찰관리, 법원사무관등의 수색에 준용한다. 〈개정 2007.6.1.〉

제11장 검증

제139조(검증)
법원은 사실을 발견함에 필요한 때에는 검증을 할 수 있다.

제140조(검증과 필요한 처분)
검증을 함에는 신체의 검사, 사체의 해부, 분묘의 발굴, 물건의 파괴 기타 필요한 처분을 할 수 있다.

제141조(신체검사에 관한 주의)
① 신체의 검사에 관하여는 검사를 받는 사람의 성별, 나이, 건강상태, 그 밖의 사정을 고려하여 그 사람의 건강과 명예를 해하지 아니하도록 주의하여야 한다.
② 피고인 아닌 사람의 신체검사는 증거가 될 만한 흔적을 확인할 수 있는 현저한 사유가 있는 경우에만 할 수 있다.
③ 여자의 신체를 검사하는 경우에는 의사나 성년 여자를 참여하게 하여야 한다.
④ 시체의 해부 또는 분묘의 발굴을 하는 때에는 예(禮)에 어긋나지 아니하도록 주의하고 미리 유족에게 통지하여야 한다.
[전문개정 2020.12.8.]

제142조(신체검사와 소환)
법원은 신체를 검사하기 위하여 피고인 아닌 자를 법원 기타 지정한 장소에 소환할 수 있다.

제143조(시각의 제한)
① 일출 전, 일몰 후에는 가주, 간수자 또는 이에 준하는 자의 승낙이 없으면 검증을 하기 위하여 타인의 주거, 간수자 있는 가옥, 건조물, 항공기, 선차 내에 들어가지 못한다. 단, 일출 후에는 검증의 목적을 달성할 수 없을 염려가 있는 경우에는 예외로 한다.
② 일몰 전에 검증에 착수한 때에는 일몰 후라도 검증을 계속할 수 있다.
③ 제126조에 규정한 장소에는 제1항의 제한을 받지 아니한다.

제144조(검증의 보조)
검증을 함에 필요한 때에는 사법경찰관리에게 보조를 명할 수 있다.

제145조(준용규정)
제110조, 제119조 내지 제123조, 제127조와 제136조의 규정은 검증에 관하여 준용한다.

제12장 증인신문

제146조(증인의자격)
법원은 법률에 다른 규정이 없으면 누구든지 증인으로 신문할 수 있다.

제147조(공무상 비밀과 증인자격)
① 공무원 또는 공무원이었던 자가 그 직무에 관하여 알게 된 사실에 관하여 본인

또는 당해 공무소가 직무상 비밀에 속한 사항임을 신고한 때에는 그 소속공무소 또는 감독관공서의 승낙 없이는 증인으로 신문하지 못한다.

② 그 소속공무소 또는 당해 감독관공서는 국가에 중대한 이익을 해하는 경우를 제외하고는 승낙을 거부하지 못한다.

제148조(근친자의 형사책임과 증언 거부)

누구든지 자기나 다음 각 호의 어느 하나에 해당하는 자가 형사소추(刑事訴追) 또는 공소제기를 당하거나 유죄판결을 받을 사실이 드러날 염려가 있는 증언을 거부할 수 있다.

1. 친족이거나 친족이었던 사람
2. 법정대리인, 후견감독인

[전문개정 2020.12.8.]

마약류관리에관한법률위반(향정)(증인이 정당한 이유 없이 증언을 거부한 경우, 그의 진술이 기재된 검찰 진술조서의 증거능력이 인정되는지 문제된 사건)

[대법원 2019.11.21., 선고, 2018도13945, 전원합의체 판결]

【판시사항】

수사기관에서 진술한 참고인이 법정에서 증언을 거부하여 피고인이 반대신문을 하지 못하였으나 정당하게 증언거부권을 행사한 것이 아닌 경우, 형사소송법 제314조의 '그 밖에 이에 준하는 사유로 인하여 진술할 수 없는 때'에 해당하는지 여부(원칙적 소극) 및 이때 수사기관에서 그 증인의 진술을 기재한 서류의 증거능력 유무(소극)

【판결요지】

[다수의견] 수사기관에서 진술한 참고인이 법정에서 증언을 거부하여 피고인이 반대신문을 하지 못한 경우에는 정당하게 증언거부권을 행사한 것이 아니라도, 피고인이 증인의 증언거부 상황을 초래하였다는 등의 특별한 사정이 없는 한 형사소송법 제314조의 '그 밖에 이에 준하는 사유로 인하여 진술할 수 없는 때'에 해당하지 않는다고 보아야 한다. 따라서 증인이 정당하게 증언거부권을 행사하여 증언을 거부한 경우와 마찬가지로 수사기관에서 그 증인의 진술을 기재한 서류는 증거능력이 없다.

다만 피고인이 증인의 증언거부 상황을 초래하였다는 등의 특별한 사정이 있는 경우에는 형사소송법 제314조의 적용을 배제할 이유가 없다. 이러한 경우까지 형사소송법 제314조의 '그 밖에 이에 준하는 사유로 인하여 진술할 수 없는 때'에 해당하지 않는다고 보면 사건의 실체에 대한 심증 형성은 법관의 면전에서 본래증거에 대한 반대신문이 보장된 증거조사를 통하여 이루어져야 한다는 실질적 직접심리주의와 전문법칙에 대하여 예외를 정한 형사소송법 제314조의 취지에 반하고 정의의 관념에도 맞지 않기 때문이다.

제149조(업무상비밀과 증언거부)

변호사, 변리사, 공증인, 공인회계사, 세무사, 대서업자, 의사, 한의사, 치과의사, 약사, 약종상, 조산사, 간호사, 종교의 직에 있는 자 또는 이러한 직에 있던 자가 그 업무상 위탁을 받은 관계로 알게 된 사실로서 타인의 비밀에 관한 것은 증언을 거부할 수 있다. 단, 본인의 승낙이 있거나 중대한 공익상 필요있는 때에는 예외로 한

다. 〈개정 1980.12.18., 1997.12.13.〉

제150조(증언거부사유의 소명)
증언을 거부하는 자는 거부사유를 소명하여야 한다.

제150조의2(증인의 소환)
① 법원은 소환장의 송달, 전화, 전자우편, 그 밖의 상당한 방법으로 증인을 소환한다.
② 증인을 신청한 자는 증인이 출석하도록 합리적인 노력을 할 의무가 있다.
[본조신설 2007.6.1.]

제151조(증인이 출석하지 아니한 경우의 과태료 등)
① 법원은 소환장을 송달받은 증인이 정당한 사유 없이 출석하지 아니한 때에는 결정으로 당해 불출석으로 인한 소송비용을 증인이 부담하도록 명하고, 500만원 이하의 과태료를 부과할 수 있다. 제153조에 따라 준용되는 제76조제2항·제5항에 따라 소환장의 송달과 동일한 효력이 있는 경우에도 또한 같다.
② 법원은 증인이 제1항에 따른 과태료 재판을 받고도 정당한 사유 없이 다시 출석하지 아니한 때에는 결정으로 증인을 7일 이내의 감치에 처한다.
③ 법원은 감치재판기일에 증인을 소환하여 제2항에 따른 정당한 사유가 있는지의 여부를 심리하여야 한다.
④ 감치는 그 재판을 한 법원의 재판장의 명령에 따라 사법경찰관리·교도관·법원경위 또는 법원사무관등이 교도소·구치소 또는 경찰서유치장에 유치하여 집행한다.
⑤ 감치에 처하는 재판을 받은 증인이 제4항에 규정된 감치시설에 유치된 경우 당해 감치시설의 장은 즉시 그 사실을 법원에 통보하여야 한다.
⑥ 법원은 제5항의 통보를 받은 때에는 지체 없이 증인신문기일을 열어야 한다.
⑦ 법원은 감치의 재판을 받은 증인이 감치의 집행 중에 증언을 한 때에는 즉시 감치결정을 취소하고 그 증인을 석방하도록 명하여야 한다.
⑧ 제1항과 제2항의 결정에 대하여는 즉시항고를 할 수 있다. 이 경우 제410조는 적용하지 아니한다.
[전문개정 2007.6.1.]

제152조(소환불응과 구인)
정당한 사유없이 소환에 응하지 아니하는 증인은 구인할 수 있다.

제153조(준용규정)
제73조, 제74조, 제76조의 규정은 증인의 소환에 준용한다.

제154조(구내증인의 소환)
증인이 법원의 구내에 있는 때에는 소환함이 없이 신문할 수 있다.

제155조(준용규정)
제73조, 제75조, 제77조, 제81조 내지 제83조, 제85조제1항, 제2항의 규정은 증인의 구인에 준용한다.

제156조(증인의 선서)
증인에게는 신문 전에 선서하게 하여야 한다. 단, 법률에 다른 규정이 있는 경우에는 예외로 한다.

제157조(선서의 방식)
① 선서는 선서서(宣誓書)에 따라 하여야 한다.
② 선서서에는 "양심에 따라 숨김과 보탬이 없이 사실 그대로 말하고 만일 거짓말이 있으면 위증의 벌을 받기로 맹세합니다."라고 기재하여야 한다.
③ 재판장은 증인에게 선서서를 낭독하고 기명날인하거나 서명하게 하여야 한다. 다만, 증인이 선서서를 낭독하지 못하거나 서명을 하지 못하는 경우에는 참여한 법원사무관등이 대행한다.
④ 선서는 일어서서 엄숙하게 하여야 한다.
[전문개정 2020.12.8.]

제158조(선서한 증인에 대한 경고)
재판장은 선서할 증인에 대하여 선서 전에 위증의 벌을 경고하여야 한다.

제159조(선서 무능력)
증인이 다음 각 호의 1에 해당한 때에는 선서하게 하지 아니하고 신문하여야 한다.
   1. 16세미만의 자
   2. 선서의 취지를 이해하지 못하는 자

제160조(증언거부권의 고지)
증인이 제148조, 제149조에 해당하는 경우에는 재판장은 신문 전에 증언을 거부할 수 있음을 설명하여야 한다.

제161조(선서, 증언의 거부와 과태료)
① 증인이 정당한 이유없이 선서나 증언을 거부한 때에는 결정으로 50만원이하의 과태료에 처할 수 있다. 〈개정 1973.1.25., 1995.12.29.〉
② 제1항의 결정에 대하여는 즉시항고를 할 수 있다. 〈개정 1995.12.29.〉

제161조의2(증인신문의 방식)
① 증인은 신청한 검사, 변호인 또는 피고인이 먼저 이를 신문하고 다음에 다른 검사, 변호인 또는 피고인이 신문한다.
② 재판장은 전항의 신문이 끝난 뒤에 신문할 수 있다.
③ 재판장은 필요하다고 인정하면 전2항의 규정에 불구하고 어느 때나 신문할 수 있으며 제1항의 신문순서를 변경할 수 있다.
④ 법원이 직권으로 신문할 증인이나 범죄로 인한 피해자의 신청에 의하여 신문할 증인의 신문방식은 재판장이 정하는 바에 의한다. 〈개정 1987.11.28.〉
⑤ 합의부원은 재판장에게 고하고 신문할 수 있다.
[본조신설 1961.9.1.]

제162조(개별신문과 대질)
① 증인신문은 각 증인에 대하여 신문하여야 한다. 〈개정 1961.9.1.〉
② 신문하지 아니한 증인이 재정한 때에는 퇴정을 명하여야 한다.
③ 필요한 때에는 증인과 다른 증인 또는 피고인과 대질하게 할 수 있다.
④ 삭제 〈1961.9.1.〉

제163조(당사자의 참여권, 신문권)
① 검사, 피고인 또는 변호인은 증인신문에 참여할 수 있다.
② 증인신문의 시일과 장소는 전항의 규정에 의하여 참여할 수 있는 자에게 미리 통지하여야 한다. 단, 참여하지 아니한다는 의사를 명시한 때에는 예외로 한다.

제163조의2(신뢰관계에 있는 자의 동석)
① 법원은 범죄로 인한 피해자를 증인으로 신문하는 경우 증인의 연령, 심신의 상태, 그 밖의 사정을 고려하여 증인이 현저하게 불안 또는 긴장을 느낄 우려가 있다고 인정하는 때에는 직권 또는 피해자·법정대리인·검사의 신청에 따라 피해자와 신뢰관계에 있는 자를 동석하게 할 수 있다.
② 법원은 범죄로 인한 피해자가 13세 미만이거나 신체적 또는 정신적 장애로 사물을 변별하거나 의사를 결정할 능력이 미약한 경우에 재판에 지장을 초래할 우려가 있는 등 부득이한 경우가 아닌 한 피해자와 신뢰관계에 있는 자를 동석하게 하여야 한다.
③ 제1항 또는 제2항에 따라 동석한 자는 법원·소송관계인의 신문 또는 증인의 진술을 방해하거나 그 진술의 내용에 부당한 영향을 미칠 수 있는 행위를 하여서는 아니 된다.
④ 제1항 또는 제2항에 따라 동석할 수 있는 신뢰관계에 있는 자의 범위, 동석의 절차 및 방법 등에 관하여 필요한 사항은 대법원규칙으로 정한다.
[본조신설 2007.6.1.]

제164조(신문의 청구)

① 검사, 피고인 또는 변호인이 증인신문에 참여하지 아니할 경우에는 법원에 대하여 필요한 사항의 신문을 청구할 수 있다.

② 피고인 또는 변호인의 참여없이 증인을 신문한 경우에 피고인에게 예기하지 아니한 불이익의 증언이 진술된 때에는 반드시 그 진술내용을 피고인 또는 변호인에게 알려주어야 한다.

③ 삭제 〈1961.9.1.〉

제165조(증인의 법정 외 신문)

법원은 증인의 연령, 직업, 건강상태 기타의 사정을 고려하여 검사, 피고인 또는 변호인의 의견을 묻고 법정 외에 소환하거나 현재지에서 신문할 수 있다.

제165조의2(비디오 등 중계장치 등에 의한 증인신문)

① 법원은 다음 각 호의 어느 하나에 해당하는 사람을 증인으로 신문하는 경우 상당하다고 인정할 때에는 검사와 피고인 또는 변호인의 의견을 들어 비디오 등 중계장치에 의한 중계시설을 통하여 신문하거나 가림 시설 등을 설치하고 신문할 수 있다. 〈개정 2009.6.9., 2011.8.4., 2012.12.18., 2020.12.8., 2021.8.17.〉

　　1. 「아동복지법」 제71조제1항제1호·제1호의2·제2호·제3호에 해당하는 죄의 피해자

　　2. 「아동·청소년의 성보호에 관한 법률」 제7조, 제8조, 제11조부터 제15조까지 및 제17조제1항의 규정에 해당하는 죄의 대상이 되는 아동·청소년 또는 피해자

　　3. 범죄의 성질, 증인의 나이, 심신의 상태, 피고인과의 관계, 그 밖의 사정으로 인하여 피고인 등과 대면하여 진술할 경우 심리적인 부담으로 정신의 평온을 현저하게 잃을 우려가 있다고 인정되는 사람

② 법원은 증인이 멀리 떨어진 곳 또는 교통이 불편한 곳에 살고 있거나 건강상태 등 그 밖의 사정으로 말미암아 법정에 직접 출석하기 어렵다고 인정하는 때에는 검사와 피고인 또는 변호인의 의견을 들어 비디오 등 중계장치에 의한 중계시설을 통하여 신문할 수 있다. 〈신설 2021.8.17.〉

③ 제1항과 제2항에 따른 증인신문은 증인이 법정에 출석하여 이루어진 증인신문으로 본다. 〈신설 2021.8.17.〉

④ 제1항과 제2항에 따른 증인신문의 실시에 필요한 사항은 대법원규칙으로 정한다. 〈신설 2021.8.17.〉

[본조신설 2007.6.1.]

제166조(동행명령과 구인)

① 법원은 필요한 때에는 결정으로 지정한 장소에 증인의 동행을 명할 수 있다.

② 증인이 정당한 사유없이 동행을 거부하는 때에는 구인할 수 있다.

제167조(수명법관, 수탁판사)

① 법원은 합의부원에게 법정 외의 증인신문을 명할 수 있고 또는 증인 현재지의 지방법원판사에게 그 신문을 촉탁할 수 있다.

② 수탁판사는 증인이 관할구역 내에 현재하지 아니한 때에는 그 현재지의 지방법원판사에게 전촉할 수 있다.

③ 수명법관 또는 수탁판사는 증인의 신문에 관하여 법원 또는 재판장에 속한 처분을 할 수 있다.

제168조(증인의 여비, 일당, 숙박료)

소환받은 증인은 법률의 규정한 바에 의하여 여비, 일당과 숙박료를 청구할 수 있다. 단, 정당한 사유없이 선서 또는 증언을 거부한 자는 예외로 한다.

제13장 감정

제169조(감정)

법원은 학식 경험있는 자에게 감정을 명할 수 있다.

제170조(선서)

① 감정인에게는 감정 전에 선서하게 하여야 한다.

② 선서는 선서서에 의하여야 한다.

③ 선서서에는 「양심에 따라 성실히 감정하고 만일 거짓이 있으면 허위감정의 벌을 받기로 맹서합니다」라고 기재하여야 한다.

④ 제157조제3항, 제4항과 제158조의 규정은 감정인의 선서에 준용한다.

제171조(감정보고)

① 감정의 경과와 결과는 감정인으로 하여금 서면으로 제출하게 하여야 한다.

② 감정인이 수인인 때에는 각각 또는 공동으로 제출하게 할 수 있다.

③ 감정의 결과에는 그 판단의 이유를 명시하여야 한다.

④ 필요한 때에는 감정인에게 설명하게 할 수 있다.

제172조(법원 외의 감정)

① 법원은 필요한 때에는 감정인으로 하여금 법원 외에서 감정하게 할 수 있다.

② 전항의 경우에는 감정을 요하는 물건을 감정인에게 교부할 수 있다.

③ 피고인의 정신 또는 신체에 관한 감정에 필요한 때에는 법원은 기간을 정하여 병원 기타 적당한 장소에 피고인을 유치하게 할 수 있고 감정이 완료되면 즉시 유치를 해제하여야 한다.

④ 전항의 유치를 함에는 감정유치장을 발부하여야 한다. 〈개정 1973.1.25.〉
⑤ 제3항의 유치를 함에 있어서 필요한 때에는 법원은 직권 또는 피고인을 수용할 병원 기타 장소의 관리자의 신청에 의하여 사법경찰관리에게 피고인의 간수를 명할 수 있다. 〈신설 1973.1.25.〉
⑥ 법원은 필요한 때에는 유치기간을 연장하거나 단축할 수 있다. 〈신설 1973.1.25.〉
⑦ 구속에 관한 규정은 이 법률에 특별한 규정이 없는 경우에는 제3항의 유치에 관하여 이를 준용한다. 단, 보석에 관한 규정은 그러하지 아니하다. 〈신설 1973.1.25.〉
⑧ 제3항의 유치는 미결구금일수의 산입에 있어서는 이를 구속으로 간주한다. 〈신설 1973.1.25.〉

제172조의2(감정유치와 구속)
① 구속 중인 피고인에 대하여 감정유치장이 집행되었을 때에는 피고인이 유치되어 있는 기간 구속은 그 집행이 정지된 것으로 간주한다.
② 전항의 경우에 전조 제3항의 유치처분이 취소되거나 유치기간이 만료된 때에는 구속의 집행정지가 취소된 것으로 간주한다.
[본조신설 1973.1.25.]

제173조(감정에 필요한 처분)
① 감정인은 감정에 관하여 필요한 때에는 법원의 허가를 얻어 타인의 주거, 간수자 있는 가옥, 건조물, 항공기, 선차 내에 들어 갈 수 있고 신체의 검사, 사체의 해부, 분묘발굴, 물건의 파괴를 할 수 있다.
② 전항의 허가에는 피고인의 성명, 죄명, 들어갈 장소, 검사할 신체, 해부할 사체, 발굴할 분묘, 파괴할 물건, 감정인의 성명과 유효기간을 기재한 허가장을 발부하여야 한다.
③ 감정인은 제1항의 처분을 받는 자에게 허가장을 제시하여야 한다.
④ 전2항의 규정은 감정인이 공판정에서 행하는 제1항의 처분에는 적용하지 아니한다.
⑤ 제141조, 제143조의 규정은 제1항의 경우에 준용한다.

마약류관리에관한법률위반(향정)
[대법원 2018. 7. 12., 선고, 2018도6219, 판결]

【판시사항】
[1] '강제 채뇨'의 의미 / 수사기관이 범죄 증거를 수집할 목적으로 하는 강제 채뇨가 허용되기 위한 요건 및 채뇨의 방법
[2] 수사기관이 범죄 증거를 수집할 목적으로 피의자의 동의 없이 피의자의 소변을 채취하는 것을 '감정에 필요한 처분'으로 할 수 있는지 여부(적극) 및 이를 압수·수색의 방법으로도 할 수 있는지 여부(적극) / 압수·수색의 방법으로 소변을 채취하는 경우, 압수대상물인 피의자의 소변을 확보하기 위한 수사기관의 노력에도 불구하고 피의자가 소변 채취에 적합한 장소로 이동하는 것에 동의하지 않거나 저항하는 등 임의동행을 기대할

수 없는 사정이 있는 때에는 수사기관이 소변 채취에 적합한 장소로 피의자를 데려가기 위해서 필요 최소한의 유형력을 행사하는 것이 허용되는지 여부(적극) 및 이는 '압수·수색영장의 집행에 필요한 처분'에 해당하는지 여부(적극)

[3] 피고인이 메트암페타민(일명 '필로폰')을 투약하였다는 마약류 관리에 관한 법률 위반(향정) 혐의에 관하여, 피고인의 소변(30cc), 모발(약 80수), 마약류 불법사용 도구 등에 대한 압수·수색·검증영장을 발부받은 다음 경찰관이 피고인의 주거지를 수색하여 사용 흔적이 있는 주사기 4개를 압수하고, 위 영장에 따라 3시간가량 소변과 모발을 제출하도록 설득하였음에도 피고인이 계속 거부하면서 자해를 하자 이를 제압하고 수갑과 포승을 채운 뒤 강제로 병원 응급실로 데려고 가 응급구조사로 하여금 피고인의 신체에서 소변(30cc)을 채취하도록 하여 이를 압수한 사안에서, 피고인의 소변에 대한 압수영장 집행이 적법하다고 본 원심판단을 수긍한 사례

【판결요지】

[1] 강제 채뇨는 피의자가 임의로 소변을 제출하지 않는 경우 피의자에 대하여 강제력을 사용해서 도뇨관(catheter)을 요도를 통하여 방광에 삽입한 뒤 체내에 있는 소변을 배출시켜 소변을 취득·보관하는 행위이다. 수사기관이 범죄 증거를 수집할 목적으로 하는 강제 채뇨는 피의자의 신체에 직접적인 작용을 수반할 뿐만 아니라 피의자에게 신체적 고통이나 장애를 초래하거나 수치심이나 굴욕감을 줄 수 있다. 따라서 피의자에게 범죄 혐의가 있고 그 범죄가 중대한지, 소변성분 분석을 통해서 범죄 혐의를 밝힐 수 있는지, 범죄 증거를 수집하기 위하여 피의자의 신체에서 소변을 확보하는 것이 필요한 것인지, 채뇨가 아닌 다른 수단으로는 증명이 곤란한지 등을 고려하여 범죄 수사를 위해서 강제 채뇨가 부득이하다고 인정되는 경우에 최후의 수단으로 적법한 절차에 따라 허용된다고 보아야 한다. 이때 의사, 간호사, 그 밖의 숙련된 의료인 등으로 하여금 소변 채취에 적합한 의료장비와 시설을 갖춘 곳에서 피의자의 신체와 건강을 해칠 위험이 적고 피의자의 굴욕감 등을 최소화하는 방법으로 소변을 채취하여야 한다.

[2] 수사기관이 범죄 증거를 수집할 목적으로 피의자의 동의 없이 피의자의 소변을 채취하는 것은 법원으로부터 감정허가장을 받아 형사소송법 제221조의4 제1항, 제173조 제1항에서 정한 '감정에 필요한 처분'으로 할 수 있지만(피의자를 병원 등에 유치할 필요가 있는 경우에는 형사소송법 제221조의3에 따라 법원으로부터 감정유치장을 받아야 한다), 형사소송법 제219조, 제106조 제1항, 제109조에 따른 압수·수색의 방법으로도 할 수 있다. 이러한 압수·수색의 경우에도 수사기관은 원칙적으로 형사소송법 제215조에 따라 판사로부터 압수·수색영장을 적법하게 발부받아 집행해야 한다.

압수·수색의 방법으로 소변을 채취하는 경우 압수대상물인 피의자의 소변을 확보하기 위한 수사기관의 노력에도 불구하고, 피의자가 인근 병원 응급실 등 소변 채취에 적합한 장소로 이동하는 것에 동의하지 않거나 저항하는 등 임의동행을 기대할 수 없는 사정이 있는 때에는 수사기관으로서는 소변 채취에 적합한 장소로 피의자를 데려가기 위해서 필요 최소한의 유형력을 행사하는 것이 허용된다. 이는 형사소송법 제219조, 제120조 제1항에서 정한 '압수·수색영장의 집행에 필요한 처분'에 해당한다고 보아야 한다. 그렇지 않으면 피의자의 신체와 건강을 해칠 위험이 적고 피의자의 굴욕감을 최소화하기 위하여 마련된 절차에 따른 강제 채뇨가 불가능하여 압수영장의 목적을 달성할 방법이 없기 때문이다.

[3] 피고인이 메트암페타민(일명 '필로폰')을 투약하였다는 마약류 관리에 관한 법률 위반

(향정) 혐의에 관하여, 피고인의 소변(30cc), 모발(약 80수), 마약류 불법사용 도구 등에 대한 압수·수색·검증영장을 발부받은 다음 경찰관이 피고인의 주거지를 수색하여 사용 흔적이 있는 주사기 4개를 압수하고, 위 영장에 따라 3시간가량 소변과 모발을 제출하도록 설득하였음에도 피고인이 계속 거부하면서 자해를 하자 이를 제압하고 수갑과 포승을 채운 뒤 강제로 병원 응급실로 데리고 가 응급구조사로 하여금 피고인의 신체에서 소변(30cc)을 채취하도록 하여 이를 압수한 사안에서, 피고인에 대한 피의사실이 중대하고 객관적 사실에 근거한 명백한 범죄 혐의가 있었다고 보이고, 경찰관의 장시간에 걸친 설득에도 피고인이 소변의 임의 제출을 거부하면서 판사가 적법하게 발부한 압수영장의 집행에 저항하자 경찰관이 다른 방법으로 수사 목적을 달성하기 곤란하다고 판단하여 강제로 피고인을 소변 채취에 적합한 장소인 인근 병원 응급실로 데리고 가 의사의 지시를 받은 응급구조사로 하여금 피고인의 신체에서 소변을 채취하도록 하였으며, 그 과정에서 피고인에 대한 강제력의 행사가 필요 최소한도를 벗어나지 않았으므로, 경찰관의 조치는 형사소송법 제219조, 제120조 제1항에서 정한 '압수영장의 집행에 필요한 처분'으로서 허용되고, 한편 경찰관이 압수영장을 집행하기 위하여 피고인을 병원 응급실로 데리고 가는 과정에서 공무집행에 항거하는 피고인을 제지하고 자해 위험을 방지하기 위해 수갑과 포승을 사용한 것은 경찰관 직무집행법에 따라 허용되는 경찰장구의 사용으로서 적법하다는 이유로, 같은 취지에서 피고인의 소변에 대한 압수영장 집행이 적법하다고 본 원심판단을 수긍한 사례.

제174조(감정인의 참여권, 신문권)

① 감정인은 감정에 관하여 필요한 경우에는 재판장의 허가를 얻어 서류와 증거물을 열람 또는 등사하고 피고인 또는 증인의 신문에 참여할 수 있다.

② 감정인은 피고인 또는 증인의 신문을 구하거나 재판장의 허가를 얻어 직접 발문할 수 있다.

제175조(수명법관)

법원은 합의부원으로 하여금 감정에 관하여 필요한 처분을 하게 할 수 있다.

제176조(당사자의 참여)

① 검사, 피고인 또는 변호인은 감정에 참여할 수 있다.

② 제122조의 규정은 전항의 경우에 준용한다.

제177조(준용규정)

감정에 관하여는 제12장(구인에 관한 규정은 제외한다)을 준용한다.

[전문개정 2020.12.8.]

제178조(여비, 감정료 등)

감정인은 법률의 정하는 바에 의하여 여비, 일당, 숙박료 외에 감정료와 체당금의 변상을 청구할 수 있다.

제179조(감정증인)

특별한 지식에 의하여 알게 된 과거의 사실을 신문하는 경우에는 본장의 규정에 의하지 아니하고 전장의 규정에 의한다.

제179조의2(감정의 촉탁)

① 법원은 필요하다고 인정하는 때에는 공무소·학교·병원 기타 상당한 설비가 있는 단체 또는 기관에 대하여 감정을 촉탁할 수 있다. 이 경우 선서에 관한 규정은 이를 적용하지 아니한다.
② 제1항의 경우 법원은 당해 공무소·학교·병원·단체 또는 기관이 지정한 자로 하여금 감정서의 설명을 하게 할 수 있다.
[본조신설 1995.12.29.]

제14장 통역과 번역

제180조(통역)

국어에 통하지 아니하는 자의 진술에는 통역인으로 하여금 통역하게 하여야 한다.

제181조(청각 또는 언어장애인의 통역)

듣거나 말하는 데 장애가 있는 사람의 진술에 대해서는 통역인으로 하여금 통역하게 할 수 있다.
[전문개정 2020.12.8.]

제182조(번역)

국어 아닌 문자 또는 부호는 번역하게 하여야 한다.

제183조(준용규정)

전장의 규정은 통역과 번역에 준용한다.

제15장 증거보전

제184조(증거보전의 청구와 그 절차)

① 검사, 피고인, 피의자 또는 변호인은 미리 증거를 보전하지 아니하면 그 증거를 사용하기 곤란한 사정이 있는 때에는 제1회 공판기일 전이라도 판사에게 압수, 수색, 검증, 증인신문 또는 감정을 청구할 수 있다.

② 전항의 청구를 받은 판사는 그 처분에 관하여 법원 또는 재판장과 동일한 권한
이 있다.

③ 제1항의 청구를 함에는 서면으로 그 사유를 소명하여야 한다.

④ 제1항의 청구를 기각하는 결정에 대하여는 3일 이내에 항고할 수 있다. 〈신설
2007.6.1.〉

제185조(서류의 열람등)

검사, 피고인, 피의자 또는 변호인은 판사의 허가를 얻어 전조의 처분에 관한 서류
와 증거물을 열람 또는 등사할 수 있다.

제16장 소송비용

제186조(피고인의 소송비용부담)

① 형의 선고를 하는 때에는 피고인에게 소송비용의 전부 또는 일부를 부담하게 하
여야 한다. 다만, 피고인의 경제적 사정으로 소송비용을 납부할 수 없는 때에는
그러하지 아니하다. 〈개정 1995.12.29.〉

② 피고인에게 책임지울 사유로 발생된 비용은 형의 선고를 하지 아니하는 경우에
도 피고인에게 부담하게 할 수 있다.

제187조(공범의 소송비용)

공범의 소송비용은 공범인에게 연대부담하게 할 수 있다.

제188조(고소인등의 소송비용부담)

고소 또는 고발에 의하여 공소를 제기한 사건에 관하여 피고인이 무죄 또는 면소의
판결을 받은 경우에 고소인 또는 고발인에게 고의 또는 중대한 과실이 있는 때에는
그 자에게 소송비용의 전부 또는 일부를 부담하게 할 수 있다.

제189조(검사의 상소취하와 소송비용부담)

검사만이 상소 또는 재심청구를 한 경우에 상소 또는 재심의 청구가 기각되거나 취
하된 때에는 그 소송비용을 피고인에게 부담하게 하지 못한다.

제190조(제삼자의 소송비용부담)

① 검사 아닌 자가 상소 또는 재심청구를 한 경우에 상소 또는 재심의 청구가 기각
되거나 취하된 때에는 그 자에게 그 소송비용을 부담하게 할 수 있다.

② 피고인 아닌 자가 피고인이 제기한 상소 또는 재심의 청구를 취하한 경우에도
전항과 같다.

제191조(소송비용부담의 재판)

① 재판으로 소송절차가 종료되는 경우에 피고인에게 소송비용을 부담하게 하는 때에는 직권으로 재판하여야 한다.

② 전항의 재판에 대하여는 본안의 재판에 관하여 상소하는 경우에 한하여 불복할 수 있다.

제192조(제삼자부담의 재판)

① 재판으로 소송절차가 종료되는 경우에 피고인 아닌 자에게 소송비용을 부담하게 하는 때에는 직권으로 결정을 하여야 한다.

② 전항의 결정에 대하여는 즉시항고를 할 수 있다.

제193조(재판에 의하지 아니한 절차종료)

① 재판에 의하지 아니하고 소송절차가 종료되는 경우에 소송비용을 부담하게 하는 때에는 사건의 최종계속법원이 직권으로 결정을 하여야 한다.

② 전항의 결정에 대하여는 즉시항고를 할 수 있다.

제194조(부담액의 산정)

소송비용의 부담을 명하는 재판에 그 금액을 표시하지 아니한 때에는 집행을 지휘하는 검사가 산정한다.

제194조의2(무죄판결과 비용보상)

① 국가는 무죄판결이 확정된 경우에는 당해 사건의 피고인이었던 자에 대하여 그 재판에 소요된 비용을 보상하여야 한다.

② 다음 각 호의 어느 하나에 해당하는 경우에는 제1항에 따른 비용의 전부 또는 일부를 보상하지 아니할 수 있다.

    1. 피고인이었던 자가 수사 또는 재판을 그르칠 목적으로 거짓 자백을 하거나 다른 유죄의 증거를 만들어 기소된 것으로 인정된 경우

    2. 1개의 재판으로써 경합범의 일부에 대하여 무죄판결이 확정되고 다른 부분에 대하여 유죄판결이 확정된 경우

    3. 「형법」 제9조 및 제10조제1항의 사유에 따른 무죄판결이 확정된 경우

    4. 그 비용이 피고인이었던 자에게 책임지울 사유로 발생한 경우

[본조신설 2007.6.1.]

제194조의3(비용보상의 절차 등)

① 제194조의2제1항에 따른 비용의 보상은 피고인이었던 자의 청구에 따라 무죄판결을 선고한 법원의 합의부에서 결정으로 한다.

② 제1항에 따른 청구는 무죄판결이 확정된 사실을 안 날부터 3년, 무죄판결이 확

정된 때부터 5년 이내에 하여야 한다. 〈개정 2014.12.30.〉

③ 제1항의 결정에 대하여는 즉시항고를 할 수 있다.

[본조신설 2007.6.1.]

제194조의4(비용보상의 범위)

① 제194조의2에 따른 비용보상의 범위는 피고인이었던 자 또는 그 변호인이었던 자가 공판준비 및 공판기일에 출석하는데 소요된 여비·일당·숙박료와 변호인이 었던 자에 대한 보수에 한한다. 이 경우 보상금액에 관하여는「형사소송비용 등 에 관한 법률」을 준용하되, 피고인이었던 자에 대하여는 증인에 관한 규정을, 변호인이었던 자에 대하여는 국선변호인에 관한 규정을 준용한다.

② 법원은 공판준비 또는 공판기일에 출석한 변호인이 2인 이상이었던 경우에는 사건 의 성질, 심리 상황, 그 밖의 사정을 고려하여 변호인이었던 자의 여비·일당 및 숙박료를 대표변호인이나 그 밖의 일부 변호인의 비용만으로 한정할 수 있다.

[본조신설 2007.6.1.]

제194조의5(준용규정)

비용보상청구, 비용보상절차, 비용보상과 다른 법률에 따른 손해배상과의 관계, 보 상을 받을 권리의 양도·압류 또는 피고인이었던 자의 상속인에 대한 비용보상에 관 하여 이 법에 규정한 것을 제외하고는 「형사보상법」에 따른 보상의 예에 따른다.

[본조신설 2007.6.1.]

제2편 제1심

제1장 수사

제195조(검사와 사법경찰관의 관계 등)

① 검사와 사법경찰관은 수사, 공소제기 및 공소유지에 관하여 서로 협력하여야 한다.

② 제1항에 따른 수사를 위하여 준수하여야 하는 일반적 수사준칙에 관한 사항은 대통령령으로 정한다.

[본조신설 2020.2.4.] [종전 제195조는 제196조로 이동 〈2020.2.4.〉]

제196조(검사의 수사)

① 검사는 범죄의 혐의가 있다고 사료하는 때에는 범인, 범죄사실과 증거를 수사한 다. 〈개정 2022. 5. 9.〉

② 검사는 제197조의3제6항, 제198조의2제2항 및 제245조의7제2항에 따라 사법 경찰관으로부터 송치받은 사건에 관하여는 해당 사건과 동일성을 해치지 아니하 는 범위 내에서 수사할 수 있다. 〈신설 2022. 5. 9.〉

[전문개정 2020. 2. 4.] [제195조에서 이동, 종전 제196조는 제197조로 이동 〈2020. 2. 4.〉]

제197조(사법경찰관리)

① 경무관, 총경, 경정, 경감, 경위는 사법경찰관으로서 범죄의 혐의가 있다고 사료하는 때에는 범인, 범죄사실과 증거를 수사한다. 〈개정 2020.2.4.〉
② 경사, 경장, 순경은 사법경찰리로서 수사의 보조를 하여야 한다. 〈개정 2020.2.4.〉
③ 삭제 〈2020.2.4.〉
④ 삭제 〈2020.2.4.〉
⑤ 삭제 〈2020.2.4.〉
⑥ 삭제 〈2020.2.4.〉
[전문개정 2011.7.18.] [제196조에서 이동, 종전 제197조는 삭제 〈2020.2.4.〉]

제197조의2(보완수사요구)

① 검사는 다음 각 호의 어느 하나에 해당하는 경우에 사법경찰관에게 보완수사를 요구할 수 있다.
　1. 송치사건의 공소제기 여부 결정 또는 공소의 유지에 관하여 필요한 경우
　2. 사법경찰관이 신청한 영장의 청구 여부 결정에 관하여 필요한 경우
② 사법경찰관은 제1항의 요구가 있는 때에는 정당한 이유가 없는 한 지체 없이 이를 이행하고, 그 결과를 검사에게 통보하여야 한다.
③ 검찰총장 또는 각급 검찰청 검사장은 사법경찰관이 정당한 이유 없이 제1항의 요구에 따르지 아니하는 때에는 권한 있는 사람에게 해당 사법경찰관의 직무배제 또는 징계를 요구할 수 있고, 그 징계 절차는 「공무원 징계령」 또는 「경찰공무원 징계령」에 따른다.
[본조신설 2020.2.4.]

제197조의3(시정조치요구 등)

① 검사는 사법경찰관리의 수사과정에서 법령위반, 인권침해 또는 현저한 수사권 남용이 의심되는 사실의 신고가 있거나 그러한 사실을 인식하게 된 경우에는 사법경찰관에게 사건기록 등본의 송부를 요구할 수 있다.
② 제1항의 송부 요구를 받은 사법경찰관은 지체 없이 검사에게 사건기록 등본을 송부하여야 한다.
③ 제2항의 송부를 받은 검사는 필요하다고 인정되는 경우에는 사법경찰관에게 시정조치를 요구할 수 있다.
④ 사법경찰관은 제3항의 시정조치 요구가 있는 때에는 정당한 이유가 없으면 지체 없이 이를 이행하고, 그 결과를 검사에게 통보하여야 한다.
⑤ 제4항의 통보를 받은 검사는 제3항에 따른 시정조치 요구가 정당한 이유 없이 이행되지 않았다고 인정되는 경우에는 사법경찰관에게 사건을 송치할 것을 요구할 수 있다.

⑥ 제5항의 송치 요구를 받은 사법경찰관은 검사에게 사건을 송치하여야 한다.

⑦ 검찰총장 또는 각급 검찰청 검사장은 사법경찰관리의 수사과정에서 법령위반, 인권침해 또는 현저한 수사권 남용이 있었던 때에는 권한 있는 사람에게 해당 사법경찰관리의 징계를 요구할 수 있고, 그 징계 절차는 「공무원 징계령」 또는 「경찰공무원 징계령」에 따른다.

⑧ 사법경찰관은 피의자를 신문하기 전에 수사과정에서 법령위반, 인권침해 또는 현저한 수사권 남용이 있는 경우 검사에게 구제를 신청할 수 있음을 피의자에게 알려주어야 한다.

[본조신설 2020.2.4.]

제197조의4(수사의 경합)

① 검사는 사법경찰관과 동일한 범죄사실을 수사하게 된 때에는 사법경찰관에게 사건을 송치할 것을 요구할 수 있다.

② 제1항의 요구를 받은 사법경찰관은 지체 없이 검사에게 사건을 송치하여야 한다. 다만, 검사가 영장을 청구하기 전에 동일한 범죄사실에 관하여 사법경찰관이 영장을 신청한 경우에는 해당 영장에 기재된 범죄사실을 계속 수사할 수 있다.

[본조신설 2020.2.4.]

제198조(준수사항)

① 피의자에 대한 수사는 불구속 상태에서 함을 원칙으로 한다.

② 검사·사법경찰관리와 그 밖에 직무상 수사에 관계있는 자는 피의자 또는 다른 사람의 인권을 존중하고 수사과정에서 취득한 비밀을 엄수하며 수사에 방해되는 일이 없도록 하여야 한다.

③ 검사·사법경찰관리와 그 밖에 직무상 수사에 관계있는 자는 수사과정에서 수사와 관련하여 작성하거나 취득한 서류 또는 물건에 대한 목록을 빠짐 없이 작성하여야 한다. 〈신설 2011. 7. 18.〉

④ 수사기관은 수사 중인 사건의 범죄 혐의를 밝히기 위한 목적으로 합리적인 근거 없이 별개의 사건을 부당하게 수사하여서는 아니 되고, 다른 사건의 수사를 통하여 확보된 증거 또는 자료를 내세워 관련 없는 사건에 대한 자백이나 진술을 강요하여서도 아니 된다. 〈신설 2022. 5. 9.〉

[전문개정 2007. 6. 1.]

제198조의2(검사의 체포·구속장소감찰)

① 지방검찰청 검사장 또는 지청장은 불법체포·구속의 유무를 조사하기 위하여 검사로 하여금 매월 1회 이상 관하수사관서의 피의자의 체포·구속장소를 감찰하게 하여야 한다. 감찰하는 검사는 체포 또는 구속된 자를 심문하고 관련서류를 조사하여야 한다. 〈개정 1995.12.29.〉

② 검사는 적법한 절차에 의하지 아니하고 체포 또는 구속된 것이라고 의심할 만한 상당한 이유가 있는 경우에는 즉시 체포 또는 구속된 자를 석방하거나 사건을 검찰에 송치할 것을 명하여야 한다. 〈개정 1995.12.29.〉

[본조신설 1961.9.1.] [제목개정 1995.12.29.]

제199조(수사와 필요한 조사)

① 수사에 관하여는 그 목적을 달성하기 위하여 필요한 조사를 할 수 있다. 다만, 강제처분은 이 법률에 특별한 규정이 있는 경우에 한하며, 필요한 최소한도의 범위 안에서만 하여야 한다. 〈개정 1995.12.29.〉

② 수사에 관하여는 공무소 기타 공사단체에 조회하여 필요한 사항의 보고를 요구할 수 있다.

제200조(피의자의 출석요구)

검사 또는 사법경찰관은 수사에 필요한 때에는 피의자의 출석을 요구하여 진술을 들을 수 있다.

[전문개정 2007.6.1.]

준항고 기각결정에 대한 재항고
[대법원 2013.7.1, 자, 2013모160, 결정]

【판시사항】

구속영장 발부에 의하여 적법하게 구금된 피의자가 피의자신문을 위한 출석요구에 응하지 아니하면서 수사기관 조사실에 출석을 거부할 경우, 수사기관이 구속영장의 효력에 의하여 피의자를 조사실로 구인할 수 있는지 여부(적극) 및 이때 피의자를 신문하기 전에 진술거부권을 고지하여야 하는지 여부(적극)

【판결요지】

형사소송법(이하 '법'이라고 한다) 제70조 제1항 제1호, 제2호, 제3호, 제199조 제1항, 제200조, 제200조의2 제1항, 제201조 제1항의 취지와 내용에 비추어 보면, 수사기관이 관할 지방법원 판사가 발부한 구속영장에 의하여 피의자를 구속하는 경우, 그 구속영장은 기본적으로 장차 공판정에의 출석이나 형의 집행을 담보하기 위한 것이지만, 이와 함께 법 제202조, 제203조에서 정하는 구속기간의 범위 내에서 수사기관이 법 제200조, 제241조 내지 제244조의5에 규정된 피의자신문의 방식으로 구속된 피의자를 조사하는 등 적정한 방법으로 범죄를 수사하는 것도 예정하고 있다고 할 것이다. 따라서 구속영장 발부에 의하여 적법하게 구금된 피의자가 피의자신문을 위한 출석요구에 응하지 아니하면서 수사기관 조사실에 출석을 거부한다면 수사기관은 그 구속영장의 효력에 의하여 피의자를 조사실로 구인할 수 있다고 보아야 한다. 다만 이러한 경우에도 그 피의자신문 절차는 어디까지나 법 제199조 제1항 본문, 제200조의 규정에 따른 임의수사의 한 방법으로 진행되어야 하므로, 피의자는 헌법 제12조 제2항과 법 제244조의3에 따라 일체의 진술을 하지 아니하거나 개개의 질문에 대하여 진술을 거부할 수 있고, 수사기관은 피의자를 신문하기 전에 그와 같은 권리를 알려주어야 한다.

제200조의2(영장에 의한 체포)

① 피의자가 죄를 범하였다고 의심할 만한 상당한 이유가 있고, 정당한 이유없이 제200조의 규정에 의한 출석요구에 응하지 아니하거나 응하지 아니할 우려가 있는 때에는 검사는 관할 지방법원판사에게 청구하여 체포영장을 발부받아 피의자를 체포할 수 있고, 사법경찰관은 검사에게 신청하여 검사의 청구로 관할지방법원판사의 체포영장을 발부받아 피의자를 체포할 수 있다. 다만, 다액 50만원이하의 벌금, 구류 또는 과료에 해당하는 사건에 관하여는 피의자가 일정한 주거가 없는 경우 또는 정당한 이유없이 제200조의 규정에 의한 출석요구에 응하지 아니한 경우에 한한다.

② 제1항의 청구를 받은 지방법원판사는 상당하다고 인정할 때에는 체포영장을 발부한다. 다만, 명백히 체포의 필요가 인정되지 아니하는 경우에는 그러하지 아니하다.

③ 제1항의 청구를 받은 지방법원판사가 체포영장을 발부하지 아니할 때에는 청구서에 그 취지 및 이유를 기재하고 서명날인하여 청구한 검사에게 교부한다.

④ 검사가 제1항의 청구를 함에 있어서 동일한 범죄사실에 관하여 그 피의자에 대하여 전에 체포영장을 청구하였거나 발부받은 사실이 있는 때에는 다시 체포영장을 청구하는 취지 및 이유를 기재하여야 한다.

⑤ 체포한 피의자를 구속하고자 할 때에는 체포한 때부터 48시간이내에 제201조의 규정에 의하여 구속영장을 청구하여야 하고, 그 기간내에 구속영장을 청구하지 아니하는 때에는 피의자를 즉시 석방하여야 한다.

[본조신설 1995.12.29.] [제목개정 2007.6.1.]

제200조의3(긴급체포)

① 검사 또는 사법경찰관은 피의자가 사형·무기 또는 장기 3년이상의 징역이나 금고에 해당하는 죄를 범하였다고 의심할 만한 상당한 이유가 있고, 다음 각 호의 어느 하나에 해당하는 사유가 있는 경우에 긴급을 요하여 지방법원판사의 체포영장을 받을 수 없는 때에는 그 사유를 알리고 영장없이 피의자를 체포할 수 있다. 이 경우 긴급을 요한다 함은 피의자를 우연히 발견한 경우등과 같이 체포영장을 받을 시간적 여유가 없는 때를 말한다. 〈개정 2007.6.1.〉

1. 피의자가 증거를 인멸할 염려가 있는 때
2. 피의자가 도망하거나 도망할 우려가 있는 때

② 사법경찰관이 제1항의 규정에 의하여 피의자를 체포한 경우에는 즉시 검사의 승인을 얻어야 한다.

③ 검사 또는 사법경찰관은 제1항의 규정에 의하여 피의자를 체포한 경우에는 즉시 긴급체포서를 작성하여야 한다.

④ 제3항의 규정에 의한 긴급체포서에는 범죄사실의 요지, 긴급체포의 사유등을 기재하여야 한다.

[본조신설 1995.12.29.]

제200조의4(긴급체포와 영장청구기간)

① 검사 또는 사법경찰관이 제200조의3의 규정에 의하여 피의자를 체포한 경우 피의자를 구속하고자 할 때에는 지체 없이 검사는 관할지방법원판사에게 구속영장을 청구하여야 하고, 사법경찰관은 검사에게 신청하여 검사의 청구로 관할지방법원판사에게 구속영장을 청구하여야 한다. 이 경우 구속영장은 피의자를 체포한 때부터 48시간 이내에 청구하여야 하며, 제200조의3제3항에 따른 긴급체포서를 첨부하여야 한다. 〈개정 2007.6.1.〉

② 제1항의 규정에 의하여 구속영장을 청구하지 아니하거나 발부받지 못한 때에는 피의자를 즉시 석방하여야 한다.

③ 제2항의 규정에 의하여 석방된 자는 영장없이는 동일한 범죄사실에 관하여 체포하지 못한다.

④ 검사는 제1항에 따른 구속영장을 청구하지 아니하고 피의자를 석방한 경우에는 석방한 날부터 30일 이내에 서면으로 다음 각 호의 사항을 법원에 통지하여야 한다. 이 경우 긴급체포서의 사본을 첨부하여야 한다. 〈신설 2007.6.1.〉

  1. 긴급체포 후 석방된 자의 인적사항

  2. 긴급체포의 일시·장소와 긴급체포하게 된 구체적 이유

  3. 석방의 일시·장소 및 사유

  4. 긴급체포 및 석방한 검사 또는 사법경찰관의 성명

⑤ 긴급체포 후 석방된 자 또는 그 변호인·법정대리인·배우자·직계친족·형제자매는 통지서 및 관련 서류를 열람하거나 등사할 수 있다. 〈신설 2007.6.1.〉

⑥ 사법경찰관은 긴급체포한 피의자에 대하여 구속영장을 신청하지 아니하고 석방한 경우에는 즉시 검사에게 보고하여야 한다. 〈신설 2007.6.1.〉

[본조신설 1995.12.29.]

제200조의5(체포와 피의사실 등의 고지)

검사 또는 사법경찰관은 피의자를 체포하는 경우에는 피의사실의 요지, 체포의 이유와 변호인을 선임할 수 있음을 말하고 변명할 기회를 주어야 한다.

[본조신설 2007.6.1.] [종전 제200조의5는 제200조의6으로 이동 〈2007.6.1.〉]

제200조의6(준용규정)

제75조, 제81조제1항 본문 및 제3항, 제82조, 제83조, 제85조제1항·제3항 및 제4항, 제86조, 제87조, 제89조부터 제91조까지, 제93조, 제101조제4항 및 제102조제2항 단서의 규정은 검사 또는 사법경찰관이 피의자를 체포하는 경우에 이를 준용한다. 이 경우 "구속"은 이를 "체포"로, "구속영장"은 이를 "체포영장"으로 본다. 〈개정 2007.6.1.〉

[본조신설 1995.12.29.] [제200조의5에서 이동 〈2007.6.1.〉]

제201조(구속)

① 피의자가 죄를 범하였다고 의심할 만한 상당한 이유가 있고 제70조제1항 각 호의 1에 해당하는 사유가 있을 때에는 검사는 관할지방법원판사에게 청구하여 구속영장을 받아 피의자를 구속할 수 있고 사법경찰관은 검사에게 신청하여 검사의 청구로 관할지방법원판사의 구속영장을 받아 피의자를 구속할 수 있다. 다만, 다액 50만원이하의 벌금, 구류 또는 과료에 해당하는 범죄에 관하여는 피의자가 일정한 주거가 없는 경우에 한한다. 〈개정 1980.12.18., 1995.12.29.〉
② 구속영장의 청구에는 구속의 필요를 인정할 수 있는 자료를 제출하여야 한다. 〈개정 1980.12.18.〉
③ 제1항의 청구를 받은 지방법원판사는 신속히 구속영장의 발부여부를 결정하여야 한다. 〈신설 1995.12.29.〉
④ 제1항의 청구를 받은 지방법원판사는 상당하다고 인정할 때에는 구속영장을 발부한다. 이를 발부하지 아니할 때에는 청구서에 그 취지 및 이유를 기재하고 서명날인하여 청구한 검사에게 교부한다. 〈개정 1980.12.18.〉
⑤ 검사가 제1항의 청구를 함에 있어서 동일한 범죄사실에 관하여 그 피의자에 대하여 전에 구속영장을 청구하거나 발부받은 사실이 있을 때에는 다시 구속영장을 청구하는 취지 및 이유를 기재하여야 한다. 〈개정 1980.12.18.〉
[전문개정 1973.1.25.]

제201조의2(구속영장 청구와 피의자 심문)

① 제200조의2·제200조의3 또는 제212조에 따라 체포된 피의자에 대하여 구속영장을 청구받은 판사는 지체 없이 피의자를 심문하여야 한다. 이 경우 특별한 사정이 없는 한 구속영장이 청구된 날의 다음날까지 심문하여야 한다.
② 제1항 외의 피의자에 대하여 구속영장을 청구받은 판사는 피의자가 죄를 범하였다고 의심할 만한 이유가 있는 경우에 구인을 위한 구속영장을 발부하여 피의자를 구인한 후 심문하여야 한다. 다만, 피의자가 도망하는 등의 사유로 심문할 수 없는 경우에는 그러하지 아니하다.
③ 판사는 제1항의 경우에는 즉시, 제2항의 경우에는 피의자를 인치한 후 즉시 검사, 피의자 및 변호인에게 심문기일과 장소를 통지하여야 한다. 이 경우 검사는 피의자가 체포되어 있는 때에는 심문기일에 피의자를 출석시켜야 한다.
④ 검사와 변호인은 제3항에 따른 심문기일에 출석하여 의견을 진술할 수 있다.
⑤ 판사는 제1항 또는 제2항에 따라 심문하는 때에는 공범의 분리심문이나 그 밖에 수사상의 비밀보호를 위하여 필요한 조치를 하여야 한다.
⑥ 제1항 또는 제2항에 따라 피의자를 심문하는 경우 법원사무관등은 심문의 요지 등을 조서로 작성하여야 한다.
⑦ 피의자심문을 하는 경우 법원이 구속영장청구서·수사 관계 서류 및 증거물을 접수한 날부터 구속영장을 발부하여 검찰청에 반환한 날까지의 기간은 제202조

및 제203조의 적용에 있어서 그 구속기간에 이를 산입하지 아니한다.

⑧ 심문할 피의자에게 변호인이 없는 때에는 지방법원판사는 직권으로 변호인을 선정하여야 한다. 이 경우 변호인의 선정은 피의자에 대한 구속영장 청구가 기각되어 효력이 소멸한 경우를 제외하고는 제1심까지 효력이 있다.

⑨ 법원은 변호인의 사정이나 그 밖의 사유로 변호인 선정결정이 취소되어 변호인이 없게 된 때에는 직권으로 변호인을 다시 선정할 수 있다.

⑩ 제71조, 제71조의2, 제75조, 제81조부터 제83조까지, 제85조제1항·제3항·제4항, 제86조, 제87조제1항, 제89조부터 제91조까지 및 제200조의5는 제2항에 따라 구인을 하는 경우에 준용하고, 제48조, 제51조, 제53조, 제56조의2 및 제276조의2는 피의자에 대한 심문의 경우에 준용한다.

[전문개정 2007.6.1.]

제202조(사법경찰관의 구속기간)

사법경찰관이 피의자를 구속한 때에는 10일 이내에 피의자를 검사에게 인치하지 아니하면 석방하여야 한다.

제203조(검사의 구속기간)

검사가 피의자를 구속한 때 또는 사법경찰관으로부터 피의자의 인치를 받은 때에는 10일 이내에 공소를 제기하지 아니하면 석방하여야 한다.

제203조의2(구속기간에의 산입)

피의자가 제200조의2·제200조의3·제201조의2제2항 또는 제212조의 규정에 의하여 체포 또는 구인된 경우에는 제202조 또는 제203조의 구속기간은 피의자를 체포 또는 구인한 날부터 기산한다. 〈개정 1997.12.13., 2007.6.1.〉

[본조신설 1995.12.29.]

제204조(영장발부와 법원에 대한 통지)

체포영장 또는 구속영장의 발부를 받은 후 피의자를 체포 또는 구속하지 아니하거나 체포 또는 구속한 피의자를 석방한 때에는 지체없이 검사는 영장을 발부한 법원에 그 사유를 서면으로 통지하여야 한다. 〈개정 1995.12.29.〉

제205조(구속기간의 연장)

① 지방법원판사는 검사의 신청에 의하여 수사를 계속함에 상당한 이유가 있다고 인정한 때에는 10일을 초과하지 아니하는 한도에서 제203조의 구속기간의 연장을 1차에 한하여 허가할 수 있다.

② 전항의 신청에는 구속기간의 연장의 필요를 인정할 수 있는 자료를 제출하여야 한다.

제206조 삭제 〈1995.12.29.〉

제207조 삭제 〈1995.12.29.〉

제208조(재구속의 제한)
① 검사 또는 사법경찰관에 의하여 구속되었다가 석방된 자는 다른 중요한 증거를 발견한 경우를 제외하고는 동일한 범죄사실에 관하여 재차 구속하지 못한다.
② 전항의 경우에는 1개의 목적을 위하여 동시 또는 수단결과의 관계에서 행하여진 행위는 동일한 범죄사실로 간주한다.
[전문개정 1973.1.25.]

제209조(준용규정)
제70조제2항, 제71조, 제75조, 제81조제1항 본문·제3항, 제82조, 제83조, 제85조부터 제87조까지, 제89조부터 제91조까지, 제93조, 제101조제1항, 제102조제2항 본문(보석의 취소에 관한 부분은 제외한다) 및 제200조의5는 검사 또는 사법경찰관의 피의자 구속에 관하여 준용한다. 〈개정 2007.12.21.〉
[전문개정 2007.6.1.]

제210조(사법경찰관리의 관할구역 외의 수사)
사법경찰관리가 관할구역 외에서 수사하거나 관할구역 외의 사법경찰관리의 촉탁을 받어 수사할 때에는 관할지방검찰청 검사장 또는 지청장에게 보고하여야 한다. 다만, 제200조의3, 제212조, 제214조, 제216조와 제217조의 규정에 의한 수사를 하는 경우에 긴급을 요할 때에는 사후에 보고할 수 있다. 〈개정 1961.9.1., 1995.12.29.〉

제211조(현행범인과 준현행범인)
① 범죄를 실행하고 있거나 실행하고 난 직후의 사람을 현행범인이라 한다.
② 다음 각 호의 어느 하나에 해당하는 사람은 현행범인으로 본다.
  1. 범인으로 불리며 추적되고 있을 때
  2. 장물이나 범죄에 사용되었다고 인정하기에 충분한 흉기나 그 밖의 물건을 소지하고 있을 때
  3. 신체나 의복류에 증거가 될 만한 뚜렷한 흔적이 있을 때
  4. 누구냐고 묻자 도망하려고 할 때
[전문개정 2020.12.8.]

제212조(현행범인의 체포)
현행범인은 누구든지 영장없이 체포할 수 있다.

폭력행위등처벌에관한법률위반(공동상해)·집회및시위에관한법률위반
[대법원 2020. 6. 11., 선고, 2016도3048, 판결]

【판시사항】

[1] 쟁의행위 기간 중 쟁의행위로 중단된 업무의 수행을 위하여 당해 사업과 관계없는 자를 채용 또는 대체하는 사용자를 처벌하도록 규정한 노동조합 및 노동관계조정법 제91조, 제43조 제1항을 사용자에게 채용 또는 대체되는 자에 대하여 바로 적용하여 처벌할 수 있는지 여부(소극) / 위 사용자에게 채용 또는 대체되는 자의 행위에 대하여 일반적인 형법 총칙상의 공범 규정을 적용하여 공동정범, 교사범 또는 방조범으로 처벌할 수 있는지 여부(소극)

[2] 甲 노동조합 소속 지회의 지회장 등인 피고인들이, 파업기간 중에 위 지회에 가입한 업체인 乙 회사에 채용되어 丙 회사의 공장에서 대체근로 중이던 丁을 발견하고 뒤쫓아 가 붙잡으려는 과정에서 丁에게 상해를 입게 하여 폭력행위 등 처벌에 관한 법률 위반(공동상해) 등으로 기소된 사안에서, 피고인들의 행위가 적법한 현행범인 체포로서 정당행위에 해당한다고 보아 공소사실을 무죄로 판단한 원심판결에 노동조합 및 노동관계조정법 제91조, 제43조 제1항 위반죄 등에 관한 법리오해의 잘못이 있다고 한 사례

【판결요지】

[1] 사용자는 쟁의행위 기간 중 그 쟁의행위로 중단된 업무의 수행을 위하여 당해 사업과 관계없는 자를 채용 또는 대체할 수 없고, 이를 위반한 자는 1년 이하의 징역 또는 1천만 원 이하의 벌금으로 처벌된다[노동조합 및 노동관계조정법(이하 '노동조합법'이라 한다) 제91조, 제43조 제1항]. 여기서 처벌되는 '사용자'는 사업주, 사업의 경영담당자 또는 그 사업의 근로자에 관한 사항에 대하여 사업주를 위하여 행동하는 자를 말한다(노동조합법 제2조 제2호).
노동조합법 제91조, 제43조 제1항은 사용자의 위와 같은 행위를 처벌하도록 규정하고 있으므로, 사용자에게 채용 또는 대체되는 자에 대하여 위 법조항을 바로 적용하여 처벌할 수 없음은 문언상 분명하다. 나아가 채용 또는 대체하는 행위와 채용 또는 대체되는 행위는 2인 이상의 서로 대향된 행위의 존재를 필요로 하는 관계에 있음에도 채용 또는 대체되는 자를 따로 처벌하지 않는 노동조합법 문언의 내용과 체계, 법 제정과 개정 경위 등을 통해 알 수 있는 입법 취지에 비추어 보면, 쟁의행위 기간 중 그 쟁의행위로 중단된 업무의 수행을 위하여 당해 사업과 관계없는 자를 채용 또는 대체하는 사용자에게 채용 또는 대체되는 자의 행위에 대하여는 일반적인 형법 총칙상의 공범 규정을 적용하여 공동정범, 교사범 또는 방조범으로 처벌할 수 없다고 판단된다.

[2] 甲 노동조합 소속 지회의 지회장 및 조합원 등인 피고인들이, 파업기간 중에 위 지회에 가입한 중장비 임대업체인 乙 회사에 채용되어 丙 회사의 공장 내부에서 乙 회사의 기중기를 운전하며 대체근로 중이던 丁을 발견하고 뒤쫓아 가 붙잡으려는 과정에서 丁에게 상해를 입게 하여 폭력행위 등 처벌에 관한 법률 위반(공동상해) 등으로 기소된 사안에서, 丁은 乙 회사 소속 근로자들의 쟁의행위로 중단된 업무를 수행하기 위하여 乙 회사에 채용된 근로자에 불과하므로, 대향범 관계에 있는 행위 중 '사용자'만 처벌하는 노동조합 및 노동관계조정법(이하 '노동조합법'이라 한다) 제91조, 제43조 제1항 위반죄의 단독정범이 될 수 없고, 형법 총칙상 공범 규정을 적용하여 공동정범 또는 방조범으로 처벌할 수도 없으므로, 결국 丁은 노동조합법 제91조, 제43조 제1항 위반에 따른 현행범인이 아니고, 피고인들이 丁을 체포하려던 당시 상황을 기초로 보더라도 현행

범인 체포의 요건을 갖추지 못하였다는 이유로, 이와 달리 피고인들의 행위가 적법한 현행범인 체포로서 정당행위에 해당한다고 보아 공소사실을 무죄로 판단한 원심판결에 노동조합법 제91조, 제43조 제1항 위반죄, 형법 총칙상 공범의 성립 및 현행범인 체포의 요건 등에 관한 법리오해의 잘못이 있다고 한 사례.

제212조의2 삭제 〈1987.11.28.〉

제213조(체포된 현행범인의 인도)
① 검사 또는 사법경찰관리 아닌 자가 현행범인을 체포한 때에는 즉시 검사 또는 사법경찰관리에게 인도하여야 한다.
② 사법경찰관리가 현행범인의 인도를 받은 때에는 체포자의 성명, 주거, 체포의 사유를 물어야 하고 필요한 때에는 체포자에 대하여 경찰관서에 동행함을 요구할 수 있다.
③ 삭제 〈1987.11.28.〉

제213조의2(준용규정)
제87조, 제89조, 제90조, 제200조의2제5항 및 제200조의5의 규정은 검사 또는 사법경찰관리가 현행범인을 체포하거나 현행범인을 인도받은 경우에 이를 준용한다. 〈개정 1995.12.29., 2007.6.1.〉
[본조신설 1987.11.28.]

제214조(경미사건과 현행범인의 체포)
다액 50만원이하의 벌금, 구류 또는 과료에 해당하는 죄의 현행범인에 대하여는 범인의 주거가 분명하지 아니한 때에 한하여 제212조 내지 제213조의 규정을 적용한다. 〈개정 1973.1.25., 1980.12.18., 1995.12.29.〉

제214조의2(체포와 구속의 적부심사)
① 체포되거나 구속된 피의자 또는 그 변호인, 법정대리인, 배우자, 직계친족, 형제자매나 가족, 동거인 또는 고용주는 관할법원에 체포 또는 구속의 적부심사(適否審査)를 청구할 수 있다. 〈개정 2020.12.8.〉
② 피의자를 체포하거나 구속한 검사 또는 사법경찰관은 체포되거나 구속된 피의자와 제1항에 규정된 사람 중에서 피의자가 지정하는 사람에게 제1항에 따른 적부심사를 청구할 수 있음을 알려야 한다. 〈신설 2007.6.1., 2020.12.8.〉
③ 법원은 제1항에 따른 청구가 다음 각 호의 어느 하나에 해당하는 때에는 제4항에 따른 심문 없이 결정으로 청구를 기각할 수 있다. 〈개정 1987.11.28., 1995.12.29., 2007.6.1., 2020.12.8.〉
  1. 청구권자 아닌 사람이 청구하거나 동일한 체포영장 또는 구속영장의 발부에 대하여 재청구한 때

2. 공범이나 공동피의자의 순차청구(順次請求)가 수사 방해를 목적으로 하고 있음이 명백한 때

④ 제1항의 청구를 받은 법원은 청구서가 접수된 때부터 48시간 이내에 체포되거나 구속된 피의자를 심문하고 수사 관계 서류와 증거물을 조사하여 그 청구가 이유 없다고 인정한 경우에는 결정으로 기각하고, 이유 있다고 인정한 경우에는 결정으로 체포되거나 구속된 피의자의 석방을 명하여야 한다. 심사 청구 후 피의자에 대하여 공소제기가 있는 경우에도 또한 같다. 〈개정 2020.12.8.〉

⑤ 법원은 구속된 피의자(심사청구 후 공소제기된 사람을 포함한다)에 대하여 피의자의 출석을 보증할 만한 보증금의 납입을 조건으로 하여 결정으로 제4항의 석방을 명할 수 있다. 다만, 다음 각 호에 해당하는 경우에는 그러하지 아니하다. 〈개정 2020.12.8.〉

1. 범죄의 증거를 인멸할 염려가 있다고 믿을 만한 충분한 이유가 있는 때
2. 피해자, 당해 사건의 재판에 필요한 사실을 알고 있다고 인정되는 사람 또는 그 친족의 생명·신체나 재산에 해를 가하거나 가할 염려가 있다고 믿을 만한 충분한 이유가 있는 때

⑥ 제5항의 석방 결정을 하는 경우에는 주거의 제한, 법원 또는 검사가 지정하는 일시·장소에 출석할 의무, 그 밖의 적당한 조건을 부가할 수 있다. 〈개정 2020. 12. 8.〉

⑦ 제5항에 따라 보증금 납입을 조건으로 석방을 하는 경우에는 제99조와 제100조를 준용한다. 〈개정 2020.12.8.〉

⑧ 제3항과 제4항의 결정에 대해서는 항고할 수 없다. 〈개정 2020.12.8.〉

⑨ 검사·변호인·청구인은 제4항의 심문기일에 출석하여 의견을 진술할 수 있다. 〈개정 2020.12.8.〉

⑩ 체포되거나 구속된 피의자에게 변호인이 없는 때에는 제33조를 준용한다. 〈개정 2020.12.8.〉

⑪ 법원은 제4항의 심문을 하는 경우 공범의 분리심문이나 그 밖에 수사상의 비밀 보호를 위한 적절한 조치를 하여야 한다. 〈개정 2007.6.1., 2020.12.8.〉

⑫ 체포영장이나 구속영장을 발부한 법관은 제4항부터 제6항까지의 심문·조사·결정에 관여할 수 없다. 다만, 체포영장이나 구속영장을 발부한 법관 외에는 심문·조사·결정을 할 판사가 없는 경우에는 그러하지 아니하다. 〈개정 2020.12.8.〉

⑬ 법원이 수사 관계 서류와 증거물을 접수한 때부터 결정 후 검찰청에 반환된 때까지의 기간은 제200조의2제5항(제213조의2에 따라 준용되는 경우를 포함한다) 및 제200조의4제1항을 적용할 때에는 그 제한기간에 산입하지 아니하고, 제202조·제203조 및 제205조를 적용할 때에는 그 구속기간에 산입하지 아니한다. 〈개정 2007.6.1., 2020.12.8.〉

⑭ 제4항에 따라 피의자를 심문하는 경우에는 제201조의2제6항을 준용한다. 〈개정 2020.12.8.〉

[본조신설 1980.12.18.] [제목개정 2020.12.8.]

제214조의3(재체포 및 재구속의 제한)

① 제214조의2제4항에 따른 체포 또는 구속 적부심사결정에 의하여 석방된 피의자가 도망하거나 범죄의 증거를 인멸하는 경우를 제외하고는 동일한 범죄사실로 재차 체포하거나 구속할 수 없다. 〈개정 2020.12.8.〉

② 제214조의2제5항에 따라 석방된 피의자에게 다음 각 호의 어느 하나에 해당하는 사유가 있는 경우를 제외하고는 동일한 범죄사실로 재차 체포하거나 구속할 수 없다. 〈신설 1995.12.29., 2007.6.1., 2020.12.8.〉

　1. 도망한 때

　2. 도망하거나 범죄의 증거를 인멸할 염려가 있다고 믿을 만한 충분한 이유가 있는 때

　3. 출석요구를 받고 정당한 이유없이 출석하지 아니한 때

　4. 주거의 제한이나 그 밖에 법원이 정한 조건을 위반한 때

[본조신설 1980.12.18.] [제목개정 2020.12.8.]

제214조의4(보증금의 몰수)

① 법원은 다음 각 호의 1의 경우에 직권 또는 검사의 청구에 의하여 결정으로 제214조의2제5항에 따라 납입된 보증금의 전부 또는 일부를 몰수할 수 있다. 〈개정 2007.6.1.〉

　1. 제214조의2제5항에 따라 석방된 자를 제214조의3제2항에 열거된 사유로 재차 구속할 때

　2. 공소가 제기된 후 법원이 제214조의2제5항에 따라 석방된 자를 동일한 범죄사실에 관하여 재차 구속할 때

② 법원은 제214조의2제5항에 따라 석방된 자가 동일한 범죄사실에 관하여 형의 선고를 받고 그 판결이 확정된 후, 집행하기 위한 소환을 받고 정당한 이유없이 출석하지 아니하거나 도망한 때에는 직권 또는 검사의 청구에 의하여 결정으로 보증금의 전부 또는 일부를 몰수하여야 한다. 〈개정 2007.6.1.〉

[본조신설 1995.12.29.]

제215조(압수, 수색, 검증)

① 검사는 범죄수사에 필요한 때에는 피의자가 죄를 범하였다고 의심할 만한 정황이 있고 해당 사건과 관계가 있다고 인정할 수 있는 것에 한정하여 지방법원판사에게 청구하여 발부받은 영장에 의하여 압수, 수색 또는 검증을 할 수 있다.

② 사법경찰관이 범죄수사에 필요한 때에는 피의자가 죄를 범하였다고 의심할 만한 정황이 있고 해당 사건과 관계가 있다고 인정할 수 있는 것에 한정하여 검사에게 신청하여 검사의 청구로 지방법원판사가 발부한 영장에 의하여 압수, 수색 또는 검증을 할 수 있다.

[전문개정 2011.7.18.]

제216조(영장에 의하지 아니한 강제처분)

① 검사 또는 사법경찰관은 제200조의2·제200조의3·제201조 또는 제212조의 규정에 의하여 피의자를 체포 또는 구속하는 경우에 필요한 때에는 영장없이 다음 처분을 할 수 있다. 〈개정 1995.12.29., 2019.12.31.〉

   1. 타인의 주거나 타인이 간수하는 가옥, 건조물, 항공기, 선차 내에서의 피의자 수색. 다만, 제200조의2 또는 제201조에 따라 피의자를 체포 또는 구속하는 경우의 피의자 수색은 미리 수색영장을 발부받기 어려운 긴급한 사정이 있는 때에 한정한다.

   2. 체포현장에서의 압수, 수색, 검증

② 전항 제2호의 규정은 검사 또는 사법경찰관이 피고인에 대한 구속영장의 집행의 경우에 준용한다.

③ 범행 중 또는 범행직후의 범죄 장소에서 긴급을 요하여 법원판사의 영장을 받을 수 없는 때에는 영장없이 압수, 수색 또는 검증을 할 수 있다. 이 경우에는 사후에 지체없이 영장을 받아야 한다. 〈신설 1961.9.1.〉

[2019.12.31. 법률 제16850호에 의하여 2018. 4. 26. 헌법재판소에서 헌법불합치 결정된 이 조를 개정함.]

제217조(영장에 의하지 아니하는 강제처분)

① 검사 또는 사법경찰관은 제200조의3에 따라 체포된 자가 소유·소지 또는 보관하는 물건에 대하여 긴급히 압수할 필요가 있는 경우에는 체포한 때부터 24시간 이내에 한하여 영장 없이 압수·수색 또는 검증을 할 수 있다.

② 검사 또는 사법경찰관은 제1항 또는 제216조제1항제2호에 따라 압수한 물건을 계속 압수할 필요가 있는 경우에는 지체 없이 압수수색영장을 청구하여야 한다. 이 경우 압수수색영장의 청구는 체포한 때부터 48시간 이내에 하여야 한다.

③ 검사 또는 사법경찰관은 제2항에 따라 청구한 압수수색영장을 발부받지 못한 때에는 압수한 물건을 즉시 반환하여야 한다.

[전문개정 2007.6.1.]

제218조(영장에 의하지 아니한 압수)

검사, 사법경찰관은 피의자 기타인의 유류한 물건이나 소유자, 소지자 또는 보관자가 임의로 제출한 물건을 영장없이 압수할 수 있다.

제218조의2(압수물의 환부, 가환부)

① 검사는 사본을 확보한 경우 등 압수를 계속할 필요가 없다고 인정되는 압수물 및 증거에 사용할 압수물에 대하여 공소제기 전이라도 소유자, 소지자, 보관자 또는 제출인의 청구가 있는 때에는 환부 또는 가환부하여야 한다.

② 제1항의 청구에 대하여 검사가 이를 거부하는 경우에는 신청인은 해당 검사의 소속 검찰청에 대응한 법원에 압수물의 환부 또는 가환부 결정을 청구할 수 있다.

③ 제2항의 청구에 대하여 법원이 환부 또는 가환부를 결정하면 검사는 신청인에게

압수물을 환부 또는 가환부하여야 한다.

④ 사법경찰관의 환부 또는 가환부 처분에 관하여는 제1항부터 제3항까지의 규정을 준용한다. 이 경우 사법경찰관은 검사의 지휘를 받아야 한다.

[본조신설 2011.7.18.]

제219조(준용규정)

제106조, 제107조, 제109조 내지 제112조, 제114조, 제115조제1항 본문, 제2항, 제118조부터 제132조까지, 제134조, 제135조, 제140조, 제141조, 제333조제2항, 제486조의 규정은 검사 또는 사법경찰관의 본장의 규정에 의한 압수, 수색 또는 검증에 준용한다. 단, 사법경찰관이 제130조, 제132조 및 제134조에 따른 처분을 함에는 검사의 지휘를 받아야 한다. 〈개정 1980.12.18., 2007.6.1.,2011.7.18.〉

제220조(요급처분)

제216조의 규정에 의한 처분을 하는 경우에 급속을 요하는 때에는 제123조제2항, 제125조의 규정에 의함을 요하지 아니한다.

제221조(제3자의 출석요구 등)

① 검사 또는 사법경찰관은 수사에 필요한 때에는 피의자가 아닌 자의 출석을 요구하여 진술을 들을 수 있다. 이 경우 그의 동의를 받아 영상녹화할 수 있다.

② 검사 또는 사법경찰관은 수사에 필요한 때에는 감정·통역 또는 번역을 위촉할 수 있다.

③ 제163조의2제1항부터 제3항까지는 검사 또는 사법경찰관이 범죄로 인한 피해자를 조사하는 경우에 준용한다.

[전문개정 2007.6.1.]

공직선거법위반

[대법원 2022. 10. 27., 선고, 2022도9510, 판결]

【판시사항】

[1] 구 개인정보 보호법 제18조 제2항 제7호는 '개인정보처리자'가 '공공기관'인 경우에 한정되는지 여부(적극) / 구 개인정보 보호법 제18조 제2항 제2호에서 정한 '다른 법률에 특별한 규정이 있는 경우'에 형사소송법 제199조 제2항과 같이 수사기관이 공무소 기타 공사단체에 조회하여 필요한 사항의 보고를 요구할 수 있는 포괄적인 규정이 해당되는지 여부(소극)

[2] 개인정보 보호법 제59조 제2호의 의무주체인 '개인정보를 처리하거나 처리하였던 자'는 업무상 알게 된 개인정보 보호법 제2조 제1호의 '개인정보'를 제2조 제2호의 방법으로 '처리'하거나 '처리'하였던 자를 포함하는지 여부(적극)

[3] 검사 또는 사법경찰관이 피고인이 아닌 자의 진술을 기재한 조서의 증거능력이 인정되려면 '적법한 절차와 방식에 따라 작성된 것'이어야 한다는 법리는 피고인이 아닌 자가

수사과정에서 작성한 진술서의 증거능력에 관하여도 적용되는지 여부(적극) / 형사소송법 제221조 제1항, 제244조의4 제1항, 제3항의 취지 / 피고인이 아닌 자가 수사과정에서 진술서를 작성하였지만 수사기관이 조사과정의 진행경과를 확인하기 위하여 필요한 사항을 진술서에 기록하거나 별도의 서면에 기록한 후 수사기록에 편철하는 등 적절한 조치를 취하지 아니하여 형사소송법 제244조의4 제1항, 제3항에서 정한 절차를 위반한 경우, '적법한 절차와 방식'에 따라 수사과정에서 진술서가 작성되었다고 할 수 있는지 여부(원칙적 소극) / 형사소송법 제312조 제5항의 적용대상인 '수사과정에서 작성한 진술서'의 의미

【판결요지】

[1] 구 개인정보 보호법(2020. 2. 4. 법률 제16930호로 개정되기 전의 것, 이하 같다) 제18조 제2항 제7호는 개인정보처리자가 '범죄의 수사와 공소의 제기 및 유지를 위하여 필요한 경우'에는 정보주체 또는 제3자의 이익을 부당하게 침해할 우려가 있는 때를 제외하고는 개인정보를 목적 외의 용도로 이용하거나 이를 제3자에게 제공할 수 있음을 규정하였으나, 이는 '개인정보처리자'가 '공공기관'인 경우에 한정될 뿐 법인·단체·개인 등의 경우에는 적용되지 아니한다(구 개인정보 보호법 제18조 제2항 단서, 제2조 제5호 및 제6호). 또한 구 개인정보 보호법 제18조 제2항 제2호에서 정한 '다른 법률에 특별한 규정이 있는 경우'란 그 문언 그대로 개별 법률에서 개인정보의 제공이 허용됨을 구체적으로 명시한 경우로 한정하여 해석하여야 하므로, 형사소송법 제199조 제2항과 같이 수사기관이 공무소 기타 공사단체에 조회하여 필요한 사항의 보고를 요구할 수 있는 포괄적인 규정은 이에 해당하지 아니한다. 만일 형사소송법 제199조 제2항이 구 개인정보 보호법 제18조 제2항 제2호에서 정한 '다른 법률에 특별한 규정이 있는 경우'에 포함된다면, 구 개인정보 보호법 제18조 제2항 제7호에서 수사기관으로 하여금 공공기관에 한정하여 일정한 제한 아래 개인정보를 제공받을 수 있도록 한 입법 취지·목적을 몰각시킬 뿐만 아니라 헌법상 영장주의 및 적법절차의 원칙을 잠탈할 가능성이 크기 때문이다.

[2] 개인정보 보호법 제59조 제2호의 의무주체인 '개인정보를 처리하거나 처리하였던 자'는 제2조 제5호의 '개인정보처리자'에 한정되지 않고, 업무상 알게 된 제2조 제1호의 '개인정보'를 제2조 제2호의 방법으로 '처리'하거나 '처리'하였던 자를 포함한다.

[3] 형사소송법 제312조 제5항은 피고인 또는 피고인이 아닌 자가 수사과정에서 작성한 진술서의 증거능력에 관하여 형사소송법 제312조 제1항부터 제4항까지 준용하도록 규정하고 있으므로, 검사 또는 사법경찰관이 피고인이 아닌 자의 진술을 기재한 조서의 증거능력이 인정되려면 '적법한 절차와 방식에 따라 작성된 것'이어야 한다는 법리가 피고인이 아닌 자가 수사과정에서 작성한 진술서의 증거능력에 관하여도 적용된다. 한편 검사 또는 사법경찰관이 피의자가 아닌 자의 출석을 요구하여 조사하는 경우에는 피의자를 조사하는 경우와 마찬가지로 조사장소에 도착한 시각, 조사를 시작하고 마친 시각, 그 밖에 조사과정의 진행경과를 확인하기 위하여 필요한 사항을 조서에 기록하거나 별도의 서면에 기록한 후 수사기록에 편철하도록 하는 등 조사과정을 기록하게 한 형사소송법 제221조 제1항, 제244조의4 제1항, 제3항의 취지는 수사기관이 조사과정에서 피조사자로부터 진술증거를 취득하는 과정을 투명하게 함으로써 그 과정에서의 절차적 적법성을 제도적으로 보장하려는 것이다. 따라서 수사기관이 수사에 필요하여 피의자가 아닌 자로부터 진술서를 작성·제출받는 경우에도 그 절차는 준수되어야 하므로,

피고인이 아닌 자가 수사과정에서 진술서를 작성하였지만 수사기관이 조사과정의 진행 경과를 확인하기 위하여 필요한 사항을 그 진술서에 기록하거나 별도의 서면에 기록한 후 수사기록에 편철하는 등 적절한 조치를 취하지 아니하여 형사소송법 제244조의4 제1항, 제3항에서 정한 절차를 위반한 경우에는, 그 진술증거 취득과정의 절차적 적법 성의 제도적 보장이 침해되지 않았다고 볼 만한 특별한 사정이 없는 한 '적법한 절차 와 방식'에 따라 수사과정에서 진술서가 작성되었다고 할 수 없어 증거능력을 인정할 수 없다.

이러한 형사소송법 규정 및 문언과 그 입법 목적 등에 비추어 보면, 형사소송법 제312 조 제5항의 적용대상인 '수사과정에서 작성한 진술서'란 수사가 시작된 이후에 수사기 관의 관여 아래 작성된 것이거나, 개시된 수사와 관련하여 수사과정에 제출할 목적으로 작성한 것으로, 작성 시기와 검위 등 여러 사정에 비추어 그 실질이 이에 해당하는 이 상 명칭이나 작성된 장소 여부를 불문한다.

제221조의2(증인신문의 청구)

① 범죄의 수사에 없어서는 아니될 사실을 안다고 명백히 인정되는 자가 전조의 규 정에 의한 출석 또는 진술을 거부한 경우에는 검사는 제1회 공판기일 전에 한 하여 판사에게 그에 대한 증인신문을 청구할 수 있다.

② 삭제 〈2007.6.1.〉

③ 제1항의 청구를 함에는 서면으로 그 사유를 소명하여야 한다. 〈개정 2007.6.1.〉

④ 제1항의 청구를 받은 판사는 증인신문에 관하여 법원 또는 재판장과 동일한 권 한이 있다. 〈개정 2007.6.1.〉

⑤ 판사는 제1항의 청구에 따라 증인신문기일을 정한 때에는 피고인·피의자 또는 변호인에게 이를 통지하여 증인신문에 참여할 수 있도록 하여야 한다. 〈개정 2007.6.1.〉

⑥ 판사는 제1항의 청구에 의한 증인신문을 한 때에는 지체없이 이에 관한 서류를 검사에게 송부하여야 한다. 〈개정 2007.6.1.〉

[본조신설 1973.1.25.]

[94헌바1 1996.12.26. 헌법재판소 위헌결정 이전인 1995.12.29. 법률 제5054호로 이 조 제5항이 개정되었으나 위 결정으로 이 조 제2항이 무효로 되었으므로 제5항 중 제2항에 관한 부분은 자동 효력 상실]

제221조의3(감정의 위촉과 감정유치의 청구)

① 검사는 제221조의 규정에 의하여 감정을 위촉하는 경우에 제172조제3항의 유치 처분이 필요할 때에는 판사에게 이를 청구하여야 한다. 〈개정 1980.12.18.〉

② 판사는 제1항의 청구가 상당하다고 인정할 때에는 유치처분을 하여야 한다. 제 172조 및 제172조의2의 규정은 이 경우에 준용한다. 〈개정 1980.12.18.〉

[본조신설 1973.1.25.]

제221조의4(감정에 필요한 처분, 허가장)

① 제221조의 규정에 의하여 감정의 위촉을 받은 자는 판사의 허가를 얻어 제173

조제1항에 규정된 처분을 할 수 있다.

② 제1항의 허가의 청구는 검사가 하여야 한다. 〈개정 1980.12.18.〉

③ 판사는 제2항의 청구가 상당하다고 인정할 때에는 허가장을 발부하여야 한다. 〈개정 1980.12.18.〉

④ 제173조제2항, 제3항 및 제5항의 규정은 제3항의 허가장에 준용한다. 〈개정 1980.12.18.〉

[본조신설 1973.1.25.]

제221조의5(사법경찰관이 신청한 영장의 청구 여부에 대한 심의)

① 검사가 사법경찰관이 신청한 영장을 정당한 이유 없이 판사에게 청구하지 아니한 경우 사법경찰관은 그 검사 소속의 지방검찰청 소재지를 관할하는 고등검찰청에 영장 청구 여부에 대한 심의를 신청할 수 있다.

② 제1항에 관한 사항을 심의하기 위하여 각 고등검찰청에 영장심의위원회(이하 이 조에서 "심의위원회"라 한다)를 둔다.

③ 심의위원회는 위원장 1명을 포함한 10명 이내의 외부 위원으로 구성하고, 위원은 각 고등검찰청 검사장이 위촉한다.

④ 사법경찰관은 심의위원회에 출석하여 의견을 개진할 수 있다.

⑤ 심의위원회의 구성 및 운영 등 그 밖에 필요한 사항은 법무부령으로 정한다.

[본조신설 2020.2.4.]

제222조(변사자의 검시)

① 변사자 또는 변사의 의심있는 사체가 있는 때에는 그 소재지를 관할하는 지방검찰청 검사가 검시하여야 한다.

② 전항의 검시로 범죄의 혐의를 인정하고 긴급을 요할 때에는 영장없이 검증할 수 있다. 〈신설 1961.9.1.〉

③ 검사는 사법경찰관에게 전2항의 처분을 명할 수 있다. 〈신설 1961.9.1.〉

제223조(고소권자)

범죄로 인한 피해자는 고소할 수 있다.

제224조(고소의 제한)

자기 또는 배우자의 직계존속을 고소하지 못한다.

제225조(비피해자인 고소권자)

① 피해자의 법정대리인은 독립하여 고소할 수 있다.

② 피해자가 사망한 때에는 그 배우자, 직계친족 또는 형제자매는 고소할 수 있다. 단, 피해자의 명시한 의사에 반하지 못한다.

제226조(동전)

피해자의 법정대리인이 피의자이거나 법정대리인의 친족이 피의자인 때에는 피해자의 친족은 독립하여 고소할 수 있다.

제227조(동전)

사자의 명예를 훼손한 범죄에 대하여는 그 친족 또는 자손은 고소할 수 있다.

제228조(고소권자의 지정)

친고죄에 대하여 고소할 자가 없는 경우에 이해관계인의 신청이 있으면 검사는 10일 이내에 고소할 수 있는 자를 지정하여야 한다.

제229조(배우자의 고소)

① 「형법」 제241조의 경우에는 혼인이 해소되거나 이혼소송을 제기한 후가 아니면 고소할 수 없다. 〈개정 2007.6.1.〉
② 전항의 경우에 다시 혼인을 하거나 이혼소송을 취하한 때에는 고소는 취소된 것으로 간주한다.

제230조(고소기간)

① 친고죄에 대하여는 범인을 알게 된 날로부터 6월을 경과하면 고소하지 못한다. 단, 고소할 수 없는 불가항력의 사유가 있는 때에는 그 사유가 없어진 날로부터 기산한다.
② 삭제 〈2013.4.5.〉

제231조(수인의 고소권자)

고소할 수 있는 자가 수인인 경우에는 1인의 기간의 해태는 타인의 고소에 영향이 없다.

제232조(고소의 취소)

① 고소는 제1심 판결선고 전까지 취소할 수 있다.
② 고소를 취소한 자는 다시 고소할 수 없다.
③ 피해자의 명시한 의사에 반하여 공소를 제기할 수 없는 사건에서 처벌을 원하는 의사표시를 철회한 경우에도 제1항과 제2항을 준용한다.
[전문개정 2020.12.8.]

제233조(고소의 불가분)

친고죄의 공범 중 그 1인 또는 수인에 대한 고소 또는 그 취소는 다른 공범자에 대하여도 효력이 있다.

강제추행
[대법원 2015.11.17, 선고, 2013도7987, 판결]

【판시사항】

고소권자가 비친고죄로 고소한 사건을 검사가 친고죄로 구성하여 공소를 제기한 경우, 법원이 친고죄에서 소송조건이 되는 고소가 유효하게 존재하는지 직권으로 조사·심리하여야 하는지 여부(한정 적극) 및 이때 공소사실에 대하여 피고인과 공범관계에 있는 사람에 대한 적법한 고소취소의 효력이 피고인에 대하여 미치는지 여부(적극)

【판결요지】

법원은 검사가 공소를 제기한 범죄사실을 심판하는 것이지 고소권자가 고소한 내용을 심판하는 것이 아니므로, 고소권자가 비친고죄로 고소한 사건이더라도 검사가 사건을 친고죄로 구성하여 공소를 제기하였다면 공소장 변경절차를 거쳐 공소사실이 비친고죄로 변경되지 아니하는 한, 법원으로서는 친고죄에서 소송조건이 되는 고소가 유효하게 존재하는지를 직권으로 조사·심리하여야 한다. 그리고 이 경우 친고죄에서 고소와 고소취소의 불가분 원칙을 규정한 형사소송법 제233조는 당연히 적용되므로, 만일 공소사실에 대하여 피고인과 공범관계에 있는 사람에 대한 적법한 고소취소가 있다면 고소취소의 효력은 피고인에 대하여 미친다.

제234조(고발)
① 누구든지 범죄가 있다고 사료하는 때에는 고발할 수 있다.
② 공무원은 그 직무를 행함에 있어 범죄가 있다고 사료하는 때에는 고발하여야 한다.

제235조(고발의 제한)
제224조의 규정은 고발에 준용한다.

제236조(대리고소)
고소 또는 그 취소는 대리인으로 하여금하게 할 수 있다.

제237조(고소, 고발의 방식)
① 고소 또는 고발은 서면 또는 구술로써 검사 또는 사법경찰관에게 하여야 한다.
② 검사 또는 사법경찰관이 구술에 의한 고소 또는 고발을 받은 때에는 조서를 작성하여야 한다.

제238조(고소, 고발과 사법경찰관의 조치)
사법경찰관이 고소 또는 고발을 받은 때에는 신속히 조사하여 관계서류와 증거물을 검사에게 송부하여야 한다.

제239조(준용규정)
전2조의 규정은 고소 또는 고발의 취소에 관하여 준용한다.

제240조(자수와 준용규정)
제237조와 제238조의 규정은 자수에 대하여 준용한다.

제241조(피의자신문)
검사 또는 사법경찰관이 피의자를 신문함에는 먼저 그 성명, 연령, 등록기준지, 주거와 직업을 물어 피의자임에 틀림없음을 확인하여야 한다. 〈개정 2007.5.17.〉

제242조(피의자신문사항)
검사 또는 사법경찰관은 피의자에 대하여 범죄사실과 정상에 관한 필요사항을 신문하여야 하며 그 이익되는 사실을 진술할 기회를 주어야 한다.

제243조(피의자신문과 참여자)
검사가 피의자를 신문함에는 검찰청수사관 또는 서기관이나 서기를 참여하게 하여야 하고 사법경찰관이 피의자를 신문함에는 사법경찰관리를 참여하게 하여야 한다. 〈개정 2007.6.1., 2007.12.21.〉

제243조의2(변호인의 참여 등)
① 검사 또는 사법경찰관은 피의자 또는 그 변호인·법정대리인·배우자·직계친족·형제자매의 신청에 따라 변호인을 피의자와 접견하게 하거나 정당한 사유가 없는 한 피의자에 대한 신문에 참여하게 하여야 한다.
② 신문에 참여하고자 하는 변호인이 2인 이상인 때에는 피의자가 신문에 참여할 변호인 1인을 지정한다. 지정이 없는 경우에는 검사 또는 사법경찰관이 이를 지정할 수 있다.
③ 신문에 참여한 변호인은 신문 후 의견을 진술할 수 있다. 다만, 신문 중이라도 부당한 신문방법에 대하여 이의를 제기할 수 있고, 검사 또는 사법경찰관의 승인을 얻어 의견을 진술할 수 있다.
④ 제3항에 따른 변호인의 의견이 기재된 피의자신문조서는 변호인에게 열람하게 한 후 변호인으로 하여금 그 조서에 기명날인 또는 서명하게 하여야 한다.
⑤ 검사 또는 사법경찰관은 변호인의 신문참여 및 그 제한에 관한 사항을 피의자신문조서에 기재하여야 한다.
[본조신설 2007.6.1.]

제244조(피의자신문조서의 작성)
① 피의자의 진술은 조서에 기재하여야 한다.
② 제1항의 조서는 피의자에게 열람하게 하거나 읽어 들려주어야 하며, 진술한 대로 기재되지 아니하였거나 사실과 다른 부분의 유무를 물어 피의자가 증감 또는 변경의 청구 등 이의를 제기하거나 의견을 진술한 때에는 이를 조서에 추가로

기재하여야 한다. 이 경우 피의자가 이의를 제기하였던 부분은 읽을 수 있도록 남겨두어야 한다. 〈개정 2007.6.1.〉
③ 피의자가 조서에 대하여 이의나 의견이 없음을 진술한 때에는 피의자로 하여금 그 취지를 자필로 기재하게 하고 조서에 간인한 후 기명날인 또는 서명하게 한다. 〈개정 2007.6.1.〉

제244조의2(피의자진술의 영상녹화)
① 피의자의 진술은 영상녹화할 수 있다. 이 경우 미리 영상녹화사실을 알려주어야 하며, 조사의 개시부터 종료까지의 전 과정 및 객관적 정황을 영상녹화하여야 한다.
② 제1항에 따른 영상녹화가 완료된 때에는 피의자 또는 변호인 앞에서 지체 없이 그 원본을 봉인하고 피의자로 하여금 기명날인 또는 서명하게 하여야 한다.
③ 제2항의 경우에 피의자 또는 변호인의 요구가 있는 때에는 영상녹화물을 재생하여 시청하게 하여야 한다. 이 경우 그 내용에 대하여 이의를 진술하는 때에는 그 취지를 기재한 서면을 첨부하여야 한다.
[본조신설 2007.6.1.]

제244조의3(진술거부권 등의 고지)
① 검사 또는 사법경찰관은 피의자를 신문하기 전에 다음 각 호의 사항을 알려주어야 한다.
  1. 일체의 진술을 하지 아니하거나 개개의 질문에 대하여 진술을 하지 아니할 수 있다는 것
  2. 진술을 하지 아니하더라도 불이익을 받지 아니한다는 것
  3. 진술을 거부할 권리를 포기하고 행한 진술은 법정에서 유죄의 증거로 사용될 수 있다는 것
  4. 신문을 받을 때에는 변호인을 참여하게 하는 등 변호인의 조력을 받을 수 있다는 것
② 검사 또는 사법경찰관은 제1항에 따라 알려 준 때에는 피의자가 진술을 거부할 권리와 변호인의 조력을 받을 권리를 행사할 것인지의 여부를 질문하고, 이에 대한 피의자의 답변을 조서에 기재하여야 한다. 이 경우 피의자의 답변은 피의자로 하여금 자필로 기재하게 하거나 검사 또는 사법경찰관이 피의자의 답변을 기재한 부분에 기명날인 또는 서명하게 하여야 한다.
[본조신설 2007.6.1.]

제244조의4(수사과정의 기록)
① 검사 또는 사법경찰관은 피의자가 조사장소에 도착한 시각, 조사를 시작하고 마친 시각, 그 밖에 조사과정의 진행경과를 확인하기 위하여 필요한 사항을 피의자신문조서에 기록하거나 별도의 서면에 기록한 후 수사기록에 편철하여야 한다.
② 제244조제2항 및 제3항은 제1항의 조서 또는 서면에 관하여 준용한다.
③ 제1항 및 제2항은 피의자가 아닌 자를 조사하는 경우에 준용한다.
[본조신설 2007.6.1.]

제244조의5(장애인 등 특별히 보호를 요하는 자에 대한 특칙)

검사 또는 사법경찰관은 피의자를 신문하는 경우 다음 각 호의 어느 하나에 해당하는 때에는 직권 또는 피의자·법정대리인의 신청에 따라 피의자와 신뢰관계에 있는 자를 동석하게 할 수 있다.

1. 피의자가 신체적 또는 정신적 장애로 사물을 변별하거나 의사를 결정·전달할 능력이 미약한 때
2. 피의자의 연령·성별·국적 등의 사정을 고려하여 그 심리적 안정의 도모와 원활한 의사소통을 위하여 필요한 경우

[본조신설 2007.6.1.]

제245조(참고인과의 대질)

검사 또는 사법경찰관이 사실을 발견함에 필요한 때에는 피의자와 다른 피의자 또는 피의자 아닌 자와 대질하게 할 수 있다.

제245조의2(전문수사자문위원의 참여)

① 검사는 공소제기 여부와 관련된 사실관계를 분명하게 하기 위하여 필요한 경우에는 직권이나 피의자 또는 변호인의 신청에 의하여 전문수사자문위원을 지정하여 수사절차에 참여하게 하고 자문을 들을 수 있다.
② 전문수사자문위원은 전문적인 지식에 의한 설명 또는 의견을 기재한 서면을 제출하거나 전문적인 지식에 의하여 설명이나 의견을 진술할 수 있다.
③ 검사는 제2항에 따라 전문수사자문위원이 제출한 서면이나 전문수사자문위원의 설명 또는 의견의 진술에 관하여 피의자 또는 변호인에게 구술 또는 서면에 의한 의견진술의 기회를 주어야 한다.

[본조신설 2007.12.21.]

제245조의3(전문수사자문위원 지정 등)

① 제245조의2제1항에 따라 전문수사자문위원을 수사절차에 참여시키는 경우 검사는 각 사건마다 1인 이상의 전문수사자문위원을 지정한다.
② 검사는 상당하다고 인정하는 때에는 전문수사자문위원의 지정을 취소할 수 있다.
③ 피의자 또는 변호인은 검사의 전문수사자문위원 지정에 대하여 관할 고등검찰청 검사장에게 이의를 제기할 수 있다.
④ 전문수사자문위원에게는 수당을 지급하고, 필요한 경우에는 그 밖의 여비, 일당 및 숙박료를 지급할 수 있다.
⑤ 전문수사자문위원의 지정 및 지정취소, 이의제기 절차 및 방법, 수당지급, 그 밖에 필요한 사항은 법무부령으로 정한다.

[본조신설 2007.12.21.]

제245조의4(준용규정)

제279조의7 및 제279조의8은 검사의 전문수사자문위원에게 준용한다.

[본조신설 2007.12.21.]

제245조의5(사법경찰관의 사건송치 등)

사법경찰관은 고소·고발 사건을 포함하여 범죄를 수사한 때에는 다음 각 호의 구분에 따른다.

1. 범죄의 혐의가 있다고 인정되는 경우에는 지체 없이 검사에게 사건을 송치하고, 관계 서류와 증거물을 검사에게 송부하여야 한다.
2. 그 밖의 경우에는 그 이유를 명시한 서면과 함께 관계 서류와 증거물을 지체 없이 검사에게 송부하여야 한다. 이 경우 검사는 송부받은 날부터 90일 이내에 사법경찰관에게 반환하여야 한다.

[본조신설 2020.2.4.]

제245조의6(고소인 등에 대한 송부통지)

사법경찰관은 제245조의5제2호의 경우에는 그 송부한 날부터 7일 이내에 서면으로 고소인·고발인·피해자 또는 그 법정대리인(피해자가 사망한 경우에는 그 배우자·직계친족·형제자매를 포함한다)에게 사건을 검사에게 송치하지 아니하는 취지와 그 이유를 통지하여야 한다.

[본조신설 2020.2.4.]

제245조의7(고소인 등의 이의신청)

① 제245조의6의 통지를 받은 사람(고발인을 제외한다)은 해당 사법경찰관의 소속 관서의 장에게 이의를 신청할 수 있다. 〈개정 2022. 5. 9.〉
② 사법경찰관은 제1항의 신청이 있는 때에는 지체 없이 검사에게 사건을 송치하고 관계 서류와 증거물을 송부하여야 하며, 처리결과와 그 이유를 제1항의 신청인에게 통지하여야 한다.

[본조신설 2020. 2. 4.]

제245조의8(재수사요청 등)

① 검사는 제245조의5제2호의 경우에 사법경찰관이 사건을 송치하지 아니한 것이 위법 또는 부당한 때에는 그 이유를 문서로 명시하여 사법경찰관에게 재수사를 요청할 수 있다.
② 사법경찰관은 제1항의 요청이 있는 때에는 사건을 재수사하여야 한다.

[본조신설 2020.2.4.]

제245조의9(검찰청 직원)

① 검찰청 직원으로서 사법경찰관리의 직무를 행하는 자와 그 직무의 범위는 법률로 정한다.

② 사법경찰관의 직무를 행하는 검찰청 직원은 검사의 지휘를 받아 수사하여야 한다.

③ 사법경찰리의 직무를 행하는 검찰청 직원은 검사 또는 사법경찰관의 직무를 행하는 검찰청 직원의 수사를 보조하여야 한다.

④ 사법경찰관리의 직무를 행하는 검찰청 직원에 대하여는 제197조의2부터 제197조의4까지, 제221조의5, 제245조의5부터 제245조의8까지의 규정을 적용하지 아니한다.

[본조신설 2020.2.4.]

제245조의10(특별사법경찰관리)

① 삼림, 해사, 전매, 세무, 군수사기관, 그 밖에 특별한 사항에 관하여 사법경찰관리의 직무를 행할 특별사법경찰관리와 그 직무의 범위는 법률로 정한다.

② 특별사법경찰관은 모든 수사에 관하여 검사의 지휘를 받는다.

③ 특별사법경찰관은 범죄의 혐의가 있다고 인식하는 때에는 범인, 범죄사실과 증거에 관하여 수사를 개시·진행하여야 한다.

④ 특별사법경찰관리는 검사의 지휘가 있는 때에는 이에 따라야 한다. 검사의 지휘에 관한 구체적 사항은 법무부령으로 정한다.

⑤ 특별사법경찰관은 범죄를 수사한 때에는 지체 없이 검사에게 사건을 송치하고, 관계 서류와 증거물을 송부하여야 한다.

⑥ 특별사법경찰관리에 대하여는 제197조의2부터 제197조의4까지, 제221조의5, 제245조의5부터 제245조의8까지의 규정을 적용하지 아니한다.

[본조신설 2020.2.4.]

제2장 공소

제246조(국가소추주의)

공소는 검사가 제기하여 수행한다.

제247조(기소편의주의)

검사는「형법」제51조의 사항을 참작하여 공소를 제기하지 아니할 수 있다.

[전문개정 2007.6.1.]

제248조(공소의 효력 범위)

① 공소의 효력은 검사가 피고인으로 지정한 자에게만 미친다. 〈개정 2020.12.8.〉

② 범죄사실의 일부에 대한 공소의 효력은 범죄사실 전부에 미친다. 〈개정 2020.12.8.〉

[전문개정 2007.6.1.]
[제목개정 2020.12.8.]

제249조(공소시효의 기간)

① 공소시효는 다음 기간의 경과로 완성한다. 〈개정 1973.1.25., 2007.12.21.〉

1. 사형에 해당하는 범죄에는 25년
2. 무기징역 또는 무기금고에 해당하는 범죄에는 15년
3. 장기 10년 이상의 징역 또는 금고에 해당하는 범죄에는 10년
4. 장기 10년 미만의 징역 또는 금고에 해당하는 범죄에는 7년
5. 장기 5년 미만의 징역 또는 금고, 장기10년 이상의 자격정지 또는 벌금에 해당하는 범죄에는 5년
6. 장기 5년 이상의 자격정지에 해당하는 범죄에는 3년
7. 장기 5년 미만의 자격정지, 구류, 과료 또는 몰수에 해당하는 범죄에는 1년

② 공소가 제기된 범죄는 판결의 확정이 없이 공소를 제기한 때로부터 25년을 경과하면 공소시효가 완성한 것으로 간주한다. 〈신설 1961.9.1., 2007.12.21.〉

제250조(두 개 이상의 형과 시효기간)

두 개 이상의 형을 병과(倂科)하거나 두 개 이상의 형에서 한 개를 과(科)할 범죄에 대해서는 무거운 형에 의하여 제249조를 적용한다.
[전문개정 2020.12.8.]

제251조(형의 가중, 감경과 시효기간)

「형법」에 의하여 형을 가중 또는 감경한 경우에는 가중 또는 감경하지 아니한 형에 의하여 제249조의 규정을 적용한다. 〈개정 2007.6.1.〉

제252조(시효의 기산점)

① 시효는 범죄행위의 종료한 때로부터 진행한다.
② 공범에는 최종행위의 종료한 때로부터 전공범에 대한 시효기간을 기산한다.

병역법위반

[대법원 2022. 12. 1., 선고, 2019도5925, 판결]

【판시사항】
[1] 구 병역법 제70조 제3항, 제94조에서 규정하는 국외여행허가의무 위반으로 인한 병역법 위반죄의 법적 성격(=즉시범) 및 공소시효 기산점(=국외여행허가기간 만료일)
[2] 공소시효 정지에 관한 형사소송법 제253조 제3항의 입법 취지 / 위 규정에서 정한 '형사처분을 면할 목적'의 의미 및 국외에 체류한 범인에게 체류기간 동안 '형사처분을 면할 목적'이 있었다고 볼 수 있는 경우

【판결요지】

[1] 구 병역법(2002. 12. 26. 법률 제6809호로 개정되어 2003. 3. 27. 시행되기 전의 것, 이하 같다)은 제70조 제3항에서 국외여행의 허가를 받은 병역의무자가 허가기간 내에 귀국하기 어려운 때에는 기간만료 15일 전까지 병무청장의 기간연장허가를 받아야 한다고 정하고, 제94조에서 위 허가를 받지 않고 정당한 사유 없이 허가된 기간 내에 귀국하지 않은 사람은 3년 이하의 징역에 처한다고 정하였다(이하 '처벌조항'이라 한다). 처벌조항의 내용과 구 병역법 제94조의 입법 목적, 규정 체계 등에 비추어 볼 때, 처벌조항에서 규정하고 있는 국외여행허가의무 위반으로 인한 병역법 위반죄는 국외여행의 허가를 받은 병역의무자가 기간만료 15일 전까지 기간연장허가를 받지 않고 정당한 사유 없이 허가된 기간 내에 귀국하지 않은 때에 성립함과 동시에 완성되는 이른바 즉시범으로서, 그 이후에 귀국하지 않은 상태가 계속되고 있더라도 위 규정이 정한 범행을 계속하고 있다고 볼 수 없다. 따라서 위 범죄의 공소시효는 범행종료일인 국외여행허가기간 만료일부터 진행한다.

[2] 공소시효 정지에 관한 형사소송법 제253조 제3항의 입법 취지는 범인이 우리나라의 사법권이 실질적으로 미치지 못하는 국외에 체류한 것이 도피의 수단으로 이용된 경우에 체류기간 동안 공소시효 진행을 저지하여 범인을 처벌할 수 있도록 하고 형벌권을 적정하게 실현하는 데 있다. 따라서 위 규정이 정한 '형사처분을 면할 목적'은 국외 체류의 유일한 목적으로 되는 것에 한정되지 않고 범인이 가지는 여러 국외 체류 목적 중에 포함되어 있으면 족하다. 범인이 국외에 있는 것이 형사처분을 면하기 위한 방편이었다면 '형사처분을 면할 목적'이 있었다고 볼 수 있고, 위 '형사처분을 면할 목적'과 양립할 수 없는 범인의 주관적 의사가 명백히 드러나는 객관적 사정이 존재하지 않는 한 국외 체류기간 동안 '형사처분을 면할 목적'은 계속 유지된다.

제253조(시효의 정지와 효력)

① 시효는 공소의 제기로 진행이 정지되고 공소기각 또는 관할위반의 재판이 확정된 때로부터 진행한다. 〈개정 1961.9.1.〉
② 공범의 1인에 대한 전항의 시효정지는 다른 공범자에게 대하여 효력이 미치고 당해 사건의 재판이 확정된 때로부터 진행한다. 〈개정 1961.9.1.〉
③ 범인이 형사처분을 면할 목적으로 국외에 있는 경우 그 기간 동안 공소시효는 정지된다. 〈신설 1995.12.29.〉

제253조의2(공소시효의 적용 배제)

사람을 살해한 범죄(종범은 제외한다)로 사형에 해당하는 범죄에 대하여는 제249조부터 제253조까지에 규정된 공소시효를 적용하지 아니한다.
[본조신설 2015.7.31.]

제254조(공소제기의 방식과 공소장)

① 공소를 제기함에는 공소장을 관할법원에 제출하여야 한다.
② 공소장에는 피고인수에 상응한 부본을 첨부하여야 한다.

③ 공소장에는 다음 사항을 기재하여야 한다.
  1. 피고인의 성명 기타 피고인을 특정할 수 있는 사항
  2. 죄명
  3. 공소사실
  4. 적용법조
④ 공소사실의 기재는 범죄의 시일, 장소와 방법을 명시하여 사실을 특정할 수 있
  도록 하여야 한다.
⑤ 수개의 범죄사실과 적용법조를 예비적 또는 택일적으로 기재할 수 있다.

제255조(공소의 취소)
① 공소는 제1심판결의 선고 전까지 취소할 수 있다.
② 공소취소는 이유를 기재한 서면으로 하여야 한다. 단, 공판정에서는 구술로써 할 수 있다.

제256조(타관송치)
검사는 사건이 그 소속검찰청에 대응한 법원의 관할에 속하지 아니한 때에는 사건
을 서류와 증거물과 함께 관할법원에 대응한 검찰청검사에게 송치하여야 한다.

제256조의2(군검사에의 사건송치)
검사는 사건이 군사법원의 재판권에 속하는 때에는 사건을 서류와 증거물과 함께
재판권을 가진 관할 군검찰부 군검사에게 송치하여야 한다. 이 경우에 송치전에 행
한 소송행위는 송치후에도 그 효력에 영향이 없다. 〈개정 1987.11.28., 2016.1.6.〉
[본조신설 1973.1.25.] [제목개정 2016.1.6.]

제257조(고소등에 의한 사건의 처리)
검사가 고소 또는 고발에 의하여 범죄를 수사할 때에는 고소 또는 고발을 수리한
날로부터 3월 이내에 수사를 완료하여 공소제기여부를 결정하여야 한다.

제258조(고소인등에의 처분고지)
① 검사는 고소 또는 고발있는 사건에 관하여 공소를 제기하거나 제기하지 아니하
  는 처분, 공소의 취소 또는 제256조의 송치를 한 때에는 그 처분한 날로부터 7
  일 이내에 서면으로 고소인 또는 고발인에게 그 취지를 통지하여야 한다.
② 검사는 불기소 또는 제256조의 처분을 한 때에는 피의자에게 즉시 그 취지를
  통지하여야 한다.

제259조(고소인등에의 공소불제기이유고지)
검사는 고소 또는 고발있는 사건에 관하여 공소를 제기하지 아니하는 처분을 한 경
우에 고소인 또는 고발인의 청구가 있는 때에는 7일 이내에 고소인 또는 고발인에
게 그 이유를 서면으로 설명하여야 한다.

제259조의2(피해자 등에 대한 통지)

검사는 범죄로 인한 피해자 또는 그 법정대리인(피해자가 사망한 경우에는 그 배우자·직계친족·형제자매를 포함한다)의 신청이 있는 때에는 당해 사건의 공소제기여부, 공판의 일시·장소, 재판결과, 피의자·피고인의 구속·석방 등 구금에 관한 사실 등을 신속하게 통지하여야 한다.

[본조신설 2007.6.1.]

제260조(재정신청)

① 고소권자로서 고소를 한 자(「형법」 제123조부터 제126조까지의 죄에 대하여는 고발을 한 자를 포함한다. 이하 이 조에서 같다)는 검사로부터 공소를 제기하지 아니한다는 통지를 받은 때에는 그 검사 소속의 지방검찰청 소재지를 관할하는 고등법원(이하 "관할 고등법원"이라 한다)에 그 당부에 관한 재정을 신청할 수 있다. 다만, 「형법」 제126조의 죄에 대하여는 피공표자의 명시한 의사에 반하여 재정을 신청할 수 없다. 〈개정 2011.7.18.〉

② 제1항에 따른 재정신청을 하려면 「검찰청법」 제10조에 따른 항고를 거쳐야 한다. 다만, 다음 각 호의 어느 하나에 해당하는 경우에는 그러하지 아니하다.
  1. 항고 이후 재기수사가 이루어진 다음에 다시 공소를 제기하지 아니한다는 통지를 받은 경우
  2. 항고 신청 후 항고에 대한 처분이 행하여지지 아니하고 3개월이 경과한 경우
  3. 검사가 공소시효 만료일 30일 전까지 공소를 제기하지 아니하는 경우

③ 제1항에 따른 재정신청을 하려는 자는 항고기각 결정을 통지받은 날 또는 제2항 각 호의 사유가 발생한 날부터 10일 이내에 지방검찰청검사장 또는 지청장에게 재정신청서를 제출하여야 한다. 다만, 제2항제3호의 경우에는 공소시효 만료일 전날까지 재정신청서를 제출할 수 있다.

④ 재정신청서에는 재정신청의 대상이 되는 사건의 범죄사실 및 증거 등 재정신청을 이유있게 하는 사유를 기재하여야 한다.

[전문개정 2007.6.1.]

제261조(지방검찰청검사장 등의 처리)

제260조제3항에 따라 재정신청서를 제출받은 지방검찰청검사장 또는 지청장은 재정신청서를 제출받은 날부터 7일 이내에 재정신청서·의견서·수사 관계 서류 및 증거물을 관할 고등검찰청을 경유하여 관할 고등법원에 송부하여야 한다. 다만, 제260조제2항 각 호의 어느 하나에 해당하는 경우에는 지방검찰청검사장 또는 지청장은 다음의 구분에 따른다.
  1. 신청이 이유 있는 것으로 인정하는 때에는 즉시 공소를 제기하고 그 취지를 관할 고등법원과 재정신청인에게 통지한다.
  2. 신청이 이유 없는 것으로 인정하는 때에는 30일 이내에 관할 고등법원에 송부한다.

[전문개정 2007.6.1.]

제262조(심리와 결정)

① 법원은 재정신청서를 송부받은 때에는 송부받은 날부터 10일 이내에 피의자에게 그 사실을 통지하여야 한다.

② 법원은 재정신청서를 송부받은 날부터 3개월 이내에 항고의 절차에 준하여 다음 각 호의 구분에 따라 결정한다. 이 경우 필요한 때에는 증거를 조사할 수 있다.

  1. 신청이 법률상의 방식에 위배되거나 이유 없는 때에는 신청을 기각한다.

  2. 신청이 이유 있는 때에는 사건에 대한 공소제기를 결정한다.

③ 재정신청사건의 심리는 특별한 사정이 없는 한 공개하지 아니한다.

④ 제2항제1호의 결정에 대하여는 제415조에 따른 즉시항고를 할 수 있고, 제2항제2호의 결정에 대하여는 불복할 수 없다. 제2항제1호의 결정이 확정된 사건에 대하여는 다른 중요한 증거를 발견한 경우를 제외하고는 소추할 수 없다. 〈개정 2016.1.6.〉

⑤ 법원은 제2항의 결정을 한 때에는 즉시 그 정본을 재정신청인·피의자와 관할 지방검찰청검사장 또는 지청장에게 송부하여야 한다. 이 경우 제2항제2호의 결정을 한 때에는 관할 지방검찰청검사장 또는 지청장에게 사건기록을 함께 송부하여야 한다.

⑥ 제2항제2호의 결정에 따른 재정결정서를 송부받은 관할 지방검찰청 검사장 또는 지청장은 지체 없이 담당 검사를 지정하고 지정받은 검사는 공소를 제기하여야 한다.

[전문개정 2007.6.1.]

특정경제범죄가중처벌등에관한법률위반(사기)
[대법원 2018. 12. 28., 선고, 2014도17182, 판결]

【판시사항】

형사소송법 제262조 제4항 후문에서 말하는 '다른 중요한 증거를 발견한 경우'의 의미 및 단순히 재정신청 기각결정의 정당성에 의문이 제기되거나 범죄피해자의 권리를 보호하기 위하여 형사재판절차를 진행할 필요가 있는 정도의 증거가 있는 경우가 여기에 해당하는지 여부(소극) / 관련 민사판결에서의 사실인정 및 판단이 그 자체로서 새로 발견된 증거에 해당하는지 여부(소극)

【판결요지】

형사소송법 제262조 제4항 후문은 재정신청 기각결정이 확정된 사건에 대하여는 다른 중요한 증거를 발견한 경우를 제외하고는 소추할 수 없다고 규정하고 있다. 여기에서 '다른 중요한 증거를 발견한 경우'란 재정신청 기각결정 당시에 제출된 증거에 새로 발견된 증거를 추가하면 충분히 유죄의 확신을 가지게 될 정도의 증거가 있는 경우를 말하고, 단순히 재정신청 기각결정의 정당성에 의문이 제기되거나 범죄피해자의 권리를 보호하기 위하여 형사재판절차를 진행할 필요가 있는 정도의 증거가 있는 경우는 여기에 해당하지 않는다.

그리고 관련 민사판결에서의 사실인정 및 판단은, 그러한 사실인정 및 판단의 근거가 된 증거자료가 새로 발견된 증거에 해당할 수 있음은 별론으로 하고, 그 자체가 새로 발견된 증거라고 할 수는 없다.

제262조의2(재정신청사건 기록의 열람·등사 제한)

재정신청사건의 심리 중에는 관련 서류 및 증거물을 열람 또는 등사할 수 없다. 다만, 법원은 제262조제2항 후단의 증거조사과정에서 작성된 서류의 전부 또는 일부의 열람 또는 등사를 허가할 수 있다.

[본조신설 2007.6.1.] [종전 제262조의2는 제262조의4로 이동 〈2007.6.1.〉]

제262조의3(비용부담 등)

① 법원은 제262조제2항제1호의 결정 또는 제264조제2항의 취소가 있는 경우에는 결정으로 재정신청인에게 신청절차에 의하여 생긴 비용의 전부 또는 일부를 부담하게 할 수 있다.

② 법원은 직권 또는 피의자의 신청에 따라 재정신청인에게 피의자가 재정신청절차에서 부담하였거나 부담할 변호인선임료 등 비용의 전부 또는 일부의 지급을 명할 수 있다.

③ 제1항 및 제2항의 결정에 대하여는 즉시항고를 할 수 있다.

④ 제1항 및 제2항에 따른 비용의 지급범위와 절차 등에 대하여는 대법원규칙으로 정한다.

[본조신설 2007.6.1.]

제262조의4(공소시효의 정지 등)

① 제260조에 따른 재정신청이 있으면 제262조에 따른 재정결정이 확정될 때까지 공소시효의 진행이 정지된다. 〈개정 2007.12.21., 2016.1.6.〉

② 제262조제2항제2호의 결정이 있는 때에는 공소시효에 관하여 그 결정이 있는 날에 공소가 제기된 것으로 본다.

[전문개정 2007.6.1.] [제262조의2에서 이동 〈2007.6.1.〉]

제263조 삭제 〈2007.6.1.〉

제264조(대리인에 의한 신청과 1인의 신청의 효력, 취소)

① 재정신청은 대리인에 의하여 할 수 있으며 공동신청권자 중 1인의 신청은 그 전원을 위하여 효력을 발생한다.

② 재정신청은 제262조제2항의 결정이 있을 때까지 취소할 수 있다. 취소한 자는 다시 재정신청을 할 수 없다. 〈개정 2007.6.1.〉

③ 전항의 취소는 다른 공동신청권자에게 효력을 미치지 아니한다.

제264조의2(공소취소의 제한)

검사는 제262조제2항제2호의 결정에 따라 공소를 제기한 때에는 이를 취소할 수 없다.

[본조신설 2007.6.1.]

제265조 삭제 〈2007.6.1.〉

제3장 공판

제1절 공판준비와 공판절차

제266조(공소장부본의 송달)

법원은 공소의 제기가 있는 때에는 지체없이 공소장의 부본을 피고인 또는 변호인에게 송달하여야 한다. 단, 제1회 공판기일 전 5일까지 송달하여야 한다.

제266조의2(의견서의 제출)

① 피고인 또는 변호인은 공소장 부본을 송달받은 날부터 7일 이내에 공소사실에 대한 인정 여부, 공판준비절차에 관한 의견 등을 기재한 의견서를 법원에 제출하여야 한다. 다만, 피고인이 진술을 거부하는 경우에는 그 취지를 기재한 의견서를 제출할 수 있다.

② 법원은 제1항의 의견서가 제출된 때에는 이를 검사에게 송부하여야 한다.

[본조신설 2007.6.1.]

제266조의3(공소제기 후 검사가 보관하고 있는 서류 등의 열람·등사)

① 피고인 또는 변호인은 검사에게 공소제기된 사건에 관한 서류 또는 물건(이하 "서류등"이라 한다)의 목록과 공소사실의 인정 또는 양형에 영향을 미칠 수 있는 다음 서류등의 열람·등사 또는 서면의 교부를 신청할 수 있다. 다만, 피고인에게 변호인이 있는 경우에는 피고인은 열람만을 신청할 수 있다.

1. 검사가 증거로 신청할 서류등
2. 검사가 증인으로 신청할 사람의 성명·사건과의 관계 등을 기재한 서면 또는 그 사람이 공판기일 전에 행한 진술을 기재한 서류등
3. 제1호 또는 제2호의 서면 또는 서류등의 증명력과 관련된 서류등
4. 피고인 또는 변호인이 행한 법률상·사실상 주장과 관련된 서류등(관련 형사재판확정기록, 불기소처분기록 등을 포함한다)

② 검사는 국가안보, 증인보호의 필요성, 증거인멸의 염려, 관련 사건의 수사에 장애를 가져올 것으로 예상되는 구체적인 사유 등 열람·등사 또는 서면의 교부를 허용하지 아니할 상당한 이유가 있다고 인정하는 때에는 열람·등사 또는 서면의 교부를 거부하거나 그 범위를 제한할 수 있다.

③ 검사는 열람·등사 또는 서면의 교부를 거부하거나 그 범위를 제한하는 때에는 지체 없이 그 이유를 서면으로 통지하여야 한다.

④ 피고인 또는 변호인은 검사가 제1항의 신청을 받은 때부터 48시간 이내에 제3항의 통지를 하지 아니하는 때에는 제266조의4제1항의 신청을 할 수 있다.

⑤ 검사는 제2항에도 불구하고 서류등의 목록에 대하여는 열람 또는 등사를 거부할

수 없다.
⑥ 제1항의 서류등은 도면·사진·녹음테이프·비디오테이프·컴퓨터용 디스크, 그 밖에 정보를 담기 위하여 만들어진 물건으로서 문서가 아닌 특수매체를 포함한다. 이 경우 특수매체에 대한 등사는 필요 최소한의 범위에 한한다.
[본조신설 2007.6.1.]

제266조의4(법원의 열람·등사에 관한 결정)
① 피고인 또는 변호인은 검사가 서류등의 열람·등사 또는 서면의 교부를 거부하거나 그 범위를 제한한 때에는 법원에 그 서류등의 열람·등사 또는 서면의 교부를 허용하도록 할 것을 신청할 수 있다.
② 법원은 제1항의 신청이 있는 때에는 열람·등사 또는 서면의 교부를 허용하는 경우에 생길 폐해의 유형·정도, 피고인의 방어 또는 재판의 신속한 진행을 위한 필요성 및 해당 서류등의 중요성 등을 고려하여 검사에게 열람·등사 또는 서면의 교부를 허용할 것을 명할 수 있다. 이 경우 열람 또는 등사의 시기·방법을 지정하거나 조건·의무를 부과할 수 있다.
③ 법원은 제2항의 결정을 하는 때에는 검사에게 의견을 제시할 수 있는 기회를 부여하여야 한다.
④ 법원은 필요하다고 인정하는 때에는 검사에게 해당 서류등의 제시를 요구할 수 있고, 피고인이나 그 밖의 이해관계인을 심문할 수 있다.
⑤ 검사는 제2항의 열람·등사 또는 서면의 교부에 관한 법원의 결정을 지체 없이 이행하지 아니하는 때에는 해당 증인 및 서류등에 대한 증거신청을 할 수 없다.
[본조신설 2007.6.1.]

제266조의5(공판준비절차)
① 재판장은 효율적이고 집중적인 심리를 위하여 사건을 공판준비절차에 부칠 수 있다.
② 공판준비절차는 주장 및 입증계획 등을 서면으로 준비하게 하거나 공판준비기일을 열어 진행한다.
③ 검사, 피고인 또는 변호인은 증거를 미리 수집·정리하는 등 공판준비절차가 원활하게 진행될 수 있도록 협력하여야 한다.
[본조신설 2007.6.1.]

제266조의6(공판준비를 위한 서면의 제출)
① 검사, 피고인 또는 변호인은 법률상·사실상 주장의 요지 및 입증취지 등이 기재된 서면을 법원에 제출할 수 있다.
② 재판장은 검사, 피고인 또는 변호인에 대하여 제1항에 따른 서면의 제출을 명할 수 있다.

③ 법원은 제1항 또는 제2항에 따라 서면이 제출된 때에는 그 부본을 상대방에게 송달하여야 한다.

④ 재판장은 검사, 피고인 또는 변호인에게 공소장 등 법원에 제출된 서면에 대한 설명을 요구하거나 그 밖에 공판준비에 필요한 명령을 할 수 있다.

[본조신설 2007.6.1.]

제266조의7(공판준비기일)

① 법원은 검사, 피고인 또는 변호인의 의견을 들어 공판준비기일을 지정할 수 있다.

② 검사, 피고인 또는 변호인은 법원에 대하여 공판준비기일의 지정을 신청할 수 있다. 이 경우 당해 신청에 관한 법원의 결정에 대하여는 불복할 수 없다.

③ 법원은 합의부원으로 하여금 공판준비기일을 진행하게 할 수 있다. 이 경우 수명법관은 공판준비기일에 관하여 법원 또는 재판장과 동일한 권한이 있다.

④ 공판준비기일은 공개한다. 다만, 공개하면 절차의 진행이 방해될 우려가 있는 때에는 공개하지 아니할 수 있다.

[본조신설 2007.6.1.]

제266조의8(검사 및 변호인 등의 출석)

① 공판준비기일에는 검사 및 변호인이 출석하여야 한다.

② 공판준비기일에는 법원사무관등이 참여한다.

③ 법원은 검사, 피고인 및 변호인에게 공판준비기일을 통지하여야 한다.

④ 법원은 공판준비기일이 지정된 사건에 관하여 변호인이 없는 때에는 직권으로 변호인을 선정하여야 한다.

⑤ 법원은 필요하다고 인정하는 때에는 피고인을 소환할 수 있으며, 피고인은 법원의 소환이 없는 때에도 공판준비기일에 출석할 수 있다.

⑥ 재판장은 출석한 피고인에게 진술을 거부할 수 있음을 알려주어야 한다.

[본조신설 2007.6.1.]

제266조의9(공판준비에 관한 사항)

① 법원은 공판준비절차에서 다음 행위를 할 수 있다.
  1. 공소사실 또는 적용법조를 명확하게 하는 행위
  2. 공소사실 또는 적용법조의 추가·철회 또는 변경을 허가하는 행위
  3. 공소사실과 관련하여 주장할 내용을 명확히 하여 사건의 쟁점을 정리하는 행위
  4. 계산이 어렵거나 그 밖에 복잡한 내용에 관하여 설명하도록 하는 행위
  5. 증거신청을 하도록 하는 행위
  6. 신청된 증거와 관련하여 입증 취지 및 내용 등을 명확하게 하는 행위
  7. 증거신청에 관한 의견을 확인하는 행위
  8. 증거 채부(採否)의 결정을 하는 행위
  9. 증거조사의 순서 및 방법을 정하는 행위

10. 서류등의 열람 또는 등사와 관련된 신청의 당부를 결정하는 행위
11. 공판기일을 지정 또는 변경하는 행위
12. 그 밖에 공판절차의 진행에 필요한 사항을 정하는 행위
② 제296조 및 제304조는 공판준비절차에 관하여 준용한다.
[본조신설 2007.6.1.]

제266조의10(공판준비기일 결과의 확인)
① 법원은 공판준비기일을 종료하는 때에는 검사, 피고인 또는 변호인에게 쟁점 및 증거에 관한 정리결과를 고지하고, 이에 대한 이의의 유무를 확인하여야 한다.
② 법원은 쟁점 및 증거에 관한 정리결과를 공판준비기일조서에 기재하여야 한다.
[본조신설 2007.6.1.]

제266조의11(피고인 또는 변호인이 보관하고 있는 서류등의 열람·등사)
① 검사는 피고인 또는 변호인이 공판기일 또는 공판준비절차에서 현장부재·심신상실 또는 심신미약 등 법률상·사실상의 주장을 한 때에는 피고인 또는 변호인에게 다음 서류등의 열람·등사 또는 서면의 교부를 요구할 수 있다.
1. 피고인 또는 변호인이 증거로 신청할 서류등
2. 피고인 또는 변호인이 증인으로 신청할 사람의 성명, 사건과의 관계 등을 기재한 서면
3. 제1호의 서류등 또는 제2호의 서면의 증명력과 관련된 서류등
4. 피고인 또는 변호인이 행한 법률상·사실상의 주장과 관련된 서류등
② 피고인 또는 변호인은 검사가 제266조의3제1항에 따른 서류등의 열람·등사 또는 서면의 교부를 거부한 때에는 제1항에 따른 서류등의 열람·등사 또는 서면의 교부를 거부할 수 있다. 다만, 법원이 제266조의4제1항에 따른 신청을 기각하는 결정을 한 때에는 그러하지 아니하다.
③ 검사는 피고인 또는 변호인이 제1항에 따른 요구를 거부한 때에는 법원에 그 서류등의 열람· 등사 또는 서면의 교부를 허용하도록 할 것을 신청할 수 있다.
④ 제266조의4제2항부터 제5항까지의 규정은 제3항의 신청이 있는 경우에 준용한다.
⑤ 제1항에 따른 서류등에 관하여는 제266조의3제6항을 준용한다.
[본조신설 2007.6.1.]

제266조의12(공판준비절차의 종결사유)
법원은 다음 각 호의 어느 하나에 해당하는 사유가 있는 때에는 공판준비절차를 종결하여야 한다. 다만, 제2호 또는 제3호에 해당하는 경우로서 공판의 준비를 계속하여야 할 상당한 이유가 있는 때에는 그러하지 아니하다.
1. 쟁점 및 증거의 정리가 완료된 때
2. 사건을 공판준비절차에 부친 뒤 3개월이 지난 때
3. 검사·변호인 또는 소환받은 피고인이 출석하지 아니한 때
[본조신설 2007.6.1.]

제266조의13(공판준비기일 종결의 효과)

① 공판준비기일에서 신청하지 못한 증거는 다음 각 호의 어느 하나에 해당하는 경우에 한하여 공판기일에 신청할 수 있다.

   1. 그 신청으로 인하여 소송을 현저히 지연시키지 아니하는 때

   2. 중대한 과실 없이 공판준비기일에 제출하지 못하는 등 부득이한 사유를 소명한 때

② 제1항에도 불구하고 법원은 직권으로 증거를 조사할 수 있다.

[본조신설 2007.6.1.]

제266조의14(준용규정)

제305조는 공판준비기일의 재개에 관하여 준용한다.

[본조신설 2007.6.1.]

제266조의15(기일간 공판준비절차)

법원은 쟁점 및 증거의 정리를 위하여 필요한 경우에는 제1회 공판기일 후에도 사건을 공판준비절차에 부칠 수 있다. 이 경우 기일전 공판준비절차에 관한 규정을 준용한다.

[본조신설 2007.6.1.]

제266조의16(열람·등사된 서류등의 남용금지)

① 피고인 또는 변호인(피고인 또는 변호인이었던 자를 포함한다. 이하 이 조에서 같다)은 검사가 열람 또는 등사하도록 한 제266조의3제1항에 따른 서면 및 서류등의 사본을 당해 사건 또는 관련 소송의 준비에 사용할 목적이 아닌 다른 목적으로 다른 사람에게 교부 또는 제시(전기통신설비를 이용하여 제공하는 것을 포함한다)하여서는 아니 된다.

② 피고인 또는 변호인이 제1항을 위반하는 때에는 1년 이하의 징역 또는 500만원 이하의 벌금에 처한다.

[본조신설 2007.6.1.]

제266조의17(비디오 등 중계장치 등에 의한 공판준비기일)

① 법원은 피고인이 출석하지 아니하는 경우 상당하다고 인정하는 때에는 검사와 변호인의 의견을 들어 비디오 등 중계장치에 의한 중계시설을 통하거나 인터넷 화상장치를 이용하여 공판준비기일을 열 수 있다.

② 제1항에 따른 기일은 검사와 변호인이 법정에 출석하여 이루어진 공판준비기일로 본다.

③ 제1항에 따른 기일의 절차와 방법, 그 밖에 필요한 사항은 대법원규칙으로 정한다.

[본조신설 2021.8.17.]

제267조(공판기일의 지정)
① 재판장은 공판기일을 정하여야 한다.
② 공판기일에는 피고인, 대표자 또는 대리인을 소환하여야 한다.
③ 공판기일은 검사, 변호인과 보조인에게 통지하여야 한다.

제267조의2(집중심리)
① 공판기일의 심리는 집중되어야 한다.
② 심리에 2일 이상이 필요한 경우에는 부득이한 사정이 없는 한 매일 계속 개정하여야 한다.
③ 재판장은 여러 공판기일을 일괄하여 지정할 수 있다.
④ 재판장은 부득이한 사정으로 매일 계속 개정하지 못하는 경우에도 특별한 사정이 없는 한 전회의 공판기일부터 14일 이내로 다음 공판기일을 지정하여야 한다.
⑤ 소송관계인은 기일을 준수하고 심리에 지장을 초래하지 아니하도록 하여야 하며, 재판장은 이에 필요한 조치를 할 수 있다.
[본조신설 2007.6.1.]

제268조(소환장송달의 의제)
법원의 구내에 있는 피고인에 대하여 공판기일을 통지한 때에는 소환장송달의 효력이 있다.

제269조(제1회 공판기일의 유예기간)
① 제1회 공판기일은 소환장의 송달 후 5일 이상의 유예기간을 두어야 한다.
② 피고인이 이의없는 때에는 전항의 유예기간을 두지 아니할 수 있다.

제270조(공판기일의 변경)
① 재판장은 직권 또는 검사, 피고인이나 변호인의 신청에 의하여 공판기일을 변경할 수 있다.
② 공판기일 변경신청을 기각한 명령은 송달하지 아니한다.

제271조(불출석사유, 자료의 제출)
공판기일에 소환 또는 통지서를 받은 자가 질병 기타의 사유로 출석하지 못할 때에는 의사의 진단서 기타의 자료를 제출하여야 한다.

제272조(공무소등에 대한 조회)
① 법원은 직권 또는 검사, 피고인이나 변호인의 신청에 의하여 공무소 또는 공사단체에 조회하여 필요한 사항의 보고 또는 그 보관서류의 송부를 요구할 수 있다.
② 전항의 신청을 기각함에는 결정으로 하여야 한다.

제273조(공판기일 전의 증거조사)

① 법원은 검사, 피고인 또는 변호인의 신청에 의하여 공판준비에 필요하다고 인정한 때에는 공판기일 전에 피고인 또는 증인을 신문할 수 있고 검증, 감정 또는 번역을 명할 수 있다.
② 재판장은 부원으로 하여금 전항의 행위를 하게 할 수 있다.
③ 제1항의 신청을 기각함에는 결정으로 하여야 한다.

제274조(당사자의 공판기일 전의 증거제출)

검사, 피고인 또는 변호인은 공판기일 전에 서류나 물건을 증거로 법원에 제출할 수 있다. 〈개정 1961.9.1.〉

제275조(공판정의 심리)

① 공판기일에는 공판정에서 심리한다.
② 공판정은 판사와 검사, 법원사무관등이 출석하여 개정한다. 〈개정 2007.6.1.〉
③ 검사의 좌석과 피고인 및 변호인의 좌석은 대등하며, 법대의 좌우측에 마주 보고 위치하고, 증인의 좌석은 법대의 정면에 위치한다. 다만, 피고인신문을 하는 때에는 피고인은 증인석에 좌석한다. 〈개정 2007.6.1.〉

특정범죄가중처벌등에관한법률위반(뇌물)
[대법원 2021. 6. 10., 선고, 2020도15891, 판결]

【판시사항】

검사가 공판기일에 증인으로 신청하여 신문할 사람을 특별한 사정 없이 미리 수사기관에 소환하여 면담하는 절차를 거친 후 증인이 법정에서 피고인에게 불리한 내용의 진술을 한 경우, 증인신문 전 면담 과정에서 증인에 대한 회유나 압박, 답변 유도나 암시 등으로 증인의 법정진술에 영향을 미치지 않았다는 점이 담보되어야 증인의 법정진술을 신빙할 수 있는지 여부(적극) 및 이때 증인에 대한 회유나 압박 등이 없었다는 사정에 대한 증명책임 소재(=검사)와 증명 방법

【판결요지】

헌법은 제12조 제1항 후문에서 적법절차의 원칙을 천명하고, 제27조에서 재판받을 권리를 보장하고 있다. 형사소송법은 이를 실질적으로 구현하기 위하여, 피고사건에 대한 실체심리가 공개된 법정에서 검사와 피고인 양 당사자의 공격·방어활동에 의하여 행해져야 한다는 당사자주의와 공판중심주의, 공소사실의 인정은 법관의 면전에서 직접 조사한 증거만을 기초로 해야 한다는 직접심리주의와 증거재판주의를 기본원칙으로 채택하고 있다. 이에 따라 공소가 제기된 후에는 그 사건에 관한 형사절차의 모든 권한이 사건을 주재하는 수소법원에 속하게 되며, 수사의 대상이던 피의자는 검사와 대등한 당사자인 피고인의 지위에서 방어권을 행사하게 된다.

이러한 형사소송법의 기본원칙에 비추어 보면, 검사가 공판기일에 증인으로 신청하여 신문할 사람을 특별한 사정 없이 미리 수사기관에 소환하여 면담하는 절차를 거친 후 증인이 법정에서 피고인에게 불리한 내용의 진술을 한 경우, 검사가 증인신문 전 면담 과정에서

증인에 대한 회유나 압박, 답변 유도나 암시 등으로 증인의 법정진술에 영향을 미치지 않았다는 점이 담보되어야 증인의 법정진술을 신빙할 수 있다고 할 것이다. 검사가 증인신문 준비 등 필요에 따라 증인을 사전 면담할 수 있다고 하더라도 법원이나 피고인의 관여 없이 일방적으로 사전 면담하는 과정에서 증인이 훈련되거나 유도되어 법정에서 왜곡된 진술을 할 가능성도 배제할 수 없기 때문이다. 증인에 대한 회유나 압박 등이 없었다는 사정은 검사가 증인의 법정진술이나 면담 과정을 기록한 자료 등으로 사전면담 시점, 이유와 방법, 구체적 내용 등을 밝힘으로써 증명하여야 한다.

제275조의2(피고인의 무죄추정)

피고인은 유죄의 판결이 확정될 때까지는 무죄로 추정된다.

[본조신설 1980.12.18.]

제275조의3(구두변론주의)

공판정에서의 변론은 구두로 하여야 한다.

[본조신설 2007.6.1.]

제276조(피고인의 출석권)

피고인이 공판기일에 출석하지 아니한 때에는 특별한 규정이 없으면 개정하지 못한다. 단, 피고인이 법인인 경우에는 대리인을 출석하게 할 수 있다.

도로교통법위반(음주운전)

[대법원 2019. 10. 31., 선고, 2019도5426, 판결]

【판시사항】

[1] 항소심에서 피고인이 불출석한 상태에서 그 진술 없이 판결하기 위한 요건

[2] 피고인이 제1심에서 도로교통법 위반(음주운전)죄로 유죄판결을 받고 항소한 후 원심 제1회, 제2회 공판기일에 출석하였고, 제3회 공판기일에 변호인만이 출석하고 피고인은 건강상 이유를 들어 출석하지 않았으나, 제4회 공판기일에 변호인과 함께 출석하자 원심은 변론을 종결하고 제5회 공판기일인 선고기일을 지정하여 고지하였는데, 피고인과 변호인이 모두 제5회 공판기일에 출석하지 아니하자 원심이 피고인의 출석 없이 공판기일을 개정하여 피고인의 항소를 기각하는 판결을 선고한 사안에서, 원심의 조치에 소송절차에 관한 형사소송법 제365조를 위반한 잘못이 있다고 한 사례

【판결요지】

[1] 항소심에서도 피고인의 출석 없이는 개정하지 못하는 것이 원칙이다(형사소송법 제370조, 제276조). 다만 피고인이 항소심 공판기일에 출정하지 않아 다시 기일을 정하였는데도 정당한 사유 없이 그 기일에도 출정하지 않은 때에는 피고인의 진술 없이 판결할 수 있다(형사소송법 제365조). 이와 같이 피고인이 불출석한 상태에서 그 진술 없이 판결할 수 있기 위해서는 피고인이 적법한 공판기일 통지를 받고서도 2회 연속으로 정당한 이유 없이 출정하지 않은 경우에 해당하여야 한다.

[2] 피고인이 제1심에서 도로교통법 위반(음주운전)죄로 유죄판결을 받고 항소한 후 원심 제

1회, 제2회 공판기일에 출석하였고, 제3회 공판기일에 변호인만이 출석하고 피고인은 건강상 이유를 들어 출석하지 않았으나, 제4회 공판기일에 변호인과 함께 출석하자 원심은 변론을 종결하고 제5회 공판기일인 선고기일을 지정하여 고지하였는데, 피고인과 변호인이 모두 제5회 공판기일에 출석하지 아니하자 원심이 피고인의 출석 없이 공판기일을 개정하여 피고인의 항소를 기각하는 판결을 선고한 사안에서, 피고인이 고지된 선고기일인 제5회 공판기일에 출석하지 않았더라도 제4회 공판기일에 출석한 이상 2회 연속으로 정당한 이유 없이 출정하지 않은 경우에 해당하지 않아 형사소송법 제365조 제2항에 따라 제5회 공판기일을 개정할 수 없다는 이유로, 그런데도 피고인의 출석 없이 제5회 공판기일을 개정하여 판결을 선고한 원심의 조치에 소송절차에 관한 형사소송법 제365조에 반하여 판결에 영향을 미친 잘못이 있다고 한 사례.

제276조의2(장애인 등 특별히 보호를 요하는 자에 대한 특칙)

① 재판장 또는 법관은 피고인을 신문하는 경우 다음 각 호의 어느 하나에 해당하는 때에는 직권 또는 피고인·법정대리인·검사의 신청에 따라 피고인과 신뢰관계에 있는 자를 동석하게 할 수 있다.

1. 피고인이 신체적 또는 정신적 장애로 사물을 변별하거나 의사를 결정·전달할 능력이 미약한 경우
2. 피고인의 연령·성별·국적 등의 사정을 고려하여 그 심리적 안정의 도모와 원활한 의사소통을 위하여 필요한 경우

② 제1항에 따라 동석할 수 있는 신뢰관계에 있는 자의 범위, 동석의 절차 및 방법 등에 관하여 필요한 사항은 대법원규칙으로 정한다.

[본조신설 2007.6.1.]

제277조(경미사건 등과 피고인의 불출석)

다음 각 호의 어느 하나에 해당하는 사건에 관하여는 피고인의 출석을 요하지 아니한다. 이 경우 피고인은 대리인을 출석하게 할 수 있다.

1. 다액 500만원 이하의 벌금 또는 과료에 해당하는 사건
2. 공소기각 또는 면소의 재판을 할 것이 명백한 사건
3. 장기 3년 이하의 징역 또는 금고, 다액 500만원을 초과하는 벌금 또는 구류에 해당하는 사건에서 피고인의 불출석허가신청이 있고 법원이 피고인의 불출석이 그의 권리를 보호함에 지장이 없다고 인정하여 이를 허가한 사건. 다만, 제284조에 따른 절차를 진행하거나 판결을 선고하는 공판기일에는 출석하여야 한다.
4. 제453조제1항에 따라 피고인만이 정식재판의 청구를 하여 판결을 선고하는 사건

[전문개정 2007.6.1.]

제277조의2(피고인의 출석거부와 공판절차)

① 피고인이 출석하지 아니하면 개정하지 못하는 경우에 구속된 피고인이 정당한 사유없이 출석을 거부하고, 교도관에 의한 인치가 불가능하거나 현저히 곤란하다고 인정되는 때에는 피고인의 출석 없이 공판절차를 진행할 수 있다. 〈개정

2007.6.1.〉

② 제1항의 규정에 의하여 공판절차를 진행할 경우에는 출석한 검사 및 변호인의 의견을 들어야 한다.

[본조신설 1995.12.29.]

제278조(검사의 불출석)

검사가 공판기일의 통지를 2회 이상받고 출석하지 아니하거나 판결만을 선고하는 때에는 검사의 출석 없이 개정할 수 있다. 〈개정 1995.12.29.〉

제279조(재판장의 소송지휘권)

공판기일의 소송지휘는 재판장이 한다.

제279조의2(전문심리위원의 참여)

① 법원은 소송관계를 분명하게 하거나 소송절차를 원활하게 진행하기 위하여 필요한 경우에는 직권으로 또는 검사, 피고인 또는 변호인의 신청에 의하여 결정으로 전문심리위원을 지정하여 공판준비 및 공판기일 등 소송절차에 참여하게 할 수 있다.

② 전문심리위원은 전문적인 지식에 의한 설명 또는 의견을 기재한 서면을 제출하거나 기일에 전문적인 지식에 의하여 설명이나 의견을 진술할 수 있다. 다만, 재판의 합의에는 참여할 수 없다.

③ 전문심리위원은 기일에 재판장의 허가를 받아 피고인 또는 변호인, 증인 또는 감정인 등 소송관계인에게 소송관계를 분명하게 하기 위하여 필요한 사항에 관하여 직접 질문할 수 있다.

④ 법원은 제2항에 따라 전문심리위원이 제출한 서면이나 전문심리위원의 설명 또는 의견의 진술에 관하여 검사, 피고인 또는 변호인에게 구술 또는 서면에 의한 의견진술의 기회를 주어야 한다.

[본조신설 2007.12.21.]

제279조의3(전문심리위원 참여결정의 취소)

① 법원은 상당하다고 인정하는 때에는 검사, 피고인 또는 변호인의 신청이나 직권으로 제279조의2제1항에 따른 결정을 취소할 수 있다.

② 법원은 검사와 피고인 또는 변호인이 합의하여 제279조의2제1항의 결정을 취소할 것을 신청한 때에는 그 결정을 취소하여야 한다.

[본조신설 2007.12.21.]

제279조의4(전문심리위원의 지정 등)

① 제279조의2제1항에 따라 전문심리위원을 소송절차에 참여시키는 경우 법원은 검사, 피고인 또는 변호인의 의견을 들어 각 사건마다 1인 이상의 전문심리위원을 지정한다.

② 전문심리위원에게는 대법원규칙으로 정하는 바에 따라 수당을 지급하고, 필요한 경우에는 그 밖의 여비, 일당 및 숙박료를 지급할 수 있다.

③ 그 밖에 전문심리위원의 지정에 관하여 필요한 사항은 대법원규칙으로 정한다.

[본조신설 2007.12.21.]

제279조의5(전문심리위원의 제척 및 기피)

① 제17조부터 제20조까지 및 제23조는 전문심리위원에게 준용한다.

② 제척 또는 기피 신청이 있는 전문심리위원은 그 신청에 관한 결정이 확정될 때까지 그 신청이 있는 사건의 소송절차에 참여할 수 없다. 이 경우 전문심리위원은 해당 제척 또는 기피 신청에 대하여 의견을 진술할 수 있다.

[본조신설 2007.12.21.]

제279조의6(수명법관 등의 권한)

수명법관 또는 수탁판사가 소송절차를 진행하는 경우에는 제279조의2제2항부터 제4항까지의 규정에 따른 법원 및 재판장의 직무는 그 수명법관이나 수탁판사가 행한다.

[본조신설 2007.12.21.]

제279조의7(비밀누설죄)

전문심리위원 또는 전문심리위원이었던 자가 그 직무수행 중에 알게 된 다른 사람의 비밀을 누설한 때에는 2년 이하의 징역이나 금고 또는 1천만원 이하의 벌금에 처한다.

[본조신설 2007.12.21.]

제279조의8(벌칙 적용에서의 공무원 의제)

전문심리위원은 「형법」 제129조부터 제132조까지의 규정에 따른 벌칙의 적용에서는 공무원으로 본다.

[본조신설 2007.12.21.]

제280조(공판정에서의 신체구속의 금지)

공판정에서는 피고인의 신체를 구속하지 못한다. 다만, 재판장은 피고인이 폭력을 행사하거나 도망할 염려가 있다고 인정하는 때에는 피고인의 신체의 구속을 명하거나 기타 필요한 조치를 할 수 있다. 〈개정 1995.12.29.〉

제281조(피고인의 재정의무, 법정경찰권)

① 피고인은 재판장의 허가없이 퇴정하지 못한다.

② 재판장은 피고인의 퇴정을 제지하거나 법정의 질서를 유지하기 위하여 필요한 처분을 할 수 있다.

제282조(필요적 변호)

제33조제1항 각 호의 어느 하나에 해당하는 사건 및 같은 조 제2항·제3항의 규정에 따라 변호인이 선정된 사건에 관하여는 변호인 없이 개정하지 못한다. 단, 판결만을 선고할 경우에는 예외로 한다. 〈개정 2006.7.19.〉

[제목개정 2006.7.19.]

제283조(국선변호인)

제282조 본문의 경우 변호인이 출석하지 아니한 때에는 법원은 직권으로 변호인을 선정하여야 한다. 〈개정 2006.7.19.〉

[제목개정 2006.7.19.]

제283조의2(피고인의 진술거부권)

① 피고인은 진술하지 아니하거나 개개의 질문에 대하여 진술을 거부할 수 있다.

② 재판장은 피고인에게 제1항과 같이 진술을 거부할 수 있음을 고지하여야 한다.

[본조신설 2007.6.1.]

제284조(인정신문)

재판장은 피고인의 성명, 연령, 등록기준지, 주거와 직업을 물어서 피고인임에 틀림없음을 확인하여야 한다.

〈개정 2007.5.17.〉

제285조(검사의 모두진술)

검사는 공소장에 의하여 공소사실·죄명 및 적용법조를 낭독하여야 한다. 다만, 재판장은 필요하다고 인정하는 때에는 검사에게 공소의 요지를 진술하게 할 수 있다.

[전문개정 2007.6.1.]

제286조(피고인의 모두진술)

① 피고인은 검사의 모두진술이 끝난 뒤에 공소사실의 인정 여부를 진술하여야 한다. 다만, 피고인이 진술거부권을 행사하는 경우에는 그러하지 아니하다.

② 피고인 및 변호인은 이익이 되는 사실 등을 진술할 수 있다.

[전문개정 2007.6.1.]

제286조의2(간이공판절차의 결정)

피고인이 공판정에서 공소사실에 대하여 자백한 때에는 법원은 그 공소사실에 한하여 간이공판절차에 의하여 심판할 것을 결정할 수 있다. 〈개정 1995.12.29.〉

[본조신설 1973.1.25.]

제286조의3(결정의 취소)

법원은 전조의 결정을 한 사건에 대하여 피고인의 자백이 신빙할 수 없다고 인정되거나 간이공판절차로 심판하는 것이 현저히 부당하다고 인정할 때에는 검사의 의견을 들어 그 결정을 취소하여야 한다.
[본조신설 1973.1.25.]

제287조(재판장의 쟁점정리 및 검사·변호인의 증거관계 등에 대한 진술)

① 재판장은 피고인의 모두진술이 끝난 다음에 피고인 또는 변호인에게 쟁점의 정리를 위하여 필요한 질문을 할 수 있다.
② 재판장은 증거조사를 하기에 앞서 검사 및 변호인으로 하여금 공소사실 등의 증명과 관련된 주장 및 입증계획 등을 진술하게 할 수 있다. 다만, 증거로 할 수 없거나 증거로 신청할 의사가 없는 자료에 기초하여 법원에 사건에 대한 예단 또는 편견을 발생하게 할 염려가 있는 사항은 진술할 수 없다.
[전문개정 2007.6.1.]

제288조 삭제 〈1961.9.1.〉

제289조 삭제 〈2007.6.1.〉

제290조(증거조사)

증거조사는 제287조에 따른 절차가 끝난 후에 실시한다.
[전문개정 2007.6.1.]

제291조(동전)

① 소송관계인이 증거로 제출한 서류나 물건 또는 제272조, 제273조의 규정에 의하여 작성 또는 송부된 서류는 검사, 변호인 또는 피고인이 공판정에서 개별적으로 지시설명하여 조사하여야 한다.
② 재판장은 직권으로 전항의 서류나 물건을 공판정에서 조사할 수 있다.
[전문개정 1961.9.1.]

제291조의2(증거조사의 순서)

① 법원은 검사가 신청한 증거를 조사한 후 피고인 또는 변호인이 신청한 증거를 조사한다.
② 법원은 제1항에 따른 조사가 끝난 후 직권으로 결정한 증거를 조사한다.
③ 법원은 직권 또는 검사, 피고인·변호인의 신청에 따라 제1항 및 제2항의 순서를 변경할 수 있다.
[본조신설 2007.6.1.]

제292조(증거서류에 대한 조사방식)
① 검사, 피고인 또는 변호인의 신청에 따라 증거서류를 조사하는 때에는 신청인이 이를 낭독하여야 한다.
② 법원이 직권으로 증거서류를 조사하는 때에는 소지인 또는 재판장이 이를 낭독하여야 한다.
③ 재판장은 필요하다고 인정하는 때에는 제1항 및 제2항에도 불구하고 내용을 고지하는 방법으로 조사할 수 있다.
④ 재판장은 법원사무관등으로 하여금 제1항부터 제3항까지의 규정에 따른 낭독이나 고지를 하게 할 수 있다.
⑤ 재판장은 열람이 다른 방법보다 적절하다고 인정하는 때에는 증거서류를 제시하여 열람하게 하는 방법으로 조사할 수 있다.
[전문개정 2007.6.1.]

제292조의2(증거물에 대한 조사방식)
① 검사, 피고인 또는 변호인의 신청에 따라 증거물을 조사하는 때에는 신청인이 이를 제시하여야 한다.
② 법원이 직권으로 증거물을 조사하는 때에는 소지인 또는 재판장이 이를 제시하여야 한다.
③ 재판장은 법원사무관등으로 하여금 제1항 및 제2항에 따른 제시를 하게 할 수 있다.
[본조신설 2007.6.1.]

제292조의3(그 밖의 증거에 대한 조사방식)
도면·사진·녹음테이프·비디오테이프·컴퓨터용디스크, 그 밖에 정보를 담기 위하여 만들어진 물건으로서 문서가 아닌 증거의 조사에 관하여 필요한 사항은 대법원규칙으로 정한다.
[본조신설 2007.6.1.]

제293조(증거조사 결과와 피고인의 의견)
재판장은 피고인에게 각 증거조사의결과에 대한 의견을 묻고 권리를 보호함에 필요한 증거조사를 신청할 수 있음을 고지하여야 한다.

제294조(당사자의 증거신청)
① 검사, 피고인 또는 변호인은 서류나 물건을 증거로 제출할 수 있고, 증인·감정인·통역인 또는 번역인의 신문을 신청할 수 있다.
② 법원은 검사, 피고인 또는 변호인이 고의로 증거를 뒤늦게 신청함으로써 공판의 완결을 지연하는 것으로 인정할 때에는 직권 또는 상대방의 신청에 따라 결정으

로 이를 각하할 수 있다.
[전문개정 2007.6.1.]

제294조의2(피해자등의 진술권)

① 법원은 범죄로 인한 피해자 또는 그 법정대리인(피해자가 사망한 경우에는 배우자·직계친족·형제자매를 포함한다. 이하 이 조에서 "피해자등"이라 한다)의 신청이 있는 때에는 그 피해자등을 증인으로 신문하여야 한다. 다만, 다음 각 호의 어느 하나에 해당하는 경우에는 그러하지 아니하다. 〈개정 2007.6.1.〉
　　1. 삭제 〈2007.6.1.〉
　　2. 피해자등 이미 당해 사건에 관하여 공판절차에서 충분히 진술하여 다시 진술할 필요가 없다고 인정되는 경우
　　3. 피해자등의 진술로 인하여 공판절차가 현저하게 지연될 우려가 있는 경우
② 법원은 제1항에 따라 피해자등을 신문하는 경우 피해의 정도 및 결과, 피고인의 처벌에 관한 의견, 그 밖에 당해 사건에 관한 의견을 진술할 기회를 주어야 한다. 〈개정 2007.6.1.〉
③ 법원은 동일한 범죄사실에서 제1항의 규정에 의한 신청인이 여러 명인 경우에는 진술할 자의 수를 제한할 수 있다. 〈개정 2007.6.1.〉
④ 제1항의 규정에 의한 신청인이 출석통지를 받고도 정당한 이유없이 출석하지 아니한 때에는 그 신청을 철회한 것으로 본다. 〈개정 2007.6.1.〉
[본조신설 1987.11.28.] [제목개정 2007.6.1.]

제294조의3(피해자 진술의 비공개)

① 법원은 범죄로 인한 피해자를 증인으로 신문하는 경우 당해 피해자·법정대리인 또는 검사의 신청에 따라 피해자의 사생활의 비밀이나 신변보호를 위하여 필요하다고 인정하는 때에는 결정으로 심리를 공개하지 아니할 수 있다.
② 제1항의 결정은 이유를 붙여 고지한다.
③ 법원은 제1항의 결정을 한 경우에도 적당하다고 인정되는 자의 재정(在廷)을 허가할 수 있다.
[본조신설 2007.6.1.]

제294조의4(피해자 등의 공판기록 열람·등사)

① 소송계속 중인 사건의 피해자(피해자가 사망하거나 그 심신에 중대한 장애가 있는 경우에는 그 배우자·직계친족 및 형제자매를 포함한다), 피해자 본인의 법정대리인 또는 이들로부터 위임을 받은 피해자 본인의 배우자·직계친족·형제자매·변호사는 소송기록의 열람 또는 등사를 재판장에게 신청할 수 있다.
② 재판장은 제1항의 신청이 있는 때에는 지체 없이 검사, 피고인 또는 변호인에게 그 취지를 통지하여야 한다.

③ 재판장은 피해자 등의 권리구제를 위하여 필요하다고 인정하거나 그 밖의 정당한 사유가 있는 경우 범죄의 성질, 심리의 상황, 그 밖의 사정을 고려하여 상당하다고 인정하는 때에는 열람 또는 등사를 허가할 수 있다.

④ 재판장이 제3항에 따라 등사를 허가하는 경우에는 등사한 소송기록의 사용목적을 제한하거나 적당하다고 인정하는 조건을 붙일 수 있다.

⑤ 제1항에 따라 소송기록을 열람 또는 등사한 자는 열람 또는 등사에 의하여 알게된 사항을 사용함에 있어서 부당히 관계인의 명예나 생활의 평온을 해하거나 수사와 재판에 지장을 주지 아니하도록 하여야 한다.

⑥ 제3항 및 제4항에 관한 재판에 대하여는 불복할 수 없다.

[본조신설 2007.6.1.]

제295조(증거신청에 대한 결정)

법원은 제294조 및 제294조의2의 증거신청에 대하여 결정을 하여야 하며 직권으로 증거조사를 할 수 있다. 〈개정 1987.11.28.〉

제296조(증거조사에 대한 이의신청)

① 검사, 피고인 또는 변호인은 증거조사에 관하여 이의신청을 할 수 있다.

② 법원은 전항의 신청에 대하여 결정을 하여야 한다.

제296조의2(피고인신문)

① 검사 또는 변호인은 증거조사 종료 후에 순차로 피고인에게 공소사실 및 정상에 관하여 필요한 사항을 신문할 수 있다. 다만, 재판장은 필요하다고 인정하는 때에는 증거조사가 완료되기 전이라도 이를 허가할 수 있다.

② 재판장은 필요하다고 인정하는 때에는 피고인을 신문할 수 있다.

③ 제161조의2제1항부터 제3항까지 및 제5항은 제1항의 신문에 관하여 준용한다.

[본조신설 2007.6.1.]

제297조(피고인등의 퇴정)

① 재판장은 증인 또는 감정인이 피고인 또는 어떤 재정인의 면전에서 충분한 진술을 할 수 없다고 인정한 때에는 그를 퇴정하게 하고 진술하게 할 수 있다. 피고인이 다른 피고인의 면전에서 충분한 진술을 할 수 없다고 인정한 때에도 같다.

② 전항의 규정에 의하여 피고인을 퇴정하게 한 경우에 증인, 감정인 또는 공동피고인의 진술이 종료한 때에는 퇴정한 피고인을 입정하게 한 후 법원사무관등으로 하여금 진술의 요지를 고지하게 하여야 한다. 〈개정 1961.9.1., 2007.6.1.〉

제297조의2(간이공판절차에서의 증거조사)

제286조의2의 결정이 있는 사건에 대하여는 제161조의2, 제290조 내지 제293조, 제297조의 규정을 적용하지 아니하며 법원이 상당하다고 인정하는 방법으로 증거조사를 할 수 있다.
[본조신설 1973.1.25.]

제298조(공소장의 변경)

① 검사는 법원의 허가를 얻어 공소장에 기재한 공소사실 또는 적용법조의 추가, 철회 또는 변경을 할 수 있다. 이 경우에 법원은 공소사실의 동일성을 해하지 아니하는 한도에서 허가하여야 한다.

② 법원은 심리의 경과에 비추어 상당하다고 인정할 때에는 공소사실 또는 적용법조의 추가 또는 변경을 요구하여야 한다.

③ 법원은 공소사실 또는 적용법조의 추가, 철회 또는 변경이 있을 때에는 그 사유를 신속히 피고인 또는 변호인에게 고지하여야 한다.

④ 법원은 전3항의 규정에 의한 공소사실 또는 적용법조의 추가, 철회 또는 변경이 피고인의 불이익을 증가할 염려가 있다고 인정한 때에는 직권 또는 피고인이나 변호인의 청구에 의하여 피고인으로 하여금 필요한 방어의 준비를 하게 하기 위하여 결정으로 필요한 기간 공판절차를 정지할 수 있다.

[전문개정 1973.1.25.]

제299조(불필요한 변론등의 제한)

재판장은 소송관계인의 진술 또는 신문이 중복된 사항이거나 그 소송에 관계없는 사항인 때에는 소송관계인의 본질적 권리를 해하지 아니하는 한도에서 이를 제한할 수 있다.

제300조(변론의 분리와 병합)

법원은 필요하다고 인정한 때에는 직권 또는 검사, 피고인이나 변호인의 신청에 의하여 결정으로 변론을 분리하거나 병합할 수 있다.

제301조(공판절차의 갱신)

공판개정 후 판사의 경질이 있는 때에는 공판절차를 갱신하여야 한다. 단, 판결의 선고만을 하는 경우에는 예외로 한다.

제301조의2(간이공판절차결정의 취소와 공판절차의 갱신)

제286조의2의 결정이 취소된 때에는 공판절차를 갱신하여야 한다. 단, 검사, 피고인 또는 변호인이 이의가 없는 때에는 그러하지 아니하다.
[본조신설 1973.1.25.]

제302조(증거조사 후의 검사의 의견진술)

피고인 신문과 증거조사가 종료한 때에는 검사는 사실과 법률적용에 관하여 의견을 진술하여야 한다. 단, 제278조의 경우에는 공소장의 기재사항에 의하여 검사의 의견진술이 있는 것으로 간주한다.

제303조(피고인의 최후진술)

재판장은 검사의 의견을 들은 후 피고인과 변호인에게 최종의 의견을 진술할 기회를 주어야 한다.

제304조(재판장의 처분에 대한 이의)

① 검사, 피고인 또는 변호인은 재판장의 처분에 대하여 이의신청을 할 수 있다.
② 전항의 이의신청이 있는 때에는 법원은 결정을 하여야 한다.

제305조(변론의 재개)

법원은 필요하다고 인정한 때에는 직권 또는 검사, 피고인이나 변호인의 신청에 의하여 결정으로 종결한 변론을 재개할 수 있다.

제306조(공판절차의 정지)

① 피고인이 사물의 변별 또는 의사의 결정을 할 능력이 없는 상태에 있는 때에는 법원은 검사와 변호인의 의견을 들어서 결정으로 그 상태가 계속하는 기간 공판절차를 정지하여야 한다.
② 피고인이 질병으로 인하여 출정할 수 없는 때에는 법원은 검사와 변호인의 의견을 들어서 결정으로 출정할 수 있을 때까지 공판절차를 정지하여야 한다.
③ 전2항의 규정에 의하여 공판절차를 정지함에는 의사의 의견을 들어야 한다.
④ 피고사건에 대하여 무죄, 면소, 형의 면제 또는 공소기각의 재판을 할 것으로 명백한 때에는 제1항, 제2항의 사유있는 경우에도 피고인의 출정없이 재판할 수 있다.
⑤ 제277조의 규정에 의하여 대리인이 출정할 수 있는 경우에는 제1항 또는 제2항의 규정을 적용하지 아니한다.

제2절 증거

제307조(증거재판주의)

① 사실의 인정은 증거에 의하여야 한다.
② 범죄사실의 인정은 합리적인 의심이 없는 정도의 증명에 이르러야 한다.

[전문개정 2007.6.1.]

보통신망이용촉진및정보보호등에관한법률위반(음란물유포)[택일적죄명:성폭력범죄의처벌등에관한특례법위반(카메라등이용촬영·반포등)]

[대법원 2023. 6. 15., 선고, 2022도15414, 판결]

【판시사항】

[1] 자유심증주의의 의미와 한계 / 형사재판에서 유죄를 인정하기 위한 심증형성의 정도(= 합리적인 의심을 할 여지가 없을 정도) 및 여기에서 말하는 '합리적 의심'의 의미

[2] 성폭력범죄의 처벌 등에 관한 특례법 제14조 제2항 위반죄는 반포 등 행위 시를 기준으로 촬영대상자의 의사에 반하여 그 행위를 함으로써 성립하는지 여부(적극) 및 촬영이 촬영대상자의 의사에 반하지 아니하였더라도 마찬가지인지 여부(적극) / 촬영대상자의 신원이 파악되지 않는 등 촬영대상자의 의사를 명확히 확인할 수 없는 경우, 촬영대상자의 의사에 반하여 반포 등을 하였는지 판단하는 기준 및 이때 고려해야 할 사항

【판결요지】

[1] 증거의 증명력은 법관의 자유판단에 맡겨져 있으나 그 판단은 논리와 경험칙에 합치하여야 하고, 형사재판에서 유죄로 인정하기 위한 심증형성의 정도는 합리적인 의심을 할 여지가 없을 정도여야 하나 이는 모든 가능한 의심을 배제할 정도에 이를 것까지 요구하는 것은 아니며 증명력이 있는 것으로 인정되는 증거를 합리적인 근거가 없는 의심을 일으켜 이를 배척하는 것은 자유심증주의의 한계를 벗어나는 것으로 허용될 수 없다. 여기에서 말하는 합리적 의심이란 모든 의문, 불신을 포함하는 것이 아니라 논리와 경험칙에 기하여 요증사실과 양립할 수 없는 사실의 개연성에 대한 합리성 있는 의문을 의미하는 것으로서 피고인에게 유리한 정황을 사실인정과 관련하여 파악한 이성적 추론에 그 근거를 두어야 하는 것이므로 단순히 관념적인 의심이나 추상적인 가능성에 기초한 의심은 합리적 의심에 포함된다고 할 수 없다.

[2] 성폭력범죄의 처벌 등에 관한 특례법(이하 '성폭력처벌법'이라 한다)은 제14조 제1항에서 '카메라나 그 밖에 이와 유사한 기능을 갖춘 기계장치를 이용하여 성적 욕망 또는 수치심을 유발할 수 있는 사람의 신체를 촬영대상자의 의사에 반하여 촬영'하는 행위를 처벌하면서, 같은 조 제2항에서 '그 촬영물 또는 복제물(이하 '촬영물 등'이라 한다)을 반포·판매·임대·제공 또는 공공연하게 전시·상영(이하 '반포 등'이라 한다)하거나 촬영 당시에는 촬영대상자의 의사에 반하지 아니한 경우에도 사후에 그 촬영물 등을 촬영대상자의 의사에 반하여 반포 등'을 하는 행위도 처벌대상으로 정하고 있다.

이와 같이 성폭력처벌법 제14조 제2항 위반죄는 반포 등 행위 시를 기준으로 촬영대상자의 의사에 반하여 그 행위를 함으로써 성립하고, 촬영이 촬영대상자의 의사에 반하지 아니하였더라도 그 성립에 지장이 없다. 촬영대상자의 신원이 파악되지 않는 등 촬영대상자의 의사를 명확히 확인할 수 없는 경우 촬영대상자의 의사에 반하여 반포 등을 하였는지 여부는, 촬영물 등을 토대로 확인할 수 있는 촬영대상자와 촬영자의 관계 및 촬영 경위, 그 내용이 성적 욕망 또는 수치심을 유발하는 정도, 촬영대상자의 특정가능성, 촬영물 등의 취득·반포 등이 이루어진 경위 등을 종합하여 판단하여야 한다. 이때 해당 촬영물 등이 인터넷 등 정보통신망을 통하여 급속도로 광범위하게 유포될 경우 피해자에게 심각한 피해와 고통을 초래할 수 있다는 점도 아울러 고려하여야 한다.

제308조(자유심증주의)

증거의 증명력은 법관의 자유판단에 의한다.

제308조의2(위법수집증거의 배제)

적법한 절차에 따르지 아니하고 수집한 증거는 증거로 할 수 없다.

[본조신설 2007.6.1.]

제309조(강제등 자백의 증거능력)

피고인의 자백이 고문, 폭행, 협박, 신체구속의 부당한 장기화 또는 기망 기타의 방법으로 임의로 진술한 것이 아니라고 의심할 만한 이유가 있는 때에는 이를 유죄의 증거로 하지 못한다.

[제목개정 1963.12.13.]

제310조(불이익한 자백의 증거능력)

피고인의 자백이 그 피고인에게 불이익한 유일의 증거인 때에는 이를 유죄의 증거로 하지 못한다.

제310조의2(전문증거와 증거능력의 제한)

제311조 내지 제316조에 규정한 것 이외에는 공판준비 또는 공판기일에서의 진술에 대신하여 진술을 기재한 서류나 공판준비 또는 공판기일 외에서의 타인의 진술을 내용으로 하는 진술은 이를 증거로 할 수 없다.

[본조신설 1961.9.1.]

제311조(법원 또는 법관의 조서)

공판준비 또는 공판기일에 피고인이나 피고인 아닌 자의 진술을 기재한 조서와 법원 또는 법관의 검증의 결과를 기재한 조서는 증거로 할 수 있다. 제184조 및 제221조의 2의 규정에 의하여 작성한 조서도 또한 같다. 〈개정 1973.1.25., 1995.12.29.〉

[전문개정 1961.9.1.]

제312조(검사 또는 사법경찰관의 조서 등)

① 검사가 작성한 피의자신문조서는 적법한 절차와 방식에 따라 작성된 것으로서 공판준비, 공판기일에 그 피의자였던 피고인 또는 변호인이 그 내용을 인정할 때에 한정하여 증거로 할 수 있다. 〈개정 2020.2.4.〉

② 삭제 〈2020.2.4.〉

③ 검사 이외의 수사기관이 작성한 피의자신문조서는 적법한 절차와 방식에 따라 작성된 것으로서 공판준비 또는 공판기일에 그 피의자였던 피고인 또는 변호인이 그 내용을 인정할 때에 한하여 증거로 할 수 있다.

④ 검사 또는 사법경찰관이 피고인이 아닌 자의 진술을 기재한 조서는 적법한 절차와 방식에 따라 작성된 것으로서 그 조서가 검사 또는 사법경찰관 앞에서 진술한 내용과 동일하게 기재되어 있음이 원진술자의 공판준비 또는 공판기일에서의 진술이나 영상녹화물 또는 그 밖의 객관적인 방법에 의하여 증명되고, 피고인

또는 변호인이 공판준비 또는 공판기일에 그 기재 내용에 관하여 원진술자를 신문할 수 있었던 때에는 증거로 할 수 있다. 다만, 그 조서에 기재된 진술이 특히 신빙할 수 있는 상태하에서 행하여졌음이 증명된 때에 한한다.

⑤ 제1항부터 제4항까지의 규정은 피고인 또는 피고인이 아닌 자가 수사과정에서 작성한 진술서에 관하여 준용한다.

⑥ 검사 또는 사법경찰관이 검증의 결과를 기재한 조서는 적법한 절차와 방식에 따라 작성된 것으로서 공판준비 또는 공판기일에서의 작성자의 진술에 따라 그 성립의 진정함이 증명된 때에는 증거로 할 수 있다.

[전문개정 2007.6.1.]

제313조(진술서등)

① 전2조의 규정 이외에 피고인 또는 피고인이 아닌 자가 작성한 진술서나 그 진술을 기재한 서류로서 그 작성자 또는 진술자의 자필이거나 그 서명 또는 날인이 있는 것(피고인 또는 피고인 아닌 자가 작성하였거나 진술한 내용이 포함된 문자·사진·영상 등의 정보로서 컴퓨터용디스크, 그 밖에 이와 비슷한 정보저장매체에 저장된 것을 포함한다. 이하 이 조에서 같다)은 공판준비나 공판기일에서의 그 작성자 또는 진술자의 진술에 의하여 그 성립의 진정함이 증명된 때에는 증거로 할 수 있다. 단, 피고인의 진술을 기재한 서류는 공판준비 또는 공판기일에서의 그 작성자의 진술에 의하여 그 성립의 진정함이 증명되고 그 진술이 특히 신빙할 수 있는 상태하에서 행하여 진 때에 한하여 피고인의 공판준비 또는 공판기일에서의 진술에 불구하고 증거로 할 수 있다. 〈개정 2016.5.29.〉

② 제1항 본문에도 불구하고 진술서의 작성자가 공판준비나 공판기일에서 그 성립의 진정을 부인하는 경우에는 과학적 분석결과에 기초한 디지털포렌식 자료, 감정 등 객관적 방법으로 성립의 진정함이 증명되는 때에는 증거로 할 수 있다. 다만, 피고인 아닌 자가 작성한 진술서는 피고인 또는 변호인이 공판준비 또는 공판기일에 그 기재 내용에 관하여 작성자를 신문할 수 있었을 것을 요한다. 〈개정 2016.5.29.〉

③ 감정의 경과와 결과를 기재한 서류도 제1항 및 제2항과 같다. 〈신설 2016.5.29.〉

[전문개정 1961.9.1.]

제314조(증거능력에 대한 예외)

제312조 또는 제313조의 경우에 공판준비 또는 공판기일에 진술을 요하는 자가 사망·질병·외국거주·소재불명 그 밖에 이에 준하는 사유로 인하여 진술할 수 없는 때에는 그 조서 및 그 밖의 서류(피고인 또는 피고인 아닌 자가 작성하였거나 진술한 내용이 포함된 문자·사진·영상 등의 정보로서 컴퓨터용디스크, 그 밖에 이와 비슷한 정보저장매체에 저장된 것을 포함한다)를 증거로 할 수 있다. 다만, 그 진술 또는 작성이 특히 신빙할 수 있는 상태하에서 행하여졌음이 증명된 때에 한한다. 〈개정

2016.5.29.〉
[전문개정 2007.6.1.]

제315조(당연히 증거능력이 있는 서류)

다음에 게기한 서류는 증거로 할 수 있다. 〈개정 2007.5.17.〉
1. 가족관계기록사항에 관한 증명서, 공정증서등본 기타 공무원 또는 외국공무원의 직무상 증명할 수 있는 사항에 관하여 작성한 문서
2. 상업장부, 항해일지 기타 업무상 필요로 작성한 통상문서
3. 기타 특히 신용할 만한 정황에 의하여 작성된 문서

제316조(전문의 진술)

① 피고인이 아닌 자(공소제기 전에 피고인을 피의자로 조사하였거나 그 조사에 참여하였던 자를 포함한다. 이하 이 조에서 같다)의 공판준비 또는 공판기일에서의 진술이 피고인의 진술을 그 내용으로 하는 것인 때에는 그 진술이 특히 신빙할 수 있는 상태하에서 행하여졌음이 증명된 때에 한하여 이를 증거로 할 수 있다. 〈개정 2007.6.1.〉
② 피고인 아닌 자의 공판준비 또는 공판기일에서의 진술이 피고인 아닌 타인의 진술을 그 내용으로 하는 것인 때에는 원진술자가 사망, 질병, 외국거주, 소재불명 그 밖에 이에 준하는 사유로 인하여 진술할 수 없고, 그 진술이 특히 신빙할 수 있는 상태하에서 행하여졌음이 증명된 때에 한하여 이를 증거로 할 수 있다. 〈개정 1995.12.29., 2007.6.1.〉
[전문개정 1961.9.1.]

제317조(진술의 임의성)

① 피고인 또는 피고인 아닌 자의 진술이 임의로 된 것이 아닌 것은 증거로 할 수 없다.
② 전항의 서류는 그 작성 또는 내용인 진술이 임의로 되었다는 것이 증명된 것이 아니면 증거로 할 수 없다.
③ 검증조서의 일부가 피고인 또는 피고인 아닌 자의 진술을 기재한 것인 때에는 그 부분에 한하여 전2항의 예에 의한다.

제318조(당사자의 동의와 증거능력)

① 검사와 피고인이 증거로 할 수 있음을 동의한 서류 또는 물건은 진정한 것으로 인정한 때에는 증거로 할 수 있다.
② 피고인의 출정없이 증거조사를 할 수 있는 경우에 피고인이 출정하지 아니한 때에는 전항의 동의가 있는 것으로 간주한다. 단, 대리인 또는 변호인이 출정한 때에는 예외로 한다.

제318조의2(증명력을 다투기 위한 증거)

① 제312조부터 제316조까지의 규정에 따라 증거로 할 수 없는 서류나 진술이라도 공판준비 또는 공판기일에서의 피고인 또는 피고인이 아닌 자(공소제기 전에 피고인을 피의자로 조사하였거나 그 조사에 참여하였던 자를 포함한다. 이하 이 조에서 같다)의 진술의 증명력을 다투기 위하여 증거로 할 수 있다.

② 제1항에도 불구하고 피고인 또는 피고인이 아닌 자의 진술을 내용으로 하는 영상녹화물은 공판준비 또는 공판기일에 피고인 또는 피고인이 아닌 자가 진술함에 있어서 기억이 명백하지 아니한 사항에 관하여 기억을 환기시켜야 할 필요가 있다고 인정되는 때에 한하여 피고인 또는 피고인이 아닌 자에게 재생하여 시청하게 할 수 있다.

[전문개정 2007.6.1.]

제318조의3(간이공판절차에서의 증거능력에 관한 특례)

제286조의2의 결정이 있는 사건의 증거에 관하여는 제310조의2, 제312조 내지 제314조 및 제316조의 규정에 의한 증거에 대하여 제318조제1항의 동의가 있는 것으로 간주한다. 단, 검사, 피고인 또는 변호인이 증거로 함에 이의가 있는 때에는 그러하지 아니하다.

[본조신설 1973.1.25.]

제3절 공판의 재판

제318조의4(판결선고기일)

① 판결의 선고는 변론을 종결한 기일에 하여야 한다. 다만, 특별한 사정이 있는 때에는 따로 선고기일을 지정할 수 있다.

② 변론을 종결한 기일에 판결을 선고하는 경우에는 판결의 선고 후에 판결서를 작성할 수 있다.

③ 제1항 단서의 선고기일은 변론종결 후 14일 이내로 지정되어야 한다.

[본조신설 2007.6.1.]

제319조(관할위반의 판결)

피고사건이 법원의 관할에 속하지 아니한 때에는 판결로써 관할위반의 선고를 하여야 한다. 〈개정 2007.12.21.〉

제320조(토지관할 위반)

① 법원은 피고인의 신청이 없으면 토지관할에 관하여 관할 위반의 선고를 하지 못한다.

② 관할 위반의 신청은 피고사건에 대한 진술 전에 하여야 한다.

제321조(형선고와 동시에 선고될 사항)

① 피고사건에 대하여 범죄의 증명이 있는 때에는 형의 면제 또는 선고유예의 경우 외에는 판결로써 형을 선고하여야 한다.

② 형의 집행유예, 판결 전 구금의 산입일수, 노역장의 유치기간은 형의 선고와 동시에 판결로써 선고하여야 한다.

제322조(형면제 또는 형의 선고유예의 판결)

피고사건에 대하여 형의 면제 또는 선고유예를 하는 때에는 판결로써 선고하여야 한다.

제323조(유죄판결에 명시될 이유)

① 형의 선고를 하는 때에는 판결이유에 범죄될 사실, 증거의 요지와 법령의 적용을 명시하여야 한다.

② 법률상 범죄의 성립을 조각하는 이유 또는 형의 가중, 감면의 이유되는 사실의 진술이 있은 때에는 이에 대한 판단을 명시하여야 한다.

제324조(상소에 대한 고지)

형을 선고하는 경우에는 재판장은 피고인에게 상소할 기간과 상소할 법원을 고지하여야 한다.

제325조(무죄의 판결)

피고사건이 범죄로 되지 아니하거나 범죄사실의 증명이 없는 때에는 판결로써 무죄를 선고하여야 한다.

제326조(면소의 판결)

다음 경우에는 판결로써 면소의 선고를 하여야 한다.
1. 확정판결이 있은 때
2. 사면이 있은 때
3. 공소의 시효가 완성되었을 때
4. 범죄 후의 법령개폐로 형이 폐지되었을 때

제327조(공소기각의 판결)

다음 각 호의 경우에는 판결로써 공소기각의 선고를 하여야 한다.
1. 피고인에 대하여 재판권이 없을 때
2. 공소제기의 절차가 법률의 규정을 위반하여 무효일 때
3. 공소가 제기된 사건에 대하여 다시 공소가 제기되었을 때
4. 제329조를 위반하여 공소가 제기되었을 때
5. 고소가 있어야 공소를 제기할 수 있는 사건에서 고소가 취소되었을 때

6. 피해자의 명시한 의사에 반하여 공소를 제기할 수 없는 사건에서 처벌을 원하지 아니하는 의사표시를 하거나 처벌을 원하는 의사표시를 철회하였을 때

[전문개정 2020.12.8.]

제328조(공소기각의 결정)

① 다음 경우에는 결정으로 공소를 기각하여야 한다.
 1. 공소가 취소 되었을 때
 2. 피고인이 사망하거나 피고인인 법인이 존속하지 아니하게 되었을 때
 3. 제12조 또는 제13조의 규정에 의하여 재판할 수 없는 때
 4. 공소장에 기재된 사실이 진실하다 하더라도 범죄가 될 만한 사실이 포함되지 아니하는 때
② 전항의 결정에 대하여는 즉시항고를 할 수 있다.

제329조(공소취소와 재기소)

공소취소에 의한 공소기각의 결정이 확정된 때에는 공소취소 후 그 범죄사실에 대한 다른 중요한 증거를 발견한 경우에 한하여 다시 공소를 제기할 수 있다.

특정범죄가중처벌등에관한법률위반(허위세금계산서교부등)

[대법원 2009.8.20, 선고, 2008도9634, 판결]

【판시사항】

[1] 공소취소 후 재기소에 관한 규정인 형사소송법 제329조가 종전의 범죄사실을 변경하여 재기소하는 경우에도 적용되는지 여부(적극)

[2] 하나의 매출·매입처별세금계산서합계표에 여러 가지 사항에 관하여 허위의 사실을 기재하여 제출한 경우, 조세범처벌법 제11조의2 제4항 제3호 위반죄의 죄수(=일죄)

【판결요지】

[1] 형사소송법 제329조는 공소취소에 의한 공소기각의 결정이 확정된 때에는 공소취소 후 그 범죄사실에 대한 다른 중요한 증거를 발견한 경우에 한하여 다시 공소를 제기할 수 있다고 규정하고 있는바, 이는 단순일죄인 범죄사실에 대하여 공소가 제기되었다가 공소취소에 의한 공소기각결정이 확정된 후 다시 종전 범죄사실 그대로 재기소하는 경우뿐만 아니라 범죄의 태양, 수단, 피해의 정도, 범죄로 얻은 이익 등 범죄사실의 내용을 추가 변경하여 재기소하는 경우에도 마찬가지로 적용된다. 따라서 단순일죄인 범죄사실에 대하여 공소취소로 인한 공소기각결정이 확정된 후에 종전의 범죄사실을 변경하여 재기소하기 위하여는 변경된 범죄사실에 대한 다른 중요한 증거가 발견되어야 한다.

[2] 조세범처벌법 제11조의2 제4항 제3호는 부가가치세법의 규정에 의한 재화 또는 용역을 공급하지 아니하고 매출·매입처별세금계산서합계표를 허위기재하여 정부에 제출한 행위를 처벌하도록 규정하고 있는바, 하나의 매출·매입처별세금계산서합계표에 여러 가지 사항에 관하여 허위의 사실을 기재하였더라도 전체로서 하나의 매출·매입처별세금계산서합계표를 허위로 작성하여 정부에 제출하는 것이므로 하나의 조세범처벌법 위반죄가 성립한다.

제330조(피고인의 진술없이 하는 판결)

피고인이 진술하지 아니하거나 재판장의 허가없이 퇴정하거나 재판장의 질서유지를 위한 퇴정명령을 받은 때에는 피고인의 진술없이 판결할 수 있다.

제331조(무죄등 선고와 구속영장의 효력)

무죄, 면소, 형의 면제, 형의 선고유예, 형의 집행유예, 공소기각 또는 벌금이나 과료를 과하는 판결이 선고된 때에는 구속영장은 효력을 잃는다. 〈개정 1995.12.29.〉
[92헌가8 1992.12.24.(1995.12.29. 法5054)]

제332조(몰수의 선고와 압수물)

압수한 서류 또는 물품에 대하여 몰수의 선고가 없는 때에는 압수를 해제한 것으로 간주한다.

제333조(압수장물의 환부)

① 압수한 장물로서 피해자에게 환부할 이유가 명백한 것은 판결로써 피해자에게 환부하는 선고를 하여야 한다.
② 전항의 경우에 장물을 처분하였을 때에는 판결로써 그 대가로 취득한 것을 피해자에게 교부하는 선고를 하여야 한다.
③ 가환부한 장물에 대하여 별단의 선고가 없는 때에는 환부의 선고가 있는 것으로 간주한다.
④ 전3항의 규정은 이해관계인이 민사소송절차에 의하여 그 권리를 주장함에 영향을 미치지 아니한다.

제334조(재산형의 가납판결)

① 법원은 벌금, 과료 또는 추징의 선고를 하는 경우에 판결의 확정 후에는 집행할 수 없거나 집행하기 곤란할 염려가 있다고 인정한 때에는 직권 또는 검사의 청구에 의하여 피고인에게 벌금, 과료 또는 추징에 상당한 금액의 가납을 명할 수 있다.
② 전항의 재판은 형의 선고와 동시에 판결로써 선고하여야 한다.
③ 전항의 판결은 즉시로 집행할 수 있다.

제335조(형의 집행유예 취소의 절차)

① 형의 집행유예를 취소할 경우에는 검사는 피고인의 현재지 또는 최후의 거주지를 관할하는 법원에 청구하여야 한다.
② 전항의 청구를 받은 법원은 피고인 또는 그 대리인의 의견을 물은 후에 결정을 하여야 한다.
③ 전항의 결정에 대하여는 즉시항고를 할 수 있다.
④ 전2항의 규정은 유예한 형을 선고할 경우에 준용한다.

제336조(경합범 중 다시 형을 정하는 절차)

① 「형법」 제36조, 동 제39조제4항 또는 동 제61조의규정에 의하여 형을 정할 경우에는 검사는 그 범죄사실에 대한 최종판결을 한 법원에 청구하여야 한다. 단, 「형법」 제61조의 규정에 의하여 유예한 형을 선고할 때에는 제323조에 의하여야 하고 선고유예를 해제하는 이유를 명시하여야 한다. 〈개정 2007.6.1.〉

② 전조 제2항의 규정은 전항의 경우에 준용한다.

제337조(형의 소멸의 재판)

① 「형법」 제81조 또는 동 제82조의 규정에 의한 선고는 그 사건에 관한 기록이 보관되어 있는 검찰청에 대응하는 법원에 대하여 신청하여야 한다. 〈개정 2007.6.1.〉

② 전항의 신청에 의한 선고는 결정으로 한다.

③ 제1항의 신청을 각하하는 결정에 대하여는 즉시항고를 할 수 있다.

제3편 상소

제1장 통칙

제338조(상소권자)

① 검사 또는 피고인은 상소를 할 수 있다.

② 삭제 〈2007.12.21.〉

제339조(항고권자)

검사 또는 피고인 아닌 자가 결정을 받은 때에는 항고할 수 있다.

제340조(당사자 이외의 상소권자)

피고인의 법정대리인은 피고인을 위하여 상소할 수 있다.

제341조(동전)

① 피고인의 배우자, 직계친족, 형제자매 또는 원심의 대리인이나 변호인은 피고인을 위하여 상소할 수 있다. 〈개정 2005.3.31.〉

② 전항의 상소는 피고인의 명시한 의사에 반하여 하지 못한다.

항소기각결정에대한재항고

[대법원 2018.3.29., 자, 2018모642, 결정]

【판시사항】

항소이유서 부제출을 이유로 항소기각의 결정을 하기 위한 요건 / 피고인의 항소대리권자

인 배우자가 피고인을 위하여 항소한 경우, 소송기록접수통지를 항소인인 피고인에게 하여
야 하는지 여부(적극)

【판결요지】

형사소송법 제361조의4, 제361조의3, 제361조의2에 따르면, 항소인이나 변호인이 항소법
원으로부터 소송기록접수통지를 받은 날로부터 20일 이내에 항소이유서를 제출하지 않고
항소장에도 항소이유의 기재가 없는 경우에는 결정으로 항소를 기각할 수 있도록 정하고
있다. 그러나 항소이유서 부제출을 이유로 항소기각의 결정을 하기 위해서는 항소인이 적
법한 소송기록접수통지서를 받고서도 정당한 이유 없이 20일 이내에 항소이유서를 제출하
지 않았어야 한다. 피고인의 항소대리권자인 배우자가 피고인을 위하여 항소한 경우(형사
소송법 제341조)에도 소송기록접수통지는 항소인인 피고인에게 하여야 하는데(형사소송법
제361조의2), 피고인이 적법하게 소송기록접수통지서를 받지 못하였다면 항소이유서 제출
기간이 지났다는 이유로 항소기각결정을 하는 것은 위법하다.

제342조(일부상소)

① 상소는 재판의 일부에 대하여 할 수 있다.
② 일부에 대한 상소는 그 일부와 불가분의 관계에 있는 부분에 대하여도 효력이
미친다.

제343조(상소 제기기간)

① 상소의 제기는 그 기간 내에 서면으로 한다.
② 상소의 제기기간은 재판을 선고 또는 고지한 날로부터 진행된다.

제344조(재소자에 대한 특칙)

① 교도소 또는 구치소에 있는 피고인이 상소의 제기기간 내에 상소장을 교도소장
또는 구치소장 또는 그 직무를 대리하는 자에게 제출한 때에는 상소의 제기기간
내에 상소한 것으로 간주한다. 〈개정 1963.12.13.〉
② 전항의 경우에 피고인이 상소장을 작성할 수 없는 때에는 교도소장 또는 구치소
장은 소속공무원으로 하여금 대서하게 하여야 한다. 〈개정 1963.12.13.〉

제345조(상소권회복 청구권자)

제338조부터 제341조까지의 규정에 따라 상소할 수 있는 자는 자기 또는 대리인이
책임질 수 없는 사유로 상소 제기기간 내에 상소를 하지 못한 경우에는 상소권회복
의 청구를 할 수 있다.
[전문개정 2020.12.8.]

제346조(상소권회복 청구의 방식)

① 상소권회복을 청구할 때에는 제345조의 사유가 해소된 날부터 상소 제기기간에
해당하는 기간 내에 서면으로 원심법원에 제출하여야 한다.

② 상소권회복을 청구할 때에는 제345조의 책임질 수 없는 사유를 소명하여야 한다.

③ 상소권회복을 청구한 자는 그 청구와 동시에 상소를 제기하여야 한다.

[전문개정 2020.12.8.]

제347조(상소권회복에 대한 결정과 즉시항고)

① 상소권회복의 청구를 받은 법원은 청구의 허부에 관한 결정을 하여야 한다.

② 전항의 결정에 대하여는 즉시항고를 할 수 있다.

제348조(상소권회복청구와 집행정지)

① 상소권회복의 청구가 있는 때에는 법원은 전조의 결정을 할 때까지 재판의 집행을 정지하는 결정을 할 수 있다. 〈개정 2007.6.1.〉

② 전항의 집행정지의 결정을 한 경우에 피고인의 구금을 요하는 때에는 구속영장을 발부하여야 한다. 단, 제70조의 요건이 구비된 때에 한한다.

제349조(상소의 포기, 취하)

검사나 피고인 또는 제339조에 규정한 자는 상소의 포기 또는 취하를 할 수 있다. 단, 피고인 또는 제341조에 규정한 자는 사형 또는 무기징역이나 무기금고가 선고된 판결에 대하여는 상소의 포기를 할 수 없다.

제350조(상소의 포기등과 법정대리인의 동의)

법정대리인이 있는 피고인이 상소의 포기 또는 취하를 함에는 법정대리인의 동의를 얻어야 한다. 단, 법정대리인의 사망 기타 사유로 인하여 그 동의를 얻을 수 없는 때에는 예외로 한다.

제351조(상소의 취하와 피고인의 동의)

피고인의 법정대리인 또는 제341조에 규정한 자는 피고인의 동의를 얻어 상소를 취하할 수 있다.

제352조(상소포기 등의 방식)

① 상소의 포기 또는 취하는 서면으로 하여야 한다. 단, 공판정에서는 구술로써 할 수 있다.

② 구술로써 상소의 포기 또는 취하를 한 경우에는 그 사유를 조서에 기재하여야 한다.

제353조(상소포기 등의 관할)

상소의 포기는 원심법원에, 상소의 취하는 상소법원에 하여야 한다. 단, 소송기록이 상소법원에 송부되지 아니한 때에는 상소의 취하를 원심법원에 제출할 수 있다.

제354조(상소포기 후의 재상소의 금지)
상소를 취하한 자 또는 상소의 포기나 취하에 동의한 자는 그 사건에 대하여 다시 상소를 하지 못한다.

제355조(재소자에 대한 특칙)
제344조의 규정은 교도소 또는 구치소에 있는 피고인이 상소권회복의 청구 또는 상소의 포기나 취하를 하는 경우에 준용한다. 〈개정 1963.12.13.〉

제356조(상소포기등과 상대방의 통지)
상소, 상소의 포기나 취하 또는 상소권회복의 청구가 있는 때에는 법원은 지체없이 상대방에게 그 사유를 통지하여야 한다.

제2장 항소
〈개정 1963.12.13.〉

제357조(항소할 수 있는 판결)
제1심법원의 판결에 대하여 불복이 있으면 지방법원 단독판사가 선고한 것은 지방법원 본원합의부에 항소할 수 있으며 지방법원 합의부가 선고한 것은 고등법원에 항소할 수 있다. 〈개정 1963.12.13.〉
[전문개정 1961.9.1.] [제목개정 1963.12.13.]

제358조(항소제기기간)
항소의 제기기간은 7일로 한다. 〈개정 1963.12.13.〉

제359조(항소제기의 방식)
항소를 함에는 항소장을 원심법원에 제출하여야 한다. 〈개정 1963.12.13.〉

제360조(원심법원의 항소기각 결정)
① 항소의 제기가 법률상의 방식에 위반하거나 항소권소멸 후인 것이 명백한 때에는 원심법원은 결정으로 항소를 기각하여야 한다. 〈개정 1963.12.13.〉
② 전항의 결정에 대하여는 즉시항고를 할 수 있다.

제361조(소송기록과 증거물의 송부)
제360조의 경우를 제외하고는 원심법원은 항소장을 받은 날부터 14일이내에 소송기록과 증거물을 항소법원에 송부하여야 한다.
[전문개정 1995.12.29.] [92헌마44 1995.11.30.(1995.12.29. 法5054)]

제361조의2(소송기록접수와 통지)

① 항소법원이 기록의 송부를 받은 때에는 즉시 항소인과 상대방에게 그 사유를 통지하여야 한다. 〈개정 1963.12.13.〉

② 전항의 통지 전에 변호인의 선임이 있는 때에는 변호인에게도 전항의 통지를 하여야 한다.

③ 피고인이 교도소 또는 구치소에 있는 경우에는 원심법원에 대응한 검찰청검사는 제1항의 통지를 받은 날부터 14일이내에 피고인을 항소법원소재지의 교도소 또는 구치소에 이송하여야 한다. 〈신설 1995.12.29.〉

[본조신설 1961.9.1.]

제361조의3(항소이유서와 답변서)

① 항소인 또는 변호인은 전조의 통지를 받은 날로부터 20일 이내에 항소이유서를 항소법원에 제출하여야 한다. 이 경우 제344조를 준용한다. 〈개정 1963.12.13., 2007.12.21.〉

② 항소이유서의 제출을 받은 항소법원은 지체없이 부본 또는 등본을 상대방에게 송달하여야 한다. 〈개정 1963.12.13.〉

③ 상대방은 전항의 송달을 받은 날로부터 10일 이내에 답변서를 항소법원에 제출하여야 한다. 〈개정 1963.12.13.〉

④ 답변서의 제출을 받은 항소법원은 지체없이 그 부본 또는 등본을 항소인 또는 변호인에게 송달하여야 한다. 〈개정 1963.12.13.〉

[본조신설 1961.9.1.]

제361조의4(항소기각의 결정)

① 항소인이나 변호인이 전조제1항의 기간 내에 항소이유서를 제출하지 아니한 때에는 결정으로 항소를 기각하여야 한다. 단, 직권조사사유가 있거나 항소장에 항소이유의 기재가 있는 때에는 예외로 한다.

② 전항의 결정에 대하여는 즉시항고를 할 수 있다. 〈신설 1963.12.13.〉

[본조신설 1961.9.1.]

제361조의5(항소이유)

다음 사유가 있을 경우에는 원심판결에 대한 항소이유로 할 수 있다. 〈개정 1963.12.13.〉

  1. 판결에 영향을 미친 헌법·법률·명령 또는 규칙의 위반이 있는 때
  2. 판결 후 형의 폐지나 변경 또는 사면이 있는 때
  3. 관할 또는 관할위반의 인정이 법률에 위반한 때
  4. 판결법원의 구성이 법률에 위반한 때
  5. 삭제 〈1963.12.13.〉

6. 삭제 〈1963.12.13.〉
7. 법률상 그 재판에 관여하지 못할 판사가 그 사건의 심판에 관여한 때
8. 사건의 심리에 관여하지 아니한 판사가 그 사건의 판결에 관여한 때
9. 공판의 공개에 관한 규정에 위반한 때
10. 삭제 〈1963.12.13.〉
11. 판결에 이유를 붙이지 아니하거나 이유에 모순이 있는 때
12. 삭제 〈1963.12.13.〉
13. 재심청구의 사유가 있는 때
14. 사실의 오인이 있어 판결에 영향을 미칠 때
15. 형의 양정이 부당하다고 인정할 사유가 있는 때
[본조신설 1961.9.1.]

제362조(항소기각의 결정)
① 제360조의 규정에 해당한 경우에 원심법원이 항소기각의 결정을 하지 아니한 때에는 항소법원은 결정으로 항소를 기각하여야 한다. 〈개정 1963.12.13.〉
② 전항의 결정에 대하여는 즉시 항고를 할 수 있다.

제363조(공소기각의 결정)
① 제328조제1항 각 호의 규정에 해당한 사유가 있는 때에는 항소법원은 결정으로 공소를 기각하여야 한다. 〈개정 1963.12.13., 1995.12.29.〉
② 전항의 결정에 대하여는 즉시 항고를 할 수 있다.

제364조(항소법원의 심판)
① 항소법원은 항소이유에 포함된 사유에 관하여 심판하여야 한다. 〈개정 1963.12.13.〉
② 항소법원은 판결에 영향을 미친 사유에 관하여는 항소이유서에 포함되지 아니한 경우에도 직권으로 심판할 수 있다. 〈개정 1963.12.13.〉
③ 제1심법원에서 증거로 할 수 있었던 증거는 항소법원에서도 증거로 할 수 있다. 〈신설 1963.12.13.〉
④ 항소이유 없다고 인정한 때에는 판결로써 항소를 기각하여야 한다. 〈개정 1963.12.13.〉
⑤ 항소이유 없음이 명백한 때에는 항소장, 항소이유서 기타의 소송기록에 의하여 변론없이 판결로써 항소를 기각할 수 있다. 〈개정 1963.12.13.〉
⑥ 항소이유가 있다고 인정한 때에는 원심판결을 파기하고 다시 판결을 하여야 한다. 〈개정 1963.12.13.〉
[전문개정 1961.9.1.]

제364조의2(공동피고인을 위한 파기)

피고인을 위하여 원심판결을 파기하는 경우에 파기의 이유가 항소한 공동피고인에게 공통되는 때에는 그 공동피고인에게 대하여도 원심판결을 파기하여야 한다. 〈개정 1963.12.13.〉

[본조신설 1961.9.1.]

제365조(피고인의 출정)

① 피고인이 공판기일에 출정하지 아니한 때에는 다시 기일을 정하여야 한다. 〈개정 1961.9.1.〉

② 피고인이 정당한 사유없이 다시 정한 기일에 출정하지 아니한 때에는 피고인의 진술없이 판결을 할 수 있다.

제366조(원심법원에의 환송)

공소기각 또는 관할위반의 재판이 법률에 위반됨을 이유로 원심판결을 파기하는 때에는 판결로써 사건을 원심법원에 환송하여야 한다.

제367조(관할법원에의 이송)

관할인정이 법률에 위반됨을 이유로 원심판결을 파기하는 때에는 판결로써 사건을 관할법원에 이송하여야 한다. 단, 항소법원이 그 사건의 제1심관할권이 있는 때에는 제1심으로 심판하여야 한다. 〈개정 1963.12.13.〉

제368조(불이익변경의 금지)

피고인이 항소한 사건과 피고인을 위하여 항소한 사건에 대해서는 원심판결의 형보다 무거운 형을 선고할 수 없다.

[전문개정 2020.12.8.]

제369조(재판서의 기재방식)

항소법원의 재판서에는 항소이유에 대한 판단을 기재하여야 하며 원심판결에 기재한 사실과 증거를 인용할 수 있다. 〈개정 1963.12.13.〉

[전문개정 1961.9.1.]

제370조(준용규정)

제2편 중 공판에 관한 규정은 본장에 특별한 규정이 없으면 항소의 심판에 준용한다. 〈개정 1963.12.13.〉

제3장 상고

제371조(상고할 수 있는 판결)
제2심판결에 대하여 불복이 있으면 대법원에 상고할 수 있다. 〈개정 1963.12.13.〉
[전문개정 1961.9.1.]

제372조(비약적 상고)
다음 경우에는 제1심판결에 대하여 항소를 제기하지 아니하고 상고를 할 수 있다.
〈개정 1961.9.1.〉
   1. 원심판결이 인정한 사실에 대하여 법령을 적용하지 아니하였거나 법령의 적
      용에 착오가 있는 때
   2. 원심판결이 있은 후 형의 폐지나 변경 또는 사면이 있는 때

제373조(항소와 비약적 상고)
제1심판결에 대한 상고는 그 사건에 대한 항소가 제기된 때에는 그 효력을 잃는다.
단, 항소의 취하 또는 항소기각의 결정이 있는 때에는 예외로 한다. 〈개정
1963.12.13.〉

제374조(상고기간)
상고의 제기기간은 7일로 한다.

제375조(상고제기의 방식)
상고를 함에는 상고장을 원심법원에 제출하여야 한다.

제376조(원심법원에서의 상고기각 결정)
① 상고의 제기가 법률상의 방식에 위반하거나 상고권소멸 후인 것이 명백한 때에
   는 원심법원은 결정으로 상고를 기각하여야 한다.
② 전항의 결정에 대하여는 즉시항고를 할 수 있다.

제377조(소송기록과 증거물의 송부)
제376조의 경우를 제외하고는 원심법원은 상고장을 받은 날부터 14일이내에 소송
기록과 증거물을 상고법원에 송부하여야 한다.
[전문개정 1995.12.29.]

제378조(소송기록접수와 통지)
① 상고법원이 소송기록의 송부를 받은 때에는 즉시 상고인과 상대방에 대하여 그

사유를 통지하여야 한다. 〈개정 1961.9.1.〉

② 전항의 통지 전에 변호인의 선임이 있는 때에는 변호인에 대하여도 전항의 통지를 하여야 한다.

제379조(상고이유서와 답변서)

① 상고인 또는 변호인이 전조의 통지를 받은 날로부터 20일 이내에 상고이유서를 상고법원에 제출하여야 한다. 이 경우 제344조를 준용한다. 〈개정 1961.9.1., 2007.12.21.〉

② 상고이유서에는 소송기록과 원심법원의 증거조사에 표현된 사실을 인용하여 그 이유를 명시하여야 한다.

③ 상고이유서의 제출을 받은 상고법원은 지체없이 그 부본 또는 등본을 상대방에 송달하여야 한다. 〈개정 1961.9.1.〉

④ 상대방은 전항의 송달을 받은 날로부터 10일 이내에 답변서를 상고법원에 제출할 수 있다. 〈개정 1961.9.1.〉

⑤ 답변서의 제출을 받은 상고법원은 지체없이 그 부본 또는 등본을 상고인 또는 변호인에게 송달하여야 한다. 〈개정 1961.9.1.〉

제380조(상고기각 결정)

① 상고인이나 변호인이 전조제1항의 기간 내에 상고이유서를 제출하지 아니한 때에는 결정으로 상고를 기각하여야 한다. 단, 상고장에 이유의 기재가 있는 때에는 예외로 한다. 〈개정 1961.9.1., 2014.5.14.〉

② 상고장 및 상고이유서에 기재된 상고이유의 주장이 제383조 각 호의 어느 하나의 사유에 해당하지 아니함이 명백한 때에는 결정으로 상고를 기각하여야 한다. 〈신설 2014.5.14.〉

제381조(동전)

제376조의 규정에 해당한 경우에 원심법원이 상고기각의 결정을 하지 아니한 때에는 상고법원은 결정으로 상고를 기각하여야 한다. 〈개정 1961.9.1.〉

제382조(공소기각의 결정)

제328조제1항 각 호의 규정에 해당하는 사유가 있는 때에는 상고법원은 결정으로 공소를 기각하여야 한다.

[전문개정 1995.12.29.]

제383조(상고이유)

다음 사유가 있을 경우에는 원심판결에 대한 상고이유로 할 수 있다. 〈개정 1961.9.1., 1963.12.13.〉

  1. 판결에 영향을 미친 헌법·법률·명령 또는 규칙의 위반이 있을 때

2. 판결후 형의 폐지나 변경 또는 사면이 있는 때
3. 재심청구의 사유가 있는 때
4. 사형, 무기 또는 10년 이상의 징역이나 금고가 선고된 사건에 있어서 중대한 사실의 오인이 있어 판결에 영향을 미친 때 또는 형의 양정이 심히 부당하다고 인정할 현저한 사유가 있는 때

제384조(심판범위)
상고법원은 상고이유서에 포함된 사유에 관하여 심판하여야 한다. 그러나, 전조 제1호 내지 제3호의 경우에는 상고이유서에 포함되지 아니한 때에도 직권으로 심판할 수 있다. 〈개정 1961.9.1., 1963.12.13.〉

제385조 삭제 〈1961.9.1.〉

제386조(변호인의 자격)
상고심에는 변호사 아닌 자를 변호인으로 선임하지 못한다.

제387조(변론능력)
상고심에는 변호인 아니면 피고인을 위하여 변론하지 못한다.

제388조(변론방식)
검사와 변호인은 상고이유서에 의하여 변론하여야 한다.

제389조(변호인의 불출석등)
① 변호인의 선임이 없거나 변호인이 공판기일에 출정하지 아니한 때에는 검사의 진술을 듣고 판결을 할 수 있다. 단, 제283조의 규정에 해당한 경우에는 예외로 한다.
② 전항의 경우에 적법한 이유서의 제출이 있는 때에는 그 진술이 있는 것으로 간주한다.

제389조의2(피고인의 소환 여부)
상고심의 공판기일에는 피고인의 소환을 요하지 아니한다.
[본조신설 1995.12.29.]

제390조(서면심리에 의한 판결)
① 상고법원은 상고장, 상고이유서 기타의 소송기록에 의하여 변론 없이 판결할 수 있다. 〈개정 2007.6.1.〉
② 상고법원은 필요한 경우에는 특정한 사항에 관하여 변론을 열어 참고인의 진술을 들을 수 있다. 〈신설 2007.6.1.〉

[전문개정 1961.9.1.]

제391조(원심판결의 파기)
상고이유가 있는 때에는 판결로써 원심판결을 파기하여야 한다.

제392조(공동피고인을 위한 파기)
피고인의 이익을 위하여 원심판결을 파기하는 경우에 파기의 이유가 상고한 공동피고인에 공통되는 때에는 그 공동피고인에 대하여도 원심판결을 파기하여야 한다.

제393조(공소기각과 환송의 판결)
적법한 공소를 기각하였다는 이유로 원심판결 또는 제1심판결을 파기하는 경우에는 판결로써 사건을 원심법원 또는 제1심법원에 환송하여야 한다.

제394조(관할인정과 이송의 판결)
관할의 인정이 법률에 위반됨을 이유로 원심판결 또는 제1심판결을 파기하는 경우에는 판결로써 사건을 관할있는 법원에 이송하여야 한다.

제395조(관할위반과 환송의 판결)
관할위반의 인정이 법률에 위반됨을 이유로 원심판결 또는 제1심판결을 파기하는 경우에는 판결로써 사건을 원심법원 또는 제1심법원에 환송하여야 한다.

제396조(파기자판)
① 상고법원은 원심판결을 파기한 경우에 그 소송기록과 원심법원과 제1심법원이 조사한 증거에 의하여 판결하기 충분하다고 인정한 때에는 피고사건에 대하여 직접판결을 할 수 있다. 〈개정 1961.9.1.〉
② 제368조의 규정은 전항의 판결에 준용한다.

제397조(환송 또는 이송)
전4조의 경우 외에 원심판결을 파기한 때에는 판결로써 사건을 원심법원에 환송하거나 그와 동등한 다른 법원에 이송하여야 한다.

제398조(재판서의 기재방식)
재판서에는 상고의 이유에 관한 판단을 기재하여야 한다. 〈개정 1961.9.1.〉

제399조(준용규정)
전장의 규정은 본장에 특별한 규정이 없으면 상고의 심판에 준용한다.

제400조(판결정정의 신청)

① 상고법원은 그 판결의 내용에 오류가 있음을 발견한 때에는 직권 또는 검사, 상고인이나 변호인의 신청에 의하여 판결로써 정정할 수 있다. 〈개정 1961.9.1.〉
② 전항의 신청은 판결의 선고가 있은 날로부터 10일 이내에 하여야 한다.
③ 제1항의 신청은 신청의 이유를 기재한 서면으로 하여야 한다.

제401조(정정의 판결)

① 정정의 판결은 변론없이 할 수 있다
② 정정할 필요가 없다고 인정한 때에는 지체없이 결정으로 신청을 기각하여야 한다.

제4장 항 고

제402조(항고할 수 있는 재판)

법원의 결정에 대하여 불복이 있으면 항고를 할 수 있다. 단, 이 법률에 특별한 규정이 있는 경우에는 예외로 한다.

제403조(판결 전의 결정에 대한 항고)

① 법원의 관할 또는 판결 전의 소송절차에 관한 결정에 대하여는 특히 즉시항고를 할 수 있는 경우 외에는 항고하지 못한다.
② 전항의 규정은 구금, 보석, 압수나 압수물의 환부에 관한 결정 또는 감정하기 위한 피고인의 유치에 관한 결정에 적용하지 아니한다.

제404조(보통항고의 시기)

항고는 즉시항고 외에는 언제든지 할 수 있다. 단, 원심결정을 취소하여도 실익이 없게 된 때에는 예외로 한다.
[제목개정 1963.12.13.]

제405조(즉시항고의 제기기간)

즉시항고의 제기기간은 7일로 한다. 〈개정 2019.12.31.〉
[2019.12.31. 법률 제16850호에 의하여 2018.12.27. 헌법재판소에서 헌법불합치 결정된 이 조를 개정함]

제406조(항고의 절차)

항고를 함에는 항고장을 원심법원에 제출하여야 한다.

제407조(원심법원의 항고기각 결정)

① 항고의 제기가 법률상의 방식에 위반하거나 항고권소멸 후인 것이 명백한 때에

는 원심법원은 결정으로 항고를 기각하여야 한다.

② 전항의 결정에 대하여는 즉시항고를 할 수 있다.

제408조(원심법원의 갱신결정)

① 원심법원은 항고가 이유있다고 인정한 때에는 결정을 경정하여야 한다.

② 항고의 전부 또는 일부가 이유없다고 인정한 때에는 항고장을 받은 날로부터 3일 이내에 의견서를 첨부하여 항고법원에 송부하여야 한다.

제409조(보통항고와 집행정지)

항고는 즉시항고 외에는 재판의 집행을 정지하는 효력이 없다. 단, 원심법원 또는 항고법원은 결정으로 항고에 대한 결정이 있을 때까지 집행을 정지할 수 있다.

제410조(즉시항고와 집행정지의 효력)

즉시항고의 제기기간 내와 그 제기가 있는 때에는 재판의 집행은 정지된다.

제411조(소송기록등의 송부)

① 원심법원이 필요하다고 인정한 때에는 소송기록과 증거물을 항고법원에 송부하여야 한다.

② 항고법원은 소송기록과 증거물의 송부를 요구할 수 있다.

③ 전2항의 경우에 항고법원이 소송기록과 증거물의 송부를 받은 날로부터 5일 이내에 당사자에게 그 사유를 통지하여야 한다.

제412조(검사의 의견진술)

검사는 항고사건에 대하여 의견을 진술할 수 있다.

제413조(항고기각의 결정)

제407조의 규정에 해당한 경우에 원심법원이 항고기각의 결정을 하지 아니한 때에는 항고법원은 결정으로 항고를 기각하여야 한다.

제414조(항고기각과 항고이유 인정)

① 항고를 이유없다고 인정한 때에는 결정으로 항고를 기각하여야 한다.

② 항고를 이유있다고 인정한 때에는 결정으로 원심결정을 취소하고 필요한 경우에는 항고사건에 대하여 직접 재판을 하여야 한다.

제415조(재항고)

항고법원 또는 고등법원의 결정에 대하여는 재판에 영향을 미친 헌법·법률·명령 또는 규칙의 위반이 있음을 이유로 하는 때에 한하여 대법원에 즉시항고를 할 수 있다.

[전문개정 1963.12.13.]

제416조(준항고)

① 재판장 또는 수명법관이 다음 각 호의 1에 해당한 재판을 고지한 경우에 불복이 있으면 그 법관소속의 법원에 재판의 취소 또는 변경을 청구할 수 있다.

1. 기피신청을 기각한 재판
2. 구금, 보석, 압수 또는 압수물환부에 관한 재판
3. 감정하기 위하여 피고인의 유치를 명한 재판
4. 증인, 감정인, 통역인 또는 번역인에 대하여 과태료 또는 비용의 배상을 명한 재판

② 지방법원이 전항의 청구를 받은 때에는 합의부에서 결정을 하여야 한다.

③ 제1항의 청구는 재판의 고지있는 날로부터 7일 이내에 하여야 한다. 〈개정 2019.12.31.〉

④ 제1항제4호의 재판은 전항의 청구기간 내와 청구가 있는 때에는 그 재판의 집행은 정지된다.

제417조(동전)

검사 또는 사법경찰관의 구금, 압수 또는 압수물의 환부에 관한 처분과 제243조의2에 따른 변호인의 참여 등에 관한 처분에 대하여 불복이 있으면 그 직무집행지의 관할법원 또는 검사의 소속검찰청에 대응한 법원에 그 처분의 취소 또는 변경을 청구할 수 있다. 〈개정 2007.6.1., 2007.12.21.〉

제418조(준항고의 방식)

전2조의청구는 서면으로 관할법원에 제출하여야 한다.

제419조(준용규정)

제409조, 제413조, 제414조, 제415조의 규정은 제416조, 제417조의 청구있는 경우에 준용한다. 〈개정 1995.12.29.〉

제4편 특별소송절차

제1장 재심

제420조(재심이유)

재심은 다음 각 호의 어느 하나에 해당하는 이유가 있는 경우에 유죄의 확정판결에 대하여 그 선고를 받은 자의 이익을 위하여 청구할 수 있다.

1. 원판결의 증거가 된 서류 또는 증거물이 확정판결에 의하여 위조되거나 변조된 것임이 증명된 때
2. 원판결의 증거가 된 증언, 감정, 통역 또는 번역이 확정판결에 의하여 허위임이 증명된 때
3. 무고(誣告)로 인하여 유죄를 선고받은 경우에 그 무고의 죄가 확정판결에 의하여 증명된 때
4. 원판결의 증거가 된 재판이 확정재판에 의하여 변경된 때
5. 유죄를 선고받은 자에 대하여 무죄 또는 면소를, 형의 선고를 받은 자에 대하여 형의 면제 또는 원판결이 인정한 죄보다 가벼운 죄를 인정할 명백한 증거가 새로 발견된 때
6. 저작권, 특허권, 실용신안권, 디자인권 또는 상표권을 침해한 죄로 유죄의 선고를 받은 사건에 관하여 그 권리에 대한 무효의 심결 또는 무효의 판결이 확정된 때
7. 원판결, 전심판결 또는 그 판결의 기초가 된 조사에 관여한 법관, 공소의 제기 또는 그 공소의 기초가 된 수사에 관여한 검사나 사법경찰관이 그 직무에 관한 죄를 지은 것이 확정판결에 의하여 증명된 때. 다만, 원판결의 선고 전에 법관, 검사 또는 사법경찰관에 대하여 공소가 제기되었을 경우에는 원판결의 법원이 그 사유를 알지 못한 때로 한정한다.

[전문개정 2020.12.8.]

제421조(동전)

① 항소 또는 상고의 기각판결에 대하여는 전조제1호, 제2호, 제7호의 사유있는 경우에 한하여 그 선고를 받은 자의 이익을 위하여 재심을 청구할 수 있다. 〈개정 1963.12.13.〉

② 제1심확정판결에 대한 재심청구사건의 판결이 있은 후에는 항소기각 판결에 대하여 다시 재심을 청구하지 못한다. 〈개정 1963.12.13.〉

③ 제1심 또는 제2심의 확정판결에 대한 재심청구사건의 판결이 있은 후에는 상고기각판결에 대하여 다시 재심을 청구하지 못한다.

제422조(확정판결에 대신하는 증명)

전2조의 규정에 의하여 확정판결로써 범죄가 증명됨을 재심청구의 이유로 할 경우에 그 확정판결을 얻을 수 없는 때에는 그 사실을 증명하여 재심의 청구를 할 수 있다. 단, 증거가 없다는 이유로 확정판결을 얻을 수 없는 때에는 예외로 한다.

제423조(재심의 관할)

재심의 청구는 원판결의 법원이 관할한다.

제424조(재심청구권자)
다음 각 호의 1에 해당하는 자는 재심의 청구를 할 수 있다.
1. 검사
2. 유죄의 선고를 받은 자
3. 유죄의 선고를 받은 자의 법정대리인
4. 유죄의 선고를 받은 자가 사망하거나 심신장애가 있는 경우에는 그 배우자, 직계친족 또는 형제자매

제425조(검사만이 청구할 수 있는 재심)
제420조제7호의 사유에 의한 재심의 청구는 유죄의 선고를 받은 자가 그 죄를 범하게 한 경우에는 검사가 아니면 하지 못한다.

제426조(변호인의 선임)
① 검사 이외의 자가 재심의 청구를 하는 경우에는 변호인을 선임할 수 있다.
② 전항의 규정에 의한 변호인의 선임은 재심의 판결이 있을 때까지 그 효력이 있다.

제427조(재심청구의 시기)
재심의 청구는 형의 집행을 종료하거나 형의 집행을 받지 아니하게 된 때에도 할 수 있다.

제428조(재심과 집행정지의 효력)
재심의 청구는 형의 집행을 정지하는 효력이 없다. 단 관할법원에 대응한 검찰청검사는 재심청구에 대한 재판이 있을 때까지 형의 집행을 정지할 수 있다.

제429조(재심청구의 취하)
① 재심의 청구는 취하할 수 있다.
② 재심의 청구를 취하한 자는 동일한 이유로써 다시 재심을 청구하지 못한다.

제430조(재소자에 대한 특칙)
제344조의 규정은 재심의 청구와 그 취하에 준용한다.

제431조(사실조사)
① 재심의 청구를 받은 법원은 필요하다고 인정한 때에는 합의부원에게 재심청구의 이유에 대한 사실조사를 명하거나 다른 법원판사에게 이를 촉탁할 수 있다.
② 전항의 경우에는 수명법관 또는 수탁판사는 법원 또는 재판장과 동일한 권한이 있다.

제432조(재심에 대한 결정과 당사자의 의견)
재심의 청구에 대하여 결정을 함에는 청구한 자와 상대방의 의견을 들어야 한다. 단, 유죄의 선고를 받은 자의 법정대리인이 청구한 경우에는 유죄의 선고를 받은 자의 의견을 들어야 한다.

제433조(청구기각 결정)
재심의 청구가 법률상의 방식에 위반하거나 청구권의 소멸 후인 것이 명백한 때에는 결정으로 기각하여야 한다.

제434조(동전)
① 재심의 청구가 이유없다고 인정한 때에는 결정으로 기각하여야 한다.
② 전항의 결정이 있는 때에는 누구든지 동일한 이유로써 다시 재심을 청구하지 못한다.

제435조(재심개시의 결정)
① 재심의 청구가 이유있다고 인정한 때에는 재심개시의 결정을 하여야 한다.
② 재심개시의 결정을 할 때에는 결정으로 형의 집행을 정지할 수 있다. 〈개정 1995.12.29.〉

제436조(청구의 경합과 청구기각의 결정)
① 항소기각의 확정판결과 그 판결에 의하여 확정된 제1심판결에 대하여 재심의 청구가 있는 경우에 제1심법원이 재심의 판결을 한 때에는 항소법원은 결정으로 재심의 청구를 기각하여야 한다. 〈개정 1963.12.13.〉
② 제1심 또는 제2심판결에 대한 상고기각의 판결과 그 판결에 의하여 확정된 제1심 또는 제2심의 판결에 대하여 재심의 청구가 있는 경우에 제1심법원 또는 항소법원이 재심의 판결을 한 때에는 상고법원은 결정으로 재심의 청구를 기각하여야 한다. 〈개정 1963.12.13.〉

제437조(즉시항고)
제433조, 제434조제1항, 제435조제1항과 전조제1항의 결정에 대하여는 즉시항고를 할 수 있다.

제438조(재심의 심판)
① 재심개시의 결정이 확정한 사건에 대하여는 제436조의 경우 외에는 법원은 그 심급에 따라 다시 심판을 하여야 한다.
② 다음 경우에는 제306조제1항, 제328조제1항제2호의 규정은 전항의 심판에 적용하지 아니한다. 〈개정 2014.12.30.〉

1. 사망자 또는 회복할 수 없는 심신장애인을 위하여 재심의 청구가 있는 때
2. 유죄의 선고를 받은 자가 재심의 판결 전에 사망하거나 회복할 수 없는 심신장애
   인으로 된 때
③전항의 경우에는 피고인이 출정하지 아니하여도 심판을 할 수 있다. 단, 변호인이
   출정하지 아니하면 개정하지 못한다.
④전2항의 경우에 재심을 청구한 자가 변호인을 선임하지 아니한 때에는 재판장은
   직권으로 변호인을 선임하여야 한다.

제439조(불이익변경의 금지)
재심에는 원판결의 형보다 무거운 형을 선고할 수 없다.
[전문개정 2020.12.8.]

제440조(무죄판결의 공시)
재심에서 무죄의 선고를 한 때에는 그 판결을 관보와 그 법원소재지의 신문지에 기
재하여 공고하여야 한다. 다만, 다음 각 호의 어느 하나에 해당하는 사람이 이를 원
하지 아니하는 의사를 표시한 경우에는 그러하지 아니하다.
1. 제424조제1호부터 제3호까지의 어느 하나에 해당하는 사람이 재심을 청구한 때에
   는 재심에서 무죄의 선고를 받은 사람
2. 제424조제4호에 해당하는 사람이 재심을 청구한 때에는 재심을 청구한 그 사람
[전문개정 2016.5.29.]

제2장 비상상고

제441조(비상상고이유)
검찰총장은 판결이 확정한 후 그 사건의 심판이 법령에 위반한 것을 발견한 때에는
대법원에 비상상고를 할 수 있다.

제442조(비상상고의 방식)
비상상고를 함에는 그 이유를 기재한 신청서를 대법원에 제출하여야 한다.

제443조(공판기일)
공판기일에는 검사는 신청서에 의하여 진술하여야 한다.

제444조(조사의 범위, 사실의 조사)
① 대법원은 신청서에 포함된 이유에 한하여 조사하여야 한다.
② 법원의 관할, 공소의 수리와 소송절차에 관하여는 사실조사를 할 수 있다.
③ 전항의 경우에는 제431조의 규정을 준용한다.

제445조(기각의 판결)
비상상고가 이유 없다고 인정한 때에는 판결로써 이를 기각하여야 한다.

제446조(파기의 판결)
비상상고가 이유 있다고 인정한 때에는 다음의 구별에 따라 판결을 하여야 한다.
1. 원판결이 법령에 위반한 때에는 그 위반된 부분을 파기하여야 한다. 단, 원판결이 피고인에게 불이익한 때에는 원판결을 파기하고 피고사건에 대하여 다시 판결을 한다.
2. 원심소송절차가 법령에 위반한 때에는 그 위반된 절차를 파기한다.

제447조(판결의 효력)
비상상고의 판결은 전조제1호 단행의 규정에 의한 판결 외에는 그 효력이 피고인에게 미치지 아니한다.

제3장 약식절차

제448조(약식명령을 할 수 있는 사건)
① 지방법원은 그 관할에 속한 사건에 대하여 검사의 청구가 있는 때에는 공판절차 없이 약식명령으로 피고인을 벌금, 과료 또는 몰수에 처할 수 있다.
② 전항의 경우에는 추징 기타 부수의 처분을 할 수 있다.

제449조(약식명령의 청구)
약식명령의 청구는 공소의 제기와 동시에 서면으로 하여야 한다.

제450조(보통의 심판)
약식명령의 청구가 있는 경우에 그 사건이 약식명령으로 할 수 없거나 약식명령으로 하는 것이 적당하지 아니하다고 인정한 때에는 공판절차에 의하여 심판하여야 한다.

제451조(약식명령의 방식)
약식명령에는 범죄사실, 적용법령, 주형, 부수처분과 약식명령의 고지를 받은 날로부터 7일 이내에 정식재판의 청구를 할 수 있음을 명시하여야 한다.

제452조(약식명령의 고지)
약식명령의 고지는 검사와 피고인에 대한 재판서의 송달에 의하여 한다.

제453조(정식재판의 청구)

① 검사 또는 피고인은 약식명령의 고지를 받은 날로부터 7일 이내에 정식재판의 청구를 할 수 있다. 단, 피고인은 정식재판의 청구를 포기할 수 없다.

② 정식재판의 청구는 약식명령을 한 법원에 서면으로 제출하여야 한다.

③ 정식재판의 청구가 있는 때에는 법원은 지체없이 검사 또는 피고인에게 그 사유를 통지하여야 한다.

제454조(정식재판청구의 취하)

정식재판의 청구는 제1심판결선고 전까지 취하할 수 있다.

제455조(기각의 결정)

① 정식재판의 청구가 법령상의 방식에 위반하거나 청구권의 소멸 후인 것이 명백한 때에는 결정으로 기각하여야 한다.

② 전항의 결정에 대하여는 즉시항고를 할 수 있다.

③ 정식재판의 청구가 적법한 때에는 공판절차에 의하여 심판하여야 한다.

제456조(약식명령의 실효)

약식명령은 정식재판의 청구에 의한 판결이 있는 때에는 그 효력을 잃는다.

도로법위반
[대법원 2013.4.11, 선고, 2011도10626, 판결]

【판시사항】
약식명령에 대한 정식재판 절차에서 유죄판결이 선고되어 확정된 경우, 재심청구의 대상(= 유죄의 확정판결) 및 이때 피고인 등이 약식명령에 대하여 재심을 청구하여 재심개시결정이 확정된 경우, 재심절차를 진행하는 법원의 심판 대상

【판결요지】
형사소송법 제420조 본문은 재심은 유죄의 확정판결에 대하여 그 선고를 받은 자의 이익을 위하여 청구할 수 있도록 하고, 같은 법 제456조는 약식명령은 정식재판의 청구에 의한 판결이 있는 때에는 그 효력을 잃도록 규정하고 있다. 위 각 규정에 의하면, 약식명령에 대하여 정식재판 청구가 이루어지고 그 후 진행된 정식재판 절차에서 유죄판결이 선고되어 확정된 경우, 재심사유가 존재한다고 주장하는 피고인 등은 효력을 잃은 약식명령이 아니라 유죄의 확정판결을 대상으로 재심을 청구하여야 한다. 그런데도 피고인 등이 약식명령에 대하여 재심의 청구를 한 경우, 법원으로서는 재심의 청구에 기재된 재심을 개시할 대상의 표시 이외에도 재심청구의 이유에 기재된 주장 내용을 살펴보고 재심을 청구한 피고인 등의 의사를 참작하여 재심청구의 대상을 무엇으로 보아야 하는지 심리·판단할 필요가 있다. 그러나 법원이 심리한 결과 재심청구의 대상이 약식명령이라고 판단하여 그 약식명령을 대상으로 재심개시결정을 한 후 이에 대하여 검사나 피고인 등이 모두 불복하지 아니함으로써 그 결정이 확정된 때에는, 그 재심개시결정에 의하여 재심이 개시된 대상은 약식명령으로 확정되고, 그 재심개시결정에 따라 재심절차를 진행하는 법원이 재심이 개시된

대상을 유죄의 확정판결로 변경할 수는 없다. 이 경우 그 재심개시결정은 이미 효력을 상실하여 재심을 개시할 수 없는 약식명령을 대상으로 한 것이므로, 그 재심개시결정에 따라 재심절차를 진행하는 법원으로서는 심판의 대상이 없어 아무런 재판을 할 수 없다.

제457조(약식명령의 효력)

약식명령은 정식재판의 청구기간이 경과하거나 그 청구의 취하 또는 청구기각의 결정이 확정한 때에는 확정판결과 동일한 효력이 있다.

제457조의2(형종 상향의 금지 등)

① 피고인이 정식재판을 청구한 사건에 대하여는 약식명령의 형보다 중한 종류의 형을 선고하지 못한다.
② 피고인이 정식재판을 청구한 사건에 대하여 약식명령의 형보다 중한 형을 선고하는 경우에는 판결서에 양형의 이유를 적어야 한다.
[전문개정 2017.12.19.]

제458조(준용규정)

① 제340조 내지 제342조, 제345조 내지 제352조, 제354조의 규정은 정식재판의 청구 또는 그 취하에 준용한다.
② 제365조의 규정은 정식재판절차의 공판기일에 정식재판을 청구한 피고인이 출석하지 아니한 경우에 이를 준용한다. 〈신설 1995.12.29.〉
[제목개정 1995.12.29.]

제5편 재판의 집행

제459조(재판의 확정과 집행)

재판은 이 법률에 특별한 규정이 없으면 확정한 후에 집행한다.

제460조(집행지휘)

① 재판의 집행은 그 재판을 한 법원에 대응한 검찰청검사가 지휘한다. 단, 재판의 성질상 법원 또는 법관이 지휘할 경우에는 예외로 한다.
② 상소의 재판 또는 상소의 취하로 인하여 하급법원의 재판을 집행할 경우에는 상소법원에 대응한 검찰청검사가 지휘한다. 단, 소송기록이 하급법원 또는 그 법원에 대응한 검찰청에 있는 때에는 그 검찰청검사가 지휘한다.

제461조(집행지휘의 방식)

재판의 집행지휘는 재판서 또는 재판을 기재한 조서의 등본 또는 초본을 첨부한 서면으로 하여야 한다. 단, 형의 집행을 지휘하는 경우 외에는 재판서의 원본, 등본이나 초본 또는 조서의 등본이나 초본에 인정하는 날인으로 할 수 있다.

제462조(형집행의 순서)

2이상의 형을 집행하는 경우에 자격상실, 자격정지, 벌금, 과료와 몰수 외에는 무거운 형을 먼저 집행한다. 다만, 검사는 소속 장관의 허가를 얻어 무거운 형의 집행을 정지하고 다른 형의 집행을 할 수 있다.

[전문개정 2020.12.8.]

제463조(사형의 집행)

사형은 법무부장관의 명령에 의하여 집행한다.

제464조(사형판결확정과 소송기록의 제출)

사형을 선고한 판결이 확정한 때에는 검사는 지체없이 소송기록을 법무부장관에게 제출하여야 한다.

제465조(사형집행명령의 시기)

① 사형집행의 명령은 판결이 확정된 날로부터 6월 이내에 하여야 한다.

② 상소권회복의 청구, 재심의 청구 또는 비상상고의 신청이 있는 때에는 그 절차가 종료할 때까지의 기간은 전항의 기간에 산입하지 아니한다.

제466조(사형집행의 기간)

법무부장관이 사형의 집행을 명한 때에는 5일 이내에 집행하여야 한다.

제467조(사형집행의 참여)

① 사형의 집행에는 검사와 검찰청서기관과 교도소장 또는 구치소장이나 그 대리자가 참여하여야 한다. 〈개정 1963.12.13.〉

② 검사 또는 교도소장 또는 구치소장의 허가가 없으면 누구든지 형의 집행장소에 들어가지 못한다. 〈개정 1963.12.13.〉

제468조(사형집행조서)

사형의 집행에 참여한 검찰청서기관은 집행조서를 작성하고 검사와 교도소장 또는 구치소장이나 그 대리자와 함께 기명날인 또는 서명하여야 한다. 〈개정 1963.12.13., 2007.6.1.〉

제469조(사형 집행의 정지)

① 사형선고를 받은 사람이 심신의 장애로 의사능력이 없는 상태이거나 임신 중인

여자인 때에는 법무부장관의 명령으로 집행을 정지한다.
② 제1항에 따라 형의 집행을 정지한 경우에는 심신장애의 회복 또는 출산 후에 법무부장관의 명령에 의하여 형을 집행한다.
[전문개정 2020.12.8.]

제470조(자유형집행의 정지)

① 징역, 금고 또는 구류의 선고를 받은 자가 심신의 장애로 의사능력이 없는 상태에 있는 때에는 형을 선고한 법원에 대응한 검찰청검사 또는 형의 선고를 받은 자의 현재지를 관할하는 검찰청검사의 지휘에 의하여 심신장애가 회복될 때까지 형의 집행을 정지한다.
② 전항의 규정에 의하여 형의 집행을 정지한 경우에는 검사는 형의 선고를 받은 자를 감호의무자 또는 지방공공단체에 인도하여 병원 기타 적당한 장소에 수용하게 할 수 있다.
③ 형의 집행이 정지된 자는 전항의 처분이 있을 때까지 교도소 또는 구치소에 구치하고 그 기간을 형기에 산입한다. 〈개정 1963.12.13.〉

제471조(동전)

① 징역, 금고 또는 구류의 선고를 받은 자에 대하여 다음 각 호의 1에 해당한 사유가 있는 때에는 형을 선고한 법원에 대응한 검찰청검사 또는 형의 선고를 받은 자의 현재지를 관할하는 검찰청검사의 지휘에 의하여 형의 집행을 정지할 수 있다. 〈개정 2007.12.21.〉
  1. 형의 집행으로 인하여 현저히 건강을 해하거나 생명을 보전할 수 없을 염려가 있는 때
  2. 연령 70세 이상인 때
  3. 잉태 후 6월 이상인 때
  4. 출산 후 60일을 경과하지 아니한 때
  5. 직계존속이 연령 70세 이상 또는 중병이나 장애인으로 보호할 다른 친족이 없는
  6. 직계비속이 유년으로 보호할 다른 친족이 없는 때
  7. 기타 중대한 사유가 있는 때
② 검사가 전항의 지휘를 함에는 소속 고등검찰청검사장 또는 지방검찰청검사장의 허가를 얻어야 한다. 〈개정 2004.1.20., 2007.6.1.〉

제471조의2(형집행정지 심의위원회)

① 제471조제1항제1호의 형집행정지 및 그 연장에 관한 사항을 심의하기 위하여 각 지방검찰청에 형집행정지 심의위원회(이하 이 조에서 "심의위원회"라 한다)를 둔다.
② 심의위원회는 위원장 1명을 포함한 10명 이내의 위원으로 구성하고, 위원은 학계, 법조계, 의료계, 시민단체 인사 등 학식과 경험이 있는 사람 중에서 각 지방

검찰청 검사장이 임명 또는 위촉한다.

③ 심의위원회의 구성 및 운영 등 그 밖에 필요한 사항은 법무부령으로 정한다.

[본조신설 2015.7.31.]

제472조(소송비용의 집행정지)

제487조에 규정된 신청기간 내와 그 신청이 있는 때에는 소송비용부담의 재판의 집행은 그 신청에 대한 재판이 확정될 때까지 정지된다.

제473조(집행하기 위한 소환)

① 사형, 징역, 금고 또는 구류의 선고를 받은 자가 구금되지 아니한 때에는 검사는 형을 집행하기 위하여 이를 소환하여야 한다.

② 소환에 응하지 아니한 때에는 검사는 형집행장을 발부하여 구인하여야 한다. 〈개정 1973.1.25.〉

③ 제1항의 경우에 형의 선고를 받은 자가 도망하거나 도망할 염려가 있는 때 또는 현재지를 알 수 없는 때에는 소환함이 없이 형집행장을 발부하여 구인할 수 있다. 〈개정 1973.1.25.〉

공무집행방해

[대법원 2017.9.26., 선고, 2017도9458, 판결]

【판시사항】

[1] 사법경찰관리가 벌금형을 받은 이를 노역장 유치의 집행을 위하여 구인하는 경우, 검사로부터 발부받은 형집행장을 상대방에게 제시하여야 하는지 여부(적극) 및 형집행장의 제시 없이 구인할 수 있는 '급속을 요하는 때'의 의미 / 이때 사법경찰관리가 벌금 미납으로 인한 노역장 유치의 집행의 상대방에게 형집행 사유와 더불어 벌금 미납으로 인한 지명수배 사실을 고지한 경우, 형집행장이 발부되어 있는 사실도 고지한 것이라거나 형집행장이 발부되어 있는 사실까지도 포함하여 고지한 것이라고 볼 수 있는지 여부(원칙적 소극) 및 이와 같은 사법경찰관리의 직무집행이 적법한 직무집행에 해당하는지 여부(소극)

[2] 경찰관 甲이 도로를 순찰하던 중 벌금 미납으로 지명수배된 피고인과 조우하게 되어 벌금 미납 사실을 고지하고 벌금납부를 유도하였으나 피고인이 이를 거부하자 벌금 미납으로 인한 노역장 유치의 집행을 위하여 구인하려 하였는데, 피고인이 이에 저항하여 甲을 폭행함으로써 벌금수배자 검거를 위한 경찰관의 공무집행을 방해하였다는 내용으로 기소된 사안에서, 甲이 피고인을 구인하는 과정에서 형집행장이 발부되어 있는 사실은 고지하지 않았던 사정에 비추어 甲의 직무집행은 위법하다고 보아 공소사실을 무죄로 판단한 원심판결이 정당하다고 한 사례

【판결요지】

[1] 벌금형에 따르는 노역장 유치는 실질적으로 자유형과 동일하므로, 그 집행에 대하여는 자유형의 집행에 관한 규정이 준용된다(형사소송법 제492조). 구금되지 아니한 당사자에 대하여 형의 집행기관인 검사는 그 형의 집행을 위하여 이를 소환할 수 있으나, 당

사자가 소환에 응하지 아니한 때에는 형집행장을 발부하여 이를 구인할 수 있는데(형사소송법 제473조), 이 경우의 형집행장의 집행에 관하여는 형사소송법 제1편 제9장에서 정하는 피고인의 구속에 관한 규정이 준용된다(형사소송법 제475조). 그리하여 사법경찰관리가 벌금형을 받은 이를 그에 따르는 노역장 유치의 집행을 위하여 구인하려면 검사로부터 발부받은 형집행장을 상대방에게 제시하여야 하지만(형사소송법 제85조 제1항), 형집행장을 소지하지 아니한 경우에 급속을 요하는 때에는 상대방에 대하여 형집행 사유와 형집행장이 발부되었음을 고하고 집행할 수 있고(형사소송법 제85조 제3항), 여기서 형집행장의 제시 없이 구인할 수 있는 '급속을 요하는 때'란 애초 사법경찰관리가 적법하게 발부된 형집행장을 소지할 여유가 없이 형집행의 상대방을 조우한 경우 등을 가리킨다. 이때 사법경찰관리가 벌금 미납으로 인한 노역장 유치의 집행의 상대방에게 형집행 사유와 더불어 벌금 미납으로 인한 지명수배 사실을 고지하였더라도 특별한 사정이 없는 한 그러한 고지를 형집행장이 발부되어 있는 사실도 고지한 것이라거나 형집행장이 발부되어 있는 사실까지도 포함하여 고지한 것이라고 볼 수 없으므로, 이와 같은 사법경찰관리의 직무집행은 적법한 직무집행에 해당한다고 할 수 없다.

[2] 경찰관 甲이 도로를 순찰하던 중 벌금 미납으로 지명수배된 피고인과 조우하게 되어 벌금 미납 사실을 고지하고 벌금납부를 유도하였으나 피고인이 이를 거부하자 벌금 미납으로 인한 노역장 유치의 집행을 위하여 구인하려 하였는데, 피고인이 이에 저항하여 甲의 가슴을 양손으로 수차례 밀침으로써 벌금수배자 검거를 위한 경찰관의 공무집행을 방해하였다는 내용으로 기소된 사안에서, 피고인에 대하여 확정된 벌금형의 집행을 위하여 형집행장이 이미 발부되어 있었으나, 甲이 피고인을 구인하는 과정에서 형집행장이 발부되어 있는 사실은 고지하지 않았던 사정에 비추어 甲의 위와 같은 직무집행은 위법하다고 보아 공소사실을 무죄로 판단한 원심판결이 정당하다고 한 사례.

제474조(형집행장의 방식과 효력)
① 전조의 형집행장에는 형의 선고를 받은 자의 성명, 주거, 연령, 형명, 형기 기타 필요한 사항을 기재하여야 한다.
② 형집행장은 구속영장과 동일한 효력이 있다.
[전문개정 1973.1.25.]

제475조(형집행장의 집행)
전2조의 규정에 의한 형집행장의 집행에는 제1편제9장 피고인의 구속에 관한 규정을 준용한다.
[전문개정 1973.1.25.]

제476조(자격형의 집행)
자격상실 또는 자격정지의 선고를 받은 자에 대하여는 이를 수형자원부에 기재하고 지체없이 그 등본을 형의 선고를 받은 자의 등록기준지와 주거지의 시(區가 設置되지 아니한 市를 말한다. 이하 같다)·구·읍·면장(都農複合形態의 市에 있어서는 洞地域인 경우에는 市·區 의 長, 邑·面地域인 경우에는 邑·面의 長으로 한다)에게 송부하여야 한다. 〈개정 1994.12.22., 2007.5.17.〉

제477조(재산형 등의 집행)

① 벌금, 과료, 몰수, 추징, 과태료, 소송비용, 비용배상 또는 가납의 재판은 검사의 명령에 의하여 집행한다.

② 전항의 명령은 집행력 있는 채무명의와 동일한 효력이 있다.

③ 제1항의 재판의 집행에는 「민사집행법」의 집행에 관한 규정을 준용한다. 단, 집행 전에 재판의 송달을 요하지 아니한다. 〈개정 2002.1.26., 2007.6.1.〉

④ 제3항에도 불구하고 제1항의 재판은 「국세징수법」에 따른 국세체납처분의 예에 따라 집행할 수 있다. 〈신설 2007.6.1.〉

⑤ 검사는 제1항의 재판을 집행하기 위하여 필요한 조사를 할 수 있다. 이 경우 제199조제2항을 준용한다. 〈신설 2007.6.1.〉

⑥ 벌금, 과료, 추징, 과태료, 소송비용 또는 비용배상의 분할납부, 납부연기 및 납부대행기관을 통한 납부 등 납부방법에 필요한 사항은 법무부령으로 정한다. 〈신설 2016.1.6.〉

제478조(상속재산에 대한 집행)

몰수 또는 조세, 전매 기타 공과에 관한 법령에 의하여 재판한 벌금 또는 추징은 그 재판을 받은 자가 재판확정 후 사망한 경우에는 그 상속재산에 대하여 집행할 수 있다.

제479조(합병 후 법인에 대한 집행)

법인에 대하여 벌금 ,과료, 몰수, 추징, 소송비용 또는 비용배상을 명한 경우에 법인이 그 재판확정 후 합병에 의하여 소멸한 때에는 합병 후 존속한 법인 또는 합병에 의하여 설립된 법인에 대하여 집행할 수 있다.

제480조(가납집행의 조정)

제1심가납의 재판을 집행한 후에 제2심가납의 재판이 있는 때에는 제1심재판의 집행은 제2심가납금액의 한도에서 제2심재판의 집행으로 간주한다.

제481조(가납집행과 본형의 집행)

가납의 재판을 집행한 후 벌금, 과료 또는 추징의 재판이 확정한 때에는 그 금액의 한도에서 형의 집행이 된 것으로 간주한다.

제482조(판결확정 전 구금일수 등의 산입)

① 판결선고 후 판결확정 전 구금일수(판결선고 당일의 구금일수를 포함한다)는 전부를 본형에 산입한다. 〈개정 2015.7.31.〉

② 상소기각 결정 시에 송달기간이나 즉시항고기간 중의 미결구금일수는 전부를 본

형에 산입한다. 〈신설 2007.6.1., 2015.7.31.〉

③ 제1항 및 제2항의 경우에는 구금일수의 1일을 형기의 1일 또는 벌금이나 과료에 관한 유치기간의 1일로 계산한다.

〈개정 2015.7.31.〉

[제목개정 2015.7.31.]

[2015.7.31. 법률 제13454호에 의하여 2009.12.29. 헌법재판소에서 헌법불합치 결정된 이 조를 개정함.]

살인(외국에서의 미결구금에 대해 형법 제7조의 적용을 구하는 사건)

[대법원 2017. 8. 24., 선고, 2017도5977, 전원합의체 판결]

【판시사항】

[1] '외국에서 집행된 형의 산입' 규정인 형법 제7조의 취지 / 형법 제7조에서 정한 '외국에서 형의 전부 또는 일부가 집행된 사람'의 의미 및 형사사건으로 외국 법원에 기소되었다가 무죄판결을 받기까지 상당 기간 미결구금된 사람이 이에 해당하는지 여부(소극)와 그 미결구금 기간이 형법 제7조에 의한 산입의 대상이 되는지 여부(소극) / 외국에서 미결구금되었다가 무죄판결을 받은 사람의 미결구금일수를 형법 제7조의 유추적용에 의하여 그가 국내에서 같은 행위로 인하여 선고받는 형에 산입할 수 있는지 여부(소극)

[2] 피고인이 외국에서 살인죄를 범하였다가 무죄 취지의 재판을 받고 석방된 후 국내에서 다시 기소되어 제1심에서 징역 10년을 선고받게 되자 자신이 외국에서 미결 상태로 구금된 5년여의 기간에 대하여도 '외국에서 집행된 형의 산입' 규정인 형법 제7조가 적용되어야 한다고 주장하며 항소한 사안에서, 피고인의 주장을 배척한 원심판단에 형법 제7조의 적용 대상 등에 관한 법리오해의 위법이 없다고 한 사례

【판결요지】

[1] [다수의견] (가) 형법 제7조는 "죄를 지어 외국에서 형의 전부 또는 일부가 집행된 사람에 대해서는 그 집행된 형의 전부 또는 일부를 선고하는 형에 산입한다."라고 규정하고 있다. 이 규정의 취지는, 형사판결은 국가주권의 일부분인 형벌권 행사에 기초한 것이어서 피고인이 외국에서 형사처벌을 과하는 확정판결을 받았더라도 그 외국 판결은 우리나라 법원을 기속할 수 없고 우리나라에서는 기판력도 없어 일사부재리의 원칙이 적용되지 않으므로, 피고인이 동일한 행위에 관하여 우리나라 형벌법규에 따라 다시 처벌받는 경우에 생길 수 있는 실질적인 불이익을 완화하려는 것이다. 그런데 여기서 '외국에서 형의 전부 또는 일부가 집행된 사람'이란 문언과 취지에 비추어 '외국 법원의 유죄판결에 의하여 자유형이나 벌금형 등 형의 전부 또는 일부가 실제로 집행된 사람'을 말한다고 해석하여야 한다.

따라서 형사사건으로 외국 법원에 기소되었다가 무죄판결을 받은 사람은, 설령 그가 무죄판결을 받기까지 상당 기간 미결구금되었더라도 이를 유죄판결에 의하여 형이 실제로 집행된 것으로 볼 수는 없으므로, '외국에서 형의 전부 또는 일부가 집행된 사람'에 해당한다고 볼 수 없고, 그 미결구금 기간은 형법 제7조에 의한 산입의 대상이 될 수 없다.

(나) 미결구금은 공소의 목적을 달성하기 위하여 어쩔 수 없이 피고인 또는 피의자를 구금하는 강제처분이어서 형의 집행은 아니지만 신체의 자유를 박탈하는 점이 자유형과 유사하기 때문에, 형법 제57조 제1항은 인권 보호의 관점에서 미결구금일수의 전부

를 본형에 산입한다고 규정하고 있다.

그러나 외국에서 무죄판결을 받고 석방되기까지의 미결구금은, 국내에서의 형벌권 행사가 외국에서의 형사절차와는 별개의 것인 만큼 우리나라 형벌법규에 따른 공소의 목적을 달성하기 위하여 필수불가결하게 이루어진 강제처분으로 볼 수 없고, 유죄판결을 전제로 한 것이 아니어서 해당 국가의 형사보상제도에 따라 구금 기간에 상응하는 금전적 보상을 받음으로써 구제받을 성질의 것에 불과하다. 또한 형사절차에서 미결구금이 이루어지는 목적, 미결구금의 집행 방법 및 피구금자에 대한 처우, 미결구금에 대한 법률적 취급 등이 국가별로 다양하여 외국에서의 미결구금으로 인해 피고인이 받는 신체적 자유 박탈에 따른 불이익의 양상과 정도를 국내에서의 미결구금이나 형의 집행과 효과 면에서 서로 같거나 유사하다고 단정할 수도 없다. 따라서 위와 같이 외국에서 이루어진 미결구금을 형법 제57조 제1항에서 규정한 '본형에 당연히 산입되는 미결구금'과 같다고 볼 수 없다.

결국 미결구금이 자유 박탈이라는 효과 면에서 형의 집행과 일부 유사하다는 점만을 근거로, 외국에서 형이 집행된 것이 아니라 단지 미결구금되었다가 무죄판결을 받은 사람의 미결구금일수를 형법 제7조의 유추적용에 의하여 그가 국내에서 같은 행위로 인하여 선고받는 형에 산입하여야 한다는 것은 허용되기 어렵다.

(다) 한편 양형의 조건에 관하여 규정한 형법 제51조의 사항은 널리 형의 양정에 관한 법원의 재량사항에 속하고, 이는 열거적인 것이 아니라 예시적인 것이다. 피고인이 외국에서 기소되어 미결구금되었다가 무죄판결을 받은 이후 다시 그 행위로 국내에서 처벌받는 경우, 공판 과정에서 외국에서의 미결구금 사실이 밝혀진다면, 양형에 관한 여러 사정들과 함께 그 미결구금의 원인이 된 사실과 공소사실의 동일성의 정도, 미결구금 기간, 해당 국가에서 이루어진 미결구금의 특수성 등을 고려하여 필요한 경우 형법 제53조의 작량감경 등을 적용하고, 나아가 이를 양형의 조건에 관한 사항으로 참작하여 최종의 선고형을 정함으로써 적정한 양형을 통해 피고인의 미결구금에 따른 불이익을 충분히 해소할 수 있다. 형법 제7조를 유추적용하여 외국에서의 미결구금을 확정된 형의 집행 단계에서 전부 또는 일부 산입한다면 이는 위 미결구금을 고려하지 아니하고 형을 정함을 전제로 하므로, 오히려 위와 같이 미결구금을 양형 단계에서 반영하여 그에 상응한 적절한 형으로 선고하는 것에 비하여 피고인에게 더 유리하다고 단정할 수 없다.

[대법관 고영한, 대법관 김창석, 대법관 조희대, 대법관 김재형, 대법관 조재연의 반대의견] 형법 제7조의 문언상 외국에서 유죄판결에 의하여 형의 전부 또는 일부가 집행된 사람이 아니라 단순히 미결구금되었다가 무죄판결을 받은 사람에 대하여 위 법조를 직접 적용할 수 없다는 것은 다수의견이 지적하는 바와 같지만, 유추적용을 통하여 그 미결구금일수의 전부 또는 일부를 국내에서 선고하는 형에 산입하여야 한다. 그 이유는 다음과 같다.

(가) 피고인이 외국에서 미결구금되었다가 무죄판결을 받았음에도 다시 국내에서 같은 행위로 기소되어 우리나라 형벌법규에 의하여 처벌받을 때 이를 전혀 고려하지 않는다면 피고인의 신체의 자유에 대한 과도한 침해가 될 수 있다. 이러한 경우에는 형법 제7조를 유추적용하여 그 미결구금일수의 전부 또는 일부를 국내에서 선고하는 형에 산입함으로써 형벌권의 행사를 정당한 한도 내로 제한함이 타당하다. 이렇게 보는 것이 신체의 자유를 보장하기 위하여 적법절차의 원칙을 선언하고 있는 헌법 정신에 부합한다.

또한 형법 제7조의 입법 취지는 국내외에서의 실질적 이중처벌로 인하여 피고인이 입을 수 있는 불이익을 완화함으로써 피고인의 신체의 자유를 최대한으로 보장한다는 것이다. 이는 외국에서 유죄판결에 의하여 형의 집행을 받은 피고인뿐만 아니라 외국에서 미결구금되었다가 무죄판결을 받은 피고인에 대하여도 충분히 고려되어야 할 사항이다. 형법 제7조의 적용 여부가 쟁점이 되었을 때는 그 입법 취지를 최대한 반영하여 해석함이 타당하므로, 피고인이 외국에서 미결구금되었다가 무죄판결을 받은 경우에도 형법 제7조의 유추적용을 긍정할 필요가 있다.

(나) 형법 제57조 제1항에 의하여서는 외국에서 무죄판결을 받고 석방되기까지의 미결구금일수를 국내에서 선고하는 형에 산입할 수 없으므로, 위 조항과 형법 제7조에 공통적으로 담긴 인권 보호의 정신을 살려 외국에서 유죄판결에 의하여 형이 집행된 피고인뿐만 아니라 외국에서 미결구금되었다가 무죄판결을 받은 피고인에 대하여도 다시 같은 행위로 국내에서 형을 선고할 경우에는 형법 제7조를 유추적용하여야 할 필요성이 더욱 크다.

다만 형법 제57조 제1항에 의하여 본형에 산입되는 국내에서의 판결선고 전 구금일수는 공소의 목적을 달성하기 위하여 어쩔 수 없이 이루어진 강제처분기간에 한정된다는 것이 대법원의 일관된 태도이므로, 이러한 해석과의 균형을 위하여, 형법 제7조의 유추적용으로 선고하는 형에 산입할 외국에서의 미결구금은 외국에서 공소의 목적을 달성하기 위하여 이루어진 것에 한정하여야 한다.

(다) 현행 법 체계에 비추어 보면, 판결확정 전의 구금은 형의 내용을 정할 때, 즉 양형 단계에서가 아니라 형의 집행 단계에서 고려하여야 할 사항이라는 것이 입법자의 결단이다. 외국에서의 미결구금 역시 판결확정 전의 구금에 해당하고, 나아가 외국에서의 미결구금이 외국에서의 형 집행과 본질적으로 차이가 없으므로, 외국에서 미결구금된 경우 이를 양형 사유로 참작하는 것보다는 형의 집행 문제로 해결할 수 있도록 형법 제7조를 유추적용하는 것이 현행 법 체계에 부합하고 일관된다.

국내외에서의 이중 처벌에 따른 피고인의 불이익을 완화시킨다는 형법 제7조의 입법 취지를 충분히 달성하기 위하여는 외국에서의 미결구금을 양형인자의 하나로 보아 법관의 양형 판단에 의존하는 방식보다 형법 제7조의 유추적용에 의한 방식이 더 타당하다.

(라) 외국에서 유죄판결이 선고되어 형이 집행된 경우에는 그 집행된 형의 전부 또는 일부를 선고하는 형에 직접 산입해 줌으로써 형기를 단축시켜 주는 방법으로 피고인에게 최대한 유리하게 취급해 주는 반면에, 외국에서 무죄판결로 사건이 종결되었을 경우에는 외국에서 형사보상을 받을 기회가 있었다거나 형사보상을 받았다는 이유만으로 애초부터 그 무죄판결 이전의 미결구금을 형법 제7조에 의한 형 산입의 적용 대상에서 제외시키는 것은 합리적이라고 보기 어렵다.

[2] 피고인이 필리핀에서 살인죄를 범하였다가 무죄 취지의 재판을 받고 석방된 후 국내에서 다시 기소되어 제1심에서 징역 10년을 선고받게 되자 자신이 필리핀에서 미결 상태로 구금된 5년여의 기간에 대하여도 '외국에서 집행된 형의 산입' 규정인 형법 제7조가 적용되어야 한다고 주장하며 항소한 사안에서, 피고인의 주장을 배척한 원심판단에 형법 제7조의 적용 대상 등에 관한 법리오해의 위법이 없다고 한 사례.

제483조(몰수물의 처분)

몰수물은 검사가 처분하여야 한다. 〈개정 1995.12.29.〉

제484조(몰수물의 교부)

① 몰수를 집행한 후 3월 이내에 그 몰수물에 대하여 정당한 권리있는 자가 몰수물의 교부를 청구한 때에는 검사는 파괴 또는 폐기할 것이 아니면 이를 교부하여야 한다.

② 몰수물을 처분한 후 전항의 청구가 있는 경우에는 검사는 공매에 의하여 취득한 대가를 교부하여야 한다.

제485조(위조등의 표시)

① 위조 또는 변조한 물건을 환부하는 경우에는 그 물건의 전부 또는 일부에 위조나 변조인 것을 표시하여야 한다.

② 위조 또는 변조한 물건이 압수되지 아니한 경우에는 그 물건을 제출하게 하여 전항의 처분을 하여야 한다. 단, 그 물건이 공무소에 속한 것인 때에는 위조나 변조의 사유를 공무소에 통지하여 적당한 처분을 하게 하여야 한다.

제486조(환부불능과 공고)

① 압수물의 환부를 받을 자의 소재가 불명하거나 기타 사유로 인하여 환부를 할 수 없는 경우에는 검사는 그 사유를 관보에 공고하여야 한다.

② 공고한 후 3월 이내에 환부의 청구가 없는 때에는 그 물건은 국고에 귀속한다. 〈개정 1973.1.25.〉

③ 전항의 기간 내에도 가치없는 물건은 폐기할 수 있고 보관하기 어려운 물건은 공매하여 그 대가를 보관할 수 있다. 〈개정 2007.6.1.〉

제487조(소송비용의 집행면제의 신청)

소송비용부담의 재판을 받은 자가 빈곤으로 인하여 이를 완납할 수 없는 때에는 그 재판의 확정 후 10일 이내에 재판을 선고한 법원에 소송비용의 전부 또는 일부에 대한 재판의 집행면제를 신청할 수 있다.

제488조(의의신청)

형의 선고를 받은 자는 집행에 관하여 재판의 해석에 대한 의의가 있는 때에는 재판을 선고한 법원에 의의신청을 할 수 있다.

제489조(이의신청)

재판의 집행을 받은 자 또는 그 법정대리인이나 배우자는 집행에 관한 검사의 처분이 부당함을 이유로 재판을 선고한 법원에 이의신청을 할 수 있다.

제490조(신청의 취하)

① 전3조의 신청은 법원의 결정이 있을 때까지 취하할 수 있다.

② 제344조의 규정은 전3조의 신청과 그 취하에 준용한다.

제491조(즉시항고)
① 제487조 내지 제489조의 신청이 있는 때에는 법원은 결정을 하여야 한다.
② 전항의 결정에 대하여는 즉시항고를 할 수 있다.

제492조(노역장유치의 집행)
벌금 또는 과료를 완납하지 못한 자에 대한 노역장유치의 집행에는 형의 집행에 관한 규정을 준용한다.

제493조(집행비용의 부담)
제477조제1항의 재판집행비용은 집행을 받은 자의 부담으로 하고 「민사집행법」의 규정에 준하여 집행과 동시에 징수하여야 한다. 〈개정 2002.1.26., 2007.6.1.〉

부칙

〈제17572호, 2020.12.8.〉

제1조(시행일)
이 법은 공포 후 1년이 경과한 날부터 시행한다. 다만, 제17조제8호 및 제9호의 개정규정은 공포 후 6개월이 경과한 날부터 시행한다.

제2조(법관의 제척에 관한 적용례)
제17조제8호 및 제9호의 개정규정은 이 법 시행 후 최초로 공소장이 제출된 사건부터 적용한다.

〈제18398호, 2021.8.17.〉

제1조(시행일)
이 법은 공포 후 3개월이 경과한 날부터 시행한다. 다만, 법률 제17572호 형사소송법 일부개정법률 제165조의2의 개정규정은 2021년 12월 9일부터 시행한다.

제2조(계속사건에 대한 경과조치)
이 법은 이 법 시행 당시 법원에 계속 중인 사건에 대하여도 적용한다.

〈제18598호, 2021.12.21.〉

이 법은 공포한 날부터 시행한다.

〈제18799호, 2022. 2. 3.〉

이 법은 공포한 날부터 시행한다.

〈제18862호, 2022. 5. 9.〉

제1조(시행일) 이 법은 공포 후 4개월이 경과한 날부터 시행한다.

제2조(이의신청에 관한 적용례) 제245조의7의 개정규정은 이 법 시행 후 해당 개정규정에 따른 이의신청을 하는 경우부터 적용한다.

형사소송규칙

[시행 2022. 1. 1.]
[대법원규칙 제3016호, 2021. 12. 31., 일부개정]

법원행정처(사법지원심의관실), 02-3480-1461

제1편 총칙

제1조(목적)
이 규칙은 「형사소송법」(다음부터 "법"이라 한다)이 대법원규칙에 위임한 사항, 그 밖에 형사소송절차에 관하여 필요한 사항을 규정함을 목적으로 한다.
[전문개정 2007.10.29.]

제1장 법원의 관할

제2조(토지관할의 병합심리 신청 등)
① 법 제6조의 규정에 의한 신청을 함에는 그 사유를 기재한 신청서를 공통되는 직근 상급법원에 제출하여야 한다.
② 검사의 신청서에는 피고인의 수에 상응한 부본을, 피고인의 신청서에는 부본 1통을 각 첨부하여야 한다.
③ 법 제6조의 신청을 받은 법원은 지체없이 각 사건계속법원에 그 취지를 통지하고 제2항의 신청서 부본을 신청인의 상대방에게 송달하여야 한다.
④ 사건계속법원과 신청인의 상대방은 제3항의 송달을 받은 날로부터 3일 이내에 의견서를 제1항의 법원에 제출할 수 있다. 〈개정 1991.8.3.〉

제3조(토지관할의 병합심리절차)
① 법 제6조의 신청을 받은 법원이 신청을 이유있다고 인정한 때에는 관련사건을 병합심리할 법원을 지정하여 그 법원으로 하여금 병합심리하게 하는 취지의 결정을, 이유없다고 인정한 때에는 신청을 기각하는 취지의 결정을 각하고, 그 결정등본을 신청인과 그 상대방에게 송달하고 사건계속법원에 송부하여야 한다.
② 제1항의 결정에 의하여 병합심리하게 된 법원 이외의 법원은 그 결정등본을 송부받은 날로부터 7일 이내에 소송기록과 증거물을 병합심리하게 된 법원에 송부하여야 한다.

제4조(사물관할의 병합심리)
① 법 제10조의 규정은 법원합의부와 단독판사에 계속된 각 사건이 토지관할을 달리하는 경우에도 이를 적용한다.
② 단독판사는 그가 심리 중인 사건과 관련된 사건이 합의부에 계속된 사실을 알게 된 때에는 즉시 합의부의 재판장에게 그 사실을 통지하여야 한다.

③ 합의부가 법 제10조의 규정에 의한 병합심리 결정을 한 때에는 즉시 그 결정등본을 단독판사에게 송부하여야 하고, 단독판사는 그 결정등본을 송부받은 날로부터 5일 이내에 소송기록과 증거물을 합의부에 송부하여야 한다.

제4조의2(항소사건의 병합심리)

① 사물관할을 달리하는 수개의 관련항소사건이 각각 고등법원과 지방법원본원합의부에 계속된 때에는 고등법원은 결정으로 지방법원본원합의부에 계속한 사건을 병합하여 심리할 수 있다. 수개의 관련항소사건이 토지관할을 달리하는 경우에도 같다.

② 지방법원본원합의부의 재판장은 그 부에서 심리 중인 항소사건과 관련된 사건이 고등법원에 계속된 사실을 알게 된 때에는 즉시 고등법원의 재판장에게 그 사실을 통지하여야 한다.

③ 고등법원이 제1항의 규정에 의한 병합심리결정을 한 때에는 즉시 그 결정등본을 지방법원본원합의부에 송부하여야 하고, 지방법원본원합의부는 그 결정등본을 송부받은 날로부터 5일 이내에 소송기록과 증거물을 고등법원에 송부하여야 한다.

[본조신설 1991.8.3.]

제5조(관할지정 또는 관할이전의 신청 등)

① 법 제16조제1항의 규정에 의하여, 검사가 관할지정 또는 관할이전의 신청서를 제출할 때에는 피고인 또는 피의자의 수에 상응한 부본을, 피고인이 관할이전의 신청서를 제출할 때에는 부본 1통을 각 첨부하여야 한다.

② 제1항의 신청서를 제출받은 법원은 지체없이 검사의 신청서 부본을 피고인 또는 피의자에게 송달하여야 하고, 피고인의 신청서 부본을 검사에게 송달함과 함께 공소를 접수한 법원에 그 취지를 통지하여야 한다.

③ 검사, 피고인 또는 피의자는 제2항의 신청서 부본을 송부받은 날로부터 3일 이내에 의견서를 제2항의 법원에 제출할 수 있다.

제6조(관할지정 또는 관할이전의 결정에 의한 처리절차)

① 공소 제기전의 사건에 관하여 관할지정 또는 관할이전의 결정을 한 경우 결정을 한 법원은 결정등본을 검사와 피의자에게 각 송부하여야 하며, 검사가 그 사건에 관하여 공소를 제기할 때에는 공소장에 그 결정등본을 첨부하여야 한다.

② 공소가 제기된 사건에 관하여 관할지정 또는 관할이전의 결정을 한 경우 결정을 한 법원은 결정등본을 검사와 피고인 및 사건계속법원에 각 송부하여야 한다.

③ 제2항의 경우 사건계속법원은 지체없이 소송기록과 증거물을 제2항의 결정등본과 함께 그 지정 또는 이전된 법원에 송부하여야 한다. 다만, 사건계속법원이 관할법원으로 지정된 경우에는 그러하지 아니하다.

제7조(소송절차의 정지)

법원은 그 계속 중인 사건에 관하여 토지관할의 병합심리신청, 관할지정신청 또는 관할이전신청이 제기된 경우에는 그 신청에 대한 결정이 있기까지 소송절차를 정지하여야 한다. 다만, 급속을 요하는 경우에는 그러하지 아니하다.

제8조(소송기록 등의 송부방법 등)

① 제3조제2항, 제4조제3항, 제4조의2제3항 또는 제6조제3항의 각 규정에 의하여 또는 법 제8조의 규정에 의한 이송결정에 의하여 소송기록과 증거물을 다른 법원으로 송부할 때에는 이를 송부받을 법원으로 직접 송부한다.

② 제1항의 송부를 한 법원 및 송부를 받은 법원은 각각 그 법원에 대응하는 검찰청 검사 또는 고위공직자범죄수사처에 소속된 검사(이하 "수사처검사"라고 한다)에게 그 사실을 통지하여야 한다. 〈개정 2021.1.29.〉

[전문개정 1991.8.3.]

제2장 법원직원의 기피

제9조(기피신청의 방식 등)

① 법 제18조의 규정에 의한 기피신청을 함에 있어서는 기피의 원인되는 사실을 구체적으로 명시하여야 한다.

② 제1항에 위배된 기피신청의 처리는 법 제20조제1항의 규정에 의한다.

제3장 소송행위의 대리와 보조

제3장 소송행위의 대리와 보조

제10조(피의자의 특별대리인 선임청구사건의 관할)

법 제28조제1항 후단의 규정에 의한 피의자의 특별대리인 선임청구는 그 피의사건을 수사 중인 검사 또는 사법경찰관이 소속된 관서의 소재지를 관할하는 지방법원에 이를 하여야 한다.

제11조(보조인의 신고)

① 법 제29조제2항에 따른 보조인의 신고는 보조인이 되고자 하는 자와 피고인 또는 피의자 사이의 신분관계를 소명하는 서면을 첨부하여 이를 하여야 한다. 〈개정 2007. 10. 29.〉

② 공소제기전의 보조인 신고는 제1심에도 그 효력이 있다.

제4장 변호

제12조(법정대리인 등의 변호인 선임)

법 제30조제2항에 규정한 자가 변호인을 선임하는 때에는 그 자와 피고인 또는 피의자와의 신분관계를 소명하는 서면을 법 제32조제1항의 서면에 첨부하여 제출하여야 한다.

제13조(사건이 병합되었을 경우의 변호인 선임의 효력)

하나의 사건에 관하여 한 변호인 선임은 동일법원의 동일피고인에 대하여 병합된 다른 사건에 관하여도 그 효력이 있다. 다만, 피고인 또는 변호인이 이와 다른 의사표시를 한 때에는 그러하지 아니하다. 〈개정 1996.12.3.〉
[제목개정 1996.12.3.]

제13조의2(대표변호인 지정등의 신청)

대표변호인의 지정, 지정의 철회 또는 변경의 신청은 그 사유를 기재한 서면으로 한다. 다만, 공판기일에서는 구술로 할 수 있다.
[전문개정 1996.12.3.]

제13조의3(대표변호인의 지정등의 통지)

대표변호인의 지정, 지정의 철회 또는 변경은 피고인 또는 피의자의 신청에 의한 때에는 검사 및 대표변호인에게, 변호인의 신청에 의하거나 직권에 의한 때에는 피고인 또는 피의자 및 검사에게 이를 통지하여야 한다. 〈개정 2007.10.29.〉
[전문개정 1996.12.3.]

제13조의4(기소전 대표변호인 지정의 효력)

법 제32조의2제5항에 의한 대표변호인의 지정은 기소후에도 그 효력이 있다.
[전문개정 1996.12.3.]

제13조의5(준용규정)

제13조의 규정은 대표변호인의 경우에 이를 준용한다.
[본조신설 1996.12.3.]

제14조(국선변호인의 자격)

① 국선변호인은 법원의 관할구역안에 사무소를 둔 변호사, 그 관할구역안에서 근무하는 공익법무관에관한법률에 의한 공익법무관(법무부와 그 소속기관 및 각급 검찰청에서 근무하는 공익법무관을 제외한다. 이하 "공익법무관"이라 한다) 또는

그 관할구역안에서 수습 중인 사법연수생 중에서 이를 선정한다.

② 제1항의 변호사, 공익법무관 또는 사법연수생이 없거나 기타 부득이한 때에는 인접한 법원의 관할구역안에 사무소를 둔 변호사, 그 관할구역안에서 근무하는 공익법무관 또는 그 관할구역안에서 수습 중인 사법연수생 중에서 이를 선정할 수 있다.

③ 제1항 및 제2항의 변호사, 공익법무관 또는 사법연수생이 없거나 기타 부득이한 때에는 법원의 관할 구역안에서 거주하는 변호사 아닌 자 중에서 이를 선정할 수 있다.

[전문개정 1995.7.10.]

제15조(변호인의 수)

① 국선변호인은 피고인 또는 피의자마다 1인을 선정한다. 다만, 사건의 특수성에 비추어 필요하다고 인정할 때에는 1인의 피고인 또는 피의자에게 수인의 국선변호인을 선정할 수 있다.

② 피고인 또는 피의자 수인간에 이해가 상반되지 아니할 때에는 그 수인의 피고인 또는 피의자를 위하여 동일한 국선변호인을 선정할 수 있다.

제15조의2(국선전담변호사)

법원은 기간을 정하여 법원의 관할구역 안에 사무소를 둔 변호사(그 관할구역 안에 사무소를 둘 예정인 변호사를 포함한다) 중에서 국선변호를 전담하는 변호사를 지정할 수 있다.

[본조신설 2006.8.17.]

제16조(공소가 제기되기 전의 국선변호인 선정)

① 법 제201조의2에 따라 심문할 피의자에게 변호인이 없거나 법 제214조의2에 따라 체포 또는 구속의 적부심사가 청구된 피의자에게 변호인이 없는 때에는 법원 또는 지방법원 판사는 지체 없이 국선변호인을 선정하고, 피의자와 변호인에게 그 뜻을 고지하여야 한다. 〈개정 2007.10.29.〉

② 제1항의 경우 국선변호인에게 피의사실의 요지 및 피의자의 연락처 등을 함께 고지할 수 있다. 〈개정 2007.10.29.〉

③ 제1항의 고지는 서면 이외에 구술·전화·모사전송·전자우편·휴대전화 문자전송 그 밖에 적당한 방법으로 할 수 있다. 〈개정 2007.10.29.〉

④ 구속영장이 청구된 후 또는 체포·구속의 적부심사를 청구한 후에 변호인이 없게 된 때에도 제1항 및 제2항의 규정을 준용한다.

[전문개정 2006.8.17.] [제목개정 2007.10.29.]

제16조의2(국선변호인 예정자명부의 작성)

① 지방법원 또는 지원은 국선변호를 담당할 것으로 예정한 변호사, 공익법무관, 사법연수생 등을 일괄 등재한 국선변호인 예정자명부(이하 '명부'라고 한다)를 작

성할 수 있다. 이 경우 국선변호 업무의 내용 및 국선변호 예정일자를 미리 지
정할 수 있다.

② 지방법원 또는 지원의 장은 제1항의 명부 작성에 관하여 관할구역 또는 인접한
법원의 관할구역 안에 있는 지방변호사회장에게 협조를 요청할 수 있다.

③ 지방법원 또는 지원은 제1항의 명부를 작성한 후 지체없이 국선변호인 예정자에
게 명부의 내용을 고지하여야 한다. 이 경우 제16조제3항의 규정을 적용한다.

④ 제1항의 명부에 기재된 국선변호인 예정자는 제3항의 고지를 받은 후 3일 이내
에 명부의 변경을 요청할 수 있다.

⑤ 제1항의 명부가 작성된 경우 법원 또는 지방법원 판사는 특별한 사정이 없는 한
명부의 기재에 따라 국선변호인을 선정하여야 한다.

[본조신설 2006.8.17.]

제17조(공소제기의 경우 국선변호인의 선정등)

① 재판장은 공소제기가 있는 때에는 변호인 없는 피고인에게 다음 각호의 취지를
고지한다.

1. 법 제33조제1항제1호 내지 제6호의 어느 하나에 해당하는 때에는 변호인 없이 개
   정할 수 없는 취지와 피고인 스스로 변호인을 선임하지 아니할 경우에는 법원이
   국선변호인을 선정하게 된다는 취지

2. 법 제33조제2항에 해당하는 때에는 법원에 대하여 국선변호인의 선정을 청구할
   수 있다는 취지

3. 법 제33조제3항에 해당하는 때에는 법원에 대하여 국선변호인의 선정을 희망하지
   아니한다는 의사를 표시할 수 있다는 취지

② 제1항의 고지는 서면으로 하여야 한다.

③ 법원은 제1항의 고지를 받은 피고인이 변호인을 선임하지 아니한 때 및 법 제
33조제2항의 규정에 의하여 국선변호인 선정청구가 있거나 같은 조 제3항에 의
하여 국선변호인을 선정하여야 할 때에는 지체없이 국선변호인을 선정하고, 피
고인 및 변호인에게 그 뜻을 고지하여야 한다.

④ 공소제기가 있은 후 변호인이 없게 된 때에도 제1항 내지 제3항의 규정을 준용한다.

[전문개정 2006.8.17.]

제17조의2(국선변호인 선정청구 사유의 소명)

법 제33조제2항에 의하여 국선변호인 선정을 청구하는 경우 피고인은 소명자료를
제출하여야 한다. 다만, 기록에 의하여 그 사유가 소명되었다고 인정될 때에는 그러
하지 아니하다.

[본조신설 2006.8.17.]

제18조(선정취소)

① 법원 또는 지방법원 판사는 다음 각호의 어느 하나에 해당하는 때에는 국선변호

인의 선정을 취소하여야 한다. 〈개정 2006.8.17.〉
1. 피고인 또는 피의자에게 변호인이 선임된 때
2. 국선변호인이 제14조제1항 및 제2항에 규정한 자격을 상실한 때
3. 법원 또는 지방법원 판사가 제20조의 규정에 의하여 국선변호인의 사임을 허가한 때
② 법원 또는 지방법원 판사는 다음 각호의 어느 하나에 해당하는 때에는 국선변호인의 선정을 취소할 수 있다. 〈개정 2006.8.17.〉
1. 국선변호인이 그 직무를 성실하게 수행하지 아니하는 때
2. 피고인 또는 피의자의 국선변호인 변경 신청이 상당하다고 인정하는 때
3. 그 밖에 국선변호인의 선정결정을 취소할 상당한 이유가 있는 때
③ 법원이 국선변호인의 선정을 취소한 때에는 지체없이 그 뜻을 해당되는 국선변호인과 피고인 또는 피의자에게 통지하여야 한다.

제19조(법정에서의 선정등)
① 제16조제1항 또는 법 제283조의 규정에 의하여 국선변호인을 선정할 경우에 이미 선임된 변호인 또는 선정된 국선변호인이 출석하지 아니하거나 퇴정한 경우에 부득이한 때에는 피고인 또는 피의자의 의견을 들어 재정 중인 변호사 등 제14조에 규정된 사람을 국선변호인으로 선정할 수 있다. 〈개정 1995.7.10., 2006.8.17.〉
② 제1항의 경우에는 이미 선정되었던 국선변호인에 대하여 그 선정을 취소할 수 있다.
③ 국선변호인이 공판기일 또는 피의자 심문기일에 출석할 수 없는 사유가 발생한 때에는 지체없이 법원 또는 지방법원 판사에게 그 사유를 소명하여 통지하여야 한다. 〈개정 2006.8.17.〉

제20조(사임)
국선변호인은 다음 각호의 어느 하나에 해당하는 경우에는 법원 또는 지방법원 판사의 허가를 얻어 사임할 수 있다. 〈개정 2006.8.17.〉
1. 질병 또는 장기여행으로 인하여 국선변호인의 직무를 수행하기 곤란할 때
2. 피고인 또는 피의자로부터 폭행, 협박 또는 모욕을 당하여 신뢰관계를 지속할 수 없을 때
3. 피고인 또는 피의자로부터 부정한 행위를 할 것을 종용받았을 때
4. 그 밖에 국선변호인으로서의 직무를 수행하는 것이 어렵다고 인정할 만한 상당한 사유가 있을 때

제21조(감독)
법원은 국선변호인이 그 임무를 해태하여 국선변호인으로서의 불성실한 사적이 현저하다고 인정할 때에는 그 사유를 대한변호사협회장 또는 소속지방변호사회장에게

통고할 수 있다.

제22조 삭제 〈1999.12.31.〉

제23조 삭제 〈2007.10.29.〉

제5장 재판

제24조(결정, 명령을 위한 사실조사)
① 결정 또는 명령을 함에 있어 법 제37조제3항의 규정에 의하여 사실을 조사하는 때 필요한 경우에는 법 및 이 규칙의 정하는 바에 따라 증인을 신문하거나 감정을 명할 수 있다.
② 제1항의 경우에는 검사, 피고인, 피의자 또는 변호인을 참여하게 할 수 있다.

제25조(재판서의 경정)
① 재판서에 잘못된 계산이나 기재, 그 밖에 이와 비슷한 잘못이 있음이 분명한 때에는 법원은 직권으로 또는 당사자의 신청에 따라 경정결정(更正決定)을 할 수 있다. 〈개정 2007.10.29.〉
② 경정결정은 재판서의 원본과 등본에 덧붙여 적어야 한다. 다만, 등본에 덧붙여 적을 수 없을 때에는 경정결정의 등본을 작성하여 재판서의 등본을 송달받은 자에게 송달하여야 한다. 〈개정 2007.10.29.〉
③ 경정결정에 대하여는 즉시 항고를 할 수 있다. 다만, 재판에 대하여 적법한 상소가 있는 때에는 그러하지 아니하다.

제25조의2(기명날인할 수 없는 재판서)
법 제41조제3항에 따라 서명날인에 갈음하여 기명날인할 수 없는 재판서는 판결과 각종 영장(감정유치장 및 감정처분허가장을 포함한다)을 말한다.
[본조신설 2007.10.29.]

제26조(재판서의 등, 초본 청구권자의 범위)
① 법 제45조에 규정한 기타의 소송관계인이라 함은 검사, 변호인, 보조인, 법인인 피고인의 대표자, 법 제28조의 규정에 의한 특별대리인, 법 제340조 및 제341조제1항의 규정에 의한 상소권자를 말한다.
② 고소인, 고발인 또는 피해자는 비용을 납입하고 재판서 또는 재판을 기재한 조서의 등본 또는 초본의 교부를 청구할 수 있다. 다만, 그 청구하는 사유를 소명하여야 한다.

제27조(소송에 관한 사항의 증명서의 청구)

피고인과 제26조제1항에 규정한 소송관계인 및 고소인, 고발인 또는 피해자는 소송에 관한 사항의 증명서의 교부를 청구할 수 있다. 다만, 고소인, 고발인 또는 피해자의 청구에 관하여는 제26조제2항 단서의 규정을 준용한다.

제28조(등, 초본 등의 작성방법)

법 제45조에 규정한 등본, 초본(제26조제2항에 규정한 등본, 초본을 포함한다) 또는 제27조에 규정한 증명서를 작성함에 있어서는 담당 법원서기관, 법원사무관, 법원주사, 법원주사보(이하 "법원사무관등"이라 한다)가 등본, 초본 또는 소송에 관한 사항의 증명서라는 취지를 기재하고 기명날인하여야 한다.

제6장 서류

제29조(조서에의 인용)

① 조서에는 서면, 사진, 속기록, 녹음물, 영상녹화물, 녹취서 등 법원이 적당하다고 인정한 것을 인용하고 소송기록에 첨부하거나 전자적 형태로 보관하여 조서의 일부로 할 수 있다. 〈개정 2014.12.30.〉
② 제1항에 따라 속기록, 녹음물, 영상녹화물, 녹취서를 조서의 일부로 한 경우라도 재판장은 법원사무관 등으로 하여금 피고인, 증인, 그 밖의 소송관계인의 진술 중 중요한 사항을 요약하여 조서의 일부로 기재하게 할 수 있다. 〈신설 2014.12.30.〉
[전문개정 2012.5.29.]

제29조의2(변경청구나 이의제기가 있는 경우의 처리)

공판조서의 기재에 대하여 법 제54조제3항에 따른 변경청구나 이의제기가 있는 경우, 법원사무관 등은 신청의 연월일 및 그 요지와 그에 대한 재판장의 의견을 기재하여 조서를 작성한 후 당해 공판조서 뒤에 이를 첨부하여야 한다.
[본조신설 2007.10.29.]

제30조(공판조서의 낭독 등)

법 제55조제2항에 따른 피고인의 낭독청구가 있는 때에는 재판장의 명에 의하여 법원사무관 등이 낭독하거나 녹음물 또는 영상녹화물을 재생한다.
[전문개정 2012.5.29.]

제30조의2(속기 등의 신청)

① 속기, 녹음 또는 영상녹화(녹음이 포함된 것을 말한다. 다음부터 같다)의 신청은 공판기일·공판준비기일을 열기 전까지 하여야 한다. 〈개정 2014.12.30.〉

② 피고인, 변호인 또는 검사의 신청이 있음에도 불구하고 특별한 사정이 있는 때에는 속기, 녹음 또는 영상녹화를 하지 아니하거나 신청하는 것과 다른 방법으로 속기, 녹음 또는 영상녹화를 할 수 있다. 다만, 이 경우 재판장은 공판기일에 그 취지를 고지하여야 한다.
[전문개정 2007.10.29.]

제31조 삭제 〈2007.10.29.〉

제32조 삭제 〈2007.10.29.〉

제33조(속기록에 대한 조치)
속기를 하게 한 경우에 재판장은 법원사무관 등으로 하여금 속기록의 전부 또는 일부를 조서에 인용하고 소송기록에 첨부하여 조서의 일부로 하게 할 수 있다.
[전문개정 2007.10.29.]

제34조(진술자에 대한 확인 등)
속기를 하게 한 경우 법 제48조제3항 또는 법 제52조 단서에 따른 절차의 이행은 법원사무관 등 또는 법원에 소속되어 있거나 법원이 선정한 속기능력소지자(다음부터 "속기사 등"이라고 한다)로 하여금 속기록의 내용을 읽어주게 하거나 진술자에게 속기록을 열람하도록 하는 방법에 의한다.
[전문개정 2007.10.29.]

제35조 삭제 〈2007.10.29.〉

제36조 삭제 〈2007.10.29.〉

제37조 삭제 〈2007.10.29.〉

제38조(녹취서의 작성등)
① 재판장은 필요하다고 인정하는 때에는 법원사무관 등 또는 속기사 등에게 녹음 또는 영상녹화된 내용의 전부 또는 일부를 녹취할 것을 명할 수 있다. 〈개정 2007.10.29.〉
② 재판장은 법원사무관 등으로 하여금 제1항에 따라 작성된 녹취서의 전부 또는 일부를 조서에 인용하고 소송기록에 첨부하여 조서의 일부로 하게 할 수 있다. 〈개정 2007.10.29.〉

제38조의2(속기록, 녹음물 또는 영상녹화물의 사본 교부)

① 재판장은 법 제56조의2제3항에도 불구하고 피해자 또는 그 밖의 소송관계인의 사생활에 관한 비밀 보호 또는 신변에 대한 위해 방지 등을 위하여 특히 필요하다고 인정하는 경우에는 속기록, 녹음물 또는 영상녹화물의 사본의 교부를 불허하거나 그 범위를 제한할 수 있다. 〈개정 2014.12.30.〉

② 법 제56조의2제3항에 따라 속기록, 녹음물 또는 영상녹화물의 사본을 교부받은 사람은 그 사본을 당해 사건 또는 관련 소송의 수행과 관계 없는 용도로 사용하여서는 아니 된다.

[본조신설 2007.10.29.]

제39조(속기록 등의 보관과 폐기)

속기록, 녹음물, 영상녹화물 또는 녹취서는 전자적 형태로 이를 보관할 수 있으며, 재판이 확정되면 폐기한다. 다만, 속기록, 녹음물, 영상녹화물 또는 녹취서가 조서의 일부가 된 경우에는 그러하지 아니하다. 〈개정 2012..29.〉

[전문개정 2007.10.29.]

제40조 삭제 〈2007.10.29.〉

제40조의2 [종전 제40조의2는 제40조로 이동〈1996.12.3.〉]

제41조(서명의 특칙)

공무원이 아닌 자가 서명날인을 하여야 할 경우에 서명을 할 수 없으면 타인이 대서한다. 이 경우에는 대서한 자가 그 사유를 기재하고 기명날인 또는 서명하여야 한다. 〈개정 2007.10.29.〉

[제목개정 2007.10.29.]

제7장 송달

제42조(법 제60조에 의한 법원소재지의 범위)

법 제60조제1항에 규정한 법원소재지는 당해 법원이 위치한 특별시, 광역시, 시 또는 군(다만, 廣域市내의 郡은 除外)으로 한다. 〈개정 1996.12.3.〉

제43조(공시송달을 명하는 재판)

법원은 공시송달의 사유가 있다고 인정한 때에는 직권으로 결정에 의하여 공시송달을 명한다.

제8장 기간

제44조(법정기간의 연장)

① 소송행위를 할 자가 국내에 있는 경우 주거 또는 사무소의 소재지와 법원 또는 검찰청, 고위공직자범죄수사처(이하 "수사처"라고 한다) 소재지와의 거리에 따라 해로는 100킬로미터, 육로는 200킬로미터마다 각 1일을 부가한다. 그 거리의 전부 또는 잔여가 기준에 미달할지라도 50킬로미터이상이면 1일을 부가한다. 다만, 법원은 홍수, 천재지변등 불가피한 사정이 있거나 교통통신의 불편정도를 고려하여 법정기간을 연장함이 상당하다고 인정하는 때에는 이를 연장할 수 있다. 〈개정 2021.1.29.〉

② 소송행위를 할 자가 외국에 있는 경우의 법정기간에는 그 거주국의 위치에 따라 다음 각호의 기간을 부가한다.
　　1. 아시아주 및 오세아니아주:15일
　　2. 북아메리카주 및 유럽주:20일
　　3. 중남아메리카주 및 아프리카주:30일
[전문개정 1996.12 3.]

제9장 피고인의 소환, 구속

제45조(소환의 유예기간)

피고인에 대한 소환장은 법 제269조의 경우를 제외하고는 늦어도 출석할 일시 12시간 이전에 송달하여야 한다. 다만, 피고인이 이의를 하지 아니하는 때에는 그러하지 아니하다.

제45조의2(비디오 등 중계장치에 의한 구속사유 고지)

① 법 제72조의2제2항에 따른 절차를 위한 기일의 통지는 서면 이외에 전화·모사전송·전자우편·휴대전화 문자전송 그 밖에 적당한 방법으로 할 수 있다. 이 경우 통지의 증명은 그 취지를 조서에 기재함으로써 할 수 있다.

② 법 제72조의2제2항에 따른 절차 진행에 관하여는 제123조의13제1항 내지 제4항과 제6항 내지 제8항을 준용한다.
[본조신설 2021.10.29.]

제46조(구속영장의 기재사항)

구속영장에는 법 제75조에 규정한 사항외에 피고인의 주민등록번호(외국인인 경우에는 외국인등록번호, 위 번호들이 없거나 이를 알 수 없는 경우에는 생년월일 및 성별, 다음부터 '주민등록번호 등'이라 한다)·직업 및 법 제70조제1항 각호에 규정

한 구속의 사유를 기재하여야 한다. 〈개정 1996.12.3., 2007.10.29.〉

제47조(수탁판사 또는 재판장 등의 구속영장 등의 기재요건)

수탁판사가 법 제77조제3항의 규정에 의하여 구속영장을 발부하는 때나 재판장 또는 합의부원이 법 제80조의 규정에 의하여 소환장 또는 구속영장을 발부하는 때에는 그 취지를 소환장 또는 구속영장에 기재하여야 한다.

제48조(검사에 대한 구속영장의 송부)

검사의 지휘에 의하여 구속영장을 집행하는 경우에는 구속영장을 발부한 법원이 그 원본을 검사에게 송부하여야 한다.

제49조(구속영장집행후의 조치)

① 구속영장집행사무를 담당한 자가 구속영장을 집행한 때에는 구속영장에 집행일시와 장소를, 집행할 수 없었을 때에는 그 사유를 각 기재하고 기명날인하여야 한다. 〈개정 1996.12.3.〉
② 구속영장의 집행에 관한 서류는 집행을 지휘한 검사 또는 수탁판사를 경유하여 구속영장을 발부한 법원에 이를 제출하여야 한다.
③ 삭제 〈2007.10.29.〉

제49조의2(구인을 위한 구속영장 집행후의 조치)

구인을 위한 구속영장의 집행에 관한 서류를 제출받은 법원의 재판장은 법원사무관 등에게 피고인이 인치된 일시를 구속영장에 기재하게 하여야 하고, 법 제71조의2에 따라 피고인을 유치할 경우에는 유치할 장소를 구속영장에 기재하고 서명날인하여야 한다.
[본조신설 2007.10.29.]

제50조(구속영장등본의 교부청구)

① 피고인, 변호인, 피고인의 법정대리인, 법 제28조에 따른 피고인의 특별대리인, 배우자, 직계친족과 형제자매는 구속영장을 발부한 법원에 구속영장의 등본의 교부를 청구할 수 있다. 〈개정 1996.12.3., 2007.10.29.〉
② 제1항의 경우에 고소인, 고발인 또는 피해자에 대하여는 제26조제2항의 규정을 준용한다.

제51조(구속의 통지)

① 피고인을 구속한 때에 그 변호인이나 법 제30조제2항에 규정한 자가 없는 경우에는 피고인이 지정하는 자 1인에게 법 제87조제1항에 규정한 사항을 통지하여야 한다. 〈개정 1996.12.3.〉
② 구속의 통지는 구속을 한 때로부터 늦어도 24시간이내에 서면으로 하여야 한다.

제1항에 규정한 자가 없어 통지를 하지 못한 경우에는 그 취지를 기재한 서면을 기록에 철하여야 한다. 〈개정 1996.12.3.〉

③ 급속을 요하는 경우에는 구속되었다는 취지 및 구속의 일시·장소를 전화 또는 모사전송기 기타 상당한 방법에 의하여 통지할 수 있다. 다만, 이 경우에도 구속통지는 다시 서면으로 하여야 한다. 〈신설 1996.12.3.〉

제52조(구속과 범죄사실등의 고지)

법원 또는 법관은 법 제72조 및 법 제88조의 규정에 의한 고지를 할 때에는 법원 사무관등을 참여시켜 조서를 작성하게 하거나 피고인 또는 피의자로 하여금 확인서 기타 서면을 작성하게 하여야 한다. 〈개정 1996.12.3., 1997.12.31.〉

[제목개정 1996.12.3.]

제53조(보석 등의 청구)

① 보석청구서 또는 구속취소청구서에는 다음 사항을 기재하여야 한다.
1. 사건번호
2. 구속된 피고인의 성명, 주민등록번호 등, 주거
3. 청구의 취지 및 청구의 이유
4. 청구인의 성명 및 구속된 피고인과의 관계

② 보석의 청구를 하거나 검사 아닌 자가 구속취소의 청구를 할 때에는 그 청구서의 부본을 첨부하여야 한다.

③ 법원은 제1항의 보석 또는 구속취소에 관하여 검사의 의견을 물을 때에는 제2항의 부본을 첨부하여야 한다.

[전문개정 2007.10.29.]

제53조의2(진술서 등의 제출)

① 보석의 청구인은 적합한 보석조건에 관한 의견을 밝히고 이에 관한 소명자료를 낼 수 있다.

② 보석의 청구인은 보석조건을 결정함에 있어 법 제99조제2항에 따른 이행가능한 조건인지 여부를 판단하기 위하여 필요한 범위 내에서 피고인(피고인이 미성년자인 경우에는 그 법정대리인 등)의 자력 또는 자산 정도에 관한 서면을 제출하여야 한다.

[전문개정 2007.10.29.]

제54조(기록 등의 제출)

① 검사는 법원으로부터 보석, 구속취소 또는 구속집행정지에 관한 의견요청이 있을 때에는 의견서와 소송서류 및 증거물을 지체 없이 법원에 제출하여야 한다. 이 경우 특별한 사정이 없는 한 의견요청을 받은 날의 다음날까지 제출하여야 한다. 〈개정 2007.10.29.〉

②보석에 대한 의견요청을 받은 검사는 보석허가가 상당하지 아니하다는 의견일 때

에는 그 사유를 명시하여야 한다. 〈신설 1997.12.31.〉
③제2항의 경우 보석허가가 상당하다는 의견일 때에는 보석조건에 대하여 의견을
나타낼 수 있다. 〈신설 1997.12.31., 2007.10.29.〉

제54조의2(보석의 심리)
① 보석의 청구를 받은 법원은 지체없이 심문기일을 정하여 구속된 피고인을 심문
하여야 한다. 다만, 다음 각호의 어느 하나에 해당하는 때에는 그러하지 아니하
다. 〈개정 2007.10.29.〉
　1. 법 제94조에 규정된 청구권자 이외의 사람이 보석을 청구한 때
　2. 동일한 피고인에 대하여 중복하여 보석을 청구하거나 재청구한 때
　3. 공판준비 또는 공판기일에 피고인에게 그 이익되는 사실을 진술할 기회를 준 때
　4. 이미 제출한 자료만으로 보석을 허가하거나 불허가할 것이 명백한 때
② 제1항의 규정에 의하여 심문기일을 정한 법원은 즉시 검사, 변호인, 보석청구인
및 피고인을 구금하고 있는 관서의 장에게 심문기일과 장소를 통지하여야 하고,
피고인을 구금하고 있는 관서의 장은 위 심문기일에 피고인을 출석시켜야 한다.
③ 제2항의 통지는 서면외에 전화·모사전송·전자우편·휴대전화 문자전송 그 밖
에 적당한 방법으로 할 수 있다. 이 경우 통지의 증명은 그 취지를 심문조서에
기재함으로써 할 수 있다. 〈신설 1996.12.3., 2007.10.29.〉
④ 피고인, 변호인, 보석청구인은 피고인에게 유리한 자료를 낼 수 있다. 〈개정
1996.12.3., 2007.10.29.〉
⑤ 검사, 변호인, 보석청구인은 제1항의 심문기일에 출석하여 의견을 진술할 수 있
다.
⑥ 법원은 피고인, 변호인 또는 보석청구인에게 보석조건을 결정함에 있어 필요한
자료의 제출을 요구할 수 있다. 〈신설 2007.10.29.〉
⑦ 법원은 피고인의 심문을 합의부원에게 명할 수 있다. 〈신설 1996.12.3.,
2007.10.29.〉
[본조신설 1989.6.7.]

제55조(보석 등의 결정기한)
법원은 특별한 사정이 없는 한 보석 또는 구속취소의 청구를 받은 날부터 7일 이내
에 그에 관한 결정을 하여야 한다.
[전문개정 2007.10.29.]

제55조의2(불허가 결정의 이유)
보석을 허가하지 아니하는 결정을 하는 때에는 결정이유에 법 제95조 각호중 어느
사유에 해당하는지를 명시하여야 한다.
[본조신설 1989.6.7.]

제55조의3(보석석방 후의 조치)

① 법원은 법 제98조제3호의 보석조건으로 석방된 피고인이 보석조건을 이행함에 있어 피고인의 주거지를 관할하는 경찰서장에게 피고인이 주거제한을 준수하고 있는지 여부 등에 관하여 조사할 것을 요구하는 등 보석조건의 준수를 위하여 적절한 조치를 취할 것을 요구할 수 있다.

② 법원은 법 제98조제6호의 보석조건을 정한 경우 출입국사무를 관리하는 관서의 장에게 피고인에 대한 출국을 금지하는 조치를 취할 것을 요구할 수 있다.

③ 법 제100조제5항에 따라 보석조건 준수에 필요한 조치를 요구받은 관공서 그 밖의 공사단체의 장은 그 조치의 내용과 경과 등을 법원에 통지하여야 한다.

[본조신설 2007.10.29.]
[종전 제55조의3은 제55조의4로 이동 〈2007.10.29.〉]

제55조의4(보석조건 변경의 통지)

법원은 보석을 허가한 후에 보석의 조건을 변경하거나 보석조건의 이행을 유예하는 결정을 한 경우에는 그 취지를 검사에게 지체없이 통지하여야 한다. 〈개정 2007.10.29.〉

[본조신설 1997.12.31.] [제55조의3에서 이동 〈2007.10.29.〉]

제55조의5(보석조건의 위반과 피고인에 대한 과태료 등)

① 법 제102조제3항·제4항에 따른 과태료 재판의 절차에 관하여는 비송사건절차법 제248조, 제250조(다만, 검사에 관한 부분을 제외한다)를 준용한다.

② 법 제102조제3항에 따른 감치재판절차는 법원의 감치재판개시결정에 따라 개시된다. 이 경우 감치사유가 있은 날부터 20일이 지난 때에는 감치재판개시결정을 할 수 없다.

③ 법원은 감치재판절차를 개시한 이후에도 감치에 처함이 상당하지 아니하다고 인정되는 때에는 불처벌의 결정을 할 수 있다.

④ 제2항의 감치재판개시결정과 제3항의 불처벌결정에 대하여는 불복할 수 없다.

⑤ 제2항부터 제4항까지 및 법 제102조제3항·제4항에 따른 감치절차에 관하여는 「법정 등의 질서유지를 위한 재판에 관한 규칙」 제3조, 제6조, 제7조의2, 제8조, 제10조, 제11조, 제13조, 제15조, 제16조, 제18조, 제19조, 제21조부터 제23조, 제25조제1항을 준용한다.

[본조신설 2007.10.29.]

제56조(보석 등의 취소에 의한 재구금절차)

① 법 제102조제2항에 따른 보석취소 또는 구속집행정지취소의 결정이 있는 때 또는 기간을 정한 구속집행정지결정의 기간이 만료된 때에는 검사는 그 취소결정의 등본 또는 기간을 정한 구속집행정지결정의 등본에 의하여 피고인을 재구금하여야 한다. 다만, 급속을 요하는 경우에는 재판장, 수명법관 또는 수탁판사가

재구금을 지휘할 수 있다. 〈개정 1996.12.3., 2007.10.29.〉
② 제1항 단서의 경우에는 법원사무관등에게 그 집행을 명할 수 있다. 이 경우에 법원사무관등은 그 집행에 관하여 필요한 때에는 사법경찰관리 또는 교도관에게 보조를 요구할 수 있으며 관할구역외에서도 집행할 수 있다. 〈신설 1996.12.3.〉

제57조(상소 등과 구속에 관한 결정)
① 상소기간중 또는 상소 중의 사건에 관한 피고인의 구속, 구속기간갱신, 구속취소, 보석, 보석의 취소, 구속집행정지와 그 정지의 취소의 결정은 소송기록이 상소법원에 도달하기까지는 원심법원이 이를 하여야 한다. 〈개정 1997.12.31.〉
② 이송, 파기환송 또는 파기이송 중의 사건에 관한 제1항의 결정은 소송기록이 이송 또는 환송법원에 도달하기까지는 이송 또는 환송한 법원이 이를 하여야 한다.

제10장 압수와 수색

제58조(압수수색영장의 기재사항)
압수수색영장에는 압수수색의 사유를 기재하여야 한다. 〈개정 1996.12.3.〉

제59조(준용규정)
제48조의 규정은 압수수색영장에 이를 준용한다.

제60조(압수와 수색의 참여)
① 법원이 압수수색을 할 때에는 법원사무관등을 참여하게 하여야 한다.
② 법원사무관등 또는 사법경찰관리가 압수수색영장에 의하여 압수수색을 할 때에는 다른 법원사무관등 또는 사법경찰관리를 참여하게 하여야 한다.

제61조(수색증명서, 압수품목록의 작성등)
법 제128조에 규정된 증명서 또는 법 제129조에 규정된 목록은 제60조제1항의 규정에 의한 압수수색을 한 때에는 참여한 법원사무관등이 제60조제2항의 규정에 의한 압수수색을 한 때에는 그 집행을 한 자가 각 작성 교부한다.

제62조(압수수색조서의 기재)
압수수색에 있어서 제61조의 규정에 의한 증명서 또는 목록을 교부하거나 법 제130조의 규정에 의한 처분을 한 경우에는 압수수색의 조서에 그 취지를 기재하여야 한다.

제63조(압수수색영장 집행후의 조치)
압수수색영장의 집행에 관한 서류와 압수한 물건은 압수수색영장을 발부한 법원에 이를 제출하여야 한다. 다만, 검사의 지휘에 의하여 집행된 경우에는 검사를 경유하여야 한다.

제11장 검증

제64조(피고인의 신체검사 소환장의 기재사항)
피고인에 대한 신체검사를 하기 위한 소환장에는 신체검사를 하기 위하여 소환한다는 취지를 기재하여야 한다.

제65조(피고인 아닌 자의 신체검사의 소환장의 기재사항)
피고인이 아닌 자에 대한 신체검사를 하기 위한 소환장에는 그 성명 및 주거, 피고인의 성명, 죄명, 출석일시 및 장소와 신체검사를 하기 위하여 소환한다는 취지를 기재하고 재판장 또는 수명법관이 기명날인하여야 한다. 〈개정 1996.12.3.〉

제12장 증인신문

제66조(신문사항 등)
재판장은 피해자·증인의 인적사항의 공개 또는 누설을 방지하거나 그 밖에 피해자·증인의 안전을 위하여 필요하다고 인정할 때에는 증인의 신문을 청구한 자에 대하여 사전에 신문사항을 기재한 서면의 제출을 명할 수 있다.
[전문개정 2007.10.29.]

제67조(결정의 취소)
법원은 제66조의 명을 받은 자가 신속히 그 서면을 제출하지 아니한 경우에는 증거결정을 취소할 수 있다. 〈개정 2007.10.29.〉

제67조의2(증인의 소환방법)
① 법 제150조의2제1항에 따른 증인의 소환은 소환장의 송달, 전화, 전자우편, 모사전송, 휴대전화 문자전송 그 밖에 적당한 방법으로 할 수 있다.
② 증인을 신청하는 자는 증인의 소재, 연락처와 출석 가능성 및 출석 가능 일시 그 밖에 증인의 소환에 필요한 사항을 미리 확인하는 등 증인 출석을 위한 합리적인 노력을 다하여야 한다.
[본조신설 2007.10.29.]

제68조(소환장 · 구속영장의 기재사항)

① 증인에 대한 소환장에는 그 성명, 피고인의 성명, 죄명, 출석일시 및 장소, 정당한 이유없이 출석하지 아니할 경우에는 과태료에 처하거나 출석하지 아니함으로써 생긴 비용의 배상을 명할 수 있고 또 구인할 수 있음을 기재하고 재판장이 기명날인하여야 한다. 〈개정 1996.12.3.〉

② 증인에 대한 구속영장에는 그 성명, 주민등록번호(住民登錄番號가 없거나 이를 알 수 없는 경우에는 生年月日), 직업 및 주거, 피고인의 성명, 죄명, 인치할 일시 및 장소, 발부 연월일 및 유효기간과 그 기간이 경과한 후에는 집행에 착수하지 못하고 구속영장을 반환하여야 한다는 취지를 기재하고 재판장이 서명날인하여야 한다. 〈개정 1996.12.3.〉

제68조의2(불출석의 신고)

증인이 출석요구를 받고 기일에 출석할 수 없을 경우에는 법원에 바로 그 사유를 밝혀 신고하여야 한다.

[본조신설 2007.10.29.]

제68조의3(증인에 대한 과태료 등)

법 제151조제1항에 따른 과태료와 소송비용 부담의 재판절차에 관하여는 비송사건절차법 제248조, 제250조(다만, 제248조제3항 후문과 검사에 관한 부분을 제외한다)를 준용한다.

[본조신설 2007.10.29.]

제68조의4(증인에 대한 감치)

① 법 제151조제2항부터 제8항까지의 감치재판절차는 법원의 감치재판개시결정에 따라 개시된다. 이 경우 감치사유가 발생한 날부터 20일이 지난 때에는 감치재판개시결정을 할 수 없다.

② 감치재판절차를 개시한 후 감치결정 전에 그 증인이 증언을 하거나 그 밖에 감치에 처하는 것이 상당하지 아니하다고 인정되는 때에는 법원은 불처벌결정을 하여야 한다.

③ 제1항의 감치재판개시결정과 제2항의 불처벌결정에 대하여는 불복할 수 없다.

④ 법 제151조제7항의 규정에 따라 증인을 석방한 때에는 재판장은 바로 감치시설의 장에게 그 취지를 서면으로 통보하여야 한다.

⑤ 제1항부터 제4항 및 법 제151조제2항부터 제8항까지에 따른 감치절차에 관하여는「법정 등의 질서유지를 위한 재판에 관한 규칙」제3조, 제6조부터 제8조까지, 제10조, 제11조, 제13조, 제15조부터 제19조까지, 제21조부터 제23조까지 및 제25조제1항(다만, 제23조제8항 중 "감치의 집행을 한 날"은 "법 제151조제5항의 규정에 따른 통보를 받은 날"로 고쳐 적용한다)을 준용한다.

[본조신설 2007.10.29.]

제69조(준용규정)

제48조, 제49조, 제49조의2 전단의 규정은 증인의 구인에 이를 준용한다. 〈개정 2007.10.29.〉

제70조(소환의 유예기간)

증인에 대한 소환장은 늦어도 출석할 일시 24시간 이전에 송달하여야 한다. 다만, 속을 요하는 경우에는 그러하지 아니하다.

제70조의2(소환장이 송달불능된 때의 조치)

제68조에 따른 증인에 대한 소환장이 송달불능된 경우 증인을 신청한 자는 재판장의 명에 의하여 증인의 주소를 서면으로 보정하여야 하고, 이 때 증인의 소재, 연락처와 출석가능성 등을 충분히 조사하여 성실하게 기재하여야 한다.
[본조신설 2007.10.29.]

제71조(증인의 동일성 확인)

재판장은 증인으로부터 주민등록증 등 신분증을 제시받거나 그 밖의 적당한 방법으로 증인임이 틀림없음을 확인하여야 한다.
[전문개정 2006.3.23.]

제72조(선서취지의 설명)

증인이 선서의 취지를 이해할 수 있는가에 대하여 의문이 있는 때에는 선서전에 그 점에 대하여 신문하고, 필요하다고 인정할 때에는 선서의 취지를 설명하여야 한다.

제73조(서면에 의한 신문)

증인이 들을 수 없는 때에는 서면으로 묻고 말할 수 없는 때에는 서면으로 답하게 할 수 있다.

제74조(증인신문의 방법)

① 재판장은 증인신문을 행함에 있어서 증명할 사항에 관하여 가능한 한 증인으로 하여금 개별적이고 구체적인 내용을 진술하게 하여야 한다. 〈개정 1996.12.3.〉
② 다음 각호의 1에 규정한 신문을 하여서는 아니된다. 다만, 제2호 내지 제4호의 신문에 관하여 정당한 이유가 있는 경우에는 그러하지 아니하다.
  1. 위협적이거나 모욕적인 신문
  2. 전의 신문과 중복되는 신문
  3. 의견을 묻거나 의논에 해당하는 신문
  4. 증인이 직접 경험하지 아니한 사항에 해당하는 신문

제75조(주신문)

① 법 제161조의2제1항 전단의 규정에 의한 신문(이하 "주신문"이라 한다)은 증명할 사항과 이에 관련된 사항에 관하여 한다.

② 주신문에 있어서는 유도신문을 하여서는 아니된다. 다만, 다음 각호의 1의 경우에는 그러하지 아니하다.

    1. 증인과 피고인과의 관계, 증인의 경력, 교우관계등 실질적인 신문에 앞서 미리 밝혀둘 필요가 있는 준비적인 사항에 관한 신문의 경우

    2. 검사, 피고인 및 변호인 사이에 다툼이 없는 명백한 사항에 관한 신문의 경우

    3. 증인이 주신문을 하는 자에 대하여 적의 또는 반감을 보일 경우

    4. 증인이 종전의 진술과 상반되는 진술을 하는 때에 그 종전진술에 관한 신문의 경우

    5. 기타 유도신문을 필요로 하는 특별한 사정이 있는 경우

③ 재판장은 제2항 단서의 각호에 해당하지 아니하는 경우의 유도신문은 이를 제지하여야 하고, 유도신문의 방법이 상당하지 아니하다고 인정할 때에는 이를 제한할 수 있다.

제76조(반대신문)

① 법 제161조의2제1항 후단의 규정에 의한 신문(이하 "반대신문"이라 한다)은 주신문에 나타난 사항과 이에 관련된 사항에 관하여 한다.

② 반대신문에 있어서 필요할 때에는 유도신문을 할 수 있다.

③ 재판장은 유도신문의 방법이 상당하지 아니하다고 인정할 때에는 이를 제한할 수 있다.

④ 반대신문의 기회에 주신문에 나타나지 아니한 새로운 사항에 관하여 신문하고자 할 때에는 재판장의 허가를 받아야 한다.

⑤ 제4항의 신문은 그 사항에 관하여는 주신문으로 본다.

제77조(증언의 증명력을 다투기 위하여 필요한 사항의 신문)

① 주신문 또는 반대신문의 경우에는 증언의 증명력을 다투기 위하여 필요한 사항에 관한 신문을 할 수 있다.

② 제1항에 규정한 신문은 증인의 경험, 기억 또는 표현의 정확성등 증언의 신빙성에 관한 사항 및 증인의 이해관계, 편견 또는 예단 등 증인의 신용성에 관한 사항에 관하여 한다. 다만, 증인의 명예를 해치는 내용의 신문을 하여서는 아니된다.

제78조(재 주신문)

① 주신문을 한 검사, 피고인 또는 변호인은 반대신문이 끝난 후 반대신문에 나타난 사항과 이와 관련된 사항에 관하여 다시 신문(이하 "재 주신문"이라 한다)을 할 수 있다.

② 재 주신문은 주신문의 예에 의한다.

③ 제76조제4항, 제5항의 규정은 재 주신문의 경우에 이를 준용한다.

제79조(재판장의 허가에 의한 재신문)

검사, 피고인 또는 변호인은 주신문, 반대신문 및 재 주신문이 끝난 후에도 재판장의 허가를 얻어 다시 신문을 할 수 있다.

제80조(재판장에 의한 신문순서 변경의 경우)

① 재판장이 법 제161조의2제3항 전단의 규정에 의하여 검사, 피고인 및 변호인에 앞서 신문을 한 경우에 있어서 그 후에 하는 검사, 피고인 및 변호인의 신문에 관하여는 이를 신청한 자와 상대방의 구별에 따라 제75조 내지 제79조의 규정을 각 준용한다.

② 재판장이 법 제161조의2제3항 후단의 규정에 의하여 신문순서를 변경한 경우의 신문방법은 재판장이 정하는 바에 의한다.

제81조(직권에 의한 증인의 신문)

법 제161조의2제4항에 규정한 증인에 대하여 재판장이 신문한 후 검사, 피고인 또는 변호인이 신문하는 때에는 반대신문의 예에 의한다.

제82조(서류 또는 물건에 관한 신문)

① 증인에 대하여 서류 또는 물건의 성립, 동일성 기타 이에 준하는 사항에 관한 신문을 할 때에는 그 서류 또는 물건을 제시할 수 있다.

② 제1항의 서류 또는 물건이 증거조사를 마치지 않은 것일 때에는 먼저 상대방에게 이를 열람할 기회를 주어야 한다. 다만, 상대방이 이의하지 아니할 때에는 그러하지 아니한다.

제83조(기억의 환기가 필요한 경우)

① 증인의 기억이 명백치 아니한 사항에 관하여 기억을 환기시켜야 할 필요가 있을 때에는 재판장의 허가를 얻어 서류 또는 물건을 제시하면서 신문할 수 있다.

② 제1항의 경우에는 제시하는 서류의 내용이 증인의 진술에 부당한 영향을 미치지 아니하도록 하여야 한다.

③ 제82조제2항의 규정은 제1항의 경우에 이를 준용한다.

제84조(증언을 명확히 할 필요가 있는 경우)

① 증인의 진술을 명확히 할 필요가 있을 때에는 도면, 사진, 모형, 장치등을 이용하여 신문할 수 있다.

② 제83조제2항의 규정은 제1항의 경우에 이를 준용한다.

제84조의2(증인의 증인신문조서 열람 등)

증인은 자신에 대한 증인신문조서 및 그 일부로 인용된 속기록, 녹음물, 영상녹화물 또는 녹취서의 열람, 등사 또는 사본을 청구할 수 있다.
[전문개정 2012.5.29.]

제84조의3(신뢰관계에 있는 사람의 동석)

① 법 제163조의2에 따라 피해자와 동석할 수 있는 신뢰관계에 있는 사람은 피해자의 배우자, 직계친족, 형제자매, 가족, 동거인, 고용주, 변호사, 그 밖에 피해자의 심리적 안정과 원활한 의사소통에 도움을 줄 수 있는 사람을 말한다. 〈개정 2012.5.29.〉
② 법 제163조의2제1항에 따른 동석 신청에는 동석하고자 하는 자와 피해자 사이의 관계, 동석이 필요한 사유 등을 명시하여야 한다.
③ 재판장은 법 제163조의2제1항 또는 제2항에 따라 동석한 자가 부당하게 재판의 진행을 방해하는 때에는 동석을 중지시킬 수 있다.
[본조신설 2007.10.29.] [제목개정 2012.5.29.]

제84조의4(비디오 등 중계장치 등에 의한 신문 여부의 결정)

① 법원은 신문할 증인이 법 제165조의2제1항에서 정한 자에 해당한다고 인정될 경우, 증인으로 신문하는 결정을 할 때 비디오 등 중계장치에 의한 중계시설 또는 차폐시설을 통한 신문 여부를 함께 결정하여야 한다. 이 때 증인의 연령, 증언할 당시의 정신적 · 심리적 상태, 범행의 수단과 결과 및 범행 후의 피고인이나 사건관계인의 태도 등을 고려하여 판단하여야 한다. 〈개정2021.10.29.〉
② 법원은 증인신문 전 또는 증인신문 중에도 비디오 등 중계장치에 의한 중계시설 또는 차폐시설을 통하여 신문할 것을 결정할 수 있다.
[본조신설 2007.10.29.]

제84조의5(비디오 등 중계장치에 의한 신문의 실시)

제123조의13제1항내지 제4항과 제6항 내지 제8항은 법 제165조의2제1항, 제2항에 따라 비디오 등 중계장치에 의한 중계시설을 통하여 증인신문을 하는 경우에 준용한다.
[전문개정 2021.10.29.]

제84조의6(심리의 비공개)

① 법원은 법 제165조의2제1항에 따라 비디오 등 중계장치에 의한 중계시설 또는 차폐시설을 통하여 증인을 신문하는 경우, 증인의 보호를 위하여 필요하다고 인정하는 경우에는 결정으로 이를 공개하지 아니할 수 있다. 〈개정 2021.10.29.〉
② 증인으로 소환받은 증인과 그 가족은 증인보호 등의 사유로 증인신문의 비공개를 신청할 수 있다.
③ 재판장은 제2항의 신청이 있는 때에는 그 허가 여부 및 공개, 법정외의 장소에서의 신문 등 증인의 신문방식 및 장소에 관하여 결정하여야 한다.

④ 제1항의 결정을 한 경우에도 재판장은 적당하다고 인정되는 자의 재정을 허가할 수 있다.
[본조신설 2007.10.29.]

제84조의7(중계시설의 동석 등)

① 법원은 비디오 등 중계장치에 의한 중계시설을 통하여 증인신문을 하는 경우, 법 제163조의2의 규정에 의하여 신뢰관계에 있는 자를 동석하게 할 때에는 제84조의5에 정한 비디오 등 중계장치에 의한 중계시설에 동석하게 한다. 〈개정 2021.10.29.〉

② 법원은 법원 직원이나 비디오 등 중계장치에 의한 중계시설을 관리하는 사람으로 하여금 비디오 등 중계장치의 조작과 증인신문 절차를 보조하게 할 수 있다. 〈개정 2021.10.29.〉
[본조신설 2007.10.29.] [제목개정 2021.10.29.]

제84조의8(증인을 위한 배려)

① 법 제165조의2제1항에 따라 증인신문을 하는 경우, 증인은 증언을 보조할 수 있는 인형, 그림 그 밖에 적절한 도구를 사용할 수 있다. 〈개정 2021.10.29.〉

② 제1항의 증인은 증언을 하는 동안 담요, 장난감, 인형 등 증인이 선택하는 물품을 소지할 수 있다.
[본조신설 2007.10.29.]

제84조의9(차폐시설 등)

① 법원은 법 제165조의2제1항에 따라 차폐시설을 설치함에 있어 피고인과 증인이 서로의 모습을 볼 수 없도록 필요한 조치를 취하여야 한다. 〈개정 2021.10.29.〉

② 법 제165조의2제1항에 따라 비디오 등 중계장치에 의한 중계시설을 통하여 증인신문을 할 때 중계장치를 통하여 증인이 피고인을 대면하거나 피고인이 증인을 대면하는 것이 증인의 보호를 위하여 상당하지 않다고 인정되는 경우 재판장은 검사, 변호인의 의견을 들어 증인 또는 피고인이 상대방을 영상으로 인식할 수 있는 장치의 작동을 중지시킬 수 있다. 〈신설 2021.10.29.〉
[본조신설 2007.10.29.] [제목개정 2021.10.29.]

제84조의10(증인지원시설의 설치 및 운영)

① 법원은 특별한 사정이 없는 한 예산의 범위 안에서 증인의 보호 및 지원에 필요한 시설을 설치한다.

② 법원은 제1항의 시설을 설치한 경우, 예산의 범위 안에서 그 시설을 관리·운영하고 증인의 보호 및 지원을 담당하는 직원을 둔다.
[본조신설 2012.5.29.]

제13장 감정 등
〈개정 2021.10.29.〉

제85조(감정유치장의 기재사항 등)

① 감정유치장에는 피고인의 성명, 주민등록번호 등, 직업, 주거, 죄명, 범죄사실의 요지, 유치할 장소, 유치기간, 감정의 목적 및 유효기간과 그 기간 경과후에는 집행에 착수하지 못하고 영장을 반환하여야 한다는 취지를 기재하고 재판장 또는 수명법관이 서명날인하여야 한다. 〈개정 1996.12.3., 2007.10.29.〉

② 감정유치기간의 연장이나 단축 또는 유치할 장소의 변경 등은 결정으로 한다.

제86조(간수의 신청방법)

법 제172조제5항의 규정에 의한 신청은 피고인의 간수를 필요로 하는 사유를 명시하여 서면으로 하여야 한다. 〈개정 1996.12.3.〉

제87조(비용의 지급)

① 법원은 감정하기 위하여 피고인을 병원 기타 장소에 유치한 때에는 그 관리자의 청구에 의하여 입원료 기타 수용에 필요한 비용을 지급하여야 한다.

② 제1항의 비용은 법원이 결정으로 정한다.

제88조(준용규정)

구속에 관한 규정은 이 규칙에 특별한 규정이 없는 경우에는 감정하기 위한 피고인의 유치에 이를 준용한다. 다만, 보석에 관한 규정은 그러하지 아니하다.

제89조(감정허가장의 기재사항)

① 감정에 필요한 처분의 허가장에는 법 제173조제2항에 규정한 사항외에 감정인의 직업, 유효기간을 경과하면 허가된 처분에 착수하지 못하며 허가장을 반환하여야 한다는 취지 및 발부연월일을 기재하고 재판장 또는 수명법관이 서명날인하여야 한다.

② 법원이 감정에 필요한 처분의 허가에 관하여 조건을 붙인 경우에는 제1항의 허가장에 이를 기재하여야 한다.

제89조의2(감정자료의 제공)

재판장은 필요하다고 인정하는 때에는 감정인에게 소송기록에 있는 감정에 참고가 될 자료를 제공할 수 있다.

[본조신설 1996.12.3.]

제89조의3(감정서의 설명)

① 법 제179조의2제2항의 규정에 의하여 감정서의 설명을 하게 할 때에는 검사, 피고인 또는 변호인을 참여하게 하여야 한다.

②제1항의 설명의 요지는 조서에 기재하여야 한다.

[본조신설 1996.12.3.]

제90조(준용규정)

제12장의 규정은 구인에 관한 규정을 제외하고는 감정, 통역과 번역에 이를 준용한다. 〈개정 2021.10.29.〉

제14장 증거보전

제91조(증거보전처분을 하여야 할 법관)

① 증거보전의 청구는 다음 지역을 관할하는 지방법원판사에게 하여야 한다.

1. 압수에 관하여는 압수할 물건의 소재지
2. 수색 또는 검증에 관하여는 수색 또는 검증할 장소, 신체 또는 물건의 소재지
3. 증인신문에 관하여는 증인의 주거지 또는 현재지
4. 감정에 관하여는 감정대상의 소재지 또는 현재지

② 감정의 청구는 제1항제4호의 규정에 불구하고 감정함에 편리한 지방법원판사에게 할 수 있다.

제92조(청구의 방식)

① 증거보전청구서에는 다음 사항을 기재하여야 한다.

1. 사건의 개요
2. 증명할 사실
3. 증거 및 보전의 방법
4. 증거보전을 필요로 하는 사유

② 삭제 〈1996.12.3.〉

제15장 소송비용
〈신설 2020.6.26.〉

제92조의2(듣거나 말하는 데 장애가 있는 사람을 위한 비용 등)

듣거나 말하는 데 장애가 있는 사람을 위한 통역·속기·녹음·녹화 등에 드는 비용은 국고에서 부담하고, 형사소송법 제186조부터 제194조까지에 따라 피고인 등에게 부담하게 할 소송비용에 산입하지 아니한다.

[본조신설 2020.6.26.]

제2편 제1심

제1장 수사

제93조(영장청구의 방식)
① 영장의 청구는 서면으로 하여야 한다.
② 체포영장 및 구속영장의 청구서에는 범죄사실의 요지를 따로 기재한 서면 1통(수통의 영장을 청구하는 때에는 그에 상응하는 통수)을 첨부하여야 한다. 〈개정 2007.10.29.〉
③ 압수·수색·검증영장의 청구서에는 범죄사실의 요지, 압수·수색·검증의 장소 및 대상을 따로 기재한 서면 1통(수통의 영장을 청구하는 때에는 그에 상응하는 통수)을 첨부하여야 한다. 〈신설 2007.10.29.〉

제94조(영장의 방식)
검사의 청구에 의하여 발부하는 영장에는 그 영장을 청구한 검사의 성명과 그 검사의 청구에 의하여 발부한다는 취지를 기재하여야 한다. 〈개정 1996.12.3.〉

제95조(체포영장청구서의 기재사항)
체포영장의 청구서에는 다음 각 호의 사항을 기재하여야 한다.
  1. 피의자의 성명(분명하지 아니한 때에는 인상, 체격, 그 밖에 피의자를 특정할 수 있는 사항), 주민등록번호 등, 직업, 주거
  2. 피의자에게 변호인이 있는 때에는 그 성명
  3. 죄명 및 범죄사실의 요지
  4. 7일을 넘는 유효기간을 필요로 하는 때에는 그 취지 및 사유
  5. 여러 통의 영장을 청구하는 때에는 그 취지 및 사유
  6. 인치구금할 장소
  7. 법 제200조의2제1항에 규정한 체포의 사유
  8. 동일한 범죄사실에 관하여 그 피의자에 대하여 전에 체포영장을 청구하였거나 부받은 사실이 있는 때에는 다시 체포영장을 청구하는 취지 및 이유
  9. 현재 수사 중인 다른 범죄사실에 관하여 그 피의자에 대하여 발부된 유효한 체포영장이 있는 경우에는 그 취지 및 그 범죄사실
[전문개정 2007.10.29.]

제95조의2(구속영장청구서의 기재사항)
구속영장의 청구서에는 다음 각 호의 사항을 기재하여야 한다.
  1. 제95조제1호부터 제6호까지 규정한 사항

2. 법 제70조제1항 각 호에 규정한 구속의 사유
3. 피의자의 체포여부 및 체포된 경우에는 그 형식
4. 법 제200조의6, 법 제87조에 의하여 피의자가 지정한 사람에게 체포이유 등을 알린 경우에는 그 사람의 성명과 연락처
[본조신설 2007.10.29.]

제96조(자료의 제출등)
① 체포영장의 청구에는 체포의 사유 및 필요를 인정할 수 있는 자료를 제출하여야 한다.
② 체포영장에 의하여 체포된 자 또는 현행범인으로 체포된 자에 대하여 구속영장을 청구하는 경우에는 법 제201조제2항에 규정한 자료외에 다음 각호의 자료를 제출하여야 한다.
  1. 피의자가 체포영장에 의하여 체포된 자인 때에는 체포영장
  2. 피의자가 현행범인으로 체포된 자인 때에는 그 취지와 체포의 일시 및 장소가 기재된 서류
③ 법 제214조의2제1항에 규정한 자는 체포영장 또는 구속영장의 청구를 받은 판사에게 유리한 자료를 제출할 수 있다.
④ 판사는 영장 청구서의 기재사항에 흠결이 있는 경우에는 전화 기타 신속한 방법으로 영장을 청구한 검사에게 그 보정을 요구할 수 있다. 〈신설 1997.12.31.〉
[전문개정 1996.12.3.] [제목개정 1997.12.31.]

제96조의2(체포의 필요)
체포영장의 청구를 받은 판사는 체포의 사유가 있다고 인정 되는 경우에도 피의자의 연령과 경력, 가족관계나 교우관계, 범죄의 경중 및 태양 기타 제반 사정에 비추어 피의자가 도망할 염려가 없고 증거를 인멸할 염려가 없는 등 명백히 체포의 필요가 없다고 인정되는 때에는 체포영장의 청구를 기각하여야 한다.
[본조신설 1996.12.3.]

제96조의3(인치 · 구금할 장소의 변경)
검사는 체포영장을 발부받은 후 피의자를 체포하기 이전에 체포영장을 첨부하여 판사에게 인치 · 구금할 장소의 변경을 청구할 수 있다.
[본조신설 1997.12.31.]
[종전 제96조의3은 제96조의5로 이동〈1997.12.31.〉]

제96조의4(체포영장의 갱신)
검사는 체포영장의 유효기간을 연장할 필요가 있다고 인정하는 때에는 그 사유를 소명하여 다시 체포영장을 청구하여야 한다.
[전문개정 1997. 12.31.]

제96조의5(영장전담법관의 지정)

지방법원 또는 지원의 장은 구속영장청구에 대한 심사를 위한 전담법관을 지정할 수 있다.

[본조신설 1996.12.3.]

[제96조의3에서 이동, 종전 제96조의5는 제96조의12로 이동〈1997.12.31.〉]

제96조의6 삭제 〈2007.10.29.〉

제96조의7 삭제 〈2007.10.29.〉

제96조의8 삭제 〈2007.10.29.〉

제96조의9 삭제 〈2007.10.29.〉

제96조의10 삭제 〈2007.10.29.〉

제96조의11(구인 피의자의 유치등)

① 구인을 위한 구속영장의 집행을 받아 인치된 피의자를 법원에 유치한 경우에 법원사무관등은 피의자의 도망을 방지하기 위한 적절한 조치를 취하여야 한다.

② 제1항의 피의자를 법원외의 장소에 유치하는 경우에 판사는 구인을 위한 구속영장에 유치할 장소를 기재하고 서명날인하여 이를 교부하여야 한다.

[본조신설 1997.12.31.]

제96조의12(심문기일의 지정, 통지)

① 삭제 〈2007.10.29.〉

② 체포된 피의자외의 피의자에 대한 심문기일은 관계인에 대한 심문기일의 통지 및 그 출석에 소요되는 시간 등을 고려하여 피의자가 법원에 인치된 때로부터 가능한 한 빠른 일시로 지정하여야 한다. 〈신설 1997.12.31.〉

③ 심문기일의 통지는 서면 이외에 구술·전화·모사전송·전자우편·휴대전화 문자 전송 그 밖에 적당한 방법으로 신속하게 하여야 한다. 이 경우 통지의 증명은 그 취지를 심문조서에 기재함으로써 할 수 있다. 〈개정 1997.12.31., 2007.10.29.〉

[본조신설 1996.12.3.] [제96조의5에서 이동 〈1997.12.31.〉]

제96조의13(피의자의 심문절차)

① 판사는 피의자가 심문기일에의 출석을 거부하거나 질병 그 밖의 사유로 출석이 현저하게 곤란하고, 피의자를 심문 법정에 인치할 수 없다고 인정되는 때에는 피의자의 출석 없이 심문절차를 진행할 수 있다.

② 검사는 피의자가 심문기일에의 출석을 거부하는 때에는 판사에게 그 취지 및 사유를 기재한 서면을 작성 제출하여야 한다.
③ 제1항의 규정에 의하여 심문절차를 진행할 경우에는 출석한 검사 및 변호인의 의견을 듣고, 수사기록 그 밖에 적당하다고 인정하는 방법으로 구속사유의 유무를 조사할 수 있다.
[전문개정 2007.10.29.]

제96조의14(심문의 비공개)
피의자에 대한 심문절차는 공개하지 아니한다. 다만, 판사는 상당하다고 인정하는 경우에는 피의자의 친족, 피해자 등 이해관계인의 방청을 허가할 수 있다.
[본조신설 1996.12.3.]
[제96조의7에서 이동〈1997.12.31.〉]

제96조의15(심문장소)
피의자의 심문은 법원청사내에서 하여야 한다. 다만, 피의자가 출석을 거부하거나 질병 기타 부득이한 사유로 법원에 출석할 수 없는 때에는 경찰서, 구치소 기타 적당한 장소에서 심문할 수 있다.
[본조신설 1996.12.3.] [제96조의8에서 이동〈1997.12.31.〉]

제96조의16(심문기일의 절차)
① 판사는 피의자에게 구속영장청구서에 기재된 범죄사실의 요지를 고지하고, 피의자에게 일체의 진술을 하지 아니하거나 개개의 질문에 대하여 진술을 거부할 수 있으며, 이익 되는 사실을 진술할 수 있음을 알려주어야 한다.
② 판사는 구속 여부를 판단하기 위하여 필요한 사항에 관하여 신속하고 간결하게 심문하여야 한다. 증거인멸 또는 도망의 염려를 판단하기 위하여 필요한 때에는 피의자의 경력, 가족관계나 교우관계 등 개인적인 사항에 관하여 심문할 수 있다.
③ 검사와 변호인은 판사의 심문이 끝난 후에 의견을 진술할 수 있다. 다만, 필요한 경우에는 심문 도중에도 판사의 허가를 얻어 의견을 진술할 수 있다.
④ 피의자는 판사의 심문 도중에도 변호인에게 조력을 구할 수 있다.
⑤ 판사는 구속 여부의 판단을 위하여 필요하다고 인정하는 때에는 심문장소에 출석한 피해자 그 밖의 제3자를 심문할 수 있다.
⑥ 구속영장이 청구된 피의자의 법정대리인, 배우자, 직계친족, 형제자매나 가족, 동거인 또는 고용주는 판사의 허가를 얻어 사건에 관한 의견을 진술할 수 있다.
⑦ 판사는 심문을 위하여 필요하다고 인정하는 경우에는 호송경찰관 기타의 자를 퇴실하게 하고 심문을 진행할 수 있다.
[전문개정 2007.10.29.]

제96조의17 삭제 〈2007.10.29.〉

제96조의18(처리시각의 기재)

구속영장을 청구받은 판사가 피의자심문을 한 경우 법원사무관등은 구속영장에 구속영장청구서·수사관계서류 및 증거물을 접수한 시각과 이를 반환한 시각을 기재하여야 한다. 다만, 체포된 피의자 외의 피의자에 대하여는 그 반환 시각을 기재한다.
[본조신설 1997.12.31.]

제96조의19(영장발부와 통지)

① 법 제204조의 규정에 의한 통지는 다음 각호의 1에 해당하는 사유가 발생한 경우에 이를 하여야 한다.
  1. 피의자를 체포 또는 구속하지 아니하거나 못한 경우
  2. 체포후 구속영장 청구기간이 만료하거나 구속후 구속기간이 만료하여 피의자를 석방한 경우
  3. 체포 또는 구속의 취소로 피의자를 석방한 경우
  4. 체포된 국회의원에 대하여 헌법 제44조의 규정에 의한 석방요구가 있어 체포영장의 집행이 정지된 경우
  5. 구속집행정지의 경우
② 제1항의 통지서에는 다음 각호의 사항을 기재하여야 한다.
  1. 피의자의 성명
  2. 제1항 각호의 사유 및 제1항제2호 내지 제5호에 해당하는 경우에는 그 사유발생일
  3. 영장 발부 연월일 및 영장번호
③ 제1항제1호에 해당하는 경우에는 체포영장 또는 구속영장의 원본을 첨부하여야 한다.
[본조신설 1997.12.31.]

제96조의20(변호인의 접견 등)

① 변호인은 구속영장이 청구된 피의자에 대한 심문 시작 전에 피의자와 접견할 수 있다.
② 지방법원 판사는 심문할 피의자의 수, 사건의 성격 등을 고려하여 변호인과 피의자의 접견 시간을 정할 수 있다.
③ 지방법원 판사는 검사 또는 사법경찰관에게 제1항의 접견에 필요한 조치를 요구할 수 있다.
[본조신설 2006.8. 7.]

제96조의21(구속영장청구서 및 소명자료의 열람)

① 피의자 심문에 참여할 변호인은 지방법원 판사에게 제출된 구속영장청구서 및 그에 첨부된 고소·고발장, 피의자의 진술을 기재한 서류와 피의자가 제출한 서류를 열람할 수 있다.

② 검사는 증거인멸 또는 피의자나 공범 관계에 있는 자가 도망할 염려가 있는 등 수사에 방해가 될 염려가 있는 때에는 지방법원 판사에게 제1항에 규정된 서류(구속영장청구서는 제외한다)의 열람 제한에 관한 의견을 제출할 수 있고, 지방법원 판사는 검사의 의견이 상당하다고 인정하는 때에는 그 전부 또는 일부의 열람을 제한할 수 있다. 〈개정 2011.12.30.〉

③ 지방법원 판사는 제1항의 열람에 관하여 그 일시, 장소를 지정할 수 있다.

[본조신설 2006.8.17.]

제96조의22(심문기일의 변경)

판사는 지정된 심문기일에 피의자를 심문할 수 없는 특별한 사정이 있는 경우에는 그 심문기일을 변경할 수 있다.

[본조신설 2007. 10. 29.]

제97조(구속기간연장의 신청)

① 구속기간연장의 신청은 서면으로 하여야 한다.

② 제1항의 서면에는 수사를 계속하여야 할 상당한 이유와 연장을 구하는 기간을 기재하여야 한다.

제98조(구속기간연장기간의 계산)

구속기간연장허가결정이 있는 경우에 그 연장기간은 법 제203조의 규정에 의한 구속기간만료 다음날로부터 기산한다.

제99조(재체포 · 재구속영장의 청구)

① 재체포영장의 청구서에는 재체포영장의 청구라는 취지와 법 제200조의2제4항에 규정한 재체포의 이유 또는 법 제214조의3에 규정한 재체포의 사유를 기재하여야 한다. 〈개정 1996.12.3.〉

② 재구속영장의 청구서에는 재구속영장의 청구라는 취지와 법 제208조제1항 또는 법 제214조의3에 규정한 재구속의 사유를 기재하여야 한다. 〈개정 1996.12.3.〉

③ 제95조, 제95조의2, 제96조, 제96조의2 및 제96조의4의 규정은 재체포 또는 재구속의 영장의 청구 및 그 심사에 이를 준용한다. 〈신설 1996.12.3., 2007.10.29.〉

[제목개정 1996.12.3.]

제100조(준용규정)

① 제46조, 제49조제1항 및 제51조의 규정은 검사 또는 사법경찰관의 피의자 체포 또는 구속에 이를 준용한다. 다만, 체포영장에는 법 제200조의2제1항에서 규정한 체포의 사유를 기재하여야 한다. 〈개정 1996.12.3.〉

② 체포영장에 의하여 체포되었거나 현행범으로 체포된 피의자에 대하여 구속영장청

구가 기각된 경우에는 법 제200조의4제2항의 규정을 준용한다. 〈신설 1996.12.3.〉
③ 제96조의3의 규정은 구속영장의 인치·구금할 장소의 변경 청구에 준용한다.
〈신설 2020.12.28.〉

제101조(체포 · 구속적부심청구권자의 체포 · 구속영장등본 교부청구등)
구속영장이 청구되거나 체포 또는 구속된 피의자, 그 변호인, 법정대리인, 배우자,
직계친족, 형제자매나 동거인 또는 고용주는 긴급체포서, 현행범인체포서, 체포영장,
구속영장 또는 그 청구서를 보관하고 있는 검사, 사법경찰관 또는 법원사무관등에
게 그 등본의 교부를 청구할 수 있다.
〈개정 1989.6 7., 1996.12.3., 1997.12.31., 2007.10.29.〉
[제목개정 1996.12.3., 1997.12.31.]

제102조(체포 · 구속적부심사청구서의 기재사항)
체포 또는 구속의 적부심사청구서에는 다음 사항을 기재하여야 한다. 〈개정
1996.12.3., 2007.10.29.〉
　　1. 체포 또는 구속된 피의자의 성명, 주민등록번호 등, 주거
　　2. 체포 또는 구속된 일자
　　3. 청구의 취지 및 청구의 이유
　　4. 청구인의 성명 및 체포 또는 구속된 피의자와의 관계
[제목개정 1996.12.3.]

제103조 삭제 〈2007.10.29.〉

제104조(심문기일의 통지 및 수사관계서류 등의 제출)
① 체포 또는 구속의 적부심사의 청구를 받은 법원은 지체 없이 청구인, 변호인, 검
사 및 피의자를 구금하고 있는 관서(경찰서, 교도소 또는 구치소 등)의 장에게
심문기일과 장소를 통지하여야 한다. 〈개정 2007.10.29.〉
② 사건을 수사 중인 검사 또는 사법경찰관은 제1항의 심문기일까지 수사관계서류
와 증거물을 법원에 제출하여야 하고, 피의자를 구금하고 있는 관서의 장은 위
심문기일에 피의자를 출석시켜야 한다. 법원사무관 등은 체포적부심사청구사건
의 기록표지에 수사관계서류와 증거물의 접수 및 반환의 시각을 기재하여야 한
다. 〈개정 1996.12.3.〉
③ 제54조의2제3항의 규정은 제1항에 따른 통지에 이를 준용한다. 〈개정
1996.12.3., 2007.10.29.〉

제104조의2(준용규정)
제96조의21의 규정은 체포 · 구속의 적부심사를 청구한 피의자의 변호인에게 이를

준용한다.
[본조신설 2006.8.17.]

제105조(심문기일의 절차)

① 법 제214조의2제9항에 따라 심문기일에 출석한 검사·변호인·청구인은 법원의 심문이 끝난 후 의견을 진술할 수 있다. 다만, 필요한 경우에는 심문 도중에도 판사의 허가를 얻어 의견을 진술할 수 있다.

② 피의자는 판사의 심문 도중에도 변호인에게 조력을 구할 수 있다.

③ 체포 또는 구속된 피의자, 변호인, 청구인은 피의자에게 유리한 자료를 낼 수 있다.

④ 법원은 피의자의 심문을 합의부원에게 명할 수 있다.

[전문개정 2007.10.29.]

제106조(결정의 기한)

체포 또는 구속의 적부심사청구에 대한 결정은 체포 또는 구속된 피의자에 대한 심문이 종료된 때로부터 24시간 이내에 이를 하여야 한다. 〈개정 1996.12.3.〉

제107조(압수, 수색, 검증 영장청구서의 기재사항)

① 압수, 수색 또는 검증을 위한 영장의 청구서에는 다음 각호의 사항을 기재하여야 한다. 〈개정 1996.12.3., 2007.10.29., 2011.12.30.〉

　1. 제95조제1호부터 제5호까지에 규정한 사항
　2. 압수할 물건, 수색 또는 검증할 장소, 신체나 물건
　3. 압수, 수색 또는 검증의 사유
　4. 일출전 또는 일몰후에 압수, 수색 또는 검증을 할 필요가 있는 때에는 그 취지 및 사유
　5. 법 제216조제3항에 따라 청구하는 경우에는 영장 없이 압수, 수색 또는 검증을 한 일시 및 장소
　6. 법 제217조제2항에 따라 청구하는 경우에는 체포한 일시 및 장소와 영장 없이 압수, 수색 또는 검증을 한 일시 및 장소
　7. 「통신비밀보호법」제2조제3호에 따른 전기통신을 압수·수색하고자 할 경우 그 작성기간

② 신체검사를 내용으로 하는 검증을 위한 영장의 청구서에는 제1항 각호의 사항외에 신체검사를 필요로 하는 이유와 신체검사를 받을 자의 성별, 건강상태를 기재하여야 한다.

제108조(자료의 제출)

① 법 제215조의 규정에 의한 청구를 할 때에는 피의자에게 범죄의 혐의가 있다고 인정되는 자료와 압수, 수색 또는 검증의 필요 및 해당 사건과의 관련성을 인정할 수 있는 자료를 제출하여야 한다. 〈개정 2011.12.30.〉

② 피의자 아닌 자의 신체, 물건, 주거 기타 장소의 수색을 위한 영장의 청구를 할 때에는 압수하여야 할 물건이 있다고 인정될 만한 자료를 제출하여야 한다.

제109조(준용규정)
제58조, 제62조의 규정은 검사 또는 사법경찰관의 압수, 수색에 제64조, 제65조의 규정은 검사 또는 사법경찰관의 검증에 각 이를 준용한다.

제110조(압수, 수색, 검증의 참여)
검사 또는 사법경찰관이 압수, 수색, 검증을 함에는 법 제243조에 규정한 자를 각 참여하게 하여야 한다.

제111조(제1회 공판기일 전 증인신문청구서의 기재사항)
법 제221조의2에 따른 증인신문 청구서에는 다음 각 호의 사항을 기재하여야 한다.
   1. 증인의 성명, 직업 및 주거
   2. 피의자 또는 피고인의 성명
   3. 죄명 및 범죄사실의 요지
   4. 증명할 사실
   5. 신문사항
   6. 증인신문청구의 요건이 되는 사실
   7. 피의자 또는 피고인에게 변호인이 있는 때에는 그 성명
[전문개정 2007.10.29.]

제112조(증인신문등의 통지)
판사가 법 제221조의2에 따른 증인신문을 실시할 경우에는 피고인, 피의자 또는 변호인에게 신문기일과 장소 및 증인신문에 참여할 수 있다는 취지를 통지하여야 한다. 〈개정 2007.10.29.〉
[전문개정 1996.12.3.]

제113조(감정유치청구서의 기재사항)
법 제221조의3에 따른 감정유치청구서에는 다음 각호의 사항을 기재하여야 한다. 〈개정 2007.10.29.〉
   1. 제95조제1호부터 제5호까지에 규정한 사항
   2. 유치할 장소 및 유치기간
   3. 감정의 목적 및 이유
   4. 감정인의 성명, 직업
[전문개정 1996.12.3.]

제114조(감정에 필요한 처분허가청구서의 기재사항)

법 제221조의4의 규정에 의한 처분허가청구서에는 다음 각호의 사항을 기재하여야
한다.

> 1. 법 제173조제2항에 규정한 사항. 다만, 피의자의 성명이 분명하지 아니한 때에는
>   인상, 체격 기타 피의자를 특정할 수 있는 사항을 기재하여야 한다.
> 2. 제95조제2호 내지 제5호에 규정한 사항
> 3. 감정에 필요한 처분의 이유

[전문개정 1996.12.3.]

제115조(준용규정)

제85조, 제86조 및 제88조의 규정은 법 제221조의3에 규정한 유치처분에, 제89조
의 규정은 법 제221조의4에 규정한 허가장에 각 이를 준용한다.

제116조(고소인의 신분관계 자료제출)

① 법 제225조 내지 제227조의 규정에 의하여 고소할 때에는 고소인과 피해자와의
   신분관계를 소명하는 서면을, 법 제229조에 의하여 고소할 때에는 혼인의 해소
   또는 이혼소송의 제기사실을 소명하는 서면을 각 제출하여야 한다.
② 법 제228조의 규정에 의하여 검사의 지정을 받은 고소인이 고소할 때에는 그
   지정받은 사실을 소명하는 서면을 제출하여야 한다.

제2장 공소

제117조(공소장의 기재요건)

① 공소장에는 법 제254조제3항에 규정한 사항외에 다음 각호의 사항을 기재하여
   야 한다. 〈개정 1996.12.3., 2007.10.29.〉
> 1. 피고인의 주민등록번호 등, 직업, 주거 및 등록기준지. 다만, 피고인이 법인인 때
>   에는 사무소 및 대표자의 성명과 주소
> 2. 피고인이 구속되어 있는지 여부
② 제1항제1호에 규정한 사항이 명백하지 아니할 때에는 그 취지를 기재하여야 한다.

제118조(공소장의 첨부서류)

① 공소장에는, 공소제기전에 변호인이 선임되거나 보조인의 신고가 있는 경우 그
   변호인선임서 또는 보조인신고서를, 공소제기전에 특별대리인의 선임이 있는 경
   우 그 특별대리인 선임결정등본을, 공소제기당시 피고인이 구속되어 있거나, 체
   포 또는 구속된 후 석방된 경우 체포영장, 긴급체포서, 구속영장 기타 구속에
   관한 서류를 각 첨부하여야 한다. 〈개정 1996.12.3.〉
② 공소장에는 제1항에 규정한 서류외에 사건에 관하여 법원에 예단이 생기게 할

수 있는 서류 기타 물건을 첨부하거나 그 내용을 인용하여서는 아니된다. 〈개정 1996.12.3.〉

제119조 삭제 〈2007.10.29.〉

제120조(재정신청인에 대한 통지)
법원은 재정신청서를 송부받은 때에는 송부받은 날로부터 10일 이내에 피의자 이외에 재정신청인에게도 그 사유를 통지하여야 한다.
[전문개정 2007. 10. 29.]

제121조(재정신청의 취소방식 및 취소의 통지)
① 법 제264조제2항에 규정된 취소는 관할고등법원에 서면으로 하여야 한다. 다만, 기록이 관할고등법원에 송부되기 전에는 그 기록이 있는 검찰청 검사장 또는 지청장에게 하여야 한다.
② 제1항의 취소서를 제출받은 고등법원의 법원사무관등은 즉시 관할 고등검찰청 검사장 및 피의자에게 그 사유를 통지하여야 한다. 〈개정 2007.10.29.〉

제122조(재정신청에 대한 결정과 이유의 기재)
법 제262조제2항제2호에 따라 공소제기를 결정하는 때에는 죄명과 공소사실이 특정될 수 있도록 이유를 명시하여야 한다.
[전문개정 2007.10.29.]

제122조의2(국가에 대한 비용부담의 범위)
법 제262조의3제1항에 따른 비용은 다음 각 호에 해당하는 것으로 한다. 〈개정 2020.6.26.〉
  1. 증인·감정인·통역인(듣거나 말하는 데 장애가 있는 사람을 위한 통역인을 제외한다)·번역인에게 지급되는 일당·여비·숙박료·감정료·통역료·번역료
  2. 현장검증 등을 위한 법관, 법원사무관 등의 출장경비
  3. 그 밖에 재정신청 사건의 심리를 위하여 법원이 지출한 송달료 등 절차진행에 필요한 비용
[본조신설 2007.10.29.]

제122조의3(국가에 대한 비용부담의 절차)
① 법 제262조의3제1항에 따른 재판의 집행에 관하여는 법 제477조의 규정을 준용한다.
② 제1항의 비용의 부담을 명하는 재판에 그 금액을 표시하지 아니한 때에는 집행을 지휘하는 검사가 산정한다.
[본조신설 2007.10.29.]

제122조의4(피의자에 대한 비용지급의 범위)

① 법 제262조의3제2항과 관련한 비용은 다음 각 호에 해당하는 것으로 한다.

    1. 피의자 또는 변호인이 출석함에 필요한 일당·여비·숙박료

    2. 피의자가 변호인에게 부담하였거나 부담하여야 할 선임료

    3. 기타 재정신청 사건의 절차에서 피의자가 지출한 비용으로 법원이 피의자의 방어 권행사에 필요하다고 인정한 비용

② 제1항제2호의 비용을 계산함에 있어 선임료를 부담하였거나 부담할 변호인이 여러 명이 있는 경우에는 그 중 가장 고액의 선임료를 상한으로 한다.

③ 제1항제2호의 변호사 선임료는 사안의 성격·난이도, 조사에 소요된 기간 그 밖에 변호인의 변론활동에 소요된 노력의 정도 등을 종합적으로 고려하여 상당하다고 인정되는 금액으로 정한다.

[본조신설 2007.10.29.]

제122조의5(피의자에 대한 비용지급의 절차)

① 피의자가 법 제262조의3제2항에 따른 신청을 할 때에는 다음 각 호의 사항을 기재한 서면을 재정신청사건의 관할 법원에 제출하여야 한다.

    1. 재정신청 사건번호

    2. 피의자 및 재정신청인

    3. 피의자가 재정신청절차에서 실제 지출하였거나 지출하여야 할 금액 및 그 용도

    4. 재정신청인에게 지급을 구하는 금액 및 그 이유

② 피의자는 제1항의 서면을 제출함에 있어 비용명세서 그 밖에 비용액을 소명하는 데 필요한 서면과 고소인 수에 상응하는 부본을 함께 제출하여야 한다.

③ 법원은 제1항 및 제2항의 서면의 부본을 재정신청인에게 송달하여야 하고, 재정신청인은 위 서면을 송달받은 날로부터 10일 이내에 이에 대한 의견을 서면으로 법원에 낼 수 있다.

④ 법원은 필요하다고 인정하는 경우에는 피의자 또는 변호인에게 비용액의 심리를 위하여 필요한 자료의 제출 등을 요구할 수 있고, 재정신청인, 피의자 또는 변호인을 심문할 수 있다.

⑤ 비용지급명령에는 피의자 및 재정신청인, 지급을 명하는 금액을 표시하여야 한다. 비용지급명령의 이유는 특히 필요하다고 인정되는 경우가 아니면 이를 기재하지 아니한다.

⑥ 비용지급명령은 피의자 및 재정신청인에게 송달하여야 하고, 법 제262조의3제3항에 따른 즉시항고기간은 피의자 또는 재정신청인이 비용지급명령서를 송달받은 날부터 진행한다.

⑦ 확정된 비용지급명령정본은 「민사집행법」에 따른 강제집행에 관하여는 민사절차에서의 집행력 있는 판결정본과 동일한 효력이 있다.

[본조신설 2007.10.29.]

제3장 공판

제1절 공판준비와 공판절차

제123조(제1회공판기일소환장의 송달시기)

피고인에 대한 제1회 공판기일소환장은 법 제266조의 규정에 의한 공소장부본의 송달전에는 이를 송달하여서는 아니된다.

제123조의2(공소제기 후 검사가 보관하는 서류 등의 열람·등사 신청)

법 제266조의3제1항의 신청은 다음 사항을 기재한 서면으로 하여야 한다.

1. 사건번호, 사건명, 피고인
2. 신청인 및 피고인과의 관계
3. 열람 또는 등사할 대상

[본조신설 2007.10.29.]

제123조의3(영상녹화물과 열람·등사)

법 제221조·법 제244조의2에 따라 작성된 영상녹화물에 대한 법 제266조의3의 열람·등사는 원본과 함께 작성된 부본에 의하여 이를 행할 수 있다.

[본조신설 2007.10.29.]

제123조의4(법원에 대한 열람·등사 신청)

① 법 제266조의4제1항의 신청은 다음 사항을 기재한 서면으로 하여야 한다.

1. 열람 또는 등사를 구하는 서류 등의 표목
2. 열람 또는 등사를 필요로 하는 사유

② 제1항의 신청서에는 다음 각 호의 서류를 첨부하여야 한다.

1. 제123조의2의 신청서 사본
2. 검사의 열람·등사 불허 또는 범위 제한 통지서. 다만 검사가 서면으로 통지하지 않은 경우에는 그 사유를 기재한 서면
3. 신청서 부본 1부

③ 법원은 제1항의 신청이 있는 경우, 즉시 신청서 부본을 검사에게 송부하여야 하고, 검사는 이에 대한 의견을 제시할 수 있다.

④ 제1항, 제2항제1호·제3호의 규정은 법 제266조의11제3항에 따른 검사의 신청에 이를 준용한다. 법원은 검사의 신청이 있는 경우 즉시 신청서 부본을 피고인 또는 변호인에게 송부하여야 하고, 피고인 또는 변호인은 이에 대한 의견을 제시할 수 있다.

[본조신설 2007.10 29.]

제123조의5(공판준비기일 또는 공판기일에서의 열람·등사)

① 검사, 피고인 또는 변호인은 공판준비 또는 공판기일에서 법원의 허가를 얻어 구두로 상대방에게 법 제266조의3·제266조의11에 따른 서류 등의 열람 또는 등사를 신청할 수 있다.

② 상대방이 공판준비 또는 공판기일에서 서류 등의 열람 또는 등사를 거부하거나 그 범위를 제한한 때에는 법원은 법 제266조의4제2항의 결정을 할 수 있다.

③ 제1항, 제2항에 따른 신청과 결정은 공판준비 또는 공판기일의 조서에 기재하여야 한다.

[본조신설 2007.10.29.]

제123조의6(재판의 고지 등에 관한 특례)

법원은 서면 이외에 전화·모사전송·전자우편·휴대전화 문자전송 그 밖에 적당한 방법으로 검사·피고인 또는 변호인에게 공판준비와 관련된 의견을 요청하거나 결정을 고지할 수 있다.

[본조신설 2007.10.29.]

제123조의7(쟁점의 정리)

① 사건이 공판준비절차에 부쳐진 때에는 검사는 증명하려는 사실을 밝히고 이를 증명하는 데 사용할 증거를 신청하여야 한다.

② 피고인 또는 변호인은 검사의 증명사실과 증거신청에 대한 의견을 밝히고, 공소사실에 관한 사실상·법률상 주장과 그에 대한 증거를 신청하여야 한다.

③ 검사·피고인 또는 변호인은 필요한 경우 상대방의 주장 및 증거신청에 대하여 필요한 의견을 밝히고, 그에 관한 증거를 신청할 수 있다.

[본조신설 2007.10.29.]

제123조의8(심리계획의 수립)

① 법원은 사건을 공판준비절차에 부친 때에는 집중심리를 하는 데 필요한 심리계획을 수립하여야 한다.

② 검사·피고인 또는 변호인은 특별한 사정이 없는 한 필요한 증거를 공판준비절차에서 일괄하여 신청하여야 한다.

③ 법원은 증인을 신청한 자에게 증인의 소재, 연락처, 출석 가능성 및 출석이 가능한 일시 등 증인의 신문에 필요한 사항의 준비를 명할 수 있다.

[본조신설 2007.10.29.]

제123조의9(기일외 공판준비)

① 재판장은 검사·피고인 또는 변호인에게 기한을 정하여 공판준비 절차의 진행에 필요한 사항을 미리 준비하게 하거나 그 밖에 공판준비에 필요한 명령을 할 수 있다.

② 재판장은 기한을 정하여 법 제266조의6제2항에 규정된 서면의 제출을 명할 수 있다.

③ 제2항에 따른 서면에는 필요한 사항을 구체적이고 간결하게 기재하여야 하고, 증거로 할 수 없거나 증거로 신청할 의사가 없는 자료에 기초하여 법원에 사건에 대한 예단 또는 편견을 발생하게 할 염려가 있는 사항을 기재하여서는 아니 된다.

④ 피고인이 제2항에 따른 서면을 낼 때에는 1통의 부본을, 검사가 제2항에 따른 서면을 낼 때에는 피고인의 수에 1을 더한 수에 해당하는 부본을 함께 제출하여야 한다. 다만, 여러 명의 피고인에 대하여 동일한 변호인이 선임된 경우에는 검사는 변호인의 수에 1을 더한 수에 해당하는 부본만을 낼 수 있다.

[본조신설 2007.10.29.]

제123조의10(공판준비기일의 변경)

검사 · 피고인 또는 변호인은 부득이한 사유로 공판준비기일을 변경할 필요가 있는 때에는 그 사유와 기간 등을 구체적으로 명시하여 공판준비기일의 변경을 신청할 수 있다.

[본조신설 2007.10.29.]

제123조의11(공판준비기일이 지정된 사건의 국선변호인 선정)

① 법 제266조의7에 따라 공판준비 기일이 지정된 사건에 관하여 피고인에게 변호인이 없는 때에는 법원은 지체 없이 국선변호인을 선정하고, 피고인 및 변호인에게 그 뜻을 고지하여야 한다.

② 공판준비기일이 지정된 후에 변호인이 없게 된 때에도 제1항을 준용한다.

[본조신설 2007.10.29.]

제123조의12(공판준비기일조서)

① 법원이 공판준비기일을 진행한 경우에는 참여한 법원사무관 등이 조서를 작성하여야 한다.

② 제1항의 조서에는 피고인, 증인, 감정인, 통역인 또는 번역인의 진술의 요지와 쟁점 및 증거에 관한 정리결과 그 밖에 필요한 사항을 기재하여야 한다.

③ 제1항, 제2항의 조서에는 재판장 또는 법관과 참여한 법원사무관 등이 기명날인 또는 서명하여야 한다.

[본조신설 2007.10.29.]

제123조의13(비디오 등 중계장치 등에 의한 공판준비기일)

① 법 제266조의17제1항에 따른 공판준비기일(이하 "영상공판준비기일"이라 한다)은 검사, 변호인을 비디오 등 중계장치에 의한 중계시설에 출석하게 하거나 인터넷 화상장치를 이용하여 지정된 인터넷주소에 접속하게 하고, 영상과 음향의

송수신에 의하여 법관, 검사, 변호인이 상대방을 인식할 수 있는 방법으로 한다.
② 제1항의 비디오 등 중계장치에 의한 중계시설은 법원 청사 안에 설치하되, 필요한 경우 법원 청사 밖의 적당한 곳에 설치할 수 있다.
③ 법원은 제2항 후단에 따라 비디오 등 중계장치에 의한 중계시설이 설치된 관공서나 그 밖의 공사단체의 장에게 영상공판준비기일의 원활한 진행에 필요한 조치를 요구할 수 있다.
④ 영상공판준비기일에서의 서류 등의 제시는 비디오 등 중계장치에 의한 중계시설이나 인터넷 화상장치를 이용하거나 모사전송, 전자우편, 그 밖에 이에 준하는 방법으로 할 수 있다.
⑤ 인터넷 화상장치를 이용하는 경우 영상공판준비기일에 지정된 인터넷 주소에 접속하지 아니한 때에는 불출석한 것으로 본다. 다만, 당사자가 책임질 수 없는 사유로 접속할 수 없었던 때에는 그러하지 아니하다.
⑥ 통신불량, 소음, 서류 등 확인의 불편, 제3자 관여 우려 등의 사유로 영상공판준비기일의 실시가 상당하지 아니한 당사자가 있는 경우 법원은 기일을 연기 또는 속행하면서 그 당사자가 법정에 직접 출석하는 기일을 지정할 수 있다.
⑦ 법원조직법 제58조제2항에 따른 명령을 위반하는 행위, 같은 법 제59조에 위반하는 행위, 심리방해행위 또는 재판의 위신을 현저히 훼손하는 행위가 있는 경우 감치 또는 과태료에 처하는 재판에 관하여는 법정등의질서유지를위한재판에관한규칙에 따른다.
⑧ 영상공판준비기일을 실시한 경우 그 취지를 조서에 적어야 한다.
[본조신설 2021.10.29.]

제124조(공판개정시간의 구분 지정)
재판장은 가능한 한 각 사건에 대한 공판개정시간을 구분하여 지정하여야 한다.

제124조의2(일괄 기일 지정과 당사자의 의견 청취)
재판장은 법 제267조의2제3항의 규정에 의하여 여러 공판기일을 일괄하여 지정할 경우에는 검사, 피고인 또는 변호인의 의견을 들어야 한다.
[본조신설 2007.10.29.]

제125조(공판기일 변경신청)
법 제270조제1항에 규정한 공판기일 변경신청에는 공판기일의 변경을 필요로 하는 사유와 그 사유가 계속되리라고 예상되는 기간을 명시하여야 하며 진단서 기타의 자료로써 이를 소명하여야 한다.

제125조의2(변론의 방식)
공판정에서의 변론은 구체적이고 명료하게 하여야 한다.

[본조신설 2007.10.29.]

제126조(피고인의 대리인의 대리권)
피고인이 법 제276조 단서 또는 법 제277조에 따라 공판기일에 대리인을 출석하게 할 때에는 그 대리인에게 대리권을 수여한 사실을 증명하는 서면을 법원에 제출하여야 한다. 〈개정 2007.10.29.〉

제126조의2(신뢰관계 있는 자의 동석)
① 법 제276조의2제1항에 따라 피고인과 동석할 수 있는 신뢰관계에 있는 자는 피고인의 배우자, 직계친족, 형제자매, 가족, 동거인, 고용주 그 밖에 피고인의 심리적 안정과 원활한 의사소통에 도움을 줄 수 있는 자를 말한다.
② 법 제276조의2제1항에 따른 동석 신청에는 동석하고자 하는 자와 피고인 사이의 관계, 동석이 필요한 사유 등을 밝혀야 한다.
③ 피고인과 동석한 신뢰관계에 있는 자는 재판의 진행을 방해하여서는 아니 되며, 재판장은 동석한 신뢰관계 있는 자가 부당하게 재판의 진행을 방해하는 때에는 동석을 중지시킬 수 있다.
[본조신설 2007.10.29.]
[종전 제126조의2는 제126조의4로 이동 〈2007.10.29.〉]

제126조의3(불출석의 허가와 취소)
① 법 제277조 제3호에 규정한 불출석허가신청은 공판기일에 출석하여 구술로 하거나 공판기일 외에서 서면으로 할 수 있다.
② 법원은 피고인의 불출석허가신청에 대한 허가 여부를 결정하여야 한다.
③ 법원은 피고인의 불출석을 허가한 경우에도 피고인의 권리보호 등을 위하여 그 출석이 필요하다고 인정되는 때에는 불출석 허가를 취소할 수 있다.
[본조신설 2007.10.29.]
[종전 제126조의3은 제126조의5로 이동 〈2007.10.29.〉]

제126조의4(출석거부의 통지)
법 제277조의2의 사유가 발생하는 경우에는 교도소장은 즉시 그 취지를 법원에 통지하여야 한다.
[본조신설 1996.12.3.]
[제126조의2에서 이동, 종전 제126조의4는 제126조의6으로 이동 〈2007.10.29.〉]

제126조의5(출석거부에 관한 조사)
① 법원이 법 제277조의2에 따라 피고인의 출석 없이 공판절차를 진행하고자 하는 경우에는 미리 그 사유가 존재하는가의 여부를 조사하여야 한다. 〈개정 2007.10.29.〉
② 법원이 제1항의 조사를 함에 있어서 필요하다고 인정하는 경우에는 교도관리 기

타 관계자의 출석을 명하여 진술을 듣거나 그들로 하여금 보고서를 제출하도록 명할 수 있다. 〈개정 2007.10.29.〉

③ 법원은 합의부원으로 하여금 제1항의 조사를 하게 할 수 있다.

[본조신설 1996.12.3.] [제126조의3에서 이동 〈2007.10.29.〉] [제목개정 2007.10.29.]

제126조의6(피고인 또는 검사의 출석없이 공판절차를 진행한다는 취지의 고지)

법 제277조의2의 규정에 의하여 피고인의 출석없이 공판절차를 진행하는 경우 또는 법 제278조의 규정에 의하여 검사의 2회 이상 불출석으로 공판절차를 진행하는 경우에는 재판장은 공판정에서 소송관계인에게 그 취지를 고지하여야 한다.

[본조신설 1996.12.3.] [제126조의4에서 이동 〈2007.10.29.〉]

제126조의7(전문심리위원의 지정)

법원은 전문심리위원규칙에 따라 정해진 전문심리위원 후보자 중에서 전문심리위원을 지정하여야 한다.

[본조신설 2007.12.31.]

제126조의8(기일 외의 전문심리위원에 대한 설명 등의 요구와 통지)

재판장이 기일 외에서 전문심리위원에 대하여 설명 또는 의견을 요구한 사항이 소송관계를 분명하게 하는 데 중요한 사항일 때에는 법원사무관 등은 검사, 피고인 또는 변호인에게 그 사항을 통지하여야 한다.

[본조신설 2007.12.31.]

제126조의9(서면의 사본 송부)

전문심리위원이 설명이나 의견을 기재 한 서면을 제출한 경우에는 법원사무관등은 검사, 피고인 또는 변호인에게 그 사본을 보내야 한다.

[본조신설 2007.12.31.]

제126조의10(전문심리위원에 대한 준비지시)

① 재판장은 전문심리위원을 소송절차에 참여시키기 위하여 필요하다고 인정한 때에는 쟁점의 확인 등 적절한 준비를 지시할 수 있다.

② 재판장이 제1항의 준비를 지시한 때에는 법원사무관등은 검사, 피고인 또는 변호인에게 그 취지를 통지하여야 한다.

[본조신설 2007.12.31.]

제126조의11(증인신문기일에서의 재판장의 조치)

재판장은 전문심리위원의 말이 증인의 증언에 영향을 미치지 않게 하기 위하여 필요하다고 인정할 때에는 직권 또는 검사, 피고인 또는 변호인의 신청에 따라 증인의 퇴정 등 적절한 조치를 취할 수 있다.
[본조신설 2007.12.31.]

제126조의12(조서의 기재)

① 전문심리위원이 공판준비기일 또는 공판기일에 참여한 때에는 조서에 그 성명을 기재하여야 한다.
② 전문심리위원이 재판장, 수명법관 또는 수탁판사의 허가를 받아 소송관계인에게 질문을 한 때에는 조서에 그 취지를 기재하여야 한다.
[본조신설 2007.12.31.]

제126조의13(전문심리위원 참여 결정의 취소 신청방식 등)

① 법 제279조의2 제1항에 따른 결정의 취소 신청은 기일에서 하는 경우를 제외하고는 서면으로 하여야 한다.
② 제1항의 신청을 할 때에는 신청 이유를 밝혀야 한다. 다만, 검사와 피고인 또는 변호인이 동시에 신청할 때에는 그러하지 아니하다.
[본조신설 2007.12.31.]

제126조의14(수명법관 등의 권한)

수명법관 또는 수탁판사가 소송절차를 진행하는 경우에는 제126조의10부터 제126조의12까지의 규정에 따른 재판장의 직무는 그 수명법관이나 수탁판사가 행한다.
[본조신설 2007.12.31.]

제127조(피고인에 대한 진술거부권 등의 고지)

재판장은 법 제284조에 따른 인정신문을 하기 전에 피고인에게 진술을 하지 아니하거나 개개의 질문에 대하여 진술을 거부할 수 있고, 이익 되는 사실을 진술할 수 있음을 알려 주어야 한다.
[전문개정 2007.10.29.]

제127조의2(피고인의 모두진술)

①재판장은 법 제285조에 따른 검사의 모두진술 절차를 마친 뒤에 피고인에게 공소사실을 인정하는지 여부에 관하여 물어야 한다.
②피고인 및 변호인은 공소에 관한 의견 그 밖에 이익이 되는 사실 등을 진술할 수 있다.
[본조신설 2007.10.29.]

제128조 삭제 〈2007.10.29.〉

제129조 삭제 〈2007.10.29.〉

제130조 삭제 〈2007.10.29.〉

제131조(간이공판절차의 결정전의 조치)
법원이 법 제286조의2의 규정에 의한 결정을 하고자 할 때에는 재판장은 이미 피고인에게 간이공판절차의 취지를 설명하여야 한다.

제132조(증거의 신청)
검사·피고인 또는 변호인은 특별한 사정이 없는 한 필요한 증거를 일괄하여 신청하여야 한다.
[본조신설 2007.10.29.] [종전 제132조는 제132조의2로 이동 〈2007.10.29.〉]

제132조의2(증거신청의 방식)
① 검사, 피고인 또는 변호인이 증거신청을 함에 있어서는 그 증거와 증명하고자 하는 사실과의 관계를 구체적으로 명시하여야 한다.
② 피고인의 자백을 보강하는 증거나 정상에 관한 증거는 보강증거 또는 정상에 관한 증거라는 취지를 특히 명시하여 그 조사를 신청하여야 한다.
③ 서류나 물건의 일부에 대한 증거신청을 함에 있어서는 증거로 할 부분을 특정하여 명시하여야 한다.
④ 법원은 필요하다고 인정할 때에는 증거신청을 한 자에게, 신문할 증인, 감정인, 통역인 또는 번역인의 성명, 주소, 서류나 물건의 표목 및 제1항 내지 제3항에 규정된 사항을 기재한 서면의 제출을 명할 수 있다.
⑤ 제1항 내지 제4항의 규정에 위반한 증거신청은 이를 기각할 수 있다.
[전문개정 1989.6.7.] [제132조에서 이동, 종전 제132조의2는 제132조의3으로 이동 〈2007.10.29.〉]

제132조의3(수사기록의 일부에 대한 증거신청방식)
① 법 제311조부터 법 제315조까지 또는 법 제318조에 따라 증거로 할 수 있는 서류나 물건이 수사기록의 일부인 때에는 검사는 이를 특정하여 개별적으로 제출함으로써 그 조사를 신청하여야 한다. 수사기록의 일부인 서류나 물건을 자백에 대한 보강증거나 피고인의 정상에 관한 증거로 낼 경우 또는 법 제274조에 따라 공판기일전에 서류나 물건을 낼 경우에도 이와 같다. 〈개정 2007.10.29.〉
② 제1항의 규정에 위반한 증거신청은 이를 기각할 수 있다.
[본조신설 1989.6.7.] [제132조의2에서 이동, 종전 제132조의3은 제132조의4로 이동 〈2007.10.29.〉]

제132조의4(보관서류에 대한 송부요구)

① 법 제272조에 따른 보관서류의 송부요구신청은 법원, 검찰청, 수사처, 기타의 공무소 또는 공사단체(이하 "法院등"이라고 한다)가 보관하고 있는 서류의 일부에 대하여도 할 수 있다. 〈개정 2007.10.29., 2021.1.29.〉

② 제1항의 신청을 받은 법원이 송부요구신청을 채택하는 경우에는 서류를 보관하고 있는 법원등에 대하여 그 서류 중 신청인 또는 변호인이 지정하는 부분의 인증등본을 송부하여 줄 것을 요구할 수 있다.

③ 제2항의 규정에 의한 요구를 받은 법원등은 당해서류를 보관하고 있지 아니하거나 기타 송부요구에 응할 수 없는 사정이 있는 경우를 제외하고는 신청인 또는 변호인에게 당해서류를 열람하게 하여 필요한 부분을 지정할 수 있도록 하여야 하며 정당한 이유없이 이에 대한 협력을 거절하지 못한다.

④ 서류의 송부요구를 받은 법원등이 당해서류를 보관하고 있지 아니하거나 기타 송부요구에 응할 수 없는 사정이 있는 때에는 그 사유를 요구법원에 통지하여야 한다.

[본조신설 1996.12.3.] [제132조의3에서 이동 〈2007.10.29.〉] [제목개정 2007.10.29.]

제132조의5(민감정보 등의 처리)

① 법원은 재판업무 및 그에 부수하는 업무의 수행을 위하여 필요한 경우 「개인정보 보호법」제23조의 민감정보, 제24조의 고유식별정보, 제24조의2의 주민등록번호 및 그 밖의 개인정보를 처리할 수 있다. 〈개정 2014.8.6.〉

② 법원은 필요하다고 인정하는 경우 법 제272조에 따라 법원등에 대하여 제1항의 민감정보, 고유식별정보, 주민등록번호 및 그 밖의 개인정보가 포함된 자료의 송부를 요구할 수 있다. 〈개정 2014.8.6.〉

③ 제2항에 따른 송부에 관하여는 제132조의4제2항부터 제4항까지의 규정을 준용한다.

[본조신설 2012.5.29.]

제133조(증거신청의 순서)

증거신청은 검사가 먼저 이를 한 후 다음에 피고인 또는 변호인이 이를 한다.

제134조(증거결정의 절차)

① 법원은 증거결정을 함에 있어서 필요하다고 인정할 때에는 그 증거에 대한 검사, 피고인 또는 변호인의 의견을 들을 수 있다.

② 법원은 서류 또는 물건이 증거로 제출된 경우에 이에 관한 증거결정을 함에 있어서는 제출한 자로 하여금 그 서류 또는 물건을 상대방에게 제시하게 하여 상대방으로 하여금 그 서류 또는 물건의 증거능력 유무에 관한 의견을 진술하게 하여야 한다. 다만, 법 제318조의3의 규정에 의하여 동의가 있는 것으로 간주되

는 경우에는 그러하지 아니하다.
③ 삭제 〈2021.12.31.〉
④ 법원은 증거신청을 기각·각하하거나, 증거신청에 대한 결정을 보류하는 경우, 증거신청인으로부터 당해 증거서류 또는 증거물을 제출받아서는 아니 된다. 〈신설 2007.10.29.〉

제134조의2(영상녹화물의 조사 신청)

① 검사는 피고인이 아닌 피의자의 진술을 영상녹화한 사건에서 피고인이 아닌 피의자가 그 조서에 기재된 내용이 자신이 진술한 내용과 동일하게 기재되어 있음을 인정하지 아니하는 경우 그 부분의 성립의 진정을 증명하기 위하여 영상녹화물의 조사를 신청할 수 있다. 〈개정 2020.12.28.〉
② 삭제 〈2020.12.28.〉
③ 제1항의 영상녹화물은 조사가 개시된 시점부터 조사가 종료되어 피의자가 조서에 기명날인 또는 서명을 마치는 시점까지 전과정이 영상녹화된 것으로, 다음 각 호의 내용을 포함하는 것이어야 한다.
  1. 피의자의 신문이 영상녹화되고 있다는 취지의 고지
  2. 영상녹화를 시작하고 마친 시각 및 장소의 고지
  3. 신문하는 검사와 참여한 자의 성명과 직급의 고지
  4. 진술거부권·변호인의 참여를 요청할 수 있다는 점 등의 고지
  5. 조사를 중단·재개하는 경우 중단 이유와 중단 시각, 중단 후 재개하는 시각
  6. 조사를 종료하는 시각
④ 제1항의 영상녹화물은 조사가 행해지는 동안 조사실 전체를 확인할 수 있도록 녹화된 것으로 진술자의 얼굴을 식별할 수 있는 것이어야 한다.
⑤ 제1항의 영상녹화물의 재생 화면에는 녹화 당시의 날짜와 시간이 실시간으로 표시되어야 한다.
⑥ 삭제 〈2020.12.28.〉
[본조신설 2007.10.29.]

제134조의3(제3자의 진술과 영상녹화물)

① 검사는 피의자가 아닌 자가 공판준비 또는 공판기일에서 조서가 자신이 검사 또는 사법경찰관 앞에서 진술한 내용과 동일하게 기재되어 있음을 인정하지 아니하는 경우 그 부분의 성립의 진정을 증명하기 위하여 영상녹화물의 조사를 신청할 수 있다.
② 검사는 제1항에 따라 영상녹화물의 조사를 신청하는 때에는 피의자가 아닌 자가 영상녹화에 동의하였다는 취지로 기재하고 기명날인 또는 서명한 서면을 첨부하여야 한다.
③ 제134조의2제3항제1호부터 제3호, 제5호, 제6호, 제4항, 제5항은 검사가 피의자가 아닌 자에 대한 영상녹화물의 조사를 신청하는 경우에 준용한다.
[본조신설 2007.10.29.]

제134조의4(영상녹화물의 조사)

① 법원은 검사가 영상녹화물의 조사를 신청한 경우 이에 관한 결정을 함에 있어 원진술자와 함께 피고인 또는 변호인으로 하여금 그 영상녹화물이 적법한 절차와 방식에 따라 작성되어 봉인된 것인지 여부에 관한 의견을 진술하게 하여야 한다. 〈개정 2020.12.28.〉

② 삭제 〈2020.12.28.〉

③ 법원은 공판준비 또는 공판기일에서 봉인을 해체하고 영상녹화물의 전부 또는 일부를 재생하는 방법으로 조사하여야 한다. 이 때 영상녹화물은 그 재생과 조사에 필요한 전자적 설비를 갖춘 법정 외의 장소에서 이를 재생할 수 있다.

④ 재판장은 조사를 마친 후 지체 없이 법원사무관 등으로 하여금 다시 원본을 봉인하도록 하고, 원진술자와 함께 피고인 또는 변호인에게 기명날인 또는 서명하도록 하여 검사에게 반환한다. 다만, 피고인의 출석 없이 개정하는 사건에서 변호인이 없는 때에는 피고인 또는 변호인의 기명날인 또는 서명을 요하지 아니한다.

[본조신설 2007.10.29.]

제134조의5(기억 환기를 위한 영상녹화물의 조사)

① 법 제318조의2제2항에 따른 영상녹화물의 재생은 검사의 신청이 있는 경우에 한하고, 기억의 환기가 필요한 피고인 또는 피고인 아닌 자에게만 이를 재생하여 시청하게 하여야 한다.

② 제134조의2제3항부터 제5항까지와 제134조의4는 검사가 법 제318조의2제2항에 의하여 영상녹화물의 재생을 신청하는 경우에 준용한다.

[본조신설 2007.10.29.]

제134조의6(증거서류에 대한 조사방법)

① 법 제292조제3항에 따른 증거서류 내용의 고지는 그 요지를 고지하는 방법으로 한다.

② 재판장은 필요하다고 인정하는 때에는 법 제292조제1항·제2항·제4항의 낭독에 갈음하여 그 요지를 진술하게 할 수 있다.

[본조신설 2007.10.29.]

제134조의7(컴퓨터용디스크 등에 기억된 문자정보 등에 대한 증거조사)

① 컴퓨터용디스크 그 밖에 이와 비슷한 정보저장매체(다음부터 이 조문 안에서 이 모두를 "컴퓨터디스크 등"이라 한다)에 기억된 문자정보를 증거자료로 하는 경우에는 읽을 수 있도록 출력하여 인증한 등본을 낼 수 있다.

② 컴퓨터디스크 등에 기억된 문자정보를 증거로 하는 경우에 증거조사를 신청한 당사자는 법원이 명하거나 상대방이 요구한 때에는 컴퓨터디스크 등에 입력한 사람과 입력한 일시, 출력한 사람과 출력한 일시를 밝혀야 한다.

③ 컴퓨터디스크 등에 기억된 정보가 도면·사진 등에 관한 것인 때에는 제1항과 제2항의 규정을 준용한다.
[본조신설 2007.10.29.]

제134조의8(음성·영상자료 등에 대한 증거조사)

① 녹음·녹화테이프, 컴퓨터용디스크, 그 밖에 이와 비슷한 방법으로 음성이나 영상을 녹음 또는 녹화(다음부터 이 조문 안에서 "녹음·녹화 등"이라 한다)하여 재생할 수 있는 매체(다음부터 이 조문 안에서 "녹음·녹화매체 등"이라 한다)에 대한 증거조사를 신청하는 때에는 음성이나 영상이 녹음·녹화 등이 된 사람, 녹음·녹화 등을 한 사람 및 녹음·녹화 등을 한 일시 · 장소를 밝혀야 한다.

② 녹음·녹화매체 등에 대한 증거조사를 신청한 당사자는 법원이 명하거나 상대방이 요구한 때에는 녹음·녹음매체 등의 녹취서, 그 밖에 그 내용을 설명하는 서면을 제출하여야 한다.

③ 녹음·녹화매체 등에 대한 증거조사는 녹음·녹화매체 등을 재생하여 청취 또는 시청하는 방법으로 한다.
[본조신설 2007.10.29.]

제134조의9(준용규정)

도면·사진 그 밖에 정보를 담기 위하여 만들어진 물건으로서 문서가 아닌 증거의 조사에 관하여는 특별한 규정이 없으면 법 제292조, 법 제292조의2의 규정을 준용한다.
[본조신설 2007.10.29.]

제134조의10(피해자등의 의견진술)

① 법원은 필요하다고 인정하는 경우에는 직권으로 또는 법 제294조의2제1항에 정한 피해자등(이하 이 조 및 제134조의11에서 '피해자등'이라 한다)의 신청에 따라 피해자등을 공판기일에 출석하게 하여 법 제294조의2제2항에 정한 사항으로서 범죄사실의 인정에 해당하지 않는 사항에 관하여 증인신문에 의하지 아니하고 의견을 진술하게 할 수 있다.

② 재판장은 재판의 진행상황 등을 고려하여 피해자등의 의견진술에 관한 사항과 그 시간을 미리 정할 수 있다.

③ 재판장은 피해자등의 의견진술에 대하여 그 취지를 명확하게 하기 위하여 피해자등에게 질문할 수 있고, 설명을 촉구할 수 있다.

④ 합의부원은 재판장에게 알리고 제3항의 행위를 할 수 있다.

⑤ 검사, 피고인 또는 변호인은 피해자등이 의견을 진술한 후 그 취지를 명확하게 하기 위하여 재판장의 허가를 받아 피해자등에게 질문할 수 있다.

⑥ 재판장은 다음 각 호의 어느 하나에 해당하는 경우에는 피해자등의 의견진술이

나 검사, 피고인 또는 변호인의 피해자등에 대한 질문을 제한할 수 있다.
1. 피해자등이나 피해자 변호사가 이미 해당 사건에 관하여 충분히 진술하여 다시 진술할 필요가 없다고 인정되는 경우
2. 의견진술 또는 질문으로 인하여 공판절차가 현저하게 지연될 우려가 있다고 인정되는 경우
3. 의견진술과 질문이 해당 사건과 관계없는 사항에 해당된다고 인정되는 경우
4. 범죄사실의 인정에 관한 것이거나, 그 밖의 사유로 피해자등의 의견진술로서 상당하지 아니하다고 인정되는 경우
⑦ 제1항의 경우 법 제163조의2제1항, 제3항 및 제84조의3을 준용한다.
[본조신설 2015.6.29.]

제134조의11(의견진술에 갈음한 서면의 제출)
① 재판장은 재판의 진행상황, 그 밖의 사정을 고려하여 피해자등에게 제134조의10제1항의 의견진술에 갈음하여 의견을 기재한 서면을 제출하게 할 수 있다.
② 피해자등의 의견진술에 갈음하는 서면이 법원에 제출된 때에는 검사 및 피고인 또는 변호인에게 그 취지를 통지하여야 한다.
③ 제1항에 따라 서면이 제출된 경우 재판장은 공판기일에서 의견진술에 갈음하는 서면의 취지를 명확하게 하여야 한다. 이 경우 재판장은 상당하다고 인정하는 때에는 그 서면을 낭독하거나 요지를 고지할 수 있다.
④ 제2항의 통지는 서면, 전화, 전자우편, 모사전송, 휴대전화 문자전송 그 밖에 적당한 방법으로 할 수 있다.
[본조신설 2015.6.29.]

제134조의12(의견진술 · 의견진술에 갈음한 서면)
제134조의10제1항에 따른 진술과 제134조의11제1항에 따른 서면은 범죄사실의 인정을 위한 증거로 할 수 없다.
[본조신설 2015.6.29.]

제135조(자백의 조사 시기)
법 제312조 및 법 제313조에 따라 증거로 할 수 있는 피고인 또는 피고인 아닌 자의 진술을 기재한 조서 또는 서류가 피고인의 자백 진술을 내용으로 하는 경우에는 범죄사실에 관한 다른 증거를 조사한 후에 이를 조사하여야 한다.
[본조신설 2007.10.29.]
[종전 제135조는 제135조의2로 이동 〈2007.10.29.〉]

제135조의2(증거조사에 관한 이의신청의 사유)
법 제296조제1항의 규정에 의한 이의신청은 법령의 위반이 있거나 상당하지 아니함을 이유로 하여 이를 할 수 있다. 다만, 법 제295조의 규정에 의한 결정에 대한

이의신청은 법령의 위반이 있음을 이유로 하여서만 이를 할 수 있다.
[제135조에서 이동 〈2007.10.19.〉]

제136조(재판장의 처분에 대한 이의신청의 사유)
법 제304조제1항의 규정에 의한 이의신청은 법령의 위반이 있음을 이유로 하여서만 이를 할 수 있다.

제137조(이의신청의 방식과 시기)
제135조 및 제136조에 규정한 이의신청(이하 이 절에서는 "이의신청"이라 한다)은 개개의 행위, 처분 또는 결정시마다 그 이유를 간결하게 명시하여 즉시 이를 하여야 한다.

제138조(이의신청에 대한 결정의 시기)
이의신청에 대한 법 제296조제2항 또는 법 제304조제2항의 결정은 이의신청이 있은 후 즉시 이를 하여야 한다.

제139조(이의신청에 대한 결정의 방식)
① 시기에 늦은 이의신청, 소송지연만을 목적으로 하는 것임이 명백한 이의신청은 결정으로 이를 기각하여야 한다. 다만, 시기에 늦은 이의신청이 중요한 사항을 대상으로 하고 있는 경우에는 시기에 늦은 것만을 이유로 하여 기각하여서는 아니된다.
② 이의신청이 이유없다고 인정되는 경우에는 결정으로 이를 기각하여야 한다.
③ 이의신청이 이유있다고 인정되는 경우에는 결정으로 이의신청의 대상이 된 행위, 처분 또는 결정을 중지, 철회, 취소, 변경하는 등 그 이의신청에 상응하는 조치를 취하여야 한다.
④ 증거조사를 마친 증거가 증거능력이 없음을 이유로 한 이의신청을 이유있다고 인정할 경우에는 그 증거의 전부 또는 일부를 배제한다는 취지의 결정을 하여야 한다.

제140조(중복된 이의신청의 금지)
이의신청에 대한 결정에 의하여 판단이 된 사항에 대하여는 다시 이의신청을 할 수 없다.

제140조의2(피고인신문의 방법)
피고인을 신문함에 있어서 그 진술을 강요하거나 답변을 유도하거나 그 밖에 위압적·모욕적 신문을 하여서는 아니 된다.
[본조신설 2007.10.29.]

제140조의3(재정인의 퇴정)
재판장은 피고인이 어떤 재정인의 앞에서 충분한 진술을 할 수 없다고 인정한 때에는 그 재정인을 퇴정하게 하고 진술하게 할 수 있다.
[본조신설 2007.10.29.]

제141조(석명권등)
① 재판장은 소송관계를 명료하게 하기 위하여 검사, 피고인 또는 변호인에게 사실상과 법률상의 사항에 관하여 석명을 구하거나 입증을 촉구할 수 있다.
② 합의부원은 재판장에게 고하고 제1항의 조치를 할 수 있다.
③ 검사, 피고인 또는 변호인은 재판장에 대하여 제1항의 석명을 위한 발문을 요구할 수 있다.

제142조(공소장의 변경)
① 검사가 법 제298조제1항에 따라 공소장에 기재한 공소사실 또는 적용법조의 추가, 철회 또는 변경(이하 "공소장의 변경"이라 한다)을 하고자 하는 때에는 그 취지를 기재한 공소장변경허가신청서를 법원에 제출하여야 한다. 〈개정 2007.10.29.〉
② 제1항의 공소장변경허가신청서에는 피고인의 수에 상응한 부본을 첨부하여야 한다.
③ 법원은 제2항의 부본을 피고인 또는 변호인에게 즉시 송달하여야 한다.
④ 공소장의 변경이 허가된 때에는 검사는 공판기일에 제1항의 공소장변경허가신청서에 의하여 변경된 공소사실·죄명 및 적용법조를 낭독하여야 한다. 다만, 재판장은 필요하다고 인정하는 때에는 공소장변경의 요지를 진술하게 할 수 있다. 〈개정 2007.10.29.〉
⑤ 법원은 제1항의 규정에도 불구하고 피고인이 재정하는 공판정에서는 피고인에게 이익이 되거나 피고인이 동의하는 경우 구술에 의한 공소장변경을 허가할 수 있다. 〈신설 1996.12.3.〉

제143조(공판절차정지후의 공판절차의 갱신)
공판개정후 법 제306조제1항의 규정에 의하여 공판절차가 정지된 경우에는 그 정지사유가 소멸한 후의 공판기일에 공판절차를 갱신하여야 한다.

제144조(공판절차의 갱신절차)
① 법 제301조, 법 제301조의2 또는 제143조에 따른 공판절차의 갱신은 다음 각 호의 규정에 의한다.
　1. 재판장은 제127조의 규정에 따라 피고인에게 진술거부권 등을 고지한 후 법 제284조에 따른 인정신문을 하여 피고인임에 틀림없음을 확인하여야 한다.
　2. 재판장은 검사로 하여금 공소장 또는 공소장변경허가신청서에 의하여 공소사실, 죄명 및 적용법조를 낭독하게 하거나 그 요지를 진술하게 하여야 한다.
　3. 재판장은 피고인에게 공소사실의 인정 여부 및 정상에 관하여 진술할 기회를 주어

야 한다.

4. 재판장은 갱신전의 공판기일에서의 피고인이나 피고인이 아닌 자의 진술 또는 법원의 검증결과를 기재한 조서에 관하여 증거조사를 하여야 한다.

5. 재판장은 갱신전의 공판기일에서 증거조사된 서류 또는 물건에 관하여 다시 증거조사를 하여야 한다. 다만, 증거능력 없다고 인정되는 서류 또는 물건과 증거로 함이 상당하지 아니하다고 인정되고 검사, 피고인 및 변호인이 이의를 하지 아니하는 서류 또는 물건에 대하여는 그러하지 아니하다.

② 재판장은 제1항제4호 및 제5호에 규정한 서류 또는 물건에 관하여 증거조사를 함에 있어서 검사, 피고인 및 변호인의 동의가 있는 때에는 그 전부 또는 일부에 관하여 법 제292조·제292조의2·제292조의3에 규정한 방법에 갈음하여 상당하다고 인정하는 방법으로 이를 할 수 있다.

[전문개정 2007.10.29.]

제145조(변론시간의 제한)

재판장은 필요하다고 인정하는 경우 검사, 피고인 또는 변호인의 본질적인 권리를 해치지 아니하는 범위내에서 법 제302조 및 법 제303조의 규정에 의한 의견진술의 시간을 제한할 수 있다.

제2절 공판의 재판

제146조(판결서의 작성)

변론을 종결한 기일에 판결을 선고하는 경우에는 선고 후 5일 내에 판결서를 작성하여야 한다.

[전문개정 2007.10.29.]

제147조(판결의 선고)

① 재판장은 판결을 선고할 때 피고인에게 이유의 요지를 말이나 판결서 등본 또는 판결서 초본의 교부 등 적절한 방법으로 설명한다.

② 재판장은 판결을 선고하면서 피고인에게 적절한 훈계를 할 수 있다.

[전문개정 2016.6.27.]

제147조의2(보호관찰의 취지등의 고지, 보호처분의 기간)

① 재판장은 판결을 선고함에 있어서 피고인에게 형법 제59조의2, 형법 제62조의2의 규정에 의하여 보호관찰, 사회봉사 또는 수강(이하 "保護觀察등"이라고 한다)을 명하는 경우에는 그 취지 및 필요하다고 인정하는 사항이 적힌 서면을 교부하여야 한다. 〈개정 2016.2. 9.〉

② 법원은 판결을 선고함에 있어 형법 제62조의2의 규정에 의하여 사회봉사 또는

수강을 명하는 경우에는 피고인이 이행하여야 할 총 사회봉사시간 또는 수강시간을 정하여야 한다. 이 경우 필요하다고 인정하는 때에는 사회봉사 또는 수강할 강의의 종류나 방법 및 그 시설 등을 지정할 수 있다.

③ 형법 제62조의2제2항의 사회봉사명령은 500시간, 수강명령은 200시간을 각 초과할 수 없으며, 보호관찰관이 그 명령을 집행함에는 본인의 정상적인 생활을 방해하지 아니하도록 한다. 〈개정 1998.6.20.〉

④ 형법 제62조의2제1항의 보호관찰 · 사회봉사 · 수강명령은 둘 이상 병과할 수 있다. 〈신설 1998.6.20.〉

⑤ 사회봉사 · 수강명령이 보호관찰과 병과하여 부과된 때에는 보호관찰기간내에 이를 집행하여야 한다. 〈신설 1998.6.20.〉

[본조신설 1996.12.3.]

제147조의3(보호관찰의 판결등의 통지)

① 보호관찰등을 조건으로 한 판결이 확정된 때에 당해 사건이 확정된 법원의 법원사무관등은 3일 이내에 판결문등본을 대상자의 주거지를 관할하는 보호관찰소의 장에게 송부하여야 한다. 〈개정 1998.6.20.〉

② 제1항의 서면에는 법원의 의견 기타 보호관찰등의 자료가 될 만한 사항을 기재한 서면을 첨부할 수 있다.

[본조신설 1996.12.3.]

제147조의4(보호관찰등의 성적보고)

보호관찰등을 명한 판결을 선고한 법원은 보호관찰등의 기간 중 보호관찰소장에게 보호관찰 등을 받고 있는 자의 성적에 관하여 보고를 하게 할 수 있다.

[본조신설 1996.12.3.]

제148조(피고인에 대한 판결서 등본 등의 송달)

① 법원은 피고인에 대하여 판결을 선고한 때에는 선고일부터 7일 이내에 피고인에게 그 판결서 등본을 송달하여야 한다. 다만, 피고인이 동의하는 경우에는 그 판결서 초본을 송달할 수 있다.

② 제1항에 불구하고 불구속 피고인과 법 제331조의 규정에 의하여 구속영장의 효력이 상실된 구속 피고인에 대하여는 피고인이 송달을 신청하는 경우에 한하여 판결서 등본 또는 판결서 초본을 송달한다.

[전문개정 2016.6.27.]

제149조(집행유예취소청구의 방식)

법 제335조제1항의 규정한 형의 집행유예취소청구는 취소의 사유를 구체적으로 기재한 서면으로 하여야 한다.

제149조의2(자료의 제출)
형의 집행유예취소청구를 한 때에는 취소의 사유가 있다는 것을 인정할 수 있는 자료를 제출하여야 한다.
[본조신설 1996.12.3.]

제149조의3(청구서부본의 제출과 송달)
① 형법 제64조제2항의 규정에 의한 집행유예취소청구를 한 때에는 검사는 청구와 동시에 청구서의 부본을 법원에 제출하여야 한다.
② 법원은 제1항의 부본을 받은 때에는 지체없이 집행유예의 선고를 받은 자에게 송달하여야 한다.
[본조신설 1996.12.3.]

제150조(출석명령)
형의 집행유예취소청구를 받은 법원은 법 제335조제2항의 규정에 의한 의견을 묻기 위하여 필요하다고 인정할 경우에는 집행유예의 선고를 받은 자 또는 그 대리인의 출석을 명할 수 있다. 〈개정 1996.12.3.〉

제150조의2(준용규정)
제149조 내지 제150조의 규정은 형법 제61조제2항의 규정에 의하여 유예한 형을 선고하는 경우에 준용한다.
[본조신설 1996.12.3.]

제151조(경합범중 다시 형을 정하는 절차 등에의 준용)
제149조, 제149조의2 및 제150조의 규정은 법 제336조에 규정한 절차에 이를 준용한다. 〈개정 1996.12.3.〉

제3편 상소

제1장 통칙

제152조(재소자의 상소장등의 처리)
① 교도소장, 구치소장 또는 그 직무를 대리하는 자가 법 제344조제1항의 규정에 의하여 상소장을 제출받은 때에는 그 제출받은 연월일을 상소장에 부기하여 즉시 이를 원심법원에 송부하여야 한다.
② 제1항의 규정은 교도소장, 구치소장 또는 그 직무를 대리하는 자가 법 제355조에 따라 정식재판청구나 상소권회복청구 또는 상소의 포기나 취하의 서면 및 상소이유서를 제출받은 때 및 법 제487조부터 법 제489조까지의 신청과 그 취하

에 이를 준용한다. 〈개정 2007.10.29.〉

제153조(상소의 포기 또는 취하에 관한 동의서의 제출)
① 법 제350조에 규정한 피고인이 상소의 포기 또는 취하를 할 때에는 법정대리인이 이에 동의하는 취지의 서면을 제출하여야 한다.
② 피고인의 법정대리인 또는 법 제341조에 규정한 자가 상소의 취하를 할 때에는 피고인이 이에 동의하는 취지의 서면을 제출하여야 한다.

제154조(상소의 포기 또는 취하의 효력을 다투는 절차)
① 상소의 포기 또는 취하가 부존재 또는 무효임을 주장하는 자는 그 포기 또는 취하당시 소송기록이 있었던 법원에 절차속행의 신청을 할 수 있다.
② 제1항의 신청을 받은 법원은 신청이 이유있다고 인정하는 때에는 신청을 인용하는 결정을 하고 절차를 속행하여야 하며, 신청이 이유없다고 인정하는 때에는 결정으로 신청을 기각하여야 한다.
③ 제2항 후단의 신청기각결정에 대하여는 즉시 항고할 수 있다.

제2장 항소

제155조(항소이유서, 답변서의 기재)
항소이유서 또는 답변서에는 항소이유 또는 답변내용을 구체적으로 간결하게 명시하여야 한다.

제156조(항소이유서, 답변서의 부본제출)
항소이유서 또는 답변서에는 상대방의 수에 2를 더한 수의 부본을 첨부하여야 한다. 〈개정 1996.12.3.〉

제156조의2(국선변호인의 선정 및 소송기록접수통지)
① 기록의 송부를 받은 항소법원은 법 제33조제1항제1호부터 제6호까지의 필요적 변호사건에 있어서 변호인이 없는 경우에는 지체없이 변호인을 선정한 후 그 변호인에게 소송기록접수통지를 하여야 한다. 법 제33조제3항에 의하여 국선변호인을 선정한 경우에도 그러하다. 〈개정 2006.3.23., 2006.8.17., 2016.6.27.〉
② 항소법원은 항소이유서 제출기간이 도과하기 전에 피고인으로부터 법 제33조제2항의 규정에 따른 국선변호인 선정청구가 있는 경우에는 지체없이 그에 관한 결정을 하여야 하고, 이 때 변호인을 선정한 경우에는 그 변호인에게 소송기록접수통지를 하여야 한다. 〈신설 2006.3.23., 2006.8.17.〉
③ 제1항, 제2항의 규정에 따라 국선변호인 선정결정을 한 후 항소이유서 제출기간

내에 피고인이 책임질 수 없는 사유로 그 선정결정을 취소하고 새로운 국선변호인을 선정한 경우에도 그 변호인에게 소송기록접수통지를 하여야 한다. 〈신설 2006.3.23.〉

④ 항소법원이 제2항의 국선변호인 선정청구를 기각한 경우에는 피고인이 국선변호인 선정청구를 한 날로부터 선정청구기각결정등본을 송달받은 날까지의 기간을 법 제361조의3제1항이 정한 항소이유서 제출기간에 산입하지 아니한다. 다만, 피고인이 최초의 국선변호인 선정청구기각결정을 받은 이후 같은 법원에 다시 선정청구를 한 경우에는 그 국선변호인 선정청구일로부터 선정청구기각결정등본 송달일까지의 기간에 대해서는 그러하지 아니하다. 〈신설 2006.3.23.〉

[본조신설 1996.12.3.]

제156조의3(항소이유 및 답변의 진술)

① 항소인은 그 항소이유를 구체적으로 진술하여야 한다.

② 상대방은 항소인의 항소이유 진술이 끝난 뒤에 항소이유에 대한 답변을 구체적으로 진술하여야 한다.

③ 피고인 및 변호인은 이익이 되는 사실 등을 진술할 수 있다.

[본조신설 2007.10.29.]

제156조의4(쟁점의 정리)

법원은 항소이유와 답변에 터잡아 해당 사건의 사실상·법률상 쟁점을 정리하여 밝히고 그 증명되어야 하는 사실을 명확히 하여야 한다.

[본조신설 2007.10.29.]

제156조의5(항소심과 증거조사)

① 재판장은 증거조사절차에 들어가기에 앞서 제1심의 증거관계와 증거조사결과의 요지를 고지하여야 한다.

② 항소심 법원은 다음 각호의 어느 하나에 해당하는 경우에 한하여 증인을 신문할 수 있다.

    1. 제1심에서 조사되지 아니한 데에 대하여 고의나 중대한 과실이 없고, 그 신청으로 인하여 소송을 현저하게 지연시키지 아니하는 경우

    2. 제1심에서 증인으로 신문하였으나 새로운 중요한 증거의 발견 등으로 항소심에서 다시 신문하는 것이 부득이하다고 인정되는 경우

    3. 그 밖에 항소의 당부에 관한 판단을 위하여 반드시 필요하다고 인정되는 경우

[본조신설 2007.10.29.]

제156조의6(항소심에서의 피고인 신문)

① 검사 또는 변호인은 항소심의 증거조사가 종료한 후 항소이유의 당부를 판단함

에 필요한 사항에 한하여 피고인을 신문할 수 있다.

② 재판장은 제1항에 따라 피고인 신문을 실시하는 경우에도 제1심의 피고인 신문과 중복되거나 항소이유의 당부를 판단하는 데 필요 없다고 인정하는 때에는 그 신문의 전부 또는 일부를 제한할 수 있다.

③ 재판장은 필요하다고 인정하는 때에는 피고인을 신문할 수 있다.

[본조신설 2007.10.29.]

제156조의7(항소심에서의 의견진술)

① 항소심의 증거조사와 피고인 신문절차가 종료한 때에는 검사는 원심 판결의 당부와 항소이유에 대한 의견을 구체적으로 진술하여야 한다.

② 재판장은 검사의 의견을 들은 후 피고인과 변호인에게도 제1항의 의견을 진술할 기회를 주어야 한다.

[본조신설 2007.10.29.]

제157조(환송 또는 이송판결이 확정된 경우 소송기록 등의 송부)

법 제366조 또는 법 제367조 본문의 규정에 의한 환송 또는 이송판결이 확정된 경우에는 다음 각 호의 규정에 의하여 처리하여야 한다. 〈개정 1996.12.3., 2021.1.29.〉

  1. 항소법원은 판결확정일로부터 7일 이내에 소송기록과 증거물을 환송 또는 이송받을 법원에 송부하고, 항소법원에 대응하는 검찰청 검사 또는 수사처검사에게 그 사실을 통지하여야 한다.

  2. 제1호의 송부를 받은 법원은 지체없이 그 법원에 대응한 검찰청 검사 또는 수사처검사에게 그 사실을 통지하여야 한다.

  3. 피고인이 교도소 또는 구치소에 있는 경우에는 항소법원에 대응한 검찰청 검사 또는 수사처검사는 제1호의 통지를 받은 날로부터 10일 이내에 피고인을 환송 또는 이송받을 법원소재지의 교도소나 구치소에 이감한다.

제158조(변호인 선임의 효력)

원심법원에서의 변호인 선임은 법 제366조 또는 법 제367조의 규정에 의한 환송 또는 이송이 있은 후에도 효력이 있다.

제159조(준용규정)

제2편중 공판에 관한 규정은 항소법원의 공판절차에 이를 준용한다.

제3장 상고

제160조(상고이유서, 답변서의 부본 제출)

상고이유서 또는 답변서에는 상대방의 수에 4를 더한 수의 부본을 첨부하여야 한

다. 〈개정 1996.12.3.〉

제161조(피고인에 대한 공판기일의 통지등)

① 법원사무관 등은 피고인에게 공판기일통지서를 송달하여야 한다. 〈개정 1996.12.3.〉

② 상고심에서는 공판기일을 지정하는 경우에도 피고인의 이감을 요하지 아니한다. 〈개정 1996.12.3.〉

③ 상고한 피고인에 대하여 이감이 있는 경우에는 검사는 지체없이 이를 대법원에 통지하여야 한다. 〈신설 1996.12.3.〉

[제목개정 1996.12.3.]

제161조의2(참고인 의견서 제출)

① 국가기관과 지방자치단체는 공익과 관련된 사항에 관하여 대법원에 재판에 관한 의견서를 제출할 수 있고, 대법원은 이들에게 의견서를 제출하게 할 수 있다.

② 대법원은 소송관계를 분명하게 하기 위하여 공공단체 등 그 밖의 참고인에게 의견서를 제출하게 할 수 있다.

[본조신설 2015.1.28.]

제162조(대법관전원합의체사건에 관하여 부에서 할 수 있는 재판)

대법관전원합의체에서 본안재판을 하는 사건에 관하여 구속, 구속기간의 갱신, 구속의 취소, 보석, 보석의 취소, 구속의 집행정지, 구속의 집행정지의 취소를 함에는 대법관 3인 이상으로써 구성된 부에서 재판할 수 있다. 〈개정 1998.3.23.〉

[제목개정 1988.3.23.]

제163조(판결정정신청의 통지)

법 제400조제1항에 규정한 판결정정의 신청이 있는 때에는 즉시 그 취지를 상대방에게 통지하여야 한다.

제164조(준용규정)

제155조, 제156조의2, 제157조제1호, 제2호의 규정은 상고심의 절차에 이를 준용한다. 〈개정 1996.12.3.〉

제4장 항고

제165조(항고법원의 결정등본의 송부)

항고법원이 법 제413조 또는 법 제414조에 규정한 결정을 한 때에는 즉시 그 결정의 등본을 원심법원에 송부하여야 한다.

제4편 특별소송절차

제1장 재심

제166조(재심청구의 방식)
재심의 청구를 함에는 재심청구의 취지 및 재심청구의 이유를 구체적으로 기재한 재심청구서에 원판결의 등본 및 증거자료를 첨부하여 관할법원에 제출하여야 한다.

제167조(재심청구 취하의 방식)
① 재심청구의 취하는 서면으로 하여야 한다. 다만, 공판정에서는 구술로 할 수 있다.
② 구술로 재심청구의 취하를 한 경우에는 그 사유를 조서에 기재하여야 한다.

제168조(준용규정)
제152조의 규정은 재심의 청구와 그 취하에 이를 준용한다.

제169조(청구의 경합과 공판절차의 정지)
① 항소기각의 확정판결과 그 판결에 의하여 확정된 제1심판결에 대하여 각각 재심의 청구가 있는 경우에 항소법원은 결정으로 제1심법원의 소송절차가 종료할 때까지 소송절차를 정지하여야 한다.
② 상고기각의 판결과 그 판결에 의하여 확정된 제1심 또는 제2심의 판결에 대하여 각각 재심의 청구가 있는 경우에 상고법원은 결정으로 제1심법원 또는 항소법원의 소송절차가 종료할 때까지 소송절차를 정지하여야 한다.

제2장 약식절차

제170조(서류 등의 제출)
검사는 약식명령의 청구와 동시에 약식명령을 하는데 필요한 증거서류 및 증거물을 법원에 제출하여야 한다.

제171조(약식명령의 시기)
약식명령은 그 청구가 있은 날로부터 14일내에 이를 하여야 한다.

제172조(보통의 심판)
① 법원사무관등은 약식명령의 청구가 있는 사건을 법 제450조의 규정에 따라 공판절차에 의하여 심판하기로 한 때에는 즉시 그 취지를 검사에게 통지하여야 한

다. 〈개정 1996.12.3.〉

② 제1항의 통지를 받은 검사는 5일이내에 피고인수에 상응한 공소장 부본을 법원에 제출하여야 한다. 〈개정 1996.12.3.〉

③ 법원은 제2항의 공소장 부본에 관하여 법 제266조에 규정한 조치를 취하여야 한다.

제173조(준용규정)

제153조의 규정은 정식재판청구의 취하에 이를 준용한다.

제5편 재판의 집행

제174조(소송비용의 집행면제 등의 신청 등)

① 법 제487조 내지 법 제489조의 규정에 의한 신청 및 그 취하는 서면으로 하여야 한다.

② 제152조의 규정은 제1항의 신청과 그 취하에 이를 준용한다.

제175조(소송비용의 집행면제 등의 신청 등의 통지)

법원은 제174조제1항에 규정한 신청 또는 그 취하의 서면을 제출받은 경우에는 즉시 그 취지를 검사에게 통지하여야 한다.

제6편 보칙

제176조(신청 기타 진술의 방식)

① 법원 또는 판사에 대한 신청 기타 진술은 법 및 이 규칙에 다른 규정이 없으면 서면 또는 구술로 할 수 있다.

② 구술에 의하여 신청 기타의 진술을 할 때에는 법원사무관등의 면전에서 하여야 한다.

③ 제2항의 경우에 법원사무관등은 조서를 작성하고 기명날인하여야 한다. 〈개정 1996.12.3.〉

제177조(재소자의 신청 기타 진술)

교도소장, 구치소장 또는 그 직무를 대리하는 자는 교도소 또는 구치소에 있는 피고인이나 피의자가 법원 또는 판사에 대한 신청 기타 진술에 관한 서면을 작성하고자 할 때에는 그 편의를 도모하여야 하고, 특히 피고인이나 피의자가 그 서면을 작성할 수 없을 때에는 법 제344조제2항의 규정에 준하는 조치를 취하여야 한다.

제177조의2(기일 외 주장 등의 금지)

① 소송관계인은 기일 외에서 구술, 전화, 휴대전화 문자전송, 그 밖에 이와 유사한 방법으로 신체구속, 공소사실 또는 양형에 관하여 법률상·사실상 주장을 하는 등 법령이나 재판장의 지휘에 어긋나는 절차와 방식으로 소송행위를 하여서는 아니 된다.

② 재판장은 제1항을 어긴 소송관계인에게 주의를 촉구하고 기일에서 그 위반사실을 알릴 수 있다.

[본조신설 2016.9.6.]

제178조(영장의 유효기간)

영장의 유효기간은 7일로 한다. 다만, 법원 또는 법관이 상당하다고 인정하는 때에는 7일을 넘는 기간을 정할 수 있다.

[본조신설 1996.12.3.]

제179조 삭제 〈2016.11.29.〉

부칙

〈대법원규칙 제3004호, 2021.10.29.〉

제1조(시행일)
이 규칙은 2021년 11월 18일부터 시행한다.

제2조(계속사건에 대한 경과조치)
이 규칙은 이 규칙 시행 당시 법원에 계속 중인 사건에 대하여도 적용한다.

〈대법원규칙 제3016호, 2021.12.31.〉

제1조(시행일)
이 규칙은 2022년 1월 1일부터 시행한다.

제2조(경과조치)
① 이 규칙은 이 규칙 시행 후 공소제기된 사건부터 적용한다.
② 이 규칙 시행 전에 종전의 규정에 따라 행한 행위의 효력에는 영향을 미치지 아니한다.

형사소송법

형사소송법개요

순수한 소송은 민사소송뿐이라고 하는 견해도 있으나, 범죄자에게 형벌을 과하는 데에도 국민의 권리보호라는 점에서 보면, 범죄자를 찾는 자와 죄를 결정하는 자를 나누어 범죄의 유무경중을 제3자적 판단에 위임하고, 피의자는 항시 범죄를 부정하는 자라고 가정하여 이 자에게도 나름대로의 주장을 하도록 하는 등, 민사재판을 모방한 절차에 의한 재판을 거치도록 하고, 그 다음 형벌권을 행사하는 것이 요망된다. 이러한 이유에서 일반인에 대한 국가형벌권의 유무와 범위를 정하기 위하여 행하여지는 재판절차 즉 형사재판의 절차를 규정하고 있는 법을 형사소송법이라 한다. 1954년 9월 23일 법률 제341호로 제정된 이 법은 피의자의 인권·변호권 등의 확장을 내용으로 개정되어 1961년 9월 1일 법률 제705호로 공포되고 수차례의 개정을 거쳐 현행 형사소송법으로 시행되고 있다. 현행 형사소송법은 영미법의 영향을 받아 변호권이 확장되어 피의자에게도 인정되어 있고, 묵비권을 규정하고 있으며, 강제처분에 법원의 영장을 필요로 하는 등의 인권보장적 측면에서의 규정과 자유·전문증거에 대한 증거능력을 제한하고 있고, 대법원으로의 상고이유를 판결에 영향을 미친 헌법위반·법률위반 등으로 한정하고 있는 점 등의 특색이 있다. 즉 현행 형사소송법은 직권주의에서 당사자주의로의 전환을 이루고 있는 점에 특색이 있다.

형 사 소 송 법

■ 총 론

형사소송절차(刑事訴訟節次)
영 ; criminal procedure
독 ; Straf prozess

현대국가는 어떠한 행위를 범죄로 하고 또 거기에 어떠한 형벌을 과할 것인가에 대하여 반드시 미리 법률로써 규정해야한다(죄형법정주의). 그러나 실제로 어떤 범죄가 행해졌는가의 여부 또는 그 범죄를 어떻게 처벌해야 하는가는 공정한 법원의 재판을 받지 않으면 구체화되

지 아니된다. 또한 공정한 법원의 재판을 거친 후에라야 비로소 처벌할 수 있는 것이다. 이 형사재판의 절차를 형사소송이라 하며, 형사소송절차를 어떻게 정하는 가는 형사소송법에 규정되어 있다. 형사재판에서는 범죄가 행해진 경우에는 반드시 범인을 발견하여 처벌해야 한다는 요구(실체적사실주의)와 협의를 받아 재판에 회부된 자라도 그의 인권은 충분히 보장되어야 한다는 요구가 상호대립하고 있다. 그 이해를 어떻게 조화시키는가는 역사적인 배경에 따라서 여러 가지 형태로 나타낸다. 다만, 현행의 형사소송법은 영미법의 강한 영향을 받아 성립한 것이고 또한 제2차대전 전의 인권경시의 비참한 경험에서 인권보장에 보다 큰 비중

을 두고 있다고 할 수 있다.

실체적 진실주의 (實體的 眞實主義)
독 ; prinzip der mate- riellen Wahrheit

사법상의 분쟁을 해결하기 위한 절차인 민사소송에서는 원고·피고의 어느 일방이 정당한가를 판단하면 족하고 분쟁의 밑바닥에 있는 진상은 무엇인가를 추구할 필요는 없다(형식적 사실주의). 그러나 범죄는 사회의 질서를 문란케 하므로 형사소송에서는 민사소송의 경우와는 달리 국가가 진상의 발견에 힘써서 범죄자는 반드시 이를 처벌함으로써 질서의 유지를 도모하여야 한다. 이처럼 소송의 실체에 관하여 객관적 진실을 발견하여 사안의 진상을 밝히자는 주의를 실체적 진실주의라 한다. 즉, 법원이 당사자의 사실상의 주장, 사실의 부인 또는 제출한 증거에 구속되지 않고 사안의 진상을 규명하여 객관적 진실을 발견하려는 소송법상의 원리를 말한다. 형사소송은 피고인과 피해자 사이의 법적 분쟁을 해결하기 위한 개인적 관계가 아니라 국가형벌권의 범위와 한계를 확정하여 형벌권을 실현하는 절차이므로 법원이 사안의 진상을 정확히 파악하는 것이 전제되어야 한다. 이러한 의미에서 실체적 진실의 발견은 형사소송의 최고의 목표이며 가장 중요한 지도이념이 된다. 그러나 실체적 진실의 발견에 급

급하여 피의자나 피고인의 인권을 침해하여서는 안될 것이다. 범죄를 반드시 발견하여 처벌하는 것이 실체적 진실주의에 있어서 그 어느 것을 강조하는가는 각국의 체제에 따라 다르나 현재는 「100명의 유죄자를 놓치더라도 한 사람의 무죄를 벌하지 말라」, 「의심스러운 때는 피고인의 이익으로」라는 점들을 강조하여야할 것이다.

규문주의 (糾問主義)
영 ; inquisitorial system
독 ; Inquisitionsp4rinzip

법원이 스스로 절차를 개시하여 심리·재판하는 주의를 말한다. 이는 심리개시와 재판의 권한이 법관에게 집중되어 있다는 점에 특색이 있다. 근세 초기의 절대주의국가에 있어서 전형적으로 형성되었지만 「프랑스」혁명 후는 국가소추에 의한 탄핵주의로 대치되었다. 규문주의는 법원이 소추권·증거수집권·심판권을 갖기 때문에 소송활동이 민활(敏活)·신속한 점에 장점이 있으나 수사와 심리개시 및 재판의 권한이 법관에게 집중되어 법관에게 지나친 부담을 주며 법관은 공평한 재판을 하기보다 소추기관으로 활동하게 되고, 심사와 심리의 객체에 지나지 않는 피고인은 충분한 방어를 할 수 없다는 폐단이 있다.

탄핵주의 (彈劾主義)
영 ; accusatorial system
독 ; Akkusationsprinzip

재판기관과 소추기관을 분리하여 소추기관의 소송제기에 의하여 법원이 절차를 개시하는 주의를 말하며 소추주의라고도 한다. 이러한 소추주의는 소추권자가 누구이냐에 따라 국가소추주의, 피해자소추주의, 공중소추주의로 분류되는데, 피해자소추주의, 공중소추주의를 합하여 사인소추주의라 한다. 탄핵주의는 재판기관과 소추기관이 분리되므로 불고불리의 원칙이 형사소송의 기본원칙이 되며 피고인은 소송당사자로서 소송에 관여하게 되므로 형사절차는 소송의 구조를 갖게 된다. 유럽 대륙에서는 프랑스혁명 후 나폴레옹의 치죄법(治罪法) 이후 국가소추주의에 입각한 탄핵주의적 형사소송제도가 확립되었으며 英·미에서는 그 역사적·정치적 특수성으로 말미암아 비교적 일찍부터 공중소추주의, 배심제도를 기초로 한 탄핵주의적 형사소송제도가 확립되었다. 우리나라에서는 국가소추주의를 채택하고 있다(형소§246참조)

당사자주의 (當事者主義)
독 ; Parteienprinzip

형사소송은 검사가 처벌을 요구한 사실이 증거에 의하여 증명이 되었는가의 여부를 법원이 판단하는 과정이다. 이를 위해서는 될 수 있는 한 충분하게 증거를 수집하여 시기적절하게 증거조사를 하지 않으면 아니된다. 이때에 소송당사자에게 주도적 지위를 인정하여 당사자 상호간의 공격·방어에 의하여 심리가 진행되고 법원은 제3자적 입장에서 양당사자의 주장과 입증을 판단하는 주의를 당사자주의라 한다. 이 당사자주의는 법원이 직권으로 증거를 수집하여 직권으로써 증거조사를 행하는 직권주의와 대립한다. 형사소송절차가 당사자주의를 취하는가 직권주의를 취하는 가는 역사적인 배경에 좌우되는 것이지만, 현행법은 당사자주의를 원칙으로 하고 직권주의를 다소 보충적인 것으로 규정하고 있다. 그런데 당사자주의는 심리의 능률과 신속을 기하기 어렵고, 당사자의 이기적 소송활동 내지 입증활동에 의해 실체적 진실발견이 왜곡될 위험성이 있으며, 당사자간의 소송능력의 차이로 인하여 변호인 없는 피고인에게 오히려 불리한 결과를 가져올 염려가 있으며, 당사자주의가 당사자처분주의로 흐를 때 국가의 형벌권의 행사가 당사자간의 타협을 위한 거래에 의해서 좌우될 염려가 있게 된다. 그러나 기술적 측면에서 보더라도 실상을 누구보다도 잘 알고 있는 검사 및 피고인이 스스로 증거를 수집하여 자기에게 유리한 증거를 내세워 공평한 법원에 그것을 판단시키려는 것인 만큼 오히려 진상을 더 잘 발견할 수 있을 것이다. 그리고 형사소송법에서의 진실이라 함은 무죄인 자는 결코 처벌하지 않는다는 점에 있다고 하면, 공평한 법원이 배후에 물러나서 냉정하게 재판의 흐름을 감시하고, 재판의 주도권을 감시하고, 재판의 주도권을 당사자에게 맡기는 것이 바람직하다고 할 것이다.

당사자주의의 장·단점

장점	① 소송의 결과에 대하여 직접적인 이해관계를 가진 당사자에게 증거를 수집, 제출케 함으로써 많은 증거가 법원에 제출될 수 있고, 법원은 제3자의 입자에서 공정한 재판이 가능해짐. ② 당사자주의에 의하여 피고인은 비로소 적극적으로 소송활동을 수행하는 실질적인 소송의 주체가 될 수 있음.
단점	① 당사자 간에 공격 및 방어의 항쟁이 계속되어 심리의 능률과 신속을 달성할 수 없음. ② 국가형벌권의 행사가 당사자의 타협이나 거래의 대상이 될 수 있음.

직권주의 (職權主義)
독 ; Offizialprinzip

형사소송절차에서 검사나 피고인에 대하여 법원이 적극적인 역할을 하는 소송구조를 직권주의라 한다. 직권주의는 당사자주의에 대립한다. 직권주의적 소송구조하에서는 법원이 실체진실을 발견하기 위해서 사건의 심리를 적극적으로 관여하여 피고인 신문증거조사 등에 있어서 주도적 역할을 담당하고 소송물은 법원의 지배 아래 놓이게 된다. 이러한 의미에서 직권주의를 직권심리주의 또는 직권탐지주의라 한다. 유럽에서 프랑스 혁명을 계기로 규문주의적 형사제도를 폐지하고 탄핵주의적 형사제도를 채택하였으나 국가권위주의 내지 관료주의사상의 영향으로 직권주의를 원칙으로 한 소송구조가 확립되었다. 그런데 이러한 직권주의는 법원이 적극적·능동적으로 사건의 심리에 관여하는 관계로 실체적 진실발견에 효과적이며, 심리의 능률을 기할 수 있고, 소송진행의 신속을 도모 할 수 있는 장점이 있으나 사건의 심리가 법원의 자의독단으로 흐를 위험성이 있고, 당사자의 소송활동이 경시되고 피고인의 방어권 보장이 소홀하게 될 염려가 있으며, 법원 자신이 소송의 와중에 휩쓸리게 되어 공정한 판단을 하기 어렵게 된다는 단점이 있다.

당사자주의와 직권주의

	당사자주의	직 권 주 의
소송의 개시	검　　사	법　　원
입　증	검사피고인	법　　원
절차의 감시	검사피고인의 이의신청	법원의 직권에 의함

직권주의의 장·단점

장점	① 재판의 지연을 방지하여 능률적이고 신속한 재판을 가능하게 함. ② 법원이 소송에서 주도적으로 활동하게 되어 실체진실의 발견이 가능하게 됨.
단점	① 사건의 심리가 법원의 독단에 빠질 위험이 있음. ② 피고인의 주체성이 형식적인 것에 그칠 위험이 있음.

소송법률상태설(訴訟法律狀態說)
독; Prozess als Rech-tslage

이 설은 소송의 동적·발전적 성격에 착안하여 소송의 전체를 통일적으로 파악하는 학설로서 James Goldschmidt에 의하여 제창되었다. 이 설에 따르면 형사소송절차는 절차라고 하지만 단지 절차의 집적에 불과한 것은 아니며, 증명을 통하여 검사 및 피고인에게 유리하게 또는 불리하게 일보 발전해 가는 부동한 상태이고, 더구나 이 부동한 상태는 형사소송법이라는 법률에 묶인 하나의 법률상태라고 한다. 그리하여 소송법상의 여러 가지 문제를 검

토함에 있어서도 이러한 소송 특유의 모습을 잃어버리지 않고 그 입장에서 생각하지 않으면 아니될 것을 가르친 것이 이 견해이다(소송법적 관료방법). 이 견해에 의하면 소송주체의 소송절차상의 권리의무는 판결이 확정되기까지는 미확정적·부동적인 것이므로 소송의 전체를 소송의 종국적 목표인 기판력과 관련시켜서 이해해야 한다고 주장하는 바, 즉 소송은 법률관계가 아니고 「기판력을 종점으로 한 부동적 법률상태」로 파악한다고 한다. 그러나 소송은 전체적으로 보면 이와 같은 법률상태인 것은 정당하다 하더라도, 하나 하나의 절차는 법원·검사피고인간에서 엄밀하게 법률에 의하여 규정된 법률관계라는 것도 망각하여서는 아니된다(소송법률관계설). 소송이 법률관계인 일면을 경시하면 피고인의 권리를 침해하는 결과를 초래하기 쉽다(소송의 전체).

전체의 소송

법원이 심증을 형성하는 과정	법률상태 법률관계
소송을 진행하는 과정	
절차의 과정	

소송법률관계설(訴訟法律關係說)

소송의 본질을 소송주체간에 존재하는 통일적 법률관계로 파악하여야 한다는 견해로서 Oskar Bülow에 의하여 제창되었다. 이 설은 법원은 심판을 하는 권리의무를 가지고, 당사자는 심판을 구하고 심판을 받을 권리 의무를

가지는 바, 이러한 법률관계가 일보일 보 발전하여 나가는 데에 소송의 특질 이 있고 소송의 전체는 이러한 법률관 계의 통일체로 파악하여야 한다고 한 다. 이 설은 소송법률관계가 실체법률 관계와 차원이 다르다는 점을 명백히 하였다는 점에서 또한 소송의 본질을 소송주체간의 권리의무관계로 파악함 으로써 피고인의 권리보호에 기여하였 다는 점에서 소송법이론에 큰 공적을 남겼다. 그러나 원래 법률관계란 정지 적·고정적이기 때문에 소송의 동적·발 전적 성격을 해명하는 데 부적당하다.

무죄추정주의(無罪推定主義)
영; presumption of inno- cence

형사절차에서 피고인 또는 피의자는 유죄의 판결이 확정될 때까지는 무죄 로 추정된다는 원칙을 말한다. 영미법 상 피고인의 진범이라 할지라도 증거 가 없는 한 무죄를 선고하여야 한다는 주의나 대륙법상「의심스러운 때는 피 고인의 이익으로」(in dubio pro reo) 라는 법언도 이에 해당한다. 이러한 주 의는 피의자피고인의 인권보장을 그 합리적 기초로 하고 있다. 그리고 이는 법관의 사실인정에 대해서만 지배하는 원리가 아니라 수사절차공판절차 등 형사소송의 전과정을 지배하는 지도원 리이다. 그래서 형사소송법상 거증책임 이 검사에게 있다고 하거나, 피의자피 고인의 진술거부권의 인정, 부당한 대 우의 금지, 권리보석(權利保釋)을 인정 하는 것 등은 모두 이러한 주의의 표 현이라고 볼 수 있다.

소송조건 (訴訟條件)
독; Prozeßvoraussentzung

소송조건이란 사건의 실체에 대하여 심판할 수 있는 실체심리의 전제조건 즉 형벌권의 존재를 심판하는데 구비 되어야 할 전체로서의 소송에 공통된 조건을 말한다 소송조건은 실체적 심 판의 조건이므로 피고사건의 실체에 대한 심리시 및 재판시에 존재해야 함 은 물론 소송제기시에도 존재해야 한 다. 따라서 소송조건은 소송제기의 적 법·유효요건(소송개시의 조건)이며 실체 적 심리의 조건(소송존속의 조건)인 동 시에 소송의 목표인 실체적 재판의 조 건이다. 이러한 의미에서 소송조건을 전체로서의 소송의 허용조건(zuverl äs sigkeit des verfahrens imganzen) 이라고도 한다. 이러한 소송조건은 소 송의 전단계에 존재함을 필요로 하는 조건으로 개개의 소송행위의 유효요건 과는 구별된다. 이러한 소송조건의 개 념은 1868년 소송법률관계설을 주장 한 Bülow가 소송관계의 성립요건으로 제창한 것이 Kries에 의해서 형사소송 법에 도입된 것이다. 소송조건은 여러 기준에 따라 (1) 일반의 사건에 공통적 인 일반적 소송조건이나 특수한 사건 에만 요구되는 특별소송조건 (2) 법원 이 직권으로 조사함을 요하는 절대적 소송조건이나 당사자의 신청에 의해서 조사사항으로 되는 상대적소송조건 (3) 형사소송법에서 유형적으로 규정하고 있는 유형적 소송조건과 형사소송법이 소송조건으로 규정하고 있지 아니한,

예컨대 조사의 위법, 소송권의 남용과 같은 비유형적 소송조건 그리고 (4) 절차면에 관한 사유가 실체적 심판의 조건으로 되는 경우의 형식적 소송조건이나 실체면에 관한 사유가 소송조건으로 되는 실체적 소송조건 등으로 분류된다.

실체적 소송조건 (實體的 訴訟條件)
독 ; materielle Prozessvoraussetzungen

형식적 소송조건에 상대되는 개념으로, 소송조건의 일종으로서, 실체면에 관한 사유를 소송조건으로 하는 것을 말한다. 실체적 소송조건은 형사소송법상 면소의 판결(형소법 326조)을 해야 할 것으로 규정되어 있다.

절대적 친고죄 (絶對的 親告罪)

상대적 친고죄에 상대되는 개념으로 범인과 피해자와의 신분관계의 여하를 묻지 않고 항상 친고죄로 되는 범죄를 말한다. 강간죄와 사자명예훼손죄 등이 이에 해당한다.

사건의 단일성 (事件의 單一性)
독 ; Einheit des Prozeßgegenstandes

사건의 단일성이란 형사소송법상 발전하는 소송의 어느 시점에서 횡단적·정적으로 관찰하였을 경우에 그 사건이 1개의 객체로서 취급되는 것을 의미한다. 즉 사건이 소송법상 불가분인 1개로 취급되는 경우에 그 사건은 1개이다. 사건이 단일하기 위하여는 피고인이 단일하고, 공소사실이 단일함을

요한다. 피고인이 수인인 때에는 사건도 수개이다. 공범사건은 피고인의 수에 따라 수개의 사건이며 관련사건(형소§11Ⅱ)으로 되는 데 불과하다. 피고인이 1인이라도 공소사실(범죄사실)이 수개인 때에는 수개의 사건으로서 관련사건이 된다. 경합범(형§37)은 수개의 범죄사실로 되는데 이론이 없으나 과형상(科刑上)의 일죄인 상상적경합(§40)은 형법상으로 수개로 보는 것이 통설이지만, 형사소송법상으로는 1개의 범죄사실로 취급된다.

사건의 동일성 (事件의 同一性)
독 ; Identitat des Prozeßgegenstandes

사건의 동일성은 소송의 발전적인 면에서 착안하여 종단적·동적으로 관찰하는 경우에 사건이 전후동일함을 말한다. 사건의 동일성은 사건의 단일성을 전제로 하는 개념이다. 그래서 사건이 수개인 경우에는 개개의 사건에 관하여 동일성여부를 판단하여야한다. 사건이 동일하기 위해서는 피고인이 동일하여야 하고 공소사실이 동일함을 요한다. 피고인의 동일은 전후에 걸쳐 동일하여야 한다(주관적동일). 공소사실도 전후 동일하여야 한다. 공소사실의 동일성이 사건의 동일성을 결정하는 요소이고, 법원은 이 동일성을 해하지 않는 범위 내에서 공소장의 변경을 허가해야 한다(형소§298①). 법원은 사건의 동일성을 넘어서 심판할 수 없다.

법원·당사자

법원(法院)
영 ; court
독 ; Gericht

법원은 사법권을 행사하는 국가기관이다. 법률상의 쟁소에 관하여 심리·재판하는 권한과 이에 부수하는 권한을 사법권이라 하는데 이는 법관으로 구성된 법원에 속한다(헌§101). 법원이라는 말은 두 가지 의미로 사용된다. 국법상 의미의 법원과 소송법상의 의미의 법원이 그것이다. 국법상 의미의 법원은 사법행정상의 관청으로서의 법원과 관서로서의 법원으로 구분된다. 전자는 사법행정권의 주체가 되는 법원을 말하고 후자는 그 자체로서는 아무런 권한을 가지고 있지 않는 법관과 전직원을 포함한 사법행정상의 단위에 불과한 법원을 말한다. 법원조직법에서 말하는 법원은 흔히 국법상 의미의 법원을 말한다. 법원에는 최고법원인 대법원이 있고 하급법원으로서는 고등법원과 지방법원·가정법원이 있다. 또 지방법원의 사무의 일부를 처리하게 하기 위하여 그 관할구역 내에 지원과 소년부지원을 둘 수 있다. 가정법원은 지방법원과 동등하며 그 사무의 일부를 처리하게 하기 위하여 그 관할구역 안에 지원을 둘 수 있다. 대법원에는 대법관을 두고 그 수는 대법원장을 포함하여 14인으로 한다. 고등법원에는 고등법원장과 법률로써 정한 수의 판사를 둔다. 지방법원과 가정법원에는 각 지방법원장·가정법원장과 법률로써 정한 원수의 판사를 둔다. 그리고 소송법상 의미의 법원은 개개의 소송사건에 관하여 실제로 재판권을 행사하는 재판기관을 말하며 1인의 법관이 담당하는 경우(단독제)와 수인이 담당하는 경우(합의제)가 있다. 형사소송법상의 법원은 대체로 이러한 의미로 사용된다. 소송법상 의미의 법원은 각각 독립하여 재판권을 행사하며 그 재판권행사에 관하여 상급법원 또는 소속법원의 장으로부터 지휘감독을 받지 아니한다.

형사재판권(刑事裁判權)

형사재판권이라 함은 어떤 범인에 대한 범죄사실을 인정하여 형벌 등의 처분을 과할 수 있는 권한을 말한다. 이 권한은 국가에 속하며, 법원이 이를 행사한다(헌§101①). 형사재판권의 주요 내용은 형사사건을 심리·재판하는 권한, 즉 심판권이며 이에 부수하는 권한으로 소송지휘권, 법정경찰권, 강제처분권 등이 있다. 형사재판권은 공판법원 뿐만 아니라 그 외의 재판기관에도 인정되고 있다.

합의제(合議制)

법원이 공소가 제기된 사건을 재판할 경우에 수인의 법관이 합의하여 재판하는 제도이다. 사건을 신속하게 처리할 수 없으며 법관의 책임감이 약화될 우려가 있으나, 신중과 공정을 기할 수 있어 과오가 적다는 장점을 갖고 있으므로 상소법원의 재판에 있어서는 합의제가 요망된다. 대법원과 고등법원은 항상 합의제이다. 즉 대법원은 원칙적으로 대법원판사 전원의 3분의 2이상의 합의체에서 심판한다. 그런데 대법원판사 3인 이상으로 구성되는 부에서 먼저 사건을 심리하여 의견이 일치한 때에 한하여 그 부에서 재판할 수 있는 경우도 있다(법조§7①단). 고등법원은 언제나 3인의 판사로 구성된 합의부에서 심판하고 지방법원·가정법원·지방법원지원·가정법원지원·지방법원소년부지원은 단독제와 합의제를 병용하고 있으나 합의제인 경우에는 판사 3인으로 구성된 합의부에서 심판한다. 합의제에 있어서 중요한 것은 법관과반수의 의견으로 결정하며, 구성원으로서 재판장과 수명법관이라는 자격을 인정하여 어느 정도 단독활동의 여지를 남기고 있다.

단독제(單獨制)

공소가 제기된 사건의 재판을 1인의 법관이 담당하는 경우이다. 그 장단점은 합의제의 경우와 반대가 된다. 형사재판에서는 과오를 최대한으로 방지하기 위하여 합의제가 이상적이나 현재의 사건 수에 비하여 인적·물적 설비의 부족에 의해 단독제를 채용할 수밖에 없어서 지방법원 등에 단독제를 원칙적으로 채용하고 있다. 단 사건의 성질에 따라서 합의제에서 심판하는 경우를 명시하고 있다(법조§32).

재판장(裁判長)
독; Vorsitzender

재판장은 공판법원의 기관으로 법원이 합의체인 경우 그 구성원 중의 1인이 된다. 재판장은 합의체의 기관으로서 공판기일지정권, 소송지휘권, 법정경찰권 등을 가지며, 독립하여서는 급속을 요하는 경우에 피고인을 소환, 구속할 수 있는 권한을 가진다. 재판장 이외의 법관을 합의부원(배석판사)이라고 한다. 재판장은 소송절차를 진행시키기 위한 권한만을 가지고 있으며 심판에 있어서는 다른 법관과 동일한 권한을 가질 뿐이다.

수명법관(受命法官)

합의제법원으로부터 특정한 소송행위를 하도록 명을 받은 합의제법원의 구성원을 수명법관이라고 한다. 수명법관은 명을 받는 소송행위에 관하여 법원 또는 재판장과 동일한 권한이 인정되는 경우가 있다. 예컨대 압수 또는 수색의 경우(형소§136), 증인의 신문의 경우(§167)등이 그러하다.

수탁판사(受託判事)
독 ; ersuchter Richter

공탁법원으로부터 특정한 소송행위를 촉탁 받은 다른 법원의 판사를 말한다. 수탁판사는 촉탁 받은 소송행위에 관하여 법원 또는 재판장과 동일한 권한이 인정되기도 한다. 수탁판사는 공판법원의 구성원이 아니라는 점에서 수명법관과 다르다.

수임판사(受任判事)

수소법원과는 독립하여 소송법상의 권한을 행사할 수 있는 개개의 법관을 수임판사라 한다. 예컨대 수사기관의 청구에 의하여 각종의 영장을 발부하는 판사, 증거보전절차를 행하는 판사, 수사상의 증인신문을 하는 판사 등이 있다. 수소법원과 관계없이 소송행위를 하는 재판기관이라는 점에서 수명법관·수탁판사와 다르다.

공평한 법원(公平한 法院)

조직과 구성에 있어서 편파적인 재판을 할 우려가 없는 법원을 말한다. 공평한 법원을 위해서는 사법권의 독립이 보장되고 자격 있는 법관에 의해 법원이 구성되어야 한다. 사법권의 독립은 공평한 법원의 구성을 위한 일반적 보장이다. 어떠한 경우가 그러한 공평한 법원이라고 할 수 있는가는 결국 사회상식에 따라서 이해될 것이다. 그런데 그 법원을 구성하는 법관이 그 사건의 피해자이던가 피해자의 친족인 경우는 물론이고, 당사자주의의 소송이라는 입장에서 보면 법관이 그 사건에 대하여 이미 일방적으로 치우친 지식을 가지고 있는 경우에도 공평한 법원이라고는 할 수 없다. 그러므로 이러한 점들에 따라 공평한 법원의 구성을 구체적으로 보장하기 위하여 마련된 제도가 제척·기피·회피제도인 것이다.

제척(除斥)
영 ; exclusion
독 ; Ausschließung

구체적인 사건의 심판에 있어서 법관이 불공평한 재판을 할 우려가 현저한 것으로 법률에 유형적으로 규정되어 있는 사유에 해당하는 때에 그 법관을 직무집행에서 배제시키는 제도를 말한다. 그 효과가 법률의 규정에 의하여 당연히 발생한다는 점에서 당사자 또는 법관 스스로의 신청이 있을 때에 재판에 의하여 법관이 직무집행에서 배제되는 기피·회피와 구별된다. 예컨대 법관이 피해자라든가 피고인에 친족인 관계가 있으면 상식적으로 판단할 때 그 법관에게 공평한 재판을 기대할 수 없고, 그러한 법관이라도 재판할 수 있는 지위에 설 수 있다면 재판제도에 대한 국민의 신뢰를 잃어버리게 된다고 아니할 수 없다. 여기에 공평한 법원의 구성에 의한 공정한 재판을 위한 제척의 존재이유가 있다. 제척의 원인이 되는 사유에 대해서는 형사소송법 제17조에서 다음과 같이 규정하고 있다. ① 법관이 피해자인 때 ② 법관이 피고인 또는 피해자의 친족가족 또는 피해자의 친족가족 또는 이러한 관계가 있었던 자인 때 ③ 법관이 피고인 또는 피해자의 법정대리인·후견감독인인 때 ④ 법관이 사건에 관하여 증인·감정인·피해자의 대리인으로 된 때 ⑤ 법관이 사건에 관하여 피고인의 대리인·변호인·보조인으로 된 때 ⑥ 법관이 사건에 관하여 검사 또는 사법경찰관의 직무를 행한 때 ⑦ 법관이 사건에 관하여 전심재판 또는 그 기초되는 조사심리에 관여한 때 등이다.

> 형사소송법 제17조 제7호의 제척원인인 '법관이 사건에 관하여 그 기초되는 조사에 관여한 때'라 함은 전심재판의 내용 형성에 사용될 자료의 수집·조사에 관여하여 그 결과가 전심재판의 사실인정 자료로 쓰여진 경우를 말하므로, 법관이 선거관리위원장으로서 공직선거및선거부정방지법위반혐의사실에 대하여 수사기관에 수사의뢰를 하고, 그 후 당해 형사피고사건의 항소심 재판을 하는 경우, 형사소송법 제17조 제7호 소정의 '법관이 사건에 관하여 그 기초되는 조사에 관여한 때'에 해당한다고 볼 수는 없다*(대법원 1999. 4. 13. 선고 99도155)*.

기피(忌避)
독 ; Ablehnung

제척원인이 있는 법관이 제척되지 않고 재판에 나설 경우, 또 제척원인이 없더라도 법관이 불공평한 재판을 할 염려가 있는 경우에 당사자에게 그 법관을 직무집행으로부터 배제하도록 하는 신청을 인정하고 있다(형소§18). 이것을 기피라 하며 이는 제척제도를 보충하는 제도이다. 기피제도는 제척제도·회피제도와 마찬가지로 재판의 공평을 보장하기 위한 제도이다. 그러나 이는 악의의 당사자에 의해서 소송지연의 수단으로 악용될 우려가 없지 않다. 기피는 법관뿐만 아니라 법원의 서기관, 서기 및 통역인에 대하여도 이를 신청할 수 있다(§25). 법관에 대한 기피신청이 있는 경우에는 기피 당한 법관이 소속한 법원의 합의부에서 이를 결정하며, 서기관·서기 및 통역인에 대한 기피신청이 있는 경우에는 그 소속 법원이 이를 결정하여야 한다(§21①, §25②). 기피신청이 소송의 지연을 목적으로 함이 명백하거나 법률의 규정에 위배된 때에는 신청을 받은 법원 또는 법관은 결정으로 이를 기각한다(§201①).

회피(回避)
독 ; Selbstablehnung

법관 자신이 기피의 원인이 있다고 생각되는 경우에는 자발적으로 그 직무의 집행으로부터 탈퇴하는 제도이다(형소§24). 그러나 법관에게 회피권이 인정된 것은 아니므로 법관이 스스로 기피사유가 있다고 판단한 때에는 사건의 재배당이나 합의부원의 재구성에 의하여 내부적으로 해결할 수 있다. 그러나 이러한 해결이 이루어지지 않을 때에는 회피하여야 한다. 법관의 회피신청은 직무상의 의무라고 할 수 있다. 회피는 자기가 소속하는 법원에 서면으로 신청하도록 되어 있다. 제척 및 기피와 마찬가지로 형사소송법에 명시한 제도로서 법원의 서기관, 서기, 통역인 역시 스스로 회피할 수 있다.

제척·기피·회피

	원인	절차
제척	법률에 유형적으로 정해져 있음(형소§17)	법률상 당연히 제외됨
기피	•유형적으로 정해져 있지 않음 •불공평한 재판을 할 염려가 있는 일체의 경우(§18)	당사자의 신청에 의하여 법원이 판단함
회피	위와 같음	법관 스스로 직무 집행으로부터 탈퇴함

배심제(陪審制)

국민가운데서 선출된 일정수의 전문가가 아닌 배심원으로서 구성되는 배심의 심판 또는 기소를 행하는 제도. 심판을 행하는 것을 심리배심 또는 소배심이라 부르고, 기소를 행하는 것을 기소배심 또는 대배심이라고 부른다. 배심제도의 기원에 관하여 자연발생적이라고 하는 설, 프랑크시대의 규문절차가 노르만인과 함께 전래하였다고 하는 설 등의 논쟁이 있으나 여하튼 영국에서는 12, 13세기 경부터 발달하였다. 처음에는 증인 또는 범죄사실의 보고자였으나 뒤에 소를 제기하게 되고 신판(神判)의 소멸과 더불어 스스로 심판을 하게 되었다. 심리배심은 프랑스 혁명당시 프랑스에 들어왔다가 다시 1948년에는 독일에 전파되었으나, 그후 독일에서는 이를 폐지하고 참심제만을 채용하고 있다. 기소배심은 프랑스에서도 혁명당시에 한때 채용되었을 뿐이고, 영국에서도 1933년에 폐지

되었으나 미국은 헌법에서 중죄에 관하여는 배심의 기소를 필수적인 것으로 하고 있다.

국민참여재판제도 (國民參與裁判制度)

국민참여재판은 일반 시민이 배심원으로 형사재판에 참여해 유무죄 판단을 한 뒤 판사에게 평의 결과와 양형의견을 내놓는 재판제도를 말한다. 2007. 6. 1. '국민의 형사재판 참여에 관한 법률이 법률 제849호로 공포됨에 따라 2008. 1. 1.부터 동법 제5조에 규정된 범죄에 대해서는 배심재판이 행해지게 되었다. 다만, 배심원단 평결은 권고적 효력만 있고 재판부가 이를 반드시 따라야 하는 것은 아니어서 미국식 배심제도와는 차이가 있다. 그러나 재판부가 배심원단평결과 다르게 판결을 선고할 때에는 반드시 판결문에 그 이유를 적어야 하고, 법정에서 피고인에게 설명해 주도록 하였다(동법 §48).

관할(管轄)
영 ; jurisdiction
독 ; Zuständigkeit

각 법원에 대한 재판권의 배분, 즉 특정법원이 특정사건을 재판할 수 있는 권한을 말한다. 관할은 사건의 경중·심판의 난이·법원의 부담의 공평 및 피고인의 편의 등을 고려하여 결정하고 있다. 관할에는 사건의 경중에 의한 구별(사물관할), 지역적 차이에 의한 구분(토지관할) 및 제1심·항소심·상고심

과 같은 심급상의 구별(심급관할)이 있는데 특정사건이 어떤 법원에 계속되는가는 이 세 가지 점을 고려하여 결정된다. 그리고 법원의 관할에는 사건 자체의 심판에 관한 관할과 특정한 절차에 관한 관할이 있는데 전자를 사건관할, 후자를 직무관할이라 한다. 그리고 법률의 규정에 의하여 직접 관할이 정하여진 법정관할과 법원의 재판에 의하여 관할이 정해지는 관련사건의 관할이 있다. 이처럼 법원의 재판에 의하여 관할이 정해지는 (관련사건의 관할이 있다. 이처럼 법원의 관할을 정함에 있어서는 한편으로 심리의 편의, 사건의 능률적 처리라는 공익적 측면을 고려하며 또 한편으로 피고인의 출석편의 등 피고인의 이익보호라는 측면도 고려하여야 한다. 관할에 관한 규정에 의해서 일단 특정법원에 계속된 사건에 대해서는 동일법원에 의하여 심판이 행해질 것이 요청되는데 이를 관할항정의 원칙이라 한다.

사물관할(事物管轄)
독 ; sachliche Zuständigkeit

사건의 경중 또는 성질에 의한 제1심 법원의 관할의 분배를 말한다. 사건관할은 제1심 법원의 단독판사 또는 합의부에 속한다. 그러나 원칙적으로 제1심 법원의 사물관할은 단독판사에 속한다. 예외적으로 사건이 중대하거나 특히 신중한 심리가 요청되는 사건에 대해서는 합의부의 관할로 하고 있다. 사물관할을 정하는 원칙에는 범죄를 기준으로 하는 범죄주의와 형벌을 기준으로 하는 형벌주의가 있다. 현행법 원조직법은 양주의(兩主義)를 병용하고 있다.

토지관할(土地管轄)
독 ; rtliche Zustädigkeit

동등법원간에 있어서 사건의 토지관계에 의한 관할의 분배를 말한다. 토지관할은 사건의 능률적 처리와 피고인의 출석·방어의 편의를 고려하여 결정되어야 한다. 법원의 토지관할은 범죄지 또는 피고인의 주소·거소·현재지에 의한다. 각 법원은 그 관할구역 내에 범죄지 또는 피고인의 주소·거소·현재지가 있는 사건에 대하여 토지관할권을 갖는다. 이처럼 토지관할의 표준이 되는 범죄지·주소 등을 재판적이라고 한다.

심급관할(審級管轄)

상소관계에 있어서의 관할을 말한다. 상소에는 항소와 상고 및 항고가 있다. 지방법원 또는 동지원의 단독판사의 판결에 대한 항소사건은 지방법원 본원합의부에서 관할하고 지방법원 합의부의 제1심 판결에 대한 항소사건은 고등법원에서 관할한다. 제2심 판결에 대한 상고사건과 제1심 판결에 대한 비약상고사건은 대법원의 관할에 속한다. 그리고 지방법원단독판사의 결정·명령에 대한 항고사건은 지방법원합의부에서 관할하고 지방법원합의부의 제1심 결정에 대한 항고사건은 고등법원의 관할에 속한다. 또 고등법원의 결정과 지방법원합의부의 제2심 결정에 대한 항고사건은 대법원의 관할에 속한다.

관할의 지정 (管轄의 指定)

구체적 사건에 대하여 그 관할상 관계있는 법원의 상급법원이 심판할 법원을 지정하는 것을 말하며, 이것에 의하여 발생한 관할을 지정관할이라 하는 바, 이는 재정관할의 일종이다. 지정의 관할을 신청할 수 있는 사유는 다음과 같다. 법원의 관할이 명확하지 아니한 때, 관할위반을 선고한 재판이 확정된 사건에 관하여 다른 관할법원이 없을 때이다. 관할위반의 재판의 당·부당은 불문한다. 관할의 지정은 검사가 관계 있는 제1심법원에 공통되는 직근 상급법원에 신청하여야 한다(형소법 14조). 신청은 공소제기 전후를 불문하고, 사유를 기재한 신청서를 제출함에 의한다(형소법 16조1항). 공소제기 후에 관할지정을 신청한 때에는 공소를 접수한 법원에 통지해야 한다(형소법 16조2항).

관할의 병합 (管轄의 倂合)

관련사건에 대하여는 병합관할이 인정되고 있다. 즉 사물관할을 달리하는 수개의 사건이 관련된 때에는 법원합의부는 병합관할 한다. 단 결정으로 관할권 있는 법원 단독판사에게 이송할 수 있다(형소법 9조). 토지관할을 달리하는 수개의 사건이 관련된 때에는 한 개의 사건에 관하여 관할권 있는 법원은 다른 사건까지 관할 할 수 있다(형소법 5조).

관할의 이전 (管轄의 移轉)
독 ; bertragung der Zunständigkeit

관할법원이 재판권을 행사할 수 없거나 적당하지 않은 때에 법원의 관할권을 관할권 없는 법원으로 이전하는 것을 말한다. 따라서 형소법상의 관할이전의 사유는 다음과 같다. 관할법원이 법률상의 이유 또는 특별한 사정으로 재판권을 행사할 수 없을 때, 범죄의 성질·지방의 민심·소송의 상황 기타 사정으로 공평을 유지하기 어려울 염려가 있는 때이다. 관할의 이전은 검사 또는 피고인의 신청에 의한다(형소법 15조). 관할의 이전을 신청함에는 그 사유를 기재한 신청서를 직근상급법원에 제출하여야 하며, 공소를 제기한 후에 신청하는 때에는 즉시 공소를 접수한 법원에 통지하여야 한다(형소법 16조).

관련사건 (關聯事件)
독 ; Zusammenhängende Strafsachen

수개의 사건이 상호 관련하는 것을 말하는 것으로 형사소송법상 두 개 이상의 사건이 있는 경우 그 중 한 사건에 관하여 관할권이 있고 타방에 대하여도 관할을 갖게 되는 경우에 이 두 사건을 관련사건이라고 한다. 한 사람이 여러개의 범죄를 하였을 때(경합범이 해당), 여러 사람이 공동으로 죄를 범하였을 때(공범), 여러 사람이 동시에 동일한 장소에서 죄를 범하였을 때

(동시범)가 이에 해당한다. 그리고 범인은닉죄, 증거인멸죄, 위증죄, 허위통역, 감정의 죄 및 장물에 관한 죄와 그 본범 간에는 관련사건이 된다. 관련사건의 관할수정은 심판의 편의상 병합관할(형소§5, §9), 심리의 병합(§6, §10), 심리의 분리(§5, §9)가 인정된다.

심판불가분의 원칙 (審判不可分의 原則)

형사소송법에 있어, (1) 법원은 한 개의 사건의 일부에 대하여 분할하여 심판할 수 없다는 원칙을 말한다. 공소불가분의 원칙을 법원에 적용한 관념이다. 따라서 판결의 효력(기판력)은 사건이 단일하고 동일한, 그 전부에 미친다. (2) 사건의 범죄성립문제와 형벌문제의 전부에 관하여 불가분적으로 심판하여야 한다는 원칙을 말한다. 즉 범죄와 형벌, 주형과 부가형, 형벌과 집행유예를 분리하여 심판할 수 없다는 것이다.

관할의 경합 (管轄의 競合)

법원의 관할이 여러 가지 기준에 의하여 결정되는 결과 동일사건에 대하여 2개 이상의 법원이 관할권을 가지는 경우가 있는데 이를 관할의 경합이라 한다. 관할저촉이라고도 한다. 관할의 경합은 토지관할의 경우에 주로 발생한다. 형사소송법상 토지관할에 관하여 그 표준이 여러 가지 있을 뿐 아니라 여러 개의 관할구역에 걸쳐서 행해진 결과로서 또는 토지관할 외에 관련

사건의 토지관할이 인정되는 결과가 발생한다. 사물관할에 있어서도 하급법원의 고유 관할사건에 대하여 상급법원이 관련사건의 관할을 가지는 결과가 발생한다. 그러나 심급관할의 경우에는 1개의 법원만이 관할법원으로 되므로 관할의 경합은 발생하지 않는다.

관할위반의 항변 (管轄違反의 抗辯)

관할권이 없는 법원에 제기된 소에 관한 피고의 항변을 말한다. 관할위반의 재판이 법률에 위반됨을 이유로 원심판결을 파기하는 때에는 판결로써 사건을 원심법원에 환송하여야 한다(형소법 366조).

소송계속의 경합 (訴訟係屬의 競合)

관할의 경합으로 인하여 1개의 사건(동일사건)이 수개의 법원에 계속되는 경우가 있다. 이를 소송계속의 경합이라 한다. 이는 동일사건에 대하여 한 법원에 공소가 제기된 경우에도 다른 법원의 관할권이 소멸되지 않기 때문이다. 그런데 동일사건에 대한 중복심리, 이중판결은 허용할 수 없으므로 동일사건이 수개의 법원에 소송 계속된 경우에는 어느 한 법원으로 하여금 심판하도록 하여야 한다. 동일사건이 사물관할을 달리하는 수개의 법원에 계속한 때에는 법원합의부가 심판한다(형소§12). 그리고 동일사건이 사물관할을 같이 하는 수개의 법원에 계속된 때에

는 먼저 공소를 받은 법원이 심판함을 원칙으로 한다. 그러나 각 법원에 공통되는 직근상급법원은 검사 또는 피고인의 신청에 의하여 결정으로 뒤에, 공소를 받은 법원으로 하여금 심판하게 할 수 있다(§13).

사건의 이송 (事件의 移送)

법원이 소송계속 중인 사건을 다른 법원 또는 군사법원으로 이송하는 것을 말한다. 이 때에는 소송기록과 증거물을 송부하여야 한다. 사건의 이송은 동급법원간의 이송 또는 일반법원과 군사법원 사이의 이송인 수평적 이송과 상급법원에 의한 파기이송인 수직적 이송으로 구분할 수 있다. 또한 필요적 이송과 임의적 이송으로 분류된다.

검사 (檢事)
영 ; Public Prosecutor
독 ; Staatsanwalt

검찰권을 행사하는 국가의 기관이다. 이런 점에서 사법권의 행사를 그 직무로 하는 법관과 그 성격·지위를 달리한다. 검사의 권한은 주로 범죄의 수사, 공소의 제기 및 수행재판의 집행을 지휘·감독하는 것이다. 이 권한을 검찰사무라 한다. 검사는 각자가 국가의 기관으로서 검찰사무를 처리할 수 있는데, 이 점에서 일반의 관청과 다르다. 이와 같은 검찰사무는 그 내용면에서 사법권과 밀접한 관계에 있으므로 일반 행정관과 달리 검사임명에 있어서 엄격한 자격의 제한과 강력한 신분의 보장이 법률에 의해 이루어지고 있다. 즉 검사는 행정관이면서 준사법관적 성격이 있다. 사법권의 독립에 의하여 심판상 독립성이 보장된 법관과 달리 검사는 검찰총장을 정점으로 검사동일체의 원칙에 의해 상관의 명령을 받아 그 명령에 따라서 활동하는 관계(상명하복의 관계)에 있다.

검사동일체의 원칙
(檢事同一體의 原則)
독 ; Grundsatz der Einheitlichkeit der Staatsanwaltschaft

모든 검사는 검찰권의 행사에 관하여 검찰총장을 정점으로 하여 피라미드형의 계층적 조직체를 형성하여 상하복종관계로 일체불가분의 유기적 통일체로서 활동한다. 이를 검사동일체의 원칙이라 한다. 이 원칙은 범죄수사와 공소의 제기 및 재판의 집행을 내용으로 하는 검찰권의 행사가 전국적으로 균형을 이루게 하여 검찰권행사의 공정을 기하려는 데 주된 이유가 있다.

검사동일체의 원칙

검찰청(檢察廳)

검찰청법에 의하여 설치되는 것으로 검사의 사무를 통할하는 관서이다. 그 종류로는 대검찰청·고등검찰청 및 지방검찰청의 3종이 있으며, 각각 대법원·고등법원 및 지방법원에 대응하여 설치되어 있다. 다만 지방법원 설치구역에는 이에 대응하여 지방검찰청지청을 둘 수 있다. 그러므로 각각의 검찰청에 소속하는 검사는 그에 대응하는 법원이 담당하는 직무에 응한 검찰사무를 행하는 것이다. 그리고 검찰청과 지원의 관할구역은 법원과 지원의 관할구역에 의한다. 대검찰청의 장을 검찰총장이라고 하고 고등검찰청 및 지방검찰청의 장을 검사장이라 한다.

피고인(被告人)
영 ; accused
독 ; Angeklagte

피고인이라 함은 검사에 의하여 형사책임을 져야 할 자로 공소가 제기된 자 또는 공소가 제기된 자로 취급되어 있는 자를 말한다. 피고인은 공소제기 이후의 개념이므로 수사기관에 의하여 수사의 대상으로 되어 있는 피의자와 구별되며 또한 판결확정 이전의 개념이므로 확정판결에 의하여 형의 집행을 받고 있는 수형인과 구별된다. 누구를 피고인으로 보아야 할 것인가는 공소장에 기재된 자인가의 여부에 따라서 판정된다는 견해(공시설)와 이에 대하여 피고인으로서 실제로 행위를 한 자를 피고인이라고 보는 설(행위설), 그리고 검사의 의사를 기준으로 하여 피고인을 결정하여야 한다는 설(의사설) 등이 대립하고 있는데 형사소송에서는 전 2설을 포괄하여 결정함이 타당하다는 것이 통설이다. 이러한 피고인은 판결이 확정되어 유죄로 확정될 때까지는 무죄로 추정되며 그러므로 검사가 충분하게 입증하지 못한 때에는 비록 혐의가 있더라도 범인이 아니었던 것으로 해서 무죄가 선고된다. 또, 피고인은 단순히 법원에서 취조를 받는 입장에서가 아니고, 무죄를 주장하여 적극적으로 다툴 입장이 인정되어 있다. 이것을 소송의 당사자로서의 지위라 한다. 이러한 피고인의 당사자로서의 지위에 의하여 피고인은 검사와 대등한 입장에 있는 것이다. 이것을 당사자 대등의 원칙이라 하는데, 실제로 피고인과 검사가 힘이 균등하지 않으면 대등의 입장이라 할 수가 없다. 피고인의 법률지식을 보충하는 변호인제도는 그래서 중요한 것이다. 그리고 피고인은 항상 재판시에 법정에 출석할 권리를 갖는다. 따라서 원칙적으로 피고인의 출석 없이는 개정할 수 없다. 피고인이 정당한 이유 없이 출석하지 않으면 구인(拘引)해서라도 출석시켜야 한다. 이와 같이 피고인의 지위는 소송의 당사자로서 재판에 있어서 부당하게 처벌받지 않도록 자신을 수호할 지위에 있으나, 또 한편으로 현행법은 피고인이 법정에서 임의로 진술한 것을 증거로 할 수 있도록 하였다. 그러나 이것도 피고인이 반드시 공술(供述)해야 하는 것은 아니고 진술을 거부할 수 있다. 이를 피고인의 묵비권(진술거부권)이라 한다.

공동피고인(共同被告人)

영 ; codefendant
독 ; Mitbeschuldigte

복수의 피고인의 형사사건을 함께 병합 심리하는 경우에 여러 사람이 하나의 소송절차에서 피고인으로 된 자를 말한다. 공동피고인에 대하여는 소송관계는 독립해 존재하고, 또 공범 등이 다른 관계에서 비롯하는 영향은 예외로 하며 공동피고인에 대하여 생긴 사유는 원칙적으로 다른 사람에게 영향을 미치지 아니한다. 공동피고인은 피고인인 동시에 다른 피고인과의 관계에서는 제3자일 따름이다. 따라서 그 진술조서는 다른 공동피고인에 대한 관계에서는 피고인 이외의 자의 진술에 해당되므로 전문법칙이 적용되고(형소§312~§315), 또 그 내용이 타인으로부터 전문한 진술이면 형소법 제316조가 적용된다. 공동피고인의 진술은 이상의 기준에 의하여 다른 공동피고인의 자백에 대한 보강증거로 될 수 있으나 그것만으로써 다른 공동피고인을 유죄로 인정할 수 있는지에 관하여는 의론(議論)이 있다.

피의자 (被疑者)

영 ; suspect
독 ; Beschuldigter
불 ; prévenu

경찰이나 검사 등의 수사기관으로부터 범죄의 의심을 받게 되어 수사를 받고 있는 자를 피의자라 한다. 피의자는 수사개시 이후의 개념이므로 피내사자와 구별되며 공소제기 이전이 개념이므로 피고인과 구별된다. 현행형사소송법상 피의자는 기본적으로 수사의 대상이 된다. 또한 준당사적지위를 가지고 있어서 진술거부권, 변호인 선임권, 자료제출권, 변호인과의 접견교통권 등의 권리를 가진다.

소송절차참여권(訴訟節次參與權)

피고인은 소송의 주체로서 공판기일의 소송절차(공판심리절차)뿐만 아니라 공판준비절차, 강제처분절차, 증거보전절차 등 소송절차의 전반에 참여할 권리가 있다. 피고인의 이러한 권리를 소송절차참여권이라 한다. 이러한 권리는 피고인의 방어권 행사와 소송절차의 공정을 보장하기 위해서 필수적으로 요청된다. 소송절차참여권을 절차의 단계에 의하여 분류하여보면 공판절차참여권, 공판준비절차참여권), 증거보전절차참여권 등이 있으며 절차의 내용에 의하여 분류하여 보면 공판정출석권, 증거조사참여권, 강제처분참여권 등이 있다.

당사자능력 (當事者能力)

독 ; Parteifähigkeit

소송법상 당사자가 될 수 있는 일반적 능력을 말한다. 당사자에는 검사와 피고인이 있으나 검사는 일정한 자격요건을 갖춘 자 중에서 임명된 국가기관이므로 당사자능력이 문제될 여지가 없다. 따라서 당사자능력의 문제는 피고인으로 될 수 있는 일반적 능력의 문제로 다루어진다. 자연인, 법인 모두 당사자능력이 있다. 이러한 당사자능력은 소송법상의 능력이라는 점에서 형법상의 책임능력과 구별된다. 한편 일반적·추상적으로 당사자가 될 수 있는 능력이라는 점에서 구체적 특정사건에서 당사자가 될 수 있는 자격인 당사자적격과 구별된다. 법률은 피고인이 사망하거나 피고인인 법인이 존속하지 아니하게 되었을 때에는 공소기각의 결정을 하도록 하고(형소§328)①Ⅱ) 이 경우의 공소는 무효로 하고 있다.

당사자대등주의 (當事者對等主義)
독 ; Prinzip der Parteigleichheit, Waffengleichheit

형사소송법상 검사와 피고인의 실질적 평등은 사실상 실현될 수 없는 것이 현실이다. 그러나 이는 국민의 기본적 인권 옹호상 중요하므로 형사소송법은 검사와 피고인의 대등을 실현하기 위하여 노력하고 있다. 예컨대 피고인에게 묵비권을 보장하는 규정이라든가(형소법 289조), 피고인의 방어력을 보충하는 변호인제도 등은 당사자 대등주의를 구현하려는 것이다.

소송능력 (訴訟能力)
독 ; Prozeßfähigkeit

피고인이 소송당사자로서 유효하게 소송행위를 할 수 있는 능력, 즉 의사능력을 기초로 하는 소송행위능력을 말한다. 소송능력은 소송상의 행위능력으로서 당사자능력과 구별된다. 당사자능력의 존재는 소송조건으로서 이를 결하면 공소기각의 재판을 하여야 하나 소송능력의 존재는 소송행위의 유효요건으로서 이를 결하면 원칙적으로 공판절차를 정지하여야한다. 형소법상의 당사자능력이나 소송능력의 관계는 민법상의 권리능력과 행위능력의 관계에 비유할 수 있다.

변론능력 (辯論能力)
독 ; Postulationsfähigkeit

법정에서 사실을 진술하거나 법률적인 의견을 진술할 수 있는 자격을 말한다. 소송에서의 자기의 지위와 이해를 이해할 수 있는 만큼의 능력(소송능력)이 있으면 그 者 자신을 직접 소송에 참가시켜 자기의 입장을 지키도록 할 필요가 있다. 그러나 한편 소송의 원활·신속한 처리라는 것도 중요하다. 소송경험이 없고 법률지식도 불충분한 자가 실제로 법정에서 사실이나 법률적인 의견을 진술한다면 소송이 원활·신속하게 처리되기 어렵기 때문에 그 자격을 제한할 필요가 있다. 그러나 어떠한 경우에 제한할 것인가는 제한되는 자의 이해에도 관계되므로 간단하게 정할 수 없는 것이다. 상고심에서는 변호인인 변호사 이외에는 피고인이라도 변론능력이 없다(형소§386).

변호인 (辯護人)
영 ; counsel
독 ; Verteidiger

피고인·피의자의 방어력을 보충함을 임무로 하는 피고인 또는 피의자의 보조자를 말한다. 소송에서의 당사자 주의가 이상적으로 효과를 거두려면 검사와 피고인·피의자의 사이에 공격방어의 무기가 평등하게 있지 않으면 아니된다. 그런데 법률적인 소양(素養)에서는 양자간에는 큰 차이가 있다. 그래서 법률적인 면에서 피고인을 보조하는 제도로서 변호인제도가 설치되어 있다. 이러한 변호인은 소송법상 피고인·피의자의 이익을 보호하는 보호자적 지위와 그 보호하는 이익이 정당한 이익에 한정되는 공익적 지위를 가진다. 변호인은 원칙적으로 변호사의 자격을 가진 자 중에서 선임된다(형소§31). 변호인에는 피고인 자신(혹은 배우자 등 일정한 친족)이 사비로써 선임하는 경우(사선변호사)와 국가가 이를 선임하는 경우(국선변호사)가 있다. 어느 경우에도 변호인은 피의자나 피고인의 권리를 충분히 옹호하기 위하여 그들과 입회인 없이도 연락할 수 있는 권리(접견·교통권)나 서류증거물을 읽거나 증사할 수 있는 권리, 또는 증인신문이나 감정·검증 등에 참여할 수 있는 권리 등이 인정되어 있다. 그러나 권리 중에 어떤 것은 피의자나 피고인의 권리를 대리함에 불과한 것도 있고(대리권), 또 어떤 것은 변호인이기 때문에 당연히 가지는 권리(고유권)도 있다. 변호인의 권리는 가능한 한 고유권으로 해석하는 것이 바람직하다. 대리권인 경우에는 피의자나 피고인이 권리를 잃으면 변호인도 권리를 잃게되어 피의자나 피고인의 권리를 충분히 옹호할 수 없게 되기 때문이다.

변호인의 고유권
(辯護人의 固有權)

변호인의 권리로 특별히 규정된 것 중에서 성질상 대리권이라고 볼 수 없는 것을 말한다. 고유권에는 변호인이 피고인 또는 피의자와 중복하여 가지고 있는 권리와 변호인만 가지고 있는 권리가 있다. 후자를 협의의 고유권이라고 한다. 압수 및 수색영장의 집행에의 참여(형소법 145·121조), 감정에의 참여(형소법 176조), 증인신문에의 참여(형소법 163조), 증인신문(형소법 161조의2), 증거제출증인신문신청(형소법 294조) 및 최종의견진술(형소법 303조) 등은 전자에 속하며, 피고인 또는 피의자와의 접견교통권(형소법 34조), 서류 증거물의 열람 등사권(형소법 35조) 및 피고인에 대한 신문권(형소법 296조의2)은 후자에 해당한다. 변호인의 고유권 가운데 가장 중요한 것이 바로 접견교통권과 기록 열람·등사권이다.

접견교통권 (接見交通權)

형사절차에 의하여 신체의 구속을 받고 있는 자와 면회하는 것을 접견이라고 하는 바, 이를 통신 및 서류물건의 접수와 더불어 접견교통이라고 하고, 이와 같은 권리를 접견교통권이라 한다. 형사소송법에서는 변호인 또는 변호인이 되려는 자는 신체구속을 당한 피고인 또는 피의자와 접견하고 서류 또는 물건을 수수할 수 있는 권리가 인정되어 있다(형소법 34조). 변호인 또는 변호인이 되려는 자 이외의 자도 구속 중인 피고인·피의자와 접견·교통할 수 있으나, 법원은 도망하거나 또는 죄증을 인멸할 염려가 있다고 인정할 만한 상당한 이유가 있는 때에는 접견을 금하거나 수수할 서류 기타의 물건을 검열수수의 금지 또는 압수를 할 수 있다. 다만 의류·양식·의료품의 수수는 이를 금지 또는 압수할 수 없다(형소법 91조).

변호권 (辯護權)

검사의 공소권에 대응하는 피고인의 권리이다. 이 권리는 피고인뿐만 아니라 피의자에게도 인정된다. 이 변호권을 행사할 수 있는 것은 피고인 및 피의자이지만 가장 직접적으로 또한 구체적으로 행사하는 것은 변호인이다. 변호인은 피고인 및 피의자의 정당한 이익을 옹호함으로써 형사사법의 공정·타당한 운영에 협력하는 것이다. 그 의미에서는 피고인 및 피의자의 이익만을 옹호하는 것이 아니다. 즉 변호인은 보호자로서 뿐만 아니라 공익적인 지위도 아울러 가지고 있다. 따라서 변호인은 피고인에게 불이익이 되는 행동을 해서는 아니 되지만 보호하는 것은 피고인의 정당한 이익에 한하며 피고인의 의견에 구속되지 않는다. 구체적인 변호인의 권리로서 변호인고유의 권리와 피고인의 대리인으로서의 권리의 두 가지가 있다. 형사소송법의 역사는 변호권 확대의 역사라는 말처럼 인권사상의 보급과 형사소송의 당사자주의화에 따라 변호권이 확대·강화되어 왔으며 변호권의 확대는 필연적으로 변호인제도의 강화를 요구하고 있다.

국선변호인 (國選辯護人)
독; Offzialverteidigung, Bestellteverteidigung

변호인은 당사자주의에 의한 실체진실의 발견이나 공정한 재판의 이념을 실현하기 위한 불가결한 전제이며 문명국가의 형사절차를 위한 최소한의 요구라 할 수 있다. 그런데 변호인은 사선(私選)되는 것이 원칙이나 피고인이 빈곤 기타의 사유에 의하여 변호인을 사선 할 수 없는 때에는 피고인의 청구에 의하여 법원이 변호인을 선정하여야 하며 피고인이 미성년자이거나 70세 이상의 노인, 농아자, 심신장애의 의심이 있는 때 등의 경우에 법원이 직권으로 이를 선정하여야 한다(형소§33). 또한 피의자와 관련하여서는 체포·구속적부심사를 청구한 피의자가 형소법 제33조의 국선변호인 선임사유에 해당하고 변호인이 없는 때에는 국선변호인을 선정하여야 한다(형소§214조의2⑩). 종래에는 이 규정을 제외하고는 국선변호인은 피고인에게만 인정되고 피의자에게는 인정되지 않았었다. 그러나 2006년 형사소송법 개정에 따라 국선변호가 대폭 확대되어 구속된 피고인뿐만 아니라 피의자에 대하여도 공판과 수사절차에서 전면적인 국선변호가 인정되었다. 즉, 구속영장을 청구받은 지방법원판사가 피의자를 심문하는 경우에 심문할 피의자에게 변호인이 없는 때에는 직권으로 변호인을 선정하여야 한다. 이 경우 변호인의 선정은 피의자에 대한 구속영장청구가 기각되어 효력이 소멸한 경우를 제외하고는 제1심까지 효력이 있다(형소§201조의2⑧). 법원은 변호인의 사정이나 그 밖의 사유로 변호인 선정결정이 취소되어 변호인이 없게 된 때에는 직권으로 변호인을 다시 선정할 수 있다(형소§201조의2⑨).

변호사 (辯護士)
독 ; Rechtsanwalt

변호사라 함은 당사자 또는 그 밖의 관계인의 의뢰 또는 관공서의 위촉에 의하여 소송사건·비송사건·소원(訴願)·심사의 청구·이의 신청 등 행정기관에 대한 불복신청의 사건에 관한 행위 및 일반법률사무를 행하는 것을 직무로 하는 자를 말한다. 변호사에 관하여는 변호사법에 그 직무, 자격, 사명 등에 관한 규정이 있다.

필요적 변호 (必要的 辯護)

변호인이 없으면 공판을 열 수 없는 경우를 말한다. 소송은 검사가 피고인에게 의심을 두고 피고인은 그로부터 자신을 지키려는 형태를 통해 진상을 밝히려는 구조로 구성되어 있다. 이 경우 경미한 사건이면 피고인 자력으로 능히 자기를 수호할 수 있으나, 중대한 사건에서는 대개 검사와의 힘의 차이가 커서 자력으로써는 충분히 자기의 입장을 보호할 수가 없다. 이러한 경우에 변호인 없이는 진상이 명확하지 못할 경우도 있고, 또 잘못 판단하여 처벌하는 일이 있을 때 그 피해는 돌이킬 수 없게 된다. 따라서 형사소송법은 피고인이 구속된 때, 피고인이 미성년자인 때, 피고인이 70세 이상인 때, 피고인이 농아자인 때, 피고인이 심신장애의 의심이 있는 때, 피고인이 사형, 무기 또는 단기 3년 이상의 징역이나 금고에 해당하는 사건으로 기소된 때의 어느 하나에 해당하는 사건 및 형소법 제33조 제2항·제3항의 규정에 따라 변호인이 선정된 사건에 관하여는 변호인 없이 개정하지 못한다고 규정하고 있다. 단, 판결만을 선고할 경우에는 예외로 한다(형소§282). 형소법 제282조 본문의 경우 변호인이 출석하지 아니한 때에는 법원은 직권으로 변호인을 선정하여야 한다(§283).

보조인 (輔助人)

보조인이라 함은 일정한 신분관계에 의한 정의(情誼)의 발현으로 자진하여 피고인 또는 피의자의 보조인으로 된 자라는 점에서 법률전문가가 법률적 측면에서 피고인·피의자로 보조하는 변호인과 구별된다. 피고인·피의자의 법정대리인, 배우자, 직계친족, 형제자매는 보조인이 될 수 있다(형소§29①). 만약 보조인이 될 수 있는 자가 없거나 장애 등의 사유로 보조인으로서 역할을 할 수 없는 경우에는 피고인 또는 피의자와 신뢰관계 있는 자가 보조인이 될 수 있다(형소§29②). 보조인은 소송에서 피고인이 할 수 있는 행위라면 피고인의 명시한 의사에 반하는 경우를 제외하고는 일체를 할 수 있다.

위와 같은 신분관계에 있는 자가 보조인이 되려면 법원에 서면으로 신고하면 된다. 보조인의 신고는 보조인이 되고자 하는 자와 피고인 또는 피의자와의 신분관계를 소명하는 서면을 첨부하여 심급마다 이를 하여야 한다. 그런데 이러한 보조인은 변호인제도의 확립에 따라 실효성을 잃게 될 것이다.

소송관계인 (訴訟關係人)
독 ; Verfahrensbeteiligten

형사소송법상으로는 소송당사자와 보조자를 합친 개념이다(형소법 45·291·290조). 소송당사자로는 검사와 피고인이 있고, 피고인의 보조자에는 변호인 이외에 보조인과 대리인이 있고, 검사의 보조자로 사법경찰관리가 있다. 소송관계인은 소송관여자와는 구별하여야 하는데, 증인·감정인·고소인 등과 같이 소송의 주체가 아닐 뿐 아니라, 소송에 대한 적극적인 형성력이 없기 때문에 소송관계인이 될 수 없는 자를 소송관여자라고 한다.

소송서류 (訴訟書類)

소송상 필요에 의하여 법원에 제출되거나 법원에서 소송과 관련하여 작성되는 일체의 서류를 말한다. 형사소송법상의 소송에 관한 서류는 공판의 개정 전에는 공익상 기타 필요 기타 상당한 이유가 없으면 공개하지 못한다(형소법 47조). 피고인·피의자·증인·감정인·통역인 또는 번역인을 신문하는 때에는 참여한 법원사무관 등이 또는 번역인을 신문하는 때에는 참여한 법원사무관 등이 조서(소송서류)를 작성하여야 하고, 그 조서에는 진술자에게 읽어주거나 열람하게 하여 기재내용의 정확여부를 물어야 한다. 또 조서에는 진술자로 하여금 간인(間印)한 후 서명·날인하여야 한다(형소법 48조 1·3·7항). 또 공무원이 작성하는 서류에는 법률에 다른 규정이 없는 때에는 작성년월일과 소송공무소를 기재하고 기명날인 또는 서명하여야 하고, 서류에는 간인을 하여야 한다. 또 공무원이 서류를 작성함에는 문자를 변개하지 못하며, 삽입·삭제 또는 난외기재를 할 때에는 기재한 곳에 날인하고 그 문수를 기재하여야 한다. 다만 삭제한 부분은 해득할 수 있도록 자체를 존치하여야 한다(형소법 57·58조). 또 공무원이 아닌 자가 작성하는 서류에는 연월일을 기재하고 기명날인 또는 서명하여야 하고, 인장이 없으면 지장으로 한다(형소법 59조).

수사·강제처분

강제처분 법정주의 (強制處分 法定主義)

강제처분은 법률에 특별한 규정이 없으면 하지 못한다는 원칙(형소법 199조)을 말한다. 인권침해의 위험을 방지하기 위하여 강제수사의 허용조건을 법률에 규정함으로써 강제처분을 제한하는 일반적 형식에 의한 억제를 의미한다. 이 주의는 임의수사의 원칙과 표리관계에 있는 원칙이다.

수사 (搜査)
영 ; investigation
독 ; Ermittlung

범죄가 발생하였거나 발생한 것으로 생각되는 사정이 있는 경우에 범죄의 혐의 유무와 정상을 명백히 하여 공소의 제기 여부를 결정하기 위해서 또는 공소의 유지를 위한 준비로서 범인을 발견하여 신체를 보전하고, 또한 증거를 수집·확보하여야 한다. 이러한 절차를 수사라고 한다. 이러한 수사의 목적에 대해서 공소의 제기·수행이 그 목적이라는 통설과 제소·불기소의 결정이 그 목적이라는 반대설이 있다. 수사절차를 행하는 수사기관은 제1차적으로는 검사(형소§196)이고, 제2차적으로는 사법경찰관리이다. 이는 한편으로 수사목적을 보다 능률적으로 달성하기 위한 것으로 사법경찰에게는 그가 가진 통일적 활동력·과학적 수사기술 내지 설비에 기대하며, 검사에게는 재판에서 소추기관으로서의 역할을 보다 중시하게 한다는 것에 있고, 다른 한편으로는 사법경찰이 동시에 행정경찰로서의 활동도 행하기 때문에 수사에 대한 행정적 압력을 배제하여야 하다는 점에서 검사로 하여금 보정시킨다는 뜻도 있다. 그런데 이러한 수사는 그 성격상 실제에서 법률적 형식적 요청과 모순되는 경우가 있다. 이에 대하여 적정절차(due process)와 실체진실발견의 대립이 나타나기도 한다. 그러나 법치국가에서 수사는 인권존중의 관점에서 엄격한 법적 규제에 의하여야 한다. 그런 점에서 현행 형사소송법에서는 수사의 방법은 강제수단에 의하지 않는 것이 원칙이다(임의수사). 강제적으로 행하여지는 것은 예외로서, 특히 법률이 정한 경우가 아니면 할 수 없다(§199①). 임의수사의 예로서는 내사, 전문, 미행, 실황분석, 승낙을 얻은 수색이나 출입, 피의자나 참고인의 출석요구(§200, §221), 감정이나 통석(通釋)의 의뢰·임의제출한 물건의 압수(§218), 공무소 등에 대한 조회(§199②), 경찰관 등의 불심검문(경직§3①), 변사체의 검시(형소§222) 등이 있으나, 그 한계에 대하여 문제가 되는 수가 많다(예컨대 도청의 경우). 수사는 사법경찰관리가 범죄가 발생한 것으로 생각할 때(§196), 또는 검사가 필요하다고 인정할 때(형소§195)에 시작된다. 그런데 수사개시의 원인 즉 수사의 단서가 되는 것으로는 수사기관 자신의 체험에 의한 것과 타인의 체험에 의한 것이 있다. 그 단서들 중 법률에 규정되어 있는 것들은 고소(§223이하), 고발

(§234), 자수(§240), 검시(§222), 현행범(§211이하), 불심검문(경직§3) 등이다. 수사의 마무리, 즉 소송제기 또는 불기소처분은 검사만이 할 수 있다. 위와 같은 수사절차에 대하여 이론적으로는 그 기본적인 구조를 어떻게 생각하는가의 문제가 있는데 그 수사구조에 대한 이론으로서는 탄핵적 수사관 또는 규문적 수사관이 있다. 이것은 어떠한 수사관에 기초를 두는 가에 따라서 차이가 있다. 그래서 실제적으로는 소위 과학적 수사의 발달 촉진과 인권보장을 어떻게 조화시키는가의 문제가 가로놓여져 있으며, 강제수사와 임의수사와의 경계나 간극(도청, 사진촬영, 마취분석 등), 임의수사의 요건이나 한계 등이 문제가 된다. 한편, 2020년 1월 28일 검경 수사권 조정 법안이 공포되어 한동안 이슈가 되었던 검찰과 경찰의 수사권에 대한 전면적인 개정이 이루어졌다. 개정 법안은 공포 후 6개월이 경과한 날부터 1년 내에 시행하되, 그 기간 내에 대통령령으로 정하는 시점부터 시행된다.

강제수사의 분류

주체＼대상	사람에 대한 것	물건에 대한 것
수사기관이 스스로 판단하여 행하는 것	현행범 체포 (형소§212)	체포에 따른 압수·수색·검증(§216)
수사기관이 법관의 허가를 얻어 행하는 것	통상체포 (§200조의2)	영장에 의한 압수·수색·검증(§215)
법원이 수사기관의	구속(§70), 증인신문	
청구에 기하여 행하는 것	(§221의2), 감정유치 (§221의3)	

강제수사 (强制搜查)

강제처분에 의한 수사를 말한다. 수사상의 강제처분은 수사기관이 영장없이 행하는 것과 영장에 의해서 행하는 것, 그리고 판사에게 청구하여 행하는 것으로 구분할 수 있고, 이는 각각 대인적 강제처분과 대물적 강제처분으로 나누어진다. 대인적 강제처분으로서 영장없이 행할 수 있는 것은 현행범인의 체포(형소법 212조)와 긴급체포(형소법 200조의 3)등이 있으며, 영장에 의해서 행하는 것은 체포영장에 의한 체포(형소법 200조의 2), 구속(형소법 201조) 등이 있다. 대물적 강제처분으로서 영장없이 행할 수 있는 것은 피의자구속을 위한 수색과 그 현장에서의 압수검증(형소법 216조·217조), 유류물이나 임의로 제출된 물건의 압수(형소법 218조) 등이고, 영장에 의해서 행하는 것은 보통의 압수수색·검증(형소법 215조), 판사에게 청구하여 행하는 것은 증거보존절차상의 압수수색·검증·감정(형소법 184조1항)등이다. 강제처분 내지 강제수사는 형사사법에 있어서 불가결한 제도이지만 이로 인하여 개인의 기본권을 침해하는 필요악이다. 여기에 강제처분을 제한하기 위한 법적규제가 필요하게 된다. 강제처분은 법률에 특별한 규정이 없으면 하지 못한다(형소법 199조). 이를 강제처분법정주의 또는 강제수사법정주의라고 한다. 영장주의란 법원 또는 법관이 발부한 적법한 영장에 의하지 않으면 형사절차상의 강제처분을 할 수 없다는 원칙을 말한다. 법관의 공정한 판단에 의하여 수사기관에 의한 강제처분권하의 남용을 방지하고 시민의 자유와 재산의 보장을 실현하기 위한 원칙이다.

고위공직자범죄수사처 설치 및 운영에 관한 법률

고위공직자 및 그 가족의 비리를 중점적으로 수사·기소하는 독립기관을 말한다. 고위공직자 등의 범죄는 정부에 대한 신뢰를 훼손하고, 공공부문의 투명성과 책임성을 약화시키는 중요한 원인이 되고 있는바, 고위공직자 등의 범죄를 독립된 위치에서 수사할 수 있는 고위공직자범죄수사처의 설치 근거와 그 구성 및 운영에 필요한 사항을 정함으로써 고위공직자 등의 범죄를 척결하고, 국가의 투명성과 공직사회의 신뢰성을 높이려는 이유로 제정되었다. 주요내용은 ① 고위공직자와 그 가족, 고위공직자범죄 및 관련범죄의 범위를 정의한다(제2조). ② 고위공직자범죄 등에 관한 수사와 대법원장, 대법관, 검찰총장, 판사, 검사 또는 경무관 이상의 경찰공무원으로 재직 중에 본인 또는 본인의 가족이 범한 고위공직자범죄 및 관련범죄의 공소제기와 그 유지에 필요한 직무를 수행하기 위하여 고위공직자 범죄수사처를 둔다(제3조). ③ 고위공직자범죄수사처에 처장 1명과 차장 1명을 두고, 처장은 처장후보자 추천을 위하여 국회에 두는 고위공직자범죄수사처장후보추천위원회로부터 일정한 요건을 갖춘 사람중에서 2명을 추천받아 대통령이 그 중 1명을 지명한 후 인사청문회를 거쳐 임명하고, 차장은 일정한 요건을 갖춘 사람 중에서 처장의 제청으로 대통령이 임명한다(제4조부터 제7조까지). ④ 고위공직자범죄수사처검사는 일정한 요건을 갖춘 사람 중에서 고위공직자범죄수사처에 두는 인사위원회의 추천을 거쳐 대통령이 임명하고, 고위공직자범죄수사처 수사관은 일정한 요건을 갖춘 사람 중에서 처장이 임명한다(제8조부터 제10조까지). ⑤ 처장, 차장, 고위공직자범죄수사처검사는 퇴직 후 일정기간 동안 특정한 직위에는 임용될 수 없도록 하고, 고위공직자범죄수사처에 근무하였던 사람은 퇴직 후 1년 동안 고위공직자범죄수사처의 사건을 변호사로서 수임할 수 없도록 한다(제16조). ⑥ 처장, 차장 및 고위공직자범죄수사처검사의 직무와 권한, 고위공직자범죄수사처 소속 공무원의 정치적 중립 및 직무상 독립 등에 관한 사항을 정한다(제17조부터 제22조까지). ⑦ 고위공직자범죄수사처검사는 고위공직자범죄의 혐의가 있다고 사료하는 때에는 범인, 범죄사실과 증거를 수사하도록 하고, 고위공직자범죄수사처와 다른 수사기관과의 관계 등 수사와 공소의 제기 및 유지에 관한 사항을 정한다(제23조부터 제31조까지). ⑧ 고위공직자범죄수사처검사가 재직 중 정치운동에 관여하거나 금전상의 이익을 목적으로 하는 업무에 종사하는 등의 행위를 한 경우 징계하도록 하는 등 징계사유와 징계절차 등에 관한 사항을 정한다(제32조부터 제43조까지). ⑨ 이 법에 규정된 사항 외에 고위공직자범죄수사처의 조직 및 운영에 관하여 필요한 사항은 고위공직자범죄수사처 규칙으로 정하도록 하고, 그 밖에 고위공직자범죄수사처 검사 및 수사관의 직무와 권한 등에 관하여는 이 법의 규정에 반하지 아니하는 한 「검찰청법」 및 「형사소송법」을 준용하도록 한다(제45조 및 제47조). 이다.

임의수사 (任意捜査)

임의적인 조사에 의한 조사를 말한다. 즉 강제력을 행사하지 않고 상대방의 동의나 승낙을 받아서 행하는 수사이다. 이에 대하여 강제처분에 의한 수사를 강제수사라고 한다. 형사소송법의 규정에 의하면, 수사에 관하여는 그 목적을 달성하기 위하여 필요한 수사를 할 수 있다. 다만 강제처분은 법률에 특별한 규정이 있는 경우에 한하며, 필요한 최소한도의 범위 안에서만 하여야 한다(형소법 199조). 이와 같이 수사는 원칙적으로 임의조사에 의하고 강제수사는 법률에 규정된 경우에 한하여 허용된다는 원칙을 임의수사의 원칙이라 한다. 임의조사의 방법으로는 피의자신문(형소법 200조), 참고인조사(형소법 221조), 감정·통역·번역의 위촉(형소법 221조), 형사조회(형소법 199조2항)가 대표적이다.

수사기관 (捜査機關)

법률상 수사의 권한이 인정되어 있는 국가기관을 말한다. 수사기관에는 검사와 사법경찰관리가 있다. 검사와 사법경찰관은 수사, 공소제기 및 공소유지에 관하여 서로 협력하여야 한다. (형소법 196조). 검사는 범죄의 혐의가 있다고 사료하는 때에는 범인, 범죄사실과 증거를 수사한다. 검사는 제197조의3제6항, 제198조의2제2항 및 제245조의7제2항에 따라 사법경찰관으로부터 송치받은 사건에 관하여는 해당 사건과 동일성을 해치지 아니하는 범위 내에서 수사할 수 있다. 경무관, 총경, 경정, 경감, 경위는 사법경찰관으로서 범죄의 혐의가 있다고 사료하는 때에는 범인, 범죄사실과 증거를 수사한다. 경사, 경장, 순경은 사법경찰리로서 수사의 보조를 하여야 한다.

수사의 개시

검사 또는 사법경찰관이 다음 각 호의 어느 하나에 해당하는 행위에 착수한 때에는 수사를 개시한 것으로 본다. 이 경우 검사 또는 사법경찰관은 해당 사건을 즉시 입건해야 한다.
1. 피혐의자의 수사기관 출석조사
2. 피의자신문조서의 작성
3. 긴급체포
4. 체포·구속영장의 청구 또는 신청
5. 사람의 신체, 주거, 관리하는 건조물, 자동차, 선박, 항공기 또는 점유하는 방실에 대한 압수·수색 또는 검증영장(부검을 위한 검증영장은 제외한다)의 청구 또는 신청 (준칙 제16조)

불심검문 (不審檢問)

경찰관이 거동이 수상한 자를 발견한 때에 이를 정지시켜 질문하는 것을 말한다. 직무질문이라고도 한다. 경찰관직무집행법 제3조 1항에서는 이 불심검문에 대해 규정하고 있다. 이는 범죄가 발견되지 않은 경우 범죄수사의 단서가 될 뿐 아니라 특정범죄에 대한 범인이 발각되지 않은 때에 범인발견의 계기가 된다는 점에서 수사와 밀접한 관련을 가진다. 그러나 이는 어디까지나 행정경찰작용 특히 보안경찰의 분야에 속하는 것으로 범죄수사와는 엄격히 구별하여야 한다. 이러한 불심검문은 정지와 질문 및 동행요구를 내용으로 한다.

임의동행 (任意同行)

수사기관이 피의자의 동의를 얻어 피의자와 수사기관까지 동행하는 것을 말한다. 임의동행에는 형사소송법 제199조 1항에 의한 임의수사로서의 임의동행과 경찰관직무집행법에 의한 직무질문(불심검문)을 위한 것 두 가지가 있다. 임의 수사로서의 임의 동행은 피의자신문을 위한 보조수단으로서 임의수사로서의 성질을 가진다. 그러나 경찰관 직무집행법에 의한 직무질문(불심검문)을 위한 것은 범죄예방과 진압을 위한 행정경찰처분이다. 이러한 임의동행은 피의자의 승낙을 전제로 한 임의수사이므로 피의자의 자유의 구속이 없는 적법한 상태서만 허용된다.

형소법 제199조의 임의수사의 방법으로 임의동행이 허용되는지 여부

긍정설	통상적으로 동의하에 이루어지며, 초동수사의 긴급성을 이유로 임의수사로서 허용된다고 보는 견해.
부정설	상대방의 신체의 자유가 실제로 제약되므로 강제수사로 보는 견해로서, 경찰관직무집행법이나 주민등록법이 특정 목적을 위해 엄격한 요건 하에서 임의동행을 인정하고 있으므로 법률에 구체적인 요건과 절차에 관한 규정이 없음에도 일반적인 수사의 방법으로 임의동행을 인정하는 것은 곤란하다는 견해.
판례	일정한 조건하에 허용된다고 본다(2005도6810참조).

수사관이 수사과정에서 당사자의 동의를 받는 형식으로 피의자를 수사관서 등에 동행하는 것은 … 수사관이 동행에 앞서 피의자에게 동행을 거부할 수 있음을 알려 주었거나 동행한 피의자가 언제든지 자유로이 동행과정에서 이탈 또는 동행장소로부터 퇴거할 수 있었음이 인정되는 등 오로지 피의자의 자발적인 의사에 의하여 수사관서 등에의 동행이 이루어졌음이 객관적인 사정에 의하여 명백하게 입증된 경우에 한하여, 그 적법성이 인정되는 것으로 봄이 상당하다. 형사소송법 제200조 제1항에 의하여 검사 또는 사법경찰관이 피의자에 대하여 임의적 출석을 요구할 수는 있겠으나, 그 경우에도 수사관이 단순히 출석을 요구함에 그치지 않고 일정 장소로의 동행을 요구하여 실행한다면 위에서 본 법리가 적용되어야 하고, 한편 행정경찰 목적의 경찰활동으로 행하여지는 경찰관직무집행법 제3조 제2항 소정의 질문을 위한 동행요구도 형사소송법의 규율을 받는 수사로 이어지는 경우에는 역시 위에서 본 법리가 적용

되어야 한다*(대법원 2006. 7. 6. 선고 2005도6810).*

함정수사 (陷穽搜査)

함정수사란 수사기관 또는 그 의뢰를 받은 자가 범죄를 교사하거나 또는 방조한 후에 용의자가 범죄의 실행에 착수하는 것을 잡는 것을 말한다. 이는 마약법 위반사건의 경우에 그 발견이 어렵기 때문에 쓰이기도 한다. 이에 대해서 대륙법계의 나라에서는 미수의 교사의 한 형태로서 올가미에 건자의 형사책임을 문제로 했다. 이에 대하여 미국에서는 「올가미의 이론」으로 올가미에 걸린 자의 처분을 문제로 삼았다. 우리나라에서는 이를 위법하다고 보는 소극설, 적법하다고 보는 적극설과, 함정에 의하여 비로소 범죄의 의도가 발생한 경우에만 위법하고, 그 이외의 함정수사는 적법하다는 절충설 등이 있다.

본래 범의를 가지지 아니한 자에 대하여 수사기관이 사술이나 계략 등을 써서 범의를 유발케 하여 범죄인을 검거하는 함정수사는 위법함을 면할 수 없고, 이러한 함정수사에 기한 공소제기는 그 절차가 법률의 규정에 위반하여 무효인 때에 해당한다 할 것이지만, <u>범의를 가진 자에 대하여 단순히 범행의 기회를 제공하는 것에 불과한 경우에는 위법한 함정수사라고 단정할 수 없다</u>*(대법원 2007. 5. 31. 선고 2007도1903).*

고소 (告訴)
영; Plaint
독; Strafantrag

범죄의 피해자, 그의 법정대리인 기타 일정한 자(고소권자, 형소§223)가 범죄사실을 수사기관에 신고하여 범인의 소추를 구하는 의사를 표시할 수 있는데, 이를 고소라 한다. 역사적으로 보면 고대 사인(피해자) 소추의 유물이라 말할 수 있다. 이 고소가 있었다고 해서 반드시 검사는 기소하여야 하는 것은 아니고 수사를 촉진하는데 불과하다. 그러나 이른바 친고죄에 있어서는 고소가 없으면 기소할 수 없고 따라서 심리도 할 수 없다. 이러한 고소를 할 수 있는 자, 즉 고소권자로는 피해자, 그의 법정대리인, 그의 배우자, 친족 그리고 고소할 자가 없는 경우에 이해관계인의 신청에 의해 검사가 지정하는 지정고소권자가 있다. 그리고 고소는 서면 또는 구술로 검사 또는 사법경찰관에게 하여야 한다. 또 친고죄에 대하여는 범인을 알게 된 날로부터 6월을 경과하면 고소하지 못한다.

<u>고소는 서면 또는 구술로써 검사 또는 사법경찰관에게 하여야 하는 것이므로</u> 피해자가 피고인을 심리하고 있는 법원에 대하여 간통사실을 적시하고 피고인을 엄벌에 처하라는 내용의 진술서를 제출하거나 증인으로서 증언하면서 판사의 신문에 대해 피고인의 처벌을 바란다는 취지의 진술을 하였다 하더라도 이는 고소로서의 효력이 없다*(대법원 1984. 6. 26. 선고 84도709).*

고소기간 (告訴期間)

형소법상 유효한 고소를 할 수 있는 기간을 말한다. 친고죄의 고소에 관하여는 고소기간이 정하여져 있지만, 친고죄가 아닌 범죄에 대하여는 고소기간의 제한이 없다. 친고죄의 경우는 범인을 알게 된 날로부터 6개월이 경과하면 고소하지 못하며(형소법 230조1항), 다만 성폭력범의 경우는 1년이다. 따라서 고소기간의 경과후에 고소하는 것은 무효이다. 고소기간에 제한을 둔 것은 사인의 의사에 대하여 형사사법권의 발동이 장기간 불확정한 상태에 놓이는 것을 방지하려는 취지이다.

고소의 추완 (告訴의 追完)

친고죄에 관하여 고소가 없음에도 불구하고 공소가 제기된 후에 비로소 고소가 있는 경우, 무효인 공소가 유효로 되는 것을 말한다. 고소의 추완은 피해사건이 친고죄인 경우에 한해서 문제되며, 고소가 수사의 단서에 불과한 비친고죄의 경우는 고소의 추완은 문제되지 않는다.

고소의 추완을 인정할 것인지 여부

적극설	소송경제와 절차유지의 원칙을 이유로 고소의 추완을 인정해야 한다는 견해.
절충설	공소제기시에 공소사실이 친고죄임에도 불구하고 고소가 없는 경우에는 고소의 추완을 인정할 수 없으나, 비친고죄로 공소제기된 사건이 심리결과 친고죄로 판명되거나 친고죄가 추가된 때에는 고소의 추완을 인정해야 한다는 견해.

소극설	공소제기는 절차의 형식적 확실성이 강하게 요청되는 소송행위이므로 무효의 치유를 인정해서는 안 되기에 고소의 추완을 부정하는 견해.
판례	소극설의 태도(82도1504참조)

고소의 취소 (告訴의 取消)

일단 제기한 고소를 철회하는 소송행위를 말한다. 고소는 제1심 판결선고 전까지 취소할 수 있다(형소법 232조1항). 범인과 피해자 사이의 화해 가능성을 고려하여 고소의 취소를 인정하면서도 국가사법권의 발동이 고소인의 자의에 의하여 좌우되는 것을 막기 위하여 이를 제1심 판결선고 전까지로 제한한 것이다. 여기서의 고소는 친고죄의 고소를 말한다.

고소인 (告訴人)
독 ; Ankläger

고소를 한 사람을 말한다. 검사는 고소가 있는 사건에 관하여 공소를 제기하거나, 제기하지 아니하는 처분, 공소의 취소 또는 타관송치를 한 때에는 그 처분한 날로부터 7일 이내에 서면으로 고소인에게 그 취지를 통고하여야 한다(형소법 258조1항).

고소권자 (告訴權者)

형사소법에 의해 고소권을 가지는 자를 말한다. 범죄로 인한 피해자(형소법 223조), 피해자의 법정대리인(형소법 225조1항), 피해자의 법정대리인이 피의자이거나, 법정대리인의 친족이 피의자

인 때에는 피해자의 친족(형소법 226
조), 피해자가 사망한 때에는 그 배우
자·직계친족 또는 형제자매(형소법 225
조2항) 등이 고소권자이다. 그러나 자
기 또는 배우자의 직계존속은 고소하
지 못하고(형소법 224조), 사자의 명예
를 훼손한 범죄에 대하여는 그 친족
또는 자손이 고소할 수가 있다(형소법
227조). 친고죄에 관하여 고소할 자가
없는 경우에 이해관계인의 신청이 있
으면 검사는 10일 이내에 고소할 수
있는 자를 지정해야 한다(형소법 228
조). 또 고소할 수 있는 자가 수인인
경우에는, 1인의 기간이 해소되거나
이혼소송을 제기한 후가 아니면 고소
할 수 없다(형소법 229조1항).

고소불가분의 원칙
(告訴不可分의 原則)

고소의 효력이 불가분이라는 원칙을
고소불가분의 원칙이라 한다. 즉 1개
의 범죄의 일부에 대한 고소 또는 그
취소가 있는 경우에는 그 효력은 당연
히 그 범죄사실의 전부에 대하여 발생
하고(객관적 불가분), 또 친고죄의 공
범 중 그 1인 또는 수인에 대한 고소
또는 그 취소는 다른 공범자 전체에
대하여도 효력이 있다(주관적 불가분,
형소§233). 그런데 이 원칙에 대해서
예외가 있다. 즉 전자에 있어서 이른바
과형상의 일죄(원래는 수개의 범죄)인
경우에 각 부분의 피해자가 서로 다를
때, 또는 일부분만이 친고죄인 때에는
모두 분리하여 고찰하여야 하고, 후자
에 있어서도 이른바 상대적 친고죄(예

: 형§328, §344)의 경우에는 일정한
신분을 가진 공범을 신분 없는 자와
불리하여 논한다.

고발 (告發)
영 ; denunciation
독 ; Anzeige

고발이라 함은 고소와 마찬가지로
범죄사실을 수사기관에 신고하여 범인
의 소추를 구하는 의사표시이다. 그러
므로 단순한 피해신고는 고발이라고
할 수 없다. 그런데 고소와 달리 범인
및 고소권자 이외의 제3자는 누구든
지 할 수 있다. 공무원은 그 직무를
행함에 있어서 범죄가 있다고 사료하
는 때에는 고발의 의무가 있다. 여기
에서 직무를 행함에 있어서란 범죄의
발견이 직무내용에 포함되는 경우를
말하고 직무집행과 관계없이 우연히
범죄를 발견한 경우는 여기에 해당하
지 않는다. 고발도 일반적으로는 단순
히 수사를 촉진하기 위한 것이나, 특
별법에서는 친고죄의 고소와 기타의
공소 내지 심리의 조건(소송조건)이
되는 고발도 있다(예 : 조세범처벌법
§6). 자기 또는 배우자의 직계존속은
고발하지 못한다. 고발과 그 취소의
절차와 방식은 고소와 같다(형소§237,
§238, §239). 다만 대리인에 의한 고
발이 인정되지 않고, 고발기간에는 제
한이 없으며, 고발을 취소한 후에도
다시 고발할 수 있다는 점이 고소와
다르다.

자수(自首)
영 ; self-denunciation

범죄사실을 수사기관에 告함으로써 그 범죄의 기소를 바라는 의사를 표명하는 것을 자수라 한다. 다만 고소·고발과 다른 점은 그것을 하는 것이 범인자신이라는 점이다. 그러나 이 경우 반드시 자기 자신이 출두하여 고하지 않아도 무방하며 타인을 시켜도 좋다. 그러나 사실만을 고하고 행방을 감추는 것 등은 자수가 되지 않는다. 일반적인 고소·고발과 같이 자수도 단순히 수사의 개시를 촉구하는 것에 불과하며 그 절차에 있어서도 고발·고소의 방식에 관한 제237조, 제238조의 규정을 준용한다(형소§240). 또 형법상으로는 자수(형§52①, §90①단)는 형을 경감하거나 면제하는 등의 근거가 된다.

구속(拘束)

구속이란 피고인 또는 피의자의 신체의 자유를 제한하는 대인적 강제처분을 말한다. 이는 구인(拘引)과 구금을 포함하는 말이다. 구속은 두 가지 뜻을 포함하는데 그 하나는 피고인 또는 피의자를 구속하는 재판의 뜻이고, 또 다른 하나는 이 재판을 집행하는 사실행위를 의미하기도 한다. 검사 또는 사법경찰관은 관할 지방법원 판사가 발부한 구속영장을 받아서 피의자를 구속할 수 있는데, 구속이유로는 죄를 범하였다고 의심할만한 상당한 이유가 있고, 도망하거나 도망할 염려가 있고, 증거인멸의 염려가 있어야 하며, 다만

50만원 이하의 벌금·구류·과료에 해당하는 범죄에 관하여는 주거부정의 경우에 한하여 구속할 수 있다(형소§70, §201). 구속기간은 사법경찰관과 검사가 각각 10일이고 검사에 한하여 부득이한 경우에 10일을 한도로 연장을 받을 수 있다(§205). 구속되었다가 석방된 피의자는 다른 중요한 증거를 발견한 경우를 제외하고는 동일한 범죄사실에 대하여 다시 구속하지는 못한다(§208). 피의자의 구속은 피고인구속에 관한 규정이 많이 준용된다(§209). 이러한 구속은 형사소송의 진행과 형벌의 집행을 확보함을 목적으로 한다. 또한 이는 형사사법의 기능이라는 공익과 개인의 자유라는 이익이 정면으로 충돌하는 분야이다.

이중구속(二重拘束)

이중구속이란 이미 구속영장에 발부되어 피고인 또는 피의자에 대해 구속영장을 집행하는 것을 말한다. 다수설은 구속영장의 효력은 구속영장에 기재된 범죄사실에 대해서만 미치고(사건단위설), 구속된 피고인 또는 피의자가 석방되는 경우를 대비하여 미리 구속해 둘 필요가 있다는 이유로 이중구속도 허용된다고 해석한다.

형사소송법 제75조 제1항은, "구속영장에는 피고인의 성명, 주거, 죄명, 공소사실의 요지, 인치구금할 장소, 발부연월일, 그 유효기간과 그 기간을 경과하면 집행에 착수하지 못하며 영장을 반환하여야 할 취지를 기재하고 재판장

또는 수명법관이 서명날인하여야 한다." 고 규정하고 있는바, **구속의 효력은 원칙적으로 위 방식에 따라 작성된 구속영장에 기재된 범죄사실에만 미치는 것**이므로, 구속기간이 만료될 무렵에 종전 구속영장에 기재된 범죄사실과 다른 범죄사실로 피고인을 구속하였다는 사정만으로는 피고인에 대한 구속이 위법하다고 할 수 없다*(대법원 2000. 11. 10. 자 2000모134).*

별건구속(別件拘束)

수사기관이 본래 수사하고자 하는 사건(본건)에 대하여는 구속의 요건이 구비되지 않았기 때문에 본건의 수사에 이용할 목적으로 구속요건이 구비된 별건으로 구속하는 경우 이를 별건구속이라 한다. 별건구속은 별건을 기준으로 할 때 적합하지만 본건구속의 요건이 없는 이상 영장주의에 반하고, 본건구속에 대한 구속기간의 제한을 벗어나는 것이 되며, 구속의 사유가 없는 경우에 자백강요 내지 수사의 편의를 위하여 구속을 인정하는 것이 되므로 위법하다.

별건구속의 허용여부

적법설 (별건기준설)	구속영장심사 단계에서 수사기관의 주관적 의도를 심사하는 것은 곤란하므로 별건에 대한 구속사유와 필요성이 있는 한 구속은 적법하다고 본다.
위법성 (본건기준설)	사실상 구속기간의 제한을 잠탈하는 것이고, 본건에 의한 영장발부가 아니기 때문에 법관은 본건에 대한 영장심사를 제대로 할 수 없기 때문에 영

장주의의 근본 취지에 반하므로 위법하다고 본다.

구속의 취소(拘束의 取消)

구속의 사유가 없거나 소멸된 경우에 구속된 자를 석방하는 것을 말한다. 구속의 사유가 없거나 소멸된 때에 피고인에 대하여는 법원이 직권 또는 검사·피고인·변호인과 변호인선임권자의 청구에 의하여, 피의자에 대하여는 검사 또는 사법경찰관이 결정으로 구속을 취소하여야 한다(형소법 93조·209조). 구속의 사유가 없는 때란 구속사유가 처음부터 존재하지 않았던 것이 판명된 경우이고, 구속사유가 소멸된 때란 존재한 구속사유가 사후적으로 소멸한 경우를 말한다. 법원이 피고인에 대한 구속취소의 결정을 함에는 검사의 청구에 의하거나 급속을 요하는 경우 이외에는 검사의 의견을 물어야 한다. 구속취소결정에 대하여 검사는 즉시항고를 할 수 있다(형소법 97조4항).

긴급체포(緊急逮捕)

체포를 하려면 사전에 검사의 신청에 의하여 법관이 발부한 영장을 제시해야 하는 것이 원칙이지만(헌§12③)본문, 형소§200의2), 피의자 사형·무기 또는 장기 3년 이상의 징역이나 금고에 해당하는 죄를 범하였다고 의심할 만한 상당한 이유가 있고 증거인멸, 도망 또는 도망의 염려가 있는 경우에 긴급을 요하여 지방법원판사의 체포영장을 받을 수 없는 경우에, 검사 또는 사법경찰관은 그 사유를 알리고 영장 없이 피의자를 체포할 수 있다(헌§12③단, 형소§200의 3). 이것을 긴급체포라 한다. 이러한 사유로 피의자를 체포한 경우에 피의자를 구속하고자 할 때에는 지체없이 영장을 청구하여야 하고, 영장청구기간은 체포한 때부터 48시간을 초과할 수 없고, 긴급체포서를 첨부하여야 한다(형소법 200조의 4).

영장(令狀)
영 ; warrant

강제처분의 재판을 기재한 서면을 말한다. 강제처분을 행함에 있어서는 원칙적으로 영장을 피처분자에게 제시하여야 한다. 강제처분의 남용을 피하고 피처분자의 인권을 옹호하는 것을 그 목적으로 한다. 헌법은 체포·구속·압수·수색의 강제처분에 있어서의 영장주의를 선언하고 있다(헌법 12조3항). 영장의 종류로서는 소환장, 체포·구속영장과 압수·수색영장의 3종이 있다. 영장의 기재사항은 그 종류에 따라 다르다.

영장주의(令狀主義)

법원 또는 수사기관의 형사절차에서 강제처분을 함에는 법원 또는 법관이 발부한 영장에 의하여야 한다는 주의를 령장주의라 한다. 수사 등의 절차를 행하는 강제처분은 사람의 신체 및 의사의 자유에, 또는 사람의 물건에 대한 지배에 제한을 가하는 것이므로 강제처분권을 남용하여 기본적인권이 침해되는 경우가 있을 수 있다. 그래서 기본적 인권보장을 위해서는 강제처분을 하여야 할 것인가의 여부를 수사기관의 판단에 맡기지 않고 먼저 법원이 판단하여(이 판단도 재판의 일종이다) 그 결과를 영장에 기재하고 이 영장이 없으면 강제처분을 할 수 없도록 하는 원칙이 바로 영장주의이다. 이러한 영장주의는 수사기관의 강제처분에 대하여 더더욱 강조되고 있다. 헌법은 체포·구금·압수수색에는 영장을 필요로 한다고 규정하고 있다(헌§12②). 영장 중에서도 법원 스스로가 강제처분을 할 때의 영장은 이것을 실제로 집행하는 기관에 대한 명령장의 성질을 갖는 것이다(소환장·구속영장·체포령장·감정류치장·법원이 행하는 경우의 압수수색령장). 그런데 탄핵적 수사권에 기초를 두고 체포·구속영장을 명령장이라고 이해하는 유력한 학설이 있다. 그러나 이 강제처분은 법원의 의사에 의한 것이 명백한 경우(예를 들면 공판정에서의 압수수색) 및 수사기관의 행위가 아님이 명백한 경우(예를 들면 현행범체포) 혹은 이미 일정한 범위에서 법원이 판단을 하고 있는 사안에 관한 경우, 예를 들면 영장을 기초로 한 체포·구속·압수수색·검증에는 실질적으로 영장주의와 모순되지 않는 영장주의의 예외가 된다. 그리고 영장주의의 원칙이 행정상의 강제처분 특히 행정상의 즉시강제에도 적용되느냐에 관해 견해가 대립되고 있는데 행정목적의 달성을 위하여 불가피한 경우에는 영장주의가 적용되지 아니한다는 견해가 유력하다.

체포·구속영장

(逮捕·拘束令狀)

독 ; Haftbefehl

수사기관에 체포·구속을 허용하는 법관의 허가장이다. 체포·구속은 범죄용의자에 대한 강제처분이므로 체포·구속을 할 경우에는 영장을 필요로 하는 것이 원칙이다((형소§73, §200의2, §201①). 즉 체포·구속하여야 하는가의 여부는 법원이 판단하는 것이고 영장 없이는 수사기관이 체포·구속 할 수 없는데, 이 법원의 판단을 기재한 것을 체포·구속영장이라 하고, 이 체포·구속영장은 법원의 집행기관에 대한 허가장으로서의 성질을 갖고 있다. 체포·구속영장의 발부를 청구할 수 있는 권한을 가진 자는 검사와 사법경찰관이고, 청구에 대하여 법원은 체포·구속의 이유와 필요가 있다고 인정되면 체포·구속영장을 발부한다(형소§200의2, §201③). 명백히 체포·구속의 필요가 없는 때에는 그 청구를 기각한다. 따라서 이와 같은 의미에서 법원은 체포·구속영장청구에 대하여 하나의 실질적심사권을 갖고 있는 것이다. 체포·구속영장에는 피의자의 성명·주거·죄명·공소사실의 요지·인치구금할 장소·유효기간(원칙으로 체포 48시간, 구속은 10일)과, 유효기간이 경과하면 집행에 착수하지 못하며 영장을 반환하여야 할 취지·영장발부 연월일 등을 기재하고 재판장 또는 수명법관이 서명·날인하여야 한다(형소§75①, §200의5). 체포·구속영장에 의하여 체포·구속할 수 있는 것은 수사기관뿐이다. 체포·구속할 때에는 체포·구속영장을 제시하여야 하지만, 긴급을 요할 때에는 범죄사실의 요지와 이에 대하여 체포·구속영장이 발부되어 있음을 알리고 영장 없이도 체포·구속할 수 있다. 그러나 체포·구속한 후에는 신속히 구속영장을 제시하여야 한다(형소§85③, ④, §200의6). 검사 또는 사법경찰관은 피의자를 체포하는 경우에는 피의사실의 요지, 체포의 이유와 변호인을 선임할 수 있음을 말하고 변명할 기회를 주어야 한다(형소§200의 5).

영장실질심사(令狀實質審査)

영장실질심사란 구속영장의 청구를 받은 판사가 피의자를 직접 심문하여 구속사유를 판단하는 것을 말한다. 영장실질심사는 피의자나 배우자, 직계가족 등의 신청이 있을 때에만 실시했지만 2007. 6. 1. 형사소송법 개정으로 2008. 1. 1.부터는 신청이 없어도 모든 구속영장 청구 사건에서 실질심사가 진행된다.

형사소송법 제201조의 2는 ① 영장에 의한 체포, 긴급체포, 현행범인의 체포에 따라 체포된 피의자에 대하여 구속영장을 청구 받은 판사는 지체없이 피의자를 심문하여야 하고, ② 그 외의 피의자에 대하여 구속영장을 청구받은 판사는 피의자가 죄를 범하였다고 의심할 만한 상당한 이유가 있는 경우에 구인을 위한 구속영장을 발부하여 피의자를 구인한 후 심문하여야 한다고 규정하고 있다.

현행범인(現行犯人)

현행범인의 개념에 대하여 광의의 현행범인은 협의의 현행범인과 준현행범인을 포함하는 개념이며 현행 형사소송법은 현행범인을 광의의 의미로 사용하고 있다. 협의의 현행범인이라함은 범죄의 실행 중이거나 실행 직후인 자(형소§211①)를 말한다. 현행범인을 체포할 때에는 급히 서둘러야 하고, 또 체포로 말미암아 부당한 침해가 발생할 우려도 일응 없다고 생각되므로 영장은 불필요하며, 또 수사기관이 아니라도 누구든지 체포할 수 있다(§212, 다만 §214참조). 한편 준현행범인이라 함은 범죄실행 직후라고는 할 수 없더라도 실행 후 시간이 얼마 지나지 않은 것이 명백히 인정되거나 범인으로 호창되어 추적되고 있거나 장물 또는 분명히 범죄를 위해 사용되었다고 생각되는 흉기 등을 현재 몸에 숨기고 있거나, 신체 또는 의류에 범죄의 증적(證跡)이 현저하거나, 누구임을 물음에 대하여 도망하려 하는 등, 이상의 둘 중 하나에 해당하는 자로 현행범인과 똑같이 취급되는 자를 말한다(§211②).

준현행범인(準現行犯人)

현행범인은 아니지만 현행범인으로 간주되는 자를 말한다. 형사소송법은 (1) 범인으로 호창되어 추적되고 있는 때, (2) 장물이나 범죄에 사용되었다고 인정함에 충분한 흉기 기타의 물건을 소지하고 있는 때, (3) 신체 또는 의복류에 현저한 증적이 있을 때, (4) 누구임을 물음에 대하여 도망하려 하는 때를 현행범인으로 간주하고 있다(형소법 211조2항). 현행범인과 같이 준현행범인도 누구나 영장없이 체포할 수 있다(형소법 212조).

체포·구속적부심사제도
(逮捕·拘束適否審査制度)

수사기관의 피의자에 대한 체포·구속의 위법여부 또는 체포·구속계속의 필요성 유무를 법관이 심사하여 그 체포·구속이 부적법·부당한 경우에 체포·구속된 피의자를 석방하는 제도를 체포·구속적부심사제도라 한다. 피의자의 석방제도라는 점에서 피고인의 석방제도인 보석제도와 다르며 법관의 심사에 의한 석방제도라는 점에서 검사가 피의자를 석방하는 구속취소제도와 다르다. 이 제도는 수사기관의 위법 부당한 인신 체포·구속으로부터 피의자를 구제하려는 데 그 존재이유가 있다. 체포·구속된 피의자, 그의 변호인, 법정대리인, 배우자, 직계친족, 형제자매, 가족, 동거인, 가족 또는 고용주가 할 수 있으며 서면에 의할 것을 요한다. 그리고 체포·구속영장을 발부한 법관은 그 청구사건에 대한 심사나 결정에 관여하지 못한다. 또한 체포·구속적부심사청구에 대한 법원의 결정은 기각결정과 석방결정이 있는데 이 결정은 청구서가 접수된 때부터 48시간 이내에 하여야 한다(형소 §214의 2).

인치(引致)

신체의 자유를 구속한 자를 일정한 장소로 연행하는 것을 말한다. 구인의 효력으로서 인정되며, 구인한 피고인을 법원에 인치한 경우에 구금할 필요가 없다고 인정할 때에는 그 인치한 때로부터 24시간 내에 석방하여야 한다(형소§71). 사법경찰관이 피의자를 구속한 때에는 10일 이내에 피의자를 검사에게 인치하지 아니하면 석방하여야 한다(§202). 검사가 피의자를 구속한 때 또는 사법경찰관으로부터 피의자의 인치를 받은 때에는 10일 이내에 고소를 제기하지 아니하면 석방하여야 한다(§203).

대물적 강제처분
(代物的 强制處分)

증거물이나 몰수물의 수집과 보전을 목적으로 하는 강제처분을 말한다. 압수와 수색 그리고 검증이 여기에 해당한다. 대상적 강제처분은 그 직접적 대상이 물건이라는 점에서 대인적 강제처분과 구별된다. 대물적 강제처분은 주체에 따라 법원이 증거수집을 위해서 행하는 경우와 수사기관이 수사로 행하는 경우로 나눌 수 있다. 특히 수사기관의 대물적 강제처분을 대물적 강제수사라 한다. 단 증거물이나 몰수할 물건의 수집과 확보를 목적으로 하는 강제처분이라는 점에서 양자는 그 성질을 같이한다. 대물적 강제수사에 대해서도 법원의 압수수색과 검증에 관한 규정이 준용된다. 대물적 강제처

분이 가능하기 위해서는 영장주의원칙, 필요성, 범죄의 혐의 등의 요건이 갖추어져야 한다. 대물적 강제처분도 국민의 기본권을 제한하는 요인이 될 수 있으므로 영장주의의 원칙이 준수되어야 한다. 다만 대물적 강제수사에서는 긴급성이 있을 때 영장주의의 예외를 인정한다. 또한 대물적 강제처분은 필요성이 인정되어야 한다. 그러므로 법치국가의 원리 중 비례성의 원칙은 여기서도 적용되어야 한다. 범죄의 혐의는 구속의 경우에 요구되는 정도가 아니라 '최초의 혐의' 또는 '단순한 혐의' 정도면 족하다고 볼 수 있다.

수색(搜索)
영 ; Search
독 ; Durchsuchung

수색이란 압수해야 할 물건이나 체포·구인해야 할 사람의 발견을 위해 사람의 신체·물건·가옥 또는 기타의 장소에 대하여 행하는 강제처분을 말한다. 원칙적으로 법원이 행하나(형소§109) 법관(§136, §184) 또는 수사기관이 행하는 수도 있다(§137, §215), §216). 또 원칙적으로 수색영장이 필요하다(헌§12, 형소§113, §215. 예외로서는 §137, §216). 압수하여야 할 물건의 수색에 대하여는 피고인과 피고인이 아닌 자와의 사이에 구별이 있고(§109), 또 가옥 기타 사람이 거주하는 장소의 수색에 대한 검사피고인·변호인의 참여권(§121, §122), 여자신체의 수색에 대한 성년여성의 참여(§124)등 여러 가지 제한이 있다.

야간수색(夜間搜索)

압수할 물건 또는 체포하여야 할 사람의 발견을 목적으로 사람의 신체·물건 또는 그 밖의 장소에 대하여 행한 강제처분인 수색을 야간(일출 전 일몰 후)에 행함을 말한다. 야간수색은 주간수색에 비해 제한이 가해지고 있다. 즉 수색영장에 야간집행의 기재가 없으면 타인의 주거, 간수자있는 가옥, 건조물 항공기 또는 선차내에 들어가지 못하게 하고 있는 바(형소법 125조), 이는 야간에 있어서의 사생활의 평온을 보호하기 위함이다. 그러나 예외적으로 수색영장에 야간집행의 기재가 없더라도 도박 기타 풍속을 해하는 행위에 상용된다고 인정되는 장소와 여관음식점 기타 야간에 공중인 출입할 수 있는 장소(공개된 시간중)에서는 야간수색의 제한을 받지 않는다(형소법 126조).

압수(押收)
독; Beschlagnahme

압수라 함은 물건의 점유를 취득하는 강제처분을 말하며 압수와 영치 및 제출명령의 세 가지를 내용으로 한다. 압류란 점유취득과정 자체에 강제력이 가하여지는 경우를 말하고, 유치물과 임의제출물을 점유하는 경우를 영치라 하며, 일정한 물건의 제출을 명하는 처분을 제출명령이라고 한다. 다만 수사기관에 의한 강제수사에는 제출명령이 포함되지 않는다. 이러한 수사는 원칙적으로 법원이 행하나(형소§106이

하) 때에 따라서는 합의부원에게 이를 명할 수 있으며 또한 그 목적물의 소재지를 관할하는 지방법원판사에게 촉탁할 수도 있다(§136). 또 법관의 영장을 얻어 수사기관이 행하는 경우도 있다(§215). 압수에는 원칙적으로 영장이 필요하다(§113 이하). 또 공무 및 업무상의 비밀을 보호하기 위하여 압수가 제한되는 경우가 있다(§111, §112). 압수할 때에는 영장을 제시하고, 압수한 물건의 목록을 작성하여 소유자소지자보관자 등에게 이를 교부하여야 한다(§118, §129). 압수물에 대하여는 그 상실 또는 파손 등의 방지를 위하여 상당한 조치를 하여야 하고(§131), 압수를 계속할 필요가 없다고 인정되는 때에는 압수물을 환부하여야 한다(§133, §134).

압수물(押收物)

압수의 강제처분에 의하여 법원 또는 수사기관이 점유를 취득한 물건을 말한다. 압수한 경우에는 압수목록을 작성하여 소유자 등에게 교부하여야 하고(형소법 129·219조), 운반 또는 보관에 불편한 압수물에 관하여는 간수자를 두거나 소유자 또는 적당한 자의 승낙을 얻어 보관하게 할 수 있다(형소법 130조1항, 219조). 현행 형사소송법상 압수물의 처분에는 폐기처분(형소법 130조2항), 환가처분(형소법 132조), 환부·가환부(형소법 133·134조)

```
        압 수
      (강제처분)
        │
        ▼
     영장주의

   법원·법관이
   발부하는 영장

    헌법§ 11③
   형소§ 113, § 215

  체포영장에 따른 압수
  에는 압수영장이 없어
  도 됨(형소§ 216)
```

수사기관의 권한에 의한 경우 →

법원의 권한에 의한 경우

할 때에는 영장을 발부하여야 한다(형 소법 113조). 다만 공판정에서의 압수 수색에는 영장을 요하지 않는다. 압수 수색영장은 처분을 받는 자에게 반드 시 제시해야 한다(형소법 118·219조). 압수와 수색은 실제로 함께 행하여지 는 것이 통례이고, 실무상으로도 압수 수색영장이라는 단일영장이 발부되고 있다. 압수수색영장에는 압수할 물건 과 수색할 장소를 명시하여야 하므로 (형소법 114조 1항) 현행법상 일반영 장은 금지된다.

몰수물(沒收物)

몰수재판의 확정에 의해 몰수된 물건 을 말한다. 몰수물은 국고에 귀속한다. 또 몰수물은 검사가 처분하여야 한다 (형사소송법 483조). 몰수를 집행한 후 3월 이내에 그 몰수물에 대하여 정당 한 권리 있는 자가 몰수물의 교부를 청구한 때에는 검사는 파괴 또는 폐기 할 것이 아니면 이를 교부하여야 한다. 몰수물을 처분한 후 교부의 청구가 있 는 경우에는 검사는 공매에 의하여 취 득한 대가를 교부하여야 한다(형사소송 법 484조).

압수·수색영장(押收·搜索令狀)

압수수색의 강제처분을 기재한 재판 서를 말한다. 수사기관에 대한 허가장 인 경우(형소법 215조)와 집행기관에 대한 명령장인 경우(형소법 113·115 조)가 있다. 법원이 행하는 압수수색이 라 할지라도 공판정외에서 압수·수색을

구금(拘禁)
독 ; Verhafung

구금이라 함은 일정한 자가 죄를 범 하였다고 의심할만한 상당한 이유가 있는 자로서 일정한 주거가 없고, 범죄 의 증거를 인멸할 염려가 있고 또, 도 망하거나 도망할 염려가 있는 때(형소 §70①) 등 법원이 긴급을 요하는 경우 에 재판장 또는 수명법관이 행하는 강 제처분의 일종으로서 이는 구속영장에 의하여 집행한다(§69이하). 즉 주로 逃 亡(도망) 또는 증거인멸을 방지할 목적 으로 피고인·피의자를 교도소 또는 구 치소에 구속하는 것이다. 유죄가 확정 되기 전에도 할 수 있으므로 형의 일 종인 구류와는 다르다. 구금을 할 때에 는 반드시 구속의 사유를 명시하여야 한다(구속사유의 제시). 구속영장에는 피고인 또는 피의자의 성명·주소·죄명· 공소사실의 요지·인치·구금할 장소·발 부연월일·그 유효기간과 그 기간을 경 과하면 집행에 착수하지 못하며 영장

을 반환하여야 할 취지를 기재하고 재판장 또는 수명법관이 서명·날인하여야 한다(§75①). 공소제기 전의 구속영장(피의자에 대한 것으로 검사가 청구한다)이나 공소제기후의 구속영장(피고인에 대한 것)은 모두 법원의 집행기관에 구속을 허용하는 구속영장과 다르다. 구금은 강제처분의 일종으로서 비교적 기간이 장기이므로 부당하게 남용하지 못하도록 하기 위하여 두 가지 제도를 두고 있다. 그 하나는 保釋이고 다른 하나는 구속기간의 제한이다. 피고인에 대한 구속기간은 원칙적으로 2월로 하고 필요에 따라서 심급마다 2차에 한하여 결정으로 경신할 수 있으나 경신한 기간도 2월로 한다(§92). 피의자에 대한 구속기간은 원칙으로 10일 이내이지만 검사는 10일을 초과하지 않는 한도에서 1차에 한하여 연장할 수 있다(§202, §203, §205). 구금의 사유 중 주거가 없는 때와 도망하거나 도망의 염려가 있는 때에는 불출석을 방지하기 위한 것이나, 증거인멸의 염려가 있는 때를 부가한 것은 문제가 있다. 결국 증거인멸이라는 것은 피의자의 구술을 듣기 위한 구실에 불과하고, 보석을 인정하지 않으면 결국 구금을 자백을 위한 증거수집과 진술을 듣기 위하여 전적으로 사용하게 되므로 임의수사의 원칙은 아주 협소하게 된다는 견해가 있다. 구금의 내용은 자유형과 별로 다르지 않고 형이 확정되었을 때는 판결선고전의 구금일수 그 전부를 자유형에 산입하며 이미 그 형을 집행한 것과 동일하게 취급한다(형§57). 이러한 구금을 미결구금이라고도 한다.

구인(拘引)
독 ; Vorführung

법원·재판장 또는 판사가 피고인이나 증인을 법원 또는 기타 지정한 장소로 인치하여 억류하는 재판 또는 그 집행을 말한다. 피고인이나 증인이 정당한 사유없이 소환 또는 동행명령에 응하지 않는 경우(형소법 69조·74조·152조·166조2항) 구속영장에 의하여 구인할 수 있다(형소법 73조). 그런데 또 구인한 피고인을 법원에 인치한 경우에 구금할 필요가 없다고 인정한 때에는 그 인치한 때로부터 24시간 내에 석방하여야 한다(형소법 71조). 한편 피의자 구인 또는 형을 집행하기 위한 구인도 있다(형소법 209조·473조2항·3항).

가택수색(家宅搜索)

주거 그 밖의 장소에 대하여 행하는 수색(형소§109, §123①, §137)을 말한다. 법원은 필요한 경우에 피고인의 신체·물건 또는 주거 그 밖의 장소를 수색할 수 있다. 그러나 피고인이 아닌 자의 신체·물건 또는 주거 그 밖의 장소에 관하여는 압수할 물건이 있음을 인정할 수 있는 경우에 한하여 수색할 수 있다(형소§109). 이는 원래 증거물의 발견을 위하여 행하나 사람을 발견하기 위해서도 행하는 경우가 있다. 수색은 지방법원판사가 발부하는 압수수색 명령장에 의해 할 수 있다(§215). 또한 행정상즉시강제의 수단으로서 가택수색이 행하여지는 경우도 있다(총포화약§44).

소환(召喚)

소환이라 함은 피고인 또는 증인 등에 대하여 법원 기타의 일정한 장소에 호출하는 강제처분의 하나이며, 소환장에 의하여 법원이 행하는 것이 원칙이다(형소§68, §73, §74, §76, §151, §155, §177, §183). 구속을 요하는 경우 및 증거보전청구가 있는 경우에는 재판장 또는 판사가 소환할 수도 있다(형소§80, §184). 증인이 소환에 불응하거나 정당한 사유 없이 동행을 거부한 때에는 구인 할 수 있으며(§152, §166②), 경우에 따라서 과태료 등의 제재가 가해지는 수도 있다(§161). 형을 집행하기 위한 검사의 소환(§473①)은 여기서 말하는 소환과는 그 성질이 다르다.

보석(保釋)
영 ; bail
독 ; Sicherheits leistung

보석이라 함은 일정한 보증금의 납부를 조건으로 구속의 집행을 정지함으로써 구속된 피고인을 석방하는 제도를 말한다. 보석은 구속의 집행만을 정지하는 제도라는 점에서 광의의 구속집행정지에 속하지만 보증금의 납부를 조건으로 한다는 점에서 구속의 집행정지와 구별된다. 피고인·변호인 등의 청구에 의하는 청구보석(형소§94)의 경우와 직권으로 행하는 직권보석(§96)이 있다. 그리고 반드시 청구를 허가해야 하는 필요적보석(§95)과 법원의 재량에 맡겨져 있는 임의적보석(§96)이 있다. 2007. 6. 1. 개정 형사소송법은 보석 조건을 다양화 해 불구속 원칙과 실질적 평등원칙을 확대했다. 법원이 지정하는 장소에의 출석과 증거를 인멸하지 않겠다는 서약서제출, 보증금 상당 금액 납입의 약정서, 주거제한, 출석보증서 제출, 출국금지, 피해 공탁 및 담보제공, 보증금 납입 등 다양한 보석조건을 도입, 개별 사안의 특성과 피고인의 처지에 적합한 조건을 정할 수 있도록 했다(형소 §98). 2020. 8. 5. 부터는 전자보석제도를 시행하고 있는데, 전자보석제도란 전자장치 부착을 조건으로 석방되는 것을 말한다. 대상은 현재 구속·기소되어 재판 중에 있는 사람이며, 피고인, 피고인의 변호인·법정대리인·배우자·직계친족·형제자매·가족·동거인 또는 고용주로 전자보석을 청구할 수 있다. 재판이 진행 중인 관할 법원에 신청할 수 있으며, 전자보석으로 석방될 경우 스마트워치와 유사한 '손목시계 형태'의 전자장치를 착용하게 되고, 전자보석 기간 중에는 보호관찰관의 감독을 받게 된다. 또한 가족과 함께 생활할 수 있게 된다. 피고인이 도망한 때, 도망 또는 죄증을 인멸할 염려가 있다고 믿을만한 충분한 이유 없이 출석하지 아니한 때, 또 주거의 제한 기타 법원이 정한 조건을 위반한 때에는 법원은 결정으로써 보석을 취소하고 보증금 또는 담보의 전부 또는 일부를 몰취할 수 있다(§102, §103). 그리고 법원은 보증금의 납입 또는 담보제공을 조건으로 석방된 피고인이 동일한 범죄사실에 관하여 형의선고를 받고, 그 판결이 확정된 후 집행하기 위한 소환을 받고 정당한 이유 없이 출석하지 아니하거나 도망한 때에는 보증금 또는 담보의 전부 또는 일부를 몰취하여야 한다(§103②).

구속영장의 효력이 소멸하거나 보석이 취소된 때(다만 피고인 또는 법원이 지정하는 자가 보증금을 납입하거나 담보를 제공한 경우는 예외)에는 보석조건은 즉시 그 효력을 상실한다(§104의2).

구속집행정지(拘束執行停止)

법원은 상당한 이유가 있는 때에는 결정으로 구속된 피고인을 친족·보호단체 기타 적당한 자에게 부탁하거나 피고인의주거를 제한하여 구속의 집행을 정지할 수 있다. 구속된 피의자에 대하여는 검사 또는 사법경찰관이 구속의 집행을 정지할 수 있다(형사소송법 §101, §209). 사법경찰관은 이 경우 검사의 지휘를 받는다. 그런데 법원이 피고인의 구속집행정지결정을 함에는 검사의 의견을 물어야 하는데 급속을 요하는 경우에는 그러하지 않다. 개정 전 형사소송법에서는 구속의 집행정지결정에 대하여 검사가 즉시항고를 할 수 있다고 규정하고 있었다(§101 ③). 즉시항고의 경우 재판의 집행을 정지하는 효력이 있으므로 검사가 즉시항고를 할 경우 법원의 구속 집행정지결정의 효력이 정지되는 문제가 있었다. 이에 헌법재판소는 구속집행정지결정에 대한 검사의 즉시항고를 인정하는 이 규정은 검사의 불복을 법원의 판단보다 우선시킬 뿐만 아니라, 사실상 법원의 구속집행정지결정을 무의미하게 할 수 있는 권한을 검사에게 부여한 것이라는 점에서 헌법 제12조 제3항의 영장주의원칙에 위배된다며 위헌 결정을 하였다(2011헌가36). 이에 2015년 7월 31일 형사소송법 개정시 §101 ③항을 삭제하였다. 따라서 검사는 재판의 집행을 정지하는 효력이 없는 보통항고로만 불복할 수 있다. 법원은 직권 또는 검사의 청구에 의하여 결정으로 구속의 집행정지를 취소할 수 있고, 구속된 피의자에 대하여는 검사 또는 사법경찰관이 결정으로 구속의 집행정지를 취소할 수 있다(§102, §209).

구속의 효력(拘束의 效力)

여기에는 구속의 취소와 당연실효가 있다. 전자는 구속의 사유가 없거나 소멸된 때에 피고인에 대하여는 법원이 직권으로 또는 검사·피고인·변호인과 변호인선임권자의 청구에 의해, 그리고 피의자에 대하여는 검사 또는 사법경찰관의 결정으로 된다(형소§93). 후자는 구속영장의 효력이 당연히 상실되는 것으로 구속기간의 만료, 구속영장의 실효, 사형·자유형의 확정 등의 경우에 이루어진다(§92).

압수물의 가환부
(押收物의 假還付)

압수물은 소유자·소지자·보관자 또는 제출인의 청구에 의하여 가환부할 수 있다. 증거로만 사용할 목적으로 압수한 물건으로서 그 소유자 또는 소지자가 계속 사용하여야 할 물건은 사진촬영 기타 원형보존의 조치를 취하고 신속히 가환부하여야 한다(형소§133). 이를 결정할 때에는 검사·피해자·피고인 또는 변호인에게 미리 통지하여야 한다(§135). 가환부는 법원이 행하는 경우도 있으나 수사기관이 스스로 압수한 것을 가환부할 수도 있다(§219). 이러한 규정의 취지는 압수물을 유치할 필요성이 전혀 없지는 아니한 경우라도 일시적으로 유치를 해제하는 것이 수사 또는 소송상 중대한 지장이 되지 아니할 때에는 그 물건을 반환해 주는 것이 권리침해를 최소화할 수 있다는 데에서 이와 같은 절차를 인정하고 있다. 특히 수사기관은 수사상 또는 공소유지상의 필요가 없는 경우에는 속히 환부 또는 가환부하는 것이 바람직하다. 변호인 측에서는 흔히 이 가운데 유리한 증거를 발견하는 경우가 많이 있다. 가환부는 어디까지나 임시로 반환하는 것이므로 압수 그 자체의 효력은 잃지 않는다. 그러므로 가환부 받은 자는 그 기간동안 보관의 의무를 지며, 임의로 처분함은 허용되지 않는다. 가환부를 받은 물건에 관하여는 종국적 재판에서 별도의 선고가 없는 한 환부의 선고가 있는 것으로 본다. 따라서 이 경우에는 임의 처분도 가능하다.

검증(檢證)
독 ; Augenscheinbeweis
불 ; constation

검증이란 사람, 장소, 물건의 성질·형상을 오관(五官)의 작용에 의하여 인식하는 강제처분이다. 이에는 법원의 검증과 수사기관이 하는 검증이 있다. 법원의 검증은 증거조사의 일종으로 영장을 요하지 않는다. 이에 반하여 수사기관의 검증은 증거를 수집·보전하기 위한 강제처분에 속하며 따라서 원칙적으로 법관의 영장에 의하지 않으면 안 된다. 또한 영장에 의한 검증과 영장에 의하지 않는 검증이 있다.

신체검사(身體檢査)
독 ; körperliche Untersu- chung

형사소송법상 신체검사가 거론되는 것은 수사(형소§109이하), 검증(§139이하), 감정(§173의 세 가지 경우이다. 신체검사는 신체자체를 검사의 대상으로 하는 점에서 신체외부와 착의에 대한 증거물의 수색인 신체수색과 구별된다. 신체검사는 인권을 침해할 우려가 크기 때문에 신중한 규정을 두고 있으나, 신체수색의 경우만은 특별한 규정이 없다. 이것을 입법의 불비라 하여 수색의 경우에도 검증에 관한 규정을 적용하여야 한다(예컨대 수색영장과 신체검사영장의 두 가지를 필요로 하는 등)는 주장도 있다. 검증으로서의 신체검사에 대하여는 검사를 당하는 자의 명예를 해하지 않도록 주의하여야 한다(§141). 법원·법관이 행하는 것이 원칙이나, 수사기관이 행하는 경우에는 원칙적으로 신체검사영장이 필요하다(§215①). 감정으로서의 신체검사에 대하여는 검증으로서의 그것에 대한 규정이 준용되며, 감정인이 행할 때에는 법원의 허가장을 필요로 한다(§173).

증거보전(證據保全)
독; Sicherung des Beweises

증거보전이라 함은 공판정에서의 정상적인 증거조사가 있을 때까지 기다려서는 증거방법의 사용이 불가능하거나 현저히 곤란하게 될 염려가 있는 경우에 미리 증거를 수집·보전하여 두기 위하여 법관에게 청구하여 행하여 그 결과를 보전하여 두는 강제처분을 말한다. 현재의 형사소송은 당사자주의를 취하고 있으나, 한쪽 당사인 검사는 국가기구의 하나로서 강력한 권한을 가지고 있음에 대하여 상대방인 피고인의 입장은 대단히 약하다. 그래서 피고인의 입장을 강화하여 평등에 가깝도록 하기 위하여 설치한 것의 하나가 이 증거보전절차이다. 즉 피고인측도 재판을 자기에게 유리하도록 인도하기 위하여 증거를 수집·확보하여야 하는데, 예컨대 증인이 중병으로 사기에 임박해 있다든지 국외로 여행하려하고 있다든지 혹은 범죄현장이 변용되어 버렸거나 증거물이 소실되어 버릴 우려가 있을 때에, 이를 그대로 방치해 두면 실제로 공판에서 그 증거를 사용할 수가 없게 된다. 그래서 이와 같은 사정이 있을 때 피고인·피의자변호인은 제1회 공판이전에 한하여 재판관에게 청구하여 미리 그러한 증거에 대한 압수수색 기타의 처분을 받아둘 수 있도록 규정하고 있다(§184①). 이 경우 검사피고인·피의자 또는 변호인은 판사의 허가를 얻어 법원에 보관된 증거를 열람하거나 등사할 수 있다(§185). 그리고 증거보전청구를 기각하는 결정에 대하여는 3일 이내에 항고할 수 있다(§184④).

감정유치(鑑定留置)
영; confinement for expert opinion

감정유치라 함은 피고인 또는 피의자의 정신 또는 신체에 관한 감정(즉 피고인이 정신병자인가 아닌가 등의 정신상태나 신체의 상흔 등의 신체적 상태 또는 능력의 감정)이 필요한 때에 법원이 기간을 정하여 의사 등의 전문가에게 감정시키기 위하여 병원 기타 적당한 장소에 피고인을 유치하는 강제처분을 말한다(§172③). 감정유치도 헌법에서 말하는 체포의 일종으로 간주하여 감정유치장이라는 영장을 발부하여야 한다(§172④). 수사기관이 임의의 처분으로서 감정을 하는 때에도 유치의 필요가 있을 때에는 신체의 구속을 동반하므로 법원에 그 처분을 청구하여야 한다. 감정유치도 피고인 또는 피의자의 신체를 구속하는 것이기 때문에 형사소송법에 정하여져 있는 구속에 관한 규정이 적용되어 피고사건의 고지, 변호인선임권의 고지, 변호인선임의 신고, 변호인 등에의 통지, 접견교통, 구속이유 개시, 구속의 취소, 집행정지 등의 규정이 준용된다.

검시(檢視)

노쇠(老衰)나 병 이외의 원인으로 사

망한 경우를 사고사라 하는데, 그 가운데 범죄에 의하여 사망한 것인가 아니가를 잘 조사하여 보지 않으면 알 수 없는 것을 변사체라 한다. 또 사고사인가 아닌가 조차도 잘 알 수 없는 경우에는 이를 변사의 의심이 있는 사체라 한다. 이러한 변사체나 변사의 의심이 있는 사체를 조사하여 범죄에 의한 것인가 아닌가를 결정하는 처분이 검시이다. 따라서 범죄가 행해진 것이 아닌가 하는 의심이 전제가 되어 있으며, 수사 그 자체는 아니지만 검시의 결과 범죄에 의한 것으로 판명되면 수사가 개시된다. 결국 범죄의 발견과 동시에 증거의 확보를 위하여 행하여진다. 검시는 검사 또는 검사의 명에 따라서 사법경찰관이 행한다(형소§222).

필요적 보석(권리보석)
(必要的 保釋(權利保釋))

피고인 또는 그 변호인·법정대리인·배우자·직계친족·형제자매, 가족동거인 및 고용주는 보석의 청구를 할 수 있다(§94). 이에 대하여 법원은 (1) 피고인이 사형·무기 또는 장기 10년 이상의 징역이나 금고에 해당하는 죄를 범한 때, (2) 피고인이 누범에 해당하거나 상습범이 죄를 범한 때, (3) 피고인이 죄증을 인멸하거나 인멸할 염려가 있다고 믿을 만한 충분한 이유가 있는 때, (4) 피고인이 도망하거나 도망 염려가 있다고 믿을 만한 충분한 이유가 있는 때, (5) 피고인의 주거가 분명하지 아니한 때, (6) 피고인이 피해자, 당해 사건의 재판에 필요한 사실을 알고 있다고 인정되는 자 또는 그 친족의 생명·신체나 재산에 해를 가하거나 가할 염려가 있다고 믿을 만한 충분한 이유가 있는 때 등 이외에는 반드시 보석을 허가하여야 한다(§95). 이를 필요적 보석이라 한다. 예외적으로 청구가 없더라도 법원이 임의로 보석하는 경우도 있다(직권보석·임의적보석). 그런데 원칙적인 권리보석에는 많은 예외가 광범위하게 규정되어 있어서(형소 §95) 실제적인 보석의 효과에는 큰 차이가 없다. 보석을 청구할 수 있는 자는 제한되어 있고(§94) 피의자에 대한 보석은 인정되지 않는다(§94). 피고인에 비하여 구속기간이 짧다는 것이 피의자에게 보석을 인정하지 않는 이유이고 재고의 여지가 있다는 설도 있다. 법원은 보석을 허가하거나 보석청구를 기각할 때에는 검사의 의견을 들어야 한다. 이 이외의 절차에 관하여는 형사소송법 제98조 이하에서 규정하고 있다.

검거(檢擧)

수사기관이 범죄의 예방공안의 유지 또는 범죄수사상 지목된 자를 일시 억류하는 것으로서 법률상의 개념은 아니다. 검거는 구속과는 다르므로 본인의 승낙 없이 강제할 수는 없다고 본다. 만일 강제처분이 필요한 경우라면 법관에게 영장을 신청하여 체포 또는 구속할 수 있을 뿐이다. 형사소송법이 인정하는 특수한 경우에 긴급체포를 할 경우에도 반드시 긴급체포서를 작성한 후에 구속영장을 교부해야 하며

또한 엄격한 법정요건을 갖추어야 한
다(형소§200의3).

영치(領置)

형사소송법상 소유자나 소지자 또는
보관자가 임의로 제출한 물건이나 유
류한 물건을 영장 없이 그 점유를 취
득하는 법원 또는 수사기관의 강제처
분(형소§108, §218). 압수의 일종이나
협의의 압수는 상대방의 의사에 반하
여 행하는 강제처분으로서 법관의 압
수압수영장을 필요로 하지만 영치는
임의적인 것이므로 영장을 필요로 하
지 않는다. 그러나 임의적이라고 하더
라도 압수와 동일한 효력을 갖는다.

공 소

국가소추주의(國家訴追主義)
독 ; Offizialprinzip

공소제기의 권한을 국가기관(특히 검
사)에게 전담하게 하는 것을 말하며,
사인의 공소제기를 인정하는 사인소추
주의에 대한다. 이는 범죄예방과 처벌
에 대한 공적 이익을 사인에게 맡길
것이 아니라는 견지에서 나온 것이다.
독일 형사소송법은 국가소추주의를 원
칙으로 하면서도(동법 152조) 주거침
입이나 비밀침해 등 경미한 범죄에 관
하여 예외적으로 사인소추를 인정하나,
우리 형사소송법은 공소는 검사가 제
기하여 수행한다고 규정하여(형사소송
법 246조), 국가소추주의를 일관하고
있는 점에 특색이 있다.

기소(起訴)

기소란 검사가 일정한 형사사건에 대
하여 법원의 심판을 구하는 행위를 말
한다. 이를 공소의 제기라고도 한다.
과거 유럽에서는 사소(私訴)라고 하여
사인이 기소하는 것을 인정한 때도 있
었으나, 현재는 검사만이 이를 행할 수
있다(형소§246). 국가기관인 검사만 행
할 수 있으므로 국가소추주의 또는 기
소독점주의라고 한다. 검사는 피해자를
위하여서만 기소하는 것이 아니라, 사
회질서의 유지라는 공익의 측면에서
공익의 대표자로서 기소하는 것이다.
그러나 검사는 범죄의 혐의가 있을 때

에는 반드시 기소해야만 하는 것은 아니다. 범인의 연령, 성행, 지능과 환경, 피해자와의 관계, 범행의 동기, 수단과 결과, 범행 후의 정황 등을 종합하여 기소하지 않음이 상당하다고 판단되는 때에는 기소유예처분을 할 수 있다(기소편의주의 : §27①). 기소법정주의로서는 이에 대하여 기소유예를 인정치 않으나, 현재에는 대부분 기소편의주의를 취하고 있다. 기소할 때에는 공소장이라는 서면을 관할법원에 제출하여야 한다(§254①). 검사는 제1심판결의 선고 전까지는 공소를 취소할 수도 있다(§255①).

이중기소(二重起訴)

소송계속중인 동일사건에 대하여 이중으로 공소가 제기되는 것을 말한다. 종국적 재판으로 일단 소송이 끝난 후 동일사건에 대하여 다시 공소가 제기되는 재기소와 구별된다. 형사소송법상, 공소의 제기가 있는 때에는 동일사건에 대하여 다시 공소를 제기할 수 없다. 이를 이중기소(재소)의 금지 또는 공소제기의 외부적 효과라고도 한다. 따라서 동일사건이 동일법원에 이중으로 공소가 제기 되었을 때에는 후소에 대하여 공소기각의 판결을 하여야 한다(형소법 327조3호). 동일사건을 수개의 법원에 이중으로 공소 제기하는 것도 허용되지 않는다. 그러므로 동일사건이 사물관할을 달리하는 수개의 법원에 계속된 때에는 먼저 공소를 받은 법원이 심판한다(형소법 13조). 이 경우 심판할 수 없게 된 법원은 공소기각의 결정을 하여야 한다(형소법 328조3호). 다만 동일사건의 일부분이 동일법원에 동일절차 중에서 이중으로 공소가 제기 되었을 때에는 한 개의 사건으로 심판할 것이고, 공소를 기각할 필요가 없다(공소불가분의 원칙의 결과이다). 민사소송법상으로는 이중제소라고 한다.

공소(公訴)
독 ; Klagverhebung

법원에 대하여 특정한 형사사건의 심판을 요구하는 검사의 법률행위적 소송행위를 공소라 한다. 검사의 소송제기는 수사의 종결을 의미하는 동시에 이에 의하여 법원의 심판이 개시된다. 공소에 의하여 범죄수사는 종결되고 사건은 공판절차로 이행된다.

공소의 제기(公訴의 提起)

검사가 피고사건에 관하여 법원에 대해 그 심판을 구하는 소송행위를 말한다. 기소 또는 소추라고도 한다. 수사결과 범죄의 객관적 혐의가 충분하고 소송조건을 구비하여 유죄판결을 받을 수 있다고 인정할 때에는 검사는 공소를 제기한다(형소법 246조). 방법은 공소장을 관할법원에 제출하는 것이다(형소법 254조). 약식명령을 할 수 있는 경우에는 공소제기와 동시에 약식명령을 청구할 수 있다(형소법 449조).

공소의 취소(公訴의 取消)

공소제기를 철회하는 검사의 법원에 대한 소송행위를 말한다. 공소의 취소를 허용하는 주의를 공소변경주의라 한다. 현행법은 기소편의주의와 함께 공소변경주의를 채택하고 있다(형소법 255조). 공소의 취소는 공소의 유지가 불가능하거나 불필요한 경우에 행해진다. 유죄를 입증할 증거가 불충분한 경우에는 무죄판결의 기판력 발생을 방지하고 후일의 재기소를 위하여 공소의 취소가 필요한 경우가 있다. 공소의 취소는 검사만이 할 수 있다(형소법 255조). 이는 기소독점주의에 의한 것이다. 재판상의 준기소절차에 의하여 지방법원의 심판에 부하여진 사건에 관하여 공소유지자로 지정된 변호사(형소법 265조)는 공소유지의 권한이 없다고 본다. 공소를 취소함에 있어서는 그 이유를 기재한 서면을 수소법원에 제출하여야 한다. 그러나 공판정에서는 구술로써 할 수 있다(형소법 255조2항). 고소 또는 고발있는 사건에 관하여 공소를 취소한 때에는 7일 이내에 서면으로 고소인 또는 고발인에게 그 취지를 통지하여야 한다(형소법 258조1항). 공소의 취소는 제1심판결의 선고전까지만 허용한다(형소법 255조1항).

공소의 효력(公訴의 效力)

유효한 공소의 제기에 의하여 생기는 소송법상의 효과를 말한다. 우선 공소제기에 의하여 사건은 법원에 계속된다. 이에 의하여 법원·검사·피고인의 3주체간에 일정한 법률관계가 생긴다. 이것을 소송계속의 적극적 효과 또는 공소제기의 내부적 효과라고 한다. 또 소송계속이 있는 때에는 동일 사건에 대하여 다시 공소를 제기할 수 없다. 이를 공소제기의 외부적 효과라고도 한다. 공소제기는 또한 공소시효의 정지(형소법 253조)의 소송법상의 효과를 발생시킨다. 공소제기의 효과는 그 외에 공소장에 기재된 피고인과, 공소사실과 단일성 및 동일성이 인정되는 모든 사실에 미친다. 이를 공소불가분의 원칙이라고 한다.

공소변경주의(公訴變更主義)

일단 제기한 공소의 취소를 인정하는 제도를 말한다. 기소법정주의의 논리적 결론이 공소불변경주의임에 대하여, 공소변경주의는 기소편의주의의 논리적 귀결이라고 할 수 있다. 형사소송법은 공소는 제1심 판결의 선고전까지 취소할 수 있다고 규정하여(형소법 255조1항) 공소변경주의를 선언하고 있다. 공소변경주의가 기소편의주의의 논리적 귀결이라 하여 기소유예에 해당하는 사유가 발생한 때에만 공소취소를 할 수 있는 것은 아니다. 소송조건이 결여되었음이 판명된 경우나 증거 불충분으로 공소를 유지할 수 없음이 명백한 경우에도 공소를 취소할 수 있다.

공소불가분의 원칙

(公訴不可分의 原則)

독 ; Prinzip der Unteilbarkeit des Prozesgegenstandes

소송제기의 효과는 공소장에 기재된 피고인과, 공소사실과 단일성 및 동일성이 인정되는 모든 사실에 불가분적으로 미친다는 원칙을 말한다. 이를 소송객체불가분의 원칙이라고도 한다. 그 인적범위(주관적 범위)는 공소장에 피고인으로 지정된 자에 대해서만 미치며, 그 이외의 다른 사람에게는 미치지 않는다(형소법 248조). 따라서 공범자 중 일부에 대한 공소제기의 효력은 다른 공범자에게 미치지 않는다. 이 점에 있어서 고소불가분의 원칙과 다르다. 공소제기의 물적 범위(객관적 범위)는 범죄사실의 일부에 대한 공소는 그 효력이 전부에 미친다(형소법 248조2항). 즉 공소제기의 효력은 단일사건의 전체에 미치고 동일성이 인정되는 한 그 효력은 계속 유지된다. 단일성과 동일성이 인정되는 사실의 전체에 대하여 공소제기의 효력이 미치므로 그것은 법원의 잠재적 심판의 대상이 된다. 공소장 변경에 의하며 현실적 심판의 대상이 된 때에만 법원은 그 사건에 대하여 심판할 수 있다. 이러한 의미에서 공소 효력의 물적 범위는 법원의 잠재적 심판의 범위를 의미하며, 그것은 공소장 변경의 한계가 되고 기판력의 객관적 범위와 일치한다고 할 수 있다. 반면 법원은 공소제기가 없는 사건에 대하여 심판할 수 없다. 이를 특히 불고불리의 원칙이라 한다.

공소권 이론 (公訴權 理論)

공소권이란 공소를 제기하는 검사의 권리를 말한다. 공소를 제기하고 수행하는 검사의 지위를 권리 또는 권한의 측면에서 파악한 것이라고 할 수 있다. 검사의 공소제기에 관한 권리를 의미하는 것으로 실체법상의 형벌권과 구별된다. 그리고 공소권이론이란 공소권의 본질과 성격을 어떻게 파악할 것인가에 대한 이론이다. 이에 대해서는 (1) 검사가 형사사건에 대해 공소를 제기할 수 있는 일반적 권한을 공소권이라고 하는 추상적 공소설, (2) 검사가 구체적 사건에 관해 공소를 제기할 수 있는 구체적 권한을 공소권이라하는 구체적 공소권설, (3) 공소권이란 구체적 사건에 관하여 검사가 유죄 또는 무죄의 실체판결을 구하는 권능이라고 하는 실체판결청구권설 등이 있다. 그런데 소송절차를 동적·발전적으로 파악하여 공소권이론을 독립하여 논하는 것은 부당하다는 공소권 부인론 내지 무용론이 있다. 또한 공소의 제기가 형식적으로 적법하나 실질적으로는 공소권의 행사가 그 재량의 한계를 일탈한 경우에 있어서 즉 공소권남용에 있어서 법원은 유죄무죄의 실체판결을 할 것이 아니라, 공소기각 또는 면소판결과 같은 형식재판으로 소송을 종결해야 한다는 공소권남용이론도 있다.

소송객체불가분의 원칙
(訴訟客體不可分의 原則)

소송제기의 효과는 공소장에 기재된 피고인과, 소송사실과 단일성 및 동일성이 인정되는 사실에 미친다는 원칙을 말하며, 공소불가분의 원칙과 같은 의미이다. 특히 공소불가분의 원칙을 공소제기의 효력이 미치는 물적범위에 한정하여 사용하기도 하는데, 이에 의하면 범죄사실이 단일한 한 공소제기의 효력은 그 전부에 대해서 불가분적으로 미치게 되기 때문에 단순일죄의 일부에 대해서만 공소제기가 있는 경우에도 공소제기의 효력은 그 전부에 대해서 미치게 된다(형소법 247조 2항). 공소제기의 효력은 공소장에 기재된 범죄사실과 동일성이 인정되는 범위 내의 전부에 미치기 때문에 설사 공소장에 공소사실로서 적시되지 아니한 경우에도 법원의 잠재적 심판의 대상이 되며 공소장변경절차에 의하여 공소장에 공소사실로 기재되면 현실적 심판의 대상으로 된다. 또한 기판력도 공소불가분의 원칙에 의하여 공소사실과 단일성 및 동일성이 인정되는 사실의 전부에 미치게 된다.

공소장 (公訴狀)
독 ; Borufungsschrift

검사가 공소를 제기하는 때는 공소장을 관할법원에 제출하여야 한다(형소§254). 이처럼 검사가 법원에 제출하는 이 서면을 공소장이라 한다. 반드시 공소장이라는 서면을 제출하도록 되어 있으며, 구두라든가 전보 등에 의하는 것은 허용되지 않는다. 공소장에는 일정한 기재사항이 법률에 의하여 규정되어 있으며, 이 기재사항 이외의 것을 기재하거나 또는 기재사항을 빠뜨리는 것은 허용되지 아니한다. 공소장에 기재하여야 할 사항으로서는 (1) 피고인의 성명 기타 피고인을 특정할 수 있는 사항, (2) 죄명, (3) 공소사실 (4) 적용법조 등을 기재하여야 한다(§254③). 또한 검사는 법원의 허가를 얻어 공소장에 기재한 공소사실 또는 적용조문의 추가철회 또는 변경할 수 있으며, 이 경우에 법원은 공소사실의 동일성을 해하지 아니하는 범위에서 허가하여야 한다(§298①). 한편 판례는 동일성의 판단기준에 대하여 공소사실의 동일성은 구체적 사실로서 지엽말단(枝葉末端)의 점까지 동일할 필요는 없고 기본적 사실관계만 동일하면 족하다고 판시하고 있다(대판1967. 3. 7.).

기소독점주의 (起訴獨占主義)

기소독점주의라 함은 범죄를 기소하여 소추하는 권리를 국가기관인 검사만이 가지고 있는 것을 말한다(형소§246). 형벌권이 국가에 집중되고 재판의 방법이 규문주의에서 탄핵주의로 이행하여감과 함께 근대국가에서는 기소독점주의가 일반적이다. 이 기수독점주의의 장점은 공공의 이익을 대표하는 자로서의 검사가 범죄·범인에 대한 피해자의 감정이나 사회의 반향 등에 구애되지 않고 오히려 그러한 요소까지도 고려에 넣은 종합적인 입장에 서서 기소의 시비를 결정할 수 있도록 하기 위하여 기소편의주의·검사동일체의 원칙과 함께 형사사법의 공정성을 도모한다는 점에 있다고 한다. 그러나 다른 한편으로는 검사의 독단·전횡에 흐르기 쉽고 특히 정치세력과 직접 결합하는 경우에는 독재화될 가능성도 있다. 따라서 현 형사소송법에서는 검사의 기소독점에 대하여 몇 가지 점에서 그의 시정, 억제를 고려하고 있다. 즉 고소·고발의 청구가 있는 사건에 대하여 검사가 기소 또는 불기소처분을 한때에는 그 이유도 통지하도록 되어 있다(§258, §259). 또 기소의 전제가 되어 있는 친고죄의 고소, 특별한 고발 등도 제한기능을 하는 것이다.

기소편의주의·기소법정주의
(起訴便宜主義·起訴法定主義)

기소할 수 있는 권한을 가진 사람이 기소할 것인가 아닌가를 결정하는 방식에는 두 가지가 있다. 하나는 법률이 미리 일정한 전제조건을 정하여 두고 그 조건이 충족되면 반드시 기소하여야 하는 것으로 기소법정주의이고, 또 하나는 일정한 조건이 충족된 후에도 여러 가지 사정을 고려하여 기소·불기소의 어느 것을 결정하여도 좋다고 하는 것으로 기소편의주의이다. 전자의 특징은 획일적·형식적이므로 기소의 기준이 명확하고 범죄와 형벌의 관계를 긴밀히 하지만, 후자는 구체적·개별적인 사정을 고려할 수 있으며 기소의 기준에 탄력성이 많다. 또, 일단 기소한 후에도 제1심판결의 선고전까지는 검사는 공소를 취소할 수 있다(§255)고 하는 것과 같이 공소취소를 인정하는 제도를 기소변경주의, 인정하지 않는 것을 기소불변경주의라 할 수 있다. 이것도 각각 편의주의·법정주의의 연장으로 볼 수 있다. 또, 형법의 입장에서의 개선형과 응보형의 대립, 보다 일반적으로는 근대파와 고전파라는 소위 학파의 대립에 거슬러 올라가 생각할 수 있다(주관주의와 객관주의, 응보형과 개선형과 교육형 등의 항 참조). 양자의 장단점은 논리적으로는 표리의 관계에 있으나, 기소의 권한을 집중적으로 장악한 국가에 대한 사고방식이 법치국가로부터 행정국가 내지 복지국가로 이행하는 경향을 배경으로 하여 기소편의주의가 오히려 합리적인 것으로 보아 왔다. 그러나 기소편의주의는 기소독점주의와 결합하여 독재화에의 길을 열 위험도 있음을 주의하여야 할 것이다. 현행 형사소송법은 기소·불기소를 결정하는 표준으로서 범인의 연령·성행·지능과 환경, 피해자에 대한 관계, 범행의 동기·수단과 결과, 범행 후의 정황 등을 참작하여 기소편의주의를 취하도록 하고 있다(§247). 따라서 기소독점주의에 대한 시정·억제의 수단은 여기서도 합리적인 억제수단으로서 기능한다.

불기소처분(不起訴處分)

불기소처분이란 검사가 기소하지 않음을 결정하는 것을 말한다. 기소편의주의의한 기소유예(형소§247)의 경우 외에, 소송조건이 불비한 경우나 사건이 죄가 되지 않거나 증명이 되지 않는 경우 등 결국 유죄가 될 가망이 없는 경우에 행사한다. 일단 불기소처분을 한 후 새로이 기소하여도 지장은 없으나, 불기소처분을 한 때에는 그 취지를 피의자·고소인·고발인에게 통지하여야 하며, 고소인 또는 고발인의 청구가 있는 경우에는 7일 이내에 그 이유를 서면으로 설명하여야 한다(§258, §259).

기소유예(起訴猶豫)

현행 형사소송법은 기소편의주의를 취하여 검사는 범인의 연령·성행·지능과 환경, 피해자에 대한 관계, 범행의 동기수단과 결과, 범행 후의 정황 등의 사항을 고려하여 訴追가 필요 없다고 생각되면 기소하지 않아도 되도록 되어 있다(형소§247). 이처럼 이른바 형사정책상의 고려에서 기소하지 아니하는 처분을 기소유예라 한다. 이에 대하여 범죄가 특히 경미하여 기소할 것까지는 없다고 생각되기 때문에 기소하지 않는 처분을 미죄처분(微罪處分)이라 하여 실무상 구별하고 있다.

가방면(假放免)

이탈리아 주석학파로부터 전래된 이후 "카날리나 법전"을 거쳐 1848년 개정에 이르기까지 독일에 존속하였던 제도로, 유죄의 증거가 충분하지 못한 경우에 일시 방면하였다가 새로운 증거가 나타났을 때에 다시 공소의 제기를 허용하는 것을 말한다.

재정신청(裁定申請)

재정신청이란 검사의 불기소처분에 불복하여 그 불기소처분의 당부를 가려 달라고 직접 법원에 신청하는 제도를 말한다. 지금까지는 재정신청의 대상범죄가 공무원의 직무에 관한 죄 중 형법 제123조~제125조의 죄, 즉 직권남용죄, 불법 체포·감금죄, 폭행·가혹행위죄 등 3개였으나, 2007. 6. 1. 형사소송법 개정으로 모든 고소범죄(형법 제123조~제125조의 죄에 대하여는 고발의 경우도 포함)로 확대되었다. 즉 형사소송법 제260조 제1항은 "고소권자로서 고소를 한 자는 검사로부터 공소를 제기하지 아니한다는 통지를 받은 때에는 그 검사 소속의 지방검찰청 소재지를 관할하는 고등법원에 그 당부에 관한 재정신청을 할 수 있다"고 규정하고 있다.

재정신청절차도 간소화되었다. 종전에는 고등검찰청에 항고하고, 대검찰청에 재항고한 뒤에야 고등법원에 재정신청을 할 수 있었으나 재항고절차를 없애 고검에서 항고가 기각되면 바로 재정신청을 할 수 있다.

법원은 재정신청을 인용할 경우 공소제기를 결정하고 공소의 제기는 검사가 한다(§260⑥). 종전에는 재정신청이 이유 있는 때에는 사건을 지방법원의 심판에 부하는 결정(부심판결정)을 하고, 이 결정이 있는 때에는 그 사건에 대하여 공소의 제기가 있는 것으로 하고, 그 사건에 대하여 공소의 유지를 담당할 자를 변호사 중에서 지정하였었다.

또한 개정 형사소송법은 재정신청의 남용을 방지하고 피고소인이 장기간 법적불안정 상태에 빠지는 것을 막기 위해 재정신청 법원을 고등법원으로 하고 결정의 불복금지규정을 두어 단심제로 운영하도록 하였다(§262④).

공소사실(公訴事實)

공소사실이란 범죄의 특별구성요건을 충족하는 구체적 사실을 말한다. 검사가 공소장에 적시하여 심판을 구하는 당해 범죄사실을 말한다. 본래 공소사실은 대륙법에 있어서의 심판의 대상으로서의 개념이다. 현행형사소송법은 「공소사실」의 개념을 채택하여, 「검사는 법원의 허가를 얻어 공소장에 기재한 공소사실 또는 적용법조의 추가철회 또는 변경을 할 수 있다. 이 경우에 법원은 공소사실의 동일성을 해하지 아니하는 한도에서 허가하여야 한다」(형소§298①)고 규정하고 있을 뿐이고, 영미법에 있어서의 소인제도(訴因制度)는 채택하고 있지 아니하다. 따라서 현행형사소송법상 공소사실과 소인(訴因)과의 관계는 문제되지 아니한다. 공소장에서 공소사실의 기재는 범죄의 시일·장소와 방법을 명시하여 사실을 특정할 수 있도록 해야 한다(형소§254④). 범죄의 시기·장소와 방법은 범죄의 구성요건은 아니나 범죄구성요건의 기재만으로써는 그 공소사실을 다른 사실로부터 구별할 수 없는 경우가 많기 때문이다. 다만, 시일은 법률의 개정·시효 등에 관계가 없는 한 정확한 기재를 필요로 하지 않으며, 토지관할이 판명될 정도면 충분하다. 공소사실의 특정은 절대적 요건이며, 공소사실이 특정되지 않으면 공소의 목적물이 판명되지 않으며, 따라서 피고인이 이에 대한 방어방법을 강구할 수 없기 때문이다. 따라서 공소사실이 특정되지 않은 공소는 원칙적으로 무효이다. 다만 공소사실로서 구체적인 범죄구성요건사실이 기재되어 있는 경우에만 검사는 스스로 또는 법원의 석명에 의해 그 불명확한 점을 보정·추완할 수 있다.

공소장 일본주의
(公訴狀 一本主義)

공소를 제기함에는 공소장을 관할법원에 제출하여야 하며, 공소장에는 사건에 관하여 법원에 폐단이 생기게 할 수 있는 서류 기타 물건을 첨부하여서는 아니된다. 이와 같이 공소제기시에 법원에 제출하는 것은 공소장 하나이며 공소사실에 대한 증거는 물론 법원에 예단을 생기게 할 수 있는 것은 증거가 아니라도 제출할 수 없다는 원칙을 공소장일본주의라고 한다. 이는 당사자주의소송구조와 예단배제의 법칙과 공판중심주의에 그 이론적 근거를 두고 있다. 그런데 이러한 원칙의 예외가 인정된다. 즉 약식절차의 경우이다.

예단배제의 원칙
(豫斷排除의 原則)

재판의 공정을 확보하기 위해 법관이

사건에 관한 사전판단을 가지고 법정에 임하는 것을 피하지 않으면 안 된다고 하는 원칙을 말한다. 공소장 일본주의, 제척, 기피, 회피의 제도 등은 이 원칙을 적용한 예이다.

예단배제의 원칙

공판중심주의(公判中心主義)

공판중심주의라 함은 사건의 실체에 대한 법관의 심증형성은 공판기일의 심리에 의하여야 한다는 주의를 말한다. 구법에서는 예심제도를 인정하여, 복잡하고 중요한 사건에 대해서는 검사는 직접으로 공판청구를 하지 않고 예심을 청구하여 예심판사로 하여금 증거를 수집하여 왔다. 그리하여 예심판사는 용의주도한 심리를 하여 이를 공판법원에 회부하고, 공판을 맡은 법관이 비로소 일건기록(一件記錄)을 조사하여 심리를 하였으므로 공판심리는 자연히 형식적인 것에 불과하

였다. 그러나 현행법은 예심제도를 폐지하고 사건의 실체에 관한 모든 심증은 공판절차의 과정에서 형성하여야 한다는 원칙을 채용하여, 공판중심주의를 명실공히 확립하게 되었다. 더욱이 현행법은 항소심의 구조를 사후심으로 하여, 단순히 제1심판결의 여부를 심사하는데 지나지 않도록 하고 특히 제1심의 공판중심주의를 중요시하고 있는 것이다. 한편 공판중심주의는 직접심리주의, 구두변론주의를 전제로 하므로 공소장일본주의는 직접심리주의, 구두변론주의에 의해서도 요청된다.

공판준비절차(公判準備節次)

공판준비절차란 공판기일에 있어서의 심리를 충분히 능률적으로 행하기 위한 준비로서, 수소법원에 의하여 행하여지는 절차를 말한다. 2007. 6. 1. 개정 형사소송법은 공판기일 전에 쟁점을 정리하고, 입증계획을 세울 수 있도록 공판준비절차제도를 도입했다. 공판준비절차는 주장 및 입증계획 등을 서면으로 준비하게 하거나 공판준비기일을 열어 진행한다(§266의 5②).

검사·피고인 또는 변호인은 법률상·사실상 주장의 요지 및 입증취지 등이 기재된 서면을 법원에 제출할 수 있고, 법원은 검사·피고인 또는 변호인에 대하여 이들 서면의 제출을 명할 수 있다(§266의 6).

불고불리의 원칙
(不告不理의 原則)

불고불리의 원칙이라 함은 공소제기가 없는 한 법원은 사건에 대하여 심판할 수 없고, 또 법원은 공소제기된 사건에 대하여서만 심판을 할 수 있다는 원칙이다. 법원이 심판할 수 있는 것은 공소장에 기재된 피고인 및 공소사실에 대해서이며, 이에 의하여서 심판대상의 범위가 정해지는 것이다. 이 경우 심판의 대상에 관하여 공소사실대상설에 따르면 고소제기에 의하여 공소사실이 단일한 限 그 전부가 심판의 대상이 되므로 법원은 그 범위 내에서 심판할 수 있다고 본다. 한편으로 소인대상설(訴因對象說)에 따르면 심판의 대상은 공소장에 기재된 소인이므로 법원은 그 소인의 범위 내에서 심판하여야 하며 그것에서 일탈하는 것은 허용되지 않는다고 본다. 이와 같이 그 심판의 대상에 관하여는 어느 설을 취할 것인가에 따라 심판대상의 범위가 다르게 된다.

증거개시제도(證據開示制度)

증거개시제도는 2007. 6. 1. 형사소송법 개정시에 새로 도입된 제도로, 국가안보 등 특별한 사유가 없는 한 재판이 진행되기 전 검사와 피고인이 서로 증거를 열람 또는 복사할 수 있도록 하는 제도를 말한다. 형사소송법 제266조의 3은 피고인 또는 변호인이 공소제기된 사건에 대한 서류 또는 물건의 열람·등사를 신청할 수 있도록 하는 증거개시제도를 규정하고 있다. 검사도 피고인 또는 변호인에게 증거개시를 요구할 수 있다. 검사는 국가안보·증인보호의 필요성·증거인멸 등의 사유가 있는 경우 서류 또는 물건의 열람·등사를 거부하거나 제한할 수 있고, 이 경우 법원의 판단으로 허용할 것을 명할 수 있다(§266의 4).

공소시효(公訴時效)
독; Strafverfolgungsverj- hrung

공소시효라 함은 검사가 일정한 기간 동안 공소를 제기하지 않고 방치하는 경우 국가의 소추권을 소멸시키는 제도를 말한다. 형의 시효와 함께 형사시효의 일종이다. 공소시효의 제도적인 존재이유는 시간의 경과에 따라 발생한 사실상의 상태를 존중하자는 것, 소송법상으로 시간의 경과에 의하여 증거판단이 곤란하게 된다는 것, 실체법상으로는 시간의 경과로 인하여 범죄에 대한 사회의 관심이 약화되는 것, 피고인의 생활안정을 보장하자는 것 등이다. 그러므로 공소시효가 완성하면 실체적인 심판을 함이 없이 면소판결을 하여야 한다. 시효기간에 관하여는 형사소송법 제249조에 규정되었다. 시효의 기산점은 범죄행위가 끝난 때이다. 시효는 당해 사건에 대하여 공소가 제기된 때에는 그 진행이 정지되고 공소기각 또는 관할위반의 재판이 확정된 때로부터 진행한다(형소§253①). 다만, 2015년 7월 31일 형사소송법 개정에 의하여 사람을 살해한 범죄(종범은 제외한다)로 사형에 해당하는 범죄에 대하여는 공소시효를 적용하지 아니하도록 하였다(형소§253의2). 공범의 1인에 대한 시효정지는 다른 공범자에게도 효력이 미치고, 당해 사건의 재판이 확정된 때로부터 진행한다. 그리고 재정신청이 있으면 재정결정이 확정될 때까지 공소시효의 진행이 정지된다(형소 §262의 4①).

공 판

개정(開廷)

지정된 공판기일에 공판정에서 소송절차를 진행하는 것을 말한다. 공판은 법정에서 행함을 원칙으로 하고, 법원장은 필요에 따라 법원외의 장소에서 개정할 수 있다(법원조직법 56조). 피고사건에 대한 공판심리를 위해서는 소송주체 내지 소송관계인이 공판정에 출석하여야 한다. 공판정은 판사와 검사, 법원사무관 등이 출석하여 개정한다(§275②). 2007. 6. 1. 개정 형사소송법은 공판정의 좌석을 변경하여, 공판정의 좌석은 법대의 좌우측에 검사와 피고인이 서로 마주보도록 하여 대등한 소송당사자임을 강조하였다. 그리고 피고인과 변호인을 함께 앉도록 하여 피고인의 심리적 불안감을 해소하였다. 또한 증인은 법대의 정면에 위치하도록 하고 피고인은 신문시에 증인석에 앉게 된다(§275③). 소송당사자인 검사와 피고인이 공판기일에 출석하지 아니한 때에는 원칙적으로 개정하지 못한다(형소법 275조2항·276조). 피고사건이 필요적 변호사건 또는 국선변호사건인 경우에는 변호인의 출석없이 개정하지 못한다.

공판절차(公判節次)
독 ; Hauptverhandlung

공소가 제기되어 사건이 법원에 계속된 이후 그 소송절차가 종결될 때까지의 전(全)절차 즉 법원이 사건에 대해 심리·재판하고 또 당사자가 변론을 행하는 절차단계를 말한다. 사건에 대한 법원의 심리는 모두 공판절차에서 행하여진다. 이런 의미에서 공판절차는 형사절차의 핵심이며 정점이다.

공판절차의 경신

(公判節次의 更新)
독 ; Erneuerung der Haupverhandlung

이미 집행된 공판심리절차를 일단 무시하고 다시 그 절차를 진행하는 것을 말한다. 현행법상 공판절차를 경신하여야 할 경우는 다음과 같다. 판사의 경질이 있는 경우(형소법 301조), 간이공판절차의 결정이 취소된 때(형소법 301조 단서), 공판절차의 정지의 경우이다. 공판절차를 경신하는 경우에는 어느 정도로 공판심리절차를 경신하여야 하느냐에 관해서는 형사소송규칙에서 규정하고 있다(형사소송규칙 144조).

공판절차의 정지

(公判節次의 停止)
독 ; Stillstand der Hauptverhandlung

법원의 결정으로 공판절차의 진행을 일시 정지하는 것을 말한다. 공판진행의 사실상 중단은 공판절차의 정지가 아니다. 공판절차를 중지해야 할 사유에는 피고인의 심신상실과 질병의 경우, 공소장의 변경의 경우, 그 밖의 경우로서 기피신청이 있는 때(형소법 22조) 즉 병합심리신청이 있는 때·재심청구가 경합된 때 등이다. 공판절차의 정지결정에 의해서 공판절차는 합법적으

로 정지된다. 따라서 공판절차의 정지결정이 있으면 판결선고기간의 제한을 받지 아니하며, 피고인의 심신상실 또는 질병으로 인하여 공판절차를 정지한 경우에는 그 정지된 기간은 피고인의 구속기간에 산입하지 아니한다(형소법 92조3항).

공판기일(公判期日)

형소법상 법원과 검사 그리고 피고인 및 기타 소송관계인이 모여 공판절차를 실행하는 기일을 말한다. 재판장은 공판기일을 정하여야 하는데, 공판기일에는 피고인·대표자 또는 대리인을 소환하여야 한다. 또 공판기일은 검사변호인과 보조인에게 통지하여야 한다(형소법 267조). 법원의 구내에 있는 피고인에 대하여 공판기일을 통지한 때에는 소환장 송달의 효력이 있다(형소법 268조). 제1회의 공판기일은 소환장의 송달후 5일 이상의 유예기간을 두어야 하나, 피고인의 이의 없는 때에는 유예기간을 두지 않을 수 있다(형소법 269조). 재판장은 직권 또는 검사 피고인이나 변호인의 신청에 의하여 공판기일을 변경할 수 있다. 공판기일 변경신청을 기각한 명령은 송달하지 않는다(형소법 270조). 공판기일에 소환 또는 통지서를 받은 자가 질병 기타의 사유로 출석하지 못할 때에는 의사의 진단서 기타의 자료를 제출하여야 한다(형소법 271조). 법원은 검사 피고인 또는 변호인의 신청에 의하여 공판준비에 필요하다고 인정한 때에는 공판기일 전에 피고인 또는 증인을 신

문할 수 있고 검증·감정 또는 번역을 명령할 수 있다(형소법 273조1항). 검사·피고인 또는 변호인은 공판기일 전에 서류나 물건을 증거로 법원에 제출할 수 있다(형소법 274조). 공판기일에는 공판정에서 심리한다(형소법 275조1항). 피고인이 공판기일에 출석하지 않은 때에는 특별한 규정이 없으면 개정하지 못하나, 피고인이 법인인 경우에는 대리인을 출석하게 할 수 있다(형소법 276조). ① 다액 500만원 이하의 벌금 또는 과료에 해당하는 사건, ② 공소기각 또는 면소의 재판을 할 것이 명백한 사건, ③ 장기 3년 이하의 징역 또는 금고, 다액 500만원을 초과하는 벌금 또는 구류에 해당하는 사건에서 피고인의 불출석허가신청이 있고 법원이 피고인의 불출석이 그의 권리를 보호함에 지장이 없다고 인정하여 이를 허가한 사건, ④ 제453조 1항에 따라 피고인만이 정식재판의 청구를 하여 판결을 선고하는 사건에 대하여는 피고인의 출석을 요하지 아니한다. 이 경우 피고인은 대리인을 출석하게 할 수 있다(형소법 277조). 검사가 공판기일의 통지를 2회 이상 받고 출석하지 아니하는 때에는 검사의 출석없이 개정할 수 있다(형소법 278조). 공판기일의 소송지휘는 재판장이 한다(형소법 279조).

기일의 지정(期日의 指定)

형사소송법상 재판장은 공판기일을 정하여야 하는데, 공판기일에는 피고인·대표자 또는 대리인을 소환하여야 하며, 공판기일은 검사·변호인과 보조인에게 통지하여야 한다(형사소송법 267조). 법원의 구내에 있는 피고인에 대하여 공판기일을 통지한 때에는 소환장 송달의 효력이 있다(형사소송법 268조). 다만 제1회 공판기일은 소환장의 송달 후 5일 이상의 유예기간을 두어야 하나, 피고인이 이의가 없는 때에는 이 유예기간을 두지 아니할 수 있다(형사소송법 269조).

기일의 변경(期日의 變更)
독 ; Verlegung eines Termins

기일 개시 전에 그 지정을 취소하고 새 기일을 지정하는 것을 말한다. 형사소송법상 재판장은 직권 또는 검사·피고인이나, 변호인의 신청에 의하여 공판기일을 변경할 수 있다. 공판기일변경신청은 기각한 명령은 송달하지 아니한다(형사소송법 270조).

공개주의(公開主義)
독 ; Offentlichkeitsprinzip
불 ; principe de la publicite

일반국민에게 공판절차(심판)의 방청을 허용하는 주의를 말한다. 비밀재판을 허용하게 되면 권력자의 임의로 불공정한 재판을 자행하여 공포정치를 초래할 우려가 있다. 그러므로 재판의 공정을 보장하기 위해서는 공판절차를 국민의 감시아래 두어야 하고, 또 이렇게 하는 것이 국민의 재판에 대한 신뢰를 유지할 수 있는 동시에, 개인의 권리도 존중하는 결과가 되는 것이다. 헌법은 「형사피고인은 상당한 이유가 없는 한 지체없이 공개재판을 받을 권리를 가진다」(헌§27③)고 하여 공개재판을 받을 권리를 보장하였고, 「재판의 심리와 재판은 공개한다」(§109)고 하여 공개재판주의를 선언하고 있다. 그러나 이 원칙에도 심리가 「국가의 안전보장 또는 안녕질서를 방해하거나 선량한 풍속을 해할 염려가 있을 때」에 한하여 법원의 결정으로 공개하지 않을 수 있도록 예외를 인정하고 있다 (§109단).

구두변론주의(口頭辯論主義)

구술주의와 변론주의를 합한 것으로 법원은 당사자가 제출한 자료에 대하여 구술에 의한 공격방어를 바탕으로 심판함을 원칙으로 하고 있다. 2007. 6. 1. 개정 형사소송법은 공판중심주의의 충실화를 위해 구두변론주의를 직접 선언하여 "공판정에서의 변론은 구두로 하여야 한다"고 규정하였다(§275의 3). 편의상 구술주의와 변호주의를 나누어 설명한다. (1) 구술주의 : 서면주의에 대한 개념으로 구술에 의하여 공판정에 제출된 자료에 의거해 재판을 행하는 주의. 이는 실체형성에 있어서 법관에게 신선한 인상을 주어 심증형성에 편리할 뿐만 아니라 공개재판주의에도 부합한다는 장점이 있으나 시간의 경과에 따라 변론의 내용을 기억하거나 보전하기가 곤란하다는 단점이 있다. 현행법은 구술주의를 원칙으로 하되 그 결함을 보충하기 위하여 서면주의를 가미하였다. (2) 변론주의 : 민사소송법상으로는 자료의 수집과 제출을 당사자들의 능력과 성의에 일임하고 법원이 앞에 나서지 않는 주의. 주요사실의 존부는 당사자의 진술이 없는 한 법원은 그것을 판결의 기초로 할 수 없고 당사자 사이에 다툼이 없는 것은 법원이 이를 그대로 인정하여야 할 구속을 받는다. 이것을 변론주의라고 한다. 이와 같이 당사자의 공격방어에 의한 투쟁을 절차의 중심으로 삼는다는 점에서 형사소송법상 변론주의라 다른 점이 없다. 이것은 직권주의와 대립하고 당사자주의와 부합한다. 그러나 민사소송은 당사자간의 사적 분쟁을 해결함을 목적으로 하는 데 대하여 형사소송에서는 사회질서를 유지하기 위하여 범죄사실의 진상을 파악하고 유죄·무죄의 판단을 하는 공익성을 가지므로 직권주의를 근거로 하는 실체진실발견주의의 정신이 강조되지 않을 수 없다는 점에서 상당한 차이가 있다.

직접주의(直接主義)
독 ; Unmittelbarkeitsgrundsatz

공판정에서 직접조사한 증거만을 재판의 기초로 삼을 수 있다는 주의를 말한다. 이에는 법관이 직접 증거를 조사하여야 한다는 형식적 직접주의와 원본증거를 재판의 기초로 삼아야 한다는 실질적 직접주의가 포함된다. 직접주의는 구두주의와 함께 법관에게 정확한 심증을 형성하게 할 뿐만 아니라 피고인에게 증거에 관하여 직접 변명의 기회를 주기 위하여 요구되는 원칙이다. 형사소송법이 공판개정후에 판사의 경질이 있으면 공판절차의 경신을 하도록 한 것은 직접주의 요청이라 할 것이며 전문증거법칙도 직접주의와 표리일체의 관계에 있다고 할 수 있다.

집중심리주의(集中審理主義)
독 ; Konzentrationsmaxime

심리에 2일 이상을 요하는 사건은 계속하여 심리하여야 한다는 원칙을 말한다. 계속심리주의라고도 한다. 이는 법관이 신선하고 확실한 심증에 의하여 재판할 수 있을 뿐만 아니라 소송의 촉진과 신속한 재판을 실현하고자 하는 데 그 취지가 있다.

2007. 6. 1. 개정 형사소송법은 집중심리주의를 직접 선언하여, 공판기일의 심리는 집중되어야 하고, 심리에 2일 이상이 필요한 경우에는 부득이한 사정이 없는 한 매일 계속 개정하여야 하며, 재판장은 여러 공판기일을 일괄하여 지정할 수 있다고 규정하고 있다(§267의 2①~③).

법정경찰권(法廷警察權)

법정의 기능을 확보하기 위해 법정의 질서가 유지되어야 한다. 그래서 법정의 질서를 유지하기 위하여 법원이 행하는 권력작용을 법정경찰권이라 한다. 사건의 심리내용에 관계하지 않고 법정의 질서를 유지하는 것이며, 방청인에게도 미치는 점에서 소송지휘권과 구별된다. 법정경찰권은 법원의 권한에 속하지만 질서유지의 신속성과 기동성을 고려하여 재판장이 이를 행한다(법조§58①, ②). 그 작용은 妨방해예방작

용(방청권의 발행, 방청인의 소지품의 검사 등), 방해배제작용(퇴임명령, 촬영, 녹화 등의 금지 등) 및 제재작용(법정 등 질서유지에 관한 20일 이내의 감치, 100만원 이하의 과태료)의 세 가지로 되어 있다. 법정경찰권은 법정의 질서유지에 필요한 한 법정의 내외를 불문하고 법관이 방해행위를 직접 목격하거나 또는 들어서 알 수 있는 장소까지 미치고, 또 그 시간적 한계는 법정의 개정 중 및 이에 접속하는 전후의 시간을 포함한다. 그러나 구체적으로 어느 범위 또는 어느 정도까지 미치는 가는 변호권이나 방청인의 권리 및 보도의 자유와 충돌하는 경우에 문제가 될 것이다.

소송지휘권(訴訟指揮權)
독 ; Prozessleitungsrecht

소송의 진행을 질서 있게 하고 심리를 원활하게 할 수 있도록 하기 위한 법원의 합목적적 활동을 소송지휘라 한다. 소송지휘는 단순히 공개기일의 지정·변경, 국선변호인의 선임 등 형식적·절차적인 것에 그치지 아니하고, 「사실의 진상」을 분명히 하기 위한 실질적·실체적인 것에 미친다. 예컨대 소인(訴因)의 변경을 명하거나, 필요한 입증을 촉구하는 것 등은 이에 해당한다(이 경우를 석명권이라 하기도 한다. 당사자주의 하에서는 당사자의 활동이 중심이지만, 그 활동을 충분하도록 하는 것은 법원의 의무라고도 할 수 있으므로 석명권의 행사가 충분하지 못할 때에는 항소이유가 되기도 한다. 소송지휘권은

본래 법원에 속한 것이나 공판기일에서의 소송지휘는 특히 신속성을 필요로 하기 때문에 법은 이를 포괄적으로 재판장에게 일임하고있다(형소§279). 이러한 소송지휘권은 법률에 의하여 재판장에게 부여된 권한(소송지휘권권한)이라고 하나 사법권에 내재하는 본질적 권한이며 법원의 고유한 권한 내지 사법권의 보편적 원리라고 할 수 있다.

집행지휘(執行指揮)

재판의 집행을 지휘하는 것을 말한다. 형사재판의 집행은 그 집행을 한 법원에 대응한 검찰청 검사가 지휘한다(형소법 460조1항). 상소의 재판 또는 상소의 취하로 인하여 하급법원의 재판을 집행할 경우에는 상소법원에 대응한 검찰청 검사가 지휘한다(형소법 460조2항). 이 경우에는 통상 소송기록이 상소법원에 송부되어 있기 때문이다. 따라서 소송기록이 하급법원 또는 그 법원에 대응한 검찰청에 있는 때에는 그 검찰청 검사가 지휘한다(형소법 460조2항). 그러나 법률에 명문의 규정이 있거나 그 성질상 법원 또는 법관이 지휘해야 하는 경우가 있다(형소법 460조1항단서). 특별한 규정에 의하여 법원에서 지휘해야 하는 경우에는 급속을 요하는 구속영장의 집행의 압수수색영장의 집행(형소법 115조1항단서)이 있으며, 재판의 성질상 법원 또는 법관이 지휘해야 할 경우로는 법원에서 보관하고 있는 압수장물 환부(형소법 333조), 법정경찰권에 의한 퇴정명령 등이 있다.

모두절차(冒頭節次)

모두절차라 함은 공판기일의 최초에 행하는 절차로서, 인정신문으로부터 피고인 및 변호인의 피고사건에 대한 진술까지의 절차를 말한다. (1) 인정신문 : 재판장은 먼저 피고인에 대하여 그 사람이 피고인에 틀림없음을 확인하기 위한 사항을 묻는다. 이것을 「인정신문」이라 하며, 그의 성명, 연령, 본적, 주거, 직업 등을 질문한다(형소§284). 피고인이 인정신문에 대해 진술거부권을 행사할 수 있는가에 대해서는 견해가 대립되고 있다. (2) 검사의 모두진술 : 재판장은 검사로 하여금 공소장에 의하여 기소의 요지를 진술하게 할 수 있다(§285). 공소장에 불명확한 점이 있으면 질문할 수 있다. (3) 피고인의 진술 : 검사의 기소요지의 진술이 끝나면 재판장은 피고인에게 그 이익 또는 사실을 진술할 기회를 주어야 한다(§286). 이것은 피고인의 주장, 청구 및 소송사실에 관한 임의적인 인부(認否) 등의 총괄적인 진술을 할 기회를 주기 위한 것이다. 따라서 관할위반의 신청(§320②), 관할이전의 신청(§15), 공소장부본의 송달에 대한 이의신청(§266단) 등은 늦어도 이 단계에서 행하여야 한다. 물론 재판장은 피고인에 대하여 진술할 기회를 주면 족하고 반드시 현실로 진술하게 할 필요는 없다. 또 이 기회에 피고인으로부터 공소사실에 대한 자백이 있는 경우에는 소정의 요건을 구비하고 있으면 간이공판절차에 의하여 심리할 것을 결정하여야 한다.

모두절차

법관 ─ 인정신문

검사 ─ 기소요지의 진술

변호인

피고인 ─ 의견 진술

→ 피고인 신문 → 증거 조사

소인(訴因)

소인이란 검사가 공소장에 기재하여 법원의 심판을 구하는 구체적 범죄 사실의 주장을 의미한다는 것이 소인의 의의에 관한 통설이다. 학설에 따라서 소인의 의의에 관해 약간의 표현방법이 차이가 난다. 즉 소인이란 그것에 관하여 검사가 심판을 청구하는 검사의 주장, 즉 구성요건에 해당하는 사실의 주장을 의미한다는 견해, 소인이란 검사에 의해서 공소사실로 파악된 것을 일정한 구성요건에 해당시켜 구성·제시한 사실형상을 의미한다는 견해, 그리고 소인이란 특정의 범죄적 혐의를 법률적 주장으로서 구성한 청구원인사실을 의미한다는 견해 등이 있다. 이러한 소인과 소송사실에 대해서 그 양자의 관계를 어떻게 이해하느냐에 관하여 견해의 대립이 있다. 첫째, 공소사실과 소인은 실체와 표시의 관계라고 보는 견해이다. 이는 공소사실이 심판의 대상으로 되는 실체이며 소인

은 소송사실의 표시방법에 불과하다고 한다. 둘째, 소인은 피고인의 방어권 행사를 충분히 보장하기 위한 절차적 제약에 불과하다고 보는 견해가 있다. 이는 소인이란 범죄의 특별구성요건에 해당하여 법률적으로 구성된 공소사실의 기재를 의미한다고 정의하면서 소인은 절차적으로 표현된 한도에서 가설적인 사실에 불과하다고 한다. 셋째 소인이 심판의 대상인 실재물이며 공소사실은 실재물이 아니고 소인변경의 한계설정을 위한 기능개념 내지 조작개념에 불과하다는 견해가 있다. 넷째, 공소사실과 소인의 관계를 민사소송에서의 청구의 취지와 청구의 원인으로서의 관계에 비유하는 견해가 있다. 끝으로 다섯째, 소인은 공소장에 기재된 공소사실의 구성부분이라는 견해가 있다. 그리고 현행형사소송법이 소인제도를 채택하고 있는가에 대해 소인인정설과 소인부정설이 대립하고 있다.

인정신문(認定訊問)

공판기일이 개시되면 먼저 재판장은 출정한 피고인이 공소장에 기재된 인물과 동일인인가 아닌가를 확인하여야 한다. 이것을 인정신문이라 한다. 보통은 피고인의 성명, 생년월일, 직업, 본적, 주거 등을 물어서 확인한다. 피고인이 인정신문에 대하여 진술거부권을 행사할 수 있는가에 관하여 적극설과 소극설이 있다. 긍정하는 적극설이 타당하다고 본다. 피고인이 성명을 묵비하고 있는 경우에는 지문, 사진 등으로 확인한다.

묵비권(默祕權)

묵비권이라 함은 피고인 또는 피의자가 수사기관의 조사나 공판 등에서 시종 침묵하거나 또는 개개의 질문에 대하여 답을 거부할 수 있는 권리를 말한다(형소§283의 2②, 289). 당사자주의를 취하고 있는 현행법하에서는 피고인은 소송의 주체로서 검사와 대등하게 취급되어야 한다. 「당사자평등의 원칙」을 관철하기 위하여는, 진실에 대하여도 피고인이 묵비할 수 있는 권리를 인정하여야 한다. 피의자에 대하여도 같다고 할 수 있다. 따라서 형사소송법은 헌법 취지를 받아서 이익·불이익을 불문하고 일체 침묵하거나 또는 개개의 질문에 답하지 않을 수 있는 권리를 인정하고 있다(형소§283의 2, 진술거부권). 묵비권을 침해하여 강요된 진술은 설령 그것이 진실한 것이라 하여도 증거로 할 수 없다(헌§12⑦, 형소§309). 또 묵비하였다고 해서 사실의 인정상 또는 양형상 이를 피고인에게 불이익으로 처리하여서는 아니된다. 묵비권은 성명, 주거 등의 소위 인적사항에 대해서 인정할 것인가에 관하여는 견해의 대립이 있다. 피의자가 성명, 주거를 진술하는 것은 이것에 의하여 피의자에게 불이익한 증거자료가 이끌어내어지는 경우도 적지 않으므로, 이러한 사항에 대하여도 묵비권이 있는 것으로 해석하는 견해가 타당하다고 본다.

기소사실인부절차
(起訴事實認否節次)
영 ; Arraignment

이것은 공판정에서 피고인에 대하여 기소사실에 관하여 유죄 또는 무죄의 답변을 구하는 절차로서, 영미법이 채택하고 있는 것이다. 이러한 「Arraignment」는 사건의 경중을 불문하고 모든 사건에 적용되며 증거조사절차를 생략하는 점에서 간이공판절차와 구별된다. 만일 피고인이 유죄의 답변을 한 경우에는 그것만으로써 배심의 유죄판결이 내린 것과 같은 효력이 인정되어, 증거조사를 행함이 없이 판결에 의하여 형을 선고할 수 있다. 무죄의 답변, 즉 공소장기재의 사실을 부인한 경우에는 통상의 절차에 따라서 기소사실에 관한 증거조사가 행하여진다. 미국에서는 형사사건의 약85%가 이 제도로써 해결되고 있으나, 우리나라에서 이 제도를 채용하는 것은 민사소송의 「청구의 인낙」과 같은 제도를 도입하는 것으로 되어 형사소송의 본질에 반하게 될 것이다.

간이공판절차(簡易公判節次)

현행형사소송법은 기본권 보장의 견지에서 소송절차를 신중·복잡한 것으로 하고 있지만 대부분의 경우 경미하고 다툼이 없는 때도 많다. 이러한 사건에 대하여는 비교적 간단한 절차로 신속하게 처리하기 위하여 간이공판절차가 설치되어 있다. 즉 피고인이 공판정에서 자백하는 단독재판의 관할사건에 대해 형사소송법이 규정하는 증거조사 절차를 간이화하고 증거능력의 제한을 완화하여 심리를 신속하게 하기 위하여 마련된 공판절차를 간이공판절차라 한다. 이 절차는 피고인이 모두절차에서 유죄임을 자백한 경우에 그 공소사실에 한하여 행할 수 있다. 그러나 이 사건에 대하여 피고인의 진술이 신빙할 수 없다고 인정되거나 또는 간이공판절차로 심판하는 것이 현저히 부당하다고 인정되는 때에는 법원은 검사의 의견을 들어서 그 결정을 취소하여야 한다(형소§286의2, §286의3). 간이공판절차가 통상의 절차와 다른 것은 증거능력제한(보강증거되는 전문증거의 증거능력제한)의 완화와 증언조사의 절차의 엄격성의 간이화에 있다. 간이공판절차에 의하여 심판할 취지의 결정(§286의2)이 있는 사건의 증거에 관하여는 제310조의2, 제312조 내지 제314조 및 제316조의 규정에 의한 증거에 대하여 제318조 제1항의 동의가 있는 것으로 간주한다. 다만 검사피고인 또는 변호인이 증거로 함에 이의가 있는 때에는 그러하지 아니하다(§318의3). 또한 간이공판절차에 의하여 심판할 취지의 결정이 있는 사건에 대하여는 제161조의2(증거조사의 시기, 당사자의 증거제시설명, 증거조사의 방식, 증거조사결과와 피고인의 의견) 및 제297조(피고인 등의 퇴정)의 규정을 적용하지 아니하며, 법원이 상당하다고 인정하는 방법으로 증거조사를 할 수 있다(§297의2).

증거(證據)

영; Evidence
독; Beweis
불; Preuve

형사소송법은「사실의 인정은 증거에 의하여야 한다」(형소§307)고 규정하고 있는데 이것을「증거재판주의」라 한다. 증거에 의하지 않은 제멋대로의 사실인정은 인정되지 않는다. 이 경우 사실관계를 명백하게 하기 위하여 사용하는 자료를「증거」라 한다. 소송법상「증거」라는 말은 여러 가지 의미로 사용되고 있다. (1) 당사자가 법원에게 확신을 줄 수 있는 행동이라는 작용적인 의미, 즉 거증. (2) 당사자가 법원의 확신을 얻으려고 그 조사를 신청하고 또는 법관이 그 오관(五官)의 작용에 의해 조사할 수 있는 유형물이라는 유형적인 의미, 즉 증거방법. (3) 법원이 증거조사결과로 감득(感得)한 자료라는 무형적인 의미, 즉 증거자료. (4) 법원이 증거조사결과로 확신을 얻은 원인이라는 결과적인 의미, 즉 증거원인을 뜻한다. 증거방법은 증인·감정인(이상 인적증거), 증거물·증거서류(이상 물적증거) 등으로 분류할 수 있다. 증명의 대상이 되는 사실(주요사실)의 증명에 직접 사용되는 증거를 직접증거, 간접사실(주요사실을 간접적으로 추인시킨 사실, 예컨대 알리바이)을 증명하는 사실을 증명하기 위한 증거가 본증이며, 그것을 다투는 상대방이 제출하는 증거가 반증이다. 적극적인 증거에 대하여, 단순히 증거의 증명력을 다투기 위한 증거가 있다. 이를 탄핵증거(§318의2)라고 한다.

증거조사(證據調査)

증거조사라 함은 법원이 범죄사실의 존부 및 양형의 사정에 관한 심증을 얻기 위하여 인증, 물증, 서증 등 각종의 증거를 조사하여 그 내용을 감득(感得)하는 소송행위를 말한다. 증거조사는 제287조(재판장의 쟁점정리 및 검사·변호인의 증거관계 등에 대한 진술)에 따른 절차가 끝난 후에 실시한다. 필요한 때에는 피고인신문 중에도 할 수 있다. 이러한 증거조사의 주체는 법원이다. 증거조사의 절차는 검사의 모두진술(§285, 사건의 개요, 입증의 방침을 명확히 한다)에서 시작하여 증거조사의 신청(§294), 증거신청에 대한 결정(증거결정, §295) 등을 한 후에 증거조사의 실시(협의의 증거조사)라는 순서로 행해진다. 그리고 증거조사의 방법은 증거방법의 성질에 따라 차이가 있다. 증거조사의 순서는 검사가 신청한 증거를 조사한 후 피고인 또는 변호인이 신청한 증거를 조사하고, 이것이 끝난 후 법원이 직권으로 결정한 증거를 조사한다(§290의 2). 증인의 조사방법은 신문이고, 증거서류는 요지의 고지 및 낭독이며 증거물의 조사는 제시에 의한다. 또 검사피고인 또는 변호인은 증거조사에 관하여 이의신청을 할 수 있다. 법원은 이의신청에 관하여 결정하여야 한다.

물적 증거(物的 證據)
영 ; real evidence

물건의 존재 또는 상태가 증거로 되는 것을 말한다. 물증이라고도 하며, 범행에 사용된 흉기 또는 절도의 장물이 여기에 해당한다. 사람도 그 신체의 물리적 존재가 증거가 되는 한 물적 증거이다. 물적증거를 직접 실험하는 방법이 검증이다. 물적증거의 조사방법은 제시를 반드시 요하며(형소법 292조), 물적증거를 취득하는 강제처분은 압수이다. 서면의 물리적 존재가 증거로 되면 그것은 물적증거이나 서면의 의미내용이 증거로 되는 것을 증거서류라고 한다. 증거서류와 물적증거인 서면을 합하여 서증이라고 한다.

정황증거(情況證據)
영 ; circumstantial evidence

요증사실을 간접적으로 추인할 수 있는 사실, 즉 간접사실을 증명함에 의하여 요증사실의 증명에 이용되는 증거를 말한다. 간접증거라고도 하며, 직접증거에 대하는 말이다. 예컨대 범행현장에 남아있는 지문은 정황증거이다. 직접증거에 높은 증명력을 인정하였던 증거법정주의에서는 의미가 있었으나, 직접증거의 우월을 인정하지 않는 자유심증주의에서는 이러한 구별은 의미를 잃게 되었다. 특히 과학적 채증의 발달에 따라 정황증거의 중요성이 더욱 강조되고 있다.

인적증거(人的證據)
영 ; personal evidence

사람의 진술내용이 증거로 되는 것을 말하며, 인증이라고도 한다. 예컨대 증인의 증언, 감정인의 감정이 그것이다.

피고인은 소송주체로서 당사자의 지위에 있고, 본래의 증거방법은 아니나, 그 임의의 진술은 증거능력이 있으므로(형소법 309·317조), 이 한도에서는 피고인의 진술도 인적증거에 속한다. 인적증거의 증거조사방법은 신문이며(형소법 161조의2, 177조, 183조), 인적증거를 취득하는 강제처분은 소환구인이다.

증거물의 서면(證據物의 書面)

형사절차에 있어서 서면의 기재내용과 그 물리적 존재가 모두 증거가 되는 경우를 말한다. 예컨대 명예훼손죄의 경우에 명예훼손 문서, 문서위조죄의 경우에 위조문서 등이 그 적례이다. 조서의 방식은 그 요지의 고지, 열람·등사 또는 낭독의 방법에 의한다(형소법 292조). 증거서류와의 구별에 관해서는 학설이 대립한다.

증인(證人)
영 ; witness
독 ; Zeuge
불 ; témoin

증인이라 함은 법원 또는 법관에 대하여 자기가 과거에 견문(見聞)한 사실을 진술하는 제3자를 말한다. 이 진술을 증언이라 한다. 법원 또는 법관에 대하여 진술한다는 점에서 수사기관에 대하여 진술하는 자인 참고인과는 다르다. 그리고 증인은 자기가 견문한 사실을 진술하는 자인 점에서 특별한 지식·경험에 속하는 법칙이나 이를 구체적 사실에 적용하여 얻은 판단을 보고하는 감정인과 구별된다. 증인은 제3자라야 하며 그 사건에 관계하는 법관, 검사, 피고인, 변호사는 증인이 될 수 없다. 기타의 제3자는 누구라도 증인으로서 신문할 수 있는 것이 원칙이지만(형소§146), 재판권이 미치지 않는 자(예컨대 타국의 외교관)는 증인으로서 강제적으로 소환할 수 없다. 또 공무원 또는 공무원이었던 자가 그 직무에 관하여 알게 된 사실에 관하여 비밀에 속한 사항일 때에는 그 소속 공무소 또는 감독관공서의 승낙 없이는 증인으로 신문하지 못한다(§147). 증인이 소환장을 송달받고 정당한 이유 없이 출석하지 아니한 때에는 불출석으로 인한 소송비용을 부담하고 500만원 이하의 과태료를 부과할 수 있다(§151①). 또 소환된 경우는 정당한 사유가 없는 한 출두하여 선서하고 증언할 의무가 있다. 이를 거부하면 제재를 받으며(§161). 소환에 불응하면 구인(拘引)되기도 한다(§152). 또 허위의 증언을 하면 위증죄(§158)로서 처벌한다.

공판기일전증인신문
(公判期日前證人訊問)

범죄수사에 없어서는 아니될 사실을 안다고 명백히 인정되는 자가 출석 또는 진술을 거부하는 경우 검사가 제1회 공판기일전에 한하여 판사에게 그에 대한 증인신문을 청구할 수 있는 제도를 말한다(형소법 221조의2). 판사는 제1항의 청구에 따라 증인신문기일을 정한 때에는 피고인·피의자 또는 변호인에게 이를 통지하여 증인신문에 참여할 수 있도록 하여야 한다(형소법 221조의2). 이 경우 법원은 날짜를 정해 증인에게 출석을 요구한다. 관례상 2~3차례의 출석요구에도 증인이 불응할 경우에는 법원은 구인장을 발부하여 강제할 수 있다.

증인적격(證人適格)

증인적격이라 함은 누가 증인이 될 자격이 있는가, 즉 법원이 누구를 증인으로 신문할 수 있는가의 문제를 말한다. 형사소송법 제146조는 「법원은 법률에 다른 규정이 없으면 누구든지 증인으로 신문할 수 있다」고 규정하고 있으므로 누구든지 증인적격이 있다고 할 수 있다.

재정증인(在廷證人)

증인신문을 함에는 법원이 증인의 채택을 결정하고, 신문할 장소에 출두시켜 선서하게 한 후에 신문하게 된다. 증인으로서 출두시킬 때에는 법원에서 소환장을 발부하여 출두를 명하는 것이 보통이다. 그러나 증인신문은 항상 소환을 전제로 하는 것은 아니다. 증인이 임의로 법원의 구내에 있는 때에는 소환을 하지 아니하고 신문할 수 있다(형소§154). 이것을 재정증인이라 한다. 이것은 그때마다 소환장을 발부함이 없이 소송을 신속하게 진행시킴으로써 소송경제상의 이익을 위하여 인정된 제도이다.

선서(宣誓)
영; oath
독; Eid

출석한 증인은 신문 전에 미리 선서를 하여야 한다(형소§156). 선서는 증인이 되기 위한 하나의 요건이다. 선서는 양심에 따라 진실을 말하고 숨김과 보탬이 없을 것을 서약하는 것이다(§157②). 미국에서는 성서를 손에 들고 선서하는데 대하여 우리나라에서는 선서서를 낭독하고 이에 서명날인한다. 정당한 이유 없이 선서나 증언을 거부한 때에는 50만원 이하의 과태료에 처할 수 있다(§161①). 선서한 후에 거짓말을 하면 위증죄로 처벌받게 된다. 따라서 선서는 위증의 벌에 의한 심리적 강제에 의해 증언의 진실성과 확실성을 담보하기 위한 것이라고 할 수 있다. 선서의 취지를 이해할 수 없는 자, 예컨대 유아 등에 대하여는 선서를 시키지 아니하고 신문하여야 한다. 말하자면 선서에 관한 특별행위능력이다. 그러나 선서를 하지 아니하고 한 증언도 증거로서 채용할 수 있는 것은 당연하다. 선서능력이 있는데도 선서시키지 아니하고 신문한 경우는 그 진술에 증거능력이 없다.

증언(證言)
영; testimony

증인의 진술을 말한다. 감정의견, 문서의 기재내용, 검증결과, 참고인진술 등과 같이 증거자료 중의 하나이다. 증언은 법원 또는 법관에 대하여 제3자가 실험한 사실의 보고이다. 따라서 제

3자가 자기의 견문 그 밖의 지각에 의하여 경험한 구체적인 사실이면, 그 자가 우연히 특별한 지식을 가지고 또한 전문적 경험을 쌓았기 때문에 알 수 있었던 것도 증언이 된다. 즉 감정증인은 과거의 사실을 진술하는 자이므로 증인에 해당한다(형소법 179조). 이에 반하여 자기의 경험사실을 기초로 하여 의견이나 상상을 말하는 것은 본래의 증언은 아니고, 그것이 특별한 학식경험을 요하면 감정의견으로 된다. 증언은 법원 또는 법관에 대하여 진술하는 것이므로 제3자(참고인)가 수사기관에 대하여 자기가 과거에 실제로 경험한 사실을 진술하더라도 그것은 증언이 아니다.

증언거부권(證言拒否權)

증언거부권은 증거의무의 존재를 전제로 하여 증언의무의 이행을 거절할 수 있는 권리를 말한다. 이는 증인거부권과 구별된다. 증인거부권이 인정된 때에는 증인신문 자체를 거부할 수 있으나 증언거부권이 인정되는 때에는 증인이 출석을 거부할 수 없다. (1) 자기 또는 근친자의 형사책임에 관한 증거거부권의 경우 : 자기·친족 또는 친족 관계가 있었던 자, 법정대리인 및 후견감독인이 형사소추 또는 공소제기를 당하거나 유죄판결을 받을 사실이 드러날 염려가 있는 경우에는 증언을 거부할 수 있다(형소§148).
이것은 영미법상의 이른바 자기부죄(self- incrimination)의 강요금지와 신분관계에 기한 정의(情誼)를 고려하여,

이러한 경우에는 진실의 증언을 기대하기가 어렵기 때문이다. (2) 업무상비밀에 관한 증언거부권의 경우 : 변호사·변리사·공증인·공인회계사·세무사·대서업자·의사·한의사·치과의사·약사·약종상·조산원·간호사·종교의 직에 있는 자 또는 이러한 직에 있었던 자가 그 업무상 위탁을 받은 관계로 알게 된 사실로서 타인의 비밀에 관한 것은 증언을 거부할 수 있다. 다만 본인의 승낙이 있거나 중대한 공익상 필요가 있는 때에는 예외로 한다(§149). 이것은 일정한 업무에 종사하는 자의 업무상의 비밀을 보호함으로써 그 상대자인 위탁자를 보호하려는 취지이다. (3) 그 밖에 「국회에서의 증언·감정 등에 관한 법률」에도 위 (1), (2)에 해당하는 경우와 공무원 또는 공무원이었던 자가 그 직무상 업무에 대하여 일정한 경우에 증언 등을 거부할 수 있는 규정을 두고 있다(국공증감§3, §4). 형사소송법은 증언거부권의 행사를 실효성 있게 하기 위하여 증인이 증언을 거부할 수 있는 자에 해당하는 경우에는 재판장은 신문전에 증언을 거부할 수 있음을 설명하여야 한다고 규정하고 있으며(§160), 또한 증언을 거부하는 자는 거부사유를 소명하여야 하고(§150) 증인이 정당한 이유 없이 증언을 거부한 때에는 50만원 이하의 과태료에 처할 수 있도록 규정하고 있다(§161).

교호신문(交互訊問)
영 ; cross examination
독 ; Kreuzverhör

증인신문도 피고인신문과 마찬가지로

인정신문과 사실에 대한 신문으로 나눌 수 있다. 그런데 사실에 대한 신문은 증인을 신청한 검사변호인 또는 피고인이 먼저 신문하고 다음에 다른 당사자가 신문한다. 다시 필요가 있으면 신청한 당사자가 재주신문(再主訊問)을 행하며 이에 대하여 상대방 당사자도 재반대신문을 행하는 순서로, 양 당사자가 교호로 신문을 하는 방식을 교호신문이라 한다. 그 방식은 주신문-반대신문-재주신문-재반대신문의 순서로 행하여진다.

주신문(主訊問)
영; Exzmination in chief

문호신문원칙상 증인신문을 청구한 자가 최초에 행하는 신문을 말한다. 주신문은 원칙적으로 요증사실 및 이와 관련되는 사실에 관하여서만 행해져야 한다. 또한 여기에서는 유도신문이 금지된다.

중복신문(重複訊問)
영; repetitious question

한 번 신문하여 답변을 얻은 사실에 관하여 반복하여 행하는 신문을 말한다. 우리 형사소송법은 재판장은 소송관계인의 진술 또는 신문이 중복된 사항이거나 그 소송에 관계없는 사항인 때에는 소송관계인의 본질적 권리를 해하지 않는 한도에서 이를 제한할 수 있게 하였다(형소법 299조). 이는 재판장의 소송지휘권의 한 내용이 된다.

반대신문(反對訊問)

상호신문에서 증인신문을 청구한 자의 상대방 당사자가 행하는 신문을 말한다. 반대신문은 주신문에서 나타난 사항, 증인의 진술의 증명력 등을 다투기 위하여 필요한 사항 등에 대하여 행하여진다. 주신문에서는 일반적으로 신문청구자에게 유리한 증언이 진술된다. 이를 뒤집기 위하여 하는 것이 반대신문이며 이에 대하여서는 유도신문도 허용된다.

유도신문(誘導訊問)

증인신문자가 희망하는 답변을 이끌어 내려고 하는 신문방법을 말한다. 증인이「예」,「아니오」만으로 답하게 되는 신문은 대개는 유도신문에 해당한다. 예컨대 증인이 언제 어느 곳에 갔었는가가 쟁점이 되어 있는 경우에「증인은 ○월 ○일 ○시에 모소(某所)에 갔습니까?」라고 묻는 경우이다. 주신문에서의 증인은 통상적으로 신문자측에 유리한 증인이고 주신문자에게 호의를 가지고 있으므로, 주신문자가 이와 같은 신문을 하면 증인은 그 암시에 따라서 사실과 다른 증언을 할 우려가 있다. 이런 까닭에 주신문에서는 원칙적으로 유도신문이 금지되어 있다. 그러나 반대신문에서는 이와 같은 우려가 없기 때문에 유도신문이 허용되는 것이다.

대질(對質)
영 ; confrontation
독 ; Gegenüberstellung

증인의 증언 또는 당사자의 진술의 상호간에 모순이 있을 때 법원이 증인 상호간, 당사자 상호간, 또는 증인과 당사자를 대면시켜 신문하는 것(민소법 329조, 368조·형소법 162조 245조)을 말한다. 이 제도는 대질을 통하여 진술자의 진술의 모순점을 발견하고 진술의 태도에 의해서 진술의 신빙성에 관하여 정확한 심증을 형성하려는데 그 목적이 있다.

감정(鑑定)
영 ; expertise
독 ; Gutachten

감정이란 특수한 지식·경험을 가진 제3자가 그 지식·경험에 의하여 알 수 있는 법칙 또는 그 법칙을 적용하여 얻은 판단을 법원에 보고하는 것을 말한다.

감정유치(鑑定留置)

피고인의 정신 또는 신체의 감정이 필요한 때에는 법원은 기간을 정하여 병원 기타 적당한 장소에 피고인을 유치할 수 있고 감정이 완료되면 즉시 유치를 해제하여야한다. 이를 감정유치라고 한다. 이를 함에는 감정유치장을 발부하여야 한다. 구속에 관한 규정은 특별한 규정이 없는 경우에는 유치에 준용한다. 유치는 미결구금일수의 산입에 있어서는 구속으로 간주한다.

감정인(鑑定人)
영 ; expert witness
독 ; Sachverständige
불 ; expert

감정인이라 함은 전문적 학식경험에 속하는 法則, 또는 이를 구체적 사실에 적용하여 얻은 판단을 법원에 보고하는 자를 말한다(형소§169). 예컨대 사체를 해부하여 사인(死因)을 감정한다던가, 필적을 조사하여 그 이동을 감정하는 자와 같은 경우이다. 증인에 관한 규정은 구인을 제외하고는(감정인은 전문적 지식만 있으면 누구라도 상관없기 때문에) 감정인에 준용된다(§177). 증인은 사실을 그대로 보고하는 자임에 대하여 감정인은 사실에 대한 판단을 보고하는 자이다. 또 자기가 경험한 사실을 진술하는 자는 그 사실이 특별한 지식·경험에 의하여 하게된 것이라도 그 진술은 증언이고 따라서 진술자는 증인이다. 그러나 이것을 특별하게 감정증인(§179)이라고 부른다. 예컨대 살인죄의 피해자의 임종에 입회한 의사가 전문적 관점에서 관찰한 당시의 상태를 보고하는 경우가 이에 해당된다.

묵비의무(黙祕義務)

의사·한의사·치과의사·약제사·약종상·조산사·변호사·변리사·공인회계사·공증인 등의 자가 업무처리 중 지득한 사실에 관한 비밀을 지켜야 할 의무를 말한다. 형법상의 제재에 의하여 담보되는 경우도 있다(형소법 149조 단서). 묵비의무가 인정되는 사항에 대하여는 증언을 거부할 수 있으나(형소법 149조 본문, 민소법 제315조 1항), 당해 관청 또는 감독기관이 승인한 경우 공무원은 그 증언을 거부할 수 없게 된다(형소법 147조, 민소법 306조). 당해 비밀의 주체인 본인의 승낙이 있는 경우에도 비밀준수의무는 해소된다.

심증(心證)

재판의 기초인 사실관계의 존부에 대한 법관의 주관적 의식상태 내지 확신의 정도를 말한다. 이에는 확신하는 정도의 심증을 요구하느냐, 일응 진실한 것 같다는 심증을 요구하느냐에 따라 증명과 소명으로 구별된다. 형사소송법은 '증명과 증명력은 법관의 자유판단에 의한다'는 자유심증주의를 규정하여(형소법 308조), 법관의 심증형성에 대하여는 특별한 제약이 없다.

증거능력·증명력
(證據能力·證明力)
독 ; Beweisfähigkeit·Beweiswert

증거능력이라 함은 증거가 엄격한 증명의 자료로 쓰이기 위해 갖추어야 할 자격을 말한다. 증거능력이 없는 증거는 사실인정의 자료로서 사용할 수 없을 뿐만 아니라, 공판정에서 증거로서 제출하는 것도 허용되지 않는다. 증거의 증거능력의 유무는 법률의 규정에 따르며, 원칙적으로 법관의 자유로운 판단은 허용되지 않는다. 증거능력은 증명력과는 구별하여야 한다. 증명력이라 함은 증거의 실질적인 가치를 말하

며 법관의 자유로운 판단(자유심증주의)에 맡겨지고 있다. 범죄사실의 인정은 합리적인 의심이 없는 정도의 증명에 이르러야 한다(§307②). 그러나 어느 정도 증명력이 있는 증거라도 법에 의하여 증거능력이 부인되는 것(예컨대 진실에 합치하지만 강제에 의하여 얻어진 자백)은 사실인정의 자료로 할 수 없다. 임의성이 없는 자백은 증거능력이 없다(헌법§12⑦, 형소§309). 반대신문권을 행사할 수 없는 전문증거도 원칙으로 증거능력이 없다(§310의2). 그리고 당해 사건에 관하여 작성된 의사표시문서, 예컨대 공소장 등도 증거능력이 없다. 실체적 사실의 발견만을 형사재판의 지상목적으로 하는 입장에서는 증명력이 있는 증거는 모두 증거로 하는 것이 바람직할 것이다. 그러나 현행형법은 영미법의 영향을 받아서 증명력의 평가를 착오하기 쉬운 것(전문증거), 또는 진실발견을 다소 희생하더라도 타목적(예컨대 소송절차의 공정, 인권의 보장 등)을 보호할 필요가 있는 경우에는 그 증명력의 여하를 불문하고 증거능력을 인정하고 있지 않다.

증거재판주의(證據裁判主義)

형소법 제307조는「사실의 인정은 증거에 의하여야 한다. 범죄사실의 인정은 합리적인 의심이 없는 정도의 증명에 이르러야 한다」라고 규정함으로써 증거재판주의를 선언하고 있다. 옛날에는 신판(神判), 결투, 선서 따위의 증거에 의하지 않은 재판이 행해졌으나 근대국가는 모두 이 증거재판주의에 의

하고 있다. 이와 같이 증거재판주의는 근대형사소송법의 대원칙이다. 증거재판주의에서 「증거」라 함은 증거능력을 가지고 있으며, 또한 공판정에서 적법하게 증거조사가 행해진 증거를 의미한다. 또 「사실」이라 함은 공소사실 기타의 중요한 사실을 의미한다는 것이다. 다시 말하면 공소사실 등과 같이 형벌을 과할 것인가, 또는 어떠한 형벌을 과할 것인가의 중요한 사항을 결정하기 위한 기초가 되는 사실에 관하여는 그것이 의심스러운 증거(예컨대 강요된 자백)나 소송관계인이 확인할 수 없는(법정에서 조사되지 않은) 비밀증거에 의하여 인정되어서는 안 된다는 원칙을 의미하는 것이다.

엄격한 증명·자유로운 증명
(嚴格한 證明·自由로운 證明)
독 ; Strenbeweis·Freibeweis

증명이라 함은 어떤 사실의 존부에 대하여 법관에 확신을 주기 위한 것을 목적으로 하는 소송활동이며, 또한 법관이 사실에 대하여 확신을 얻은 상태를 말한다. 증명의 방식에는 두 가지가 있다. 이들은 독일의 형사소송법학에서 유래하는 개념이다. 「엄격한 증명」이라 함은 법률상 증거능력이 있고 또 공판정에서 적법한 증거조사를 거친 증거에 의한 증명을 말하며,「자유로운 증명」이라 함은 그 이외의 증거에 의한 증명을 말한다. 공소범죄사실(위법성조각사유의 부존재 등을 포함), 처벌조건(예컨대 파산범죄에서의 파산선고의 확정), 법률상 형의 가중감면사유가 되는 사실(예컨대 전과의 존재)등과 같이 형벌권의 존부 및 그 범위를 정하는 기초가 되는 중요한 사실에 대하여는 엄격한 증명이 필요하다. 이에 대하여 양형의 기초가 되어야 할 정황에 관한 사실(예컨대 피해변상의 사실, 피고인의 경력·성격 등) 및 소송법상의 사실에 관하여는 자유로운 증명으로 족한 것으로 되어 있다. 그러나 자유로운 증명의 경우에도 증거능력이 있는 증거가 아니라도 관계없고, 또 엄격한 증거조사를 필요로 하지 않을 뿐이지 이것을 상대방에게 전혀 제시하지 않아도 된다는 취지는 아니다. 상대방에게 그 증거의 증명력을 다투기 위한 기회를 줄 필요가 있으므로, 원칙적으로 증거를 법정에 제출해야 하는 것으로 해석해야 할 것이다. 이러한 엄격한 증명과 자유로운 증명은 증거능력의 유무와 증거조사의 방법에 차이가 있을 뿐이고 심증의 정도에 차이가 있는 것은 아니다. 엄격한 증명과 자유로운 증명은 모두 합리적 의심 없는 증명 또는 확신을 요하는 점에서 같다.

간접사실(間接事實)
독 ; Indizien

간접사실이란 주요사실의 존부를 간접적으로 추인하는 사실을 말한다. 예컨대 알리바이의 증명은 주요사실에 대한 간접적인 반대증거가 될 수 있는 간접사실이다. 요증사실이 주요사실인 때에는 간접사실도 엄격한 증명의 대상이 된다.

경험법칙(經驗法則)
독; Erfahrungsgesetz

경험에 의하여 알게 된 지식이나 법칙을 말하며, 반드시 학리상의 어려운 법칙에 국한되지 아니한다. 일상생활에서 수학·자연과학에 이르기까지의 모든 사물·현상의 일반적 성장 및 인과관계에 관한 지식·법칙이다. 지구는 둥글다든지, 밤이 되면 어두워져서 사물이 보이지 않게 된다든가, 술에 취하면 정신이 흐려진다던가 지문은 만인부동이라든가 등이 그 예이다. 법관은 사실의 인정에 있어서 경험법칙에 따라야 하지만, 일반적·상식적인 범위를 넘어서 특별한 학식·경험에 의하여야 할 것은 감정 등의 방법에 의하여야 한다.

공지의 사실(公知의 事實)
독; Offenkundige Tatsa- che

공지의 사실이란 일반적으로 널리 알려져 있는 사실, 즉 보통의 지식·경험 있는 사람이면 의심하지 않는 사실을 말한다. 역사상 명백한 사실이나 자연계의 현저한 사실이 여기에 속한다. 반드시 모든 사람에게 알려져 있는 사실임을 요하지 않고 일정한 범위의 사람에게 알려져 있으면 족하다. 따라서 공지인가는 구체적인 사회생활에서 그 사실에 대하여 가지고 있는 의식에 따라 결정되는 상대적 개념이라 할 수 있다.

법원에 현저한 사실
(法院에 顯著한 事實)
독; gericrtsbekannte Tatsache

법원에 현저한 사실이란 법원이 직무상 명백히 알고 있는 사실, 즉 법관이 법관이기 때문에 알고 있는 사실을 말한다. 독일의 통설·판례는 이것도 공지의 사실에 속한다고 한다.

거증책임(擧證責任)
영; burden of proof
독; Beweislast

소송상 권리 또는 법률관계의 존부를 판단하는데 필요한 사실에 관하여, 소송에 나타난 모든 증거자료에 의하여도 법원이 존부 어느 쪽으로도 결정할 수 없는 경우에 법원은 이것을 어느 당사자에게 불리하게 가정하여 판단하지 않는 한 재판할 수 없게 된다. 이러한 경우에 불이익을 받을 당사자의 법적 지위를 거증책임이라 한다. 거증책임은 당사자의 일방이 불이익을 받을 법적 지위를 의미한다는 점에서 당사자가 아닌 법원이 부담하는 직권에 의한 심리의무와 구별된다. 형사소송에서는 거증책임을 원칙적으로 검사가 지는 것으로 되어 있다. 최선의 심리를 다 하여도 범죄사실의 존부에 관하여 법원이 확신을 가질 수 없는 경우에는 거증책임에 따라서 피고인은 무죄가 된다. 「의심스러운 것은 피고인의 이익으로」라는 법률격언이 타당한 것이다. 이것은 형사재판에서의 인권보장 견지에서 당연한 것이고, 형소법에서도 「범죄사실의 증명이 없는 때」는 무죄로 하여야 한다는 뜻을 규정하고 있다(형소§325). 검사는 소송범죄사실의 존부에 관하여서 뿐만이 아니라, 정당방위, 긴급피난 등의 위법성 또는 책임조각사유와 부존재, 형의 가중사유(예컨대 누범전과)의 존재 등의 사항에 관하여도 모두 거증책임을 진다. 그러나 예외적으로 피고인측에 거증책임이 있는 경우가 있다. 이러한 경우에는 피고인측에서 증명하지 않는 한 피고인에게 불이익하게 인정되게 된다. 이처럼 거증책임의 분배원칙에 대한 명문의 규정에 의한 예외를 거증책임의 전환이라 한다. 이에 해당하는 것으로 형법 제263조의 규정 이외에 형법 제310조의 규정이 있다.

자유심증주의(自由心證主義)
독 ; Prinzip der freien Beweiswurdigung
불 ; systeme de preuve morals ou de l
'intime conviction

자유심증주의란 증거에 의하여 사실을 인정함에 있어서 증거의 증명력을 법관의 자유로운 판단에 맡기는 주의를 말한다(형소§308). 즉 어느 증거를 신뢰하고, 어느 증거를 신뢰할 수 없는 것으로 하며, 또 어떤 증거에 의하여 범죄사실을 인정할 것인가에 대한 판단을 모두 법관에게 일임하고 있는 주의이다. 이것은 일정한 증거가 없으면 어떠한 사실을 인정할 수 없다는 법정증거주의에 대응하는 개념이다. 형사소송법은 실체적 진실발견을 목적으로 하고 있으므로 형식적인 법정증거주의보다도 이 자유심증주의 쪽이 더 우월한 제도임은 부정할 수 없다. 그러나 자유심증주의는 증거의 증명력만을 법관의 자유로운 판단에 맡기는 것이지, 증거가 될 수 있는 능력(증거능력)까지 법관의 판단에 일임하는 것은 아니다. 증거능력은 형사소송법에 의하여 제한되어 있다. 또 자유로운 판단이라 하더라도 법관의 마음대로 판단을 허용하는 것은 아니고, 그 판단은 경험 법칙·논리법칙에 합치되어야 한다. 따라서 판결이유에 표시된 증거로부터 범죄사실을 인정하는 것이 경험법칙·논리법칙에 반하여 불합리한 때에는 「자유의 모순」 또는 「사실오인」으로 항소이유가 된다(§361의5ⅩⅠ·ⅩⅣ). 또 자유심증주의에는 자백에 관하여 중요한 예외가 있다. 즉 법관이 피고인의 자백에 의하여 유죄의 심증을 얻었더라도 그것이 유일한 증거로서 달리 이것을 뒷받침할 증거(이른바 보강증거)가 없는 때에는 범죄사실을 인정할 수 없다(§310)는 규정이 그것이다.

자백(自白)
영 ; confession
독 ; Geständnis

피고인 또는 피의자가 범죄사실 및 자기의 형사책임을 인정하는 진술을 말한다. 이러한 자백에 있어서 진술을 하는 자의법률상의 지위는 문제되지 않는다. 피고인의 진술뿐만 아니라 피의자나 증인·참고인의 진술도 모두 자백에 해당한다. 그리고 진술의 형식이나 상대방도 묻지 않는다. 사람은 자기가 형사책임을 져야 할 사실을 고백하는 것은 정말 어찌할 수 없는 경우에 한하는 것이 보통이다. 따라서 자백은 그만큼 진실을 말하는 것으로 생각되어졌다. 옛날부터「자백은 증거의 王」이라고 일컬어졌던 것은 자백의 증명력이 절대적이었음을 뜻하는 것이다. 그러나 한편으로는 자백이 의심스러운 경우도 없는 것은 아니다. 수사관의 마음에 들기 위해 자진해서 허위의 자백을 하거나, 강제에 의한 자백이 행하여진 예도 결코 적다고 할 수 없다. 따라서 자백만으로써 유죄가 된다고 하면 오판의 위험이 클 뿐만 아니라 수사기관이 피의자에게 자백을 강요하기 위하여 고문 등의 행위를 할 위험도 적지 않다. 그와 같은 오판위험의 방지와 강제·고문 등에 대한 인권의 보장이라는 쌍방의 견지에서 헌법 및 형소법은 임의성이 없는 자백 또는 임의성이 의심스러운 자백의 증거 능력을 부정하고, 또한 비록 임의성이 있는 자백이라도 자백이 피고인에게 불이익한 유일한 증거인 경우에는 이를 유죄의 증거로 하지 못하도록 규정하고 있다(헌 §12⑦, 형소§309, §310). 임의성이 없는 자백의 부정은 증거능력의 문제인데 대하여 자백이 유일한 증거인 경우의 유죄의 금지는 자유심증주의에 대한 예외의 문제이다. 후자는 법관이 자백만으로써 충분하게 유죄의 심증을 얻었다 하더라도 다른 증거, 즉 보강증거가 없는 한 유죄인정을 해서는 안된다는 것이다. 이런 의미에서 자백의 증명력이 법적으로 제한을 받는다고 할 수 있다.

자백의 임의성법칙
(自白의 任意性法則)

임의성 없는 자백의 증거능력을 배제하는 증거법칙을 말한다. 현행법은 헌법과 형사소송법에서 자백의 임의성법칙을 명문으로 규정하고 있다(헌법 12조7항, 형소법 309조). 임의성이 의심되는 자백의 증거능력을 부정하는 이론적 근거에 관해서는 학설이 대립되고 있다. (1) 허위배제설은 고문 등에 의한 자백은 허위일 위험성이 많으므로 허위배제의 관점에서 증거능력을 부정한다는 학설이다. (2) 인권옹호설은 피고인·피의자의 인권보장을 도모하기 위해서 고문 등에 의한 자백의 증거능력을 부정한다는 학설이다. (3) 절충설은 임의성이 의심되는 자백은 허위배제와 인권침해의 방지를 위해서 증거능력을 부정한다는 견해로서 우리나라의 통설이다. (4) 위법배제설은 자백획득의 수단이 위법하기 때문에 자백의 증거능력이 부정된다는 견해이다. 현행법상 임의성 없는 자백으로 의제되는 것은 (1) 고문·폭행·협박·신체구속의 부당한 장기화로 인한 자백, (2) 기망 기타 방법에 의한 자백을 말한다(형소법 309조). 전자는 강요된 자백의 예시이고, 후자는 유도적 방법에 의한 자백을 말한다. 고문협박 등과 자백 사이에 인과관계의 존재를 요하는가에 관해서는 적극설과 소극설이 대립되고 있으나, 대법원판례는 적극설의 태도를 취하고 있다.

> 임의성 없는 자백의 증거능력을 부정하는 취지가 허위진술을 유발 또는 강요할 위험성이 있는 상태하에서 행하여진 자백은 그 자체로 실체적 진실에 부합하지 아니하여 오판의 소지가 있을 뿐만 아니라 그 진위 여부를 떠나서 자백을 얻기 위하여 피의자의 기본적 인권을 침해하는 위법부당한 압박이 가하여지는 것을 사전에 막기 위한 것이므로 그 임의성에 다툼이 있을 때에는 그 임의성을 의심할 만한 합리적이고, 구체적인 사실을 피고인이 입증할 것이 아니고 검사가 그 임의성의 의문점을 해소하는 입증을 하여야 한다 *(대법원 1998. 4. 10. 선고 97도3234).*

자백의 증명력(自白의 證明力)

형사소송법 제310조는 '피고인의 자백이 그 피고인에게 불이익한 유일의 증거인 때에는 이를 유죄의 증거로 하지 못한다'고 규정하여 자백의 보강법칙을 규정하고 있다. 뿐만 아니라 헌법 제12조 제7항 후단은 '정식재판에 있어서 피고인의 자백이 그에게 불리한 유일한 증거인 때에는 이를 유죄의 증거로 삼거나 이를 이유로 처벌할 수 없다'고 규정하여 보강법칙을 헌법상의 원칙으로도 하고 있다. 자백에 의하여 법관이 유죄의 심증을 얻은 때에도 보강증거가 없으면 유죄판결을 할 수 없다는 의미에서 자백의 보강법칙은 증거의 증명력에 있어서 인정되는 자유심증주의에 대한 예외가 된다. 보강법칙의 근거는 자백의 진실성을 담보하여 오판의 위험성을 배제하고 자백편중으로 인한 인권침해를 방지하려는데 있다. 형사소송법 제310조의 자백

에 공범자 또는 공동피고인의 자백이 포함되는가에 관하여는 견해가 대립되어 있다.

공범자의 자백(共犯者의 自白)

피고인의 자백에 공범자의 자백이 포함되어 공범자의 자백이 있는 때에도 보강증거가 있어야 유죄로 인정할 수 있는가에 대해서는 의견이 대립하고 있다. 공범자의 자백이 있으면 그 자백에 대한 보강증거가 없더라도 부인하는 피고인을 유죄로 인정할 수 있다는 보강증거불요설과, 공범자의 자백이 있더라도 그 자백에 관한 보강증거가 없으면 피고인을 유죄로 인정할 수 없다는 보강증거필요설, 공동피고인 공범자의 자백에는 보강증거가 필요하나 공동피고인이 아닌 공범자가 자백한 경우에는 보강증거가 없더라도 피고인을 유죄로 인정할 수 있다는 절충설 등이 있다. 대법원은 공범자의 자백에는 보강증거를 요하지 않는다고 판시하고 있다(85도951, 92도917). 공범자의 자백이 보강증거가 될 수 있느냐의 문제에서 공동피고인 모두가 자백한 경우에는 상호보강증거가 될 수 있다는 견해와 아니라는 견해가 있다. 대법원은 일관하여 공범자의 자백이나 공범자인 공동피고인의 자백은 보강증거가 될 수 있다고 판시하고 있다(83도1111, 2006도1944).

> 형사소송법 제310조의 피고인의 자백에는 공범인 공동피고인의 진술이 포함

되지 아니하므로 **공범인 공동피고인의 진술은 다른 공동피고인에 대한 범죄사실을 인정하는데 있어서 증거로 쓸 수 있고** 그에 대한 보강증거의 여부는 법관의 자유심증에 맡긴다*(대법원 1985. 3. 9. 선고 85도951).*

공범인 피고인들의 각 자백은 상호보강증거가 되므로 그들의 자백만으로 범죄사실을 인정하였다 하여 보강증거없이 자백만으로 범죄사실을 인정한 위법이 있다 할 수 없다*(대법원 1983. 6. 28. 선고 83도1111).*

독수의 과실이론
(毒樹의 果實理論)
영 ; fruit of the poisonous tree

위법하게 수집된 증거에 의해 발견된 제2차 증거를 말한다. 위법하게 수집된 증거를 배제하면서도 과실의 증거능력을 인정할 것인가에 대하여는 위법수집증거가 배제되어도 과실의 증거능력이 인정되면 배제법칙을 무의미하게 한다는 이유로 부정하는 견해와 임의성 없는 자백 가운데도 강제에 의한 자백으로 수집된 증거의 증거능력만을 부정해야 한다는 견해도 있다.

독수의 과실이론의 예외

오염순화에 의한 예외	후에 피고인이 자의에 의하여 행한 행위는 위법성의 오염을 희석한다는 것.
불가피한 발견의 예외	위법한 행위와 관계 없이 합법적인 수단에 의할지라도 증거를 불가피하게 발견하였을 것임을 증명할 수 있을 때에는 증거로 허용될 수 있다는 이론.
독립된 오염원의 예외	위법한 압수, 수색과 관계없는 독립된 근거에 의하여 수집될 수 있었던 증거임을 증명할 수 있을 때에는 증거로 허용된다는 이론.

위법수집증거배제법칙
(違法蒐集證據排除法則)

위법수집증거배제법칙이란 위법한 절차에 의하여 수집된 증거, 즉 위법수집증거의 증거능력을 배제하는 법칙을 말한다. 이 법칙은 미국의 증거법에서 유래한다. 즉 1886년 Boyd판사에 의해 비롯되었다. 이 법칙이 확립된 것은 1914년의 Weeks판사에 의하여 되었다. 이에 대해 독일에서는 증거금지의 문제로 다루어지고 있다. 2007. 6. 1. 개정 형사소송법은 위법수집증거의 배제에 관한 명문규정을 신설하여「적법한 절차에 따르지 아니하고 수집한 증거는 증거로 할 수 없다」고 규정하였다. 이러한 위법수집증거배제의 법칙은 적정절차의 보장이라는 관점에서 그리고 위법수사의 억지라는 이유에서 그 근거가 제시된다. 적정절차의 보장의 면은 이론적 근거임에 대하여 위법수사의 억지의 면은 정책적 근거로 이해된다. 위법수집증거의 유형으로는 헌법정신에 위배되어 수집한 증거, 즉 영장주의를 위반한 경우 또는 적정절차를 위반하여 수집한 증거와 형사소송법의 효력규정에 위반하여 수집한 증거의 경우가 있다.

당사자의 동의와 증거능력
(當事者의 同意와 證據能力)
•─────

검사와 피고인이 증거로 할 수 있음을 동의한 서류 또는 물건은 진정한 것으로 인정한 때는 증거능력을 인정한다(형사소송법 318조 1항). 전문법칙에 의하여 증거능력이 없는 증거라 할지라도 당사자가 동의한 때는 증거로 할 수 있게 하여 불필요한 증인신문을 회피하는 것이 재판의 신속과 소송경제에 부합한다는 점을 고려한 것이다. 그러나 동의는 증거능력 발생의 전제조건에 불과하고 법원의 진정성의 인정에 의하여 비로소 증거능력이 인정된다. 이런 의미에서 증거로 함에 대한 당사자의 동의에 있어서도 당사자주의와 직권주의가 조화를 이루고 있다고 할 수 있다. 증거로 하는데는 당사자의 동의가 형식적으로 증거능력이 없는 증거에 대하여 증거능력을 부여하기 위한 당사자의 소송행위라고 할 수 있다. 동의의 본질에 대해서는 통설은 동의가 실질적으로 반대신문권을 포기하는 것으로 해석한다. 따라서 동의에 의해서 증거능력이 인정되는 것은 반대신문권의 보장과 관련된 증거이어야 하며, 임의성 없는 자백은 물론 위법하게 수집된 증거는 동의의 대상이 되지 않는다. 일반 당사자가 신청한 증거에 대하여는 타방 당사자의 동의가 있으면 족하다. 이에 반해 법원이 직권으로 수집한 증거는 양당사자의 동의가 있어야 한다. 동의의 상대방은 법원이다. 또한 동의의 대상은 서류 또는 물건과 증거능력 없는 증거에 한정된다. 그러나 판례는 반대증거서류를 동의의 대상으로 하지 않는다. 통설은 동의가 적극적으로 명시되어야 한다는 입장이다. 단 피고인이 출정하지 않거나(형사소송법 318조 2항), 간이공판절차의 결정이 있는 사건의 증거에 대해서는 동의가 있는 것으로 간주한다. 동의의 효과로 증거능력이 인정된다.

전문증거(傳聞證據)
영 ; hearsay evidence
•─────

전문증거라 함은 사실인정의 기초가 되는 경험적 사실을 경험자 자신이 직접 법원에 진술하지 않고 다른 형태에 의하여 간접적으로 보고하는 것을 말한다. 이러한 증거는 그 내용이 진실한가 아닌가를 반대신문에 의하여 음미할 수 없으므로, 그 평가를 그르칠 위험성이 있다. 그래서 법원 그 증거능력을 원칙적으로 부정하고 있다(형소§310의2). 전문증거에는 첫째, 경험사실을 들은 타인이 전문한 사실을 법원에서 진술하는 경우(전문진술 또는 전문증거), 둘째, 경험자 자신의 경험사실을 서면에 기재하는 경우(진술서), 셋째, 경험사실을 들은 타인이 서면에 기재하는 경우(진술녹취서)가 포함될 수 있다. 즉 전문증거는 전문진술과 진술서 및 진술녹취서를 기본형태로 하며 진술서와 진술녹취서를 합하여 진술을 기재한 서류를 전문서류 또는 진술대용서면이라 한다. 이러한 전문증거를 배척하는 법칙)을 모든 경우에 엄격하게 적용하는 것은 사실상 불가능하다. 그 때문에 영미법에서도 여러 가지 예외를 인정하고 있다. 전문법칙의 예외가 인정될 수 있는 것은 첫째로 「신용성의 정황적 보장」이 있는 경우, 즉 반대신문에 의한 진실성의 음미를 필요로 하지 않을 정도로 고도의 진실성이 모든 정황에 의하여 보장되어 있는 경우이다. 예로서 임종시의 진술을 들 수 있다. 둘째로 「필요성」이 있는 경우이다. 「필요성」이란 원진술자의 사망·병환·행방불명·국외체재 등의 특수한 사정으로 인하여 원진술자를 공판정에 출석케 하여 다시 진술을 하게 하는 것이 불가능 또는 현저하게 곤란하거나, 또는 원진술의 성질상 다른 동가치의 증거를 얻는 것이 곤란하기 때문에 전문증거라도 이를 사용할 필요가 없는 경우를 말한다. 우리 형사소송법에서도 대체로 이와 같은 영미법의 사고 방식을 받아서 전문법칙의 예외를 설정하고 있다. 즉, 형사소송법 제316조(전문의 진술)에서는 전문진술의 예외를 규정하고, 제312내지 제315조에서는 진술기재서와 같은 서면에 의한 전문증거의 증거능력에 관하여 엄격한 조건하에 전문법칙의 예외를 규정하고 있다. 또 당사자의 동의가 있으면 전문법칙의 적용이 배제된다(형소§318). 재판의 실제에서 가장 문제가 되는 것은 수사기관이 작성한 조서의 취급이다. (1) 검사 작성의 피의자신문조서 : 검사가 피고인이 된 피의자의 진술을 기재한 조서는 적법한 절차와 방식에 따라 작성된 것으로서 피고인이 진술한 내용과 동일하게 기재되어 있음이 공판준비 또는 공판기일에서의 피고인의 진술에 의하여 인정되고, 그 조서에 기재된 진술이 특히 신빙할 수 있는 상태하에서 행하여졌음이 증명된 때에 한하여 증거로 할 수 있다(§312①). 그럼에도 불구하고 피고인이 그 조서의 성립의 진정을 부인하는 경우에는 그 조서에 기재된 진술이 피고인이 진술한 내용과 동일하게 기재되어 있음이 영상녹화물 기타 객관적인 방법에 의하여 증명되고, 그 조서에 기재된 진술이 특히 신빙할 수 있는 상태 하에서 행하여졌음이 증명된 때에 한하여 증거로 할 수 있다(§312②). (2) 검사 이외의 수사기관이 작성한 피의자신문조서 : 이 경우는 적법한 절차와 방식에 따라 작성된 것으로서 공판준비 또는 공판기일에 그 피의자였던 피고인 또는 변호인이 그 내용을 인정할 때에 한하여 증거로 할 수 있다(§312③). (3) 검사 또는 사법경찰관이 피고인이 아닌 자의 진술을 기재한 조서 : 이 경우는 적법한 절차와 방식에 따라 작성된 것으로서 그 조서가 검사 또는 사법경찰관 앞에서 진술한 내용과 동일하게 기재되어 있음에 원진술자의 공판준비 또는 공판기일에서의 진술이나 영상녹화물 기타 객관적인 방법에 의하여 증명되고, 피고인 또는 변호인이 공판준비 또는 공판기일에 그 기재내용에 관하여 원진술자를 신문할 수 있었던 때에는 증거로 할 수 있다. 다만 그 진술이 특히 신빙할 수 있는 상태 하에서 행하여졌음이 증명된 때에 한한다(§312④).

특신상태(特信狀態)

특신상태(특히 신빙할 수 있는 상태)란 증거능력이 없는 전문증거에 증거능력을 부여하기 위한 요건으로, 진술내용이나 조서 또는 서류의 작성에 허위개입의 여지가 거의 없고 그 진술내용의 신용성이나 임의성을 담보할 구체적이고 외부적인 \정황이 있는 경우를 말한다. 이 특신상태는 영미법의 신용성의 정황적 보장과 같은 의미이다.

형사소송법 제314조는 「제312조(검사 또는 사법경찰관의 조서 등) 또는 제313조(진술서 등)의 경우에 공판준비 또는 공판기일에 진술을 요하는 자가 사망·질병·외국거주소재불명 그 밖에 이에 준하는 사유로 인하여 진술을 할 수 없는 때에는 그 조서 및 그 밖의 서류를 증거로 할 수 있다. 다만 그 진술 또는 작성이 특히 신빙할 수 있는 상태하에서 행하여졌음이 증명된 때에 한한다」고 규정하여 필요성과 신용성의 정황적 보장을 이유로 전문증거의 증거능력을 인정하고 있다.

> 형사소송법 제314조 단서에 규정된 진술 또는 작성이 특히 신빙할 수 있는 상태하에서 행하여진 때라 함은 그 진술내용이나 조서 또는 서류의 작성에 허위개입의 여지가 거의 없고 그 진술내용의 신용성이나 임의성을 담보할 구체적이고 외부적인 정황이 있는 경우를 가리킨다(대법원 2007. 6. 14. 선고 2004도5561).

탄핵증거(彈劾證據)

탄핵증서라 함은 진술증거의 증명력을 다투기 위한 증거를 말한다. 형소법 제318조의2는 공판준비 또는 공판기일에서의 피고인 또는 피고인 아닌 자의 진술의 증명력을 다투기 위한 증거에 관하여는 전문법칙의 적용을 일반적으로 배제하고 있다. 탄핵증거에 전문법칙이 적용되지 않는 이유는 탄핵증거가 적극적으로 범죄사실이나 간접사실을 인정하기 위한 것이 아니라 단순히 증명력을 다투기 위한 것에 불과하므로 이를 인정하여도 전문증거를 배제하는 취지에 반하지 않고 반증에 의한 번잡한 절차를 거치지 않게 하여 소송경제에 도움이 되며 오히려 당사자의 반대신문권을 효과적으로 보장할 수 있다는 점이다. 다만, 그 범위에 관하여는 해석상 다툼이 있다. 제1설(한정설)은 영미법의 입장에서 형소법 제318조의2는 자기모순의 진술에 한하여 적용된다고 한다. 자기모순의 진술이란 증인 기타의 者가 법정에서의 진술과 상이한 진술을 법정 외에서 하였던 것을 말한다. 제2설(절충설)은 자기모순의 진술에 한정되지 않으나, 증인의 신빙성만에 보조사실을 입증하는 증거에 한하며, 설령 증인의 신빙성을 탄핵하기 위한 것이라도 그 사실이 주요사실 또는 이에 대한 간접사실인 때에는, 법원이 전문증거에 의하여 사실상 심증을 형성하는 것을 방지하기 위하여 전문법칙이 배제되지 않는 다고 한다. 제3설(비한정설)은 본조를 문리해석하여, 증명력을 다투기 위한 증거로서는 널리 전문증거를 사용할 수 있다고 한다. 증명력을 다투기 위한 증거에는 멸살된 증명력을 유지하기 위한 증거(회복증거)도 포함하는 것으로 해석된다. 공판정외의 진술도 본조에 의하여 다툴 수 있다. 임의성이 없는 피고인의 진술(특히 자백)은 탄핵증거로도 사용할 수 없다는 것이 다수설이며, 또 증명력을 다투기 위한 증거의 조사방식에 관하여는 통상의 증거조사의 절차방식에 의하여야 한다는 견해와 공판정에서의 조사는 필요하나 반드시 법정의 절차를 요하지 않는다는 견해가 있다.

고문(拷問)
영; torture
독; folter

고문이라 함은 광의의 고문이라고 할 때에는 피의자에게 정신적 압박 또는 육체적 고통을 주어 자백을 얻는 것을 말한다. 협의로는 유형력을 행사하여 육체적 고통을 주어서 자백을 얻는 것을 말한다. 예전부터 자백은 증거의 왕이라 하여 수사기관에서는 피의자나 피고인의 자백을 얻기 위해 노력하였다. 그런데 이 경우 자백을 얻기 위해 피의자피고인에게 고문이 행하여진 것은 동서양을 막론하고 역사적으로 뚜렷한 일이다. 그러나 이는 매우 위험한 것이다. 왜냐하면 목적을 위해서 수단을 가리지 아니하고 자백을 얻기 위하여 고문을 하면, 피의자는 그것에 견디지 못하여 허위의 자백을 할 우려가 있기 때문이다. 또 비록 진범이라 하여도 자백을 얻기 위하여 피의자의 인권

이 침해될 우려가 있다는 이중의 위험이 있다. 그러므로 헌법은 고문을 금지(헌§12②)하고 있으며, 피고인의 자백이 고문·폭행·협박·구속의 부당한 장기화 또는 기망 기타의 방법에 의하여 자의로 진술된 것이 아니라고 인정될 때, 또는 정식재판에 있어서 피고인의 자백이 그에게 불리한 유일한 증거일 때에는 이를 유죄의 증거로 삼거나 이를 이유로 처벌할 수 없도록 규정함으로써(헌§12⑦) 국민의 기본적 인권을 보장하려 하고 있다. 그리고 형소법에서도 헌법규정을 받아서「피고인의 자백이 고문·폭행·협박·신체구속의 부당한 장기화 또는 기망 기타의 방법으로 임의로 진술한 것이 아니라고 의심할 만한 이유가 있는 때에는 이를 유죄의 증거로 하지 못한다」고 규정하고 있다(형소§309). 이와 같이 해서 얻은 자백은 진위의 여하를 불문하고 이를 증거로 채용하는 것을 금지함으로써 증거법상으로도 헌법의 정신을 보장하려는 것이다.

진술(陳述)
독; Behaptung

진술이란 공소관계인이 공판정에서 사실상 또는 법률상의 의견을 말하는 것을 말한다. 이 공판정에서의 진술자체가 재판의 증거로서 채택된다. 물론 법원에서는 그 진술을 녹취하여 공소기록에 철하고 있으나, 그 서류자체가 증거가 되는 것은 아니고 어디까지나 공판정에서 직접 들은 진술만이 증거로 채택된다. 이것은 직접주의의 요청

이기도 하다. 그러나 법관이 바뀌거나 법원이 구성이 변경된 때에는 바뀌어진 법관은 전의 진술을 직접 듣지 못했기 때문에 그것을 녹취한 서면자체가 증거로써 채택된다. 다만, 이 경우에는 공판절차를 갱신하여야 한다.

진술서(陳述書)

진술서라 함은 피고인·피의자 또는 참고인이 스스로 자기의 의사·사상·관념 및 사실관계를 기재한 서면을 말한다. 이런 점에서 법원 수사기관이 작성하는 진술기재조서와 구별된다. 서면에 상대가 있는 경우(예컨대 피해신고 등)와 상대가 없는 경우(예컨대 일기)가 있다. 또 서명이 있는 경우와 없는 경우도 있다. 진술서는 진술자에 대한 반대신문을 할 수 없으므로 전문증거로서의 증거능력이 없는 것으로 되어 있다(형소§310의2). 그러나 일정한 요건에 해당하는 때에는 예외적으로 증거능력을 인정하고 있다. 즉 피고인 또는 피고인이 아닌 자가 작성한 진술서나 그 진술을 기재한 서류로서 그 작성자 또는 진술자의 자필이거나 그 서명 또는 날인이 있는 것은 공판준비나 공판기일에서의 그 작성자 또는 진술자의 진술에 의하여 그 성립의 진정함이 증명된 때에는 증거로 할 수 있다(§313 ①본문). 다만 피고인의 진술을 기재한 서류는 공판준비 또는 공판기일에서의 그 작성자의 진술에 의하여 그 성립의 진정함이 증명되고, 그 진술이 특히 신빙할 수 있는 상태하에서 행하여진 때에 한하여 피고인의 공판준비 또는 공

판기일에서의 진술에 불구하고 증거로 할 수 있다(동조단서). 여기에서 「피고인이 아닌 자」라 함은 피고인 이외의 제3자, 예컨대 피해자·공동피고인 등을 말한다. 또 「피고인 또는 피고인이 아닌 자가 작성한 진술서나 그 진술을 기재한 서류」라 함은, 예컨대 피고인의 일기·편지·경위서 또는 피해자의 피해신고, 참고인 진술서, 기타 일반인의 면전에서 피고인 또는 피고인이 아닌 자의 진술을 기재한 서류를 말한다. 또 그 작성자 또는 진술자의 자필이거나 그 서명 또는 날인이 있는 것을 요건으로 하고 있는 것은 이러한 것이 있음으로써 비로소 그 작성내용 또는 진술내용이 작성자 또는 진술자가 한 것이라는 것이 보장되기 때문이다. 다만 피고인의진술을 기재한 서류에 관하여는 원진술자가 피고인이므로 피고인의 자기자신에 대한 반대신문은 있을 수 없기 때문에 그 진술이 특히 신빙할 수 있는 상태하에서 행하여진 때에 한하여 증거로 할 수 있도록 한 것이다.

진술조서(陳述調書)

검사 또는 사법경찰관이 피의자 아닌 자(참고인)의 진술을 기재한 조서를 말한다. 검사가 작성한 진술조서는 형사소송법 제312조 제1항, 사법경찰관이 작성한 진술조서는 제313조 제1항에 따라 진술자의 진술에 의하여 성립의 진정이 증명된 때에 한하여 증거능력이 인정된다.

영상녹화제(映像錄畵制)

영상녹화제는 2007. 6. 1. 형사소송법 개정시에 새로 도입된 제도로서, 수사기관이 피의자나 참고인을 조사할 때 주요 내용을 모두 영상녹화하는 것을 말한다. 영상녹화를 하기 위해서는 피의자에게는 미리 녹화를 한다는 사실을 알리기만 하면 되고, 참고인에게는 사전에 동의를 받아야 한다(§244조의 2). 재판과정에서 영상녹화 내용이 그 자체로 증거로 인정되지는 않는다. 그러나 수사기관이 작성한 조서가 객관적으로 신빙성이 있는지를 뒷받침할 수 있는 자료로 활용이 가능하다. 종전 제도는 피고인이나 증인이 수사기관에서 작성된 조서내용을 법정에서 부인하면 그 조서는 증거능력이 없어 쓸모없게 되었지만, 앞으로는 검사가 영상녹화 내용을 근거로 피의자를 추궁할 수 있게 되고, 법관의 판단에 따라 피의자나 증인이 조서내용을 부인해도 증거로 채택될 수 있다. 또한 피의자나 참고인을 조사한 경찰관이 법정에 증인으로 나와 자신이 조사한 내용이 진실임을 주장할 수 있고, 이는 공판조서에 기재되어 증거능력이 인정된다.

진술거부권(陳述拒否權)

소송관계인이 신문 또는 질문에 대하여 진술을 거부할 수 있는 권리를 말한다. 우리 헌법은 '모든 국민은 … 형사상 자기에게 불리한 진술을 강요당하지 아니한다'라고 규정하여 진술거부권을 국민의 기본적 인권을 보장하고 있다(헌법 12조2항). 이에 따라 형사소송법은 피고인은 공판정에서 각개의 신문에 대하여 이익·불이익을 불문하고 진술을 거부할 수 있게 하였고(형소법 289조), 검사 또는 사법경찰관이 수사상으로 피의자진술을 들을 때에는 미리 그 진술을 거부할 수 있음을 알리도록 하여 피의자의 진술거부권(형소법 200조 2항)을 보장하고 있다. 증인·감정인은 일정한 경우에 한하여 진술거부권이 인정될 뿐이다(형소법 148·149·177조). 그런데 증인의 진술거부권은 특히 증언거부권이라 한다.

검증조서(檢證調書)

검증조서라 함은 법원 또는 수사기관이 검증의 결과를 기재한 서면 즉 검증을 한 자가 五官의 작용에 의하여 물건의 존재와 상태에 대하여 인식한 것을 기재한 서면을 말한다. 이는 검증 당시에 인식한 바를 직접 기재한 서면이므로 진술에 의한 경우보다 정확성을 기할 수 있고 검증 그 자체가 가치판단을 포함하지 않는 기술적인 성격을 가지기 때문에 허위가 개입될 여지가 없다는 점에서 전문법칙에 대한 예외를 인정하고 있다.

메모의 이론(메모의 理論)

「메모의 이론」이라 함은 영미법상의 이론으로 이것은 이른바, 진술자의 경험사실에 관하여 기억이 사라져 가고 있는 경우에 기억을 환기시켜 진술을 정확하게 하기 위하여 「메모」를 사용하여 진술함을 허용하거나, 또는 기억을 완전히 상실한 경우에 「메모」를 사용하여 진술함을 허용하거나, 또는 기억을 완전히 상실한 경우에 「메모」자체가 상당히 새로운 기억의 기록인 것과, 진술자가 그 뜻을 법정에서 진술한 경우에「메모」자체를 증거로 함을 허용한다는 이론이다. 경험의 당시에「메모」한 것은 착오가 적다는 이론적 근거에 의한다. 우리나라의 형사소송법은 이 이론을 일부 원용하여 수사기관의 검증조서, 감정인의 감정서에 대하여 증거능력을 인정하고 있다(형소§312⑥, §313②). 다만 우리나라에서는 「메모」를 현재의 진술의 일부로서 제출하고, 더욱이 「메모」그 자체를 증거로서 제출하는 것을 인정하고 있음을 주의하여야 한다. 일반의 증인의 경우에는 본인이 완전히 기억을 상실하고 있고(필요성의 원칙), 또 특히 신빙할 수 있는 상태하에서 작성된 경우에 비로소 증거로써 채택될 수 있다(§314참조).

알리바이(alibi)

현장부재증명 또는 단순히 부재증명이라고도 한다. 어떤 범죄가 행해진 경우에 그 범행의 당시에, 그 현장에 있지 않았다는 사실을 주장하여 자기의 무죄를 입증하는 방법을 말한다. 범행의 당시에 그 현장에 없었음이 입증된 경우에는 그 범죄를 행할 가능성은 경험칙상 인정할 수 없는 것이므로 그 용의자는 범인으로 단정할 수 없다는 것이다. 범행현장에 없었다는 사실은 범행현장 이외의 장소에 있었던 사실을 입증하면 된다.

보강증거, 자백의 보강법칙
(補强證據, 自白의 補强法則)

자백이 유일한 증거로 되는 경우에는 유죄로 되지 않는다(형소§310). 법관은 자백에 의하여 유죄의 심증을 얻은 경우에도 자백을 보충하는 증거, 즉 보강증거가 없는 한 유죄로 인정하여서는 안 된다. 이를 자백의 보강법칙이라 한다. 이는 자백의 진실성을 담보하여 오판의 위험성을 배재하고 자백편중으로 인한 인권침해를 방지하려는 데 있다. 보강증거로 될 수 있는 증거는 공판정의 내외를 불문하고 본인의 자백 이외의 증거능력이 있어야 한다. 단 공범자의 자백은 상호간에 보강증거가 될 수 있다.

죄체(罪體)

범죄구성사실 가운데 객관적인 부분을 말한다. 영미법에서 자백의 보강증거에 필요한 범위로 되어 있으며, 우리나라의 통설도 이를 인정하고 있다. 예컨대 살인죄의 경우에 어느 누군가의 행위에 의하여 사람이 죽었다는 사실이 죄체이고 그 부분에 대하여 보강증거가 요구된다.

공판조서(公判調書)

공판조서라 함은 공판기일에서 어떠한 소송절차가 행해졌는가를 명백히 하기 위하여 일정한 사항을 기재한 서면을 말한다. 공판기일의 소송절차에 관하여는 참여한 법원사무관등이 공판조서를 작성하도록 되어 있다(형소§51①). 공판조서에는 다음 사항 기타 모든 소송절차를 기재하여야 한다(§51②). (1) 공판을 행한 일시와 법원 (2) 법관·검사·서기관 또는 서기의 관직·성명 (3) 피고인·대리인·대표자변호인·보조인과 통역인의 성명 (4) 피고인의 출석여부 (5) 공개의 여부와 공개를 금한 때에는 그 이유 (6) 공소사실의 진술 또는 그를 변경하는 서면의 낭독 (7) 피고인에게 그 권리를 보호함에 필요한 진술의 기회를 준 사실과 그 진술한 사실 (8) 제48조 2항(각종서류의 기재사항)에 기재한 사항 (9) 증거조사를 한 때에는 증거될 서류, 증거물과 증거조사의 방법 (10) 공판정에서 행한 검증 또는 압수 (11) 변론의 요지 (12) 재판장이 기재를 명한 사항 또는 소송관계인의 청구에 의하여 기재를 허가한 사항 (13) 피고인 또는 변호인에게 최종 진술할 기회를 준 사실과 그 진술한 사실 (14) 판결기타의 재판을 선고 또는 고지한 사실 등. 공판조서는 각 공판기일 후 5일 이내에 신속하게 정리하여야 하고(§54①), 다음 회의 공판기일에 있어서는, 전회의 공판심리에 관한 주요사항의 요지를 조서에 의하여 고지하여야 한다. 검사피고인 또는 변호인이 그 변경을 청구하거나 이의를 진술한 때에는 그 취지를 공판조서에 기재하여야 한다(§54②). 이 경우에는 재판장은 그 청구 또는 이의에 대한 의견을 기재하게 할 수 있다(§54③). 공판조서의 기재는 당사자의 공격·방어 또는 상소이유의 유죄를 판단함에 있어서 중요한 자료가 되는 것이므로 당사자의 열람권을 인정하고 있다(§35, §55). 또 공판기일의 소송절차로서 공판조서에 기재된 것은 그 조서만으로써 증명해야 하고(§56), 다른 자료에 의한 증명은 허용되지 아니한다.

논고(論告)

논고라 함은 공판절차에 있어서 증거조사가 끝난 후에 검사가 행하는 사실 및 법률적용에 관한 의견의 진술을 말한다. 논고는 단순히 법원의 참고가 됨에 지나지 않으므로 반드시 진술하여야 하는 것은 아니며, 법원으로서는 논고할 기회를 주기만 하면 족한 것으로 되어 있다. 논고 중 검사가 피고인의 징역 몇 년에 처함이 상당하다든지, 벌금 몇원이 상당하다고 주장하는 것과 같이 형벌의 종류 및 그 양에 대한 의견을 진술하는 것을 구형이라 한다. 구형은 검사의 의견일 뿐이고 법원을 구속하지 않으므로 법원은 구형보다 중한 형을 선고하여도 무방하다.

최후진술(最後陳述)

형사공판절차에 있어서 증거조사가 끝나면 검사의 논고가 행해지는데, 재판장은 검사의 논고가 끝난 후에 피고인과 변호인에게 최종의 의견을 진술할 기회를 주어야 한다(형소§303). 이를 「최후진술」이라고 한다. 최후진술의 기회는 피고인 또는 변호인의 일방에 이를 부여하면 충분하다는 견해가 있으나, 쌍방에 다 부여함이 타당하다. 최후진술이라고 하여도, 그 진술이 중복된 사실이거나, 그 소송에 관계없는 사항인 때에는 진술인의 본질적인 권리를 침해하지 아니하는 한도에서 이를 제한할 수 있다(형소§299).

판 결

판결(判決)
영 ; judgement
독 ; Urteil
불 ; jugement

재판의 형식에의 분류에 의하면 판결, 결정, 명령이 있다. 판결에는 실체재판인 유죄·무죄의 판결과 형식재판인 관할위반·공소기각 및 면소의 판결이 있다. 판결은 원칙적으로 구두변론에 의하여야 하고 이유를 명시하여야 하며 판결에 대한 상소방법은 항소 또는 상고이다. 판결은 주문 및 이유로 되어 있는데, 주문은 「피고인을 징역 3년에 처한다」든가, 「피고인은 무죄」라든가 하는 결론적 부분이며, 이유란 주문이 이끌어내진 논리과정의 기술이다. 또 유죄판결에는 반드시 「범죄될 사실」, 「증거의 요지」 및 「법령의 적용」을 명시하여야 하며, 그밖에 정당방위·심신상실과 같이「법률상 범죄의 성립을 조각하는 이유」또는 심신미약과 같이 「법률상 형의 가중감면의 이유」가 되는 사실이 주장된 때에는 이에 대한 판단을 명시하여야 한다(형소§323). 또 판결서에는 피고인의 성명·연령·직업·주거와 검사의 관직·성명·변호인의 성명의 기재 및 법관의 서명날인 등이 필요하다(§410, §41). 판결의 선고는 공판정에서 재판장이 주문을 낭독하고 그 이유의 요지를 설명함으로써 행한다(§43). 선고된 판결은 법원 스스로도 이를 취소·변경할 수 없다. 다만 상고법원은 그 판결의 내용에 오진이 있음을 발견한 때에는 직권 또는 당사자의 신청에 의하여 정정의 판결을 할 수 있다(§400). 판결에 불복하는 자는 항소 또는 상고할 수 있다. 항소 또는 상고하지 아니하고 상고기간을 경과한 경우, 또는 이를 취하한 경우에는 판결은 확정하여 기판력이 생긴다.

유죄판결(有罪判決)
독 ; Verurteilung

범죄의 증명이 있는 때에 선고하는 판결(형소법 321조)을 말한다. '범죄의 증명이 있는 때'라 함은 법관이 공소범죄사실의 존재에 대하여 심증을 형성한 경우를 말한다. 그 심증형성의 정도는 합리적인 의심이 없을 정도의 확신을 요하며, 이러한 확신에 이르지 아니한 경우에는 피고인에게 유죄의 의심이 간다 하더라도 피고인의 이익으로 판단하여야 한다. 유죄판결은 종국재판인 동시에 실체재판이므로 유죄판결이 선고되면 당해소송은 그 심급에서 종결되며, 확정되면 기판력(일사부재리의 효력)이 발생한다. 현행법상 유죄판결에는 형의 선고의 판결, 형의 면제의 판결, 형의 선고유예의 판결이 있다. 형의 집행유예, 판결전구금일수의 본형산입, 노역장유치기간, 재산형의 가납명령은 형의 선고와 동시에 판결로써 선고하여야 한다(형소법 321조2항·334조2항). 형을 선고하는 때에는 판결이유에 범죄될 사실, 증거의 요지와 법령의 적용을 명시하여야 하며, 법률상 범죄의 성립을 조각하는 이유 또는 형의 가중감면의 이유되는 사실의 진술

이 있는 때에는 이에 대한 판단을 명시하여야 한다(형소법 323조).

무죄판결(無罪判決)
영 ; acquittal
독 ; Freisprechung

피고사건에 대하여 구체적 형벌권의 부존재를 확인하는 법원의 판결을 말한다. 실체판결인 동시에 종국판결이다. 무죄판결의 사유는 피고사건이 범죄로 되지 아니하거나 범죄사실의 증명이 없는 때이다(형소법 325조). '피고사건이 범죄로 되지 아니한 때'라 함은 공소사실이 범죄의 특별구성요건에 해당되지 아니한 경우, 위법성조각사유 또는 책임조각사유에 해당한 경우를 말한다. 다만 '공소장에 기재된 사실이 진실하다 하더라도 범죄가 될만한 사실이 포함되지 아니한 때'는 공소제기 자체가 일견하여 무효임이 명백한 경우이므로 실체심리를 할 필요 없이 결정으로 공소를 기각하여야 한다(형소법 328조 1항 4호). '범죄사실의 증명이 없는 때'라 함은 공소범죄사실의 부존재가 적극적으로 증명된 경우(예컨대 진범인의 발견, 알리바이의 입증)와 공소사실의 존재에 대하여 법관이 유죄의 확신을 하지 못한 경우, 즉 증거불충분의 경우를 의미한다. 법관이 충분한 심증을 얻지 못한 경우, 즉 유죄인지 무죄인지 의심스러운 경우에 무죄를 선고하여야 함은 무죄추정의 법리(형소법 275조의2)에 의해서 당연하다. 피고인의 자백에 대하여 보강증거가 없는 경우도 범죄사실의 증명이 없는 때에 해당한다. 무죄판결은 실체적

종국판결이므로 그 선고에 의해서 구속력이 발생하며, 확정되면 기판력(일사부재리의 효력)이 발생한다. 무죄판결은 원칙적으로 형사보상의 사유로 되며(헌법 28조, 형사보상법 13조), 재심절차에서 무죄판결이 선고된 경우에는 법원은 그 판결을 관보와 법원소재지의 신문에 공고하여야 한다(형소법 440조 본문). 다만, 피고인 등 재심을 청구한 사람이 이를 원하지 않는 경우에는 재심무죄판결을 공시하지 아니할 수 있다(형소법 440조 단서). 개정 전 법에서는 재심에서 무죄판결을 선고받은 피고인의 명예회복을 위한 조치로 재심무죄판결을 필요적으로 공고하도록 규정하고 있었다. 그러나 이로 인해 오히려 무죄판결을 선고받은 피고인의 사생활이 침해되거나, 인격·명예가 훼손되는 경우가 발생한다는 비판이 있었다. 이에 2016년 5월 29일 일부개정시 피고인 등 재심을 청구한 사람이 원하지 아니하는 경우에는 재심무죄판결을 공시하지 아니할 수 있도록 단서를 신설하였다.

한편, 피고인이 무죄판결에 대하여 유죄판결을 주장하며 상소할 수는 없다. 상소의 이익이 없기 때문이다.

결정(決定)
독; Beschluß 불; ordonnance

결정은 종국 전의 재판의 원칙적 형식이며 절차에 관한 재판은 원칙적으로 결정에 의한다. 보석을 허가하는 결정, 보석을 각하하는 결정(형소§97), 증거조사에 관한 이의신청에 대한 결정(§296), 공소기각의 결정(§328) 등 그 예는 많다. 결정은 구도변론에 의함을 요하지 않으나, 신청에 의하여 공판정에서 행하는 때, 또는 공판정에서의 신청에 의한 때에는 소송관계인의 진술을 들어야 하며 그 밖의 경우에는 진술을 듣지 아니하고 할 수 있다. 또 결정을 하기 위하여 필요한 때에는, 증인신문 등의 사실조사를 할 수 있다(§37③). 판결에는 반드시 이유를 붙여야 하지만, 결정은 반드시 이유를 붙일 것을 필요로 하지는 않는다(§39). 또 판결은 반드시 공판정의 선고에 의하여야 하지만, 결정은 결정서 등본의 송달에 의하여 고지할 수 있으며, 또 송달도 필요 없는 경우가 있다. 결정에 대한 불복신청은 항고의 방법에 의하여야 한다.

명령(命令)
영; Order
독; Verfügung
불; réglement

명령은 법원이 아니라 재판장·수명법관·수탁판사로서 법관이 하는 재판을 말한다. 명령은 모두 종국 전의 재판이다. 형사소송법에서 명령이라고 규정하지 않는 경우에도 재판장 또는 법관 1인이 하는 재판은 모두 명령에 해당한다. 그러나 略式命令은 명령이 아니라 독립된 형식의 재판이다. 이러한 명령은 법관이 하는 재판의 형식으로서 구두변론에 의거하지 않아도 된다(형소§37②). 불필요한 변론 등의 제한(§299), 피고인의 퇴임허가(§281) 등 소송지휘나 법정의 질서유지에 관한 재판이 그 예이다. 구속영장, 압수·수색영장 등의 발부는 결정인가 명령인가가 확실하지 않으나, 법원이 발하는가 법관이 발하는가에 따라서 각각 결정 또는 명령의 성질을 가진 것이라고 해석하여야 할 것이다. 결정에 대하여는 소송관계인의 진술을 들어야만 하는 경우가 있으나, 명령은 소송관계인의 진술을 듣지 않고 할 수 있다. 또 필요한 경우에는 사실조사를 할 수 있는 것은 결정의 경우와 같다. 명령을 고지하는 방법은 결정의 경우와 같다. 또 명령은 원칙적으로 불복신청을 허용하지 않는다. 다만, 특별한 경우에 이의의 신청(§296), 준항고(§416)가 허용되어 있음에 불과하다.

약식명령(略式命令)

약식절차에 의하여 재산형을 과하는 재판을 말한다. 약식명령의 청구권자는 검사에 한하며(형소법 449조), 약식명령을 청구할 수 있는 사건은 지방법원의 관할에 속하는 사건으로서 벌금과료 또는 몰수에 처할 수 있는 사건이다(형소법 448조 1항). 약식명령의 청구는 공소제기와 동시에 서면으로 하여야 하며(형소법 448·449조), 약식명령의 청구와 동시에 약식명령을 하는 데 필요한 증거서류 및 증거물은 법원에 제출하여야 한다(형사소송규칙 170조). 따라서 약식명령을 청구하는 경우에는 공소장일본주의의 원칙이 적용되지 않는다. 법원은 심사의 결과 공판절차에 이행할 경우가 아니면 약식명령을 하여야 한다. 약식명령에는 약식명령의 고지를 받은 날로부터 7일 이내에 정식재판을 청구할 수 있음을 명시하여야 한다(형소법 451조). 약식명령의 고지는 검사와 피고인에 대한 재판서의 송달에 의하여야 한다(형소법 452조). 약식명령은 정식재판의 청구기간이 경과하거나 청구의 취하 또는 청구기각의 결정이 확정된 때에는 확정판결과 동일한 효력이 있다(형소법 457조). 피고인이 정식재판을 청구한 사건에 대하여는 약식명령의 형보다 중한 형을 선고하지 못하도록 하여(형소법 457조의2) 불이익변경금지의 원칙을 적용하였다. 한편 약식명령에 대하여 정식재판을 청구한 피고인이 공판기간에 2회 불출석한 경우에는 결석재판을 허용한다(형소법 458조2항).

제출명령(提出命令)
독 ; vorlegungsbefehl

법원·수사기관이 증거가 될 물건이나 몰수할 물건을 지정하여 그 소유자나 소지자 또는 보관자에게 그 제출을 명하는 것(형소법 106조2항, 107조, 219조)을 말한다. 검증을 위해 물건의 제시를 명하는 경우도 있지만, 이들 기관이 점유를 취득하면 압수의 효과가 발생한다. 자기의 형사소송의 우려를 이유로 한 제출명령의 거부는 인정되지 아니하며, 일반적으로 압수를 거부할 수 있는 경우에만 한한다.

정식재판(定式裁判)

통상의 공판절차에 의한 재판을 말한

다. 약식명령을 받은 피고인 또는 검사가 약식명령에 대하여 불복신청을 하였을 때 및 즉결심판을 받은 피고인이 이에 불복신청을 하였을 때 행하여진다. 정식재판의 청구는 재판의 고지를 받은 날로부터 7일 이내에, 약식명령에 대하여는 그 명령을 한 법원에 서면으로 제출하고(형소법 453조2항), 즉결심판에 대하여는 서면으로 경찰서장을 경유하여 소관지방법원 또는 지방법원지원에 한다(법원조직법 35조, 즉결심판에관한절차법 14조).

실체적재판·형식적재판
(實體的裁判·形式的裁判)

재판은 그 내용에 따라서 사건의 실체를 판단하는 재판과 그 이외의 재판의 두 가지로 분류할 수 있다. 전자를 실체적재판이라 하며, 유죄 및 무죄의 판결이 이에 해당한다. 후자 즉 소송절차를 판단의 대상으로 하는 재판을 형식적재판이라 한다. 형식적재판은 다시 소송을 종결시키는 재판인가, 아닌가에 따라서 형식적종국재판과 종국전의 재판으로 나눌 수 있다. 형식적 종국재판은 사건이 그 법원의 관할에 속하지 않는다든가, 공소시효가 완성하였다든가, 피고인이 사망한 경우와 같이 소송요건의 불비를 이유로써 실체의 심리에 들어갈 수 없어 소송을 종결시키는 재판으로서, 관할 위반의 판결(형소§319), 면소의 판결(§326), 공소기각의 판결·결정(§327, §328)이 이에 해당한다. 종국전의 재판으로서는 명령의 전부 및 결정의 대부분이 이에 해당하며 보

석허가결정 등에 그 예가 많다. 실체적 재판과 형식적종국재판은 다같이 소송을 종결시키는 기능을 가지기 때문에 종국적재판이다. 그래서 종국적 재판을 실체적재판과 형식적재판으로 나누는 예가 많으나 재판을 그 내용에 따라서 분류할 경우 다음과 같이 된다.

범죄될 사실(犯罪될 事實)
라; corpus delicti

범죄될 사실이란 특정한 구성요건에 해당하고 위법하고 유책한 구체적 사실을 말한다. 유죄판결에는 반드시 「범죄될 사실」 등 일정한 사항을 명시하여야 한다(형소§323①). 범죄될 사실을 기재할 때에는 일시·장소·방법 등에 의하여 사건의 동일성을 확인할 수 있는 정도의 구체적 사실을 표시하여야 한다. 그밖에 형법 제109조의 「모욕할 목적」이라든가, 형법 제207조의 「행사할 목적」등의 행위의 목적, 형법 제188조의 「사람을 상해에 이르게 한 때」와 같은 행위의 결과, 상습누범절도의 전과 등은 구성요건의 요소로서 당연히 기재되어야 한다. 또한 처벌조건(파산§366이하의 사기, 파산죄에 있어서 파산선고의 확정 등)도 표시되어야 한다. 또 재판서에는 주문이 도출된 이유를 붙여야 하고, 따라서 누범가중의 원인인 전과, 심신박약의 사실, 형법 제37조를 적용할 경우의 확정판결을 거친 사실 등은 죄가 되는 사실은 아니지만 명시하도록 되어 있다(죄가 되는 사실이므로 당연히 명시해야 한다는 설도 있다).

관할위반(管轄違反)

독 ; Unzuständigkeit
불 ; incompétence

사건이 그 법원의 관할에 속하지 않는 것을 말한다. 관할에 속하는가의 여부는 법원이 직권으로 조사하여야 할 사항이며, 속하지 않음이 분명하게 된 때에는 관할위반의 판결을 선고하여야 한다(형소§319본문). 이를 관할위반의 판결이라 한다. 다만, 재판상의 준기소절차에 의하여 지방법원의 심판에 부하여진 사건(§262①Ⅱ)에 대하여는 관할위반의 판결을 하지 못한다(§319단). 또 법원은 피고인의 신청이 없으면 토지관할에 관하여 관할위반의 선고를 하지 못한다(§320①). 관할위반의 신청은 피고사건에 대한 진술 전에 하여야 한다(§320②). 토지관할은 주로 피고인의 이익을 위하여 정하여진 것이므로, 피고인에게 이의가 없는 때에는 그대로 실체적 심리를 할 것으로 하고 있다. 사건이 법원의 사물관할에 속하는가 아닌가는 공소장에 기재된 소인에 의하여 정하고, 만일 소인이 변경된 때에는 변경된 소인에 의하여 관할을 정한다. 법원의 토지관할을 정하는 기준이 되는 피고인의 주소·거소에 대하여는(§4①) 기소된 시기를 표준으로 하여 판단한다. 관할위반의 선고전에 행하여진 개개의 소송행위는 관할위반을 이유로 하여 효력을 잃지 아니하며, 또한 관할위반이 분명하더라도 그의 선고전이면 긴급을 요하는 필요한 처분을 할 수 있다. 관할위반의 판결은 기판력이 없으므로 다시 관할법원에 기소할 수 있다.

공소기각의 재판

(公訴棄却의 裁判)

공소기각의 재판이라 함은 형식적 소송조건의 흠결(관할권이 없는 경우는 제외)을 이유로 공소를 무효로 하여 소송을 종결시키는 형식적 재판을 말한다. 소송조건의 흠결사유의 발견이 어려운가 쉬운가, 또한 그 사유가 비교적 중대한가, 그렇지 아니한가에 따라서 판결에 의하는 경우(형소§327)와 결정에 의하는 경우(§328)로 나눈다. 먼저 판결로써 공소를 기각해야 할 경우는 다음과 같다. (1) 피고인에 대하여 재판권이 없는 때(§327 Ⅰ), (2) 공소제기의 절차가 법률의 규정에 위반하여 무효인 때(§327Ⅱ), (3) 공소가 제기된 사건에 대하여 다시 공소가 제기되었을 때(§327Ⅲ), (4) 제329조(공소취소와 재기소)의 규정에 위반하여 공소가 제기되었을 때(§327Ⅳ), (5) 고소가 있어야 죄를 논할 사건에 대하여 고소의 취소가 있을 때(§327Ⅴ), (6) 피해자가 명시한 의사에 반하여 죄를 논할 수 없는 사건에 대하여 처벌을 희망하지 아니하는 의사표시가 있거나, 처벌을 희망하는 의사표시가 철회되었을 때(§328Ⅵ). 결정으로써 공소를 기각하는 경우는 다음과 같다. (1) 공소가 취소되었을 때(§328 Ⅰ), (2) 피고인이 사망하였거나, 또는 피고인인 법인이 존속하지 아니하게 되었을 때(§328Ⅱ), (3) 제12조(동일사건과 수개의 공소계속) 또는 제13조(관할의 경합)의 규정에 의하여 재판을 할 수 없는 때(§328Ⅲ). (4) 공소장에 기재된 사실이 진실하다 하더라도 범죄가 될만한 사실이 포함되지 아니한 때(§328Ⅳ). 공소기각의 재판은 확정되더라도 기판력이 없으므로 소송조건을 보정하여 재공소를 할 수 있다.

가납재판(假納裁判)

재판의 확정후에는 집행할 수 없거나 집행하기 곤란할 염려가 있다고 인정할 때, 직권 또는 검사의 청구에 의하여 피고인에게 벌금과료 또는 추징에 상당한 금액의 가납을 명하는 재판(형소법 334조)을 말한다. 재판의 형식이 명령이므로 가납명령이라고도 하는데, 가납명령은 형의 선고와 동시에 판결로써 선고하여야 한다(형소법334조 2항). 가납명령은 즉시로 집행할 수 있으며(형소법 334조 3항), 가납의 재판을 집행한후에 벌금·과료·추징의 재판이 확정된 때에는 그 금액의 한도에서 형이 집행된 것으로 간주한다(형소법 481조).

면소(免訴)
영 ; acquittal

면소라 함은 소송조건(소송을 진행시켜 실체판결을 하기 위한 조건) 중 실체적 소송조건(형소§326)을 결하기 때문에 공소가 부적당하다고 하여 소송을 종결시키는 재판이다. 면소의 판결은 형식재판이면서 일사부재리의 의론(議論)이 인정되는 재판이다. 그리고

면소의 판결은 기판력(일사부재리의 효력)을 가진다. 기판력을 가지는 이유에 대하여는 면소판결의 본질과 관련하여 학설상 다툼이 있다. 실체적재판설, 형식적재판설, 실체관계적형식재판설, 실체적재판형식적재판이분설 등이 있는데, 실체적 소송조건은 실체면에 관한 사유를 소송조건으로 한 것이고, 그 존부의 심사에는 필연적으로 어느 정도까지 사건의 실체에 들어가서 그것에 관계시켜 판단되므로, 형식적 재판이면서도 실체관계적이라고 하는 실체관계적형식재판설이 일반적 견해이다. 그러나 이에 대하여는 유력한 반대설이 있다. 면소사유는 다음과 같다(§326각호). (1) 확정판결이 있을 때(유죄·무죄·면소의 확정판결이 있는 때에는 본호에 의하여 면소가 된다. 관할위반·공소기각의 확정판결은 포함하지 않는다.) (2) 사면이 있는 때 (3) 공소의 시효가 완성되었을 때 (4) 범죄 후의 법령개폐로 형이 폐지되었을 때 등이다.

기판력(旣判力)
라 ; res judicata
독 ; materielle Rechtskraft
불 ; autoirt de la chose jugee

기판력에 대하여 넓은 의미로서 유죄·무죄의 소위 실체적 재판 및 면소의 판결이 통상의 상소방법에 의하여 다툴 수 없게 되면(형식적확정) 재판의 내용도 확정되어, 내부적 효력으로서 그 내용에 따라 집행할 수 있는 효력 및 외부적 효력으로서 동일사건에 대하여 공소의 제기를 허용하지 않는 효과가 생기는데 이 두 가지 효력을 합

하여 기판력이라 한다. 그러나 일반적으로는 후자, 즉 일사부재리의 효력을 기판력이라 하고 있다. 재판의 효력의 분류에 관하여 그리고 기판력은 확정의 어떠한 효력에 유래하는 것인가에 대하여 학설이 여러 가지로 나누어져 있다. 또 면소의 판결이 왜 기판력을 발생하는가에 대하여도 면소판결의 본질과 관련하여 학설이 날카롭게 대립하고 있다. 다음으로 기판력의 범위에 대하여 살펴보면 다음과 같다. 인적범위에 관하여는 그 소송에서의 소송당사자에게만 효력이 미친다. 또 포괄적 일죄 또는 계속범과 같이 행위가 판결의 전후에 걸쳐서 행해진 경우에 어느 시점에서 기판력이 미치는 범위를 정해야 하는가 하는 문제가 있다. 변론종결시설과 판결선고시설이 있으나, 통설은 후설을 취하고 있다. 또 기판력은 어떠한 사실의 범위에까지 미치는가에 대하여 통설은 확정판결의 내용이 되는 사실과 단일·동일의 관계에 있는 전사실에 미친다는 것이다(예컨대 돌을 던져 유리창문을 깨고 사람을 상하게 한 경우 상해만이 소인이 되어 이에 대하여 확정판결이 있으면 그 기판력은 위의 전사실에 미치고 후에 기물손괴에 대하여 심판함은 허용되지 않는다). 그것은 소인의 추가 등에 의하여 전사실에 대하여 심판할 수 있는 법률적 가능성이 있었기 때문이다. 이와 같은 사고방식에 대하여는 비판도 있으나, 헌법 제13조 1항과의 관계에서 볼 때에 통설의 입장이 타당하다고 보아야 한다.

소송비용(訴訟費用)
영 ; costs
독 ; Prozesskosten
불 ; dépends et frais, taxe

소송비용이라 함은 소송절차를 진행함으로 인하여 발생한 비용으로서 형사소송법에 의하여 특히 소송비용으로 규정된 것을 말한다. 증인·통역인·감정인의 일당·여비·숙박료와 보수, 감정인·통역인·번역인의특별요금, 법원이 선임한 변호인의 일당·여비·숙박료, 관보와 신문지에 공고한 비용이 여기의 소송비용에 해당한다. 소송비용은 지출원인에 대하여 책임 있는 자에게 부담시키는 것이 원칙이다.

약식절차(略式節次)
독 ; Strafbefehsverfahren

약식절차라 함은 지방법원이 그 관할에 속한 사건에 대하여 통상의 공판절차를 거치지 아니하고 略式命令(약식명령)이라는 재판에 의하여 벌금·과료 또는 몰수에 처할 수 있는 간이한 절차를 말한다(형소§448). 약식명령의 청구는 지방법원관할에 속하는 사건이다. 이는 벌금 이하의 형에 해당하는 죄 및 선택형으로서 벌금이 정해져 있는 죄에 대하여만 할 수 있으며, 공소의 제기와 동시에 서면으로 하여야 한다(§449). 약식명령으로 할 수 없거나 약식명령으로 하는 것이 적당하지 아니하다고 인정한 때에는 공판절차에 의하여 심판하여야 한다(§450). 여기에서 약식명령으로 할 수 없는 경우라 함은 법정형이 자유형 이상에 해당하는 사건인 경우와 무죄·면소·소송기각 또는 관할 위반 등을 선고하여야 할 경우를 말한다. 또 약식명령으로 하는 것이 적당하지 아니한 경우라 함은, 법률상으로는 약식명령을 하는 것이 가능하나, 사안이 복잡하다든지 또는 기타의 이유로 재판을 신중하게 하는 것이 상당하다고 인정되는 경우를 말한다. 약식명령에는 범죄사실·적용법령·주형(主刑)·부수처분과 약식명령의 고지를 받은 날로부터 7일 이내에 정식재판을 할 수 있음을 명시하여야 한다(§451). 약식명령의 고지는 검사와 피고인에 대한 재판서의 송달에 의하여야 한다(§452). 약식명령은 정식재판을 청구할 수 있는 기간이 경과하거나, 그 청구의 취하 또는 청구기각의 결정이 확정된 때에는 확정판결과 동일한 효력을 발생한다(§457). 약식명령에 불복하는 자는 위 기간 내에 정식재판의 청구를 할 수 있다(§453). 정식재판에 의한 판결이 확정될 때에는 전의 약식명령은 그 효력을 잃게 된다(§456). 피고인이 정식재판을 청구한 사건에 대하여는 약식명령의 형보다 중한 종류의 형을 선고하지 못하고, 약식명령의 형보다 중한 형을 선고하는 경우에는 판결서에 양형의 이유를 적어야 한다(§457의2).

판결의 정정(判決의 訂正)

상고법원은 판결의 내용에 오류가 있음을 발견한 때에는 직권 또는 검사·상고인이나 변호인의 신청에 의하여 판결로써 정정할 수 있다(형소§400①). 인간이 하는 재판이기 때문에 잘못이 있을 수 있으므로 상고법원 자신이 판결을 정정하는 권한을 인정한 것이다. 따라서 다른 법원에서는 이 권한이 없다. 판결정정의 신청은 판결의 선고가 있은 날로부터 10일 이내에 하여야 한다(§400②).

상소·비상구제절차·특별절차

상소(上訴)
영 ; appeal
독 ; Rechtsmittel

미확정인 재판에 대하여 상급법원에 불복신청을 하여 구제를 구하는 불복신청제도를 말한다. 원래 소송법상 「재판」에는 「판결」이외에 「결정」·「명령」이 있으나, 대부분의 재판은 한번 행해지면 즉시로 확정되는 것이 아니라, 일정한 요건을 구비하여 불복을 신청할 수 있도록 허용하고 있으며, 이 불복신청이 바로 상소이다. 상소중에서 항소와 상고는 판결에 대한 불복신청이고, 항고는 결정과 명령에 대한 불복신청이다. 재판에 대한 불복신청으로서 재심과 비상상고가 있으나, 양자 모두 확정된 재판에 대한 불복신청이라는 점에서 상소와 다르다. 또 이 이외에 이의의 신청이 있는데, 이중에는 실질적으로 상소와 동일한 작용을 하는 것도 있으나 일반적으로는 상급법원에 대한 불복신청이 아니라는 점에서 상소와 다르다. 피고인이 상소를 제기할 수 있음은 물론이지만 검사도 상소를 제기할 수 있다(형소§338①). 재판상의 준기소절차에 의하여(§262) 법원의 심판에 부하여진 사건에 관하여는 공소유지의 담당자로서 지정된 변호사(§265①)도 상소를 제기할 수 있다(§338②). 이를 고유의 상소권자라 한다. 이 이외의 상소권의 대리행사자가 있다. 즉 피고인의 법정대리인(§340), 피고인의 배우자·직계친족·형제자매 또는 원심의 대리인이나 변호인(§341①) 등도 피고인의 이익을 위하여 상소할 수 있다. 그러나 상소권의 대리행사자는 피고인이 상소권을 상실한 후에는 상소를 제기할 수 없다(대판. 1959. 10. 30.). 또 이중에서 피고인의 배우자 등의 친족과 변호인은 피고인의 명시한 의사에 반하여서는 상소를 제기하지 못한다(§341②). 상소는 상소를 제기할 수 있는 기간 내에 하여야 하지만 그 기간은 상소의 종류에 따라서 다르다. 항소 및 상고는 7일(§358, §374)이며, 즉시항고와 준항고는 3일이다(§405, §416③). 보통항고에는 제기기간에 제한이 없고 항고의 이익이 있는 한 할 수 있다(§404). 그리고 상소의 기간은 재판을 선고 또는 고지한 날로부터 진행하고 그 말일로써 종료한다. 그러나 초일은 산입하지 아니하므로(§66), 결국 상소기간은 재판을 선고 또는 고지한 날의 익일로부터 기산하여 법정의 일수(7일)가 경과함으로써 종료하게 된다.

상소의 효과(上訴의 效果)

상소의 효과에는 정지의 효력과 이심의 효력이 있다. 정지의 효력은 상소가 제기되면 원심재판은 그 상소에 관한 재판이 확정될 때까지 그 확정이 정지되며, 따라서 그 집행도 당연히 정지된다. 그러나 항고는 즉시항고 이외에는 재판의 집행을 정지하는 효력이 없으며, 다만 원심법원이나 항소법원이 결정으로 항고에 대한 재판이 있을 때까지 집행을 정지할 수 있을 뿐이다(형소법 409조). 구속영장의 실효 등 종국재판의 부수적 효력은 상소에 의하여 영향을 받지 않는다. 한편 재산형에 대한 가납의 판결은 그 선고 후 즉시 집행할 수 있다는 취지이므로 상소에 영향을 받지 않는다. 그리고 이심의 효력이란 소송계속이 원심을 떠나 상소심에 옮겨지는 것을 말한다. 그러나 이 효력은 상소제기와 동시에 곧 발생하는 것은 아니다. 즉 상소에 있어서는 원심법원에서 일단심사가 이루어지는 것이며, 상소가 법률상의 방식에 위반하거나 상소권의 소멸 후인 것이 명백할 때에는 원심법원에서 기각되며(형소법 407조), 원심법원이 항고의 이유가 있는 것으로 인정한 때에는 원심법원은 결정을 경정하여야 하므로(형소법 408조 1항), 이러한 경우에는 이심의 효력은 상소제기시가 아니고, 소송기록증거물 등을 상소법원에 송부한 때에 발생하는 것으로 보아야 한다.

일부상소(一部上訴)

형사소송법상 법원이 내린 재판에 대하여 그 내용의 일부에 대한 상소를 의미한다. 재판을 그 내용상으로 분리할 수 있는 때에는 그 부분에 대하여서만 불복상소의 길을 열어줄 필요가 있으며 이러한 상소에서는 그 불복부분에 한하여 상소의 효과가 인정된다(형소§342). 그러나 이는 공소불가분의 원칙상 본래의 일죄 및 과형상의 일죄의 판결에 대하여 사실인정·법령의 적용 또는 형의 양정만을 다투는 것은

허용되지 않는다. 병합죄에 관해서도 한 개의 형이 선고되었을 때에는 그 재판은 불가분이므로 일부상소를 하지 못한다. 일부상소를 함에는 일부상소를 한다는 취지를 명시하고 불복부분을 특정하여야 한다.

상소권회복(上訴權回復)

형사소송법상 상소기간이 경과한 후에 법원의 결정에 의하여 소멸한 상소권을 회복시키는 제도를 말한다. 상소권자의 책임 없는 사유로 인하여 상소기간이 경과한 경우에 구체적 타당성을 고려하여 상소권자에게 상소의 기회를 주는 제도이다. 따라서 상속권회복의 사유는, 상소권자 또는 대리인이 책임질 수 없는 사유로 인하여 상소제기기간 내에 상소하지 못한 때이다. 책임질 수 없는 사유란 상소권자 본인 또는 대리인의 고의·과실에 기하지 않은 것을 말한다. 고유의 상소권자 뿐만 아니라 상소권의 대리행사자도 포함된다(형소법 345조). 상소권회복의 청구는 사유가 종지한 날로부터 상소제기기간에 상당한 기간 내에 서면으로 원심법원에 제출하여야 한다(형소§346①). 상소권회복의 청구를 할 때에는 원인이 된 사유를 소명하여야 한다. 상소권의 회복을 청구하는 자는 그 청구와 동시에 상소를 제기하여야 한다.(형소§346③). 상소권회복의 청구가 있는 때에는 법원은 지체없이 그 사유를 상대방에게 통지하여야 한다(형소법 356조). 상소권 회복의 청구를 받은 법원은 청구의 허부에 관한 결정을 하여야

한다(형소§347①). 이 결정에 대하여는 즉시항고를 할 수 있다(형소§347②). 법원은 상소권회복 청구의 허부에 관한 결정을 할 때까지 재판의 집행을 정지하는 결정을 할 수 있다(형소§348①). 집행정지의 결정을 할 경우에 피고인의 구금을 요하는 때에는 구속영장을 발부하여야 한다. 다만 구속사유(형소§70)가 구비될 것을 요한다(형소§348②).

불이익변경금지의 원칙
(不利益變更禁止의 原則)
독 ; Verschlechte- rungsverbot

피고인이 상소한 사건이나 피고인을 위하여 상소한 사건에 대하여는 원심판결의 刑보다 중한 형을 선고할 수 없다는 원칙을 말한다. 이는 중형변경금지의 원칙을 채택한 것이다. 주로 상소 및 재심에 관한 문제이다. 이 원칙을 인정하는 이유는 만일 이와 같은 원칙을 인정하지 않으면 피고인이 불복신청을 한 결과로서 전심재판의 판결보다 불이익한 재판을 받게 될 것을 두려워한 나머지 본의 아니게 불복신청을 포기하게 되는 폐해가 있기 때문이다. 현행형사소송법은 항소에 있어서 피고인이 항소한 사건과 피고인의 이익을 위하여 항소한 사건에 대하여는 원심판결의 형보다 중한 刑을 선고하지 못한다고 규정하고(형소§368) 이 원칙을 상고심(§396②), 재심(§439)에도 인정하였다. 상고심이 파기환송 또는 이송되는 경우에도 파기자판의 경우와 같이 불이익변경의 금지원칙을 적용할 것인가에 관하여 판례는 이를 긍정하고 있다. 불이익변경금지의 원칙은 중한 형의 선고만을 금지하는 것이므로(중형금지의 원칙) 단순히 원판결보다 중한 사실을 인정하거나 또는 중한 법령을 적용하는 것은 무방하다. 또 재심의 경우와 달리 피고인이 상소하거나 또는 피고인을 위하여 상소한 사건(§340, §341)에 한하여 이 원칙을 적용하고, 검사만이 상소한 사건에도 이를 적용하지 않고 보다 중한 형을 선고할 수 있다. 그러나 이에 대하여는 반대설이 있다. 또 이 원칙과 관련하여 중한형인가 아닌가에 관하여 문제가 되는 것이 적지 않다. 대체로 主刑이 동일한 한 집행유예를 없애거나 유예기간을 연장하는 것은 불이익변경이다. 또 판례에 따르면 징역 10월을 징역 1년으로 하고 새로이 집행유예를 부가하여 불이익 형이 된다(대판. 1966. 12. 8.). 집행유예가 없어지면 형기가 짧게 되더라도 불이익변경이다(대판. 1965. 12. 10.). 징역형에 대한 선고유예를 벌금형으로 하는 것(대판. 1966. 4. 6.). 징역 6월을 징역 6월, 집행유예 2년 및 벌금형을 병과하는 것은(대판. 1970. 5. 26.) 피고인에게 불이익하다. 그러나 형의 집행유예를 벌금형으로 하는 것은 불이익변경으로 되지 아니한다(대판. 1966. 9. 27.). 몰수에 관하여는 주형을 동일하게 하고 새로이 몰수를 부가하면 당연히 불이익으로 되지만(대판 1961. 10. 12.) 주형(主刑)을 경하게 하면 몰수를 부가 또는 증액하더라도 불이익변경으로 되지 아니한다. 또 추징은 형벌이 아니나 실질적인 의미에서 논할 때에는 형에 준하여 평가하여야 할 것이므로 원심과 주형을 같이하고 추징은 부가 선고하는 것은 불이익변경금지의 원칙에 위배되는 것이다(대판. 1961. 11. 9.). 부정기형을 정기형으로 변경하는 경우에도 곤란한 문제가 있으나 통설은 정기형이 부정기형의 중간위(예를 들면 단기 1년, 장기 3년의 경우에는 2년)를 초과하지 아니하면 불이익변경을 되지 아니한다는 중간위설을 취하고 있다.

항소이유(抗訴理由)

항소이유란 항소권자가 적법하게 항소를 제기할 수 있는 법률상의 이유를 말한다. 항소는 법률에 정한 이유가 없으면 제기할 수 없다(형소§361의5). 항소이유에는 법령위반이 되는 항소이유와, 그 밖의 항소이유가 있다. 법령위반인 항소이유는 다시 절대적 항소이유와 상대적 항소이유로 나누어진다. 절대적 항소이유는 그 법령위반이 판결에 영향을 미치는가 아닌가에 관계없이 항소이유가 되는 것으로, 법원의 구성이 법률에 위반되어 있거나, 심판이 공개되지 않았거나, 판결에 이유를 붙이지 아니하거나 이유에 모순이 있는 경우, 그밖에 제361조의5에 규정된 사유이다. 상대적 항소이유는 판결에 영향을 미칠 것이 분명할 경우에 한해 인정되는 항소이유이다(§361의5 I). 법령위반 이외의 항소이유로서는 형의 부당, 사실의 오인, 재심사유 및 원심판결 후의 형의 폐지·변경 또는 특사

등이 있다.

항소(抗訴)

아직 확정되지 아니한 제1심 법원의 판결에 대하여 지방법원단독판사 가 선고하는 것은 지방법원본원합의부에, 지방법원합의부가 선고한 것은 고등법원에 하는 불복신청을 말한다. 항소는 법률에 정한 이유가 있는 경우에 한하여 제기할 수 있으며, 그 이유는 항소이유서에 기재하여야 한다. 항소심의 절차에 관하여는 특별한 규정이 없으면 제1심공판에 관한 규정이 준용된다(형소§370). 다만 항소심의 사후심적 성격으로부터 다음과 같은 특칙이 규정되어 있다. (1) 피고인의 출정에 관한 특칙 : 피고인이 공판기일에 출정하지 아니한 때에는 다시 기일을 정하여야 한다(§365①). 피고인이 정당한 사유 없이 다시 정한 기일에 출정하지 아니한 때에는 피고인의 진술 없이 판결할 수 있다(§365②). (2) 항소법원의 심판범위에 관한 특칙 : 항소법원은 항소이유에 포함된 사유에 관하여 심판하여야 한다(§364①). 그러나 판결에 영향을 미친 사유에 관하여는 항소이유서에 포함되지 아니한 경우에도, 직권으로 심판할 수 있다(§364②). 제1항의 규정은 항소심의 사후심적 성격을 선언하는 동시에 항소심의 심리가 변론주의·당사자주의라는 것을 명백히 밝힌 규정이라고 하겠다. 그리고 제2항은 실체적진실주의 내지 법령의 정당한 적용의 확보라는 측면에서 판결에 영향을 미친 사유에 관하여는 항소

이유에서 포함되어 있지 아니한 경우에도 직권에 의한 심판의 권한을 항소법원에 인정하고 있다. 다만, 이 경우에는 의무적인 직권심판이 아니므로 항소이유서에 포함되어 있지 않은 사항에 관하여 심판하지 않았다고 해서 위법이라고는 말할 수 없다. (3) 증거에 관한 특칙 : 제1심 법원에서 증거로 할 수 있었던 증거는 항소법원에서도 증거로 할 수 있다(§364③). 이 규정은 항소심에서 판결(특히 파기자판〈破棄自判〉의 경우)을 하는 경우에 재1심에서 증거능력이 있었던 증거는 항소심에서도 그대로 증거능력을 인정하여 판결의 기초로 할 수 있고, 다시 증거조사를 할 필요가 없다는 취지이다. 이것은 항소심의 사후심적 성격에서 오는 규정이다. 항소법원은 심사의 결과 항소가 이유 없다고 인정한 때에는 판결로써 항소를 기각하여야 한다(§364④). 항소가 이유 있다고 인정한 때에는 경우에 따라서 환송 또는 이송판결을 해야한다(§366, §367). 다만, 소송기록과 원심법원 및 항소법원에서 조사한 증거에 의하여 직접 판결할 수 있다고 인정한 때에는 피고사건에 대하여 다시 판결할 수 있다(§364⑥). 이것을 파기자판이라고 한다.

항소이유서(抗訴理由書)

항소의 이유를 기재한 서면을 항소이유서라 한다. 항소인은 항소장을 제출하기만 하면 되는 것이 아니고, 소정의 기간 내에 항소이유서를 항소법원에 제출하여야 한다(형소§361의3①). 항소

이유서에는 법령위반, 형의 양정부당, 사실의 오인 기타 항소이유를 뒷받침할만한 사실을 간결하게 명시하여야 한다. 항소이유서를 제출기간 내에 제출하지 않거나, 제출하더라도 그것이 형소법 혹은 법원규칙에서 정한 방식에 위반되거나, 항소권소멸후임이 명백한 때에는 결정으로 항소를 기각하여야 한다(§360, §361의4). 반대로 항소이유서의 적법한 제출이 있으면, 법원은 이에 포함된 사항은 반드시 조사하여야 한다. 또한 이에 포함되어 있지 않은 사항이라도 본래 항소이유가 되는 사항은 직권으로써 조사할 수 있다.

답변서(答辯書)

형사소송법상 항소인 또는 상고인이 상소법원(항소법원 또는 상고법원)에 제출하는 항소이유서(형소법 361조의3 1항) 또는 상고이유서(형소법 379조 1항)에 대응하여 상대방이 상소법원에 제출하는 서면을 말한다. 항소 또는 상고이유서의 제출을 받은 상소법원은 지체없이 그 부본 또는 등본을 상대방에게 송달하여야 하고(형소법 361조의3 2항, 379조 3항), 상대방은 그 송달을 받은 날로부터 10일 이내에 답변서를 상소법원에 제출하여야 한다(형소법 361의3 3항, 379조 4항). 답변서의 제출을 받은 상소법원은 지체없이 그 부본 또는 등본을 항소인·상고인 또는 변호인에게 송달하여야 한다(형소법 361조의3 4항, 379조 5항).

상고(上告)

독; Revision

원칙적으로 상고는 항소심의 판결 즉 제2심 판결에 대한 불복신청이다. 제1심 판결에 대해서도 이른바 비약 상고가 인정되어 있으므로 예외적으로 제1심 판결에 대한 상고도 포함된다. 상고심의 관할권을 가지는 법원은 어떠한 경우에도 대법원이며, 그 제기기간은 항소의 경우와 마찬가지로 7일이다(형소§374). 상고도 상소의 일종이므로 당사자의 구제를 목적으로 하지만, 상고심의 주된 사명은 하급법원의 법령 해석·적용의 통일을 기하는 것이다. 상고는 최종심이므로 상고심의 재판에 대하여는 다시 상소의 방법이 없기 때문에 현행법원은 신중을 기하는 의미에서 「판결의 정정」제도를 인정하고 있다(§400). 상고심도 항소심과 마찬가지로 사후심으로서의 성질을 갖기 때문에, 상고심의 절차에 관하여는 특별한 규정이 없으며, 항소심의절차에 관한 규정이 준용된다(§399). 다만, 상고심은 원칙적으로 법률심이므로 다음과 같은 특칙이 있다. (1) 변호인의 자격 : 변호사 아닌 자를 변호인으로 선임할 수 없으며(§386), 따라서 상고심에서는 특별변호인은 허용되지 아니한다. (2) 변호능력 : 상고심에서는 변호인이 아니면 피고인을 위하여 변론하지 못한다(§387). 이것은 상고심에서는 법률적인 면의 주장이 많으므로, 피고인은 변론하지 못하도록 규정한 것이다. 따라서 상고심에서는 공판기일에 피고인을 소환할 필요가 없다. (3) 변론의 방법 : 검사와 변호인은 상고이유서에 의하여 변론하여야 한다(§388). 이것은 구두변론의 범위를 정한 규정으로서, 변론을 할 수 있는 자는 검사와 변호인에 한하고 또 그 변론의 범위도 상고이유서에 기재된 내용을 벗어나지 못하도록 한 것이다. (4) 변호인의 불출석의 경우 : 변호인의 선임이 없거나, 변호인이 공판기일에 출정하지 아니한 때에는 검사의 진술을 듣고 판결을 할 수 있다(필요적 변호사건은 제외). 이 경우에 적법한 이유서의 제출이 있는 때에는 그 진술이 있는 것으로 간주한다(§389). (5) 상고심의 심판범위 : 상고심은 상고이유서에 포함된 사유에 관하여 심판하여야 한다. 다만, 형사소송법 제383조 1호 내지 3호의 경우에는 상고이유서에 포함되지 아니한 때에도 직권으로 심판할 수 있다(§384). (6) 서면심리 : 상고법원은 상고장·상고이유서 기타의 소송기록에 의하여 변론 없이 판결할 수 있다(§390). 상고심의 재판에는 상고기각의 재판과 원심판결의 파기재판이 있다. 전자에는 결정으로 되는 것과(§381) 판결로써 되는 것이 있으며(§399, §364), 후자는 다시 변론을 거치지 않고 되는 것과 변론을 거쳐서 되는 것으로 나누어진다. 파기의 재판은 상고가 이유 있을 때 판결로써 하며(§391), 이 경우에는 동시에 이송(§394) 또는 환송(§393, §395)의 판결이 행해져야 한다. 다만 상고법원은 소송기록 및 원심법원과 제1심 법원이 조사한 증거에 의하여 충분하다고 인정한 때에는 이송이나 환송을 하지 아니하고 피고사건에 대하여 직접 판결할 수 있다(§396). 이것을 파기자판(破棄自判)이라고 한다.

비약적 상고(飛躍的 上告)
독 ; Sprungrevision

제1심 판결에 대하여 항소를 하지 아니하고 직접 상고법원에 행하는 상고를 말한다(형소§372). 비약적 상고를 할 수 있는 경우로서는 (1) 원심판결이 인정한 사실에 대하여 법령의 적용에 착오가 있는 때와 (2) 원심판결이 있은 후 형의 폐지나 변경 또는 사면이 있는 때이다. 이와 같이 비약적 상고를 인정하는 취지는 판결의 확정을 신속히 하여 사회생활의 불안을 제거하고자 하는 데에 있다. 그러나 한편 비약적 상고는 1회만 심리를 받게 되어 상대방(특히 피고인)의 심급이익을 박탈하는 결과가 된다. 그리하여 형사소송법은 제1심 판결에 대한 상고는 그 사건에 대한 항소가 제기된 때에는 그 효력을 잃는다고 규정하고 있다(§373본문). 다만 이 경우에도 항소의 취하 또는 항소기각의 결정이 있는 때에는 비약적 상고는 그 효력을 잃지 아니한다(§373단).

항고(抗告)
독 ; Beschwerde

항고란 결정에 대한 상소를 말하는 것으로 여기에는 일반항고와 재항고가 있다. 일반항고는 다시 보통항고와 즉시항고로 나누어진다. 즉시항고는 특히 이를 허용하는 규정이 있는 경우에만 할 수 있는 항고이고, 보통항고는 특별히 즉시항고를 할 수 있다는 뜻의 규정이 없는 경우에 널리 법원이 행한 결정에 대하여 인정되는 항고이다(형소§402본문). 항고법원 또는 고등법원의 결정에 대하여는 판결에 영향을 미친 헌법·법률·명령 또는 규칙의 위반이 있음을 이유로 하는 때에 한하여 대법원에 즉시항고를 할 수 있도록 되어 있는데, 이를 재항고라 한다(§415). 보통항고는 신청의 실익이 있는 한 언제든지 할 수 있으나, 즉시항고와 재항고는 기간의 제한이 있다. 항고법원은 항고절차가 규정에 위반되었거나 또는 항고가 이유 없을 때에는 결정으로써 항고를 기각하여야 한다. 항고가 이유 있을 때에는 결정으로 원결정을 취소하고, 필요할 때에는 다시 재판을 하여야 한다. 그밖에 엄격한 의미에서 항고라고는 할 수 없으나 이에 유사한 불복신청으로서 준항고제도가 있다.

즉시항고(卽時抗告)
독 ; sofortige Beschwerde

항고의 일종. 제기기간이 7일로 한정되어(형소§405) 이 기간 내에 제기 할 것을 요한다. 그러나 헌법재판소는 2018년 12월 27일, 해당 조항이 헌법에 합치되지 아니한다고 판단하였다(헌법불합치). 따라서 위 조항은 2019년 12월 31일을 시한으로 입법자가 개정할 때까지 계속 적용될 뿐이다. 집행정지의 효력이 있어서 즉시항고의 제기기간내 및 그 제기가 있는 때에는 원재판의 집행은 정지된다(§410). 법률이 즉시항고를 인정한 취지는 한편에서 이에 집행정지의 효력을 인정하여 원재판에 불복한 자의 이익을 확고함과 동시에, 다른 한편으로는 제기기간을 극히 단기간으로 제한함으로써 부당하게 장기간집행이 정지되는 것을 방지하려는 데에 있다. 즉시항고는 법률에 특히 규정이 있는 경우에만 허용된다(§402).

재항고(再抗告)
독 ; weitere Beschawerde

형사소송법은 원래 불복을 신청할 수 없는 결정에 대하여도 재판에 영향을 미친 헌법·법률·명령 또는 규칙의 위반이 있는 경우에는 특별히 대법원에 항고 할 수 있도록 하였다(§415). 이를 재항고라 한다. 이에 의하면 항고법원의 결정 또는 고등법원의 결정 등, 원래 항고를 허용하지 않는 것에 대하여도(재항고금지의 원칙) 위와 같은 사유가 있으면 대법원에 즉시 항고할 수 있다. 재항고를 제기할 수 있는 기간은 3일이며 즉시항고와 동일한 효력을 가진다.

준항고(準抗告)

준항고라 함은 법관이 행한 일정한 재판, 검사 또는 사법경찰관이 행한 일정한 처분에 대하여 법원에 제기하는 불복신청을 말한다. 먼저 법관의 재판, 즉 재판장 또는 수명법관이 한 재판에 있어서는 법률은 기피신청을 기각한 재판 등 4종의 재판에 대하여 준항고를 인정하여 소정의 법원에 위 재판의 취소 또는 변경을 청구할 수 있도록 규정하고 있다(형소§416). 또 검사 또는 사법경찰관의 구금압수 또는 압수물의 환부에 관한 처분에 대하여도 각각 소정의 법원에 그 처분의 취소 또는 변경을 청구할 수 있다(§417). 준항고 중에 어떤 것은 즉시항고와 같이 제기기간의 제한이 있고, 또 집행정지의 효력을 가지나, 그 외는 당연하게 이것을 가지는 것은 아니다(§416④, §419, §409).

비상구제절차(非常救濟節次)

비상구제절차라 함은 판결이 확정된 후에 현저한 법률상 또는 사실상의 하자를 이유로 판결의 파기를 요구하는 절차를 말한다. 이것은 이미 판결이 확정된 후의 구제절차라는 점에서 보통의 상소와는 다르며, 재심이나 비상상고가 이에 해당한다. 재심은 사실의 오인이 있는 경우에, 비상상고는 법령위반의 하자가 있는 경우에 인정된다. 민사소송에서는 이러한 용어가 강학상 별로 쓰이지 않으나 실제에서는 재심·준재심이 이 기능을 하고 있다.

재심(再審)
독 ; Wiederaufnahme

확정판결에서의 부당한 사실인정으로부터 피고인을 구제하기 위하여 인정된 비상구제수단이다. 이미 확정한 판결에 대한 구제수단인 점에서 항소나 상고와 다르며, 또 주로 사실인정의 잘못을 구제하기 위한 것인 점에서, 법령의 해석적용의 착오를 시정하기 위한 비상상고와 다르다. 재심을 인정하는 취지는 판결이 이미 확정된 경우에는 이에 대하여 함부로 불복의 신청을 허용해서는 안 된다는 것은 당연하지만 판결에 잘못이 있다고 생각되는 현저한 사유가 있는 경우에는 예외적으로 불복의 신청을 인정하여 그 판결을 취소하고 새로이 판결을 하는 것이 정의에 합치하기 때문이다. 재심은 비상수단이므로 그 신청을 할 수 있는 경우에는 원판결의 증거된 서류 또는 증거물이 위조 혹은 변조된 것이라든가, 증인의 증언·감정·통역 또는 번역이 허위였음이 확정판결에 의하여 증명된 때라든가 무죄·면소·형의 면제를 선고하거나 또는 경한 죄를 인정하여야 할 명백한 증거가 새로 발견된 때, 그 밖에 법률에 정한 중요한 사유가 있는 경우에 한한다(형소§421 I 내지 Ⅷ). 따라서 원판결에 사실오인이 있더라도 위와 같은 사유가 없는 한 재심을 청구할 수 없다. 또 재심은 유죄선고를 한 확정판결 또는 항소·상고를 기각한 확정판결에 대하여 피고인의 이익을 위하여서만 신청할 수 있으며(§420, §421), 피고인에 불이익한 재판은 허용되지 아니한다. 재심의 청구는 원판결을 한 법원이 관할하며(§423), 법원은 청구가 이유 없을 때에는 청구기각의 결정을 하고 반대로 이유가 있을 때에는 재심개시의 결정을 한다(§434, §435). 이 재심개시결정이 확정한 사실에 대하여는 약간의 특칙을 제외하고는 그 심급에 따라서 다시 심판을 하여야 한다(§438). 다만, 이 경우 원판결보다 중한 형을 선고할 수 없다(§439). 재심의 청구는 형의 집행이 종료되었거나 또는 피고인이 사망한 경우, 기타 형의 집행이 불가능하게 된 때에도 할 수 있다(§427, §438② I). 왜냐하면 이러한 경우에는 명예회복이나 형사보상을 받을 이익이 있기 때문이다.

비상상고(非常上告)
불; pourvoi dans l'interét de la loi

판결이 확정된 후 그 사건의 심판이 법령에 위반한 것을 발견한 때에는 검찰총장은 대법원에 비상상고를 할 수 있다(형소§441). 이처럼 확정판결에 대하여 그 심판의 법령위반을 이유로 하는 비상구제절차를 비상상고라 할 수 있다. 비상상고는 재심과 마찬가지로 확정판결에 대한 비상구제수단이지만 피고인의 구제를 주된 목적으로 하지 않고, 법령의 해석·적용의 과오를 시정하는 데에 목적이 있고, 따라서 피고인의 이익은 단순히 제2차적 또는 부차적으로 고려되는데 불과하다는 점에서 재심과 다르다. 비상상고를 함에는 그 이유를 기재한 신청서를 대법원에 제출하여 하고(§442). 제출기간의 제한이 없으므로 판결확정 후 언제든지 할 수 있다. 대법원은 신청서에 포함된 이유에 한하여 조사하여야 하고(§444①). 비상상고가 이유 없다고 인정한 때에는 판결로써 이를 기각하여야 하며(§445). 또 이유 있다고 인정한 때에도 원칙적으로 원판결의 법령위반의 부분 또는 법령위반의 원심소송절차를 파기하는 데 그친다(§446). 피고사건에 대해서는 다시 판결을 하지 않으나 다만 원판결이 피고인에게 불이익한 경우에 한하여 판결 전부를 파기하고 피고사건에 대하여 다시 판결 할 수 있다(§446 I 단). 비상상고의 판결의 효력은 전술한 원판결을 파기하고 피고사건에 대하여 다시 판결을 하는 경우를 제외하고는 단순히 법령의 해석·적용의 과오를 시정한다는 의미를 갖는데 불과하고 피고인에게는 효력이 미치지 않는다(§447).

형사보상(刑事補償)
영 ; indemnity
독 ; Entschädigung

형사보상이란 국가형사사법의 과오에 의하여 죄인의 누명을 쓰고 구속되었거나 형의 집행을 받은 자에 대하여 국가가 손해를 보상하여 주는 제도를 말한다. 이에 관하여 헌법에도 그 명문규정을 두고 있다. 이 형사보상에 관하여는 그 본질에 있어서 법률의무설과 공평설의 다툼이 있다.

사실심(事實審)

법원이 사건을 심판함에 있어서 사실문제와 법률문제 양자 모두를 심판할 수 있는 경우를 사실심이라 하고 단순히 법률문제에 대해서만 심판할 수 있는 경우를 법률심이라 한다. 원래 사건을 재판하기 위해서는 과연 검사가 피고인을 기소한 공소사실을 인정할 것인가 아닌가, 또 이 공소사실을 인정하는 경우에 과연 그것은 법률상 어떤 범죄에 해당하는 가를 판단하여야 하므로 특수한 경우를 제외하면 제1심이 사실심이어야 한다는 것은 당연하다. 그러나 상소심에 있어서는 반드시 사실심이어야 할 필요는 없으며, 사실심으로서의 사실문제 및 법률문제양자 모두를 심판할 수 있는 원칙을 수용할 수 있다고 한다면 법률심으로서의 법률문제에 대해서만 심판할 수 있는 원칙을 채용하는 것도 가능하다. 또 사실심은 복심(覆審) 또는 결심(結審)과 결합하는 것이 극히 자연적이지만, 현행 형사소송법은 사후심으로서의 사실심 제도를 인정하고 있다.

법률심(法律審)
독 ; Rechtsinstanz

법원이 사건을 심판함에 있어서 법률문제에 대해서만 심판할 수 있는 경우를 말한다. 제1심은 그 심리의 성질상 법률심을 원칙으로 할 수 없으나, 상소심은 사실심 뿐만 아니라 법률심으로도 할 수 있다. 그러나 원칙적으로 소송심은 사실심으로 그리고 상소심은 법률심으로 하는 것이 타당하다. 이것은 항고심이 제1심 판결에 대한 불복신청인데 대하여, 상고심은 원칙적으로 항고심의 재판에 대한 불복신청이라는 점 외에 상고라는 제도가 법령해석의 통일을 그의 주된 목적으로 인정된 제도이기 때문이다. 법률심에 있어서의 심리는 법률점(法律點)에 국한되기 때문에 사실의 인정에 과오가 있거나 형의 형량이 부당하다하더라도 문제로 삼을 수 없으나, 대부분의 입법례는 약간의 예외를 인정하여 이 가운데 어떤 것은 상소이유로 하고 또는 직권으로 이를 심사할 수 있도록 하였다. 또 한 편으로 법률심에 있어서의 그 심사를 할 수 있는 범위를 위헌문제 및 판례 위반으로 한정할 수도 있다. 우리나라 의 상고심은 법률의 위헌심사를 하지 않고(헌§107①), 명령·명령·규칙·처분이 헌법이나 법률에 위반되는 여부가 재 판의전제로 된 때에 최종 심사권을 가 지는 것으로 규정하고 있다(헌§107②).

즉결심판(即決審判)

즉결심판이란 즉결심판절차에 의한 재판을 의미한다. 즉결심판절차라 함은 지방법원·지원 또는 시·군법원의 판사 가 20만원 이하의 벌금구류 또는 과 료에 처할 경미한 범죄에 대하여 공판 절차에 의하지 않고 즉결하는 심판절 차이다. 즉결심판절차는 즉결심판에 관 한 절차법에 의한다. 이 절차는 범증 (犯證)이 명백하고 죄질이 경미한 범죄 사건의 신속적절한 처리를 통해 소송 경제를 도모하려는 데 그 주된 목적이 있다.

배상명령절차(賠償命令節次)

이는 법원이 직권 또는 피해자의 신 청에 의하여 피고인에게 범죄행위로 인한 손해의 배상을 명하는 절차를 말 한다. 부대소송(Adbäsionsprozeß) 또는 부대사송 (zivilrechtlicher Ann ex)라고도 한다. 이 제도의 취지는 피 해자의 신속한 구제에 있다.

의의신청(疑義申請)

형의 선고를 받은 자가 그 집행에 관 하여 재판의 해석에 관하여 의의가 있 는 때에 재판선고법원에 제기하는 신 청(형소법 488조)을 말한다. 의의신청 은 법원의 결정이 있을 때까지 취하할 수 있고(동법 490조1항), 이 신청이 있으면 법원은 결정을 하여야 하며(동 법 491조1항), 법원의 결정에 대하여 는 즉시항고를 할 수 있다(동법 491조 2항). 한편 교도소에 있는 자의 신청 또는 취하에는 특칙(동법 344조)이 적 용된다. 그런데 여기서'재판의 해석에 대하여 의의가 있는 때'에 관하여, 학 설은 판결의 주문의 취지가 불분명하 여 그 해석에 대하여 의의가 있는 경 우도 포함된다고 하나, 판례는 전자만 을 의미한다고 보고 있다.

◙ 편저 김 정 수 ◙

▌경희대 법정대학 법률학과 졸업
▌서울지방검찰청 근무
▌광주지방검찰청 사건과 근무
▌수사서류작성 실례집, 형사실무총람 등 다수 발간

법률 · 판례 · 법률용어를 같이보는
(2024년)형법 · 형소법 지식사전

2024년 04월 05일   2판 인쇄
2024년 04월 10일   2판 발행

편 저   김정수
발행인   김현호
발행처   법문북스
공급처   법률미디어

주소   서울 구로구 경인로 54길4(구로동 636-62)
전화   02)2636-2911~2,   팩스 02)2636-3012
홈페이지   www.lawb.co.kr

등록일자   1979년 8월 27일
등록번호   제5-22호

ISBN   979-11-93350-07-2 (13360)

정가   28,000원